TEMPORA

GRUNDRISS DER GESCHICHTE

Band 2

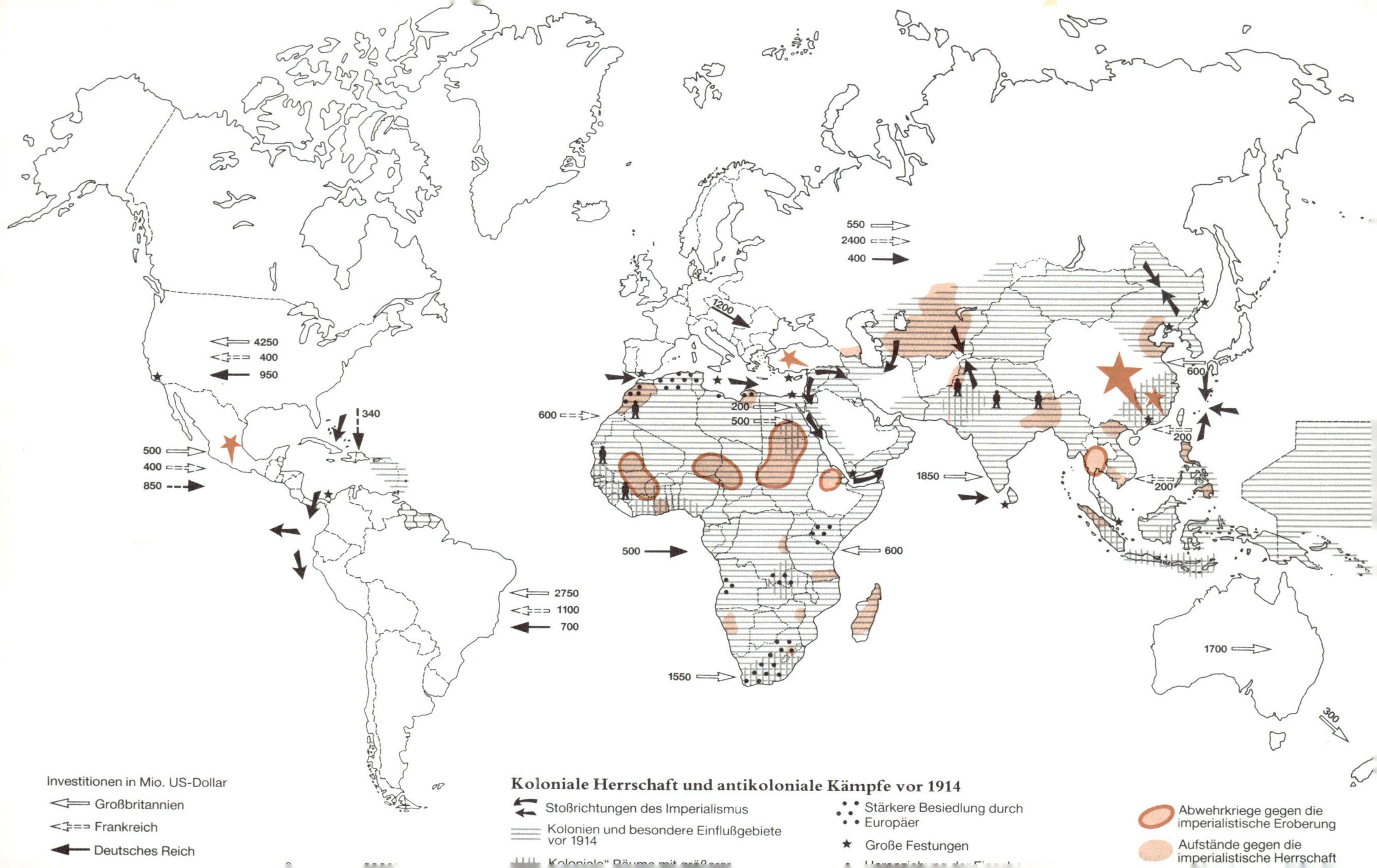
Kolonialе Herrschaft und antikoloniale Kämpfe vor 1914
Investitionen in Mio. US-Dollar
Großbritannien
Frankreich
Deutsches Reich
Stoßrichtungen des Imperialismus
Kolonien und besondere Einflußgebiete vor 1914
Stärkere Besiedlung durch Europäer
Große Festungen
Abwehrkriege gegen die imperialistische Eroberung
Aufstände gegen die imperialistische Herrschaft
4250
400
950
500
400
850
340
2750
1100
700
600
200
500
1200
550
2400
400
500
600
1550
1850
600
200
200
1700
300

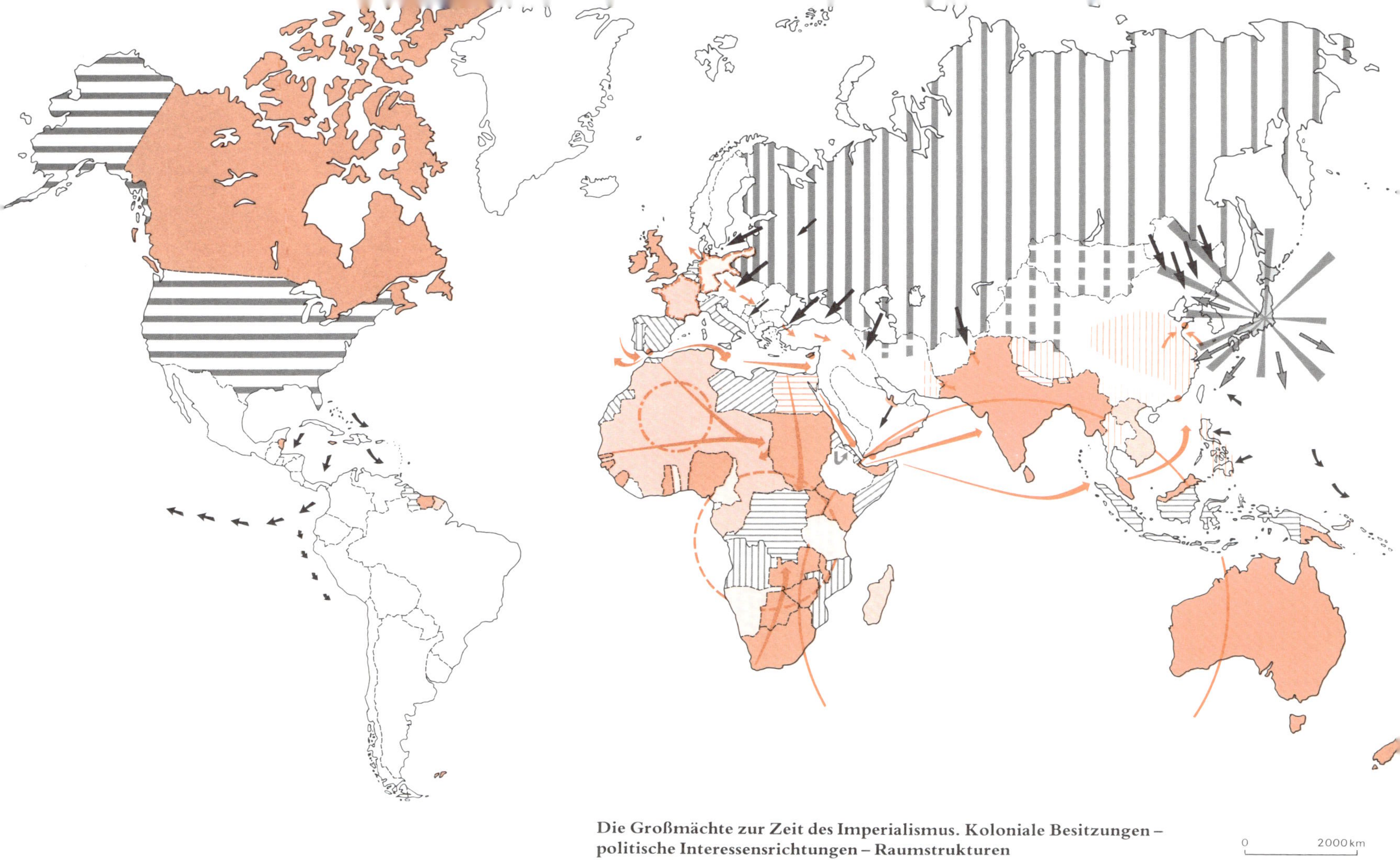

Die Großmächte zur Zeit des Imperialismus. Koloniale Besitzungen – politische Interessensrichtungen – Raumstrukturen

1

TEMPORA

GRUNDRISS DER GESCHICHTE

Band 2

Neuzeit seit 1789

Von
Peter Alter
Gerhard Hufnagel
Eberhardt Schwalm
Bernd Sösemann
Peter Steinbach
Maria Würfel

Ernst Klett Schulbuchverlag
Stuttgart Düsseldorf Berlin Leipzig

Grundriß der Geschichte

Verfaßt von Prof. Dr. Peter Alter, Akad. Direktor Dr. Volker Dotterweich, Prof. Dr. Gerhard Hufnagel, Prof. Dr. Andreas Mehl, StD Dr. Eberhardt Schwalm, Prof. Dr. Bernd Sösemann, Prof. Dr. Peter Steinbach, Prof. Dr. Helmut G. Walther, Gym.-Prof. Maria Würfel

Im Rahmen der für das Werk insgesamt verantwortlichen Miturhebergemeinschaft verfaßten
Bernd Sösemann: »Die Epoche der Revolution, der Reformen und der Restauration 1774–1830«
Peter Steinbach: »Revolutionen und Reformen in Europa 1830–1848/49«. »Von Weltkrieg zu Weltkrieg – Europa in der Krise 1918–1945«
Peter Alter: »Industrielle Revolution und soziale Frage«. »Die Epoche des Nationalismus und des Imperialismus 1849–1918«
Gerhard Hufnagel: »Die Weltgesellschaft im Atomzeitalter«
Maria Würfel: Farbtafeln. »Handreichungen für den Schüler: Zum methodischen Umgang mit dem Grundriß der Geschichte«
Eberhardt Schwalm: Karten

Reinzeichnung der Karten: Karl-F. Harig
Grafiken: Rudolf Hungreder
Einband: Manfred Muraro
Titelfoto: »Menschliche Situationen«. Lebensgroße Lindenholzplastik von Hubert Rieber. (Foto: Kurt Rogge)

Neue, um die weltgeschichtlichen Ereignisse bis Ende 1991 und um geschlechtergeschichtliche Kapitel, Forschungskontroversen, historisch-politische Grundbegriffe und Quellen- und Literaturnachweise erweiterte Auflage. Sie hat eine neue ISBN erhalten.

1. Auflage   1 7 6 5 4 3 | 1999 98 97 96 95

Alle Drucke dieser Auflage können im Unterricht nebeneinander benutzt werden, sie sind untereinander unverändert. Die letzte Zahl bezeichnet das Jahr dieses Druckes.

Redaktion: Helmut Heuß, Verlagsredakteur

Fotosatz: Steffen Hahn GmbH, Kornwestheim
Druck: KLETT DRUCK H.S. GmbH, Korb
ISBN 3-12-401230-5

Gedruckt auf Papier aus
chlorfrei gebleichtem Zellstoff, säurefre
Umschlag mit PP-Folie kaschiert,
umweltverträglich und recycelbar.

Vorwort

Es gibt vor allem zwei Wege, sich Vergangenes zu vergegenwärtigen – das Studium der Quellen und die Lektüre historischer Darstellungen. Quellen und historische Darstellungen sind wie Anschauung und Begriff aufeinander bezogen. Denn wie sich das Ganze aus vielen Einzelheiten zusammenfügt, so läßt sich das Einzelne nicht ohne eine Vorstellung vom Ganzen einordnen, verstehen und bewerten. Die Interpretation von Quellen und die vertiefende Betrachtung von geschichtlichen Sachverhalten und Problemzusammenhängen stehen im Mittelpunkt von Grund- und Leistungskursen auf der Oberstufe der Gymnasien. Dies setzt nicht allein ein sicheres historisches Grundwissen, sondern auch die Kenntnis übergreifender historischer Zusammenhänge voraus. Beides will der »Grundriß der Geschichte« vermitteln und beschreitet dazu den zweiten Weg, nämlich den der historischen Darstellung.

Der »Grundriß der Geschichte« zeichnet Hauptlinien geschichtlicher Entwicklungen nach. Er vergegenwärtigt historische Zusammenhänge nicht nur der deutschen und europäischen, sondern schwerpunktmäßig auch der außereuropäischen Geschichte; er führt zu historischen Problemen hin und fragt nach Motiven und Absichten der Handelnden. Je nach Gegenstand und Forschungslage akzentuiert der »Grundriß der Geschichte« die politische Geschichte, die Sozial- und Wirtschaftsgeschichte, die Kulturgeschichte. Dementsprechend wechselt auch die Darstellungsweise: Neben strukturgeschichtlichen Querschnitten, die epochenspezifische Erscheinungen darstellen, stehen ereignisgeschichtliche Längsschnitte, welche die Grundzüge politischer Entwicklungen herausarbeiten. Wichtige historisch-politische Grundbegriffe werden epochenübergreifend erklärt. Bei einigen bedeutsamen Problemen wird gezeigt und durch Literaturnachweise belegt, welche unterschiedlichen Auffassungen innerhalb der Geschichtswissenschaft vertreten werden.

»Wer nicht von dreitausend Jahren / Sich weiß Rechenschaft zu geben, / Bleib im Dunkel unerfahren, / Mag von Tag zu Tage leben«, heißt es in Goethes »West-östlichem Divan«. Auch wer Goethes Sentenz nicht unbedingt wörtlich nehmen will, wird beim Studium der Geschichte erfahren, daß die Geschichte zwar keine Rezepte für die Gegenwart bereithält, jedoch die Kenntnis gerade auch entfernter Epochen dazu anregen kann, uns selbst mit fremden Augen zu sehen. Erst angesichts der Vergangenheit wird uns bewußt, daß die selbsterlebte Zeit einen Abschnitt der sich in die Zukunft entwickelnden Geschichte bildet. So bereichert der Umgang mit der Vergangenheit immer auch die eigene Lebensgeschichte.

Inhalt

Industrielle Revolution und soziale Frage

Die Epoche des Nationalismus und des Imperialismus 1849 – 1918

Von Weltkrieg zu Weltkrieg – Europa in der Krise 1918-1945

Die Weltgesellschaft im Atomzeitalter

Die Epoche der Revolution, der Reformen und der Restauration 1774–1830

Die Französische Revolution als Epoche der Neueren Geschichte

Nach *Johann Gustav Droysen* ist Geschichte »das Bewußtwerden und das Bewußtsein der Menschheit über sich selbst«.[1] Damit sind die Bemühungen eng verbunden, die Vielfalt des vergangenen Geschehens in Epochen einzuteilen. Die Periodisierung läßt geschichtliche Zusammenhänge hervortreten und schafft übergreifende Sinneinheiten. Im europäischen Bewußtsein beginnt mit der Französischen Revolution eine bedeutende Epoche der Neueren Geschichte. In ihr bildeten sich die Grundlagen unserer Welt. Die *Ideen von 1789* wirkten weit über die Grenzen Frankreichs hinaus auf die Verfassungs-, Wirtschafts- und Sozialordnungen anderer Länder. Sie beschleunigten dort Veränderungsprozesse oder hemmten sie, indem sie die Durchsetzung evolutionärer Entwicklungen (Reformpolitik) begünstigten oder vorrevolutionäre, ständestaatliche Ordnungen verhärteten. Französische Fremdherrschaft förderte nicht nur Modernisierungsbereitschaft, sondern rief auch Spannungen und Widerspruch, ja schließlich sogar heftigen Widerstand hervor. Die Große Revolution warf mit dem Export ihres Traums vom Leben in einer gerechten Gesellschaft Fragen auf, wie die nach einem überzeugenden Verhältnis von Freiheit und Gleichheit, auf die nur begrenzt gültige Antworten möglich sind. Revolutionäre wie Lenin sahen in der Französischen Revolution ihr Vorbild.
Die Erfolge der um 1780 in England verstärkt einsetzenden *Industrialisierung* und die popularisierten Ideen der *Aufklärung* festigten eine allgemeine Fortschritts- und Zukunftsgläubigkeit in Politik, Wirtschaft und Gesellschaft. Zu den drängenden Problemen der Zeitgenossen dieser Epoche der Revolution, Reformen und Restauration gehörten (1) die Fragen nach den Chancen wie nach den Gefahren einer *Revolution,* später auch die Furcht vor ihrer Wiederkehr. Nachdem die Napoleonische Hegemonie in Europa überwunden worden war, zählten zu den ungelösten Aufgaben auch mit größerem Nachdruck die Themen der inner- und gesamtstaatlichen Neuordnung: (2) die *liberale* (konstitutionelle) und (3) die *nationale Frage.* Eine fortschreitende Industrialisierung und ein rapides Bevölkerungswachstum – die Entwicklung »vom Pöbel zum Proletariat« (Werner Conze)[2] – hoben zunehmend (4) die *soziale Frage* in den Mittelpunkt der innerstaatlichen Auseinandersetzungen.
Dabei rückte der Begriff *»Öffentlichkeit«* ins Zentrum der Konflikte, die zwischen beharrenden und vorwärts drängenden Parteiungen aufbrachen. Öffentlich sollten die landständischen Sitzungen stattfinden, ihre Protokolle jedermann zugänglich sein; öffentlich hatten Gerichtsverhandlungen abzulaufen; durch öffentliche Verfahren sollten sich Macht und Herrschaft legitimieren. Für die Liberalen bildete dieses Prinzip eine »Grundfeste jeder Verfassung«.[3]

A. Die Französische Revolution

Die Französische Revolution stellt einen tiefen Einschnitt in der Geschichte Zentraleuropas dar. Das Gesellschaftssystem des Ancien régime, bislang als gottgewollte Ordnung allgemein anerkannt, wurde mit seiner traditionellen Vorrangstellung von Adel und Klerus ebenso in Frage gestellt wie Religion und Kirche als bestimmende Faktoren des alltäglichen Lebens. Die Macht des »Dritten Stands«, des Bürgertums, die bewegende Kraft der »Öffentlichkeit« und die beflügelnden Parolen der Menschen- und Freiheitsrechte steigerten die sozialen und politischen Spannungen in einer wirtschaftlichen Krisenzeit. Die Französische Revolution sorgte zusammen mit der Napoleonischen Hegemonie über Europa für einen weit- und langreichenden Modernisierungsschub und löste reformerische Gegenkräfte, aber auch weitere revolutionäre Aktionen aus.

1788	Reformversuche scheitern
1789	Der Dritte Stand erklärt sich zur Nation; Verkündigung von Menschen- und Bürgerrechten
1791	Frankreich erhält die Verfassung einer konstitutionellen Monarchie
1792–1797	1. Koalitionskrieg
1792	Abschaffung der Monarchie
1793/94	Terror der Konventsausschüsse
1795–1799	Herrschaft des Direktoriums
1799	Staatsstreich des Napoleon Bonaparte

I. Die Krisen des Ancien régime

1. Europa und die Revolution in Nordamerika

Nachwirkungen der amerikanischen Unabhängigkeitserklärung

Zwischen 1760 und 1790 erschienen allein in Westeuropa mehr als zwei Dutzend Bücher über Nordamerika, über den Unabhängigkeitskampf der 13 nordamerikanischen Kolonien und über die verfassungspolitischen und sozialen Konsequenzen ihrer Unabhängigkeitserklärung vom 4. Juli 1776; fünfzehn von ihnen in wenigstens vier Sprachen. Auch in zeitgenössischen französischen Broschüren und Gedichten hieß es: »Franzosen, verlaßt den Schoß eurer Städte. Glorreiche Tage stehen bevor« oder »Amerika! Dein Beispiel ruft laut den Nationen zu: Frei ist, wer's sein will und wert zu sein ist!«[4] In Paris erschien seit 1776 eine Zeitschrift unter dem Titel »Affaires de l'Angleterre et de l'Amérique«, in der nicht nur Kriegsberichte, sondern auch politische Dokumente, ja sogar republikanische Verfassungstexte veröffentlicht wurden. Und schließlich feierte im Frühjahr 1783 eine prächtige Medaille der Pariser Münze die *Libertas Americana,* die amerikanische Freiheit und Unabhängigkeit.

In den aufgeklärten adeligen und bürgerlichen Kreisen Frankreichs und auch Deutschlands riefen Idee und Wirklichkeit der amerikanischen Unabhängigkeit ein größeres Interesse hervor als im übrigen Europa. Dazu trugen mehr als 17 000 deutsche Söldner und 6 000 Franzosen bei, die in jenen Jahren aus Übersee zurückkehrten. Für die neuen Ideen waren selbst militärische Führer eingenommen: so der Pole *Tadeusz Kościuszko,* Adjutant George Washingtons und nach 1786 der bedeutendste Revolutionär Polens, *August Graf Neidhardt von Gneisenau,* der spätere preußische Heeresreformer, und der Marquis de *Lafayette,* der auf eigene Kosten Freiwillige für den Unabhängigkeitskampf in den Kolonien ausgerüstet hatte und 1789 den Entwurf zur französischen Erklärung der Menschen- und Bürgerrechte vorlegte. Zu den Begeisterten zählten aber auch einfache Soldaten, die in den ländlichen Gebieten Frankreichs 1788/89 die revolutionäre Bewegung der Bauern mitverursachen sollten. In ihren Berichten erschien Nordamerika als Asyl der Freiheit und Friedfertigkeit.

Die aufgeklärten Franzosen und die amerikanische Revolution

Nicht zu unterschätzen ist die propagandistische Rolle, die der Schriftsteller, Erfinder und populäre Politiker der Neuen Welt, *Benjamin Franklin,* in der Alten Welt gespielt hat. 1776 als diplomatisch nicht anerkannter Beauftragter von ebensowenig anerkannten Revolutionären in Paris erschienen, warb er neun Jahre mit großem Geschick für die amerikanischen Ideen und Interessen. Schon 1778 gelang es ihm, französisch-amerikanische Freundschafts-, Handels- und Allianzverträge abzuschließen und Frankreich zum Krieg gegen Großbritannien zu bewegen. Franklin wurde in Freimaurerlogen und in mehrere Akademien aufgenommen; ihm zu Ehren veranstaltete die Pariser Gesellschaft großartige Feste, auf Schnupftabaksdosen und Spazierstöcken erschien sein Konterfei. Als er mit *Voltaire* zusammentraf, sah man darin symbolisch zwei Welten vereinigt. Die Intellektuellen (»les philosophes«), Angehörige des gehobenen Bürgertums und Adelige diskutierten in Salons, Klubs und Lesegesellschaften die amerikanischen Verfassungsprinzipien, die Menschenrechte und die Anerkennung des Volkes als verfassunggebende Gewalt. Ihre Ansichten über »Gleichheit« und »Freiheit« waren nicht frei von schwärmerischen Zügen. Anders als Amerikaner und Engländer verstanden die Franzosen *Freiheit* nicht als individuelles, unverzichtbares Rechtsgut gegenüber dem Staat (▷ Bd. 1, S. 298 f., 319 f.). Sie setzten vielmehr Freiheit mit Natur und Vernunft gleich; für sie drückte die Freiheit sich demnach politisch in der Vernunft der Mehrheit (Condorcet), im »intérêt général« aus. In Frankreich wurde wenig beachtet, daß in den USA die Sklaverei fortbestand und *Volkssouveränität, Rechtsgleichheit* und *Wahlrecht* den Weißen vorbehalten blieben. Der Mythos, die idealisierten Anschauungen über den Freiheitskampf der Kolonien, hat stärker gewirkt als sachliche Informationen. Trotzdem erteilte Amerika der Alten Welt die Lektion, daß sich die Ideen der Aufklärung in Staat und Gesellschaft verwirklichen ließen und daß der *politische Fortschrittswille* auch erfolgreich sein konnte, wenn er den schroffen Bruch mit der fürstlichen Gewalt wagte. Vor allem bei den Gebildeten Frankreichs verstärkte sich das Gefühl, es habe eine neue Ära begonnen. Sie erhofften »la belle révolution«. Denn die Revolution sei »schon

Die Zensur ist machtlos

zu weit vorgeschritten, um sich nicht zu vollenden«, schrieb das Mitglied mehrerer europäischer Akademien, der Philosoph *Guillaume Raynal,*[5] dessen Hauptwerk »Histoire philosophique et politique« in den Jahren zwischen 1771 und 1800 in 25 Auflagen und in sechs Sprachen erschien, obwohl er in der Verbannung leben mußte und ein weiteres Werk von ihm öffentlich verbrannt worden war. Damit waren allerdings nicht der Aufruhr gegen die Staatsgewalt und die Herrschaft der Massen gemeint, sondern die Revolutionierung der Geisteswelt, die *Revolution im Denken der Regierenden:* »Vierzigtausend Weise, das ist etwa alles, was wir brauchen« (Voltaire).[6] Zu einer Revolution wäre es in Frankreich daher auch ohne die amerikanische gekommen.

2. Die Entstehung der revolutionären Situation in Frankreich

Im Frühjahr 1783 verbot Ludwig XVI. die Aufführung einer neuen Komödie von *Caron de Beaumarchais.* In seiner »Hochzeit des Figaro« geißelte der populäre Dichter Zensur, Ämterkäuflichkeit, Korruption und Mißwirtschaft: »Um in dieser Welt vorwärtszukommen, sind Schlitzohrigkeit und Gewandtheit wichtiger als Wissen und Erfahrung.« Und: »Für dieses Amt brauchte man einen Buchhalter; man vergab es jedoch an einen Tänzer.«[7] War das die innere Situation des Ancien régime?

Situation in Wirtschaft und Gesellschaft

Seit knapp einem Jahrzehnt standen Staat und Gesellschaft unter der verhängnisvollen Belastung des Krieges, den Paris aus Rivalität mit London im Bündnis mit den Amerikanern gegen Großbritannien führte. Mit Soldaten, Schiffen und Geld unterstützte es die vom Mutterland abgefallenen 13 »unabhängigen« nordamerikanischen Staaten. Im *Frieden von Paris* (3. 9. 1783) konnte Frankreich zwar die britische Vorherrschaft vorübergehend brechen und auch das europäische Gleichgewicht wiederherstellen, aber der Krieg hatte eine Milliarde Livres gekostet. Allein das *Haushaltsdefizit* von 1783 betrug 80 Millionen, und jährlich umfaßte der Zinsendienst für die seit 1776 als Anleihen aufgenommenen 1,25 Milliarden etwa ein Drittel der Staatsausgaben. Die Gesamtschulden Frankreichs waren in einem halben Jahrhundert von 36 % (1739) auf 67 % (1774) gestiegen und betrugen im Jahre 1789 schließlich 100 %. Wenn man sich vom Friedensschluß eine durchgreifende Besserung der Finanzen und der Wirtschaft erhofft hatte, so sah man sich in seinen Erwartungen getäuscht. Zwar regte der wieder mögliche Austausch von Waren und technischen Erkenntnissen zwischen Frankreich und Großbritannien Erfindungen und damit die Fortentwicklung der französischen Industrie an. Aber 1786/87 lösten ungehindert hereinströmende englische Produkte (Tuche und Industriewaren) und kurzfristige ausländische Kredite (Niederlande, Genf) besonders in der *Textilindustrie* eine Krise aus. Gleichzeitig wurde die *Landwirtschaft* durch Viehseuchen und witterungsbedingte Mißernten hart getroffen. Arbeitslose drängten auf einen Arbeitsmarkt, der ohnehin infolge der enorm gewachsenen Bevölkerung (von etwa 18 Mio. 1715 auf etwa 26 Mio. 1789) überfüllt war. Daher mußten viele betteln gehen; zahllose Wegelagerer verunsicherten das Land. Das Über-

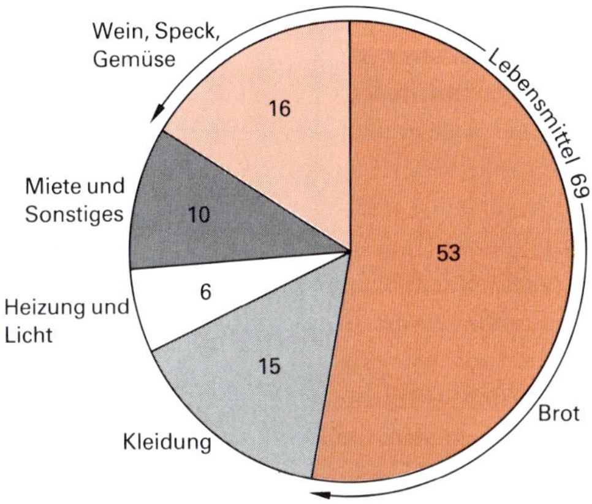

Lebenshaltungskosten der städtischen Bevölkerung in Frankreich im 18. Jahrhundert[8]
(in % des Einkommens)

Anstieg der Lebenshaltungskosten:

	1771–1789	um 45 %
	1785–1789	um 62 %

Erhöhung des Ausgabenanteils für Brot:

	1788	auf 58 %
	1789	auf 88 %
(Pariser Fabrikarbeiter:		97 %
Maurer:		60 %
Schlossergeselle:		48 %)

Soziale und wirtschaftliche Gliederung des Dritten Standes[9]

Der Dritte Stand	98 % der Bevölkerung; 15 % davon lebten in den Städten	
1. *Großbürgertum;* 40 Generalpächter, Bankiers, Großkaufleute, Reeder, Manufakturbesitzer	War diese kleine Minderheit von gewissen direkten (Taille) und indirekten Steuern (Aides) befreit, kam sie den Privilegierten nahe; Bodenbesitz von etwa 30 % (Adel = 20 %, Klerus = 10 %)	
2. *»Bourgeoisie«* »Rentiers«, Anwälte, Notare, Ärzte, Journalisten, höhere (nichtadelige) Beamte	etwa 30 % des Bürgertums; bildeten die geistige Führungsschicht	
3. *Kleinbürgertum* Handwerker: Meister, Gesellen, Facharbeiter; kleine Geschäftsleute: Ladeninhaber, Wirte etc.	etwa 65 % des Bürgertums (mit fließenden Übergängen zur Arbeiterschaft)	
4. *Arbeiterschaft* in Manufakturen und Fabriken; Hauspersonal, Wasser- und Holzträger	der größte Teil der städtischen Bevölkerung (16- bis 18stündige Arbeitszeit), ohne feste Anstellung	
5. *Landbevölkerung*		
a) Großbauern, Großpächter	rund 5 % der Landbevölkerung konnten rationell wirtschaften	65 bis 75 % waren Pachtländer (Geld oder Naturalien); allein sie hatten den Zehnten an die Kirche zu entrichten, 80 000 Patrimonialgerichte zu unterhalten und die Hauptlast der grundherrlichen und steuerlichen Lasten zu tragen
b) Kleinbauern, Kleinpächter	etwa 55 %	
c) Tagelöhner (ohne Land)		
Ohne Stand: Landstreicher Bettler, Arbeitslose	knapp 40 %	

angebot an Arbeitskräften ließ die Reallöhne sinken, und die knappen Güter führten zu Preiserhöhungen. Im Durchschnitt stiegen die Preise fast doppelt und in einigen Gegenden Frankreichs fünfmal so schnell wie die Löhne.

Wegen der Mißernten profitierten die Bauern nicht von der Verteuerung ihrer Produkte, weil sie nur mühsam den Eigenbedarf zu decken vermochten. Da in einer Rezessionsphase für die Kleinbauern auch der Verdienst im textilen Heimgewerbe entfiel, litten sie die gleiche Not wie die Tagelöhner. Erschwerend kam hinzu, daß Adelige die Allmende einzäunten, Pachten verdoppelten sowie unnachsichtig *Abgaben* und *Zehnte* (3/10 der Ernte) eintrieben. Dabei wurden sogar längst vergessene Rechtstitel wiederbelebt, und der Klerus versuchte, den Zehnten auch auf die neu angebauten Feldfrüchte Kartoffeln, Rüben und Klee auszuweiten. Dagegen belasteten die alten seigneuralen (grundherrlichen) Abgaben wie das Schornsteingeld oder das Ruhegeld für das Kindbett der Gutsherrin (silence des grenouilles) die Bauern mehr psychologisch als finanziell.

Betroffen von dieser *Wirtschaftskrise* und den Maßnahmen des Adels und des Klerus waren vor allem Angehörige des Dritten Standes, vom Tagelöhner bis zum Manufakturbesitzer (▷ Tabelle S. 13).

Die Stellung des Ersten und Zweiten Standes

Angesichts der Misere, in der Frankreich sich befand, nahmen die Feindseligkeit und das Mißtrauen der Bevölkerungsschichten des Dritten Standes gegen die örtlichen Gewalten und die Zentralregierung zu. Die Zentralgewalt wurde vom König repräsentiert. Doch der gewissenhafte, aber unentschlossene König – ein leidenschaftlicher Jäger und geschickter Schlosser – stand einer noch mächtigeren *Opposition* des Hofes, der Parlamente und der hohen Stände gegenüber. Klerus und Adel, Erster und Zweiter Stand, bildeten keine einheitliche soziale Schicht. Die praktischen Unterschiede in rechtlicher, politischer und sozialer Hinsicht waren groß, die *Vermögensunterschiede* gewaltig. Im Adel reichten die jährlichen Einkommen von 7 Mio. Livres bis hinunter zu 600 Livres, im Klerus von 1,2 Mio. (Erzbischof von Straßburg) bis zu 750 Livres für die Pfarrer und 350 für die Vikare. 10 % des Bodens besaß der Klerus, 20 % der Adel, 30 % das städtische Bürgertum. Adel und Geistlichkeit hatten die herausragenden *politischen und gesellschaftlichen Positionen* im absolutistischen Staat zurückerobert, die Ludwig XIV. ihnen – die wirtschaftliche Privilegierung ausgenommen – entzogen hatte. War der *Adel* (350 000; 1,4 % der Bevölkerung) von den meisten *Steuern* und *Abgaben* befreit – er zahlte eine gering veranschlagte *Kopfsteuer* (»Capitation«) und den *Zwanzigsten* (»Vingtième«) –, so beschränkte sich der *Klerus* (130 000; 0,5 % der Bevölkerung) völlig auf freiwillige Zahlungen. Alle fünf Jahre nahm der hohe Klerus Anleihen bei den Banken auf. Die Tilgungs- und Zinszahlungen hatte dann jeweils der niedere Klerus zu leisten. *Bürger* und *Bauern* hatten als einzige die *Taille* (Bodensteuer) zu entrichten, die die Hälfte der direkten Steuern einbrachte.

»Parlamente« als Zwischengewalten

Die 13 *Parlamente* waren aristokratische Institutionen und hatten in der Vergangenheit jeweils ablehnend reagiert, wenn fiskalische Privilegien angetastet werden sollten. Obwohl die Parlamente keine ständischen Vertretungskörperschaf-

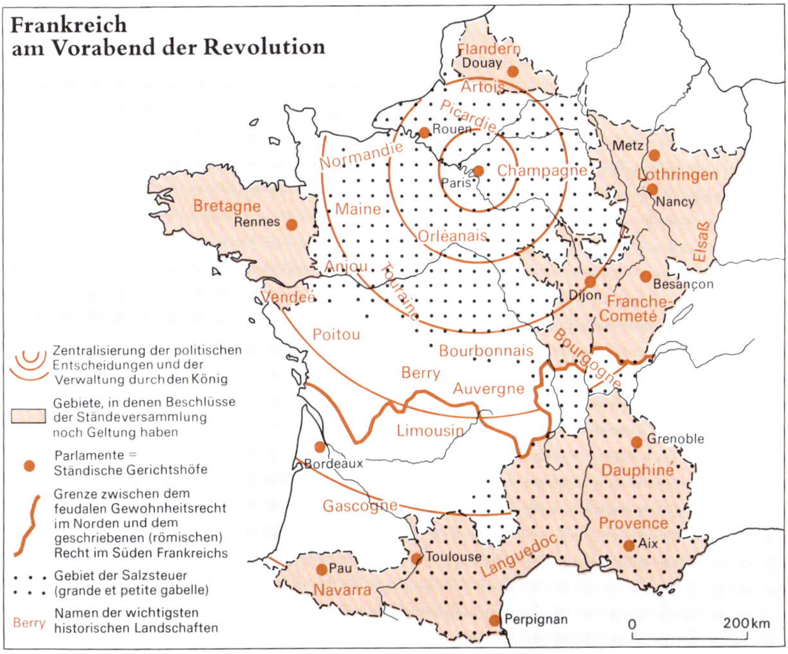

ten, sondern vornehmlich regional begrenzte Appellationsgerichte waren, hatten sie bereits unter Ludwig XV. erfolglos versucht, sich das *Steuerbewilligungsrecht* der Generalstände anzueignen. Die *Parlamentsreform* von 1771 hatte den staatlichen Einfluß vergrößert: von nun an ernannte der König diese Richter. Er mußte ihnen jedoch das Recht der »Remonstration« einräumen: Er erlaubte ihnen, die Durchführung königlicher Gesetze mit dem Hinweis auf rechtliche Vorbehalte zu verhindern. Unter der schwachen Regierung Ludwigs XVI. gewannen in den sieben Pays d'états die Parlamente – wie auch die Ständeversammlungen – zunehmend an Einfluß. In den 20 Pays d'élections dagegen hatten die *Intendanten* ihre umfassende Macht als Vertreter des Königs wahren können.

Maßnahmen gegen den Staatsbankrott

Als sich 1783 der Staatsbankrott erneut abzeichnete, ernannte Ludwig XVI. auf ausdrücklichen höfischen Rat hin einen seiner besten Intendanten zum Generalkontrolleur der Finanzen. Charles Alexandre de *Calonne* sollte die wirtschaftlichen und finanziellen Schwierigkeiten beseitigen, an denen seine beiden bedeutenden Vorgänger, der Wirtschafts- und Sozialpolitiker Turgot und der reiche Genfer Bankier Necker gescheitert waren.

Calonne wollte geschickter als Turgot und Necker vorgehen. Da er die Zerrüttung der Staatsfinanzen illusionslos einschätzte, aber auch wußte, daß grundlegende Reformen den Widerstand der 500 000 Privilegierten hervorrufen würden, befreite er die Wirtschaft wieder weitgehend von staatlichen Eingriffen. Trotz der bestehenden drei innerfranzösischen Zollgebiete führte er die Außen- und Binnenwirtschaft aus einem Jahrzehnt der Stagnation und Rezession heraus. Die wieder eingeführte Ämterkäuflichkeit von Offiziersstellen, Bistümern oder Abteien, eine staatliche Lotterie und das Umprägen von Goldmünzen erleichterten Calonne geringfügig den wachsenden Zinsen- und Tilgungsdienst für die alten Anleihen. Aber wie konnte der weiterhin drohende Staatsbankrott vermieden werden? Theoretisch gab es für den Generalkontrolleur der Finanzen drei Instanzen, die einer grundlegenden, verfassungsändernden Steuerreform zustimmen konnten. Um alle Untertanen ihrem Einkommen gemäß an den öffentlichen Lasten zu beteiligen, konnte er die *Generalstände,* die seit über 170 Jahren nicht mehr getagt hatten, einberufen lassen, oder er konnte bei den *Parlamenten* die Registrierung, also die Anerkennung der im königlichen Rat beschlossenen Steuergesetze, zu erreichen suchen, oder er konnte *Notabeln* zusammentreten lassen. Der erste Weg erschien ihm politisch bedenklich (Ausschreibung, Wahl- und Abstimmungsmodus waren ungeklärt), der zweite unrealistisch. Schließlich kamen im Februar 1787 auf Calonnes Rat 144 vom König ausgewählte, an Bildung, Rang und Vermögen bedeutende Männer in Versailles zusammen. Notabeln waren nahezu ebensolange wie die Generalstände nicht mehr einberufen worden, doch konnte Ludwig XVI. von ihnen – nur 30 waren nichtadelig – eher eine Unterstützung der Regierung erwarten als von den Generalständen. In einer glänzenden Rede vor den Notabeln forderte Calonne Reformen in der allgemeinen Staatsverwaltung, dazu einen obersten Finanzrat und eine jährliche Offenlegung des Haushalts. Selbst die »Mißbräuche« verschwieg er nicht: die Privilegien des Klerus und die *Gabelle* (Salzsteuer). Gerade die jährlich meistbietend verpachtete Salzsteuer, die bedeutendste der indirekten Steuern, wurde von den Pächtern zur Bereicherung mißbraucht. Jede Person über sieben Jahre war nämlich verpflichtet, sieben Pfund Salz zu kaufen und sie zu nichts anderem als zum Kochen und bei Tisch zu verwenden. Wer also mit diesem Salz pökelte und nicht dazu extra Salz kaufte, erhielt eine hohe Strafe und verlor sein Fleisch. Nicht einmal das Vieh durfte aus salzhaltigen Quellen trinken (300 Livre Strafe). Deshalb blühte der Schmuggel mit Salz.

Aufklärerische Reformversuche

Der fortschrittsgläubige Aufklärer und Physiokrat *Robert Jacques Turgot* folgte der im Naturrecht wurzelnden Lehre des französischen Arztes *Quesnay,* die ein freies Wirtschaftsleben und den Vorrang der Landwirtschaft propagierte. Er wandte sich deshalb gegen staatliche Reglementierung und setzte sich für die Dezentralisierung der Selbstverwaltung, für Handels- und Gewerbefreiheit, staatliches Armen- und Unterrichtswesen und für Repräsentativversammlungen zur Beratung des Königs und zur *Stärkung des nationalen Gemeingeistes* ein. Seine sechs *Reformedikte* von 1776 schufen eine einheitliche Grundsteuer, befreiten die Bauern von einigen Frondiensten, hoben den Zunftzwang auf (Gewerbefreiheit) und dehnten den freien Getreidehandel auf Paris aus

Jacques Necker befürwortete *staatliche Eingriffe* in der Finanz- und Wirtschaftspolitik. Er setzte Getreidepreise fest, nahm großzügige Anleihen (insgesamt 560 Mio. Livre bei einem Jahreshaushalt von nur 250 Mio.) auf und verstaatlichte die Domänen

Necker scheiterte an der gleichen Opposition wie Turgot, nämlich an den Großhändlern, den Privilegierten und insbesondere am Hof, als er einen wesentlichen Grundsatz absolutistischer Herrschaft mißachtete und einen *Rechenschaftsbericht* über das 46-Millionen-Defizit in 100 000 Exemplaren veröffentlichte

Die Opposition formiert sich

Die Notabeln weigerten sich, die politische Mitverantwortung für die Staatsfinanzen und eine gemäßigte Reformpolitik zu übernehmen. Eines ihrer soeben neu ernannten Mitglieder, der leidenschaftliche Kämpfer für die amerikanische Freiheit, der General Lafayette, sprach den *neu aufgestellten Verfassungsgrundsatz* aus: Es komme allein »den authentischen Vertretern der Nation«,[10] also Generalständen zu, über neue Steuern zu beraten. Auch das Parlament von Paris forderte Generalstände. Vereinzelte Reformgesetze nützten offensichtlich nicht mehr, um das System zu retten. »Sind erst einmal die Prinzipien der Regierung korrumpiert, dann helfen auch die besten Gesetze nicht« (Montesquieu).[11] Deshalb schwand in weiten Kreisen das Vertrauen in die Fähigkeit der absoluten Monarchie, die Schwierigkeiten bewältigen zu können. Schmähschriften gegen den König erschienen; seine Frau Marie Antoinette, Tochter Maria Theresias, wurde als arrogante Österreicherin und verschwenderische »Madame Déficit« angegriffen. Die Unzufriedenheit steigerte sich, als die Bourgeoisie ihre Forderungen öffentlich artikulierte. Die so verbreitete Kritik schuf eine bisher nicht gekannte Form von *Öffentlichkeit.* Das besitzende und gebildete Bürgertum, das sich in *Klubs* und *Lesezirkeln* mit den Gedanken aufklärerischer Schriftsteller auseinandersetzte, hatte Voltaire, Montesquieu, Rousseau, Schriften der Physiokraten und die Artikel der Diderotschen Enzyklopädie gelesen. Der *Contrat social* war innerhalb eines Jahres (1762/63) in 13 Auflagen erschienen, bis 1789/90 waren es 32. Zeitungen, Flugschriften und Traktate popularisierten die philosophischen Ideen. Zwischen 1775 und 1789 verboten die Parlamente 65 Schriften.

Die *Kritik* aufgeklärter Staatsbürger an den politischen, fiskalischen, wirtschaftlichen und gesellschaftlichen Mißständen richtete sich nicht mehr wie früher hauptsächlich gegen den Hof, sondern zunehmend auch gegen adelig-großbürgerliche Kreise. Sie kritisierten außerdem Korruption und Verschwen-

Die Lage des Dritten Standes. *Zeitgenössische Karikatur, 1789. Darstellungen, die die Geistlichkeit und den Adel anklagten, waren in den letzten Jahren des Ancien régime stark verbreitet.*

dung, Nepotismus und kirchliche Heuchelei (Atheismus der Städter). *Manufakturbesitzer* z.B. zahlten erhebliche Steuerbeträge, ohne in angemessener Form an der politischen Mitwirkung beteiligt zu sein. Ihr Unwillen über diese Situation wuchs ebenso wie der im *Bildungsbürgertum,* das sich in Verwaltung, Justiz und Armee stark unterrepräsentiert fand, obwohl drei Viertel aller seit 1774 Nobilierten Bürgerliche waren. Als der alte Adel dem neuen die ihm zustehenden Privilegien vorzuenthalten versuchte, entstand ein heftiger sozialer Konflikt zwischen *Alt-* und *Neuadel.* Er reichte schließlich tiefer als die Spannungen zwischen Adel und Bürgertum.

Das soziale System Frankreichs büßte so seine Flexibilität ein, die bislang den Aufstieg wohlhabender Bürger in den Amtsadel, die »noblesse de robe«, erlaubt hatte. Daher ließ die unterbrochene Zirkulation der Eliten auch nicht wie in Großbritannien eine breite und angesehene Schicht von Großkaufleuten, Bankiers und Manufakturbesitzern entstehen. Denn wenn einzelne französische Adelige, wie der Herzog von Orléans oder der Graf von Artois, sich wirtschaftlich betätigten, verloren sie in der Regel dadurch ihre Privilegien.

Die Weichenstellung im Jahr 1787

Drei Vorgänge charakterisierten die erwachende Öffentlichkeit und die geistige Atmosphäre: (1) In zynischer oder auch resignierender Distanz verharrte eine wachsende Zahl adeliger Repräsentaten zur monarchisch-aristokratischen Gesellschaft. Im Frühjahr 1784 hatte »Figaros Hochzeit«, von der Zensur freigegeben, einen spektakulären Erfolg. Er drang bis in die Provinz. Auf den Straßen zitierte man Wortspielereien aus dem Stück – selbst Adelige amüsierten sich über die *Angriffe auf ihre Privilegien* und beklatschten ihr Todesurteil. Der *Graf von Ségur* kennzeichnete diese Situation zutreffend, wenn er resümierte:

»Voltaire ergriff unseren Geist, Rousseau rührte unser Herz; wir fühlten ein geheimes Vergnügen, wenn wir sahen, wie sie das alte Gebäude angriffen.«[12]

(2) In den Kreisen der Intellektuellen führte die *Kritik an den bestehenden Institutionen* zur Suche nach einer vernünftigen politischen Ordnung.

»Es geht darum, eine Gesellschaftsform zu finden, welche ... die Person und die Güter jedes Gesellschaftsmitgliedes verteidigt und schützt und durch welche jeder einzelne nur sich selbst gehorcht und so frei bleibt wie zuvor, obwohl er sich mit allen verbindet« (Rousseau).[13]

(3) Ein zunehmendes Verständnis für die *wachsende Not* der bäuerlichen und städtischen Bevölkerung zeigte sich in weiten Kreisen der Bourgeoisie und auch bei vorausblickenden Angehörigen der ersten beiden Stände.

Als im Sommer 1787 erneut der Kampf um Reformen begann, fand er zwischen dem Monarchen und seinen Ministern einerseits und den Parlamenten und einer aktivierten Öffentlichkeit andererseits statt. Damit ergaben sich in der sich zuspitzenden Auseinandersetzung mehrere *Möglichkeiten,* den Kampf zu entscheiden: ein monarchischer Staatsstreich, die Einberufung einer Notabelnversammlung oder der Generalstände; eine evolutionäre Entwicklung (entschiedene Reformen), eine reaktionäre Aktion mit Hilfe des Parlaments oder schließlich ein staatsumstürzender Kampf gegen die Privilegierten (Revolution).

II. Von der ständischen Monarchie zum konstitutionellen Einheitsstaat

1. Verschärfter Kampf um Reformen (1787/88)

1787 Frühjahr	In der 1. Notabelnversammlung verhindern die Privilegierten Verwaltungs- und Finanzreformen
1787/88	In ihren verschärften Kampf mit der Krone ziehen die Parlamente den Dritten Stand hinein. Ihre Parole lautet: Wie in England im 17. Jahrhundert habe man die Freiheit gegen den monarchischen Despotismus zu verteidigen
1788 Aug.	Der drohende Staatsbankrott erzwingt die erneute Berufung Neckers zum Finanz- und Premierminister
1788/89	Die 2. Notabelnversammlung verweigerte dem König eine Anleihe, weil dieser den Dritten Stand der »Generalstände« zu verstärken plant

Die Entstehung eines Machtvakuums

Nach dem Scheitern der ersten Notabelnversammlung offenbarten die freigegebenen Protokolle das »Todesurteil des Absolutismus«. Politisch Interessierte meinten deshalb, bald eine erneuerte »Gesellschaft des Menschenglücks«, eine große »Revolution« erleben zu können.[14] An einen Sturz der Monarchie dachte trotzdem niemand; der König schien nur von schlechten Ratgebern umgeben zu sein.

»Alles deute darauf [auf eine Revolution] hin«, berichtete der englische Agrarwissenschaftler und Frankreichreisende *Arthur Young,* »vor allem das große Durcheinander in den Finanzen mit einem Defizit, das ohne die Generalstände des Reiches nicht mehr zu decken sei... Alle sind sich dahin einig, daß die Reichsstände nicht zusammentreten könnten, ohne daß daraus eine größere Freiheit entstehe.«[15]

Revolution contra Reformen des absolutistischen Staates

Wie diese Freiheit auszusehen hatte, war unklar. Der Monarch versuchte mit dem Versprechen, 1792 Generalstände einberufen zu wollen, Zeit zu gewinnen. Im August 1787 erzwang er kraft königlicher Autorität eine hohe Anleihe (»es ist gesetzlich, weil ich es will«), doch protestierte das *Parlament von Paris* gegen diese Maßnahme und forderte, die Generalstände unverzüglich einzuberufen. Die Provinzial-Parlamente solidarisierten sich. In Paris kam es zu tagelangen *Unruhen,* Schießereien, Plünderungen und dann zum Nachgeben des Calonne-Nachfolgers, des Bischofs *Loménie de Brienne,* der auf alle Reformvorlagen verzichtete, weil er sich dem Druck seiner Standesgenossen nicht zu widersetzen vermochte. Die Krone machte *Zugeständnisse,* die die Öffentlichkeit kaum beachtete: So ließ sie Provinzialversammlungen wieder zu, die die Macht der Intendanten und damit der königlichen Zentralgewalten einschränkten, und die Wahl von Bürgermeistern. In den Strafprozessen sicherte man die Position des Verteidigers; die Folter wurde abgeschafft. Im Frühjahr 1788 spitzte sich der Konflikt zwischen den Parlamenten und der Krone zu. Die Parlamente riefen dazu auf, »Freiheit und Revolution« zu sichern und die *lettres de cachet* als Instrumente der Willkür und Einkerkerung zu brandmarken. In Grenoble nahm das Volk Partei für die Privilegierten, demonstrierte mit ihnen gegen geplante Steuererhöhungen und griff königliche Beamte, Richter und Soldaten an. Vorübergehend vertraten Gruppen des Dritten Standes die Interessen der Privilegierten.

Im Sommer desselben Jahres wandte sich die Bourgeoisie von den Parlamenten ab, weil deren egoistischen Motive offenkundig geworden waren. Die Parlamente entwickelten sich zu einer eigenständigen politischen Macht. Mit den Besitzbürgern verbanden sich reformwillige Adelige und Kleriker. Der Dritte Stand bestritt den Anspruch des Königs und des Parlaments von Paris, allein die Nation zu vertreten. Als *Patrioten* beriefen sich seine Angehörigen auf die Ideen der Aufklärer und verlangten, die Generalstände auf dieselbe Weise zusammenkommen zu lassen wie die Stände in der Dauphiné. Dort hatten sich die Stände ohne königliche Einberufung versammelt und jedem Stand die gleiche Stimmenzahl und eine Abstimmung nach Köpfen zugebilligt. Damit ging der Dritte Stand über die Ziele der Parlamentsopposition hinaus und drängte auf den *Abbau der aristokratischen Privilegiengesellschaft.*

Mit der Unterstützung des Dritten Standes hätte der König jetzt die früheren Reformansätze fortführen und den Staatsbankrott verhindern können. Der Monarch jedoch brüskierte den Dritten Stand und berief die Generalstände, bevor über deren Zusammensetzung und Abstimmungsmodus entschieden war. Ludwig XVI. entschloß sich außerdem, mit den Parlamenten zu verhandeln, Necker zurückzuberufen und die Justizreform zu widerrufen. Aber das Parlament von Paris und eine 2. Notabelnversammlung lehnten die Kreditwünsche Neckers ab.

Die Lage in Wirtschaft und Gesellschaft

Im Winter 1788/89 verschärfte sich die *Hungersnot.* Ein zügelloser Mob verbrannte Strohpuppen von Calonne und »der Österreicherin« (der Königin). Bis zum Frühjahr 1789 erhöhte sich allein in Paris die Arbeitslosenzahl auf 25 % – darunter zahlreiche Jugendliche. Aus dem ganzen Land meldeten die Intendanten Plünderungen und Brandstiftungen; in der Pariser Vorstadt Saint-Antoine gab es 200 Tote, als die ersten Häuser gestürmt wurden. Liberale Aristokraten, reiche Bürgerliche und Juristen gründeten Klubs, wie die »Société des Trente« oder das »Comité breton« (die Keimzelle des Jakobinerklubs). Nach der Einberufung der Generalstände Ende Januar 1789 und dem Erlaß einer Wahlordnung stellten 44 000 Gemeinden aufgrund von Mehrheitsbeschlüssen und mit Hilfe von Advokaten und Pfarrern ihre Wünsche und Beschwerden in den *Cahiers des doléances* zusammen. Darin forderten sie Menschenrechte, Brot, Verfassung, Abschaffung der Privilegien, Freiheit für Handwerk und Handel.

Aufklärung und öffentliche Meinung

Die Bemühungen der Beschwerdeführer um Reformvorschläge und die Wahlen zu den Generalständen – in Paris ohne Zensus; beim Adel wählten die Frauen mit – weckten ein lebhaftes Interesse an der alsbald in 30 000 Exemplaren verbreiteten programmatischen Schrift des dreißigjährigen Kanonikus *Emmanuel-Joseph Sieyès: »Was ist der Dritte Stand?«* Die klaren Formeln dieser berühmten Wahlkampfbroschüre führten Rousseaus Ideen (▷ Bd. 1, S. 285) brillant in die Tagespolitik ein. Die Menschenrechte hätten in erster Linie die Freiheit des freigeborenen Individuums zu sichern. Sie verbürge der *Gesellschaftsvertrag,* in dem sich die freien Bürger zu einem Staat zusammenschlössen. Der Dritte Stand sei die vollständige Nation, hieß es: Wenn man die Privilegierten herauslöse, wäre die Nation nicht etwas weniger, sondern sogar etwas mehr. Dieses *souveräne Volk,* die Nation habe sich eine Verfassung zu schaffen: »Ihr Wille ist immer gesetzmäßig, denn sie selbst ist das Gesetz. Vor ihr und über ihr gibt es nur das natürliche Recht. Freiheit, Eigentum und Leben der in der Gesellschaft vereinigten Menschen sind durch das Gesetz allein garantiert.«[16]

2. La Révolution de la Liberté (1789–1792)

1789 5. Mai	Eröffnung der Generalstände
Sommer	*Drei revolutionäre Bewegungen* greifen ineinander: die der Abgeordneten, der Stadtbürger und der Bauern
17. Juni	Der Dritte Stand erklärt sich zur »Nation«
14. Juli	Eine Pariser Volksmenge erzwingt in einem improvisierten Aufstand die Übergabe der *Bastille,* die als Gefängnis gedient hat
4./5. Aug.	Adel und Geistlichkeit schaffen einen Teil der Privilegien ab
26. Aug.	Erklärung der Menschen- und Bürgerrechte
November	Die Kirchengüter werden verstaatlicht und verkauft
1790 Januar	Frankreich erhält eine dezentralisierte Verwaltungsordnung: 83 einheitlich organisierte Departements treten an die Stelle der alten Provinzen; 44 000 Gemeinden bekommen das Recht der Steuerveranlagung, die einfache Polizeigerichtsbarkeit und eine Nationalgarde

Die Ausbildung neuer politischer Gewalten

Am 5. Mai 1789 versammelten sich 1165 Abgeordnete aus ganz Frankreich zur Eröffnung der *Generalstände in Versailles:* 49 aus dem hohen Klerus und 242 aus dem niederen; 270 Adelige, darunter etwa 90 reformwillige »Liberale«; 220 Verwaltungs- und Gerichtsbeamte und 200 Advokaten; 100 Manufakturbesitzer, Großhändler und Bankfachleute; 50 Rentiers und 18 Ärzte – sowie Schriftsteller, Wissenschaftler, jedoch keine Bauern, Handwerker oder Arbeiter. Zu Vertretern des Dritten Standes waren auch Adelige und Geistliche gewählt worden, unter ihnen Sieyès und der Literat, Abenteurer und Diplomat *Mirabeau.* Die Generalstände stellten in den Augen des Königs eine unumgängliche Verlegenheitslösung dar, um aus der Finanznot herauszukommen. Wie bereits in der Phase der Revolution der Privilegierten versuchte Ludwig XVI. mit unsystematischer Kombination von Härte und Nachgiebigkeit, möglichst wenig von seiner *königlichen Prärogative* zugunsten eines Steuerbewilligungs-, Budget- oder Gesetzgebungsrechts der Generalstände aufzugeben. Sogar der Verdopplung des Dritten Standes, die er zugestanden hatte, versuchte er nachträglich ihr politisches Gewicht zu nehmen, indem er nun getrennte Beratungen der Stände verlangte. Der König schuf so ein Klima der Gereiztheit und förderte ungewollt Ansätze eines gemeinsamen Handelns.

Die Eröffnung der Generalstände in Versailles. *Gemälde von Auguste Couder. Den schlicht gekleideten, eng zusammensitzenden Deputierten des Dritten Standes fehlt zumeist jede Erfahrung in den Staatsgeschäften. Viele von ihnen kommen aus der Provinz; etliche sind auffallend jung (Lafayette ist 32, Robespierre 31, und die Brüder Lameth sind 29 und 32Jahre alt).*

»Hätte Necker nur einen Schatten von Talent«, schrieb Mirabeau damals einem Bekannten, »so hätte er in acht Tagen 60 Millionen Steuern und 150 Millionen Anleihen haben und uns am neunten auflösen können; hätte er eine Spur von Charakter, so würde er unentwegt mit uns gemeinsame Sache machen und könnte ein neuer Richelieu werden.«[17]

Die Nationalrepräsentation schafft sich eine eigene Souveränität

In der zweiten Junihälfte erreichten die »Communes« (Gemeinen) – so nannte sich der Dritte Stand – die ersten entscheidenden Erfolge. Sie empfingen begeistert liberale Geistliche und Adelige, die »der Stimme des Vaterlandes, die uns mahnt, zwischen den Ständen die Eintracht herzustellen«, folgten. In dem Bewußtsein, 96 % der Bevölkerung zu vertreten, erklärte der Dritte Stand sich am 17. Juni zur *»Assemblée nationale«*. Mit dem Rückgriff auf die Lehre von der Volkssouveränität (Rousseau) schuf die Nationalversammlung eine *neue Legitimation* der politischen Herrschaft. Kein Stand, sondern die Repräsentanten des Willens der Nation trafen politische Entscheidungen. Ihre Versammlung entzog dem König das Recht, allein die Einheit des Landes zu repräsentieren. Sie verzichtete demnach auf königliche Zustimmung, handelte bewußt revolutionär und riskierte sogar den Bürgerkrieg: »Haben etwa die Vereinigten Staaten die Sanktion des englischen Königs abgewartet?«[18] Drei Tage später (20. 6.) versammelte sich diese erste moderne europäische Nationalrepräsentation in einem provisorischen Versammlungslokal, dem *Ballhaus,* und versicherte pathetisch, erst dann auseinanderzugehen, wenn eine Verfassung geschaffen sei.

Diese Umwandlung der Nationalversammlung in eine *Constituante* verhinderte der König nicht. Die verfassunggebende Nationalversammlung gründete sich auf den Beschluß der Stände, die bisherige ständische Ordnung aufzugeben.

Eine vielschichtige revolutionäre Volksbewegung

Aber gerade in den Tagen des Juli schienen die revolutionären Errungenschaften in Gefahr, als nämlich Ludwig XVI. aus Furcht vor einem Aufstand unter den 650 000 Einwohnern von Paris die Truppen um die Hauptstadt zusammenzog, Necker entließ und ihm ergebene Minister berief. Gerüchte über ein Komplott der Aristokraten entstanden. Wie bereits im Frühjahr rotteten sich wieder die Kleinhändler, Ladenbesitzer, Handwerksmeister mit ihren Gesellen aus der Vorstadt *Saint-Antoine* zusammen. Allein sie und nicht Arme oder Hungernde bestimmten das Bild der Volksansammlungen, die, zumeist vorläufig als »Volksmiliz« organisiert, mit Truppenteilen aneinandergerieten. Aus der Pariser Wahlmännerversammlung bildete sich die *Commune;* sie verdrängte die bisherige Stadtverwaltung. Lafayette schuf aus Bürgern mit einem gewissen Vermögen eine revolutionäre Schutztruppe, die mit blau-roter *Kokarde* geschmückten *Nationalgarden.* Am 14. Juli kam es zu der Überrumpelung der *Bastille* und zu einem ersten Massaker. Am nächsten Tag erschien der König in der Constituante und erklärte, er sei »ganz eins mit der Nation« und vertraue sich der Versammlung an. Er zog seine Truppen zurück, billigte die Nationalgarden und steckte sich die revolutionäre Kokarde an (17. 7.). Von nun an hatte das Königtum seinen sakralen Charakter verloren. Ende Juli emigrierten die ersten Privilegierten; unter ihnen der Graf von Artois, der spätere Karl X. von Frankreich. In allen Kirchen erklang das Tedeum zu Ehren des Bastillesturms. Das war die Geburt des *revolutionären Mythos,* am 14. Juli habe das Volk seine Ketten zerbrochen. In der Nationalversammlung stand der alten Souveränität des Monarchen eine neue gegenüber. Mit alledem hatte sich eine bruchartige qualitative Veränderung der politischen und sozialen Ordnung der Gesellschaft, eine *Revolution* vollzogen. Zwar strebten die Revolutionäre bewußt eine weitgehende Neuordnung an, aber ihre Gewaltmaßnahmen zielten nicht dahin, die Monarchie zu beseitigen. Die Nation blieb monarchisch gesinnt.

Das Zusammenwirken dreier selbständiger Revolutionen

Im Sommer 1789 griffen dann die Revolution der Abgeordneten in Versailles und die Revolutionen in den Städten und auf dem Lande ineinander und nahmen einen antiabsolutistischen Charakter an. Sie entstanden zu verschiedenen Zeiten, hatten unterschiedliche Ziele, und es herrschten in ihnen jeweils andere soziale Gruppen. Zeitweise unterstützten oder hemmten sie sich wechselseitig oder liefen nebeneinanderher. Eine gemeinsame revolutionäre Erfahrung bestimmte dabei die »Patriotenbewegung«, das Bündnis von Reformadel und Bourgeoisie in der *Revolution der Abgeordneten.*

Die *Revolution in Paris und in den großen Städten* hatte ihre Wurzeln in dem Dauerkonflikt mit den Zentralgewalten (Intendanten). In den Provinzstädten traten *revolutionäre Komitees* an die Stelle der alten Magistratur. Intendanten, Gouverneure, Polizei und Militär riskierten kein Blutvergießen, weil sie die öffentliche Meinung gegen sich hatten. Die Komitees stützten sich in einem nicht geringen Umfang auf traditionelle Notabeln, doch verfügten sie über größere

Macht. Sie leiteten Justiz und Polizei, stellten Nationalgarden auf und schufen in regionalen Zusammenschlüssen, den »Gemeindeverbänden«, ein Gegengewicht zum Verwaltungszentralismus des Ancien régime. Ebenso erfolgreich wie in den Provinzstädten war die kleinbürgerliche Massenbewegung in Paris. Redner und Publizisten wie die Advokaten *Camille Desmoulins, Antoine Barnave* und *Georges Danton* sowie der wegen seiner Polemik gefeierte Herausgeber der Zeitung »L'Ami du Peuple«, *Jean-Paul Marat,* schürten diese Bewegung. Sie fand ihren vorläufigen Höhepunkt, als ein langer Zug von Frauen, organisiert und unterstützt von der Commune, die Königsfamilie aus dem Einflußbereich des Versailler Hofadels »in des Volkes Mitte«, nach Paris, verschleppte (5./6. Oktober) und die Nationalversammlung dem König dorthin folgte.

Schon im Winter 1788/89 löste sich die *Revolution auf dem Lande* aus der Tradition der »jacqueries«, als ihre Vertreter während der Wahlen zu den Generalständen allgemeine politische Forderungen nach einem Abbau der Privilegien vorbrachten. Im Frühjahr 1789 kam es zu den ersten Aufständen der Bauern. Sie reichten von der Verweigerung der Naturalabgaben bis zu Plünderungen (Picardie), von Waldverwüstungen bis zu antijüdischen Exzessen (Elsaß). Es gab Panikreaktionen aus Furcht vor militärischen Aktivitäten der ins Ausland geflüchteten Adeligen, vor Deutschen, vor Engländern, vor Banditen oder Bettlerhorden *(grande peur).*

Die Umgestaltung der Gesellschaft durch finanzielle und wirtschaftliche Maßnahmen

Alle diese Aktionen bedrohten Adel und Bürgertum gemeinsam. Sie gefährdeten auch die breite antifeudale Front der Constituante. Doch mit einer gezielten Maßnahme konnte die Bourgeoisie die drei Revolutionen einen und ihre Führungsposition zurückgewinnen: In einer Atmosphäre kollektiver Begeisterung erklärte die Constituante in der Nacht vom 4. zum 5. August *Feudalrechte* zu einer widerrechtlich angemaßten Form des Eigentums. Sie schaffte Steuerprivilegien, persönliche Gutsuntertänigkeit, grundherrliche Gerichtsbarkeit, adelige Exklusivrechte (Jagd, Fischerei, Taubenhaltung) und kirchlichen Zehnt ab und eröffnete den Bürgerlichen sämtliche Ämter. In dem entsprechenden Dekret hieß es: »Die Nationalversammlung zerstört das Feudalsystem vollständig.«[19] Bei seiner praktischen Anwendung zeigten sich allerdings bedeutsame Einschränkungen. So mußten seigneurale Rechte durch hohe Geldzahlungen abgelöst werden; ganz im Sinn der bürgerlichen Auffassung, daß die private Rechtssphäre und damit auch das Eigentum zu sichern seien (Locke; ▷ Bd. 1, S. 285). Auch überall dort, wo Grundrenten vorherrschten, änderte sich wenig. Die Ausführungsgesetze zur *Ablösung* (Frühjahr 1790) setzten die Beschränkungen fort, indem sie Versteigerungen vorsahen, von denen kapitalkräftige Großbauern profitierten. Es wurde deutlich, daß der Adel in der Nachtsitzung soviel wie möglich zu retten versucht hatte. Die Abschaffung der *Zünfte und Korporationen* sowie die Einführung der Berufs- und Gewerbefreiheit regelte erst ein Gesetz vom März 1791. Im Sinne dieser liberalen Wirtschaftsauffassung wurden gleichzeitig Arbeiterzusammenschlüsse und Streiks verboten.

Die Finanzkrise sollte durch den Verkauf des Kichenguts beendet werden, das der Staat Anfang November 1789 eingezogen hatte. Im Dezember 1789 gab man eine Art Schuldanforderung an den Staat, die *»Assignaten«*, aus, die später in Papiergeld umgewandelt wurden. Doch als der Verkauf des kirchlichen Landbesitzes nur schleppend verlief, der Finanzbedarf aber weiterhin wuchs, führte die mangelnde Deckung der neuen Währung zu einer stürmischen Geldentwertung. Im Februar 1790 löste die Constituante Klöster und Orden auf, schaffte im Juni den Adel ab, stellte im Juli die Geistlichen den zivilen Amtsträgern gleich und erzwang im Herbst auch von ihnen den Eid auf die Verfassung, den etwa die Hälfte verweigerte. Der Papst stellte sich auf ihre Seite und verurteilte neben der gesamten *Kirchenpolitik* auch zentrale revolutionäre Prinzipien wie die Menschenrechte. Diese entschiedene Verdammung spaltete zusätzlich die Geistlichkeit und das gläubige Volk.

Erklärung der Grundsätze und Ziele der Revolution

Zwei Monate nachdem sich die Nationalversammlung in die Constituante verwandelt hatte, verabschiedete sie eine *Erklärung der Menschen- und Bürgerrechte.* Diese Erklärung orientierte sich an den nordamerikanischen Freiheitsrechten. Die französischen Artikel bestimmten jedoch den Staatszweck, die juristisch und ökonomisch garantierte Sicherung der »natürlichen und unveräußerlichen« Rechte und Freiheiten des Menschen, schärfer und in einem vom Widerstand gegen das Ancien régime getragenen Geist. Die Menschen- und Bürgerrechte waren im Naturrecht der Aufklärung begründet. Sie suchten die Staatsfremdheit liberaler Politik – Freiheit zeige sich darin, »alles tun zu können, was niemand anderem schadet« – mit demokratischen Verfassungsbestimmungen zu kombinieren, die die Gewaltenteilung, das Justiz- und Verwaltungswesen betrafen. Die Juden erhielten im September 1791 die bürgerliche Gleichheit vor dem Gesetz. Die Sklaverei blieb jedoch aus kolonialen Interessen bestehen, und das Problem der fortbestehenden wirtschaftlichen Ungleichheit überging man. Diese *Ideen von 1789* beanspruchten universale Gültigkeit. Die normsetzende Kraft von Liberté, Egalité, Fraternité hat die moderne Welt auch tatsächlich bestimmt: Freiheit des einzelnen, Volkssouveränität, Repräsentation, geschriebene Verfassung, Gewaltenteilung, zivilrechtliche Gleichberechtigung, Garantie des Privateigentums und der Glaubensfreiheit.

3. Die Krise der konstitutionellen Monarchie (1791/92)

1791	3. Sept.	Die Constituante verabschiedet die Verfassung. Frankreich wird eine konstitutionelle Monarchie
1791/92		Emigranten bilden Freiwilligenheere für die Wiederherstellung der absoluten Monarchie. Ludwig XVI. führt mit europäischen Fürsten geheime Verhandlungen
1792	20. April	Die Kriegserklärung Frankreichs an Österreich führt zum *1. Koalitionskrieg* (Österreich, Preußen), der bis 1797 dauert
	20. Sept.	Das demokratische Heer (400 000 Freiwillige, Offizierswahl) siegt bei *Valmy,* dringt an den Rhein vor und besetzt Belgien
	2.–5. Sept.	September-Morde

Das Wechselspiel revolutionärer und gegenrevolutionärer Kräfte

Bereits in den Julitagen von 1789 hegte man am Hof Ludwigs XVI. gegenrevolutionäre Absichten, in die der König nicht völlig eingeweiht war. Und seit dem Sommer 1790 plante der von der Krone gewonnene *Mirabeau* einen *Staatsstreich.* Ludwig XVI. sollte sich demnach um Popularität bemühen, in die Provinz gehen und dort eine neue königliche Autorität unter Verzicht auf eine Restauration des Ancien régime begründen. Doch dieser Plan scheiterte mit dem Tod Mirabeaus am 2. April 1791.

Die innenpolitische Polarisierung verstärkte sich, als die königliche Familie im Juni einen dilettantisch durchgeführten *Fluchtversuch* ins Ausland unternahm. Die allgemeine Konfusion stieg, da im Ausland hergestelltes Falschgeld auftauchte und eidverweigernde Priester im Norden, im Westen und im Elsaß neuen Zulauf oder zumindest Sympathien gewannen. Zur gleichen Zeit geriet die Constituante zunehmend unter den Einfluß der radikalen Pariser Sektionen – die sich aus den ehemals 60 Pariser Distrikten zusammensetzten – und der politischen Klubs, der Vereine sowie einer sich rasch ausbreitenden Tagespublizistik.

Zeitungen als Träger politischer Kommunikation

1791 gab es allein in Paris mehr als 150 Zeitungen. Wer nicht lesen konnte, hörte von den Artikeln im Café – dort wurden sie vorgelesen – oder an den Straßenecken. Die Pressefreiheit, der relativ geringe Kapitalaufwand für eine Blattgründung und das außerordentliche Interesse der Bevölkerung an Information ließen immer neue »Journale« entstehen. Aber etliche gingen auch ebenso schnell wieder ein, weil sie allzu dilettantisch geplant, angefertigt und vertrieben worden waren. Der »alte Onkel« unter den Zeitungen war der seit 1672 erscheinende »Mercure de France«, königsfreundlich und gegen die revolutionären Auswüchse wetternd. Die größte Wirkung erzielte die neue, die demokratische Presse: Lafayettes »Le Patriote français« und »Volksfreund«-Blätter, sei es nun Marats »L'Ami du Peuple« oder eine der radikalen Provinzzeitungen.

Politische Klubs

Unter den Vereinen entfaltete der *Jakobinerklub* mit seinen über 2000 Mitgliedern im ganzen Land eine besonders wirkungsvolle Aktivität. In Paris tagte der Klub außer sonntags jeden Abend – zunächst nicht öffentlich –, folgte der Geschäftsordnung der Constituante, beriet deren Themen vor, führte Protokolle und schuf sich in der Provinz 150 zentralistisch organisierte Filialklubs. Allerdings war es schon im April 1790 unter der Präsidentschaft des aus Arras stammenden Advokaten *Maximilien Robespierre* zu Abspaltungen gekommen. Robespierres radikal-demokratischer, vorwiegend auf die Commune gestützter Kurs hatte dies verursacht. Es gab zahlreiche Gegengründungen: Lafayettes »Gesellschaft von 1789« oder die *Cordeliers* (Desmoulins, Marat, Danton) zählten dazu; Adel und Großbürgertum trafen sich im *Klub Valois* und im *Monarchischen Klub.* Die Gründung von Klubs war zur Mode geworden. Größere Bedeutung als die oftmals kurzlebigen Vereinigungen erlangte die Abspaltung der 1800 *Feuillants* von nun noch 600 verbleibenden Jakobinern am 16. Juli 1791, weil sich hier das Besitz- und Bildungsbürgertum der liberal-demokratischen (Salon der *Madame de Staël,* Neckers Tochter) von der kleinbürgerlichen Jakobi-

Der Sitzungssaal des Jakobinerklubs im Kloster St. Jakob. *Anonyme zeitgenössische lavierte Zeichnung. »Die Stärke der Bergpartei liegt nicht in der schöpferischen Phantasie, geschweige denn in einer klaren Konzeption für die zukünftige Demokratie, sondern einzig und allein im erfolgreichen Handeln und im geschickten Taktieren.« (F. Furet/ D. Richet)*

nerbewegung trennte. Äußeres Merkmal dieser bis in die Constituante hineinreichenden Polarisierung war die blutige Niederschlagung einer republikanischen Demonstration durch Nationalgarden auf dem *Marsfeld* (17. 7. 1791). Erstmals ließ man auf den »citoyen«, den revolutionär gesinnten Bürger, schießen, der eine »Adresse an die Franzosen« richten wollte und die »feige Nationalversammlung« kritisierte.[20] Der Mehrheit schien eine Verlängerung der Revolution verhängnisvoll.

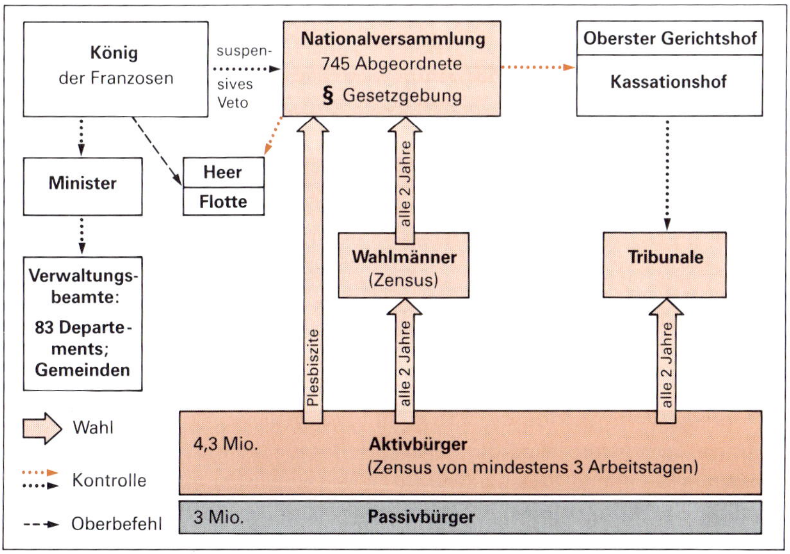

Die Verfassung von 1791.

Die Ungleichheit der Machtverteilung in der Verfassung

Mehr als ein Jahr nachdem die Nationalversammlung eine Verfassung gefordert hatte, konnte die Constituante sie am 3. September 1791 verabschieden. Die Verfassung sollte die monarchische Institution mit den revolutionären Prinzipien versöhnen. Deshalb ging die *konstitutionelle Monarchie* von der Exekutivgewalt des Königs, der Trennung von Exekutive und Legislative sowie dem Grundsatz der Volkssouveränität aus. Da in den Debatten über das Vetorecht des Königs und ein Zweikammersystem – eine Art Unter- und Oberhaus – die Einheit der Patrioten zerbrochen war, formulierte die Verfassung einen *Kompromiß,* der von großbürgerlichen Interessen und dem Mißtrauen gegen das Ancien régime bestimmt war. Die meisten Beamten unterstanden nicht mehr der Exekutive. So bedurften die königlichen Verordnungen der ministeriellen Gegenzeichnung. Gegen Beschlüsse der Legislative konnte der König sein Veto einlegen, das jedoch nur aufschiebende Wirkung hatte und nicht für verfassungsrechtliche und fiskalische Maßnahmen galt (▷ S. 34, 42). Die verhaßten königlichen Intendanten erhielten keine Nachfolger. Das Land wurde vielmehr neu gegliedert: in Departements, Distrikte und Gemeinden. Diese *Departementseinteilung* stellte die föderalistische Antwort auf den Ministerialdespotismus des Ancien régime und seine wirre Verwaltungsstruktur dar. Der neue Föderalismus und die große Föderationsbewegung mit ihren zahllosen Feiern sollten die Verbrüderung, die Einigung des Volks im Zeichen der *Dezentralisierung* fördern. Der Staatsbürger hatte auf der untersten Ebene, der Gemeinde, die Mitglieder der Gemeindeverwaltung zu wählen. Die nächst höhere war die der Distrikte; dort wählte der Aktivbürger einen Generalrat und ein Direktorium. Dieser Vorgang wiederholte sich im Departement. Alle gewählten Institutionen waren vom König unabhängig.

Soziale und politische Zusammensetzung der »Législative«

Bevor sie auseinanderging, beschloß die Constituante, daß ihre Mitglieder sich nicht den Wahlen zur gesetzgebenden Versammlung stellen durften. Als diese »Législative« zusammentrat, repräsentierten ihre 745 Abgeordneten am stärksten die Bourgeoisie. Über 250 von ihnen waren *Feuillants,* die mit der Verfassung die Revolution beenden wollten, etwa 350 *Konstitutionelle,* deren politisches Credo darin bestand, extreme Ansichten abzulehnen, deren Furchtsamkeit jedoch radikale Entwicklungen begünstigte – abschätzig wurden sie »der *Sumpf*« genannt. Die 136 Jakobiner (*Montagnards,* weil sie im Sitzungssaal auf den höheren Rängen saßen) bildeten drei Gruppen. Die äußerste Linke scharte sich um Marat, den radikalen Sprecher der Faubourgs (»Laßt Köpfe rollen!«). Um den Militärexperten Lazare *Carnot* sammelte sich die Mitte, und die Rechte bildeten die zumeist aus der Gironde stammenden *Girondisten,* die Verbindungen zur Geschäftswelt pflegten. Man hatte sie wegen ihrer rhetorischen Talente die »Römer« genannt, die sie auch nachahmten. Die Girondisten waren im Gegensatz zur jakobinischen Mitte und Linken ausgeprägte Individualisten, betonten dementsprechend die Rechtsgleichheit, traten für Dezentralisation, Gewaltenteilung und Freizügigkeit im Wirtschaftsleben ein. Sie suchten das Errungene sowohl gegen äußere Feinde wie auch gegen radikale und revolutionäre Aktionen im Innern zu sichern. An ihrer Spitze agierten der weitgereiste

Anwalt *Jacques Brissot* und der Wohltäter der Bauern, der von Turgot protegierte *Vergniaud,* sowie der Philosoph *Condorcet,* der an einen »vernünftigen« Ablauf der Revolution glaubte. Anders als die radikalen Jakobiner standen diese Girondisten dem Pariser Kleinbürgertum, den *Sansculotten,* verständnislos gegenüber, als sie sich im Winter 1791/92 wegen der steigenden Preise und zunehmenden Arbeitslosigkeit radikalisierten. Die Sansculotten waren zumeist Ladenbesitzer und Handwerker. Sie fanden ihren organisatorischen Halt in den permanent tagenden *Sektionsversammlungen,* der Pariser Nationalgarde und der Commune. Als Zeichen ihrer revolutionären Gesinnung trugen sie stolz lange Hosen und die hohe phrygische Mütze.

Der Wille zum politischen Krieg

Im Frühjahr 1792 scharten sich die Girondisten, Feuillants und Lafayette um den König. Ein neues girondistisches Ministerium rief zum Krieg gegen die Feinde der Revolution in Europa auf. Robespierre durchschaute dessen Strategie, mit Hilfe eines siegreichen Feldzugs von inneren Gegensätzen ablenken, die Wirtschaft stabilisieren und den Druck des städtischen Kleinbürgertums mindern zu wollen. Er propagierte daher den Kampf gegen den inneren Feind, die lauen Revolutionäre und eine wieder erstarkende königliche Autorität. Dennoch erklärte die Legislative Österreich den Krieg: Frankreich müsse einen »Kreuzzug für die allgemeine Freiheit« und gegen die *Emigranten* und ihre Hetze führen. Seit dem Sommer 1791 waren nämlich über 40 000 Privilegierte geflüchtet. Sie lebten an Fürstenhöfen wie in Turin, Mainz, Trier, Koblenz und bemühten sich, Großbritannien, Rußland, Spanien, Schweden und Österreich zu einem kriegerischen Eingreifen zu bewegen. Einen Teilerfolg hatten sie errungen, als sich Ende August 1791 Kaiser Leopold II. und der preußische König Friedrich Wilhelm II. in *Pillnitz* zu dem Grundsatz monarchischer Solidarität und dem Ziel bekannten, in Frankreich eine kräftige Monarchie wiederherzustellen.

Nach der *Kriegserklärung* Frankreichs im April 1792 blieben im Kampf gegen das mit Preußen verbündete Österreich die von den Girondisten erwarteten Siege zunächst aus.

Der Krieg treibt die Revolution voran

Da die Angst vor einer Invasion und das Bekanntwerden der Zusammenarbeit des Königs mit dem Ausland zu Panikreaktionen führten, wandten sich die Girondisten vom König ab und gingen kurzfristig ein Bündnis mit den Montagnards ein. Die Pariser Sektionen forderten die Absetzung des Königs. Als in Paris mit dem *Manifest des Herzogs von Braunschweig* (25. 7. 1792), des Oberbefehlshabers der österreichischen und preußischen Invasionsarmeen, publik wurde, daß die Alliierten Vergeltungsmaßnahmen planten, falls die königliche Familie bedroht würde, erklärte sich die Commune am 9. August zur *revolutionären Commune* und rief am Tag darauf zur Gefangennahme der königlichen Familie und zum Sturm auf die Tuilerien auf. An ihm beteiligten sich Bauern – aus der Provinz angereiste Revolutionäre, sog. *Föderierte* –, Handwerker, Gewerbetreibende und Ladenbesitzer. Unter den Pressionen der Straße erkannte nur die linksgerichtete Minderheit der Legislative das Geschehene an. Alle anderen Abgeordneten fürchteten um ihr Leben, und Mitglieder des Reformadels und des Großbürgertums flüchteten ins Ausland. Unter dem Druck der Commune ernannte die Legislative einen »Provisorischen Vollzugsrat«. Der Justizminister dieser neuen Regierung, *Danton,* besaß das Vertrauen der Commune, die von ihm eine gut organisierte Landesverteidigung und ein Handeln in ihrem Sinne erwartete. Als Ende August und Anfang September eine Terrorwelle das Land und Paris in Schrecken versetzte, griff Danton nicht ein. Auf ihrem Höhepunkt führten eine heftige Pressekampagne und die Angst nicht nur vor äußeren, sondern auch vor inneren Feinden – *royalistische Aufstände* in der Vendée, Bretagne und Dauphiné bedrohten den Fortgang der Revolution – zum Ausbruch eines barbarischen Massakers. »Das Volk muß sich selbst Gerechtigkeit verschaffen«, forderte die Commune auf Plakaten. In vier Tagen (bis zum 5. 9.) wurden allein in Paris 1400 Gefangene von Kleinbürgern, nicht von Kriminellen oder Asozialen, ermordet; darunter befanden sich nur zu einem Viertel politische Gefangene, es waren zumeist eidverweigernde Priester.

4. Freiheit und Gleichheit – auch für Frauen?

Kampf um Bürgerrechte auch für Frauen

Dem kritischen Blick auf die Frauen in der Französischen Revolution offenbart sich ein uneinheitliches Bild. In den programmatischen Texten der vorrevolutionären Epoche waren die Frauen wenigstens gelegentlich mitbedacht worden. Alle grundsätzlichen revolutionären Erklärungen nach 1777 schlossen Frauen keineswegs aus, doch fehlte in diesen Katalogen von Rechten und Prinzipien ein ausdrücklicher Hinweis auf die Frauen. Hatte man bei den Begriffen »Mensch« oder »Bürger« auch an sie zu denken, oder war »die andere Hälfte des Menschengeschlechts« bewußt unterschlagen worden? Eine Antwort läßt sich nur aufgrund eines kurzen Rückblicks auf die ersten revolutionären Jahre geben. Der Mathematiker und Philosoph *Antoine de Condorcet* hatte 1789 in einer Schrift »Über die Zulassung der Frauen zum Bürgerrecht« nachgedacht und sich dabei gegen eine kurz zuvor veröffentlichte Feststellung des Abbé Sieyès gewandt: »Die Frauen (...), die Kinder, die Ausländer und auch diejenigen, die nichts zur öffentlichen Gewalt beitragen, dürfen keinen aktiven Einfluß auf das Gemeinwesen nehmen.«[21] Dagegen legte der bisherige Verlauf der revolutionären Ereignisse (▷ S. 21 ff.) den Schluß nahe, die Frauen gleichrangig an der Seite der Männer zu sehen: Hatten sie sich doch ebenfalls in Beschwerdebriefen an den Monarchen gewandt und sich am Bastillesturm beteiligt; Zeitschriften wie den »Observateur féminin«, eigene Klubs, aber auch Gesellschaften beiderlei Geschlechts gegründet, Petitionen an die Nationalversammlung gerichtet und schließlich mit ihrem spektakulären Zug nach Versailles nicht allein Brot eingeklagt, sondern auch die Revolution vorangebracht.

»Erklärung der Rechte der Frau und Bürgerin«

Auf der Liste der den Frauen vorenthaltenen politischen und sozialen revolutionären Errungenschaften nahm die Spitzenstellung die Gegebenheit ein, daß Frauen von den Generalständen und von den Wahlen ausgeschlossen waren. Die »Erklärung der Rechte der Frau und Bürgerin«[22] vom 7. September 1791,

Olympe de Gouges (= Marie Aubry). *Anonyme Miniatur um 1775/90. Olympe de Gouges, Begründerin einer republikanischen Frauenbewegung, wurde am 4. November 1793 hingerichtet, nachdem sie Robespierre öffentlich kritisiert hatte.*

veröffentlicht wenige Tage nach der Verabschiedung der Verfassung (▷ S. 28) mit ihrem ungenügenden Wahlrecht, suchte die Situation zu ändern. Die Verfasserin, die Schriftstellerin *Olympe de Gouges* aus Montauban, wandte sich damit gegen die Zurückdrängung und Diffamierung der Frauen, ohne im Gegenzug die Männer zu mißachten. Jedem Artikel der Erklärung der Menschen- und Bürgerrechte setzte sie einige bezeichnende Abänderungen und wenige deutliche Abweichungen gegenüber. In der Präambel beanspruchte sie die Aufnahme von Frauen in die Nationalversammlung und die schriftliche Fixierung ihrer Rechte, »damit die Machtausübung von Frauen ebenso wie jene von Männern jederzeit am Zweck der politischen Einrichtung gemessen und somit auch mehr geachtet werden kann«.

Von hoher Bedeutung waren die Abweichungen von der Erklärung des 26. August 1789 in zwei Artikeln. An die Stelle der Festlegung in Artikel 3: »Der Ursprung jeder Souveränität ruht letztlich in der Nation« trat nun bei Olympe de Gouges:

»Das Prinzip jeder Herrschaft ruht wesentlich in der Nation, die nichts anderes darstellt, als eine Vereinigung von Frauen und Männern.«

Damit wurde klar ausgesprochen, daß dieses Prinzip erst noch zu verwirklichen sei. Im »neuen« Artikel 10 ging es zwar ebenfalls wie im alten um die »Meinungs- und Religionsfreiheit« – die religiöse wurde nicht eigens erwähnt –, in erster Linie aber mit provozierenden Forderungen um die verantwortliche Teilhabe am politischen Geschehen:

»Die Frau hat das Recht, das Schafott zu besteigen. Sie muß gleichermaßen das Recht haben, die Tribüne zu besteigen, vorausgesetzt, daß ihre Handlungen und Äußerungen die vom Gesetz gewahrte öffentliche Ordnung nicht stören.«

Anfangserfolg und Rückschlag

Dieses ungewöhnliche Dokument hat in den von Frauen allein oder mitgeprägten Klubs eine gewisse Wirkung gezeigt. Doch erzielte es keine allgemeine Beachtung, auch nicht in der späteren Kriegsphase (▷ S. 34 ff., 43 ff.), als nämlich die Bildung von »Amazonenlegionen« vorübergehend diskutiert wurde, Frauen sich an dem Sturm auf die Tuilerien und schließlich auch am Sturz der Gironde beteiligten. Im Gegenteil: es traten sogar schwere Rückschläge ein. Im Herbst 1793 wurden alle Frauenklubs verboten, Olympe de Gouges und andere gleichgesinnte Frauen hingerichtet.

Ehe und Familienleben sollten weiterhin soweit wie möglich das Leben der Frauen bestimmen. Eine tendenziell antiklerikale, antifeudale und die politische Vorherrschaft des Mannes in Frage stellende Politik revolutionärer Frauen ließ sich selbst in der radikalsten revolutionären Phase nur schwer durchsetzen. Unter dem Eindruck dieser negativen Entwicklungen trat schließlich eine der radikalsten Zeitschriften der Pariser Frauen, »Les Etrennes Nationales des Dames« (»Das Nationalgeschenk der Frauen«), für eine Reform des Scheidungsrechts, eine Verbesserung der Lage lediger Mütter, das Frauenwahlrecht und weibliche Geschworene ein. Doch danach erstarb in den Frauen nahezu jegliche Bereitschaft, etwas für die Frauen zu tun.

III. Begründung und Herrschaft des Terrors

1. Die Herrschaft des Nationalkonvents (1792/93)

1792/93	Das französische Königtum wird abgeschafft (21. Sept.) und Ludwig XVI. hingerichtet (21. Jan.); daraufhin schließen sich die europäischen Staaten – ohne Rußland – dem österreichisch-preußischen Bündnis an *(1. Koalition)*
1793 Frühjahr	Die französische Kriegserklärung an Großbritannien und die Niederlande (1. Febr.) provoziert eine englische *Blockade,* die in Frankreich Hunger und Inflation verstärkt; die revolutionären Truppen müssen sich aus Belgien zurückziehen
März/April	Gegen royalistische Aufstände im Land und gegen Unruhen in Paris sollen das neu geschaffene *Revolutionstribunal* und ein *Wohlfahrtsausschuß* energisch vorgehen
Juni/Aug.	Der »gereinigte« Nationalkonvent legt eine entschieden demokratisch-republikanische Verfassung vor; sie tritt wegen anhaltender innen- und außenpolitischer Bedrohungen niemals in Kraft
1793 13. Juli	Marat wird von *Charlotte Corday,* die aus einer altadeligen Familie stammt, ermordet; ihre Tat provoziert ungewollt sansculottische Unruhen, in denen eine *zweite Revolution* gefordert wird: Sie soll zur sozialen Gleichheit führen
27. Juli	Robespierre, der »Unbestechliche«, wird in den Wohlfahrtsausschuß gewählt
August	Barère beantragt den Prozeß gegen Marie Antoinette, die Verhaftung aller Ausländer, die nicht vor dem 14. Juli 1789 in Frankreich lebten, und die Beschlagnahmung des Vermögens von verhafteten Girondisten

Der Sieg der Revolutionsarmee über die alliierten Söldnerheere bei *Valmy* bedeutete eine einschneidende Wende. Goethe, der sie miterlebt hat, sagte am Abend der Schlacht zu einem Kreis von Soldaten: »Von hier und heute geht eine neue Epoche der Weltgeschichte aus, und ihr könnt sagen, ihr seid dabeigewesen.«[23] Valmy verminderte die militärische Bedrohung und entspannte die innenpolitischen Verhältnisse. Welche Parteiung konnte diese Atempause für sich nutzen? Die öffentliche Meinung wandte sich zunächst gegen die Commune und ihre *Kommissare,* da deren rigorose Haltung gegen Legislative und Regierung nunmehr sinnlos schien. Die Girondisten beschuldigten die Mon-

Die Straßenszene in der Rue Jacques *(1793) läßt ahnen, daß die Pariser in diesen Monaten mehr denn je »auf der Straße lebten«; dabei hatten es nur die besser gekleideten Bürger nötig, mit der Trikolore auf einer Rosette am Aufschlag auf ihre revolutionäre Gesinnung hinzuweisen.*

tagnards, mit Hilfe der Commune eine Diktatur errichten zu wollen, und erzwangen am 19. September 1792 die *Auflösung der Commune.* Schon am Tag nach der Erstürmung der Tuilerien hatte die Legislative die Einberufung einer »Convention Nationale« beschlossen, die eine neue republikanische Verfassung schaffen sollte.

Der »Nationalkonvent« und seine Beschlüsse

Am 20. September trat dieser »Nationalkonvent« zusammen, den eine Minderheit der Wahlberechtigten (10 %) gewählt hatte und in dem die Gruppierungen der Jakobiner dominierten. Der linke Flügel zählte 116, darunter die 24 Pariser Abgeordneten, die neue »Plaine« rund 400 und die Gironde gut 200 Abgeordnete. Die gesellschaftliche Herkunft der Volksvertreter zeigte auffallend geringe Veränderungen. Das Bildungs- und Besitzbürgertum überwog, ein Drittel war Juristen; 190 waren schon Mitglieder der Legislative und 96 sogar der Constituante. Getragen von einer Woge revolutionärer Begeisterung, beschloß der Nationalkonvent am 21. September, das Königtum abzuschaffen, einen *Revolutionskalender* einzuführen (beginnend mit dem 22. 9. als dem ersten

Tag des Jahres I der Französischen Republik) und die Republik für »einheitlich und unteilbar« anzusehen. Doch diese Einigkeit war nur von kurzer Dauer. Im Konvent zeigte sich die erste *Spaltung der Bourgeoisie,* als die radikalen Montagnards alle girondistischen Verwaltungsreformen zurückwiesen. Die Girondisten hatten versucht, den Vorrang der Hauptstadt gegenüber dem übrigen Frankreich und damit zugunsten einer föderalistischen Ordnung einzuschränken, die den Departements eine größere Selbständigkeit verschafft hätte. Die Revolution sollte für die Girondisten mehr als für die übrigen Gruppierungen auch die lokalen Freiheiten stärken und sie selbst an der gerechten Verteilung der Macht beteiligen. Die *Montagnards* wollten dagegen die zentrale Staatsgewalt stärken und eine sozial gerechte, auf Gleichheit beruhende Republik schaffen. In ihr sollte zwar ebenfalls das Privateigentum geschützt, die Wirtschaft jedoch staatlich gelenkt werden. Glück, Tugend und Bürgerpflichten bestimmten das jakobinische Bild der Gesellschaft im Sinn der Rousseauschen *»volonté générale«.* In ihr war das Volk verpflichtet, politisch unmittelbar tätig zu sein, so »daß, wer auch immer sich weigert, dem allgemeinen Willen zu gehorchen, von der ganzen Gemeinschaft hierzu gezwungen wird. Das bedeutet nichts anderes, als daß man ihn dazu zwingen wird, frei zu sein« (Rousseau).[24]

Eine politisch begründete Hinrichtung beseitigt die Mystik des Königtums

Der Gegensatz zwischen den Girondisten und Montagnards trieb die Revolution im Innern weiter und verschlechterte die außenpolitischen Beziehungen. *Louis de Saint-Just,* neben Robespierre einer der bedeutendsten Theoretiker der Revolution, formulierte das siegreiche Prinzip in dem sich hinschleppenden Prozeß, den der Nationalkonvent dem König nach seiner Absetzung machte: Der König sei »nicht wegen der Verbrechen seiner Verwaltung, sondern wegen des Frevels, daß er überhaupt König war«, schuldig.[25] Jeder König sei Rebell und Usurpator. Robespierre ergänzte, es gelte kein Urteil, »sondern eine Maßnahme der öffentlichen Wohlfahrt zu treffen«.[26] Mit knapper Mehrheit wurde schließlich über eine schnelle Hinrichtung Ludwigs XVI. entschieden (21. Januar 1793). Der *Eindruck auf Europa* war tiefer als vor rund anderthalb Jahrhunderten bei dem Todesurteil gegen Karl I. von England, den das Parlament als »Rechtsbrecher« verurteilt hatte. Jedoch unterblieb eine gegenrevolutionäre Aktion.

Die neue *Verfassung* wurde hastig erarbeitet und in einem Referendum mit 1,8 Mio. Ja-Stimmen bei 4,3 Mio. Enthaltungen angenommen (10. 8. 1793). Ihre erweiterten Menschen- und Bürgerrechte *postulierten* Gleichheit, Recht auf Arbeit und Bildung und den Widerstand gegen eine illegitime Regierung. Eigentum und Wirtschaftsfreiheit ließen sie unangetastet. Aus einer allgemeinen, geheimen und direkten Abstimmung unter den allein wahlberechtigten Männern sollte jährlich die Legislative hervorgehen. Die Exekutive war auf einen Rat und ein von der Legislative zu benennendes Verwaltungsdirektorium aufgeteilt (▷ S. 28, 42).

Die Verfassung beunruhigte die Bourgeoisie so sehr wie die *militärische Lage,* die sich seit Frühjahr 1793 wieder zugespitzt und innenpolitische Folgen hatte. Mit sieben revolutionären Armeen hatte Frankreich, unter den Klängen der *Marseil-*

laise, des Kriegslieds der Rheinarmee und der Föderierten, in Savoyen, Belgien und in den rechtsrheinischen Gebieten seine Fahne, die blau-weiß-rote *Trikolore,* aufgerichtet. Aus dem Befreiungskrieg war eine Eroberungspolitik erwachsen, die nicht nur nach »natürlichen Grenzen« am Rhein und an den Pyrenäen (▷ S. 43) strebte, holländisches Gebiet und englische Handelsinteressen bedrohte, sondern auch den Krieg durch Kontributionen in den eroberten Gebieten finanzieren wollte. Gegen die *Verschiebung des europäischen Gleichgewichts* und für eine Wiedereinsetzung der Monarchie in Frankreich kämpften deshalb seit dem Februar 1793 auch Holland, Spanien, Sardinien, Neapel, Portugal und Großbritannien. Diese Verstärkung der 1. Koalition und die Erkenntnis, daß der Krieg nicht den Krieg ernähre, führten zu heftigen *innenpolitischen Auseinandersetzungen.* Inflation (50%) und Hungersnot – mitverursacht durch Englands Blockade der Handelswege –, Agitation und Gewalttaten ermöglichten es den Montagnards, Gesetze über Fest- und Höchstpreise, über einen Zwangskurs der Assignaten und über die staatliche Unterstützung der Armen zu verabschieden (April/Mai 1793). In dieser Situation erhoben sich *Bauern, Royalisten und Kleriker* gegen die wiederholten Aushebungen, gegen den Preisverfall und gegen die Ablösungsschwierigkeiten. Ihre Guerillataktik im Kampf für Kirche und Monarchie machte es nötig, Fronttruppen gegen sie einzusetzen, während gleichzeitig sich in der *Armee* die Lage verschlechterte: Freiwilligeneinheiten gerieten in Konflikt mit regulären Linientruppen, die Nordarmee unterlag einem Heer der Alliierten, und ihr General *Dumouriez* desertierte.

Wechselwirkung zwischen Außen- und Innenpolitik

Seit Kriegsbeginn warfen die Montagnards den Girondisten Vaterlandsverrat, mangelnde revolutionäre Gesinnung und Tatkraft vor. Sie entsandten deshalb ihre eigenen Kommissare in die *Departementsverwaltungen,* in die Armee und zu den Heereslieferanten. Am 10. März 1793 erzwangen sie die Einrichtung von Überwachungsausschüssen und eines *Revolutionstribunals,* das eine Berufungsmöglichkeit ausschloß und dessen Richter und Geschworene der Konvent ernannte. Und am 6. April gelangte ein *Wohlfahrtsausschuß* (»Comité du salut public«) an die Spitze des Staats. Seine Mitglieder, Angehörige des Konvents, wechselten monatlich. Sie überwachten sämtliche Ministerien. Damit kontrollierten die Montagnards die Verwaltungstätigkeit der Girondisten, hoben die Gewaltenteilung auf und schufen allmählich einen hierarchisch-zentralistischen Behördenapparat. Die offiziell vom Konvent eingesetzten Amtsträger hatten sich vor dem Klub bzw. vor den *Überwachungsausschüssen* zu verantworten. Ende Mai versuchten die Montagnards, die sich sansculottische Forderungen zu eigen gemacht hatten, diese durch ein Komitee der Pariser Sektionen mit Gewalt durchzusetzen: »Säuberungen« in Verwaltung und Heer durch eine innere Revolutionsarmee, Kontrolle der Abgeordneten (imperatives Mandat), Wahlrat allein für Sansculotten. Im Verlauf eines *Sansculottenaufstands* gegen die Gironde (31. 5.–2. 6.) verhafteten die vom gemäßigten Bürgertum geprägten Nationalgarden 27 Girondisten, die als Gegner der Commune galten. 20000 Demonstranten hatten sich dabei vor den Tuilerien, dem Tagungsort des Konvents, versammelt.

Auseinandersetzungen um die »demokratische Revolution«

Die Einheit der Nation als Ziel

In dieser Zeit verfolgte Robespierre eine geschickte Politik zwischen den gemäßigten (Danton, Desmoulins) und den radikalen Montagnards (Hébert, Marat). Er verbesserte die Lage der Bauern dadurch, daß sie Parzellen von Emigrantengütern erwerben konnten, die Allmenden aufgeteilt wurden, und der Konvent die restlichen Feudalrechte aufhob. Im Kampf gegen die *»Föderalistenbewegung«* der Gironde setzte Robespierre Truppen ein (Juni–September). Der Gironde-Aufstand scheiterte, weil ihm eine einheitliche Führung fehlte und ihm vereinzelte Verbindungen mit Royalisten und dem Ausland schadeten (der royalistische Magistrat von Toulon lieferte den Kriegshafen an Engländer und Spanier aus). In *Carnot* fand Robespierre, Ende Juli in den Wohlfahrtsausschuß gewählt, den geschickten Reorganisator der Armee. Carnot gliederte die Freiwilligen in seine regulären Truppenverbände ein, beschränkte die Wahl der Offiziere, stellte die Disziplin wieder her und setzte im Konvent die allgemeine Wehrpflicht der Männer von 18 Jahren durch (23. 8. 1793). Nationalkonvent, Soldaten und Bürger fanden sich zu einer eindrucksvollen Aktion zusammen und bekannten sich somit zu Carnots Parole: Da die Republik jetzt einer ringsum belagerten Stadt gleiche, könne nur ein großes politisches, militärisches, wirtschaftliches und von den Herzen aller getragenes »Großes Aufgebot«, eine *»levée en masse«,* das Wohl des Staats wiederherstellen.

2. La Révolution de l'Egalité (1793/94)

1793	Sept.	Beginn der *»Terreur«.* Der Wohlfahrtsausschuß schafft die permanent tagenden Gremien der Sektionen ab, ergänzt sich zukünftig selbst, verabschiedet ein »Gesetz gegen die Verdächtigen« und setzt bei Löhnen und Preisen eine Höchstgrenze, das »Große Maximum« fest
	10. Oktober	Der Konvent erteilt seinem Wohlfahrtsausschuß *unbeschränkte Vollmachten* und erklärt sich als »revolutionär bis zum Frieden«
	November	Eine Gruppe um Danton setzt sich für die Mäßigung des Terrors ein
	Dezember	Einführung der allgemeinen Schulpflicht (Volksschule und eine »Marsschule« im Stil Spartas)
1794	13. März	Verhaftung der *Hébertisten,* weil deren revolutionärer Extremismus Großbritannien zum Eingreifen provozieren könne
	31. März	Verhaftung von Danton und seinen Anhängern, die zur Mäßigung raten und einen Frieden befürworten. Beginn von Auseinandersetzungen zwischen Wohlfahrtsausschuß und Sicherheitsausschuß über die Wirtschaftspolitik. Der Wohlfahrtsausschuß schafft sich eine eigene Überwachungsbehörde, das Generalpolizeibüro
	8. Juni	Das Fest des »Höchsten Wesens« soll ein Abgleiten des Antiklerikalismus in einen haltlosen Atheismus, ins Amoralische verhindern
	10. Juni	Beginn der *»Grande Terreur«*
	27. Juli	Am »9. *Thermidor«* erfolgt der Sturz Robespierres

Soziale und politische Grundlagen der Jakobinerherrschaft

Im Herbst 1793 saßen im *Wohlfahrtsausschuß* neben Robespierre der »Organisator des Sieges«, Carnot, Saint-Just, der als Vertrauter Robespierres in den Konvent gewählt worden war und gnadenlos die Gegner der Revolution verfolgte, der reiche ehemalige Staatsanwalt Hérault de Séchelles, der aus einem Jesuitenkolleg stammende protestantische Pfarrer Saint-André und die Anwälte Barère, Couthon (Freimaurer), Lindet. Später gehörten ihm noch die Communarden Collot d'Herbois (Schauspieler), Billaud-Varenne (Anwalt und Rhetorikprofessor) und die Brüder Prieur an; der jüngere, ein Gelehrter, war Präsident des Konvents. Diese elf Montagnards begründeten die einjährige »Jakobinerherrschaft«. Sie verbündeten sich mit dem revolutionären Paris, um die gravierenden politischen, wirtschaftlichen und militärischen Schwierigkeiten zu beseitigen. Der Wohlfahrtsausschuß schuf sich zu diesem Zweck eine willfährige Beamtenschaft und meinungsbildende Zwischeninstanzen, und er »setzte den Schrecken auf die Tagesordnung«, um »Verdächtige« überwachen, seine Gegner guillotinieren und die Unentschiedenen zu revolutionärem Engagement bringen zu können. Robespierre erläuterte diese Notwendigkeit:

»Die Regierungskunst bestand bisher in der Kunst, die Regierten zu betrügen und zu korrumpieren ...; sie muß abgelöst werden durch die Kunst, die Menschen aufzuklären und zu bessern. ... Im System der Revolution ist alles Unmoralische auch unpolitisch, alles Korrumpierende auch gegenrevolutionär.« Der Terror vernichte die Feinde, die Vernunft führe das Volk zu Tugend und Glück. Konvent und Wohlfahrtsausschuß verträten die nationale Sache; ihre Beschlüsse seien der Ausdruck des allgemeinen Willens. »Wenn die Triebkraft der Volksregierung im Frieden die Tugend ist, so ist in revolutionären Zeiten diese Triebkraft zugleich die *Tugend* und der *Schrecken;* die Tugend, ohne die der Schrecken unheilvoll wäre, der Schrecken, ohne den die Tugend ohnmächtig bliebe.«[27]

Gegen Gruppenbildung und »Ultrarevolutionäre«

Mit einem *Sicherheitsausschuß* schuf sich der Nationalkonvent das für diese Herrschaftsform notwendige System der Bespitzelung. Es erstreckte sich auf alle Gemeinden, Klubs und Gesellschaften. In seinen Listen befanden sich schließlich 800 000 Verdächtige: »Wer zittert, ist schuldig.«[28] Wenn Saint-Just erklärte, jede Parteiung sei verbrecherisch, weil sie Volk und Regierung isoliere, war es nur konsequent, jede Gruppe auszuschalten. Die vom Wohlfahrts- und Sicherheitsausschuß ernannten Mitglieder des Revolutionstribunals verurteilten im Herbst 1793 die Radikalen ebenso wie die Königin, 21 Girondisten und den Herzog von Orléans. Als die Mitglieder des Klubs der Cordeliers und die gemäßigten der Montagnards (Danton, Desmoulins, Hérault de Séchelles) zu Einheit und Frieden mahnten und sich oppositionelle Kräfte aus der Provinz um sie sammelten, wurden auch sie verhaftet. Ein parteiisches Gericht ließ sie am 5. April, nur kurz nach den Hébertisten (24. März), hinrichten. Damit hatte sich die revolutionäre Gewalt in Paris sowohl gegen die kleinbürgerliche Schicht als auch gegen die Bourgeoisie gewendet.

Frühphase der politischen Demokratie

Der französische Sozialist Jean Jaurès (1859–1914, ermordet am 31. Juli) schätzte die Monate vor der Vernichtung der girondistischen Fraktionen in Paris und im Lande als eine geistig schöpferische Phase ein. In ihr seien die großen Gedanken entwickelt und ein Teil davon auch verwirklicht worden. Später sei die Politik der Revolutionäre stärker von taktischen Erwägungen bestimmt worden. Diese Entwicklung hatten einige der Zeitgenossen sofort selbstkritisch erkannt: »Die Macht der Umstände führt uns vielleicht zu Ergebnissen«, überlegte Saint-Just, »an die wir nie gedacht hätten.«[29]

Immerhin konnten die Revolutionäre im Winter 1793/94 mit berechtigtem Stolz auf einige *politische und soziale Errungenschaften* und Reformansätze blikken. Diese dokumentieren zwar noch kein in sich geschlossenes Programm, doch wenigstens die Grundzüge einer Konzeption der aktiven Minderheit. Die Verfassung (▷ S. 34) hatte weitreichende Rechte geschaffen, doch zugleich dem Bürgertum beruhigende Zusicherungen gemacht (Eigentum; Volksentscheid als Ausnahme; Beamte, Richter und Verwaltungspersonal wurden nicht direkt, sondern von Wahlmännergremien in zwei Stufen gewählt). Die Fest- und Höchstpreise galten weiterhin, doch genehmigte der Wohlfahrtsausschuß Ausnahmen. Der Außenhandel konnte in freieren Formen abgewickelt werden. Sämtliche Reste der noch bestehenden Feudallasten wurden entschädigungslos abgeschafft; eine Minimalversorgung der Bevölkerung konnte gesichert werden. Condorcet entwickelte einen Gesamtplan für das Unterrichtswesen. Gegen die äußeren und inneren Feinde hatte die »levée en masse« alle Kräfte mobilisieren und die Einheit der Nation stärken können. Ein Gleichgewicht zwischen den Forderungen nach Einheit und Freiheit schien hergestellt – wenigstens in Paris, denn in den Provinzen erwies es sich als äußerst labil.

Die Diktatur als Mittel der Staatswohlfahrt

Im übrigen Frankreich setzte sich nämlich der Wohlfahrtsausschuß letztlich nur mit Terror und Gewalt durch. Die an die Alliierten übergegangenen Städte Lyon und Toulon eroberte die Armee zurück und plünderte sie; Unruhen im Nord- und Südwesten und im Süden Frankreichs schlug sie nieder (Dezember 1793). Im Kampf gegen die Alliierten waren erst Siege möglich, als nationalisierte Rüstungswerkstätten, Manufakturen und der Versorgungsapparat durch *Kommissare* scharf überwacht wurden.

Die klare Konzeption geht verloren

Da Carnot im Frühjahr 1794 eine Million Soldaten zu unterhalten hatte – für sie war ein Kredit von 10 Mio. Livre nötig –, wuchsen die wirtschaftlichen und finanziellen Probleme erneut. Im Februar dekretierte der Konvent, das Eigentum von »Verdächtigen« sei einzuziehen. Trotz eines *Lohn- und Preisstopps* und der Todesstrafe gegen Lebensmittelschieber hat die Terreur nicht verhindern können, daß die Not bei Handwerkern, Arbeitern und Tagelöhnern weiter anwuchs, da die Begrenzung des Lohns strenger als die Höchstpreise eingehalten wurde. Der Wohlfahrtsausschuß verschärfte die Terreur, indem er die Liste der todeswürdigen Taten verlängerte, dem Revolutionstribunal nur noch die Entscheidung zwischen Freispruch und Tod ließ, die Verteidigung abschaffte und zur Denunziation aufforderte. »Das ist keine Justiz mehr, sondern Ausrottung«, meinten sogar Revolutionäre.[30]

Widersinn des Terrors in der Zeit des Sieges

Selbst das Revolutionstribunal wurde mehrmals von »Zauderern und Feiglingen gereinigt«. Der öffentliche Ankläger schlief neben seinen Akten, der leitende Henker stellte neues Personal ein. Grausamer Fanatismus und lähmende Furcht bestimmten den Ausnahmezustand, dessen Ende nicht abzusehen war.

Die rot angestrichene Guillotine *stand anfangs auf dem »Platz der Revolution« (heute »Place de la Concorde«). Später mußte sie an den Rand der Stadt verlegt werden, da die Mehrzahl der Bevölkerung zunehmend ihren Abscheu geäußert hatte. Der Arzt Dr. Guillotin hatte die Maschine empfohlen, sein Kollege, Dr. Louis, dem elsässischen Klavierbauer Tobias Schmidt den Entwurf dazu geliefert.*

Doch als im Juni 1794 die Revolutionstruppen einen entscheidenden Sieg über Österreich in Belgien errangen, wuchs die Hoffnung, daß nun eine dauernde Anspannung aller Kräfte nicht mehr nötig sein würde. Robespierre drohte jedoch erneut allen »Lauen«, denn seiner Auffassung nach konnte die Terreur nicht ein zeitlich begrenztes Mittel sein. Entweder war sie demnach eine Dauereinrichtung oder zumindest eine permanente Möglichkeit, da auch die siegreiche Republik immer mit einer existentiellen Bedrohung zu rechnen habe. In dieser Situation fanden sich am 27. Juli, dem *9. Thermidor,* die Überlebenden, »Moderantisten« und Montagnards des rechten Flügels, zu einer ge-

Die Opfer der Terreur[31]

Revolutionstribunal und Sondergerichte ließen 16 594 Menschen hinrichten (ohne die Opfer der Massaker):

16 %	Paris	Handwerker, Ladenbesitzer, Arbeiter	31 %
52 %	Vendée	Bauern	28 %
19 %	Südosten	Bürger	25 %
13 %	übriges Frankreich	Adel	8,5 %
(in 6 Departements gab es keine Todesurteile)		Klerus	6,5 %
		ohne Beruf	1 %

Die Gesamtzahl der Opfer bertrug 35 000 bis 40 000

meinsamen Aktion zusammen. Geführt von *Barère, Billaud-Varenne* und dem ehemals radikalen Communarden *Collot d'Herbois,* stürzten sie den »Tyrannen« Robespierre, der auf dem Weg zur Alleinherrschaft war. Unter dem Jubel einer großen Volksmenge wurde der »Unbestechliche« mit seinen Vertrauten am nächsten Tag hingerichtet. Barère erklärte öffentlich, die Regierung werde weiterhin revolutionär sein. Die feierliche Überführung von Marats Leichnam zum Panthéon (21. 9.) sollte diese *Kontinuität* symbolisieren.

IV. Die bürgerliche Republik und Europa

1. Das Direktorialsystem und das Erbe der Revolution (1794–1799)

Sicherung der revolutionären Errungenschaften

Anfang 1795 entfernten gemäßigte Thermidorianer Marats Leichnam wieder aus dem Panthéon. Im November ließ der Nationalkonvent den Jakobinerklub schließen; im Dezember nahm er die girondistischen Abgeordneten, die die Schreckensherrschaft überlebt hatten, wieder auf. Er gestattete dem Wohlfahrtsausschuß nur in der Außenpolitik ein Mitentscheidungsrecht und schaffte den Preis- und Lohnstopp ab. Gegen einige Mitglieder des Wohlfahrtsausschusses bereiteten die Gemäßigten Prozesse vor. Das allgemeine Duzen unterblieb,

Pariser Straßenszene *(1795). Stich von Philibert-Louis Debucourt. Kunden, Handwerker, Bittsteller und Künstler warten vor der Tür eines Neureichen wie einst am Portal eines hohen Adeligen.*

und statt »*Citoyen*« hörte man wieder »*Monsieur*«. Zu der Zeit vor 1789 wollten die Thermidorianer jedoch nicht zurück. Bewußt festigten sie die revolutionären Errungenschaften, die *Grundfreiheiten* und das *Eigentum ohne Privileg.* Die angespannte revolutionäre Tugendhaftigkeit wich gesellschaftlichen, religiösen und moralischen Freiheiten. Der Nationalkonvent förderte eine *Vernunftreligion,* die zur Entchristlichung des öffentlichen Lebens führte. Diese Politik und wiederholte Mißernten, Aufstände der Royalisten, der Radikalen sowie der zurückkehrenden Emigranten erschwerten den Versuch, die gesellschaftlichen und wirtschaftlichen Verhältnisse zu stabilisieren. Deshalb konnten Handel und Gewerbe sich erst 1799 wieder auf dem Niveau von 1789 befinden.

Innere Unruhen lassen Ordnungsversuche scheitern

Die *Dauerkrise* der neunziger Jahre kennzeichneten Teuerung und Hunger, Spekulation und Inflation und Aufstände von verschiedenen Seiten. Im April und Mai 1795 erhoben sich Sansculotten: »Für die Verfassung von 1793 und Brot!« Die schlecht geführten Aufständischen unterlagen den Nationalgarden. Ein in der Provinz wütender *Weißer Terror* gegen alles Jakobinische gipfelte in Lyon, Toulon und Marseille in der Ermordung politischer Gegner und Gefangener. Um royalistische Unruhen in der Vendée und der Bretagne niederzuschlagen, mußten sogar reguläre Truppen eingesetzt werden.

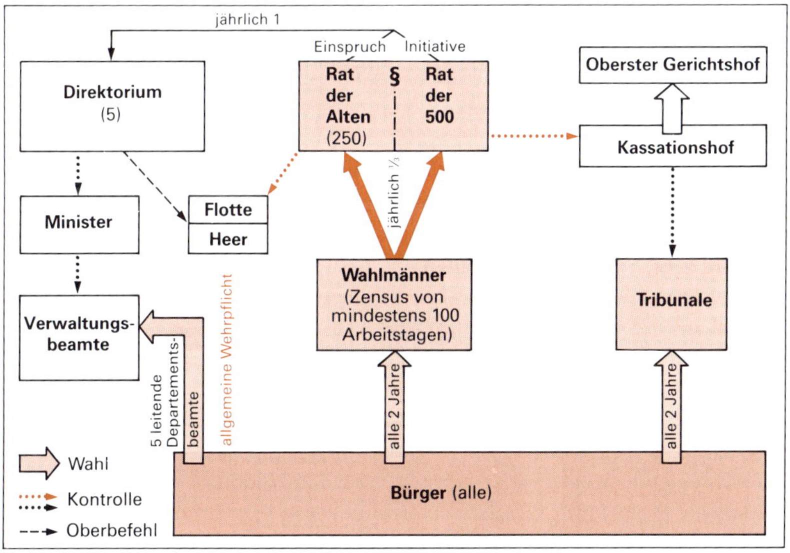

Die Verfassung von 1795.

Ein weiterer Versuch, um Ruhe und Ordnung herzustellen, wurde mit der Formulierung einer neuen Verfassung gemacht, der dritten innerhalb von vier Jahren. Die *Direktorialverfassung* wurde durch ein Referendum von 2 Mio. Ja-Stimmen bei knapp 6 Mio. Enthaltungen angenommen (17. 8. 1795). Sie stellte die Gewaltenteilung wieder her, stärkte jedoch die Exekutive, die ein fünfköpfiges Direktorium bildete. Die Verfassung schränkte die Menschen- und Bürgerrechte ein, ließ die sozialen Rechte von 1793 unerwähnt und betonte allein Eigentumsschutz sowie Presse- und Religionsfreiheit (▷ S. 25 ff., 34). Als der Konvent Wahlen auf der Grundlage dieser Verfassung ausschrieb und festsetzte, daß zwei Drittel seiner Abgeordneten der neuen Volksvertretung angehören sollten, erhoben sich am 23. Oktober 23 000 *Royalisten* gegen diese »Kleber«. Obwohl der Aufstand niedergeschlagen werden konnte, dominierten nach der Wahl die Royalisten im Corps législatif, einer der beiden Kammern des Parlaments.

Anders motivierte Unruhen entstanden im Winter und Frühjahr 1795/96. Ein aus ärmlichen Verhältnissen stammender Journalist, *François „Gracchus" Babeuf*, schürte sie, indem er seine Zeitung »Le Tribun du Peuple« als wirkungsvolles Sprachrohr benutzte. Seine »Verschwörung der Gleichen« (März 1796) sollte über eine Phase der Diktatur zu einer »großen Gemeinschaft« führen. Babeufs radikales Programm gipfelte in den Forderungen: »Kein Privateigentum mehr an Grund und Boden, die Erde gehört niemandem ... Verschwindet endlich, empörende Unterschiede von Reichen und Armen, ... von Herren und Knechten.«[32] Er fand bei Sansculotten und Jakobinern ein starkes Echo, da die wirtschaftliche Not anhielt. Doch bereits im Mai wurde Babeuf denunziert (10. 5.), vor Gericht gestellt und ein Jahr später hingerichtet. Die meisten seiner Anhänger wurden freigesprochen. Die opponierenden *Royalisten* waren erfolgreicher. Im Parlament bauten sie eine legale Opposition gegen die Herrschaft der Bourgeoisie auf. Die »politische Gratwanderung« des Direktoriums drohte somit zu scheitern. Da griffen Barras und zwei weitere Direktoren auf das Militär zurück, um politische Konflikte mit einem *Staatsstreich* zu beseitigen. Sie ließen durch Truppen die Legislative auflösen, die Abgeordneten vertreiben (September 1797) und Wahlergebnisse in ihrem Sinn verfälschen.

Das Direktorium überlebte die folgenden zwei Jahre dank der zu einem Umsturz noch nicht ausreichenden Kraft der Royalisten und Jakobiner. Doch im Sommer 1799 erzwang eine *jakobinische Mehrheit* den Rücktritt der Kammerpräsidenten, die Wiedereröffnung des Jakobinerklubs und ein Geiselgesetz – für jeden ermordeten Patrioten wurden vier Angehörige des Großbürgertums deportiert. *Sieyès* kehrte von seinem Berliner Botschafterposten ins Direktorium zurück; gestützt auf Bank- und Geschäftskreise, strebte er eine neue Verfassung an. Der in der Terreur erprobte, sich als Denunziant von Babeuf wieder hervorwagende *Joseph Fouché* – ehemals Mathematiklehrer im Kloster – übernahm die Polizei, um verschärft Korruption und Bandenunwesen, aber auch Arbeitslosenunruhen zu bekämpfen, denn allein in Lyon mußten wegen der britischen Blockade 13 000 von 15 000 Betrieben geschlossen werden. Da jedoch die zivile Macht die Nöte nicht zu beseitigen vermochte, wurde der Ruf nach einem der bewunderten Generäle immer lauter.

2. Der Kampf gegen die antirepublikanische Koalition

Krieg im Interesse nationaler Gemeinsamkeit

Die Thermidorianer hatten die Revolutionskriege fortgesetzt. Wichtiger als die Festigung der innenpolitischen Verhältnisse waren ihnen militärische Erfolge. Dieses Konzept schien sich 1795 zu bestätigen, als Carnot die österreichischen Niederlande erobern und mit Preußen den *Frieden von Basel* (5. 4.) abschließen konnte. Die Ratgeber Friedrich Wilhelms II. hatten nämlich einen totalen militärischen und wirtschaftlichen Niedergang Preußens prophezeit, wenn es sich nach dem Ausbleiben englischer Unterstützungen nicht alsbald zurückzöge. Preußen blieb von nun an neutral und überließ das linke Rheinufer Frankreich, das dafür seine rechtsrheinischen Positionen aufgab. Durch diesen Sieg erfüllte das französische Regime nunmehr das revolutionäre Eroberungsprogramm, dem zufolge Frankreichs *natürliche Grenzen* am Rhein und in den Pyrenäen lagen. Da 1795 weitere Staaten aus der 1. Koalition (▷ S. 29 f.) ausschieden, blieben Großbritannien und Österreich als Hauptgegner übrig.

Napoleon Bonaparte

Im Kampf gegen sie zeichnete sich der General Napoleon Bonaparte aus. 1769 auf Korsika geboren, hatte Bonaparte eine hervorragende militärische Ausbildung erhalten und es als Artillerieoffizier und Anhänger der Jakobiner bereits mit 26 Jahren zum General gebracht. Dem Direktorium diente er als Garnisonskommandant von Paris bei der rücksichtslosen Niederschlagung royalisti-

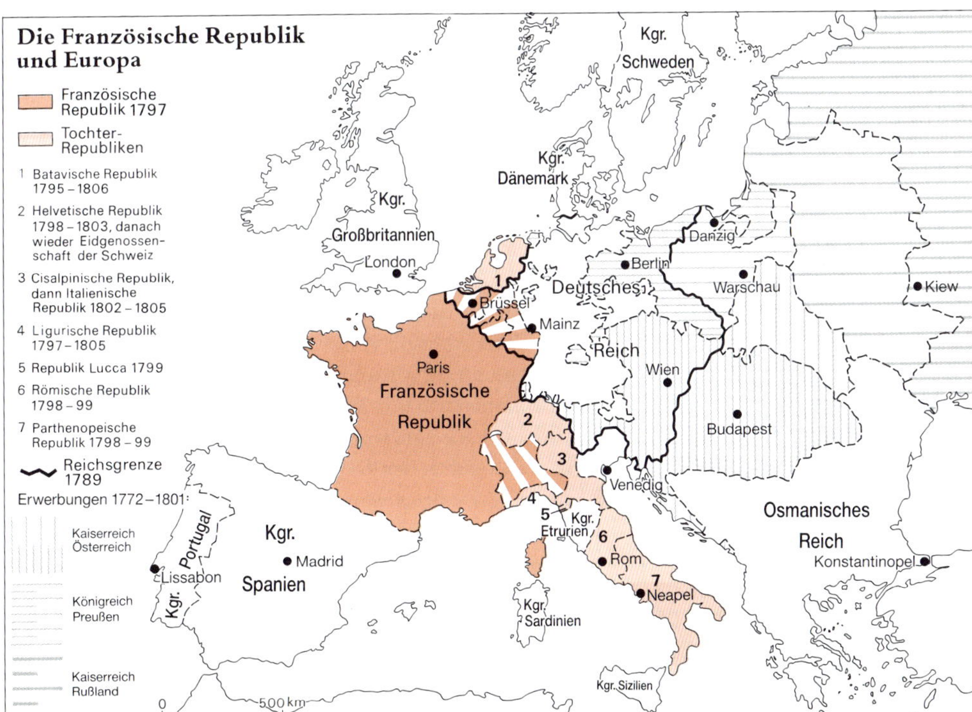

Bonaparte auf dem Großen St. Bernhard. *Gemälde von Jacques Louis David, 1800. Der Maler hatte als Konventsmitglied für den Tod des Königs gestimmt und für die Jakobiner überdimensionale Parteibauten errichtet. Von den Thermidorianern wurde er eingekerkert, im Oktober 1795 jedoch amnestiert. Als »Maler des Kaisers« wurde er 1816 verbannt.*

scher Aufstände. Als Bonaparte zum Dank dafür 1796 den Oberbefehl der in Italien gegen Österreich kämpfenden Armee erhielt, zeigte er erstmals politischen Ehrgeiz. Nach einem siegreichen Feldzug diktierte er eigenmächtig den Frieden bei *Campo Formio* (17. 10. 1797). Der Friedensschluß legte als Grenzen den Rhein und eine Demarkationslinie am Main fest. Österreich verlor Belgien und Oberitalien. Bonaparte erhielt freie Hand, aus den italienischen Eroberungen französische *Vasallenstaaten,* die »Tochterrepubliken« (▷ Karte S. 43) zu bilden.

Campo Formio hätte zu einem allgemeinen Frieden führen können, denn nun war Großbritannien isoliert. Doch während dort der Premierminister *William Pitt d. J.* die führenden Aristokratengruppen zum rigorosen Kampf gegen die »Hydra der Revolution«[33] sammelte, schürte in Frankreich das Direktorium den populären Haß gegen die wirtschaftliche Macht der »City« und die englische Flottenüberlegenheit. Eine Invasion versprach wenig Erfolg. Daher wollte das Direktorium Großbritannien im Mittelmeerraum und in Indien besiegen. Es entsandte im Mai 1798 Bonaparte mit 30 000 Soldaten und über 160 Wissenschaftlern nach *Ägypten.* Mit seinem Heer eroberte Bonaparte zwar Kairo, er wurde jedoch im August 1798 durch den Sieg des britischen Admirals *Horatio Nelson* über die französische Flotte bei *Abukir* vom Nachschub abgeschnitten, so daß die britische Vormacht im Mittelmeer erhalten blieb. Im Jahr darauf brachte Großbritannien eine *2. Koalition* (1799–1802) mit Rußland, Österreich, Portugal und der Türkei zusammen. Sie bot dem von den Franzosen vertriebenen König Ferdinand IV. ihre Unterstützung dabei an, Neapel wiederzugewinnen. Sogar russische Truppen erschienen in *Italien* und schlugen die französische Armee, so daß im Elsaß und in der Provence Angst vor den »barbarischen Giganten aus Asien« aufkam.

3. Demokraten und Jakobiner jenseits der »natürlichen Grenzen« Frankreichs

Ein »Zeitalter der demokratischen Revolution«

Mit der 2. Koalition von 1799 hatte der Kampf um den entscheidenden Einfluß in Zentraleuropa ein neues Stadium erreicht. In erhöhtem Maße erschien den Monarchien Frankreich als Quelle gleichmacherischer Demokratie und als Anstifter zum Umsturz. Die zeitgenössische politische Anklage bediente sich dieses Vorwurfs mit großem Erfolg. Doch sind bereits vor 1787 und auch außerhalb Frankreichs in Europa ähnliche Forderungen nach *Freiheit,* nach autonomer persönlicher Entfaltung, nach *Teilung der Gewalten* und *Absetzbarkeit der Beamten* aufgestellt worden. So hatte sich 1768 in *Genf* eine Bürgerrevolution gegen die Selbstergänzung der Regierung gewandt und war für öffentliche Wahl, die Souveränität des Volks und die Absetzbarkeit der Staatsbeamten eingetreten. Selbst in *Großbritannien* setzte sich unter dem Eindruck des amerikanischen Plädoyers für Menschenrechte und demokratische Selbstbestimmung 1778 eine »Assoziationsbewegung« für Parlaments- und Wahlreformen ein. 1791 entstanden sogar Reform- und Revolutionsgesellschaften (Mittelschicht), die zwar revolutionäre Aktionen ablehnten, jedoch Massendemonstrationen mit bis zu 100 000 Teilnehmern veranstalteten und darauf hinzielten, das allgemeine Wahlrecht einzuführen. In der *Republik der Vereinigten Niederlande* dagegen konnte zwischen 1780 und 1787 eine »Patriotenbewegung« gegen die kaufmännische Aristokratie mit preußischer Hilfe niedergeschlagen werden, obwohl breite Volksschichten durch ihre Sympathie für die amerikanische Unabhängigkeitsbewegung den Patrioten zuneigten. In *Schweden,* wo seit 1772 der aufgeklärte Monarch Gustav III. regierte, schaffte 1789 der Reichstag die meisten Adelsprivilegien ab. Zuvor hatte bereits eine neue Verfassung dem Adel das Ämterprivileg genommen und den Aufstieg in der Verwaltungslaufbahn von Eignung und Erfahrung abhängig gemacht. Und schließlich brach 1789 in den *österreichischen Niederlanden* die »Brabantische Revolution« aus. Ein Staatenbund von fast souveränen Provinzen schloß einen »Akt der Union« nach amerikanischem Vorbild und wahrte die alten Rechte des Bürgertums.

In den neunziger Jahren des 18. Jahrhunderts wirkten dann in Polen, dem Reich, Italien, Irland und in der Schweiz ältere Erfahrungen aus der amerikanischen Revolution mit den jüngsten aus der französischen zusammen. Zuerst gaben die Polen sich eine neue Verfassung. Ihre »Mai-Konstitution« (3. 5. 1791), die dem Bürgerstand die Reichstagsvertretung und den Zugang zu den Staatsämtern gewährte, beruhte auf einer fast zwanzigjährigen Beschäftigung mit englischen, amerikanischen und französischen Aufklärern sowie der Opposition gegen die Teilungsmächte Rußland, Preußen und Österreich. Auf russischen militärischen Druck hin mußte die polnische konstitutionelle Monarchie jedoch aufgegeben und schließlich (1793) eine zweite Teilung Polens (▷ Bd. 1, S. 316 f.) akzeptiert werden. An dieser war Preußen ebenso beteiligt wie an der Niederschlagung der nationalen Erhebung der Polen unter *Tadeusz Kościuszko,* der am amerikanischen Unabhängigkeitskrieg als Adjutant Washingtons teilgenommen hatte. Die Polen wurden besiegt und ihr Staat 1795 zwischen Rußland, Österreich und Preußen erneut aufgeteilt (3. Teilung). Polen wurde somit aufgelöst, als es sich zur ersten konstitutionellen Monarchie Europas wandelte. Ähnlich wie in Polen fanden sich auch in den *italienischen Stadtstaaten* Mailand, Genua, Rom, Turin und Neapel Bürger und reformfreudige Aristokraten in der Regierung zusammen. Die sozialen Auseinandersetzungen vermengten sich dabei allerorts mit einer »patriotischen (republikanischen) Bewegung« (1796–98). Zur selben Zeit einte die Bewegung der »United Irishmen« über 500 000 *Iren* in einem Aufstand gegen die schmale Schicht protestantischer Aristokraten englischer Herkunft.

Formen der Befreiungs- und Hegemonialpolitik

Die militärisch erfolgreich vordringenden Franzosen haben nahezu überall in Europa reformwillige Zeitgenossen mit großen Erwartungen erfüllt. Doch mußten überall Enttäuschungen wachsen, wo die freiheitlichen Ideen nur in allzu engen Grenzen verwirklicht wurden. In den meisten Kantonen der *Schweiz* führte die »Helvetische Revolution« unter dem Druck französischer Truppen zu einem unblutigen Übergang zur repräsentativen Demokratie. Dabei zeigte sich in der Schweiz und noch stärker in den von Frankreich annektierten Gebieten – Belgien, südliche Niederlande und Rheinland – sowie in den italienischen Tochterrepubliken eine nachteilige Entwicklung. Das Direktorium bewies nämlich drastisch, wie eng französische Befreiungsideologie und wirtschaftliche Ausbeutung zusammengehörten. »Die Französische Republik«, hieß es unter den enttäuschten Republikanern, »revolutioniert Völker, um sie ausplündern zu können, und beraubt sie, damit sie sich selbst erhalten kann.«[34]

Diese Tatsache belastete auch die »deutschen Jakobiner«. Sie setzten sich aus Anhängern unterschiedlicher politischer Überzeugung zusammen, deren insgesamt relativ schwache Agitation auf aufklärerische, liberale Forderungen zielte: Eigentumsfreiheit, Repräsentativkörperschaften, Grund- und Menschenrechte. Ursprünglich hatten *deutsche Republikaner und Demokraten* die Revolutionsheere im linksrheinischen Gebiet als Befreier begrüßt und politische Gesellschaften, Zirkel und Klubs gegründet, in denen vor allem Intellektuelle, Beamte, Angehörige des mittleren und höheren Bürgertums hervortraten. So sah 1790 der Dichter *Christoph Martin Wieland* die Revolution als »ein notwendiges und heilsames Werk« an. Zumeist jedoch schwand ihre Revolutionsbegeisterung und die Bereitschaft, zur Veränderung der politischen und gesellschaftlichen Verhältnisse Gewalt anzuwenden, während der Zeit der »Terreur« rapide. Schon 1793 schrieb *Friedrich Schiller* – der Konvent hatte ihn zum »Citoyen« ernannt –, »daß das liberale Regiment der Vernunft noch zu frühe kommt, wo man kaum damit fertig wird, sich der brutalen Gewalt der Tierheit zu erwehren«.[35] In dieser Zeit agierte in *Mainz* unter dem Schutz französischer Truppen eine »Gesellschaft der Freunde der Gleichheit und Freiheit«, der sog. *Mainzer Jakobiner Club,* und im Frühjahr 1793 trat dort ein *»Rheinisch-Deutscher Nationalkonvent«* zusammen, der zwar die erste deutsche Republik ausrief, doch breitere Volksschichten nicht zu gewinnen vermochte. In Köln proklamierten »revolutionäre Demokraten« die *»Cisrhenanische Republik«* (September 1797), die trotz der Unterstützung durch den französischen General Hoche ihre Autonomie verlor, da Frankreich das Gebiet schließlich annektierte. Als 1797/98 in Süddeutschland Republikaner und Demokraten Aufstandsvorbereitungen trafen, verhängten deutsche und besonders Wiener Gerichte abschreckende Strafen, obwohl die *österreichischen »Jakobiner«* zumeist nur Reformansätze Josephs II. und Leopolds II. hatten weitertreiben wollen. Die Ansicht marxistischer Historiker, daß der deutsche Jakobinismus die »massivste Herausforderung der herrschenden Feudalordnung«[36] darstelle, haben lokalgeschichtliche Untersuchungen nicht bestätigt. Den tonangebenden Klubmitgliedern – wohlhabende Bürger und Schriftsteller – ging es nicht darum, eine reformwillige fürstliche Regierung abzuschaffen, sondern die Stellung des Bürgertums innerhalb dieses Systems zu verbessern. »Ich glaube«, erklärte der katholische Publizist Joseph Görres im »Roten Blatt«, »daß das Repräsentativsystem der Kultur unserer Zeit angemessen ist.«[37]

V. Die weltgeschichtliche Bedeutung der Großen Revolution

1. Wirkungen und Ergebnisse

Die zeitgenössische Auseinandersetzung

Die amerikanische Revolution forderte Europa heraus, die Französische Revolution gestaltete es um. Die Vorgänge in den amerikanischen Kolonien zogen die Europäer in ihren Bann; Vernunft und Menschlichkeit schienen sich in Nordamerika schneller durchzusetzen als anderswo. Die Regierungsmacht wurde begrenzt, der Staat auf das Recht begründet und die Opposition ausdrücklich als alternative politische Kraft anerkannt. Rede-, Presse- und Versammlungsfreiheit galten als Voraussetzungen für eine demokratische Willensbildung. Doch spätestens im Sommer 1789 war die Französische Revolution das Ziel von Hoffnungen und Befürchtungen in Europa. »Schön ist es«, schrieb im Juli 1789 der spätere Deputierte des »Rheinisch-Deutschen Nationalkonvents«, *Georg Forster,* »was die Philosophie in den Köpfen gereift und dann im Staate gebracht hat.«[38] Eine englische »Gesellschaft zur Erinnerung an die Revolution von 1688« beglückwünschte die Constituante und hoffte, dieses Vorbild werde andere Nationen ermutigen. Gleichzeitig allerdings nannte das Mitglied des Unterhauses, *Edmund Burke,* die Revolution einen abscheulichen Angriff auf Religion, Eigentum, Ordnung und Gesetz. 1790 erklärte er in seinen »Reflections on the Revolution in France«, nicht auf das Auszählen von Abstimmungsmehrheiten, sondern auf Erfahrung gründe sich politische Weisheit. Die Ordnung der bürgerlichen Gesellschaft könne nicht auf der »phantastischen Grille« von politischer Gleichheit ruhen, da der Konflikt zwischen diesem Prinzip und der unvermeidlichen Ungleichheit die Menschen verbittere. Und er mahnte, »›eine freie Regierung‹ zu schaffen, das heißt, die widerstrebenden Elemente von Freiheit und Zwang in einem organischen Ganzen zu vereinigen.«[39] Wenn Burke die bestehende aristokratische Ordnung als legitim und freiheitlich verteidigt, dann darf sein Konservativismus nicht als schlichte Reaktion auf die Revolution mißverstanden werden. Hier wird eine eigenständige politische Strömung skizziert, auf die die Revolution reagiert hat. Den schärfsten Widerspruch formulierte der radikale englische Publizist Thomas Paine. Seine Programmschrift »Rights of Man« verteidigte die revolutionären Ziele, wie schon 15 Jahre zuvor sein Pamphlet »Common Sense« (1776) den Freiheitskampf der Nordamerikaner. Bis 1793 waren 200 000 Exemplare verkauft; die »Rights« gelten als die erfolgreichste Flugschrift aller Zeiten. Doch je stärker sich dann die Revolution radikalisierte, desto kräftiger wuchs die Zustimmung für Burke, so daß die verbreitete Revolutionsbegeisterung vielerorts ein »Strohfeuer« blieb. Die geistigen und politischen Auseinandersetzungen um Volkssouveränität, Menschen- und Bürgerrechte, Verfassungsstaat und Demokratie, Sozialismus und Wirtschaftsfreiheit, noch mehr aber um den Mythos der Französischen Revolution halten bis heute an. War die Revolution ein »vollständiger und harter Bruch« mit dem Ancien régime? Hat »das Volk sich von seinen Fesseln« befreien können? Nicht alle der genannten *Prinzipien* stellen originäre Schöpfungen oder Entdeckungen der Französischen Revolution dar, doch konnten sie zwischen 1787 und 1799 in einem solchen Ausmaß verwirklicht, aber auch in ihr Gegenteil verkehrt werden (Terreur), daß ihnen seitdem im politischen Bewußtsein eine hohe Bedeutung zukommt. Die *Regierungen* konnten nicht mehr dahinter zurück; sie hatten sich zukünftig der werbenden Kraft der *Ideen von 1789* zu stellen. Der Adel verlor das Monopol der Staatsführung zugunsten »einer zunehmend ineinander übergehenden Notabelnschicht von Großgrundbesitzern und Beamten« (Eberhard Schmitt).[40] Der absolutistische Militär- und Beamtenstaat wurde grundsätzlich in Frage gestellt. Die Belebung der Nation, die Mobilisierung aller »schlafenden Kräfte« während der Revolution, stärkte den Einfluß *reformwilliger Politiker,* die einen weitgehenden Umbau von Staat und Gesellschaft erreichen wollten.

Revolutions-Mythen

Im harten Gegensatz zu den revolutionären Realitäten in Frankreich standen die *Legenden* um Ereignisse wie den Sturm auf die Bastille oder die Nacht des 4./5. August oder der Mythos von den fortschrittlich agierenden unteren Volksmassen. Denn die Revolution hat von 1787 bis 1799 *mehrere Phasen* durchlaufen, in denen jeweils verschiedene Schichten des Bürgertums dominierten. Dementsprechend änderten sich auch die Ziele. Die Revolutionen der Abgeordneten, Städter und Bauern waren wie die der Jakobiner zeitweise von widersprüchlichen Inhalten bestimmt. Die gegenrevolutionären Kräfte zeigten in ihrer sozialen Zusammensetzung und in ihrer politischen Programmatik eine ähnliche Vielfalt. In dem verschärften Kampf um Veränderungen in Staat, Wirtschaft und Gesellschaft bildeten sich eine *politische Öffentlichkeit* und ein gesellschaftliches Selbstbewußtsein aus. Die Politik wurde zum Schicksal, zum viel besprochenen Thema und zur Pflicht eines jeden Bürgers; seine Rechte schützte ein *Repräsentativsystem,* dessen politische Legitimation sich auf das Prinzip der Volkssouveränität gründete.

Die *Entwicklungsbrüche,* die die Französische Revolution verursacht hat, waren im ideologischen, politischen, militärischen und juristischen Bereich insgesamt scharf, im gesellschaftlichen und wirtschaftlichen jedoch durch *Kontinuitätslinien* erheblich milder; eine freiere Wirtschaftspolitik und Ansätze zu modernen Wirtschaftsformen fanden sich bereits im Ancien régime. Die Revolution hat eine kapitalistische Wirtschaftsweise kaum gefördert. Der Adel wurde formalrechtlich eingeebnet, gesellschaftlich jedoch nicht entscheidend geschwächt oder gar vernichtet. Die Geistlichkeit büßte unvergleichlich mehr ein (Grundbesitz, Bündnis mit dem Thron) und litt seit dem Ende des 18. Jahrhunderts unter einem antirepublikanischen Trauma.

2. Kontroversen um die historische Einordnung

Die internationale Literatur zur Französischen Revolution läßt sich kaum mehr überschauen und ist vielfältig in ihrem Urteil. Auch sind die gesellschaftlichen Verhältnisse des Ancien régime und einige Vorgänge innerhalb der Revolution noch immer nicht befriedigend erforscht.[41]

Die Französische Revolution im Spiegel der Geschichtsschreibung

Die *konservative,* an Burke anknüpfende *Interpretation* betont, daß sich die aus dem Autoritätsverlust der Monarchie entstandene Revolution konsequent zum Terror einer aktiven Minderheit entwickeln mußte. Sie setzt die Revolutionäre nicht mit dem »Volk« gleich und bewertet die ständische Monarchie positiv. Daher fallen ihre Urteile insgesamt negativ aus. Die *liberale Geschichtsschreibung* schätzt die Entwicklung bis 1791 höher ein. Sie hebt die Lehren der »philosophes« sowie die Versäumnisse des Ancien régime hervor und stellt in ihrer Interpretation die Schreckensherrschaft als Fehlentwicklung dar. In den *sozialistischen* und *marxistisch-leninistischen Arbeiten* werden Sansculottentum, Terreur, Robespierre und Babeuf positiv gesehen. Die Schreckensherrschaft gilt als Höhepunkt der Revolution, nicht als ein »bedauerliches Ausgleiten«[42] der zunächst human gesinnten Revolte, sondern als erster Schritt zu einer auf den Prinzipien der Egalität und Solidarität aufgebauten Gesellschaft. Die Volksmassen in Stadt und Land treiben den »Klassenkampf« zwischen Feudaladel und »Bourgeoisie« voran, ihnen ist demnach die Entwicklung einer kapitalistischen Gesellschaftsordnung zu verdanken. *Karl Marx* hält außerdem den Konflikt zwischen Girondisten und Jakobinern für den beginnenden »Klassenkampf« zwischen »Bourgeoisie« und »Proletariat«. Die *Wirtschafts- und Sozialgeschichte* erbringt wichtige Einzelerkenntnisse über das Verhalten der Bevölkerung, über Löhne und Preise und über die soziale Zusammensetzung der verschiedenen revolutionären Versammlungen. Diese Ergebnisse fließen in die betont aus den Quellen arbeitende *strukturgeschichtlich bestimmte Geschichtsschreibung* ein, die sich bemüht, zu einer weltanschaulich möglichst unabhängigen Interpretation zu kommen. Sie trennt deutlich zwischen den verschiedenen revolutionären

Bewegungen, ihren Eliten, Trägern, Programmen, Kontrahenten und Zielen, um die jeweiligen Entscheidungssituation und Ergebnisse von unterschiedlichen Gesichtspunkten aus deuten zu können. Sie sieht die jakobinische Herrschaft als ein überflüssiges Ausgleiten der Revolution an, das sich in bloßen Machtkämpfen erschöpfte. Die bereits von *Alexis de Tocqueville* 1856 vertretene Ansicht, Ancien régime und Revolution seien durch ein Band der *Kontinuität* verknüpft, findet heute ihre Bestätigung nicht nur für die Verwaltung, sondern auch für Wirtschaft und Gesellschaft und für Religion und Kultur. Denn es läßt sich mit Hilfe der modernen Strukturanalyse nun genauer erkennen, welche Reformansätze dem Ancien régime entstammen und in der Revolution beschleunigt, gehemmt oder aufgegeben wurden: Man denke an die Reformmaßnahmen und politischen Ziele Turgots oder Neckers oder die zentralisierenden Tendenzen vom Absolutismus bis zum Napoleonischen System.

Die Revolution in der westlichen Welt

Eine umfassende Aufgabe für die Geschichtswissenschaft ergibt sich schließlich aus der Kritik an der von einigen französischen und englischen Historikern vertretenen Ansicht, daß alle revolutionären Konflikte am Ende des 18. und zu Beginn des 19. Jahrhunderts zwar aus verschiedenen, lokal begründeten Ursachen entstanden, aber auf *vergleichbare Zustände* und *gleiche Zielsetzungen* in der westlichen Welt zurückzuführen seien. Ihrer Überzeugung nach ist die Französische Revolution der Gipfel einer Reihe sich ähnelnder Konflikte. In Genf, im Rheinland, in Polen und in Ungarn, in den Vereinigten Niederlanden, in Mailand, Rom und Neapel, in Irland und in der Schweiz habe eine wieder erstarkende Aristokratie versucht, sich Privilegien zu sichern. Ihr Scheitern habe die *Erhebung des Bürgertums* nach sich gezogen, weil bisherige Rechte für Willkür gehalten worden und alte Treueverpflichtungen verblaßt seien. Ständische und feudale Herrschaftsstrukturen seien entscheidend geschwächt worden. Doch zu einer Verbindung zwischen bürgerlichen Radikalen und der frühen Arbeiterbewegung kam es nicht einmal in Großbritannien. Was bedeutet uns die *Verfassung,* wenn wir für sie nichts bedeuten?, hatten schon 1794 englische Arbeiter gefragt, ohne jedoch die Politik der »nationalen Rekonstruktion«, die alle führenden Gruppen einte, beeinflussen zu können.[43] Abschließend ist festzuhalten: Für einen so weit gespannten Erklärungsversuch, wie er in dieser Arbeitshypothese angelegt ist, die von einem »Zeitalter der demokratischen Revolution« spricht, fehlen für einzelne Länder noch ausreichende Detailuntersuchungen. Auch bestehen Zweifel, ob jede der erwähnten revolutionären Bewegungen »demokratisch« war.

B. Europa im Zeitalter Napoleons

1799	»18. Brumaire«: Staatsstreich Napoleons
1804	Kaiserkrönung Napoleons. Code civil
1806	Rheinbund. Kontinentalsperre
1807	Frieden von Tilsit
1807–22	Stein-Hardenbergsche Reformen
1813	Völkerschlacht bei Leipzig

I. Die Organisation der Diktatur

Wiederholt hatte das Direktorium durch militärische Erfolge von wirtschaftlichen Nöten sowie royalistischen und jakobinischen Unruhen abzulenken versucht. Diese Politik hatte jedoch in den späteren Jahren zu spektakulären Niederlagen im gesamten Mittelmeerraum geführt, wobei der Verlust der Tochterrepubliken in Italien besonders stark ins Gewicht fiel. Deshalb hielten 1799 der »Patriarch der Revolution«, *Sieyès,* der Polizeiminister *Fouché* und der Außenminister *Charles Maurice de Talleyrand* den sofortigen Sturz des Direktoriums für unumgänglich.

1. Das autokratische System in Frankreich

Ein Staatsstreich als Grundlage der inneren Neuordnung

Die Machteroberung gelang den Verschwörern am 9. November 1799, dem *18. Brumaire* des Jahres VIII, mit Hilfe des populären Generals Napoleon Bonaparte. Die »Brumairiens« stützten sich auf ihn, weil er gerade nach seiner Rückkehr aus Ägypten von der Pariser Bevölkerung enthusiastisch gefeiert wurde und über kein eigenes politisches Konzept zu verfügen schien. Unmittelbar nach dem Umsturz übernahmen Bonaparte, Sieyès und Ducos, ein weiterer Verschwörer, die Regierungsverantwortung. Sie bildeten ein *Kollegium von drei Konsuln,* in dem Bonaparte als Erster Konsul den Vorsitz hatte. Doch schon innerhalb weniger Monate gelang es dem Ersten Konsul, sich den formaldemokratischen Rahmen für eine Militärmonarchie zu schaffen, die innenpolitischen Verhältnisse zu stabilisieren und Vorbereitungen zur Fortsetzung des 2. Koalitionskriegs zu treffen.

Auf die Ausarbeitung einer neuen Verfassung, mit der Sieyès federführend beauftragt wurde, nahm Bonaparte von Anfang an starken Einfluß. Er setzte durch, daß die Regierungsautorität gestärkt und ihm die uneingeschränkte Exekutivgewalt zugeschrieben wurde. Die Konsulatsverfassung trat am 15. Dezember 1799 in Kraft, noch bevor die vorgeschriebene Volksbefragung *(Plebiszit)* beendet war. Sie bestand aus 95 Artikeln, in denen die Rechte der Bürger fehlten und ein indirektes, dreistufiges Wahlrecht die Gruppe der Notabeln derart privilegierte, daß es geradezu die Beteiligung des Volkes verhinderte. Die Auf-

gabe der *Gesetzgebung* teilten sich vier Versammlungen, deren Mitglieder nicht gewählt, sondern ernannt wurden, so daß die Legislative schwach war. Die Macht des Ersten Konsuls steigerte der Staatsrat, der ihm mit seinen fünf Abteilungen zur Verfügung stand und Gesetze »ergänzen«, d. h. sogar umgestalten durfte. Die enge Zusammenarbeit zwischen dem Ersten Konsul und seinem Staatsrat führte zu einer starken Zentralisierung der Macht.
Verfassungsmäßig lag die Allmacht Bonapartes im Artikel 41 begründet:

»Der *Erste Konsul* verkündet die Gesetze; er ernennt und ersetzt nach seinem Willen die Mitglieder des Staatsrates, die Minister, die Gesandten und andere auswärtige Oberbeamte, die Offiziere der Land- und Seemacht, die Mitglieder der örtlichen Verwaltungen und die Regierungskommissare bei den Gerichtshöfen. Er ernennt alle Straf- und Zivilrichter.« 44

Bonaparte stützte sich außerdem auf die Treue des Heeres und die Zustimmung der Massen, so daß seine Herrschaftsform als *»militärisch-demokratischer Cäsarismus«* bezeichnet wird. Da er sich politisch der Bedeutung der militärischen und plebiszitären Faktoren bewußt war, beachtete er sehr genau die Wirkung seiner Entscheidungen in der Bevölkerung. Dem verbreiteten Bedürfnis nach Ruhe und Sicherheit schien seine Politik zu entsprechen. Hatte er nicht den Krater des Chaos und der Anarchie zu schließen vermocht? »Ich habe ... das Volk und die Armee für mich«, soll Bonaparte gesagt haben, »wer unter solchen Bedingungen nicht regieren könnte, wäre sehr dumm.«[45] Die revolutionär errungenen Grundfreiheiten tastete er nicht an, doch erklärte er die Revolution für beendet. – 1802 wird er seine Amtszeit aufgrund eines Plebiszits von ursprünglich zehn Jahren auf Lebenszeit verlängern und sich ermächtigen lassen, seinen Nachfolger zu designieren.

Reformen sollen Zustimmung erzielen und erhalten

Mit den weitgehenden Vollmachten des Ersten Konsuls setzte Bonaparte zur Stabilisierung der innenpolitischen Verhältnisse *Verwaltungsreformen* in Gang. Die Gemeinde mit dem Bürgermeisteramt erhielt ihre Selbstverwaltung zurück. Doch trog der Schein. Zwischen Deklaration und Realität klafften Widersprüche. Wie im Falle der Volksvertretungen hieß es, das Volk sei souverän, indessen befragte es keiner mehr, ließ es debattieren und mitentscheiden. So durfte die Gemeinde zwar noch darüber befinden, wie die Gemeindeländereien zu nutzen und die öffentlichen Gebäude zu erhalten seien, aber über Steuern und Anleihen konnte sie sich nur noch gutachterlich äußern.
Bonaparte stellte an die Spitze der Departements *Präfekten* – 80 % von ihnen waren jünger als 45 Jahre. Sie hatten nicht nur für die Verwaltung Frankreichs, sondern auch für Rechtsprechung, Steuern und Polizei zu sorgen. In dieser präfektorialen Ordnung lebte die Intendantur des Ancien régime in veränderter Form wieder auf: Ungefähr 100 Präfekte, 400 Unterpräfekte und 36 000 Bürgermeister bildeten eine Bonaparte unmittelbar verantwortliche Bürokratie. Die Wahl der Beamten schaffte er auf allen Ebenen ab: Gemeinde, Kanton, Arrondissement, Departement. Auch die lokalen *Steuer*verwaltungen entmachtete Bonaparte zugunsten eines ebenfalls zentralistisch aufgebauten Generaldirektoriums. Dabei beseitigte er die konfiskatorischen Steuern auf höhere Ein-

kommen, die wegen ihres außerordentlichen Umfangs verhaßt und in der Vergangenheit wiederholt dazu benutzt worden waren, mißliebige Bürger bis an den Rand der Enteignung zu bringen. Die *Bank von Frankreich,* im Jahre 1800 gegründet, erhielt 1803 das staatlich kontrollierte Monopol über eine neue Währung. Die Folge war, daß innerhalb von 18 Monaten sich der Kurs der Staatspapiere verzehnfachte. Im *Justizwesen* ließ Bonaparte allein die Advokatur ohne Kontrolle. Er ernannte die Staatsanwälte und die Notare und schaffte die Wahl der Richter ab – den Friedensrichter im Kanton ausgenommen. Fünf *Polizei*systeme entstanden, weil Bonaparte Fouché mißtraute, der seine Spitzel selbst auf Präfekten ansetzte. Gegen Jakobiner ging Bonaparte, gemessen an den Gerüchten über zahlreiche und große Jakobinerkomplotte, zurückhaltend vor. 56 Jakobiner ließ er deportieren – darunter 20 Abgeordnete –, andere verhaften. Mit der *Zensur* verfolgte er oppositionelle Parteiungen und Zeitungen; 60 von 73 Zeitungen ließ er durch Fouchés Zensurbehörde verbieten. Als Ende 1800 nur noch neun Zeitungen übrig waren, hatte er den erstrebten »blocus d'idées« nahezu erreicht.

Das Regime Bonapartes charakterisierten nicht nur Zentralisation und Zensur, sondern auch die Verbannung – die »trockene Guillotine« der Tropen –, die Bestechung, das Denunziantentum, das Erschießen »auf der Flucht« und die Einlieferung politisch andersdenkender Personen in Heime für Geisteskranke. Aber die *Öffentlichkeit* beachtete den niedrigen Brotpreis stärker als diese Willkür. Denn Bonapartes Reformen belebten gleichzeitig Wirtschaft, Handel und Verkehr und gewannen ihm die wichtigsten Gruppen der Gesellschaft. Die protestantischen Kirchen wurden gesetzlich anerkannt, und ein *Konkordat* mit der katholischen Kirche nahm der royalistischen Opposition die Unterstützung durch den Klerus. Mit der großzügigen Vergabe von Gratifikationen, Ämtern und Orden zog Bonaparte die bürgerlichen »Notabeln« auf seine Seite, die als Besitzer von Ländereien oder Manufakturen Macht besaßen. Allein zwischen 1808 und 1814 verlieh er 3600 neue Adelstitel und ernannte 48 000 zu Mitgliedern der *Ehrenlegion,* eines 1802 gestifteten Militär- und Zivilverdienstordens. Die ausgleichende Innenpolitik Bonapartes vermochte schon Zeitgenossen nicht darüber hinwegzutäuschen, daß der Staatsstreich des 18. Brumaire nicht den vom Ersten Konsul konstatierten Einschnitt in der revolutionären Epoche darstellte. Denn er verdankte der Revolution seine *Diktatur,* und seine Regierungsmethoden glichen in einem nicht geringen Maß denen des Wohlfahrtsausschusses. Die zentralistisch und hierarchisch aufgebaute Verwaltung bildete die Voraussetzung dafür. Selbst zur Zeit Robespierres habe man, meinten daher Chronisten, nicht so strenge Gesetze gekannt. Doch Bonaparte wandte seine *Terrorgesetze* flexibler an als die Jakobiner. So konnte der preußische Botschafter nach Berlin berichten: »Jede vorangegangene Revolution hatte eine Menge Mißtrauen und Angst im Gefolge. Im Gegensatz dazu hat diese ... jedermann mit neuem Mut erfüllt und die lebhaftesten Hoffnungen geweckt.«[46]

2. Die Grundlagen des Imperiums über Europa

Friedensverträge gleichen Waffenstillständen

Nach den Friedensschlüssen von *Lunéville* und *Amiens* herrschte in ganz Europa Begeisterung über das Ende eines kriegerischen Jahrhunderts. Der Göttinger »Revolutionsalmanach« verkündete: »Der Parteigeist ermüdet, die Systeme nähern sich«;[47] in Frankreich hieß es, der Krieger Bonaparte beginne jetzt seine Laufbahn als Staatsmann und Gesetzgeber. Doch die Friedensschlüsse konnten nur ein labiles bipolares Gleichgewicht schaffen. Schon 1805 befand sich Europa wieder im Krieg, und Bonaparte, seit 1804 als Napoleon I. Kaiser der Franzosen, kämpfte um die Vormachtstellung in Europa. Trotzdem gelang es Napoleon zunächst, die innenpolitischen Voraussetzungen für sein Imperium zu schaffen und zu sichern.

Sozial- und Verfassungspolitik

So ließ er in einem von namhaften Juristen geschaffenen Gesetzeswerk alle bürgerlichen Rechtsverhältnisse zusammenfassen. Die 2281 Artikel des *Code civil* (Code Napoléon) gehen von der Rechtsgleichheit und der Freiheit der Individualsphäre aus. Sie beseitigen die Reste feudaler Bürokratie, deklarieren Gewissens- und Arbeitsfreiheit und verleihen den Juden das Bürgerrecht. In bestimmten Punkten geht der Code über die Errungenschaften der Französischen Revolution hinaus: Die Ehe verliert ihren sakramentalen Charakter, indem der Staat *Zivilstandsregister* einführt; die Ehe gilt somit als weltlicher Vertrag. Er betont das Autoritätsprinzip in der Familie. Indem er jedoch in den Kolonien die *Sklaverei* gestattete, führte er auf diesem Gebiet nicht über die Vorstellungen von 1789 hinaus.

Die Zeitgenossen erkannten das Doppelgesicht des Codes: Im Eigentumsrecht

1801/02	Die *Friedensverträge von Lunéville und Amiens* schließen den *2. Koalitionskrieg* für Frankreich günstig ab, indem sie den Frieden von Campo Formio bestätigen und Entschädigungen für Gebietsabtretungen vorsehen. Deutsche Territorien auf der rechtsrheinischen Seite sollen für ihre linksrheinischen Landverluste Ersatz erhalten. Der Reichstag überträgt deshalb einer Reichsdeputation, einen Entschädigungsplan auszuarbeiten. Doch Frankreich und Rußland einigen sich in dieser Frage vorab, so daß auf dieser Grundlage
1803	das letzte Reichsgrundgesetz entsteht, der *Reichsdeputationshauptschluß*
1804	Nach einem Plebiszit krönt sich Bonaparte als *Napoleon I.* zum *Kaiser der Franzosen* und begründet erneut eine *Erbmonarchie*
1804–10	Schaffung eines neuen Rechtssystems; die größte Bedeutung erlangt der *Code civil*
1805	Im *3. Koalitionskrieg* vereinigt sich Großbritannien mit Rußland, Österreich, Schweden und Neapel gegen Frankreich mit seinen Verbündeten, Spanien und die süddeutschen Staaten. Bei *Trafalgar* siegt die britische Flotte unter Admiral *Nelson* (21. 10.) und sichert damit die englische Seeherrschaft; Napoleon besiegt Russen und Österreicher bei *Austerlitz* (2. 12.). Im *Frieden von Preßburg* (26. 12.) verliert Österreich Venetien; Bayern und Württemberg werden zu Königreichen
1806	Mit 16 süddeutschen Staaten (bis 1811 werden es 20) bildet Napoleon den ihm ergebenen *Rheinbund.* Kaiser *Franz II.* legte die Krone nieder. Preußen – verbündet mit Sachsen und Rußland – fordert die Auflösung des Rheinbunds und erklärt Frankreich den Krieg *(4. Koalition),* in dem es jedoch fast völlig isoliert kämpft, da Rußland mit Frankreich einen Separatfrieden abschließt. Der Zar kann lediglich die Vernichtung Preußens durch den Frieden in *Tilsit* (Juli 1807) verhindern, da Napoleon den Zaren für seinen Handels- und Wirtschaftskrieg gegen Großbritannien braucht

Zu einem bevorzugten Medium der Kritik wurde die Karikatur. Tausende von Zeichnungen widmeten sich allein Napoleon. Der Kupferstich von James Gillray thematisiert den englisch-französischen Gegensatz und die Teilung der Welt *(Pitt d. J. – Napoleon) nach der französischen Niederlage bei Trafalgar (1805) und dem Verlust Dänemarks (Auslieferung der dänischen Flotte an Großbritannien, 1807).*

wahrte er die Interessen des Bürgertums; mit der Sicherung der Volkssouveränität wurde er zum *»revolutionären Exportartikel«* in ganz Europa. Von 1806 bis 1810 folgten ein Handelsgesetzbuch, eine Zivil- und Strafprozeßordnung sowie ein Strafgesetzbuch. Auf diesem Gesetzgebungswerk beruht, zusammen mit dem *Corpus juris* und dem Vernunftrecht, ein großer Teil der Justizkultur der Erde.

Zentrales Ziel der Napoleonischen Innen- und Außenpolitik war die Begründung einer *Erbmonarchie.* Die Verlängerung des Konsulats von zehn Jahren auf Lebenszeit stellte eine wichtige Etappe auf diesem Weg dar. 1804 bot ein erneuter royalistischer Aufstand den willkommenen Anlaß, mit einem Plebiszit die Zustimmung zur Gründung eines Kaiserreichs zu erreichen. 3,6 Millionen Franzosen sprachen sich dafür, 2600 dagegen aus. Am 2. Dezember 1804 salbte *Pius VII.* Bonaparte und *Josephine Beauharnais,* Witwe eines 1794 hingerichteten Adeligen, in Notre-Dame. Der »Sohn der Revolution« krönte sich selbst und erklärte dem Papst: »Sie sind Papst von Rom, aber ich bin der Kaiser von Rom.«[48] Der Staatsakt der Kaiserkrönung sollte Napoleon auf eine Stufe mit den europäischen Dynasten heben, das Manko seiner revolutionären Abkunft auslöschen und ihm eine höhere *Legitimität* verleihen. Eine eigene Tradition vermochte das Kaisertum jedoch nicht zu begründen, obwohl Napoleon im Lorbeerkranz und mit dem Diamanten der Königskrone am Degen auftrat und sich in der Nachfolge Karls des Großen sah. Die von Napoleon selbst gewählten Vergleiche mit Karl dem Großen und Caesar sollten seine Absicht unterstreichen, auf die Errichtung einer politischen Föderation Europas hinzuarbeiten.

Die Neuordnung des Deutschen Reiches

Napoleon trat in den von ihm besiegten Ländern mit dem Anspruch auf, sie in ein größeres politisches System einbeziehen und sie auf dem Weg dorthin neu ordnen zu können. So förderte der Frieden von Lunéville auch und vor allem die *Revolutionierung der deutschen Verhältnisse.* Seine Bestimmungen, die über diejenigen des Westfälischen Friedens (▷ Bd. 1, S. 278 ff.) hinausgingen, legten Frankreich, Rußland und das Deutsche Reich in einem besonderen Vertrag fest, dem *Reichsdeputationshauptschluß* (1803). Insgesamt erhielten Preußen, Baden, Württemberg und Bayern für ihre linksrheinischen Verluste Entschädigungen im Rechtsrheinischen, die ihre Territorien etwa verdoppelten; schon 1801 hatte Preußen Hannover annektiert. Aus dieser Neuordnung gingen die mit Frankreich verbündeten Mittelstaaten gestärkt hervor. Sie bildeten Napoleons Klientel. Aufgrund des Reichsdeputationshauptschlusses büßten die Bischöfe die Reichsstandschaft ein, wodurch die *Reichskirche* ihre jahrhundertealte weltliche Herrschaft (imperium) verlor. In einem großen Umfang übernahm der Staat das Kirchengut (dominium). Obwohl wir von nicht unerheblichen Zerstörungen und finanziell unsinnigen Versteigerungen wissen, wodurch Staatsschulden vermindert werden sollten, wurde das Kirchengut nicht verschleudert (Herrschafts- und Vermögens*säkularisation*). Die Besitzumschichtungen zeigten keine tiefreichenden Folgen, da der Grundbesitz breit gestreut blieb. Folgenreicher war wohl die Auflösung aller katholischen Universitäten, worin eine der wichtigsten Ursachen für das sogenannte Bildungsdefizit in den katholischen Bevölkerungsteilen im 19. Jahrhundert gelegen haben dürfte.

Außer den geistlichen Fürstentümern verloren die Reichsstädte und die zahllosen kleinen reichsunmittelbaren Herrschaften ihre Selbständigkeit. Sie wurden *mediatisiert.* Die *Reichsritterschaft* blieb zwar formell bestehen, geriet aber in Abhängigkeit von den souveränen Landesherren. Nur die *Städte* Hamburg, Bremen, Lübeck, Frankfurt a. M., Nürnberg und Augsburg behielten ihre Unabhängigkeit. Die Säkularisation brachte über 3 Millionen Menschen unter weltliche Herrschaft. Hatten früher Grafen, kleine Fürsten, Bischöfe, Äbte und Reichsstädte nicht selten mit Hilfe des Kaisers als Garant ihrer kleinen Herrschaften den Machtzuwachs der großen Territorialherren begrenzen können, so fiel mit der Mediatisierung dieses Gegengewicht zu dem Souveränitätsstreben der großen Landesherren weitgehend weg. In dieser Entwicklung deutete sich auch die Tendenz zur Auflösung der *Ständegesellschaft* an. Sie trat besonders auffällig im kirchlichen Bereich hervor. So büßte der stiftsfähige Adel (bis zu 32 Ahnen, Platz im Domkapitel, Kollegiatkapitel etc.) 720 Domherrenstellen und damit eine Möglichkeit ein, nachgeborene Söhne standesgemäß zu versorgen. Im Reichsfürstenrat und im Fürstenkolleg ergab sich so ein protestantisches Übergewicht. Auch ohne die Gewaltmaßnahmen von 1803 hätte die geistliche Herrschaft nicht mehr lange bestehen können. Denn Aufklärung und Französische Revolution hatten die seit Jahrhunderten gültig gewesenen Vorstellungen über die rechtlichen und moralischen Zusammenhänge von weltlicher und geistlicher Macht in Frage gestellt. Dazu hatte übrigens auch eine innerkirchliche Entwicklung beigetragen. Sie ging von den in der Seelsorge tätigen bürgerlichen Geistlichen aus, die eine innerkirchliche Erneuerung und Selbstbesinnung jenseits weltlicher Belange erstrebten.

Niederlegung der Kaiserkrone beseitigt übernationalen Stabilisierungsfaktor

Als Napoleon nach dem Frieden von Preßburg Bayern und Württemberg zu Königreichen erhob und den *Rheinbund* mit 16 süddeutschen Staaten vorbereitete, obwohl diese staatsrechtlich nicht zu einem Rückzug aus dem ewig währenden Reich befugt waren, legte Franz II. die Kaiserkrone nieder. Diesen Schritt, der zur Auflösung des Heiligen Römischen Reiches Deutscher Nation führte, hätte der Kaiser nur im Zusammenwirken mit dem Reichstag rechtswirksam tun können. Doch hinderte ihn damals nicht einmal der Protest Schwedens, dessen König Reichsstand war, daran. Am wenigsten ließ sich Napoleon von diesen Vorgängen beirren. Im Gegenteil, er schickte sich an, mit der Übertragung des Code civil und der französischen Verwaltungsorganisation neue soziale und politische Verhältnisse in den Rheinbundstaaten zu schaffen. Friedrich von Württemberg sah in diesen Plänen zu Recht den »Todesstoß« gegen seine Souveränität.

Reformen in den Rheinbundstaaten

Wie in Frankreich, so baute Napoleon auch in den Rheinbundstaaten eine gut organisierte zentralistische *Staatsverwaltung* auf, beseitigte Steuer- und Gerichtsprivilegien, adeliges Ämtermonopol und die Befreiung vom Heerdienst. Obwohl der Code civil antifeudale Bestimmungen enthielt, zerstörten diese die grundherrschaftlichen Verhältnisse nicht. So sicherte der Code sogar Privilegien wie Gerichtsbarkeit, Jagdrechte, Braumonopol, Bergwerksregalien und die Zehnten. Das Abgabenchaos konnte nicht zugunsten einer einheitlichen »Grundrente« beseitigt werden. Da die Regierungen die entschädigungswilligen Bauern bei dem möglichen Rückkauf der Reallasten nicht unterstützten, vermochten diese auch nicht die Ablösungssummen für die Grundherren aufzubringen. Selbst in den beiden rheinländischen Musterstaaten, im Großherzogtum Berg unter *Murat,* dem Schwager Napoleons, und im *Königreich Westfalen* unter dem Bruder Napoleons *Jérôme* (1806 und 1807 geschaffen), blieben die französisch-rheinbündischen Reformen ein Torso, denn Napoleon hatte dort an seine Günstlinge Land verteilt, auf das die Reformgesetze nicht angewendet werden durften. Bäuerliche Petitionen, die sich auf alte Eigentums- und Erbpachtordnungen gründeten, blieben erfolglos. Diese Politik Napoleons zielte darauf, die abhängigen Staaten verfassungsrechtlich und sozial an das *Empire* anzugleichen, die staatlichen Einkünfte zu steigern (die abenteuerliche Verschwendung Jérômes führte den »Musterstaat« trotzdem in ein 10-Millionen-Defizit) sowie Soldaten zu gewinnen.

Unter der Vorherrschaft Frankreichs suchte vor allem *Bayern* einen eigenen Weg. Dort gediehen zwar nur Entwürfe zu einem Zivilgesetzbuch, doch führte eine straff geplante Reformpolitik zu der einzigen Verfassungsgebung in einem süddeutschen Staat. Der volkstümlich-schlichte König *Maximilian I.* ließ dabei seinem leitenden Minister, dem aufgeklärten Maximilian Graf von *Montgelas,* viel freie Hand. Der geschickt taktierende Staatsmann baute eine einheitliche Verwaltungsorganisation auf, beseitigte alle ständischen Einrichtungen, schuf eine Konstitution (1808) und gliederte die Kirche in den Staat ein (1808/09).

Zwar blieb die *Verfassung*sgebung auf dem Papier, doch minderte bereits diese Konzeption trotz ihres hohen Zensus die innenpolitischen Spannungen. Denn erstmals setzte sich die Auffassung durch, daß nicht mehr allein der Monarch und seine Beamten, sondern auch die Repräsentanten der Staatsbürger (»Nationalrepräsentation«) am Gemeinwesen mitwirkten. Damit wies die bayerische Verfassung auf die spätere konstitutionelle Entwicklung in den süddeutschen Staaten hin (▷ S. 85).

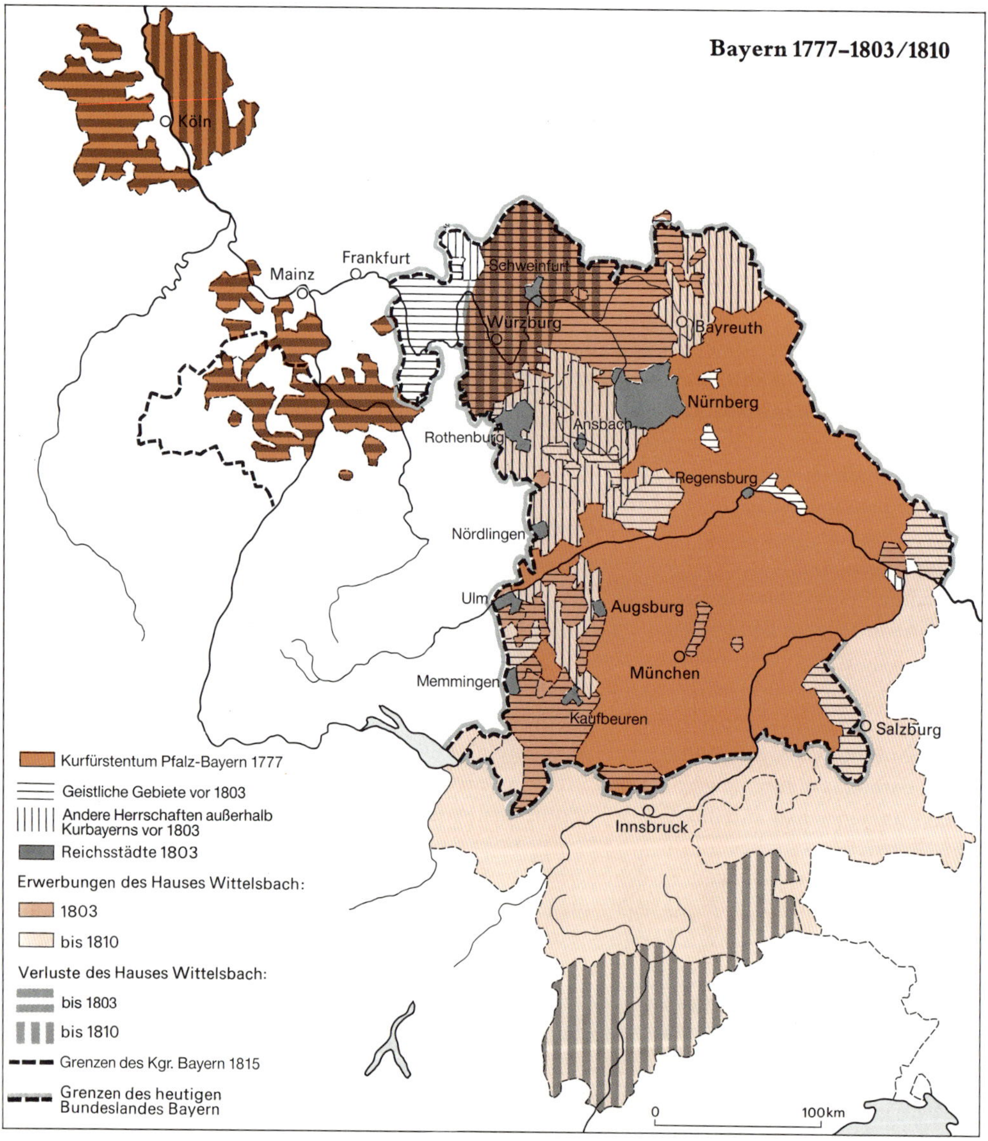

II. Reformen in Preußen

1. Das nachfriderizianische Preußen

Auswirkungen der militärischen Niederlage

Bereits vor den erzwungenen Reformen in den Rheinbundstaaten und schon vor dem Ausbruch der Französischen Revolution hatte Preußen *staatliche Reformversuche* unternommen. Sie waren vom Monarchen oder von Verwaltungsbeamten ausgegangen und im Geist naturrechtlich-aufklärerischen Denkens geplant worden. Durch die revolutionären Entwicklungen in Frankreich und im Deutschen Reich erfuhren diese Pläne zwar eine Beschleunigung, doch erst im Verlauf des *4. Koalitionskriegs* konnten sich reformwillige Staatsmänner mit umfassenderen Reformplänen durchsetzen. Äußerer Markierungspunkt dieses Umdenkens war die Niederlage preußischer Truppen in der Doppelschlacht bei *Jena* und *Auerstedt* am 14. 10. 1806. Jedoch erst der Rückzug, der zur Flucht wurde, führte zum militärischen und moralischen *Zusammenbruch.* Die königliche Regierung floh nach Memel. Die wenigen Städte, die wie Kolberg, Graudenz oder Danzig Widerstand leisteten, konnten das Desaster nicht abwenden. Rußland brach sein Kriegsbündnis mit Preußen und schloß mit dem siegreichen Frankreich einen Separatfrieden. Napoleon diktierte Preußen den *Frieden von Tilsit* (9. 7. 1807), der innerhalb von 24 Stunden anzunehmen war. Dadurch verlor der Staat alle Besitzungen zwischen Rhein und Elbe, Danzig sowie weitere Gebiete östlich davon. Preußen sank durch diesen Frieden auf den *Status einer Mittelmacht.* Es hatte den Rheinbund anzuerkennen und seine Häfen den Engländern zu verschließen (Kontinentalsperre). Eine französische Besatzung von beliebiger Stärke sollte erst nach der untragbaren Kontributionszahlung von 154 Mio. Franc abziehen. Aus den meisten der preußischen Anteile des zwischen 1772 und 1795 dreimal aufgeteilten polnischen Staates und weiteren Gebieten schuf Napoleon das *Großherzogtum Warschau* des Königs von Sachsen.

Ursachen des Zusammenbruchs

Gab es über den unmittelbaren Anlaß hinaus Ursachen für den Zusammenbruch Preußens? In den zwei Jahrzehnten seit dem Tode Friedrichs des Großen war es nicht gelungen, das absolutistische Regierungssystem in einem befriedigenden Maß zu reformieren.

Es hätte darauf ankommen müssen, schrieb einer der späteren Reformer, »die Disharmonie, die im Volke stattfindet, aufzuheben, den Kampf der Stände unter sich … zu vernichten, gesetzlich die Möglichkeit aufzustellen, daß jeder im Volk seine Kräfte frei in moralischer Richtung entwickeln könne, und auf solche Weise das Volk zu nötigen, König und Vaterland derart zu lieben, daß es Gut und Leben ihnen gern zum Opfer bringt…«[49]

Ansätze zu einer staatsbürgerlichen Selbstverwaltung und konstitutionellen Monarchie, wie sie sich in dem friderizianischen Entwurf eines großen naturrechtlichen Gesetzbuches fanden, hatte der mäßig begabte Nachfolger, *Friedrich Wilhelm II.,* tilgen lassen. Er fürchtete revolutionäre Konsequenzen. Als dieses *»Allgemeine Landrecht für die Preußischen Staaten«* 1794 in revidierter Form in

Kraft trat, behielt es die *Zunftverfassung* und die *Patrimonialgerichtsbarkeit* des adeligen Gutsherrn bei, doch wurde festgelegt, daß er künftig einen Juristen als Richter einzusetzen habe. Die *Richter* und *Verwaltungs*beamten erhielten nunmehr eine größere Unabhängigkeit als die vormaligen »königlichen Bediensteten«. Die Zulassung von »Freimeistern« – sie erkauften sich das Recht, ohne Zunftzwang ein Gewerbe zu betreiben – bereitete die Gewerbefreiheit vor. Revolutionär erscheinen im »Allgemeinen Landrecht« die Verwendung des Freiheitsgedankens und des Begriffs *»gemeines Wohl«.* Indem es neben das traditionelle Autoritätsprinzip das »gemeine Wohl« setzte, viel häufiger vom »Oberhaupt des Staates« – der verfassungsrechtlichen Funktion – als vom »König« – der Person des »Landesvaters« – sprach und weder ererbte Rechte noch die Thronfolge behandelte, bereitete das »Allgemeine Landrecht« das Ende der bestehenden Gesellschaftsordnung vor. Sie hatte sich auf hierarchisch aufgebaute Stände und ihre angeblich gottgewollte Abgrenzung voneinander gestützt. Langfristig festigte und vereinheitlichte diese Kodifikation also nicht nur die Rechtsverhältnisse – die Richter bevorzugten die klaren Festlegungen –, sondern zeichnete auch das Bild einer »praekonstitutionellen Monarchie« (Hattenhauer).[50]

In der *Religionspolitik* setzte sich gegen die friderizianische Toleranz – England erreichte sie erst im Lauf des 19. Jahrhunderts – vorübergehend eine dogmatische Strenge durch. Ein antiaufklärerisches Religionsedikt (1788) bot ausreichende Möglichkeiten, Geistliche und Lehrer polizeistaatlich zu reglementieren. Zu seinen Opfern zählten der über Preußens Grenzen hinaus berühmte Philosoph *Immanuel Kant* und der Schriftsteller *Christoph Friedrich Nicolai.* Als Friedrich Wilhelm II. im Gegensatz dazu die Situation der Juden verbessern wollte, leistete seine zunehmend selbstherrlicher agierende Bürokratie Widerstand.

Anfänge der Frauenemanzipation

Diese widersprüchlichen Entwicklungen wurden am schärfsten in der hauptstädtischen Gesellschaft, z.B. in den Salons der Jüdinnen *Rahel Varnhagen von Ense* und *Henriette Herz,* kritisiert. Dort verkehrten wissenschaftlich, künstlerisch oder politisch interessierte Menschen wie die Gelehrten Alexander und Wilhelm von Humboldt, die Politiker und politischen Publizisten Mirabeau oder Gentz, ein Philosoph und Theologe wie Schleiermacher, der Agrarwirtschaftler Thaer, oder Dichter wie Tieck und Jean Paul. *Emanzipierte Frauen* diskutierten politische Themen, schriftstellerten, reisten und gingen in einem wachsenden Maße Liebesheiraten ein.

Überhaupt veränderte sich zu dieser Zeit das Bild der Frau in der bürgerlichen Gesellschaft. Das Verlangen nach staatsbürgerlicher und gesellschaftlicher Gleichstellung und Gedanken über außerhäusliche Wirkungsmöglichkeiten bildeten die Grundlage. Zu dem wichtigsten Frauenberuf wurde der der Volksschullehrerin. Hier bot sich eine sozial geachtete Bewährungsmöglichkeit für junge Frauen und grundsätzlich die Chance, in der Öffentlichkeit eine größere Selbständigkeit aufgrund der erworbenen Bildung zu beanspruchen. Aus dieser Lage erwuchsen weitergehende Forderungen wie die nach einer stärkeren Förderung von Mädchen und Frauen, nach mit Männerarbeit vergleichbarer Tätigkeit und Bezahlung.

Ehen schloß man schon seit dem Ende des 18. Jahrhunderts nicht mehr allein aufgrund der elterlichen Vorschläge, doch kam der Zuneigung oder Liebe noch keine herausragende Bedeutung zu. Die Ehe war ein soziales »Amt« (Nipperdey), religiös sanktioniert, und »gegenseitige Achtung« sollte sie bestimmen.[51] Der familiäre Status prägte das Leben der Frau; der Mann entschied in allen wesentlichen Dingen. Über den Tod hinaus versuchte er, reglementierend einzugreifen. »Liebste Ehefrau! Du hast mir in Deinem Leben viele Liebe erwiesen«, schrieb 1799 ein württembergischer Amtsarzt kurz vor seinem Ableben. »Ich bitte Dich, [...] betrübe Dich über meinen Tod nicht zu sehr, betrage Dich als eine vernünftige Christin [...]. Lebest Du sparsam, wie Du ja tun wirst, so hoffe ich, daß Du von dem noch vorhandenen Vermögen [...] werdest leben können.[52]

Das Atelier des Malers Abel de Pujol. *Gemälde von Adrienne Grandpierre-Deverzy, 1822. Pujol unterrichtete in seinem Atelier auch junge Künstlerinnen und Künstler nach Geschlechtern getrennt. Eine seiner Schülerinnen wurde seine Frau, die mit dieser Darstellung der Damenklasse ihres Lehrers und Ehemannes debütierte.*

Dennoch baute sich der traditionelle Patriarchalismus nach 1800 allmählich ab: Eine größere Emotionalität bestimmte die Familie und die Beziehungen der Eltern zu den Kindern. In den Städten und Großstädten entwickelten sich getrennt voneinander Frauen- und Männergeselligkeiten. Im Verlauf der ersten Hälfte des 19. Jahrhunderts bildete sich eine Freizeitkultur der Frauen aus. Frauen nahmen an Veranstaltungen von Museumsgesellschaften teil, welche die fast ausnahmslos den Männern vorbehaltenen Lesegesellschaften abgelöst hatten. Sie widmeten sich der bildenden Kunst, der Musik und der Literatur. Und Kultur, aber auch Wissenschaft prägten zunehmend die aufblühenden höheren Töchterschulen.

Wirtschaftliche und soziale Entwicklung

Im ausgehenden 18. Jahrhundert nahm Preußen hinter Frankreich, Großbritannien und den Niederlanden industriell den vierten Rang ein. Sein *Export*überschuß betrug 1793 bei einem Außenhandelsvolumen von 16,6 Mio. Talern 8,5 Millionen. Die gesamte *gewerbliche Produktion* Preußens belief sich damals auf 37,1 Mio. Taler. Gut ein Viertel kam je aus der Wollwaren- und Leinenfabrikation; Seide (3,4 Mio.), Leder (3,0), Baumwolle (1,9) und Siedezucker (1,8) erbrachten das dritte Viertel, so daß sämtliche übrigen Manufakturprodukte nur ein knappes Viertel der »National-Fabrication« bildeten. Die *Textilindustrie* erwirtschaftete den größten Gewinn; 90 % seiner Industriearbeiter beschäftigte Preußen allein im Leinengewerbe. In *Schlesien* lag eines der wichtigsten Industriegebiete östlich der Elbe, 98 % des in Preußen erzeugten Roheisens (15 000 t) kamen um 1800 aus schlesischen *Hüttenwerken,* die den Lagevorteil der Nähe von Erz- und Steinkohlegruben ausnutzten. In Malapane verwendete man beim Schmelzen erstmals 1789 Koks statt Holzkohle und setzte dabei als Bergwerkspumpen Dampfmaschinen ein. Wegen seiner günstigen Lage profitierte Preußen von dem *Durchgangshandel* aus den Getreideländern Polen, Ungarn und Böhmen nach Hamburg sowie von dem Warenumschlag in seinen eigenen Ostseehäfen.

Trotz dieser ersten Schritte auf dem Weg zur Industrialisierung war Preußen, wie das übrige Deutschland, ein *Agrarland.* Die Mehrheit seiner Bevölkerung von 6,2 Millionen – sie hatte sich seit 1740 etwa verdoppelt – lebte nahezu gleichbleibend auf dem Land (27 : 73 %), wenn man von Berlin und der Kurmark absieht (50 : 50 %). Deshalb mußte eine Reform der überkommenen *gutsherrlich-bäuerlichen Verhältnisse* tief in das politische und soziale Gefüge des Landes eingreifen. Bereits Friedrich der Große hatte eine Frage formuliert, die über die traditionelle Bauernschutzpolitik des 18. Jahrhunderts hinausging: »ob nicht alle Bauern in meinen Ämtern aus der Leibeigenschaft gesetzt und als Eigentümer auf ihren Gütern angesetzt werden können?« Seine Nachfolger, Friedrich Wilhelm II. und ungleich stärker Friedrich Wilhelm III., nahmen den Gedanken auf, der sich schließlich in einer Kabinettsordre von 1798 findet. Doch nur auf den Domänen gelang mit der *Aufhebung der Dienste* der erste Schritt zur Befreiung der Bauern aus der Gutsuntertänigkeit. Zwar wurden die davon betroffenen 30 000 Bauern nicht aller Abgaben ledig, aber sie erhielten Grund und Boden zu Eigentum. Weitere Reformprojekte zielten auf das *Polizei-*

Lebenshaltungskosten einer fünfköpfigen Maurerfamilie in Berlin um 1800 (in % des Einkommens). *Nach: Aubin/Zorn, Handbuch der deutschen Wirtschafts- und Sozialgeschichte I, S. 525.*

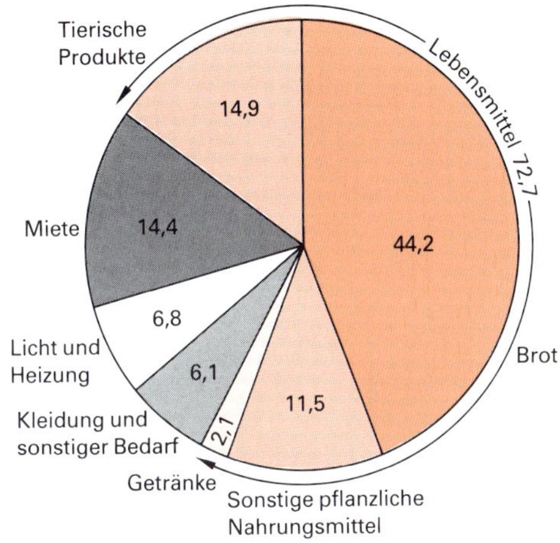

recht, die *Kammerjustiz,* die *Besteuerung* der Adeligen. Letztlich scheiterten die nachfriderizianischen Reformversuche. Denn die rechtlichen Verhältnisse, die Guts- und Grundherrschaft und der Umfang der Dienste und Lasten, waren in den einzelnen Regionen Preußens vor 1806 zu heterogen, als daß sie schnell hätten geändert werden können. Auch schienen sie vielen Adeligen gefährlich »nach Gleichheit und Menschenrechten zu riechen«.

2. Die Stein-Hardenbergschen Reformen

1807	Juni	*Nassauer Denkschrift* Steins
	Sept.	Abfassung von Altensteins »Ideen« und Hardenbergs *Rigaer Denkschrift*
	9. 10.	*Oktoberedikt*
1808		*Städteordnung*
1809		Gründung der Friedrich-Wilhelms-Universität in Berlin
1810		Verkündigung der *Gewerbefreiheit* und Steuerreformen (1820 *Klassensteuer*)
1812		*Emanzipationsedikt:* Gendarmerie-Edikt scheitert, es sollte die feudale Kreisverwaltung durch eine staatliche (Direktor, 6 Deputierte) ersetzen
1814		*Wehrgesetz* (Boyen): Allgemeine Dienstpflicht (von 20 Jahren an)
1818		Verkündigung der *Handelsfreiheit,* Aufhebung der Binnenzölle
1823		Anordnung von *Provinzialständen* als Vertreter des ritterschaftlichen, städtischen und bäuerlichen Grundbesitzes (keine Repräsentation)
1831		Revidierte Städteordnung

1793 erschien die anonyme Schrift »Zur Zurückforderung der Denkfreiheit von den Fürsten Europas«.[53] Ihr Verfasser, der 31jährige Hauslehrer Johann Gottlieb *Fichte,* erklärte: »Der Mensch kann weder ererbt, noch verkauft, noch verschenkt werden; er kann niemandes Eigentum sein.« Zur selben Zeit umschrieb der Mitverfasser des Allgemeinen Landrechts, Ernst Ferdinand *Klein,* wie der Mensch leben sollte: »Der Grundsatz der möglichsten Freiheit [ist] die Hauptregel ... Ein Staat ist glücklich, wenn er aus Menschen besteht, welche ungehindert nach ihrer eigenen Überzeugung handeln, und der Zwang, der darin stattfindet, muß nur gebraucht werden, um diejenigen einzuschränken, welche gewalttätige Eingriffe in die Freiheit anderer wagen.«[54] Ähnliche Vorstellungen verbreiteten aufklärerisch-populärwissenschaftliche Zeitschriften, patriotische Vereine, Klubs und Gesellschaften – darunter auch Freimaurer. Sie alle hatten die *französischen Verhältnisse* vor Augen und lenkten das Interesse des gebildeten Bürgers auf den Staat und damit auch auf die *Reformbedürftigkeit der ständischen Ordnung des Absolutismus.* In Preußen gaben zwar die tiefgreifenden Folgen der militärischen Niederlage von 1806 den unmittelbaren Anstoß zu erneuten Reformbemühungen, aber sie waren auch vorbereitet durch publizierte Überlegungen und Forderungen.

Kreis der Reformer in Preußen

Die stärksten Impulse zu einer Reform gingen von dem aus Nassau stammenden Karl Reichsfreiherr vom und zum *Stein* aus. Er hatte juristische und historische Studien an der »modernen« Universität Göttingen (1737 gegründet) betrieben. 1780 trat er in preußische Dienste. Fast zweieinhalb Jahrzehnte sammelte er Verwaltungserfahrung in den rheinisch-westfälischen Territorien. Er lernte die Leistungsfähigkeit und das Ethos des preußischen Beamtentums ebenso kennen wie bürokratische Starre und Bevormundung. Stein dürfte, wie dies bei einer großen Zahl anderer »Ausländer« unter den preußischen Beamten auch der Fall war, der wirtschaftlich erstarkende und zugleich politisch zusehends schwächer werdende Staat fasziniert haben. Zu diesen Ausländern zählen aus Hannover-Lüneburg Karl August von *Hardenberg,* aus Schaumburg-Lippe Gerhard Johann David von *Scharnhorst,* aus Thüringen- Sachsen Neidhardt von *Gneisenau,* aus Franken Karl Freiherr von Stein zum *Altenstein* und aus Hessen-Kassel Friedrich von *Motz.* 1804 ernannte Friedrich Wilhelm III. den in Münster residierenden Oberkammerpräsidenten Stein, modern gesprochen, zum Staatsminister mit den Kompetenzen eines Finanz- und Handelsministers. Als Minister ging Stein in Westfalen gegen die *Kabinettspolitik* und die absolutistische Selbstregierung mit der »Influenz der Hintertüre« scharf vor. Denn die unmittelbare Verbindung zwischen den obersten Staatsbehörden und dem König war zerrissen worden, als die Regierung vom Hof in das *»Kabinett« des Fürsten* überging und Weisungen (Kabinettsordres) des Königs nunmehr vom Kabinettssekretär ausgegeben wurden. Stein plädierte zugunsten eines auf der Selbstverwaltung von Ministern beruhenden *Staatsministeriums,* wobei königliche Entschließungen der Gegenzeichnung bedurft hätten. Im Januar 1807 entließ Friedrich Wilhelm III. den schroff auftretenden Stein höchst ungnädig. Als jedoch sein Nachfolger, Hardenberg, wenige Monate später von Napoleon zum Rücktritt gezwungen wurde, rief der König im September desselben Jahres Stein in das neue Amt eines leitenden Ministers zurück. Doch auch Stein blieben nur 14 Monate, da Napoleon ihn aus preußischem Dienst und sogar ins russische Exil vertrieb, als er von Steins Teilnahme an Vorbereitungen zum Aufstand gegen die französische Besatzung erfuhr.

Die großen Denkschriften und ihre Ziele

Im Jahre 1807 entstanden drei umfassende Reformmanifeste: Steins sogenannte Nassauer Denkschrift, Hardenbergs Rigaer Denkschrift und Altensteins »Ideen über die Leitung des Preußischen Staats«. In den *Grundsätzen* stimmten die drei Reformer überein: klare Verantwortung an der Spitze des

Staates, eine überschaubare Verwaltung, eine verantwortliche Mitarbeit des Volkes in Vertretungskörperschaften (Gemeinde, Kreis, Provinz und Gesamtstaat) sowie der Abbau der die individuelle Betätigung im Staat und in der Wirtschaft einengenden Schranken. Sie billigten dem *Bauernstand* persönliche Freiheit und Ablösung der Abgaben und Dienste zu und wollten die *städtische Selbstverwaltung* erneuern. Denn diese Maßnahmen könnten *ein »innigeres Band« zwischen Nation und Staatsverwaltung* knüpfen und die »schlaffe Gleichgültigkeit« beseitigen. Während Stein verwaltungsorganisatorische Fragen stärker betonte, betrafen Altensteins und Hardenbergs Reformkonzepte alle Bereiche des Staates. »Wir müssen dasselbe von oben her machen, was die Franzosen von unten gemacht haben«, erklärte Hardenberg. Er plädierte für *»demokratische Grundsätze in einer monarchischen Regierung«.*[55] Der Übergang vom Absolutismus zum Verfassungsstaat sollte sich evolutionär vollziehen. Deshalb wollten die Reformer Gemeingeist und Bürgersinn fördern. Doch wollte Stein, anders als Hardenberg, die Stände an dieser *nationalpädagogischen Erziehungsarbeit* beteiligen. Denn Stein sah sein Fernziel in der Begründung und Unabhängigkeit eines deutschen Nationalstaats.

Reformen auf dem Land und in der Stadt

Es überraschte nicht, daß die erste Reformmaßnahme des zurückberufenen Stein die bislang gescheiterten Agrarreformen betraf. »Nach dem Martinitag 1810 gibt es nur noch freie Leute, so wie solches auf den Domänen in allen unseren Provinzen schon der Fall ist«, bestimmte das *Oktoberedikt* »den erleichterten Besitz und den freien Gebrauch des Grundeigentums sowie die persönlichen Verhältnisse der Landbewohner betreffend«. Es knüpfte an die Kabinettsordre von 1798 an und orientierte sich an schleswig-holsteinischen und josephinischen Vorbildern. Das *Oktoberedikt hob* die personenrechtliche *Schollenbindung*, den *Gesindezwangsdienst* und die *ständischen Beschränkungen* der gutsuntertänigen Bauern auf. Diese konnten nunmehr ohne Genehmigung des Gutsherrn heiraten und fortziehen oder ihre Kinder ein Handwerk erlernen lassen. Bauern durften ein bürgerliches Gewerbe betreiben; wie übrigens auch die Adeligen, für die eine derartige Tätigkeit bislang als unstandesmäß gegolten hatte. Der vormals ständisch gebundene Landbesitz konnte frei erworben werden. Anders als in den Rheinbundstaaten (▷ S. 57) blieben die Privilegien (Patrimonialgerichtsbarkeit, niedere Polizeigewalt, Grundsteuerfreiheit) an den Besitz eines Rittergutes gebunden, der nun auch Bürgerlichen zugänglich war. Die Bauernfreiheit beendete die Gutsobrigkeit und begründete ein unmittelbares Rechtsverhältnis zwischen Staat und Untertan. Damit war die Voraussetzung für eine allgemeine Steuer- und Wehrpflicht sowie für ein allgemeines Wahlrecht geschaffen.

Nachteile entstanden für die Bauern aus der Tatsache, daß das Verbot des Bauernlegens (kein »Auskauf« von Bauernland durch Gutsbesitzer) ebenso fiel wie der Bauernschutz, also der Anspruch auf Unterstützung bei Ernte und Invalidität, auf Unterhalt und Altersversorgung durch den Gutsherrn. Jedoch hatten viele der heruntergewirtschafteten Güter diesen Bauernschutz ohnehin nur noch unvollkommen gewähren können.

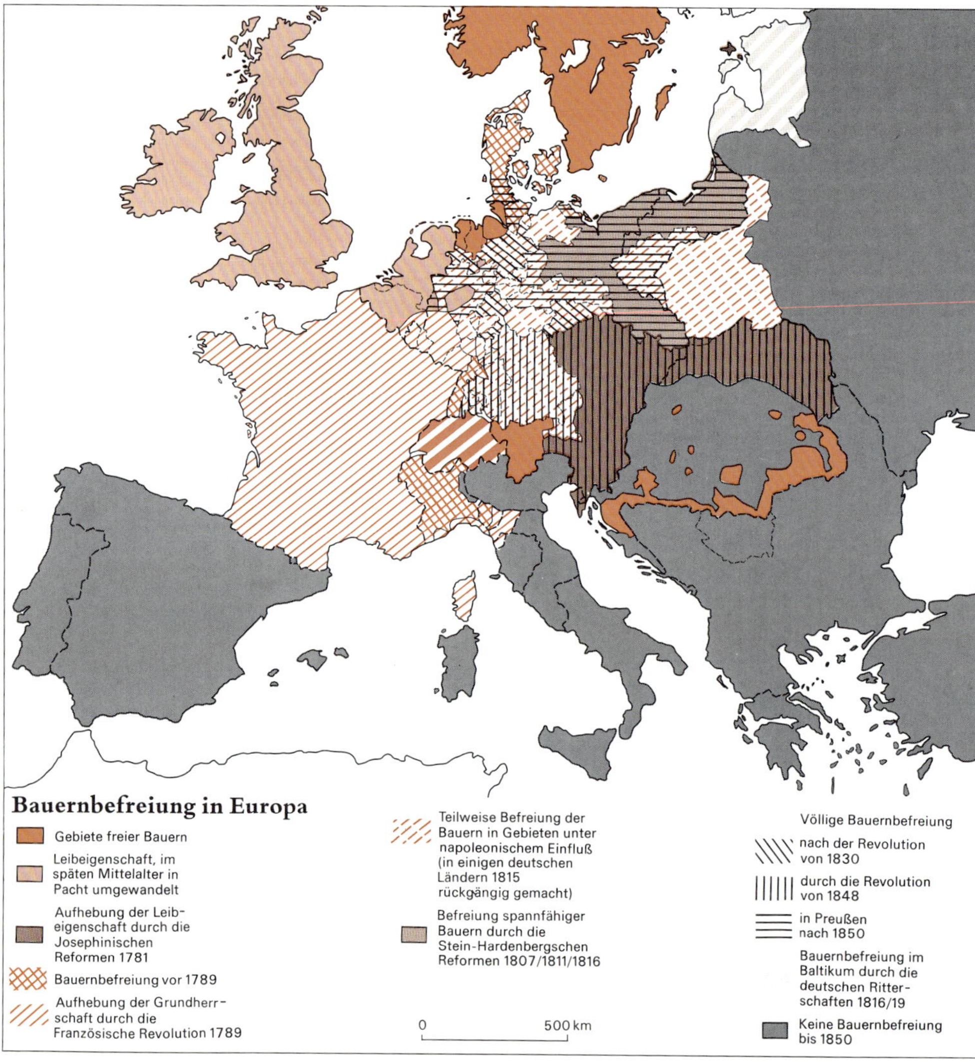

Während das Oktoberedikt den Bauern keine politische Verantwortung übertrug, gewährte die *Städteordnung* von 1808 dieses Recht allein der Bürger- und nicht der Einwohnergemeinde. Stein knüpfte hier u. a. an Vorarbeiten des Kammerpräsidenten *Ludwig von Vincke* und des Königsberger Polizeidirektors *Johann Gottfried Frey* an – alle von der Philosophie Kants beeinflußt. »Zutrauen veredelt den Menschen, ewige Vormundschaft hemmt sein Reifen« (Frey).[56] Steins Städteordnung gestattete den Gemeinden, sich selbst zu verwalten. Wer das Bürgerrecht erhalten hatte – es waren in der Regel Grundbesitzer und Gewerbetreibende – oder über ein Einkommen von 150 bis 200 Talern verfügte, durfte die *Stadtverordnetenversammlung* wählen (freies Mandat, dreijährige Amtszeit). Sie schlug dem König drei *Bürgermeister*kandidaten vor. An der Spitze der Stadtverordnetenversammlung stand der von ihr für zwölf Jahre gewählte *Magistrat* (Kollegialitätsprinzip). Auch er mußte vom König bestätigt werden. Die Stadtverordnetenversammlung verwaltete autonom Haushalt, Steuern, Armen- und Schulsachen. Der Magistrat war ein von ihr abhängiges Vollzugsorgan. *Gerichtsbarkeit* und *Polizeigewalt* gingen in großem Umfang in die ausschließliche Kompetenz des Staates über. Hier entstand ein neuer *»Polizei«-Begriff:* »Gefahrenabwehr« und nicht mehr »alle Fürsorge für den guten Zustand des Gemeinwesens«.[57] Die Städteordnung ermöglichte es, Bürger zu politischer Mitarbeit und Mitverantwortung zu erziehen. Um 1810 lebte knapp ein Viertel der preußischen Bevölkerung in Städten, die Hälfte davon in Städten mit über 6000 Einwohnern.

Reformen in der staatlichen Verwaltung

Stein erreichte im Sommer 1808, daß der König das Verwaltungsgeflecht an der Spitze des Staates entwirrte und *fünf Fachministerien als Zentralinstanzen* anerkannte: die Ministerien für Inneres, Finanzen, Justiz, Äußeres und für den Krieg. Er selbst beanspruchte in allen Angelegenheiten das Vortragsrecht beim König – den für eine derartig herausgehobene Stellung üblichen Begriff »Premierminister« vermied Stein. Der Staat wurde dezentralisiert und damit in Verwaltungskörper eingeteilt, von denen auf genau bezeichneten Aufgabengebieten Eigeninitiative und Anregungen erwartet wurden. Staatliche Behörden fanden sich auf allen Ebenen der bürokratischen Hierarchie: in *Provinzen,* in *Regierungsbezirken* und *Kreisen.* An der Spitze einer Provinz stand der *Oberpräsident.* Ihm, als dem verantwortlichen Kommissar der Zentralregierung, waren die *Präsidenten der »Regierungen«* (ehemals »Kriegs- und Domänenkammern«) und ihnen wiederum die ständischen, also allein aus dem Kreis der Gutsbesitzer stammenden *Landräte* in den Kreisen unterstellt. Die Freiheit beruhe »ungleich mehr auf der Verwaltung … als auf der Verfassung«, erläuterte der spätere Historiker *Barthold Georg Niebuhr.*[58] Damit war die *kollegiale Regierungsverfassung* gemeint. Die Geschäftsordnungen der Bezirksregierungen und der Zentral- regierung (Ministerien) sahen ausdrücklich die gemeinsame Beratung aller bedeutenden Vorgänge und die wechselseitige Kontrolle vor und legten der Verwaltung die Verpflichtung auf, »Allgemeininteressen« zu vertreten. Deshalb konnte bei einem derartigen Beratungsverfahren von dessen »konstitutionellen« Funktion gesprochen werden. Diese Regierungsverfassung beruhte auf der weitreichenden Freiheit der Verwaltung sowie einer besonderen ministeriellen Verantwortlichkeit gegenüber Monarch und Staat (lange vor einer parlamentarischen). Der monarchische Absolutismus war damit politisch gebrochen; sein kaum durchschaubares Geflecht von Oberbehörden in den Provinzen, obersten Räten und von ministeriellen Beratern ohne Gesamtüberblick war beseitigt.

Fortführung der Reformen unter Hardenberg

Nach diesen ersten Reformen gelang es Steins Nachfolger, *Hardenberg,* den preußischen Staat trotz der außenpolitischen Bedrohung zu sichern. Das neue Amt des *Staatskanzlers* gab ihm die dazu nötige Machtfülle. Als »Chef der Regierung« war er kein Premierminister (»primus inter pares«), sondern traf in

»Fragen der Zeit«: *»Nante: ›Wie kommst du zu des Kreutz?‹ Hirsch: ›Bin ich halt doch anno 13 gewesen Balmachome [Soldat]... Im Krieg hats gehaißen, aier Geld is güt, aier Blütt is güt! Ober jetzt haißt's, aier Geld is güt, obber die Natür is schlecht!...‹« Farblithographie aus der ersten Hälfte des 19. Jahrhunderts.*

diesem *»Kanzlersystem«* die Entscheidung in allen Fragen der Gesamtpolitik. Verbindlicher als Stein in den politischen Auseinandersetzungen, auch stärker taktierend und finassierend, konnte er 1810 die Reformen fortsetzen. Hatte Stein bereits Zünfte, Verkaufsmonopole (der Bäcker oder Fleischer) und Mühlenzwänge aufgehoben, so befreite Hardenberg fast alle Gewerbetreibenden vom Konzessionszwang. Land und Stadt wurden gleich behandelt. Die Zünfte konnten keinen Einfluß mehr auf die Zulassung nehmen. Sie hatten nicht mehr den Status eines Zwangsverbands, sondern den eines Privatvereins *(Gewerbefreiheit).* Außerdem erlaubte das *Gewerbesteueredikt* jedem Volljährigen, ohne Befähigungsnachweis ein Gewerbe zu treiben – in Süddeutschland wurde dies erst ein halbes Jahrhundert später eingeführt. Die Einkommensteuer von 1811/12 wurde 1820 von einer *Klassensteuer* abgelöst, eine Mischung zwischen Kopf- und progressiver Einkommensteuer. Jeder Bürger war Steuermitglied einer bestimmten Klasse und zahlte einen festen Betrag. Die Klassensteuer galt bis 1873; Pfarrer und Lehrer hatten sie nicht zu zahlen. Die fiskalischen Neuordnungen sollten nicht nur vereinfachend und vereinheitlichend wirken, sondern auch die adeligen Steuervorteile beseitigen. Doch mißlang die dafür entscheidende allgemeine *Grundsteuer*reform, denn der Adel blieb bis 1861 von ihr befreit. Das *Emanzipationsedikt* »betreffend die bürgerlichen Verhältnisse der Juden« von 1812 sollte auch dieser Bevölkerungsgruppe nach dem Vorbild der Französischen Revolution die volle Gleichheit und persönliche Freiheit, gleiche Rechte und Pflichten verschaffen – gegen Widerstände des Adels und des orthodoxen Judentums, das religiöse Geschlossenheit wahren wollte. Ein Jude konnte nämlich nur Beamter werden, wenn er zur christlichen Religion konvertierte. Allein die Berliner Universität ließ jüdische Professoren zu.

Die Gründung der Friedrich-Wilhelms-Universität geht auf die Initiative von *Wilhelm von Humboldt* zurück, der 1809 die Leitung der Kultus- und Unterrichtsabteilung im preußischen Innenministerium übernahm. Der Freund Goethes und Schillers erstrebte die Selbstentfaltung der geistigen Kräfte, eine allgemeine Menschenbildung:

»Es gibt schlechterdings gewisse Kenntnisse, die allgemein sein müssen, und doch mehr eine gewisse Bildung der Gesinnungen und des Charakters, die keinem fehlen darf... Gibt ihm der Schulunterricht, was hierfür erforderlich ist, so erwirbt er die besondere Fähigkeit seines Berufs nachher so leicht und behält immer die Freiheit, wie im Leben so oft geschieht, von einem zum anderen überzugehen.«[59]

Im Sinne einer Denkschrift Humboldts wurde das *Unterrichtswesen* verstaatlicht, in Elementarschule, Gymnasium und Universität gegliedert und die Ausbildung der Lehrenden verbessert. Sie erfolgte nunmehr in geregeltem Rahmen an Seminaren und sah Fortbildungsmöglichkeiten vor. Die geistliche Schulaufsicht und Verwaltung trat fast vollständig zurück. Selbst dort, wo sie noch fortbestand, geschah sie im Auftrag des Staates. Er wollte über ein einheitlich organisiertes, für jeden Stand zweckmäßig gestaltetes Schulsystem ein dichtes Verhältnis zu seinen Bürgern herstellen. Die neuen Lehrpläne und Richtlinien folgten weitgehend den pädagogischen Vorstellungen *Johann Heinrich Pestalozzis.* Zwar galt die *allgemeine Schulpflicht* schon seit 1717, aber erst jetzt versuchte man, sie streng durchzuführen und gleichzeitig die finanzielle und die soziale Situation der Volksschullehrer zu verbessern. Der Staat sollte durch geistige Kräfte die verlorenen materiellen ersetzen (Humboldt).[60] Da alle Reformen auf einen »neuen Bürger« zielten, der zu verantwortlichem Handeln bereit war, mußte die hergebrachte Standes- und Berufserziehung in diesem Sinne umgestaltet werden. Und an der *autonomen Universität* sollten die Prinzipien der Freiheit des Forschens, des Lehrens und Lernens sowie der Einheit von Forschung und Lehre konsequent gelten. Die Gründung der Berliner Universität wirkte als Vorbild. Ihr folgten 1811 und 1818 die Universitäts-Neugründungen Breslau und Bonn. In Berlin wirkten neben Niebuhr und dem späteren Kultusminister *Johann Friedrich Wilhelm Eichhorn* als Professoren: der Theologe *Friedrich Daniel Schleiermacher,* die Philologen *August Böckh* und *Friedrich August Wolf,* der Mediziner *Christoph Wilhelm Hufeland,* der Agrarwissenschaftler *Albrecht von Thaer* oder der Entdecker des Urans und Titans, *Martin Heinrich Klaproth.*
Im Geist der Reformschriften wurde auch das *Heer* unter der Leitung von *Scharnhorst, Hermann von Boyen* und *Gneisenau* neu organisiert (1808–14). Die Reformer bewunderten die Kampfmoral und die Taktik der französischen *Volksheere:* Die Nation verteidigt das Vaterland! Entehrende Körperstrafen schaffte man ab; denn: »Kein Soldat ist so erbärmlich gepeitscht worden als der preußische, und keine Armee hat weniger geleistet«, schrieb Scharnhorst 1808 an Stein.[61] Die Sondergerichtsbarkeit des Militärs blieb nur für Dienstvergehen bestehen; der Adel verlor das *Offiziers*privileg. Eine *allgemeine Wehrpflicht* wurde

eingeführt, das stehende Heer durch ein Volksaufgebot *(»Landwehr«)* ergänzt. Die Armee wurde damit aus ihrem ständischen Sonderdasein gelöst. Eine *Nationalarmee,* die Identität von Bürger und Soldat sowie die Verbindung von Wehrpflicht und »Constitution« (Gneisenau), galt den Reformern als vornehmstes Ziel. Die allgemeine Wehrpflicht sollte die Bindung eines jeden an den Staat erhöhen. Sie galt als ein bedeutendes demokratisches Grundrecht. Zwar erzwang Napoleon die Begrenzung auf ein 42 000-Mann-Heer, aber Scharnhorst gewann seit 1808 eine größere Zahl kriegstüchtiger Soldaten, indem er ausgebildete Reservisten beurlaubte und an ihrer Stelle neue einstellte (Krümpersystem). Karl von *Clausewitz,* erster Direktor der Allgemeinen Kriegsschule, verarbeitete das strategische Denken seiner Zeit in seinem in zahlreiche Sprachen übersetzten Buch »Vom Kriege«. Darin fordert er u. a. den Primat der Politik in allen Entscheidungssituationen, auch in Kriegszeiten, wenn die Bereitschaft wächst, militärische Erwägungen an die Spitze der Überlegungen zu stellen.

Die Neuordnung der wirtschaftlichen und sozialen Verhältnisse und ihre Folgen

Die Agrarreformen setzte Hardenbergs *Regulierungsedikt* von 1811 fort. Es schrieb die Ablösung der Dienste und Abgaben der Bauern (privatrechtliche Pflichten wie Hand- und Spanndienste oder Zinsen) und für Eigentumsübertragungen eine geldliche *Entschädigung* vor. Sie konnte zur Hälfte in Grund und Boden bestehen. Doch gerade die Freiheit des Individuums und seines Eigentums führte in den folgenden fünf Jahrzehnten zu einer *Erweiterung des Großgrundbesitzes* um rund 18 %, weil viele Bauern vermögensmäßig nicht in der Lage waren, ihren Besitz zu erhalten. 6800 Vollbauernhöfe gingen verloren. Die Bauern wurden oft auf schlechteres Land abgedrängt. Die bäuerliche Gesamtfläche und die Erträge nahmen aber dank der Kultivierungsgewinne und der Aufteilung von Allmenden sowie besserer Anbaumethoden nicht ab; insgesamt erweiterten sich die Ackerflächen in Preußen bis 1848 um 70 %. Aber besonders in den Ostprovinzen entstand in der Folge des Regulierungsedikts eine große Schicht *verarmter Bauern;* die Gruppe der oft nur saisonal verdienenden *Landarbeiter* verdreifachte sich. Im Osten gehörten etwa 60 % der Bevölkerung unterbäuerlichen Schichten an. Auf ständig zunehmenden Kleinstellen vermochten Eigenkätner (nachgeborene Bauernsöhne) und Handwerker gerade noch zu existieren. Die Landarbeiter waren vom Bodenbesitz ausgeschlossen – anders als in Süddeutschland zählten sie auch nicht zur Bauernfamilie.

Die Reformen planten und trugen zumeist jüngere Beamte. Auch sie fühlten sich humanitären Idealen, einer aufgeklärten Staats-, Wohlfahrts- und Rechtsgesinnung und damit zugleich der Auffassung Kants verpflichtet, daß der wahre Staat auf der *Idee des Rechts* gegründet sein müsse. Doch weder Bauern noch Städter oder eine der anderen von den Reformen betroffenen Gruppen haben die Änderungen herbeigezwungen oder vorbehaltlos begrüßt. Gegen die Reformer fanden sich in einer breiten *Opposition* konservative und sogar liberale Kreise zusammen, deren Motive höchst unterschiedlich und breit gefächert waren. Selbst besonnenen Oppositionellen erschienen die Reformen überhastet durchgeführt und in ihren Konsequenzen ungenügend durchdacht. Von

Protest gegen Zwangssteuern. *Gemälde von Wilhelm Kleinbroich, 1847. Als dieses Bild gemalt wurde, hatte es der »Vereinigte Landtag« in Preußen abgelehnt, (1) die Klassensteuer auf Stadt und Land gleichmäßig zu verteilen, (2) die städtische Mahl- und Schlachtsteuer zu beseitigen und (3) alle Einkommen über 400 Taler höher zu besteuern (3 % Einkommensteuer).*

der Gewerbefreiheit befürchteten sogar Liberale Betrügereien und leibliche Schäden (obwohl z.B. Apotheken einer Sonderregelung unterstanden) sowie ein Überangebot auf dem Land oder in der Stadt, ganz nach Einsicht. Eine führende Rolle unter den Opponierenden gegen die Auflösung der feudalen Agrarordnung nahmen die *Landstände* ein, insbesondere der kur- und neumärkische Adel. Zu den entschiedensten Verteidigern ihrer Rechte – das »Naturrecht des Standes« gegen »Extremismus und Systemwut« – zählten *Friedrich August Ludwig von der Marwitz* und *Friedrich Ludwig Karl Reichsgraf Finck von Finckenstein.* Beide ließ Hardenberg vorübergehend inhaftieren. *Heinrich von Kleists* kritische Zeitschrift »Berliner Abendblätter« brachte Hardenberg 1811 mit Hilfe des Zensors zum Verstummen.

Die Reformen im europäischen Zusammenhang

Überblickt man die *preußischen Reformen,* so umfassen sie einen größeren Zeitraum als den der Stein-Hardenbergschen Ära. Sie erfuhren seit 1794, nicht zuletzt durch die Französische Revolution, eine zunehmende Beschleunigung und Intensivierung. Die Zielsetzungen, Inhalte und Durchsetzungsmöglichkeiten dieses *»Jahrhundertwerks«*[62] änderten sich im Lauf der Jahrzehnte. Dabei waren die Reformen in Preußen ein Teil der in west- und mitteleuropäischen Staaten festzustellenden *Modernisierungsbewegung.* Überall begannen die Reformen mit einer »révolution administrative«. Doch zeigten sich charakteristische Unterschiede. In Preußen wie im übrigen Deutschland mündeten die Reformen nicht in einer *geschriebenen Verfassung.* Andernorts wurde zwar dieses wichtige Ziel aller Reformer erreicht. Die westfälischen und die bayerischen Parlamente blieben jedoch nur Beiwerk einer bürokratischen Staatsverfassung; sie tagten einmal bzw. in Bayern nie. Im Gegensatz zu den Reformen in Bayern, Württemberg, Baden, Sachsen-Weimar, Hessen, Darmstadt und Westfalen waren die preußischen praxisnäher. Die Notwendigkeit einer *Einheit von Bildungs-, Heeres- und Verfassungsreform* hat dabei Stein genauer erkannt als Hardenberg, dem es vor allem auf eine Reorganisation des preußischen Staats ankam. Stärker als Stein hat Hardenberg nicht allein eine straff gegliederte Staatsleitung aufgebaut, sondern auch entschiedener versucht, die Einzelreformen in einer *preußischen Nationalrepräsentation* gipfeln zu lassen. Für beide Reformer standen die inneren Reformen in enger Beziehung zu ihrer außenpolitischen Wirkung: Es sollten eine der Zeit angepaßte Alternative zu der revolutionären Entwicklung in Frankreich und die Voraussetzung zur Befreiung von der Fremdherrschaft geschaffen werden.

III. Die Hegemonie Frankreichs

1. Das Kontinentalsystem

Seit der Gründung des Rheinbunds und dem Ende des »Heiligen Römischen Reichs Deutscher Nation« schien das französische Imperium gefestigter denn je. Schließlich gestaltete Napoleon mit dem Frieden von *Tilsit* das Grand Empire zum Kern eines *»système continental«* um. Er knüpfte dabei an das außenpolitische Programm der Girondisten an, indem er im Vorfeld Frankreichs eine Sicherheitszone aus abhängigen Staaten schuf. Napoleon habe »aufgehört, irgendeine Grenze anzuerkennen«,[63] notierte der österreichische Gesandte in Berlin, Klemens Lothar von Metternich – doch Großbritannien blieb außerhalb des französischen Machtbereichs.

Wirtschaft und Handel im Dienst der Politik

Nach Trafalgar konnte Frankreich es nicht wagen, das Inselreich von der See her anzugreifen. Daher sollte eine Wirtschaftsblockade Großbritannien vom Kontinent ausschließen. Mit dieser *Kontinentalsperre* verfolgte Napoleon drei Ziele: (1) England sollte durch die Unterbindung seines Handels niedergezwungen und seine seebeherrschende Stellung somit gebrochen werden. (2) Frankreich sollte Englands handelspolitische Vorrangstellung übernehmen. (3) die französische Hegemonialpolitik sollte finanziell und wirtschaftlich gesichert werden. Doch nur im ersten Jahr nach dem Tilsiter Frieden brachte die Kontinentalsperre Erfolge: England büßte ein Drittel seines *Außenhandel*sumsatzes ein. Es verlor zwei Drittel seiner Holz- und Getreideimporte (aus Preußen) und erhielt aus Amerika an Kaffee und Zucker statt 300 000 und 410 000 nur 10 000 und 40 000 Zentner. Darüber geriet das Land in eine *Währung*skrise und erlebte Unruhen, als die Getreidepreise emporschnellten. Schließlich gingen die *Industrie*investitionen zurück, als sich die englischen Ausfuhren um ein Viertel ver-

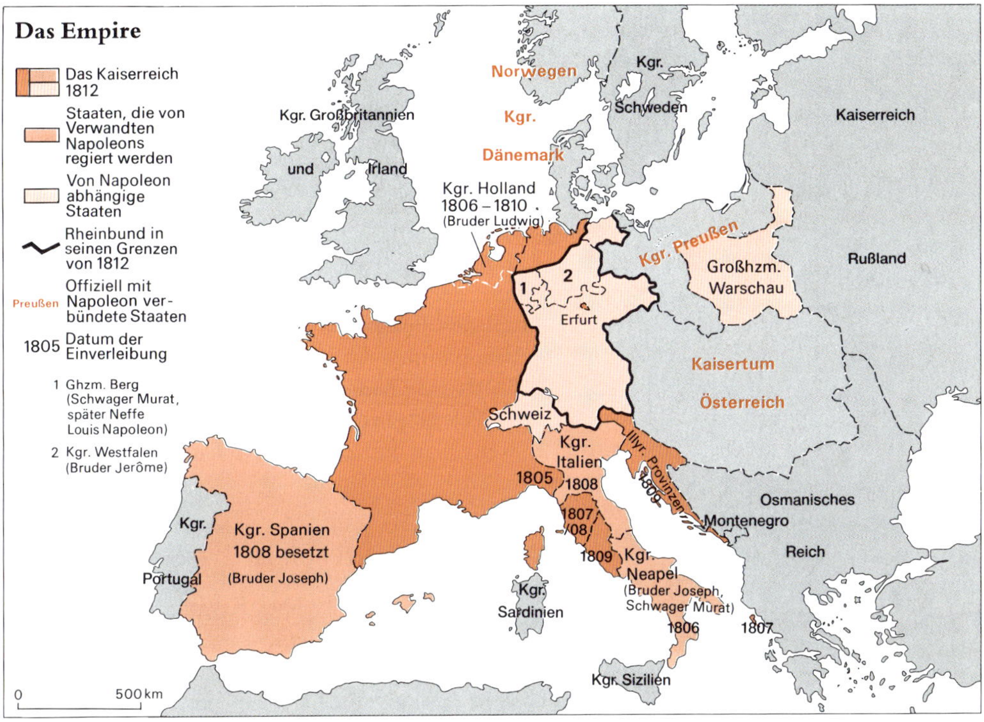

ringerten, und als sich Anzeichen einer Überproduktion bemerkbar machten. Aber mit dem Rückgang des Handels und der Investitionen war England noch nicht entscheidend getroffen. Die größte Wirkung der Kontinentalsperre mußte sich einstellen, wenn es gelang, den britischen *Handel* weltweit zu unterbinden. Daher unternahm Napoleon alle Anstrengungen, die Küsten und die Hafenstädte Europas vollständig unter französische Kontrolle zu bekommen. 1807 konnten die Franzosen Portugal erobern. Aber im Jahr darauf verhinderte die englische Beschießung Kopenhagens, daß das Empire neben den preußischen und russischen *Häfen* nun auch die gesamte *Ostsee* kontrollieren konnte. Trotz aller Überwachungen entwickelte sich mitten in Europa Leipzig zu einem Markt englischer Güter, die mit gefälschten Papieren über Helgoland auf den Kontinent geschmuggelt wurden. Von hier ging das *Schmuggel*gut nach Mittel- und Osteuropa. Andererseits störten *Zoll*grenzen die Wirtschaftsbeziehungen zwischen Deutschland und Holland bzw. Italien empfindlich. Infolgedessen verlagerten sich die Handelswege von den Küsten weg ins Innere des Kontinents, von den Nord-Süd-Verbindungen auf die West-Ost-Routen. Mit einem gewissen Erfolg suchten die süddeutschen Staaten ihre Kontakte mit Österreich wiederzugewinnen, denn dessen Transithandel belebte das *»Goldene Dreieck«* Paris-Hamburg-Mailand.

Mit größerem Erfolg als auf dem wirtschaftlichen Gebiet gelang es Napoleon, die *politischen Verhältnisse* zu festigen. Dabei beeinträchtigten egoistische Interessen seiner Familienmitglieder in *Westfalen, Spanien* und *Holland* den Versuch, dynastische Beziehungen in den Dienst der Herrschaftssicherung über Europa zu stellen. So duldete sein Bruder *Louis* aus Profitstreben und mangelnder Loyalität den Schmuggel der Holländer und durchlöcherte damit die Kontinentalsperre. Großes diplomatisches Geschick bewies Napoleon jedoch auf dem gut vorbereiteten *Fürstentag in Erfurt.* Dort gab er in einer geheimen Konvention Rußland freie Hand auf dem Balkan, vertagte den zwischen ihm und dem Zaren Alexander I. strittigen Punkt der Aufteilung des Osmanischen Reichs und erhielt die Zustimmung Rußlands, Frankreich in einem von Österreich erklärten Krieg beistehen zu wollen. Inmitten der prachtvollen Empfänge von Erfurt gewährte Napoleon auch *Goethe* eine Audienz, in der er das Schicksal Caesars berührte. »Man müßte der Welt zeigen«, meinte Napoleon, »wie Caesar sie beglückt haben würde…, wenn man ihm Zeit gelassen hätte, seine hochsinnigen Pläne auszuführen.«[64]

2. Der Sturz Napoleons

Erhebungen gegen die Fremdherrschaft

Daß der Kaiser der Franzosen und Herrscher über Kontinentaleuropa nicht gewillt war, eine Grenze seines Handelns anzuerkennen, zeigte sich auch im Bereich der »Innenpolitik« seines »système continental«. So befahl Napoleon 1806 seinem Kriegsgericht, den Buchhändler *Palm* aus Augsburg zum Tode zu verurteilen, ihn sofort hinzurichten und das Urteil in ganz Deutschland zu verbreiten. Palm hatte eine anonyme Flugschrift[65] verlegt, in der »die viehische Wollust der französischen Ausgelassenheit« sowie die drückenden Einquartierungen der französischen Besatzungsheere angeprangert und die deutsche Nation zum Widerstand aufgerufen worden war. Diese Politik der bedingungslosen Härte zeitigte damals noch den erwünschten Erfolg. Doch seit 1808 ließ sich das maßlos ausgeweitete Grand Empire offensichtlich nur noch mit derartigen Willkürakten und mit großem Kraftaufwand zusammenhalten. Der Wille, über England zu siegen, riß Frankreich und mit ihm den Kontinent in immer neue Kriege. Dementsprechend erwachte der Wille zur Reorganisation der eigenen Kräfte und zum *Widerstand* bei allen unterjochten Völkern.

Zuerst erhoben sich die *spanischen Stände* (Cortes) für das »alte Recht«. Napoleon hatte nämlich die Inquisition abgeschafft, Verwaltungsreformen begonnen und ein Dreiklassenwahlrecht eingeführt. Napoleons Bruder Joseph gelang es nicht, den Widerstand gegen diese Neuordnung zu brechen, die eigentlich die Honoratioren hatte gewinnen sollen. Vielmehr schürten der nationalbewußte spanische Adel und Klerus den Fremdenhaß, boykottierten weitgehend die gewählte »Junta« und planten Aufstände. Während des schlecht organisierten Kleinkriegs *(Guerilla)* folterten und verstümmelten spanische Partisanen ihre Gefangenen. Die Franzosen brannten daraufhin Dörfer nieder. Ein englisches Expeditionsheer unterstützte die aus reaktionären Motiven erwachsene Erhe-

»Und sie sind wie wilde Tiere«. *Radierung von Francisco de Goya aus den »Desastres de la guerra«, 1810–1820. Goya hielt in zahlreichen Radierungen die Grausamkeiten des Kleinkriegs (Guerilla) fest.*

bung und leitete damit einen bis 1814 dauernden *Unabhängigkeitskrieg* ein. Als die Spanier die Truppen des Generals Dupont in Andalusien besiegten, brach der Bann der französischen Unbesiegbarkeit, und selbst Napoleons Eingreifen auf der Iberischen Halbinsel konnte das Blatt nicht mehr wenden.

In *Österreich* hatte der aus einem schwäbischen Reichsgrafengeschlecht stammende Staatskanzler *Philipp von Stadion* die Zeit nach dem Frieden von Preßburg (1805) genutzt, um Heer, Finanzen, Schulwesen und Zentralverwaltung zu ordnen. Er betrieb eine behutsame Reformpolitik, da er die Rechte der verschiedenen Völker und der Habsburger Monarchie nicht drastisch einschränken wollte. Stadion führte – früher als Preußen – die *allgemeine Wehrpflicht* ein und begründete 1808 die Landwehr, die entscheidend dazu beitragen sollte, allmählich die gesamte Nation zu politisieren. Diese Maßnahmen trugen dazu bei, den Blick des einzelnen auf staatliche Belange zu richten und sein Interesse an der Verteidigung der Heimat in von bürgerlichen Offizieren geführten Verbänden zu erhöhen. Als das so reorganisierte österreichische Heer im Mai 1809 bei *Aspern* über das französische Heer siegte, entstanden sogar Pläne für eine deutsche Legion. Überall flammten jetzt *Aufstände* auf, geführt von einzelnen herausragenden Aufständischen wie *Andreas Hofer* in Tirol, Major *von Schill* und dem *Herzog von Braunschweig* in Norddeutschland sowie dem Oberst *Dörnberg* in Westfalen. Doch blieben sie erfolglos. Und der erstmals bei Aspern bezwungene Napoleon schlug die Österreicher bei *Wagram* (5./6. Juli) entscheidend, so daß Kaiser Franz II. um Waffenstillstand bitten und in den *Frieden von*

Schönbrunn (1809) einwilligen mußte. Österreich büßte dadurch seine Großmachtposition ein. Napoleon erzwang neben umfangreichen Gebietsabtretungen nämlich eine Verringerung des Heeres, Kriegsentschädigungen und die Entlassung Stadions. Sein Nachfolger wurde der 36jährige *Klemens Lothar Graf von Metternich,* seit 1806 Botschafter in Paris. Er stammte aus einem alten reichsunmittelbaren mittelrheinischen Geschlecht und war wie sein Vater in kaiserliche Dienste getreten (1797). Er erwies sich alsbald als ein überzeugter Vertreter des Ancien régime, war klug, gebildet und gewandt. Als Gesandter in Dresden (1801–1803) und Berlin (1803–1806) hatte er für eine allgemeine Koalition gegen Frankreich geworben.

Frankreich und die europäischen Mächte

Der österreichische Zusammenbruch von 1805 und Metternichs Gedankenaustausch mit dem Publizisten *Friedrich von Gentz* – dessen Schriften über das Gleichgewicht der Mächte in Europa stark beachtet wurden – bestimmten ihn darin, eine *neue politische Strategie* zu entwickeln. Ihr folgte er als Staatskanzler konsequent, aber auch mit dem nötigen Maß an Flexibilität: Zwar müsse Napoleon gebändigt und niedergeworfen werden, aber die momentane Schwäche Österreichs erfordere es, sich »auf ausschließliches Lavieren, auf Ausweichen und Schmeicheln«[66] zu beschränken und sich vorübergehend an Frankreich anzulehnen. Zu Metternichs Politik der schmiegsamen Anpassung gehörten die Vermählung der österreichischen Kaisertochter *Marie Louise* mit dem geschiedenen Napoleon und die Bemühungen, Frankreich und Rußland zu entzweien. Die innere Situation des Zarenreichs und die sich seit Tilsit verschlechternden russisch-französischen Beziehungen förderten diese Absicht. Denn Rußland litt zunehmend unter der Kontinentalsperre. Vor allem wuchs eine innerrussische Opposition gegen das französische Verbot des Getreideexports. Napoleon lieferte schließlich selbst den Anlaß für den Bruch mit dem Zarenreich, als er der bedrängten französischen Landwirtschaft Getreidelieferungen an England gestattete. Deshalb öffnete Rußland seine Häfen und verbündete sich im April 1812 mit Schweden. Trotz der Erinnerungen an Karls XII. Katastrophe bei Pol-

Dienstpflicht im französischen Heer[67]

Dienstpflicht:	vom 20. bis zum 25. Lebensjahr		
Ersatzleistung:	1500–15 000 Franc	1811 203 000	Eheschließungen (insgesamt)
Freistellung:	Verheiratete (»mariage antimilitariste«) Witwer und Familienväter geistliche Seminaristen	1812 222 000 1813 387 000	
Desertionen:	Oktober 1808 = 485 von 747 Rekruten im Dptm. Aube 1813 = mehr als 25 %		

Aushebungen in den Kantonen
(ohne Freiwillige, Offiziere und Ausländer gab es 1799 einen Bestand von 174 000 Rekruten)

1800–1803	270 000 Rekruten	600 000 Tote (ebenso viele Vermißte)
1804–1807	430 000 "	
1808–1811	596 000 "	
1812/1813	1 377 000 "	

tawa (1709) und trotz der Warnungen seiner Berater marschierte Napoleon am 24. Juni 1812 mit 611000 Mann nach Rußland.

Der Krieg gegen Rußland und seine Folgen

Unter seinen Soldaten aus zwanzig Nationen befanden sich 180000 Deutsche, 90000 Polen, 30000 Österreicher. Diese *Grande Armée* siegte bei Borodino (7. 9. 1812), konnte aber die zurückweichenden Russen nicht vernichtend schlagen. Selbst nach der Einnahme Moskaus (14. 9.) lehnte Alexander I. Friedensverhandlungen ab. Statt dessen rief er den *»Vaterländischen Krieg«* aus und begründete damit den *Mythos vom »nationalen Krieg«* sowie eine nationale Tradition der Russen. Die Invasionsarmee mußte zurückweichen. Ihr Rückzug wurde zur Katastrophe. Bei den von Frost, Hunger und Krankheit gepeinigten Soldaten erlosch der Selbstbehauptungswille gegen Partisanen. In einer bayerischen Batterie überlebten von 96 Artilleristen drei und von 142 Pferden drei. Insgesamt starben rund 400000 Mann; 100000 gerieten in Gefangenschaft. Jetzt konnte sich Alexander I. als Befreier, ja als Retter Europas fühlen. Er ließ mit dem Oberbefehlshaber der preußischen Truppen innerhalb der Grande Armée, dem General *Yorck,* die *Konvention von Tauroggen* (30. 12.) abschließen, in der sich dieser ohne Zustimmung des preußischen Königs zur Neutralität verpflichtete. Österreich und Rußland verständigten sich auf Regierungsebene (30. 1. 1813). Ende Februar 1813 schloß der Zar mit dem König von Preußen ein Schutzbündnis. Beide Monarchen verständigten sich darüber, auf einen Separatfrieden mit Frankreich zu verzichten und Preußen wiederherzustellen – die polnische Frage blieb zwischen ihnen ungeklärt. In einem Aufruf *»An mein Volk«* betonte *Friedrich Wilhelm III.,* König und Vaterland gehörten eng zusammen und die Erhebung Preußens gegen Napoleon sei eine deutsche Sache. Am selben Tag wurde neben dem königlichen Heer eine *Landwehr* gebildet (▷ S. 69 f.), für die sich in sechs Wochen 15000 Freiwillige meldeten. In dieser Situation patriotischen Überschwangs rief Ernst Moritz *Arndt* alle Deutschen zum nationalen Widerstand auf.

»Geschieden werde das Französische und Deutsche … durch die unübersteigliche Mauer, die ein brennender Haß zwischen beiden Völkern aufführt.«[68]

Das war nicht frei von nationaler Überheblichkeit. *Theodor Körner, Friedrich Rückert* oder *Ludwig Uhland* schrieben Gedichte, die volkstümlich wurden, weil sie Heldentum, Patriotismus und Freiheit feierten.

Nach der Katastrophe in Rußland raffte Napoleon alle Kräfte zusammen und stellte eine neue Armee auf, die bei Groß Görschen und Bautzen über preußische und russische Heere siegte. Jetzt glaubte Napoleon eine Chance zu sehen, sich mit Österreich zu verständigen. Doch die intensiven diplomatischen Verhandlungen zwischen allen europäischen Mächten führten zum Beitritt Österreichs und Schwedens zu der Koalition, die Preußen, Rußland und England gebildet hatten. So konnte Napoleon bei *Leipzig* entscheidend geschlagen werden. Abgesehen von Sachsen wandten sich nun alle Rheinbundfürsten von Frankreich ab. Das Imperium brach zusammen, der Weg nach Paris war für die verbündeten Truppen frei.

Der plündernde Kosak. *Eine Karikatur auf die zweite Rückkehr Ludwigs XVIII. mit Hilfe ausländischer Truppen.*

Restauration der Bourbonenherrschaft

Ende März 1814 zogen die Alliierten dort ein. Napoleon ging ins Exil und erhielt das souveräne Fürstentum *Elba* als Sitz. Ludwig XVIII., der Bruder des hingerichteten Bourbonenkönigs, kehrte aus England zurück. Ein maßvoller Friedensschluß (*Erster Pariser Frieden,* 30. 5. 1814) – nur die nach 1792 eroberten Gebiete mußte Frankreich zurückgeben – sollte die Errichtung einer *konstitutionellen Monarchie* erleichtern. Frankreich erhielt eine Verfassung (Charte constitutionnelle) (▷ S. 85). Die Emigranten kamen wieder; Revolutionsgewinnler begannen um ihren Besitz zu fürchten. Die Unzufriedenheit wuchs. In dieser Situation kehrte Napoleon von Elba nach Frankreich zurück (1. 3. 1815). Seine *»Herrschaft der hundert Tage«* brach jedoch nach der Niederlage bei *Belle-Alliance* (Waterloo) gegen die vereinten Heere unter dem englischen General *Wellington* und dem volkstümlich gewordenen preußischen »Marschall Vorwärts«, General *Blücher,* zusammen. Danach wurde Napoleon nach *St. Helena* verbannt. Im *Zweiten Pariser Frieden* (20. 11. 1815) erzwangen die Alliierten Gebietsabtretungen von Frankreich an die Niederlande, an Preußen, Sardinien und Bayern. Außerdem mußte Frankreich 700 Mio. Franc Kriegsentschädigungen zahlen, die *Quadriga* vom Brandenburger Tor und weitere geraubte Kunstschätze zurückgeben. 150 000 alliierte Soldaten blieben als Besatzung im Land.

Beurteilung Napoleons

Europa hatte mehr als zwei Jahrzehnte unter Kriegen und seit 1799 unter der Diktatur Napoleons gelitten. Nach seinem Tod (1821) entstand um seine Person ein Heldenkult, zu dem der Schriftsteller und Staatsmann *François René Chateaubriand* 1830 anmerkte:

»Napoleon der Große! auf der Leipziger Messe«. *Zeitgenössische Karikatur. Die Bildunterschrift dazu lautet: »Hier können Sie vor wenig Geld dem kleinen Menschen sehen / Der als der größte Krieges-Held die Welt wollt ganz verdrehen / Sein ganzes zeigt, von Kopf bis zu den Füßen, das er zum Kreutz, hatt... kriegen müßen.«*

»Die Zeitgenossen sind verschwunden, man hört nichts mehr von den Verwünschungen..., der Verzweiflung der Opfer... Bonaparte... ist trotz seiner ungeheuren Eroberungen erlegen, nicht weil er besiegt worden war, sondern weil Frankreich seiner überdrüssig war.«[69]

Einer seiner heutigen Biographen, *Georges Lefebvre,* meint, Napoleon habe die Entwicklung einer modernen Gesellschaftsordnung beschleunigt. Unter Napoleons Schutz habe das liberale Bürgertum die 1789 vorübergehend errungene Macht zurückerlangen können. Der Kaiser habe zwar den schärfsten Despotismus auf dem Weg zu einem Weltreich verwirklicht. Aber seine Kontinentalsperre habe die Anfänge der kapitalistischen Wirtschaftsordnung in Zentraleuropa geschützt. In der Phantasie des französischen Volkes lebe er als Held der Revolution und als Verteidiger der natürlichen Grenzen Frankreichs, in der Phantasie der Dichter als ein zweiter Prometheus fort.

C. Europäische Friedensordnung und Restauration

1814/15	Wiener Kongreß
1815	Heilige Allianz
1815–66	Deutscher Bund
1817	Wartburgfest
1819	Karlsbader Beschlüsse
1823	Monroe-Doktrin

I. Die Neuordnung Europas

1. Der Wiener Kongreß

Sicherung der »balance of power« in Europa

Die Alliierten hatten Europa von der Vorherrschaft des Napoleonischen Frankreich befreit. Doch waren sie sich 1814 über ihr weiteres Vorgehen so uneins, daß schließlich sogar ein Krieg zwischen ihnen auszubrechen drohte. Die englischen Interessen vertrat geschickt der Außenminister *Lord Castlereagh.* Er strebte eine antifranzösische Riegelstellung am Rhein und eine über die Kriegszeit hinausreichende Koalition an. Gemeinsam mit dem Fürsten *Metternich* wandte er sich gegen eine in Zentraleuropa und weltweit drohende russische Vormachtstellung (Polen, Alaska, Kalifornien, Hawaii). Großbritannien schloß deshalb mit Österreich ein Verteidigungsbündnis, in das auch Preußen und Rußland einbezogen wurden (1. 3. 1814). Auf dem im Herbst eröffneten *Wiener Kongreß* trafen diese vier Mächte die grundlegenden Entscheidungen für eine europäische Friedensordnung. 200 Vertreter aller europäischen Staaten – der türkische Sultan galt nicht als Angehöriger dieses Staatensystems – saßen in 13 weniger bedeutsamen Sonderkommissionen. Das besiegte Frankreich vertrat dabei *Talleyrand.* Ins Vierergremium wurde er erst eingeladen, als dieses sich zur Jahreswende 1814/15 wegen der preußischen Interessen an dem industriell entwickelten *Sachsen* und wegen der russischen Interessen an *Polen* entzweite. Alexander I. und Friedrich Wilhelm III. unterstützten sich hierbei wechselseitig. Deshalb schlossen am 3. 1. 1815 Großbritannien und Österreich mit Frankreich ein Bündnis. Ein Kompromiß vermied den drohenden Krieg: Preußen begnügte sich mit dem nördlichen Sachsen, Rußland mit dem ehemaligen Herzogtum Warschau.

Bedeutung des Wiener Kongresses

Da sich Preußen einseitig an Rußland orientiert hatte, verlor es Metternichs Unterstützung in der *deutschen Frage.* Der Erste Pariser Frieden hatte bestimmt: »die deutschen Staaten werden unabhängig und durch ein föderatives Band vereinigt sein«.[70] Ein nationaler Einheitsstaat sollte daher nicht begründet werden. Die Verhandlungsergebnisse faßte eine *»Deutsche Bundesakte«* zusammen,

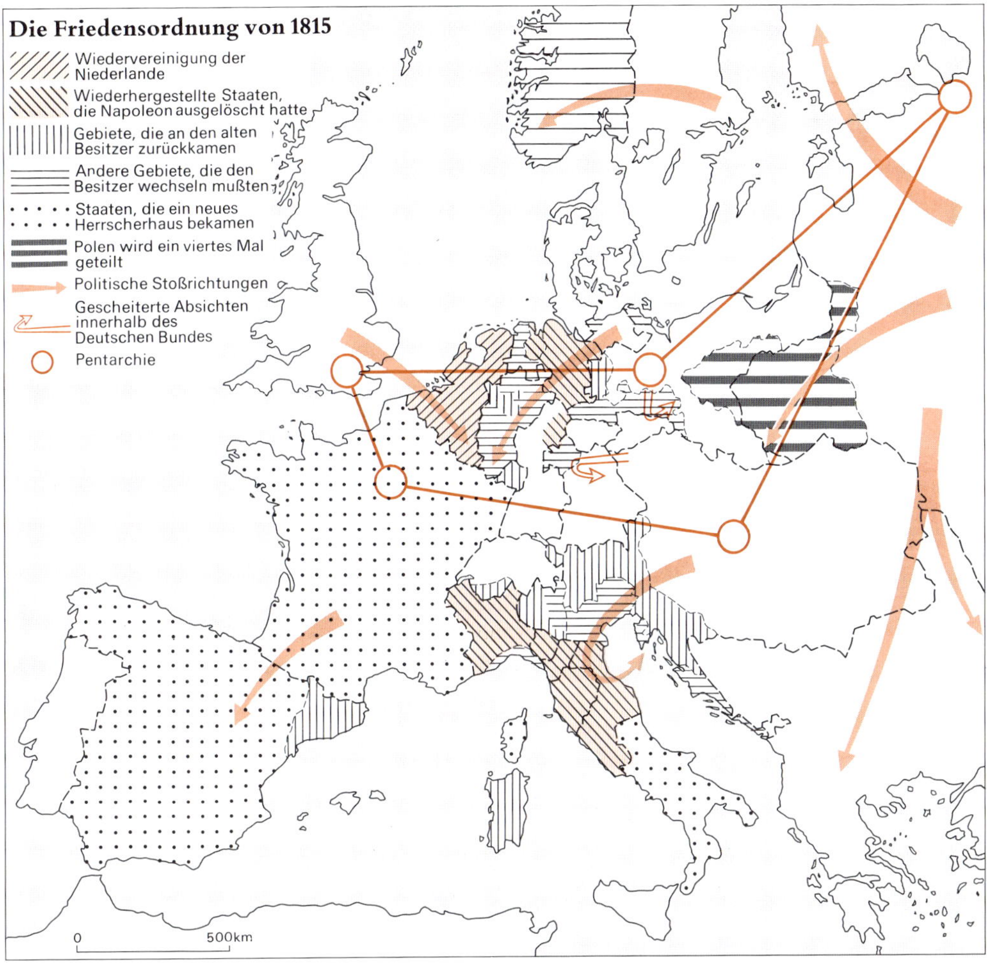

die man in die Kongreßakte einfügte. Bei der Neuordnung der übrigen europäischen Verhältnisse erreichte Österreich eine ähnliche Föderation in *Italien* (Lega Italica), da auch Piemont und der Kirchenstaat nichts an Souveränität einbüßen wollten. Ferner blieb der *Balkan* ein ungelöstes Problem, denn die Türkei war nicht in die Verhandlungen über ihre dortigen Nationalitätenfragen einbezogen worden. In dem vorangegangenen Jahrzehnt hatten sich die Serben und Griechen gegen die osmanische Herrschaft erhoben. Der serbischen Unabhängigkeitsbewegung war es vorübergehend sogar gelungen, eine Verfassung mit Senat und jährlichem Landtag zu erzwingen. *Frankreich* wurde die Rückkehr in das Konzert der europäischen Mächte ermöglicht. Habsburger und Bourbonen söhnten sich wieder aus. Die Alliierten erkannten die Napoleonischen Staatsbildungen an, soweit sie sich historisch legitimieren ließen. Allein *Polen* bildete hier eine Ausnahme. Seine vierte Teilung verstieß gegen das *Prinzip der Legitimität.* Auf dieses Prinzip berief sich Talleyrand vor allem immer dann, wenn er die Ausdehnung Preußens in Deutschland verhindern wollte.

Legitimität als Grundlage für Stabilität

Die großen Vier verfochten allerdings keinen radikalen Legitimismus. Sie waren zwar der Auffassung, daß Besitz und rechtmäßige Herrschaft niemals gewaltsam beseitigt werden dürften, aber sie handhabten diesen Grundsatz flexibel, indem sie *Legitimität* in Zusammenhang mit *Ordnung* und *Sicherheit* brachten. Den letztgenannten Werten gaben sie im Konfliktfall dem Vorzug. Deshalb dachten sie auch nicht daran, die durch den Reichsdeputationshauptschluß entmachteten Herrschaften wieder zu errichten. Für das übrige Europa galt ähnliches. Castlereagh sicherte die Grenze gegen Frankreich mit englandfreundlichen Staaten (Niederlande, Schweiz, Piemont), durch die territoriale Erweiterung Preußens (Rheinlande) und Bayerns (Pfalz) und durch Österreich. Auch Großbritanniens Position als führende See- und Handelsmacht wurde in Wien auf Kosten einer vollständigen Wiederherstellung der Verhältnisse vor 1792 bestätigt. Hier zeigten sich die weltweiten Zusammenhänge des europäischen Kongresses. Großbritannien behielt die Napoleonischen *Eroberungen:* Malta (1800), Ceylon (1802), Kapkolonie (1806), Helgoland (1807); über die Ionischen Inseln gewann es das Protektorat. Außerdem hatte Frankreich die britische Souveränität über Indien zu akzeptieren. Im übrigen setzte der Kongreß grundlegende, noch heute wirksame *völkerrechtliche Bestimmungen* durch: den Schutz diplomatischer Missionen, die Freiheit der Flußschiffahrt, die Neutralisierung und ihre allgemeine Anerkennung (z.B. im Fall der Schweiz) und die Ächtung des Sklavenhandels – die Sklaverei selbst wollte England beibehalten wissen. Der damals bevorzugte Begriff der »nations civilisées« einte Staaten mit dem Ziel, *konservative Solidarität* bei der kollektiven Sicherung des europäischen Friedens erreichen zu wollen.

Auf eine durchgehende Wiederherstellung alter Zustände war zugunsten einer relativen Aussöhnung der Gegensätze verzichtet worden. Selbst der klassische Staatstheoretiker der Restaurationszeit, *Karl Ludwig von Haller,* dessen sechsbändiges Werk »Restauration der Staatswissenschaften« dem Zeitalter den Namen gab, schloß eine Wiederherstellung des Ancien régime aus. Das System der *europäischen Pentarchie* sicherte den allgemeinen Frieden. Es sollte zusammen mit den Fortschritten in Wissenschaft, Industrie und Technik »die Voraussetzung für die Weltstellung Europas im 19. Jahrhundert« bilden (Richard Nürnberger).[71] Bei rauschenden Festen – für Wien stellte der Kongreß auch einen gesellschaftlichen Höhepunkt dar – herrschte eine allgemeine Erleichterung über den errungenen Frieden vor. Das viel zitierte Wort »Le Congrès danse et ne marche pas«, der Klatsch über die Amouren und die Tätigkeit einer jedem Papierschnipsel nachjagenden Geheimpolizei haben das Gesamtbild des Kongresses verzerrt. Besuche und Gegenbesuche, Feuerwerke, Jagden und Bälle bestimmten weitgehend allein das äußere Erscheinungsbild. Die kleinen Tändeleien und die großen Feste folgten nicht selten dem gleichen diplomatischen

Kalkül des geschickten Finassierens wie die mitunter nur schleppend voranschreitenden Verhandlungen.

Versuch, einen »ewigen Frieden« zu sichern

Dabei zählte zum vornehmsten Ziel der Pentarchie der Versuch, einen »ewigen Frieden« zu sichern. Ein von Alexander I. eigenhändig entworfenes Manifest einer *»Heiligen Allianz«* (26. 9. 1815) knüpfte an antirevolutionäre Ideen der Romantiker wie bei dem Publizisten und österreichischen Generalkonsul in Leipzig *Adam Müller* an. Die Monarchen versicherten im Manifest der Heiligen Allianz, die Gebote der Religion, die Gerechtigkeit und den Friedenswillen zu Regeln ihres Verhaltens zu machen. Bei jeder Gelegenheit wollte man sich unterstützen *(Interventionsdrohung).* Während im Staatsdenken der Zeit Politik und Religion weitgehend getrennt blieben, berief sich dieses Bündnis zwischen den Monarchen und den Völkern auf eine christliche Grundlage. Metternich formulierte das pietistisch-moralische Dokument in ein konservatives Bekenntnis um. Der ursprünglich vorhandene Hinweis auf Repräsentativverfassungen fehlte in der Endredaktion. Damit ignorierten die vier Mächte weitgehend nationale und liberale Forderungen. Insbesondere das Desinteresse daran, auf die durch Flugschriften stark verbreitete Propaganda für konstitutionelle Einrichtungen sachlich zu reagieren, ließ eine revolutionäre Dynamik entstehen. Der Papst, der Sultan und der englische Prinzregent schlossen sich aus unterschiedlichen Motiven als einzige dem Manifest nicht an. Politisch bedeutsamer als die Heilige Allianz war der *Vierbund* (20. 11. 1815). In ihm verpflichteten sich Österreich, Rußland, Preußen und Großbritannien zu gemeinsamer militärischer Intervention bei revolutionären Unruhen in Frankreich, zur kollektiven Sicherung der Ruhe in Europa und zu Konsultationen *(Konferenzdiplomatie)* auf höchster Ebene. Aus der Kriegsallianz war so ein Friedensbündnis geworden, dem auch Frankreich sogleich beitrat.

2. Das System des Deutschen Bundes

Verhinderung einer »renovatio imperii«

Metternich sah das *europäische Gleichgewicht* zum drittenmal gestört, als während des Wiener Kongresses in Deutschland Gedanken einer Wiederherstellung des Alten Reichs oder eines »Dritten Deutschlands« als Zusammenfassung aller mittleren und kleineren Staaten innerhalb eines Staatenbunds mit Preußen und Österreich auftauchten. Doch waren sich die deutschen Staaten uneins. Württemberg opponierte gegen den Versuch, »aus verschiedenen Völkerschaften, z.B. Preußen und Bayern, sozusagen eine Nation schaffen zu wollen«, und deutete die vier *Hauptprobleme* an: Wie mächtig dürfe die Zentralgewalt sein? Wie wäre die Souveränität der Einzelstaaten zu sichern? Wie könnte eine Hegemonie einiger oder mehrerer Staaten verhindert werden? Wie sollten »landständische Verfassungen« ausgestaltet werden?

Demnach war nur zu entscheiden, wie stark bundesstaatliche oder staatenbündische Elemente die *Föderation* bestimmen sollten, nicht jedoch, wie der in den Befreiungskriegen erhoffte *Nationalstaat* zu gestalten sei. Alle, die nationale, unitarische und demokratische Ziele verfolgt hatten, wurden enttäuscht: »Man wird Deutschland [langfristig] nie hindern können, auf irgendeine Weise *Ein Staat* und *Eine Nation* sein zu wollen«, erklärte Wilhelm von Humboldt,[72] als der in Wien begründete Deutsche Bund 41 souveräne Staaten in einem *Staatenbund* mit internationalem Charakter zusammenführte.

Der Deutsche Bund – Zweck und Verfassung

Dem unauflösbaren Bund der Fürsten gehörten der englische König (wegen des Besitzes von Hannover), der dänische (Holstein, Lauenburg) und der niederländische (Luxemburg, Limburg) an; Preußen und Österreich waren nicht mit ihrem gesamten Territorium Mitglied. Der Zweck des Deutschen Bunds nach Artikel 2 war: »Erhaltung der äußeren und inneren Sicherheit Deutschlands und der Unabhängigkeit und Unverletzbarkeit der einzelnen deutschen Staaten«. Kein Bündnis der Einzelstaaten durfte gegen den Bund gerichtet sein. Der Bund verfügte über ein einziges gemeinsames Verfassungsorgan, den *Bundestag* (»Bundesversammlung«). Wie der Regensburger Reichstag war er ein ständiger Gesandtenkongreß, der die Instruktionen der Regierungen zu beachten hatte. Der Bundestag trat als *»Engerer Rat«* (11 größere Staaten mit je einer Stimme, 6 Kuriatsstimmen für die anderen) und als *Plenum* – ein reines Abstimmungsorgan – zusammen. Österreich übernahm das geschäftsführende Präsidium. Da das Plenum über Verfassungsänderungen einstimmig zu befinden hatte, konnte bereits das Herzogtum Liechtenstein mit 5546 Untertanen Reformen verhindern. Traten Österreich und Preußen gemeinsam für eine Sache ein, so erzielten sie in der Regel Einstimmigkeit. Ein beschlossenes Gesetz hatten die Landesregierungen zu verkündigen und durchzusetzen. Dem Bund mangelte es auch an einem gemeinsamen Staatsoberhaupt, einer gemeinsamen Bundesexekutive, einem einheitlichen Heer, einer einheitlichen Gesetzgebung, Verwaltung und Rechtsprechung. Ein zeitgenössischer Historiker betonte deshalb, daß dieser übernationale Staatenbund allein deshalb ein »Friedensstaat in einem viel höhern Sinn« sei, weil sich sein Friede auf einen Rechtszustand gründe. Die spätere nationalistische Geschichtsschreibung vermochte in dem Bundestag kaum mehr als eine »große Börse für den subalternen diplomatischen Klatsch Europas« zu entdecken (Heinrich von Treitschke).[73]

Einer der Hauptverhandlungspunkte in Wien fand sich in Artikel 13 der Bundesakte wieder: »In allen Bundesstaaten wird eine landständische Verfassung stattfinden.«[74] Doch wurde zur Enttäuschung der nationalen, liberalen und konstitutionellen Bewegung die Verfassungsautonomie und die Souveränität der Mitgliedsstaaten nicht zugunsten einer Volksrepräsentation eingeschränkt. Trotzdem verbreitete sich die *demokratisch-nationale Idee,* besonders in Süddeutschland. Ein Nationalbewußtsein allerdings, schrieb die Autorität im deutschen Buchhandel, der Patriot und Verleger Friedrich Christoph Perthes 1816, eine *öffentliche Meinung,* stehe lediglich auf der ersten Stufe des Werdens, denn noch herrsche gouvernementale Anhänglichkeit vor.

II. Zwischen konservativer Erneuerung und Reaktion

1. Das Problem der Repräsentation

Verfassungsgebungen in Europa

Viele unserer heutigen *politischen Begriffe* stammen aus der englischen oder französischen Geschichte. Das Wort *liberal* kam in Spanien um 1810 auf und sollte die für Freiheit und Selbstbestimmung eintretende Bürger von den »serviles«, den Anhängern der absoluten Monarchie, unterscheiden. In der ersten Hälfte des 19. Jahrhunderts verwendeten die politischen Gruppen dieselben Begriffe oft mit unterschiedlichen Inhalten. Unter *Konstitutionalismus,* »parlamentarischer Regierung« oder auch *Repräsentativverfassung* verstand man daher in Polen, Spanien, Süddeutschland oder Preußen nicht dasselbe. So richtete sich die 1812 von den Cortes verabschiedete Verfassung weitgehend nach der liberalen französischen von 1791. Die legislative Gewalt lag bei den Cortes, der König verfügte lediglich über ein suspensives Veto. In Kongreßpolen räumte der Zar 1815 der Volksvertretung (Sejm) zwar das Gesetzgebungsrecht, aber keine Gesetzesinitiative ein.

Die *Charte constitutionnelle* der Bourbonen von 1814 gewährte den Franzosen eine Reihe von Freiheitsrechten wie Gleichheit vor dem Gesetz, das Recht der freien Meinungsäußerung oder die Unverletzlichkeit jeglichen Besitzes, aber sie verhinderte durch den hohen Zensus die politische Mitwirkung der mittleren Bevölkerungsschichten, so daß von den 29 Millionen Franzosen nur etwa 100 000 zur Wahl gehen konnten. Während der Monarch sich weitgehende Machtbefugnisse: oberste Exekutivgewalt, Gesetzesinitiative und das Recht, die Abgeordneten beider Kammern einzuberufen, vorbehielt, hatten die Abgeordneten das verfassungsmäßige Recht der Steuerbewilligung und der Beteiligung an der Legislative. Der *Konstitutionalismus* der Charte beeinflußte das Verfassungsrecht süddeutscher Staaten. 1818 oktroyierten Bayern (▷ S. 57 f.) und Baden eine Verfassung, und in Württemberg wurde 1819 die Verfassung zwischen den Ständen und dem König ausgehandelt. Das konstitutionelle Repräsentativsystem werde sich, so prophezeite der württembergische Liberale *Paul Pfizer,* »mit geistiger Allgewalt den Weg durch Deutschland bahnen«.[75]

In den Kammern repräsentierten die Stände alle Staatsbürger. In der ersten Kammer überwog der Adel. Die Vertreter der Universitäten und der Kirchen fanden sich oft in der ersten und in der zweiten Kammer. Diese wurde in der Regel von adeligen Gutsbesitzern, Bürgern und Bauern bestimmt. An der Regierungsgewalt hatten die *Kammern* keinen Anteil (monarchisches Prinzip). Dazu mangelte ihnen das von dem französischen Liberalen *Benjamin Constant* hervorgehobene Recht, den staatlichen Organen durch Gesetzesinitiativen auch die Richtlinien des Handelns vorzuschreiben. Sie bewilligten zwar die Steuern, verfügten aber nicht über das Budgetrecht, das ihnen erlaubt hätte, den Haushaltsplan aufzustellen und zu überwachen. Doch führte der chronische Geldbedarf der Regierungen zu einem wachsenden politischen Einfluß der zweiten Kammern.

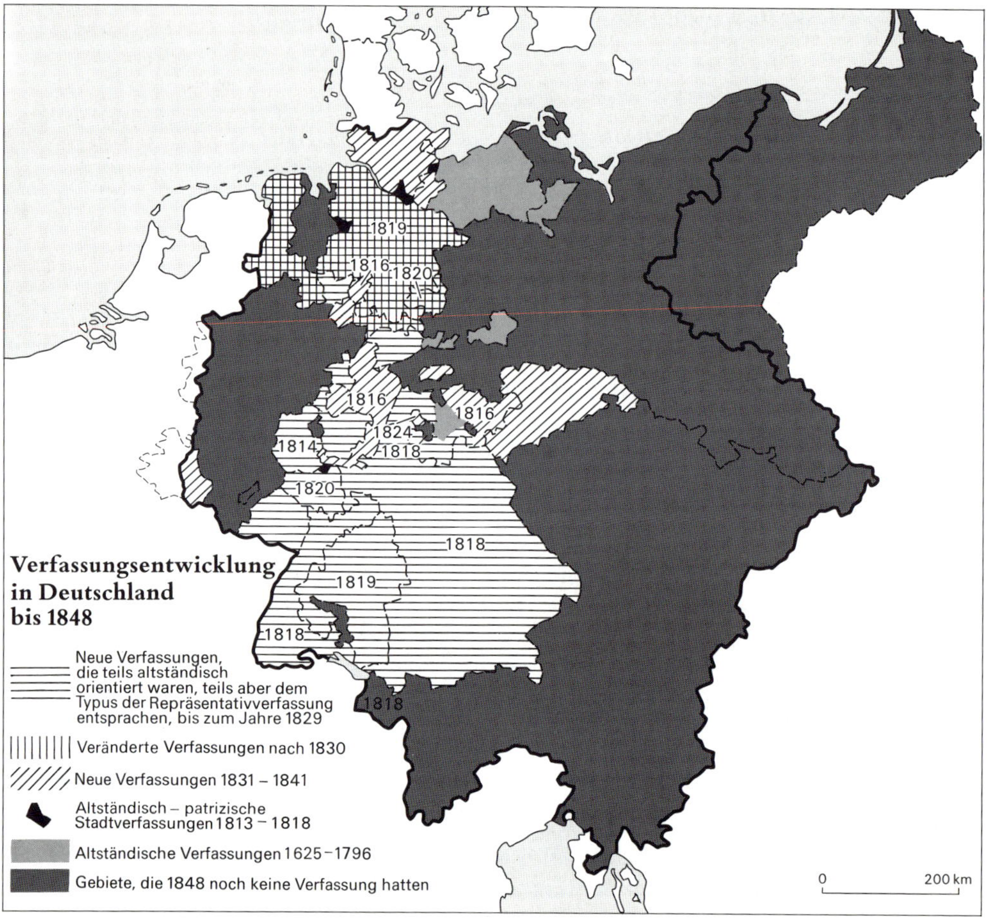

In dieser Zeit veröffentlichte der Philosoph *Georg Wilhelm Friedrich Hegel* seine »Grundlinien der Philosophie des Rechts« und stellte die gesetzliche Fixierung der Rechte und der Pflichten des Bürgers wie des Staats einander gegenüber. Sein *Rechtsstaats*gedanke ließ sich allerdings auch gegen das Prinzip der politischen Freiheit verwenden: Eine parlamentarisch fortentwickelte Repräsentation konnte die rechtsstaatlich gesicherte Freiheit gefährden, weil der *Parlamentarismus* auch über die Rechtsordnung bestimmen durfte.

Scheitern der Verfassungspläne in Österreich und Preußen

In dem seit 1804 erblichen Kaisertum *Österreich* rief das Verlangen der liberalen Opposition nach einer Repräsentation die scharfe Gegenwehr *Franz II.* hervor. Die riesige »monarchische Union von Ständestaaten« (Otto Brunner)[76] vereinte mehrere Völker, in denen das nationale Selbstbewußtsein zu erwachen begann. Eine Repräsentativverfassung hätte es verstärkt. Im *Preußen* der Reformzeit und der Befreiungskriege schienen politische Aktivitäten erwünscht. Friedrich

Wilhelm III. wiederholte mehrmals sein *Verfassungsversprechen* von 1810 und kündigte eine schriftliche Urkunde an. Doch die Verfassungspläne Hardenbergs scheiterten. Seine Gegner verbanden die Lehre vom »Volksgeist« (Herder) mit gegenrevolutionären Vorstellungen (Burke) zu einer konservativen Auffassung über Staat und Repräsentation. Sie waren der Meinung, das deutsche Volk wolle »keine neumodische Kopf-, Seelen- oder Geldrepräsentation«, sondern eine auf überlieferte Rechte, auf Reputation und auf Besitz gegründete Vertretungskörperschaft (Provinziallandtag).[77]

Verwaltung als Verfassungsersatz

Als Ersatz für die Einführung von »Nationalrepräsentation« und Verfassung sah das *Reformbeamtentum* die Verwaltung als Repräsentant des ganzen Staates an, weil sie Rechtsstaatlichkeit und Freiheit vor Willkür am besten sichern konnte. In den Behörden waren diejenigen aus Adel und Bürgertum vereint, die bislang gemeinsam politische, gesellschaftliche und wirtschaftliche Reformen vorangetrieben hatten. Sie sahen sich als Repräsentanten des Staats. Gerade in ihrer täglichen Arbeit ließen sich der Abbau von Privilegien und der Aufbau von sachorientierter Rechtsstaatlichkeit durchsetzen. Deshalb kam z.B. der Verwaltungsorganisation in Preußen ein besonderer Wert zu.

Preußen bildete nach 1815 keinen geschlossenen Staat. Es vereinte Gebiete gutsherrlicher und grundherrschąftlicher Ordnung sowie frühindustrielle Zonen, umfaßte einen großen katholischen Bevölkerungsteil und höchst unterschiedliche Rechtsordnungen. Im Rheinland war der Code civil in Kraft geblieben, in den übrigen Provinzen galten *Provinzialrechte* oder das Allgemeine Landrecht. Die Oberpräsidenten vertraten ihre Provinzen im *Staatsrat.* Zusammen mit den königlichen Prinzen, den Staatsministern, den Chefs weiterer Zentralbehörden, den Feldmarschällen und 34 vom König berufenen Pesönlichkeiten berieten sie den Monarchen. Im Kreis wuchs der *Landrat* allmählich in eine Doppelfunktion hinein. Er repräsentierte einerseits wie bislang die Grundbesitzer, andererseits aber in einem wachsenden Maß auch den Staat. Als er einen Schreiber und einen Amtsraum bekam und ein Bureau offenzuhalten hatte, zeigte sich selbst auf dieser Ebene eine zunehmende Bürokratisierung und Etatisierung der Verhältnisse.

Wartburgfest

Gegen die von Metternich entschlossen vorangetriebene restaurative politische Entwicklung, gegen eine selbstherrlich handelnde Beamtenschaft und für einen Nationalstaat bildete sich eine oppositionelle Bewegung. Sie war keine feste Gruppierung und bei weitem keine politische Partei, doch vereinte sie gut ein Sechstel der Studenten aller deutschen Staaten (8000) in demokratisch organisierten Verbänden. Deutschtümelei und Chauvinismus fanden sich neben Patriotismus und Gemeinsinn; gemäßigt liberale Gruppen existierten neben entschieden demokratischen. Am 18. Oktober 1817 versammelten sich fast 500 *Burschenschaftler* aus 15 Universitäten in Eisenach und zogen auf die Wartburg, um das Andenken an die Reformation und die Leipziger Völkerschlacht zu feiern. Die gemäßigten Ansprachen über die vereitelten vaterländischen Hoffnungen hätten kaum wilde Gerüchte über das Treiben der Studenten entstehen lassen, wenn es nicht zu einer Bücherverbrennung gekommen wäre. Berliner

Jünger des Turnvaters *Jahn* in altdeutscher Tracht (»teutonische Sans-Krawatten«) spießten einen Militärzopf, flache Tagesliteratur und konservative politische Schriften auf Mistgabeln. Überströmende Leidenschaft und Begeisterung, nicht aber politischer Verstand, ließen sie neben den Werken des Konservativen *Haller,* auch Schriften eines rheinischen Liberalen, *Benzenberg,* und den Code civil verbrennen. Metternich ermahnte sofort Herzog *Carl August* von Weimar zu scharfem Vorgehen gegen die Studenten, die sich seit der Gründung der *Jenaer Burschenschaft* im Juni 1815 in einen schwarzen »Waffenrock« mit schwarz-rot-goldener Schärpe kleideten, zur Erinnerung an die Farben des von Lützowschen Freikorps. In ihrem schwärmerischen Idealismus sahen sie sich als »Vorreiter eines Nationalstaats«. Eine allgemeine *Revolutionsfurcht* in Europa drohte die Unterschiede zwischen der gemäßigt-konstitutionellen und der extrem radikal-demokratischen Richtung zu verwischen. Die Regierungen von St. Petersburg bis London fürchteten eine Verschwörung im Geist des Jakobinismus.

2. Restauration als Ordnungsprinzip

1815	»Heilige Allianz« und »Vierbund« sollen als Instrumente einer Kongreßdiplomatie die europäische Neuordnung sichern
1818	Frankreich kehrt auf dem Kongreß in Aachen in den Kreis der Großmächte zurück
1819	Die *Karlsbader Beschlüsse* erlauben scharfe Zensur und Überwachung des politischen Lebens
1820	Österreich, Rußland und Preußen erklären sich auf dem Kongreß von *Troppau* für das Interventionsprinzip. Die Kongresse von *Laibach* und *Verona* beschließen bewaffnetes Eingreifen in Italien und Spanien
1823	Die Monroe-Doktrin schließt europäischen Einfluß auf »cisatlantische Angelegenheiten« zugunsten der nordamerikanischen Machtstellung aus
1830/31	In den Londoner Verträgen werden die Unabhängigkeit *Belgiens* (Neutralität) und *Griechenlands* gesichert; Rußland wird zur Hegemonialmacht auf dem Balkan

Kennzeichen und Wirkungen des Metternichschen Systems

Die nationalen und konstitutionellen Bewegungen hielten die konservativen Mächte bereits für gefährliche Verschwörungen und reagierten scharf. In Aachen, auf der ersten der in Wien verabredeten europäischen Konferenzen, schlug Rußland mit Zustimmung Österreichs vor, die Universitäts- und Pressefreiheit einzuschränken. Die Entrüstung über diese Jakobinerfurcht war in Deutschland groß. Noch im selben Jahr, am 18. 10. 1818, gründeten Studenten in Jena die *Allgemeine Deutsche Burschenschaft,* mit der sie in organisierter Form und stärker als bisher geschehen u. a. Gemeinsinn, christliches Ethos sowie die politische Freiheit und Einheit Deutschlands fördern wollten. In jenem aufgeregten Klima des Argwohns, das sich besonders auch gegen alles Russische richtete, ermordete der fanatische Theologiestudent *Karl Sand* 1819 den in russischen Diensten stehenden Schriftsteller *August von Kotzebue.* Sand gehörte zu den radikalen Burschenschaftlern um den Jura-Dozenten *Karl Follen* in Gießen, die den exemplarischen Mord an Verrätern und die Selbstaufopferung propagierten. Der politische Mord an Kotzebue erschien vielen als eine Märtyrertat für die deutsche Einheit und Freiheit; die Gießener »Unbedingten« sahen in ihm einen auch sittlich gerechtfertigten Tyrannenmord. Österreich schlug sogleich die Entlassung aller »schädlichen« Professoren ohne Gerichtsurteil und die Unterdrückung der Burschenschaft vor. Im September desselben Jahres nahm der Bundestag vier Bundesgesetze an, die Preußen und Österreich den acht größten Bundesstaaten in geheimen Konferenzen in *Karlsbad* aufgezwungen hatten: Die Burschenschaft wurde verboten; die Universitäten und Schulen wurden der Kontrolle eines »außerordentlichen landesherrlichen Bevollmächtigten« unterworfen. Alle Schriften unter zwanzig Bogen (320 Seiten) waren einer »vorläufigen Genehmhaltung« ausgesetzt – den Begriff »(Präventiv-)*Zensur*« vermied das Gesetz; umfangreiche Werke unterlagen der Nachzensur. In Mainz arbeitete eine Zentraluntersuchungskommission, deren Haft- und Untersuchungsbefehle die Einzelstaaten auszuführen hatten. Eine *Exekutionsordnung* (Mai 1820) ermöglichte es dem Bund, in die Verhältnisse der einzelnen Gliedstaaten einzugreifen (Bundesintervention).

Die Gesetze wurden bei »demagogischen Umtrieben« scharf angewendet. Preußen ließ Jahn und Arndt verhaften; Jahn stand bis 1840 unter Polizeiaufsicht, Arndt war bis 1840 von seinem Lehramt suspendiert. Fichtes »Reden an die deutsche Nation« und Schleiermachers Predigten, ja selbst Stein und Gneisenau galten als verdächtig. Der Publizist Görres floh ins Elsaß; Liberale wie der Jurist Welcker konnten erst nach einer langwierigen politischen Untersuchung von einer Professur auf eine andere, von einem Staat in einen anderen wechseln. In der Habsburger Monarchie hatten die Beamten jährlich zu beeiden, daß sie keiner Geheimgesellschaft oder einer Freimaurerloge angehörten, deren aufklärerisch- humanitäre Ideale bereits verdächtig erschienen. In Rußland verbannte Alexander I. den Dichter *Alexander Puschkin.* In England verbot die Regierung die Gewerkschaften; sie ging mit regulären Truppen gegen Maschinenstürmer vor, die für bessere Lebensbedingungen demonstriert hatten. Die Regierung schränkte außerdem die Presse- und Versammlungsfreiheit ein.

Auswirkungen der Interventionspolitik auf Europa

War die Gesetzgebung im Deutschen Bund bereits zum innenpolitischen Instrument der Reaktion geworden, so schlug auf dem Kongreß in *Troppau* auch die Kongreßdiplomatie der Großmächte in einen reaktionären Doktrinarismus um. Spätestens in *Karlsbad* war jedoch schon zu erkennen, daß England sich zunehmend distanzierter gegenüber seinen kontinentalen Verpflichtungen verhielt. Rußland, Österreich und Preußen bekannten sich offen zum Grundsatz der Intervention: In Aufruhr befindliche Staaten sollten notfalls mit Waffengewalt »in den Schoß der großen Allianz« zurückgeführt werden. Eine allgemeine Revolutionsfurcht kulminierte erneut in *»Jakobinerriecherei«,* Denunziation und verschärfter Polizeiherrschaft. Der hannoversche Staatsmann *Graf Münster* klagte, das Wiener Kabinett verrate die wahren *konservativen Interessen,* indem es den Absolutismus, ja »die erbärmlichste Winkeltyrannei« begünstigte.[78] 1814/15 hatte die Politik der *Restauration* noch den politischen Realismus eingeschlossen, der bestehende Machtverhältnisse und ihre Abwandlungen duldete. Jetzt neigten die Ostmächte jedoch dazu, jeglichen gesellschaftlichen und politischen Wandel zu verhindern. Dadurch mußte der Widerspruch zwischen der sich politisch emanzipierenden bürgerlichen Gesellschaft und einer erstarrenden staatlichen Ordnung wachsen. Als in *Spanien* und *Italien* die Monarchen die Verfassung aufhoben, brachen revolutionäre Unruhen aus, die zur Intervention österreichischer und französischer Truppen führten. Nur *England* beharrte auf seiner Politik der Nichteinmischung. Castlereaghs Nachfolger, der liberale Tory-Politiker *George Canning,* rief pathetisch »die Neue Welt ins Leben«, »um das Gleichgewicht der Alten herzustellen«.[79] Doch die *USA* lehnten das englische Angebot ab, gemeinsam die ehemals spanischen und portugiesischen Kolonien zu schützen. Präsident *James Monroe* erklärte, man mische sich nicht in europäische Verhältnisse und werde jeden Versuch, das europäische »System auf irgendeinen Teil dieser Hemisphäre auszudehnen, als gefährlich für unseren Frieden und unsere Sicherheit betrachten« (Monroe-Doktrin).[80]

Griechischer Unabhängigkeitskrieg spaltet Allianz

Das europäische System wurde zur gleichen Zeit in Europa selbst durch Aufstände der Griechen unter Führung von *Alexander Ypsilanti* gegen die osmanische Herrschaft bedroht. Anders als in Spanien und Italien beteiligte sich hier das Volk an dem Aufstand. Die Mordtaten, welche die *Türken* auf Chios verübt hatten, weckten in Europa Empörung. *Lord Byron,* einer der größten englischen Dichter des 19. Jahrhunderts, begründete die Gesellschaft der Philhellenen und reiste 1823 mit Waffen, Geld und Medikamenten nach Griechenland. Überall in Europa entstanden Hilfsvereine, und es meldeten sich Freiwillige für den Kampf gegen die Türken. Die europäische Bildungsgesellschaft, die seit *Johann Joachim Winckelmanns* »Geschichte der Kunst des Altertums« die Vorbildlichkeit der alten Griechen verehrte, unterstützte Griechenland als Teil ihrer selbst. Selbst *Alexander I.* fühlte sich als Beschützer der Griechen und sah zugleich eine Chance, den schon lange erstrebten Zugang zum Mittelmeer zu erhalten. Sein Nachfolger, *Nikolaus I.* (1825), verständigte sich, indem er die Heilige Allianz brach, mit England über ein gemeinsames Vorgehen im Orient. Unter griechischer eingeschränkter Souveränität sollte ein autonomes Griechenland entstehen. Nach österreichischer Ansicht vertrat jedoch die feudale Militärdiktatur der Türken das Prinzip der Legitimität und sollte deshalb gestützt werden. Metternichs Politik der Einheit Europas mußte in Gefahr geraten, wenn diese Voraussetzung nicht mehr »im Bewußtsein *aller* Staatsmänner seiner Zeit lebte« (Henry Kissinger).[81] 1827 schlossen England und Rußland mit Frankreich unter dem Druck progriechischer öffentlicher Meinungen eine kurzfristige Allianz. Rußland zog aus der griechischen Krise den größten Nutzen, weil es die Kontrolle der Donaumündung und die türkischen Meerengen erreichte. Außerdem trat Rußland als Protektor der christlichen Staaten des Balkans und damit auch des neuen griechischen Königreichs unter dem Wittelsbacher *Otto I.* (1832) auf.

Fortgesetzter Kampf um Reformen

Ebenso stark wie die Verfassungsfrage wirkte überall in Europa das Verhältnis zwischen *Staat und Kirche* auf die Öffentlichkeit zurück. So hatte in Rußland die orthodoxe Kirche in den letzten Regierungsjahren Alexanders I. wieder größeren Einfluß gewinnen können. Staat und Kirche wehrten gemeinsam revolutionäre westliche Ideen, wie die von »Schiller, Goethe und ähnlichen Schurken« ab. Als Ludwig XVIII. in Frankreich das katholische Bekenntnis zur Staatsreligion erhob, rief er republikanisch-demokratische Unruhen hervor.

In den preußischen Rheinlanden entzündete sich eine anhaltende öffentliche Debatte an der Frage, in welchem Glauben Kinder aus konfessionell *gemischten Ehen* zu erziehen seien. In dieser Debatte war der Staat darauf bedacht, scharfe Konflikte zu vermeiden. Bei der Reform des *Volksschulwesens* (▷ S. 69) gelang es nur schrittweise, den direkten Einfluß des Pfarrers zu mindern, der den Lehrer oft als Küster einsetzte und im Schulunterricht überprüfte. Der Staat übernahm die Kontrolle der Schule, schuf Lehrpläne und verbesserte die Ausbildung der Lehrer. Ausländer begutachteten das preußische Schulwesen dieser Zeit, weil es als das modernste in Europa galt. Das Verhältnis zwischen den evangelischen Kirchen und dem preußischen Staat war gespannt, da Friedrich Wilhelm III. Lutheraner und Reformierte in einer *Evangelischen Union* vereinen und eine neue *Liturgie* durchsetzen (1817) wollte. Als der König Gewaltmaßnahmen anordnete, brachen die Auseinandersetzungen offen aus (1837): In *Schlesien* wurden die Altlutheraner, die die neue Gottesdienstordnung abgelehnt hatten, zur Auswanderung gezwungen. Zur selben Zeit wurde in *Köln* der Erzbischof *Droste Vischering* seines Amtes enthoben, als er die katholische Erziehung der Kinder aus gemischten Ehen verlangte.

Geradezu ins Zwielicht der Wortbrüchigkeit geriet der preußische König spätestens nach seinem wiederum nicht eingelösten dritten *Verfassungs*versprechen (1820). Eine Kabinettsorder begrenzte die angestrebte Reform auf Provinzialstände und *Provinziallandtage*. Sie standen unverbunden nebeneinander und bildeten keine Repräsentativkörperschaften, sondern vertraten den ritterschaftlichen, städtischen und bäuerlichen Grundbesitz. In diesem Einkammersystem wurde der Großgrundbesitz bevorzugt. Die Landtage durften allein über die Selbstverwaltungsangelegenheiten der jeweiligen Provinz beschließen: über Armenfürsorge, Gefängnisse und Irrenanstalten, aber auch über fiskalische und rechtliche Fragen. Kam es vor, daß Beratungsgegenstände gesamtstaatliche Themen berührten – bei Steuer-, Rechts- und Verfassungsfragen geschah das häufiger –, dann monierte die Krone die Kompetenzüberschreitung. Zwischen dem monarchischen und dem demokratischen Prinzip schien in Preußen kein Kompromiß möglich. Dennoch planten 1820 Reformbeamte die Klassifikation der *Steuer* auf eine Verfassung hin. Den ungebrochenen Elan dieser Beamten zeigt ein Brief des Staatsrats *Kunth,* des Erziehers der Brüder Humboldt. Er schrieb 1826 an Stein, welche hartnäckigen Belehrungen doch nötig seien, um die Reformideen an den Mann zu bringen. »Wenigstens lernen die Leute, was man tun müßte, wenn sie es schon darum nicht sogleich tun.«[82] Die *Ablöseordnung* (1821), das *Regulierungsedikt* für Posen (1823), die revidierte *Städteordnung* und das *Entschädigungsedikt* (1831) markieren die Fortsetzung des Weges zur *Agrar-* und *Städtereform* (▷ S. 65, 70).

Furcht vor Revolution dominiert

Das Ende der Reformen in Preußen wird zumeist mit 1819 bzw. 1822 angegeben. Die damalige Kabinettskrise und der Tod Hardenbergs dokumentieren jedoch allein das Scheitern der reformerischen Bemühungen an der Staatsspitze. Erst die Auswirkungen der Julirevolution 1830 in Frankreich, des polnischen Aufstands und der vereinzelten Unruhen in Preußen wie in ganz Deutschland (▷ S. 107) hemmten auch in den Provinzialverwaltungen ein weiteres Voranschreiten der Reformen. Welche Einbußen, aber auch welche Erweiterungen am reformerischen Programm während der Restauration möglich waren, läßt die *revidierte Städteordnung* erkennen. Durch sie erhielten alle Einwohner das Bürgerrecht (»Einwohnergemeinde«), und selbst Bürger ohne Grundeigentum erlangten das Wahlrecht. Doch wurde der Zensus höher gesetzt, die Position des *Magistrats* zuungunsten der *Stadtverordnetenversammlung* gestärkt und die Staatsaufsicht erweitert. Das Gesetz verbesserte die Administration, engte aber die Rechte der politischen Gemeinde ein. Die Beamten blieben weiterhin von der kommunalen Selbstverwaltung ausgeschlossen (Eximierte). Eine bedeutsame unmittelbare Wirkung der Reformgesetzgebung lag darin, daß die Stadtbürger über eine sichere organisatorische Plattform verfügten, von der aus sie ihre politischen Forderungen besser als in den Provinziallandtagen vortragen konnten. Denn das *Stadtbürgerrecht* schützte selbst in der Restaurationszeit die politische Diskussion. Es stellte den Kern der bürgerlichen Verfassungsbewegung der vierziger Jahre dar. Andererseits hat die revidierte Städteordnung dem Staat die *Bevormundung* des Bürgers *erleichtert,* denn die Stadtverordnetenversammlungen konnten nunmehr aufgelöst werden. Außerdem übertrug sie noch die Polizeigewalt dem *Bürgermeister* (staatliche Auftragsverwaltung).

Das Gesamtbild der Epoche

Die Epoche der Revolution, der Reformen und der Restauration trägt durchgängig den Charakter einer *Zeit des Übergangs.* Die alteuropäische Gesellschaftsordnung war nach Ständen, erblichen Berufs- und Lebensgemeinschaften geordnet. Sie bildete sich zur vorindustriellen bürgerlichen Gesellschaft um. Dieser Prozeß lief aufgrund der verschiedenartigen Voraussetzungen in den einzelnen Ländern unterschiedlich schnell ab. 1825 wurden in *England* Gewerkschaften erlaubt, 1828 die Diskriminierung protestantischer Sekten beendet und 1829 den Katholiken der Zugang zu den meisten politischen Ämtern gestattet. In *Frankreich* verschärfte sich dagegen der reformfeindliche ultraroyalistische Kurs.

Revolutionen und Reformen in Europa 1830–1848/49

A. Europa zwischen Restauration und Revolution

Die Bestrebungen der Heiligen Allianz waren darauf gerichtet, den politischen und sozialen Wandel zu verhindern. Fürst Metternich, von Karl Marx als »Kreuzspinne« der Restauration beschrieben, hat sein Ziel politischer Beharrung so geschildert:

»Um ... auf eine glückliche Zukunft hinzuarbeiten, muß man wenigstens der Gegenwart gewiß sein; die Erhaltung dessen, was besteht, muß folglich die erste und wichtigste aller Sorgen sein.«[1]

Metternichs Politik der Restauration in Europa war zunächst erfolgreich. Demnach waren in Mitteleuropa die politischen Ziele der Revolutionszeit und der Befreiungsära unvergessen. *»Freiheit«, »Einheit«* und *»Konstitution«* lauteten die politischen Schlagworte, die gegen die restaurativen Ziele der Heiligen Allianz gerichtet waren. Nur wenige Monarchen und Minister erkannten, daß sie das

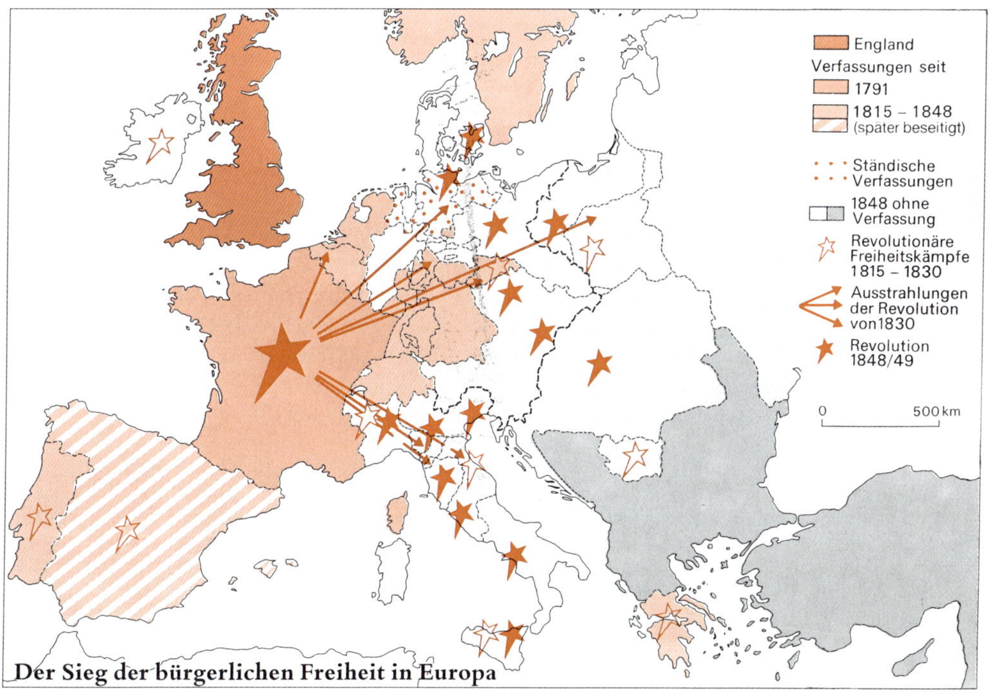

Der Sieg der bürgerlichen Freiheit in Europa

Rad der Geschichte nicht anzuhalten oder gar zurückzudrehen vermochten. Politische Unterdrückung, Zensur und »Intervention« konnten nicht verhindern, daß sich um 1830 überall in Europa ein kritischer Geist zu regen begann. Leidenschaftlich verfolgten viele Europäer den Freiheitskampf der Griechen gegen die Türkenherrschaft auf dem Balkan (▷ S. 90). Metternichs Versuch, die Prinzipien der Allianz sogar auf das Türkenreich zu übertragen, war jedoch zum Scheitern verurteilt. Als der Sultan 1829 schließlich die Unabhängigkeit Griechenlands anerkannte, veränderte sich damit zum ersten Male nach dem Wiener Kongreß die politische Landkarte Europas.
Der Sieg der Griechen beflügelte alle politischen Richtungen und Bestrebungen, die auf eine Veränderung der staatlichen Verhältnisse hinwirkten. Die Einwohner fast aller Staaten begriffen sich jetzt weniger als »Untertanen« denn als Bürger und »Parteigänger«. Viele Konservative fühlten sich durch das nachdrückliche Dringen auf Wandel bedroht und erkannten allmählich, daß Metternich mit seiner Warnung recht gehabt hatte:

»Die Zeit rückt unter Stürmen vorwärts; ihren Ungestüm aufhalten zu wollen, würde vergebliches Bemühen bedeuten.«[2]

I. Die Julirevolution in Frankreich und ihre Folgen

Seit 1824	Karl X. will zusammen mit der Verfassung die konstitutionelle Freiheit beseitigen
1830	Die Julirevolution beendet die Bourbonenherrschaft
1830–1848	Bürgerkönigtum Louis Philippes

Von der Restauration zur Reaktion

Seit 1824 regierte in Frankreich der Bourbone *Karl X.* Er strebte danach, die politischen Verhältnisse zu ändern, weil er die *»Charte constitutionnelle«,* die Ludwig XVIII. erlassen hatte, innerlich niemals akzeptierte. Deshalb stärkte er die Stellung der katholischen Kirche und entschädigte viele Emigranten, die mit den Bourbonen nach Frankreich zurückgekehrt waren, mit Hilfe eines Sondergesetzes für den Verlust ihres Besitzes. Karl X. sah nicht, daß er mit dieser Politik viele Franzosen verletzte und empörte. Ein Kritiker schrieb:

»Der grundlegende Gedanke der Regierung ist heute eine ungerechte Verachtung gegenüber den Gefühlen und Verstandeskräften Frankreichs. Hierüber ist das Volk betrübt, weil es dadurch beleidigt wird; das Volk ist dadurch verstört, weil seine Freiheiten bedroht sind.«[3]

Politische Krise und Repression in Frankreich

Karls letztes politisches Ziel war die *Wiederherstellung der absoluten Monarchie.* Dies empfanden die Franzosen als einen offenen Bruch der Verfassung und seines Eides, denn Karl hatte bei seinem Regierungsantritt geschworen, die Gewaltenteilung und das Zweikammersystem zu achten. Der Starrsinn des

Königs und die Unzufriedenheit einflußreicher politischer Gruppen mit seiner Politik trieben die Monarchie in eine schwere Krise. Viele Bürger erinnerten sich nun an den »großen Napoleon« und an die Ziele der Revolution, die sie schnöde verraten sahen. Nicht einmal die außenpolitischen Erfolge Karls, der 1829/30 *Algerien* erobern ließ, wodurch Frankreich zur europäischen Kolonialmacht wurde, konnten von den innenpolitischen Schwierigkeiten ablenken. Karl wollte die Stimmen der Kritik durch Einschränkung der Pressefreiheit mundtot machen. Diese Pressezensur verärgerte aber sogar die Monarchisten. Sie verbanden sich daraufhin mit den Liberalen bei Abstimmungen in der zweiten Kammer und bei Wahlen. Die gemeinsame Parole lautete: »Die Charte stellt heute eine Macht dar, an der alle Anstrengungen des Despotismus zerbrechen können.«

Bündnis der Opposition

1829 berief Karl ein neues Kabinett unter dem Fürsten *Jules de Polignac*. Die neue Regierung fand ihre Anhänger vor allem unter den extremen Royalisten und bekämpfte alle liberalen und republikanischen Tendenzen. Gerade dadurch verschärfte sich aber der Widerstandswillen vieler Franzosen. Als Polignac verkündete, er wolle »die Gesellschaft neu ordnen, das frühere Übergewicht des Klerus im Staat wiederherstellen und eine mächtige Aristokratie schaffen und mit Privilegien ausstatten«, schlossen sich Liberale und Republikaner zusammen. Sie stützten sich auf große Teile der Landbevölkerung und auf die städtischen Unterschichten, die seit den zwanziger Jahren unter der allgemeinen Wirtschaftskrise litten. Vor allem die Klein- und Parzellenbauern, die ihr Leben mühsam mit Heimindustrie fristeten, waren vom *»Hunger nach Land«* beherrscht. Sie wurden zu erbitterten Gegnern der zurückkehrenden Emigranten, als diese ihre alten Güter wieder in Besitz nehmen wollten. Auch die Dienstboten und Fabrikarbeiter in den Städten litten große Not und verlangten von ihren reichen Dienstherren *»gerechten Lohn«*. Redner und Schriftsteller, die sich als »Sozialisten« bezeichneten und die Beseitigung aller sozialen Ungerechtigkeiten versprachen, fanden bei vielen Arbeitern offene Ohren.

Offener Verfassungsbruch führt zur Revolution

Im Frühjahr 1830 verlangte die Mehrheit der Abgeordneten schließlich, der König solle seine Minister entlassen. Karl weigerte sich und versuchte, die öffentliche Meinung gegen die Opposition aufzustacheln; er löste die Kammer auf in der Hoffnung, Neuwahlen würden seine Gegner schwächen. In den Wahlauseinandersetzungen gingen »die sehr erregten Parteien ... alle bis zum Äußersten« in ihren royalistischen oder republikanischen Forderungen. Die Opposition errang große Wahlerfolge und bildete eine starke Mehrheit in der Kammer, die Karl daher noch vor dem ersten Zusammentritt der Abgeordneten erneut auflöste. Er hob mit den *»Juli- Ordonnanzen«* die Pressefreiheit völlig auf und veränderte das Wahlrecht noch stärker zugunsten der Besitzenden. Nur ein Viertel der bisherigen Wähler sollte abstimmen dürfen. Die Franzosen fragten erregt:

»Was bedeuten dann die Konstitutionen? Warum das Volk durch Trugbilder von Garantie täuschen, wenn der Monarch nach seinem Belieben die Ordnung der eingesetzten Regierung verändern kann?«[4]

Vor allem in Paris wuchs die Spannung. Als Beobachter stellte der ehemalige Außenminister *François René Chateaubriand,* der zur Opposition gewechselt war, eine bemerkenswerte »soziale Elektrizität« fest:

»Je mehr man bestrebt ist, sie zu unterdrücken, um so heftiger wird die Explosion sein. Man muß sich also entschließen, mit ihr zu leben, wie man mit der Dampfmaschine lebt.«[5]

Viele Bürger beteiligten sich an den Protestkampagnen gegen die »Juli-Ordonnanzen« Karls X. Bald beschränkte sich die Auseinandersetzung nicht mehr auf Reden und Artikel. Studenten, Arbeiter, Bürger und Intellektuelle errichteten in Paris Barrikaden und hißten die Fahne der Revolution, die *»Trikolore«.* Möbel, Bäume, Wagen und Steine türmten sich bis zur Höhe von zehn Metern in den Straßen. Die von der Regierung herbeigerufenen Soldaten solidarisierten sich vereinzelt mit den Aufständischen; überdies waren die wenigen königstreuen Verbände den ortskundigen Barrikadenkämpfern unterlegen. Karl X. erkannte, daß er den Thron der Bourbonen verlassen mußte und emigrierte nach England.

Die Restaurationszeit brachte zwar die Enttäuschung vieler politischer Hoffnungen und die Unterdrückung Andersdenkender. Trotzdem haben aber Künstler versucht, für das, was sie bewegte, eine angemessene Ausdrucksweise zu finden. Romantik, Realismus, Biedermeier sind Begriffe für dieses Bemühen.

Tafel 1 *Ausdruck der Rückwendung der Romantiker aus einer ihnen unerträglich erscheinenden Gegenwart in eine verklärte Vergangenheit ist das Gemälde von Franz Pforr,* Rudolf von Habsburg und der Priester, *entstanden um 1809 (Frankfurt, Städelsches Kunstinstitut). Es stellt den legendenhaften Bericht dar, wie Graf Rudolf, der spätere deutsche Herrscher, einem Geistlichen, der zu einem Sterbenden unterwegs ist, sein Pferd anbietet, damit der Mönch den Hochwasser führenden Bach durchqueren kann. Pforr gehörte der Künstlergruppe der Nazarener an, die als Ideal eine Ordnung anstrebte, die sich am Mittelalter ausrichtete. Zugleich kann das Gemälde als Historienbild bezeichnet werden: Ein Ereignis der Vergangenheit wird aus der eigenen Gegenwart gedeutet, so daß das Historienbild ein Dokument für das Geschichtsverständnis der Entstehungszeit des Bildes ist.*

Tafel 2 *Eine andere romantische Grundhaltung zeigt das Gemälde* »Fenster am Oybin im Mondschein« *von Carl Gustav Carus, entstanden um 1828 (Schweinfurt, Sammlung Georg Schäfer). »Anschauen will die Seele das Universum«, hatte der Philosoph und Theologe Friedrich Schleiermacher (1768–1834) genannt, was Carus mit den Mitteln des Malers durch das am Fenster stehende Paar ausdrückt, das den Mond und die offene Landschaft betrachtet.*

Tafel 1

Tafel 2

Tafel 3

Tafel 4

Barrikade in der Rue de Rohan in Paris *(29. 7. 1830). Gemälde von Hippolyte Lecomte, 1831.*

Tafel 3 *Der Rückzug ins Private war eine mögliche Antwort auf die Restauration; die Hinwendung zu den Studien kann als Sonderform dieses Rückzugs betrachtet werden. So sehr sie zum einen der Förderung der Wissenschaft von Nutzen war, so hat sie zum andern doch den etwas fragwürdigen Aspekt des Unpolitischen. Dieser Schwebezustand spiegelt sich in Carl Spitzwegs Bild* »Der Bücherwurm« *wider, entstanden um 1850 (Schweinfurt, Sammlung Georg Schäfer). Obwohl der Bücherwurm wie viele andere der kauzigen Gestalten Spitzwegs verschroben wirkt, so liegt es dem Künstler fern, Satiriker zu sein. Er will nicht verletzen, sondern liebenswürdig menschliche Schwächen zeigen. Dies mag die Ursache sein, daß er häufig zu den Künstlern des Biedermeier gezählt wird.*

Tafel 4 *Ganz im Biedermeier wurzelt der Maler Friedrich von Amerling, dessen Bilder einen Einblick in die Wiener Gesellschaft dieser Zeit geben. Zu seinen Hauptwerken zählt das Gruppenbild* »Rudolf von Arthaber mit seinen Kindern, das Bild der verstorbenen Mutter betrachtend«, *1837 (Wien, Österreichische Galerie). Das Gemälde zeigt die gepflegte Wohnkultur ebenso wie die Vorliebe für das Familiäre und ist damit ein Dokument für die Lebensart des Biedermeier; seither hat keine Kulturströmung mehr so wie diese alle Lebensbereiche erfaßt.*

»Bürgerkönigtum«

Damit hatte die Opposition ihr Ziel erreicht. Sie strebte nun danach, den Aufruhr rasch einzudämmen. Denn viele liberale Abgeordnete erkannten mit Schrecken, daß die Aufständischen soziale Forderungen erhoben und sich für die Republik einsetzten. Aus Furcht vor einer sozialen Revolution einigten sich deshalb die meisten Abgeordneten rasch auf die Wahl eines neuen Königs, den sie als »Bürgerkönig« bezeichneten. *Herzog Louis Philippe von Orléans* hatte sich stets zum Konstitutionalismus bekannt und bot die Gewähr, die *Charte* »nunmehr zu einer Wirklichkeit werden zu lassen«. Selbstbewußt betonten die Abgeordneten, daß er nicht durch die Gnade Gottes, sondern durch ihre Wahl zum König bestimmt worden sei:

»Der Herzog von Orléans ist der Sache der Nation und der Verfassung ergeben: er hat immer ihre Interessen verteidigt und sich zu ihren Grundsätzen bekannt. Er wird unsere Rechte achten, denn er wird von uns eingesetzt. Wir werden uns durch Gesetze all die erforderlichen Garantien sichern, um die Freiheit stark und dauerhaft zu machen.«[6]

Die Julirevolution verhalf nicht dem ganzen französischen Volk zur Macht; sie brachte lediglich den »Mittelstand« an die Regierung. In dieser Begrenzung lag ein Grund für ihr späteres Scheitern. »Der Mittelstand, an die Regierung gekommen, nahm das Gebaren eines Privatunternehmens an«, kritisierte Alexis de Tocqueville und warf der neuen Regierung vor, ihre politische Macht nur zum Vorteil einer kleinen Bevölkerungsgruppe, der »Bourgeoisie«, genutzt zu haben: Nur 200 000 von 32 Millionen Franzosen durften wählen, die Arbeiterschaft blieb ebenso wie die Frauen weiterhin von Wahl und Herrschaft ausgeschlossen. Ihre Stimmen hatten jedoch beide – Arbeiter und Frauen – erstmals gemeinsam erhoben, und vor allem der Sozialist Charles Fourier hatte selbstbewußt erklärt: »Der soziale Fortschritt erfolgt aufgrund der Fortschritte in der Befreiung der Frau.«[7]

II. Reformen in England

1819	Peterloo-Massaker
1824	Koalitionsfreiheit für Trade Unions
1832	Wahlrechts- und Parlamentsreform
1837	Regierungsantritt der Queen Viktoria (bis 1901)
1838/39	Chartistenbewegung
1846	Corn Laws

Spaltung der Nation

Nach dem Sieg über Napoleon verstärkten sich in England die politischen und wirtschaftlichen Schwierigkeiten. Innerhalb weniger Jahre stieg die Bevölkerungszahl explosionsartig um ein Drittel an, ohne daß Landwirtschaft und Industrie genügend Arbeitsmöglichkeiten boten. Die großen Städte zogen die ländliche Überbevölkerung an. Arme und Reiche trennte eine tiefe Kluft, so

daß manche Zeitgenossen meinten, in England stünden sich *»zwei Nationen«* (Benjamin Disraeli) gegenüber. Wirtschaftliche Depression, Landflucht und Arbeitslosigkeit hatten eine Minderung der Löhne zur Folge; Not und Verzweiflung der Unterschichten äußerten sich in Streiks, Demonstrationen und gewaltsamem Aufruhr. So folgten auf den außenpolitischen und militärischen Triumph des Sieges über Napoleon innenpolitisch Jahre der Unruhe und gewaltsamen Auseinandersetzung.
Die englische Regierung schien den Herausforderungen zunächst nicht gewachsen zu sein. Die Verfassung des Königreiches, die sich seit dem Ende des 17. Jahrhunderts kaum verändert hatte, wurde den gewandelten Bedingungen nicht mehr gerecht. Um 1820 wählten Grafschaften und Landstädte noch immer dieselbe Zahl von Abgeordneten wie einhundert Jahre zuvor, und vielfach hatte sich der politische Einfluß der Grundbesitzer trotz *Industrialisierung* (▷ S. 128 ff.), *Bevölkerungswachstum* und *Verstädterung* erhalten oder sogar verstärkt. Die neuen Großstädte dagegen waren in der Regel im Unterhaus nicht vertreten. Kritiker des Wahlrechts verlangten deshalb eine Wahlrechtsreform: Die Wahlkreisgrenzen seien so zu verändern, daß alle Wahlberechtigten des Landes gleichmäßig durch ihre Abgeordneten repräsentiert würden.

Reform statt Revolution

Nach 1820 setzte in England eine breite Reformbewegung ein, die von der Überzeugung getragen wurde, daß ohne friedliche Veränderung der Verhältnisse auch in England eine Revolution ausbrechen müsse. Einige Zeichen schreckten: Maschinenstürmer zerstörten Fabrikanlagen, weil sie ihre Arbeitsplätze bedroht sahen. Arbeiter demonstrierten für ihr Recht, sich gewerkschaftlich zu organisieren, um so ihre Ansprüche auf angemessenen Lohn gegenüber den Unternehmern durchsetzen zu können.
Zum Fanal für die Reformbewegung wurde schließlich 1819 das *Massaker von Peterloo:* Auf St. Peter's Field bei Manchester ritten englische Husaren, die wenige Jahre zuvor bei Waterloo über Napoleon gesiegt hatten, auf Geheiß des Magistrats mit scharfem Säbel in eine demonstrierende Menge und töteten 11 Menschen. Hunderte wurden verletzt.
Jüngere britische Tories zogen aus dieser innenpolitischen Niederlage des englischen Regierungssystems die Folgerung, daß sich ein Staat nicht allein auf Bajonette stützen könne, und setzten sich für die Beseitigung der englischen Mißstände auf gesetzlichem Wege ein. Dabei bezogen sie sich auf die politische Philosophie des *Utilitarismus,* die *Jeremy Bentham* begründet hatte. Bentham lehrte, daß alle staatlichen Institutionen und jedes politische Handeln allein dem *Nutzen* und *Glück* der Untertanen dienen sollten. Auch *Tradition* und *Recht* müßten den *Anforderungen vernünftiger Erwägungen* standhalten. Entsprechend dieser Lehre wurde das Strafrecht reformiert und der Einfluß der Bürgerwehren zurückgedrängt. Stadtverwaltungen stellten Truppen speziell ausgebildeter Polizisten, die »Bobbies«, auf und verringerten auf diese Weise schlagartig die Kriminalitätsraten. Steuerreformen verteilten die Lasten auf die Grundbesitzer. 1828 errangen schließlich die Katholiken mit der Aufhebung der »Test Act« dieselben politischen Rechte wie Anglikaner und puritanische Dissidenten. Aller-

dings konnten sie zunächst nicht zu Abgeordneten gewählt werden. Diese Bestimmung benachteiligte vor allem die irischen Katholiken, die 1829 schließlich die volle staatsbürgerliche Gleichheit aller Konfessionen erreichten.

Wahlrechtsreform

Nach diesen Reformen schien die Kraft der Tories erschöpft. Die weitaus schwierigste Aufgabe stellte jedoch die umstrittene Neueinteilung der Wahlkreise dar, die Vertretern großer Städte wie Manchester und Birmingham den Einzug in das Parlament ermöglichen sollte. Die Grundbesitzer wollten ihren politischen Einfluß nicht preisgeben, denn bisher hatten sie selbst in sogenannten *»rotten boroughs«* – menschenarmen Dörfern, in denen sich zuweilen »nicht mehr als ein Dornstrauch befand« – das Recht besessen, Abgeordnete zu nominieren.

Als sich der britische Premierminister, der Herzog von Wellington, entschieden der geforderten Wahlrechtsreform widersetzte, stürzten im Herbst 1830 unter dem Eindruck der französischen Julirevolution oppositionelle Abgeordnete seine Regierung und wählten *Lord Grey,* einen Vertreter der Whigs, an die Spitze der englischen Regierung. Dieser hatte sich verpflichtet, Reformen einzuleiten, um England eine Revolution zu ersparen.

Schwächung des Oberhauses

Als Greys Reformvorschläge keine Parlamentsmehrheit fanden, löste er das House of Commons auf und suchte im Wahlkampf die Unterstützung der britischen Öffentlichkeit. Mit einer Mehrheit von 100 Sitzen konnte er seine Vorstellungen im Unterhaus durchsetzen, scheiterte anschließend jedoch am Oberhaus, in dem sich die reformfeindlichen Kräfte konzentrierten. Gegen diesen Konservatismus der Lords richteten sich öffentliche Proteste, Demonstrationen und schließlich sogar örtliche Aufstände. Auch ein Steuerstreik wurde ausgerufen. Als Grey zurücktrat, konnte sich das Unterhaus nicht auf eine neue Regierung einigen. Auf die Bitte König Wilhelms IV., erneut das Kabinett zu bilden, erklärte Grey, er würde nur zurückkehren, wenn der König durch einen »Peersschub«, d. h. die Ernennung neuer, Grey ergebener Lords, die Mehrheiten im Oberhaus verändern und damit die Wahlrechtsreform ermöglichen würde. Der König erfüllte diese Forderung, so daß am 4. Juni 1832 die *»Great Reform Bill«* verabschiedet werden konnte. Dieses Reformwerk war ein erster, wenn auch bescheidener Schritt und zeigte, daß sich auch ohne Revolution überkommene Verhältnisse ändern ließen. Zwar waren die »rotten boroughs« nicht völlig beseitigt worden, doch konnten die großen Städte jetzt weit über 100 Abgeordnete entsenden, die städtische Interessen vertraten. Auch der Wahlzensus wurde herabgesetzt: Jeder Grundbesitzer, dessen Haus 10 Pfund Jahresmiete einbrachte, konnte sich an den Wahlen beteiligen. Dennoch blieb der Anteil der Wahlberechtigten an der Gesamtbevölkerung sehr gering.

Chartisten-Bewegung

Die englischen Arbeiter waren mit dieser Bevorzugung des Mittelstandes nicht zufrieden und verlangten weitere Reformen. Ihre Führer wollten »mit allen legalen Mitteln versuchen, alle Gesellschaftsschichten in den Besitz gleicher politischer und gesellschaftlicher Rechte zu bringen«. In Anlehnung an die Magna Charta legten sie ihre Forderungen – allgemeines Männerwahlrecht,

Zug der Chartisten nach dem Kennington-Anger in London. *Die Chartisten demonstrieren für die Demokratisierung des Wahlrechts. Zeitgenössische Zeichnung, 1848.*

geheime Wahlen, Diäten für die Abgeordneten – als neue »Charter« nieder und nannten sich *»Chartisten«*. Nicht alle wollten auf friedlichem Wege – durch Demonstrationen und Petitionen – die politischen, sozialen und ökonomischen Verhältnisse ändern. Einige Führer riefen zur Gewalt auf und wollten schließlich sogar die Fabriken zerstören, um vorindustrielle Lebensverhältnisse wiederherzustellen. Das Unterhaus leistete den Forderungen der Chartisten Widerstand und setzte statt dessen Teilreformen durch: Abschaffung der Kinderarbeit, Armengesetze, Beseitigung des Koalitionsverbotes und Durchsetzung des Freihandels durch die *»Corn Laws«* waren wichtige Schritte zur Linderung der größten sozialen Not und zur Sicherung des sozialen Friedens. So blieb England auch in dieser Zeit von Revolutionen verschont. Der britische Historiker *Thomas B. Macaulay* schrieb später über die politische Grundstimmung im England der dreißiger Jahre:

»Überall um uns herum erlebt die Welt die Todeskämpfe großer Nationen. Regierungen, die vor kurzem den Anschein erweckten, daß sie Generationen überdauern würden, sind plötzlich Erschütterungen und dem Umsturz ausgesetzt. ... Währenddessen war der gleichmäßige Regierungsablauf auf unserer Insel nicht einen Tag lang unterbrochen. ... Inmitten der Anarchie herrscht bei uns Ordnung.«[8]

III. Wandlungen in Europa

1830/31	Revolution in Polen, Belgien, Mittelitalien und Mitteldeutschland
1830	Unabhängigkeit Belgiens
1831	Niederschlagung des polnischen Aufstandes durch Truppen des Zaren
1831	Mazzini beflügelt die Nationalbewegung Italiens
1847	Schweizer Sonderbundskrieg
1848	Gründung des Schweizer Bundesstaates

Seit der Julirevolution regte sich überall in Europa erneut der Geist der Revolution. Der deutsche Historiker *Leopold von Ranke* klagte:

»Die Revolution, die schon so oft geendet zu sein behauptet hat, niemals scheint sie endigen zu wollen.«[9]

Konstitutionalismus in Belgien

a) Die Entstehung Belgiens. Besonders aufmerksam hatten die Belgier die Julirevolution verfolgt. Sie konnten sich als Katholiken nicht damit abfinden, daß die calvinistischen Holländer über sie herrschten. Religion, Sprache und wirtschaftliche Interessen trennten die Bevölkerung der Vereinigten Niederlande. Im August 1830 errichteten die katholischen Belgier in ihrer Hauptstadt Brüssel Barrikaden gegen die Herrschaft des holländischen Königs und konnten dessen Truppen zurückschlagen. England unterstützte die aufständischen Flamen und Wallonen, weil es hoffte, ein souveräner belgischer Staat könne die Kontrolle Frankreichs über die Mündungen von Maas und Rhein erschweren. Die aufständischen Belgier, die eine provisorische Regierung gebildet und den unabhängigen Staat Belgien proklamiert hatten, riefen jedoch die beiden europäischen Großmächte an und erreichten, daß Frankreich und Großbritannien die Gründung des Königreichs Belgien sanktionierten und die *dauernde Neutralität* des neuen Staates garantierten. Belgien gab sich eine liberale, konstitutionelle Verfassung, um die viele europäische Liberale den jungen Staat beneideten. Diese Verfassung wurde nicht vom König erlassen, sondern von einer verfassunggebenden Versammlung, dem »Nationalkongreß«, verabschiedet. Die neue Verfassung bekräftigte die *Volkssouveränität* mit den Worten: »Alle Gewalt geht von der Nation aus.«

Polen – eine Nation ohne Staat

b) Die Revolution in Polen. Auch in Polen wirkte sich die erfolgreiche französische Julirevolution aus. Restpolen war auf dem Wiener Kongreß zum vierten Male in das vom russischen Zaren regierte Königreich »Kongreßpolen« und das Preußen unterstehende Großherzogtum Posen geteilt worden (▷ Karte S. 77). Der weitaus größte Teil des zuvor in drei Teilungen zerstückelten Herrschaftsgebietes blieb weiterhin in russischem, preußischem und österreichischem Besitz. Zar Alexander I. hatte *Kongreßpolen* eine liberale Verfassung

gewährt. Sein Nachfolger, Nikolaus I., der 1825 Zar wurde, fürchtete das Unabhängigkeitsstreben der Polen und verletzte zunehmend ihre Verfassung. Als er schließlich sogar plante, den Aufstand der Belgier mit polnischen Truppen niederzuschlagen, verweigerten ihm die Soldaten den Gehorsam. Die polnische Aristokratie führte den Aufstand an, denn sie lehnte die »politischen Ungeheuerlichkeiten« des russischen »Autokraten« ab und bekannte sich zu den Grundsätzen der konstitutionellen Monarchie. Zugleich wollte sie die Gelegenheit nutzen und die nationale Unabhängigkeit Polens erkämpfen. Die meisten Liberalen Europas sympathisierten mit den Polen. Überall wurde das Trutzlied angestimmt: »Noch ist Polen nicht verloren.«
Im Herbst 1830 erhoben sich polnische Truppen in Warschau gegen den Zaren. Die »Nationale Regierung« des *Fürsten Adam Jerzy Czartoryski* stützte sich auf Soldaten, Studenten und die Adelspartei. Für wenige Monate konnten die Polen die russische Herrschaft abschütteln und ihre nationale Unabhängigkeit, die der polnische Reichstag *»Sejm«* proklamiert hatte, verteidigen. Eine breite Welle der Hilfsbereitschaft unterstützte sie; als im Sommer 1831 Soldaten des Zaren in Warschau einmarschierten, brach die »polnische Revolution« jedoch rasch zusammen. Zar Nikolaus I. nahm den Polen ihre liberale Verfassung, zwang große Teile ihrer adeligen Führungsschicht in die Emigration, ließ viele seiner Gegner nach Sibirien deportieren und verleibte Kongreßpolen endgültig dem Zarenreich ein.

Germanisierung der Polen

Das *Großherzogtum Posen* konnten die Preußen gegen die Einflüsse der Revolution abschirmen. Sie gewährten ihren polnischen Untertanen einige Sonderrechte, behielten allerdings Verwaltung und Rechtsprechung fest in ihrer Hand. Nach 1840 begann die preußische Regierung mit einer »Germanisierungspolitik«, welche vor allem die polnische Sprache und damit die Nationalkultur der Polen allmählich beseitigen sollte. Die von Rußland und Preußen unterdrückten und ihres Staates beraubten Polen bewahrten sich jedoch selbstbewußt die Hoffnung, ihre Nation werde auch als Staat neu erstehen.

c) Aufruhr in Italien. Auch italienische »Patrioten« versuchten, in ihrem Lande die Fremdherrschaft abzuschütteln. Vor allem in Mittelitalien nützten 1830 zahlreiche Geheimbünde die allgemeine Unruhe und schürten den Widerstand gegen die Herrschaft der Habsburger. In Modena, Parma und im Kirchenstaat proklamierten provisorische Regierungen neue Verfassungen. Metternich ließ österreichische Truppen einmarschieren und jeden Aufstandsversuch niederschlagen. Er berief sich dabei auf den Willen der Großmächte, das europäische Gleichgewicht im Mittelmeerraum nicht durch einen neuen Staat Italien zerstören zu lassen.

d) Die Schweizer gründen einen neuen Staat. In den Kantonen der Schweiz, die sich 1815 zu einem Staatenbund vereinigt hatten, brachen in den dreißiger Jahren Konflikte zwischen Stadt- und Landkantonen, Protestanten und Katholiken, Liberalen und Konservativen, zwischen »Alt- und Neugesinn-

Schweizer Sonderbundskrieg

ten« aus. Als sich die katholischen Kantone aus Furcht vor dem kirchenfeindlichen Liberalismus zu einem Sonderbund zusammenschlossen, um die Trennung von Staat und Kirche zu verhindern, kam es 1847 zu einem Bürgerkrieg. Er endete nach wenigen Wochen mit der Niederlage der konservativen katholischen Kantone. Ein Jahr später gründeten die Schweizer ihre *»Confoederatio Helvetica«* als Bundesstaat nach amerikanischem Vorbild. An der Spitze des Staates stand ein Bundesrat aus Vertretern der im Sonderbundskrieg siegreichen liberalen Mehrheitspartei (bis 1891). Der Ständerat gab den Stimmen der Kantone Gewicht, während der Nationalrat aus direkt gewählten Abgeordneten bestand und ebenso wie der von Stände- und Nationalrat gewählte Bundesrat (Exekutive/Regierung) das staatliche Gesamtinteresse vertrat.

IV. Der »deutsche Vormärz«

1830	Unruhen in vielen deutschen Staaten
1832	Hambacher Fest
1834	Deutscher Zollverein
1837	Protest der Göttinger Sieben
1840	Regierungsantritt von Friedrich Wilhelm IV. in Preußen
1847	Vereinigter Landtag, Hungerkrise und Zunahme von Unruhen

Langsamer politischer Wandel in Deutschland

Seit dem Wiener Kongreß beobachteten die deutschen Regierungen die liberalen und nationalen Bestrebungen ihrer Untertanen mit Mißtrauen. Verschärfte Zensurbestimmungen, das Verbot von politischen Vereinigungen und Burschenschaften, Verhaftungen und Prozesse sollten alle Freiheitsbestrebungen ersticken. Dennoch ließ sich der kritische Geist der Opposition nicht zähmen und forderte *»landständische Verfassungen, Preß- und Rede-, Vereinigungs- und Versammlungsfreiheit«* sowie die Beschränkung der monarchischen Vorherrschaft durch eine gewählte Volksvertretung.

Der »Deutsche Bund«, der nur eine schwache staatliche Einheit bot, stand unter dem Schutz der europäischen Großmächte, die jede Veränderung des europäischen, aber auch des Kräfteverhältnisses innerhalb von Deutschland verhindern wollten. Deshalb wirkte sich der restaurative Geist der Heiligen Allianz bis in die deutschen Mittel- und Kleinstaaten aus. Nur in wenigen Staaten gewährten die Landesherren »landständische Verfassungen« und gestatteten eine öffentliche politische Diskussion. Baden, Württemberg und Bayern erhielten neben Hessen- Darmstadt und Sachsen-Weimar eine Kammer, deren Abgeordnete in Übereinstimmung mit der Verfassungsurkunde an der Gesetzgebung beteiligt wurden.

Die Landesherren waren so lange »milde Landesväter«, wie sie über »stumme und willige Bürger« herrschten. Jeder Versuch ihrer Untertanen, über Politik

Bettina von Arnim. *Bleistiftzeichnung von Ludwig Emil Grimm aus dem Jahre 1838.*

zu sprechen oder Forderungen zu erheben, konnte sie zu Tyrannen machen, die »Demagogen« und »Demokraten« unnachgiebig verfolgten.

In der patriarchalischen Ordnung des Vormärz hatten es die Frauen oft besonders schwer, Selbstbewußtsein »als die eine Hälfte der Menschheit« zu entwickeln und Gleichberechtigung zu fordern. Sie mußten sich bis dahin bei Rechtsgeschäften in der Regel von Männern vertreten lassen und wurden auch nach Aufhebung dieser »Geschlechtsvormundschaft« weiterhin Minderjährigen gleichgestellt. Selbst Liberale sahen in Frauen keine mündigen Partnerinnen, sondern forderten sie bestenfalls zur Beteiligung an Kundgebungen auf, um durch die Gegenwart des »weiblichen Geschlechtes« ihre Veranstaltungen »schmücken« zu können. Einige Frauen weigerten sich jedoch, diese Rolle zu erfüllen, und fanden öffentlich Widerhall und Anerkennung, weil sie sich im kulturellen Gespräch als gleichwertige oder überlegene Partnerinnen bedeutender Künstler und Publizisten erweisen konnten. Durch »Witz und Geist« beeindruckte *Rahel Varnhagen von Ense* (▷ S. 60) ihre Zeitgenossen und machte ihnen deutlich, daß »ein Frauenzimmer auch ein Mensch ist«. Vereinzelt setzten Frauen auch ihren Anspruch auf ihre Selbstverwirklichung durch, nachdem sie sich von ihren Männern getrennt hatten. *Mathilde Franziska Anneke,* die sich später für den demokratischen Gedanken einsetzte (▷ S. 208), konnte so nach ihrer Scheidung sogar ihr Sorgerecht für ihre Tochter durchsetzen. *Bettina von Arnim* erregte schlagartig Aufsehen, als sie 1843 eine sozialkritische Reportage über das Leben der Armen unter dem Titel »Dies Buch gehört dem König« veröffentlicht hatte. Mit dieser Widmung wollte sie die geltenden Zensurbestimmungen umgehen und den Blick auf den Zusammenhang von Frauenemanzipation und sozialer Reform lenken. Sie wurde bald als Kommunistin verunglimpft und für den Ausbruch der Revolution von 1848 mit verantwortlich gemacht. Immer offener wurde nun über die Frage diskutiert, ob die gesellschaftliche Stellung der Frau nicht ein entscheidender Gradmesser politischer und menschlicher Emanzipation sei. 1843 erklärte *Louise Otto* (▷ S. 208), die als eine der Begründerinnen der modernen Frauenbewe-

Frauen melden sich zu Wort

gung gilt, in einem Leserbrief an die »Sächsischen Vaterlandsblätter« die »Teilnahme der weiblichen Welt am Staatsleben« nicht nur zum Recht der Frauen, sondern bezeichnete sie als »eine Pflicht« – damit war die politische Auseinandersetzung um die Emanzipation der Frau in Deutschland endgültig eröffnet.

Biedermeier

Während sich viele Deutsche in ihren politischen Erwartungen und Hoffnungen enttäuscht sahen, waren andere »Untertanen« mit der Ruhe und Ordnung zufrieden, die der Deutsche Bund garantierte. Sie pflegten Literatur und Musik, widmeten sich ihrer Bildung und ihrem Familienleben. Das »Behagen im eigenen Stande« (Wilhelm Heinrich Riehl)[10] wurde zum verbreiteten Lebensgefühl der Biedermeierzeit (▷ Tafeln 3 u. 4), das durch einen bescheidenen Wohlstand genährt wurde. Solange die Deutschen mit politischen Mitteln die *»Staatsnation«* nicht verwirklichen konnten, wollten sie aus Deutschland zumindest eine *»Kulturnation«* machen. Lesevereine förderten die allgemeine Bildung und veranstalteten Vorträge, die sich mit »Fragen der Zeit« beschäftigten. Aufgeklärte Beamte, Rechtsanwälte und Gymnasiallehrer fanden hier ein weites Betätigungsfeld. Das »Bildungsbürgertum« belebte auch Gesang-, Gewerbe- und Turnvereine, die im Zuge einer breiten Vereinsbewegung vor allem in den Städten gegründet worden waren. Das Vereinsleben war aber nicht nur Spiegel des Rückzugs und der »Flucht in die Innerlichkeit«. Immer

»Alles liest alles.« *Berliner Kaffee- und Lesestube. Gemälde von Gustav Friedrich Amalius Taubert, 1832.*

wieder beschäftigten sich die Mitglieder auch mit Fragen der »deutschen Nation«; sie fragten wie der Berliner Philosoph *Henrik Steffens:*

»Wo ist Deutschland, für welches zu kämpfen wir aufgefordert werden? Es lebt in unserm Innern. Zeigt es uns, wo wir es finden, oder wir sind genötigt, es uns selbst zu suchen!«[11]

Ein ausgeprägtes Geschichtsbewußtsein bestimmte die politischen Vorstellungen und geistigen Strömungen der Zeit, denen verschiedene Publikationsorgane zum Ausdruck verhalfen. Die *Historisch-politische Zeitschrift* des Historikers *Leopold von Ranke* war das Organ des in Grenzen wandlungsfähigen Konservatismus. Der politische Katholizismus bediente sich der *Historisch-politischen Blätter,* die der Publizist *Joseph Görres* herausgab. Linksliberale Strömungen schlugen sich in den *Hallischen Jahrbüchern für deutsche Wissenschaft und Kunst* nieder. Alle namhaften Historiker äußerten sich zu politischen Fragen und suchten die Lösung gegenwärtiger Probleme durch Rückbezug auf die Vergangenheit.

Wirkungen der Julirevolution

Die Pariser Julirevolution wirkte auf viele oppositionell gestimmte Deutsche geradezu befreiend. Sie verfolgten den Aufstand der Polen mit Anteilnahme und traten den überall entstehenden Polenvereinen bei, die Gelder für die Kämpfenden und später für die polnischen Emigranten sammelten. Nach der Gründung des Königreichs Belgien erregten belgische Wahlkämpfe und Parlamentsdebatten die deutsche Öffentlichkeit ebenso wie die Reden der süddeutschen liberalen Abgeordneten *Karl von Rotteck* und *Karl Theodor von Welcker* in der badischen Kammer. Seit dem Beginn der dreißiger Jahre erstarkten die deutschen Verfassungsbewegungen. So erhielten auch Sachsen, Hannover und Kurhessen bis 1833 mit »landständischen Verfassungen« eigenständige Volksvertretungen. Allein Österreich und Preußen beharrten weiterhin auf dem »monarchischen Prinzip« und lehnten unbeirrt die Volkssouveränität ab. Deshalb richteten sich die Einheits- und Freiheitsbestrebungen der deutschen Liberalen und Republikaner zunehmend gegen die »vorkonstitutionelle« Regierung in Berlin, weil sie ein »liberales« Preußen verhindere. Auch wurde gefordert, den Deutschen Bund umzugestalten und statt des Bundestages endlich eine gesamtdeutsche Volksvertretung zu schaffen.

Visionen eines freiheitlichen Europa

Einen Höhepunkt der politischen Auseinandersetzung stellte das *Hambacher Fest* von 1832 dar, das viele deutsche Liberale zu einem »Fest der deutschen Nation« vereinigte. Etwa 30 000 Menschen kamen in der Pfalz zusammen, um Frieden und Freiheit zu bekräftigen. Liberale Redner, aber auch Republikaner wie der süddeutsche Publizist J. G. August Wirth, kritisierten die deutsche Viel- und Kleinstaaterei und forderten unter dem Beifall der anwesenden liberalen Franzosen, Polen und Italiener, die »vereinigten Freistaaten von Deutschland« sollten in einem »konföderierten republikanischen Europa« aufgehen. Weil diese Ziele gegen die Monarchie gerichtet waren, lehnte der gemäßigtere Liberalismus die republikanischen Forderungen ab und erstrebte statt dessen eine konstitutionelle, durch eine Verfassung beschränkte Monarchie. Obwohl die Gemäßigteren das Hambacher Fest entscheidend prägen konnten, lösten

Regierungstruppen das Treffen der Liberalen gewaltsam auf. Die Regierungen verboten erneut Versammlungen und Vereine, zensierten die Presse und zwangen die Wortführer des Protestes zur Emigration oder kerkerten sie sogar ein. Als 1837 der König von Hannover die ständische Verfassung aufhob, erhob sich in ganz Deutschland offener Protest. *Sieben Göttinger Hochschullehrer,* unter ihnen die *Gebrüder Grimm,* wurden aufgrund ihrer Kritik am König aller Ämter enthoben und des Landes verwiesen. Ihre Flucht gestaltete sich unter den Sympathiebekundungen der Deutschen zu einem wahren Triumphzug.

Wirtschaftliche Integration auf politischer Grundlage

Die weit verbreitete politische Unzufriedenheit verhinderte nicht, daß Deutschland in den dreißiger und vierziger Jahren allmählich zu einer wirtschaftlichen Einheit zusammenwuchs (▷ S. 138 ff.). Der Tübinger Staatswissenschaftler *Friedrich List* hatte seit den zwanziger Jahren die *Aufhebung der Zölle* gefordert. Auch als württembergischer Abgeordneter kämpfte er für die *wirtschaftliche Einheit Deutschlands,* die Voraussetzung für die spätere politische Einheit sein sollte. Die Erfindung der Eisenbahn inspirierte ihn, ein umfassendes *deutsches Verkehrsnetz* zu planen. Gegen einzelstaatlichen Egoismus, Zukunftsängste und Engherzigkeit setzten sich die Gedanken von List durch.

Zollverein

Zwischen vielen deutschen Bundesstaaten fielen allmählich die Zollschranken. Preußen hatte bereits 1818 seine Binnenzölle aufgehoben und dadurch einen übersichtlichen Binnenmarkt geschaffen, dem sich die hessischen Staaten bald anschlossen. Zum 1. Januar 1834 bildete Preußen mit dem seit 1828 bestehenden süddeutschen »Zollverein« und den zum »Mitteldeutschen Handelsverein« gehörenden thüringischen Kleinstaaten und Sachsen den *»Deutschen Zollverein«.* Ihm traten in der Folgezeit auch die meisten anderen Bundesstaaten bei. Lediglich Österreich blieb dem Zusammenschluß fern, denn es wollte sich der preußischen Vorherrschaft nicht unterordnen.

Soziale Krise

Die beginnende Zolleinheit konnte die Wirtschaftskrise nicht verhindern, die seit der Mitte der vierziger Jahre als landwirtschaftliche und gewerbliche *»Doppelkrise«* alle Wirtschaftssektoren erfaßte. Sinkende Einkommen der Landbevölkerung und der Heimindustriellen verringerten die Kaufkraft und führten zu gewerblicher Überproduktion. Als mehrere Mißernten die Lebensmittelpreise drastisch steigen ließen, brachen Hungerkrawalle, Streiks und Demonstrationen aus. Beschäftigungslose Weber zerstörten Maschinen, die sie als Gefahr für ihre Arbeitsplätze ansahen. Schriftsteller berichteten über das Elend der armen Bevölkerungsschichten, Beamte und Politiker forderten Abhilfe, um die »Explosion des Dampfkessels« zu verhindern. Die verzweifelte Stimmung der breiten Menge hatte Georg Büchner schon 1834 im *»Hessischen Landboten«* ausgedrückt:

> »Friede den Hütten! Krieg den Palästen! Das Leben der Reichen ist ein langer Sonntag ... Das Volk aber liegt vor ihnen wie Dünger auf dem Acker. In Ordnung leben heißt hungern und geschunden werden.«[12]

Aber auch die Besitzenden waren mit den politischen und wirtschaftlichen Verhältnissen unzufrieden. Sie verlangten, an der Gesetzgebung und der Steu-

Friedrich Wilhelm IV. bei der Eröffnung des vereinigten Landtags 1847: *Er würde es nicht zulassen, daß »sich zwischen unseren Herr Gott im Himmel und diesem Lande ein beschriebenes Blatt ... eindrängte, um uns mit seinem Paragraphen zu regieren.« Zeitgenössische Karikatur auf diesen Ausspruch des preußischen Königs.*

Politische Forderungen des Bürgertums

erfestsetzung beteiligt zu werden. Ihr Zorn richtete sich zunehmend gegen den König Friedrich Wilhelm IV. von Preußen, der sich auf sein Gottesgnadentum berief und sich lediglich dazu bewegen ließ, 1847 auf ständischer Grundlage einen aus den Mitgliedern der preußischen Provinziallandtage gebildeten *»Vereinigten Preußischen Landtag«* zu berufen. Dieser sollte die notwendigen Steuergesetze mitberaten. Als die Vertreter der Stände jedoch eine Abgeordnetenkammer mit Budgetrecht und Mitwirkung an der Gesetzgebung verlangten und die Bewilligung der geforderten Anleihe für den Bau der Eisenbahnlinie von Berlin nach Königsberg verweigerten, löste der König die Versammlung auf. Er war entschlossen, sich einer Reform der Gesellschaft ebenso zu widersetzen wie dem »Fortschritt« der Verfassung.

Der österreichische *Kaiser Ferdinand,* der völlig unter dem Einfluß Metternichs stand, prägte den Wahlspruch: »Regiere und verändere nichts.« Der Adel beherrschte Rechtsprechung, Verwaltung und Militär. An wirtschaftlicher Entwicklung war er ebensowenig wie die österreichische Regierung interessiert; vielmehr richteten sich die Anstrengungen darauf, durch Zensur, Geheimverfahren und Denunziation den »Geist der Unbotmäßigkeit« weiterhin zu unterdrücken. Allein in *Ungarn* regte sich Widerstand gegen die Herrschaft der Habsburger. Der ungarische Adel konnte das Zugeständnis des Kaisers erringen, bei der Festsetzung neuer Steuern mitzuentscheiden. In den vierziger Jahren spitzte sich der Interessengegensatz zwischen dem reichen und dem niederen ungarischen Adel zu und ergriff schließlich auch die Bauern.

B. Die Revolution von 1848

Gegen Ende der vierziger Jahre wurde Mitteleuropa aufs neue von schweren politischen und sozialen Krisen heimgesucht. Die wirtschaftliche Not und die Unzufriedenheit mit den politischen und sozialen Verhältnissen führten zu einer neuen Welle revolutionärer Erhebungen, die im Gegensatz zu 1830 alle Schichten der Bevölkerung ohne Unterschied von Stand und Beruf erfaßten. Dabei verfolgten die Aufständischen vielfältige Ziele: Neben dem sozialen Protest gegen Not und Unterdrückung stand der Wunsch, die ungelösten politischen Fragen – nationale Einheit, Verfassung, Freiheit – zu lösen.

I. Die französische Februarrevolution

1848	**22. 2.**	Ausbruch der Pariser Februarrevolution
	10. 12.	Wahl des Präsidenten Louis Napoleon
	Seit 1851	Staatsstreich des Louis Napoleon
	1852	Kaiserproklamation in Paris

Der Pariser Mittelstand hatte den Bürgerkönig Louis Philippe 1830 mit großen Erwartungen begrüßt. Allmählich hatten die Wohlhabenden, die mindestens 200 Franc Jahressteuer bezahlen mußten, um das Wahlrecht zu erlangen, den französischen Staat in ihr »Privatunternehmen« verwandelt, welches allein den Interessen der hohen Beamten, Bankiers und Financiers sowie den Familien mit großem Landbesitz diente. Kritik wies die Regierung zurück. Sie forderte statt dessen die aufgrund ihres Besitzstandes vom Wahlrecht ausgeschlossenen Franzosen auf, sich zu bereichern *(»Enrichissez vous!«)*.

Frühsozialismus als politische Bewegung

Dies empfanden vor allem die Fabrikarbeiter als Zynismus. Ihre Unzufriedenheit machte sie für die Lehren der Frühsozialisten – Saint-Simon, Proudhon und Blanc – empfänglich. Immer wieder kam es zu Aufruhr, Straßenkämpfen und Anschlägen. Der französische König wurde innerhalb weniger Jahre etwa achtzigmal zum Ziel von Attentaten.

Die Revolution von 1789 war vor allem bei den französischen Arbeitern unvergessen. *Louis Blanc* fragte seine Anhänger im Jahre 1839:

> »Aber was will die Revolution, die sich uns mit eisernem und unbesiegbarem Schritt naht, deren Atem uns schon umweht? Sie will das Werk, welches 1789 begonnen wurde, vollenden. ... Keine Privilegien, sondern gleiche Rechte. Keine Privilegien, sondern Gerechtigkeit.«[13]

Louis Philippe nahm auf diese Stimmungen keine Rücksicht, sondern pflegte weiterhin die Verbindungen zur Geschäftswelt und zu den Vertretern der Pariser Hochfinanz; deshalb galt er im Volk bald nicht mehr als »Bürgerkönig«, sondern als »König der Bourgeoisie«.

»Bürger und Arbeiter.« *Der Text lautet: »Paßt auf, Bürger, Ihr habt zwei Revolutionen nur zu Eurem eigenen Vorteil genutzt. Jetzt, 1848, nehmen wir die Sache noch einmal in die Hand, damit alle, Ihr und wir, etwas davon haben. Das findet Ihr zuviel verlangt. Ehrlich gesagt, das ist völlig in Ordnung.« Lithographie von Georges Moynet, 1848.*

Entstehung einer breiten revolutionären Stimmung

Viele Franzosen waren seit dem Ende der dreißiger Jahre der Ansicht, Frankreich stecke tief »im Morast«. Die wachsende Zahl von Arbeiteraufständen machte die wohlhabenden Bürger unsicher, denn die Sozialisten forderten nicht allein Reform, sondern den völligen Umsturz der politischen Verhältnisse. Dies ging selbst den Franzosen zu weit, die sich dem »Kleinbürgertum« zurechneten. Als Preissteigerung und Arbeitslosigkeit zunahmen, spitzte sich die allgemeine Unzufriedenheit weiter zu. Die zahlenmäßig schwache parlamentarische Opposition forderte grundlegende Reformen. Publizisten und Straßenredner verstärkten den Widerhall oppositioneller Politiker im Volk. Der *»Bonapartismus«*, die kultartige Verherrlichung des »großen« Napoleon Bonaparte, lebte erneut auf und verband sich mit dem französischen Nationalismus.

Um seine Stellung zu stärken, berief Louis Philippe 1840 eine Regierung unter *François Guizot.* Guizot versuchte, die Abgeordneten, die Presse und schließlich den Verlauf der Wahlen durch Intrigen und Korruption zu beeinflussen. Als die Wirtschaftskrise 1846 auch Frankreich voll erfaßte, warnten Kritiker der Regierung wie *Alexis de Tocqueville:*

»In diesem Augenblick schlafen wir auf einem Vulkan ... Ändert in Gottes Namen den Geist der Regierung, denn er führt in den Abgrund.«[14]

Die Regierung verbot aber lediglich Versammlungen und schränkte die Pressefreiheit ein. Die Opposition veranstaltete daraufhin *»Bankette«*. In geschlossenen Versammlungen warben Redner für die Ziele der Gegner des »Systems Guizots«.

Februarrevolution führt zur Republik

Als die Regierung Ende Februar 1848 ein großes Bankett der radikalen Republikaner zu verhindern suchte, rief die Opposition zu einer Massendemonstration auf. Obwohl Polizei diesen Aufmarsch gewaltsam unterbinden wollte, strömten Studenten und Arbeiter in großer Zahl zusammen. Bald kam es zu ersten Zusammenstößen zwischen Demonstranten und Ordnungskräften. Die Nachricht, der König habe Guizot entlassen, verbreitete sich wie ein Lauffeuer und ließ immer mehr Menschen auf die Straße strömen. Im Handgemenge zwischen Soldaten der Garde und Demonstranten löste sich plötzlich ein Schuß. Augenblicke später starben in einer Feuersalve etwa 50 Demonstranten. Bürger, Studenten, Arbeiter und übergelaufene Soldaten errichteten Barrikaden und verschanzten sich in den Straßen und Häusern. Um eine Ausweitung des Bürgerkrieges zu vermeiden, erklärte Louis Philippe seinen Rücktritt und floh nach England. Innerhalb von zwei Tagen hatten die Revolutionäre einen Sieg errungen, der ganz Europa begeisterte.

Eine »provisorische Regierung«, die aus den Redaktionen zweier oppositioneller Zeitungen gebildet worden war, erklärte Frankreich am 24. Februar 1848 zur *Republik*. Sie bildete »Nationalwerkstätten«, die unmittelbar der Zentralregierung unterstanden, und garantierte allen Arbeitern Mindestlöhne, wie es der Sozialist *Louis Blanc* gefordert hatte. Die Versprechungen der Regierung ließen Tausende von Arbeitslosen aus ganz Frankreich nach Paris strömen, wo es bald nicht mehr genügend Arbeit gab. Da die Regierung dennoch die versprochenen Mindestlöhne zahlte, verschuldete sich der Staat außerordentlich: Die staatlichen Lohnausgaben stiegen von 200 000 Franc im März auf 6 Mio. Franc im Juni.

Anfang April ließ die provisorische Regierung eine »verfassunggebende Versammlung« wählen. Die gemäßigten Republikaner eroberten 500 von 880 Sitzen. Die radikalen Sozialisten errangen 12 %, die Monarchisten 25 % der Mandate. Viele Wähler, vor allem aus der Provinz, hatten dem Radikalismus eine Abfuhr erteilt, denn sie waren erbost, daß aus Steuermitteln Arbeiter der Nationalwerkstätten bezahlt wurden, die keine vollwertige Arbeitsleistung erbrachten. Als die Mehrheit der Abgeordneten schließlich verlangte, die Nationalwerkstätten aufzulösen, weil sie nicht mehr zu finanzieren seien, erhoben sich die Handwerker und Arbeiter von Paris erneut. In heftigen Straßenkämpfen unterlagen sie dem Militär unter General Cavaignac. Die verfassungspolitischen Ziele der Februarrevolution standen jedoch nicht in Frage: Die Nationalversammlung proklamierte Frankreich endgültig zur Republik und verabschiedete eine demokratische Verfassung mit allgemeinem, gleichem und geheimem Männerwahlrecht, mit Parlament, Gewaltenteilung und einem in direkter Wahl bestimmten Präsidenten.

Ende 1848 wählten die Franzosen Louis Bonaparte, einen Neffen Napoleons, zum ersten französischen Staatspräsidenten. Nicht nur die französischen Bauern und große Teile der Arbeiterschaft in den Städten gaben ihm ihre Stimme, auch viele Bürger, welche die soziale Revolution fürchteten, unterwarfen sich willig seiner Herrschaft. Als 1849 zum ersten Male entsprechend der neuen Verfassung eine gesetzgebende Versammlung gewählt wurde, errangen die *Monarchisten* eine überwältigende Mehrheit. Die neuen konservativen Abgeordneten schränkten erneut die Pressefreiheit ein und nahmen 3 Millionen Franzosen das Wahlrecht. Der Staatspräsident *Louis Bonaparte* ließ die Abgeordneten zunächst gewähren. Sein Ziel war die Wiederherstellung des Empire. Als sich die Kammer jedoch weigerte, seine Amtszeit zu verlängern, ließ er Paris besetzen und die führenden Politiker des Landes verhaften. In einem Plebiszit billigten 7,3 Millionen Staatsbürger nachträglich seinen Staatsstreich. Ein Jahr später erklärte sich Louis Bonaparte, den Ruhm seines Onkels Napoleon I. nutzend, sogar zum neuen Kaiser der Franzosen. Auch diesen Schritt ließ er, der sich künftig »Napoleon Bonaparte« nannte, durch ein Plebiszit legitimieren.

Stärkung der Monarchisten

II. Die Revolution in Deutschland

1848	
13. 3.	Ausbruch der Revolution in Wien
18. 3.	Barrikadenkämpfe in Berlin
30. 3.	Frankfurter Vorparlament
April	Wahlen zur Nationalversammlung
18. 5.	Eröffnung des Parlaments in der Frankfurter Paulskirche
bis Okt.	Erste Lesung des Verfassungsentwurfes
August	Der Krieg um Schleswig-Holstein endet mit dem Waffenstillstand von Malmö
Okt.	Kaiserliche Truppen erobern Wien
Nov.	Preußische Truppen besetzen Berlin
Dez.	Oktroyierung der preußischen Verfassung
1849	
28. 3.	Annahme der Reichsverfassung im Frankfurter Parlament und Kaiserwahl
April	Ablehnung der Kaiserkrone durch König Friedrich Wilhelm IV. von Preußen
Mai	Neue Aufstände in Sachsen, Baden und in der Pfalz. Flucht des Rumpfparlaments aus Frankfurt
Juni	Auflösung des Rumpfparlaments
1850	Erfurter Parlament

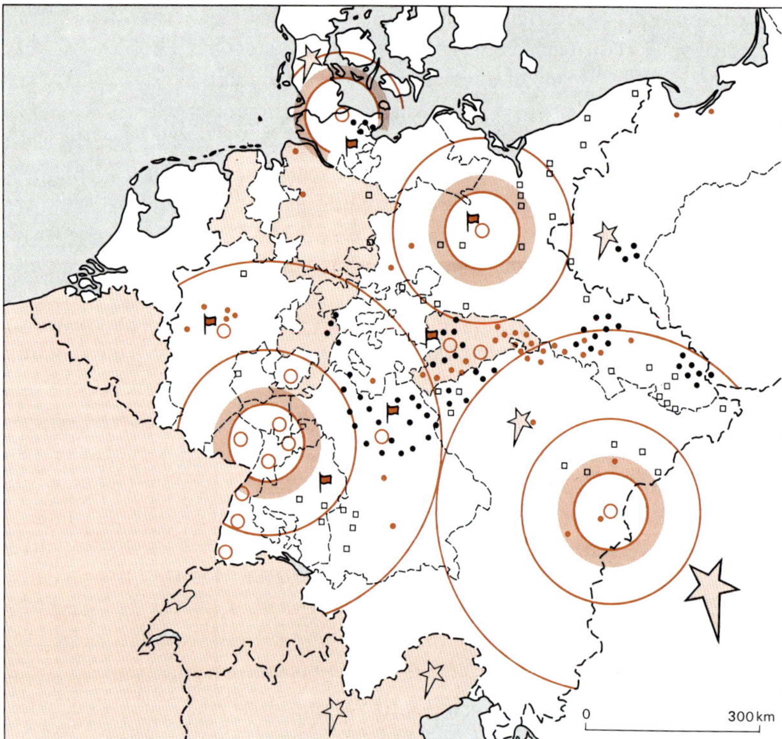

Die Revolution von 1848 in Deutschland

Staaten, in denen es 1830 Unruhen gegeben hatte
Ausgangsgebiete der liberalen Bewegung 1848 und ihre Ausstrahlung
Hungertumulte Frühjahr 1847
Arbeitsniederlegungen und Maschinenzerstörungen 1848
Bauernunruhen 1848
Arbeiter-konferenzen 1849
Nationale Bewegungen mit z.T. separatistischen Zielen

Die Pariser Februarrevolution wirkte in Deutschland wie ein Fanal. Überall erhob sich die Forderung, es den Franzosen gleichzutun und so auf einen Schlag die allgemeine Unzufriedenheit und politische Hoffnungslosigkeit zu überwinden.

Wirkungen der Februarrevolution

Die Nachrichten aus Paris erreichten zuerst *Süddeutschland.* Der Revolutionsgedanke konnte sich hier schneller als in Mitteldeutschland und Preußen ausbreiten, weil die Presse größere Freiheiten besaß, es viele Bürgervereine gab und auch die Volksvertreter sich schon seit Jahren fordernd gegen ihre Regierungen gestellt hatten. Unaufhaltsam verschafften sich die revolutionären Bestrebungen aber auch im übrigen Deutschland Gehör. Besonderen Rückhalt fanden sie in Residenzstädten, vor allem jedoch in den Hauptstädten *Wien* und *Berlin.* Vielfältige Forderungen vereinigten sich im Ruf nach Umwälzung und Neugestaltung: Die wirtschaftlichen Schwierigkeiten sollten gemeistert, die sozialen Probleme gelöst werden; Verfassungen, ein demokratisches Wahlrecht, Versammlungs- und Vereinigungsfreiheit sollten die Vorherrschaft der Fürsten einschränken. Schließlich galt es auch, die »nationale Frage« zu lösen und einen deutschen Nationalstaat zu schaffen. Deshalb setzte schon wenige Wochen nach der Revolution eine breite *Diskussion über Grundrechte und Verfassungsfragen* ein. Das Pressewesen blühte in ganz Deutschland auf, Flugblätter erreichten selbst entlegene Landesteile. Überall bildeten sich Vereine, die politische Programme aufstellten und durch Versammlungen und Petitionen den Gang der politischen Entwicklungen beeinflussen wollten. Der deutsche Student *Carl Schurz,* der nach dem Scheitern der Revolution aus Deutschland emigrieren mußte und in den Vereinigten Staaten von Amerika später bis zum Innenminister aufstieg, beschrieb in seinen Erinnerungen das politische Klima der Achtundvierziger Revolution so:

»Das Wort Demokratie war bald vielen Zungen geläufig, und ebenso hielten viele es für selbstverständlich, daß, wenn die Fürsten versuchen sollten, dem Volk die geforderten Rechte und Freiheiten vorzuenthalten, Gewalt an die Stelle der Petition treten müßte.«[15]

1. Voraussetzungen und Verlauf der deutschen Revolution

Nachdem der preußische König Friedrich Wilhelm IV. den Vereinigten Landtag (▷ S. 109) aufgelöst hatte, verhielten sich die Abgeordneten des gebildeten und besitzenden Bürgertums zunächst abwartend. Sie wollten indes an den Steuerberatungen beteiligt werden, denn viele waren, wie der rheinische Industrielle *Gustav Hansemann,* der Überzeugung, »bei Gelddingen höre die Gemütlichkeit auf«. Deshalb forderten sie nachdrücklich eine Volksvertretung mit Budgetrecht. Als Leidtragende der preußischen Innenpolitik empfanden sich die Handwerker und arbeitslosen Unterschichten, denn nach der Auflösung des Vereinigten Landtags standen keine Mittel mehr für den preußischen Eisenbahnbau und für andere Arbeitsbeschaffungsmaßnahmen zur Verfügung. In einzelnen Städten der preußischen Provinz rotteten sich die Handwerker bereits zusammen. Auch in Berlin mußte Militär immer wieder vereinzelte »Zusammenrottungen« und Demonstrationen auflösen.

Regierungen der Mittelstaaten geben rasch nach

In den deutschen Mittelstaaten gewannen die revolutionären Strömungen rasch an Boden. Obwohl sich hier gemäßigte und radikale Gruppen gegenüberstanden, ähnelten sich deren Ziele weitgehend: Einheit und Freiheit, öffentliche Gerichtsverhandlungen, freie Presse, Bewaffnung des Volkes und Aufstellung einer Bürgerwehr, schließlich Wahlen und Ernennung liberaler Regierungen. Darüber hinaus forderten einige Radikale soziale Reformen oder sogar eine republikanische Verfassung. Diese Ziele wurden in allen deutschen Staaten von Versammlungen übernommen, die vereinzelt zu Tumulten und schließlich sogar zu gewalttätigen Übergriffen und zur Brandschatzung von Adelssitzen führten. Gemäßigte Liberale fürchteten daher, aus der politischen Revolution könne sich ein sozialer Umsturz entwickeln. Die Fürsten der Kleinstaaten und die Regierungen der mittelgroßen deutschen Staaten wichen vor Protest und Gewalt widerstandslos zurück und übergaben vielfach bereits in den ersten

Märztagen die Regierungsgewalt liberalen Ministern. Die liberale Opposition erhielt auf diese Weise Gelegenheit, im Sinne ihrer Vorstellungen zu wirken. Viele kleinere Staaten gaben sich innerhalb weniger Wochen *»zeitgemäße Verfassungen«* mit modernem Wahlrecht und Ministerverantwortlichkeit.

a) Die Revolution in Wien. Die beiden deutschen Großmächte Preußen und Österreich sahen sich immer nachdrücklicher der Forderung nach einem deutschen Nationalstaat ausgesetzt. Als sich der Wiener Staatsrat unter dem Einfluß von Metternich gegenüber Bittschriften und Demonstrationen unbeeindruckt zeigte, gingen die Einwohner von Wien, unter ihnen viele Studenten und Arbeiter, auf die Straßen. Bereits am 13. März ereigneten sich heftige Straßenkämpfe, denen die kaiserlichen Truppen nicht mehr gewachsen waren. Auch die Ungarn verlangten für ihren Teilstaat eine konstitutionelle Verfassung und drohten, das Habsburgerreich zu spalten. Schließlich stürmten Wiener Aufständische die niederösterreichische Ständeversammlung. Kaiser Ferdinand, der die Gefahren zunächst unterschätzt hatte, trennte sich noch am Abend des 13. März von Metternich, der das Habsburgerreich unverzüglich mit gefälschten Papieren verlassen mußte. Damit war ein Bollwerk der Reaktion zerstört. Der Kaiser bewilligte in den folgenden Tagen den Demonstranten »fast alles«. *Ungarn* erhielt bürgerliche Freiheiten, ein eigenes Parlament sowie eigenständige Kriegs-, Finanz- und Außenministerien. Auch die *Tschechen* forderten die Erfüllung ihrer nationalen Ansprüche. Nur in *Oberitalien* kämpften österreichische Truppen noch gegen italienische Aufständische.

Die Bauern Österreichs wurden durch ein kaiserliches Manifest von allen Diensten und Pflichten befreit; sie schlugen sich nach kurzer Zeit auf die Seite des Kaisers, empfanden sich als Stütze der Konservativen und ergriffen offen Partei gegen alle »Aufrührer und Revolutionäre«. Ende April erhielt Österreich für kurze Zeit eine Verfassung nach belgischem Vorbild. Radikale Wiener wollten aber keine von oben erlassene, sondern nur eine von ihren Volksvertretern beratene Verfassung und demonstrierten deshalb gewaltsam für eine neue »Konstitution«. Gemäßigte Liberale des Mittelstandes zogen sich, von diesen Auswüchsen abgestoßen, zurück und bekannten wie der Dichter Adalbert Stifter:

»Gebe Gott, daß man anfange einzusehen, daß nur

»Metternich liest: Revolution? Louis Philippe fortgejagt? Republik? – Bringen Sie mir ein paar andere Hosen! –« Lithographie von Andreas Achenbach, 1848.

Rath und Mäßigung zum Baue führen kann; denn bauen, nicht stets einreißen, thut noth. Ich bin ein Mann des Maßes, und der Freiheit – beides ist jetzt gefährdet.«[16]

b) Die Revolution in Berlin. Als in Berlin die Nachrichten vom ruhmlosen Ende des verhaßten Systems Metternich eintrafen, entschloß sich der preußische König, ohne Kraftprobe »seinem Volk« eine »zeitgemäße Verfassung zu gewähren«. Wahrscheinlich, um dem König für sein Zugeständnis zu danken, fand sich am 18. März eine große Menschenmenge vor dem Berliner Stadtschloß ein. Die Forderung eines Offiziers, die Demonstranten sollten den Platz räumen, ließ die Begeisterung umschlagen. Als schließlich zwei Schüsse fielen und Demonstranten von einer Feuersalve niedergestreckt wurden, errichteten Bürger, Studenten und Handwerker ebenso wie in Paris und Wien Barrikaden. Die Kampfmoral der Soldaten hielt den Schlachtrufen und Steinwürfen der Aufständischen nicht stand.
Als die militärischen Befehlshaber vom König die Erlaubnis verlangten, Berlin mit Artillerie zu beschießen, wich Friedrich Wilhelm IV. zurück. Seine Truppen verließen die Stadt, und einen Tag später erwies der König den gefallenen Revolutionären sogar die letzte Ehre. In einer Proklamation erklärte er: »Preußen geht fortan in Deutschland auf.«[17] Der König berief die Abgeordneten des Vereinigten Landtages wieder zusammen. Sie beschlossen, daß alle wahlberechtigten Preußen eine preußische Nationalversammlung wählen sollten. Diese trat zusammen und hatte gemeinsam mit dem König eine Verfassung »zu vereinbaren«.
Der beginnende Wahlkampf zeigte, daß die Radikalen wohl die Straße beherrschten, nicht aber die Sympathien breiter Bevölkerungsschichten besaßen. Die Mehrheit der Wähler bekannte sich zu gemäßigten Zielen und war nicht bereit, die Monarchie abzuschaffen. Vor allem die wohlhabenden Bürger der Städte fühlten sich vom Ungestüm der Soldaten und von den radikalen Forderungen der Republikaner abgestoßen. Viele Bürger fragten sich, ob die Anhänger der »Demokratie« nicht utopische oder gar gefährliche Ziele verfolgten. So machte sich allmählich ein Wille zum Kompromiß mit den Landesherren oder den alten Regierungen bemerkbar. Vielen Republikanern erschien diese Wendung als »Verrat«; deshalb wandten sie sich heftig, wie Karl Marx in der »Rheinischen Zeitung«, gegen den »Klassenkompromiß« zwischen Bürgertum und Adel.

Barrikaden-Szene am Alexanderplatz (Berlin). – *Holzstich nach einer Zeichnung von J. Kirchhoff.*

2. Die Frankfurter Nationalversammlung

Vielfältige politische Ziele der Revolutionäre

a) Vom Vorparlament zur Frankfurter Nationalversammlung. Ende März 1848 versammelten sich in Frankfurt 500 Liberale unterschiedlicher Richtungen: gemäßigte Liberale, Republikaner und Radikale, die nicht durch eine reguläre Wahl legitimiert oder durch ihre Regierungen beauftragt waren. Sie forderten die Einberufung einer deutschen Nationalversammlung und rangen um die Grundsätze einer Neugestaltung des deutschen Staates.

Während der Mannheimer *Radikale Gustav von Struve* die »Aufhebung der erblichen Monarchie und Ersetzung derselben durch frei gewählte Parlamente« mit einem »frei gewählten Präsidenten« forderte,[18] verpflichteten sich die Anhänger des *gemäßigten Liberalismus,* dem »Prinzip der *Monarchie* treu zu bleiben und zugleich der Notwendigkeit der Durchführung der Einheit zu huldigen«. Das »Vorparlament« beschloß, auf der Grundlage des *allgemeinen Wahlrechts* von allen wahlberechtigten Deutschen eine »Konstituierende Versammlung« wählen zu lassen; dabei sollte auf jeweils 50 000 Wahlberechtigte ein Abgeordneter kommen. Alle Gewählten sollten dann die deutsche Verfassung beraten. Der Frankfurter Bundestag und die deutschen Länderregierungen übernahmen den Beschluß des Vorparlaments, so daß Ende April die Wahlen durchgeführt werden konnten.

Weil sich die *radikalen Republikaner* im Vorparlament von den gemäßigten Liberalen »majorisiert« fühlten, suchten sie ihr Ziel einer *»deutschen Republik«* gewaltsam zu verwirklichen. Republikanische Freischärler, die sich in Baden um den Mannheimer Rechtsanwalt Friedrich Hecker gesammelt hatten, wollten ganz Süddeutschland in ihre Gewalt bringen. Hessisches Militär schlug den »Hecker-Putsch« im Südschwarzwald nieder; Hecker entkam in die Schweiz.

Die Versammlung in der »Paulskirche«

b) Die Beratungen in der Paulskirche. Nach kurzem Wahlkampf traten Mitte Mai die Abgeordneten der Nationalversammlung in der Frankfurter Paulskirche zusammen. Unter ihnen befanden sich vor allem Vertreter des gebildeten Bürgertums; deshalb wurde die Versammlung *»Professorenparlament«* genannt. Nur wenige Abgeordnete hatten bis dahin Erfahrung als Parlamentarier sammeln können. Nach langen Wochen ergebnisloser Debatten entstanden zwischen einzelnen Abgeordneten festere Bindungen, die zur Bildung von losen parlamentarischen *Fraktionen* führten. Die Namen dieser Fraktionen verwiesen teilweise auf deren Versammlungslokale – Frankfurter Gasthäuser und Hotels –, teilweise auf die parlamentarische Sitzordnung in der Paulskirche. Führer der »Linken«, die sich nach ihrem Versammlungslokal *»Deutscher Hof«* nannte, war der Leipziger Abgeordnete Robert Blum. Die »Rechten« trafen sich im *Café Milani.* Ihr Wortführer war Freiherr von Radowitz. Die »Mitte« nannte sich *»Casino-Fraktion«.* Ihr Sprecher, der hessische Minister *Heinrich von Gagern,* wurde zum Parlamentspräsidenten gewählt.

Die Abgeordneten des neuen Parlaments sahen sich nicht nur vor das Problem gestellt, innerhalb der Fraktionen und im Parlament zu tragfähigen Entschei-

Sitzung der Deutschen Nationalversammlung in der Frankfurter Paulskirche. *Als Präsident (links stehend) Heinrich von Gagern, auf der Rednerkanzel davor der Republikaner Robert Blum. Zeitgenössische farbige Lithographie.*

dungen zu kommen, sondern mußten auch die Verbindung zu ihren Wahlkreisen und Wählern herstellen und pflegen. Örtliche *»Honoratioren«* organisierten deshalb Vereine, die den Abgeordneten nach seiner Wahl weiter unterstützten. Dabei bedienten sie sich in der Regel auch der regionalen Presse.

Streben nach deutscher Zentralgewalt

Um den Einfluß der einzelstaatlichen Regierungen zu schwächen, wollten die Mitglieder der Nationalversammlung eine deutsche Zentralgewalt schaffen. Zum »Reichsverweser« wählten sie den allgemein beliebten *Erzherzog Johann von Österreich,* der mit seinen Ministern die deutsche Zentralregierung leiten sollte. Wenn sich auch der deutsche Bundestag, das Organ des Deutschen Bundes, nach der Wahl dieser Zentralregierung selbst auflöste, so verfügte diese doch niemals über entscheidende Macht, denn die politische und vor allem die militärische Gewalt lag weiterhin bei den deutschen Einzelstaaten.

c) Die Grundrechtsdiskussion. Nach Wahl und Zusammentritt der Nationalversammlung wurde bald deutlich, daß jede parlamentarische Gruppierung weiterhin ihre eigenen Erwartungen hegte. Die Vielfalt der Themen und der Mangel an parlamentarischer Erfahrung überforderten die meisten Abgeordneten. Deshalb konzentrierten sich die Parlamentarier in ihrer Grundsatzdebatte über den künftigen Staatsaufbau und die *»Rechte und Pflichten aller Deutschen«*

zunächst ausschließlich auf die Erörterung der Grundrechte, die Bestandteil der Verfassung werden sollten. Dazu führte der liberale Abgeordnete *Georg Beseler* aus:

»Einmal hielten wir es für notwendig, daß bei der großen sozialen Bewegung, die ganz Deutschland ergriffen hat, von uns aus ein Wort darüber gesprochen werde, wo wir die Grenzen finden, über welche die Bewegung nicht hinausgeführt werden soll. … Sodann hat uns aber noch ein anderer Umstand zu diesem Beschluß bewogen. Wir haben unsere Arbeit zu Anfang der Sitzung begonnen, … wo die Mitglieder der Nationalversammlung sich noch sehr wenig haben kennenlernen können … Da erschien es uns bedenklich, sofort mit den höchsten politischen Fragen unserer Arbeit zu beginnen.«[19]

Grundrechte

Ergebnis der langwierigen Beratungen war die Verabschiedung eines umfangreichen Grundrechtskataloges. Für alle Deutschen galten gleiche Rechte und Freiheiten: Gleichheit vor dem Gesetz, Unverletzlichkeit der Wohnung, Briefgeheimnis sowie Meinungs-, Presse-, Glaubens- und Gewissensfreiheit schützten den einzelnen vor dem Staat. Die »Ideale der Freiheit« sollten durch Gewaltenteilung gegen staatlichen Machtmißbrauch abgesichert werden. Die Anhänger weitergehender sozialer Reformvorstellungen wurden mit dem Grundsatz in die Schranken gewiesen: »Das Eigentum ist unverletzlich.«

d) Frauen im Reich der Freiheit? Die Revolution von 1848 bedeutete für viele Frauen, die im Vormärz öffentlich die »Emanzipation des weiblichen Geschlechts« gefordert hatten, das endgültige Erwachen aus einem langen »lethargischen Schlummer«. Im Rückblick konnte deshalb 1850 eine Korrespondentin der »Frauen-Zeitung« von Louise Otto feststellen:

»Diese letzten Jahre sind vielleicht den Frauen noch heilsamer gewesen als den Männern; sie haben in ihnen einen Ton geweckt, der nicht mehr verstummen kann, der immer lauter und voller sein Recht fordert, in der Harmonie der Weltgeschichte mitzutönen.«[20]

Kampf um Gleichberechtigung

Immer wieder nahmen Frauen an den öffentlichen Auseinandersetzungen der Revolutionszeit teil, meldeten sich in den neugegründeten demokratischen Frauenvereinen und in Frauenzeitschriften zu Wort, beteiligten sich an Barrikadenkämpfen und forderten, die allgemeinen Menschenrechte auch den Frauen zu gewähren. Sie verlangten das Wahlrecht und das Recht zum Studium auch für Frauen, konzentrierten sich aber vor allem auf die Forderung nach einer umfassenden Sozialreform. Deshalb machten sie immer wieder auf die soziale Not der »arbeitenden Klassen« aufmerksam (▷ S. 105 ff.) und verbanden auf diese Weise das Verlangen nach der Frauenemanzipation mit der Diskussion über die soziale Frage. Gerade die Arbeiterinnen, daran ließen die Wortführerinnen der neuen demokratischen Frauenbewegung keinen Zweifel, waren die »Ärmsten im Volk«, mußten sie doch ihre Familien in der Regel als Tagelöhnerinnen oder Heimarbeiterinnen ernähren und oftmals nach dem frühen Tod ihrer Männer ihre Kinder allein aufziehen.

Frauenarbeit in einer Tabakfabrik um 1840.

Zur wichtigsten Sprecherin der unterprivilegierten Geschlechtsgenossinnen machte sich *Louise Otto* (▷ S. 208), die bereits 1843 die Stellung der Frauen in der Gesellschaft als »Barometer« für den Entwicklungsstand der Staaten bezeichnet hatte. Sie machte ihre »Frauen-Zeitung«, die seit 1849 unter dem Motto: »Dem Reich der Freiheit werb' ich Bürgerinnen«, erschien, zu einem vielgelesenen Sprachrohr der Frauenbewegung, ohne sich allein auf Frauenfragen zu beschränken. Immer wieder nahmen Artikel auch zu allgemeinen politischen Fragen Stellung. Die sächsische Regierung fürchtete diese Zeitung und die Feder von Louise Otto so sehr, daß sie 1850 mit der »Lex Otto« ein Gesetz verabschiedete, das Frauen die Herausgabe von Zeitungen verbot. Louise Otto verlegte daraufhin ihren Redaktionssitz von Dresden in das thüringische Gera und ließ ihre Zeitung bis 1852 erscheinen.
Das Scheitern der Revolution von 1848 bedeutete auch für die Frauenbewegung einen schweren Rückschlag. Nur einzelne Frauenvereine, die neben dem Bestreben zur sozialen Hilfe weiterhin den feministischen Emanzipationsgedanken pflegten, konnten in der Reaktionszeit ihre Arbeit fortsetzen. Einige Wortführerinnen mußten emigrieren, unter ihnen *Mathilde Franziska Anneke,* die ihren Mann in die Revolutionskämpfe begleitet hatte. Sie wird deshalb bis heute in den USA als eine Mitbegründerin der amerikanischen Frauenbewegung verehrt (▷ S. 207 ff.).

e) Die nationale Frage. Obwohl die Grundrechtsdiskussion viele Deutsche in ihren Bann zog, war die politische Machtlosigkeit der Nationalversammlung

Auseinandersetzung zwischen Groß- und Kleindeutschen

unübersehbar. Dies zeigte sich besonders, als die Paulskirchenversammlung die politischen Grenzen des Deutschen Reiches festlegen sollte. Einige Abgeordnete wollten die Bevölkerungsgruppen fremder Nationalitäten, die in einigen Landesteilen Preußens und in Österreich lebten, aus dem deutschen Nationalstaat ausschließen. Die preußische Regierung beantragte hingegen, auch jene Gebiete mit überwiegend polnischer Bevölkerung – die in Schlesien, Westpreußen und Ostpommern lagen – dem Deutschen Reiche einzugliedern. Die Nationalversammlung folgte diesem Antrag Preußens, obwohl sich in ihren Reihen gegen den „Vielvölkerstaat« Habsburg Widerstand regte. Manche Abgeordnete verlangten sogar, die habsburgische Gesamtmonarchie aufzulösen und die deutschsprachigen Teilstaaten dem Reich einzugliedern. Dagegen wandten sich die »Kleindeutschen«, die in Preußen die deutsche Vormacht erblickten und deshalb im Gegensatz zu den »Großdeutschen« auf den Anschluß Österreichs verzichten wollten. Ein Kompromißvorschlag Gagerns lautete, einen »engeren Bund« unter preußischer Vorherrschaft zu bilden, dem in Gestalt eines »weiteren Bundes« Österreich angegliedert werden sollte. Diese Kontroversen konnten die »Kleindeutschen« zu ihren Gunsten entscheiden.

Krieg um Schleswig-Holstein

Schwieriger als der Konflikt zwischen »Klein- und Großdeutschen« gestaltete sich die *»Schleswig-holsteinische Frage«.* Seit dem 15. Jahrhundert waren die Herzogtümer Schleswig und Holstein in Personalunion mit der dänischen Krone verbunden. Obwohl der dänische König auch über Holstein herrschte, gehörte dieser Landesteil zum Deutschen Bund. Als Dänemark beide Herzogtümer enger mit der dänischen Verwaltung verknüpfen wollte, riefen die deutschsprachigen Einwohner von Schleswig-Holstein eine provisorische Regierung aus und proklamierten den Aufstand gegen die dänische Krone. Die Nationalversammlung forderte Preußen auf, die Aufständischen militärisch zu unterstützen. Im August 1848 drangen preußische Truppen bis auf die Halbinsel Jütland vor. In diesem Augenblick intervenierten die europäischen Großmächte und Rußland, weil sie eine *Verschiebung des europäischen Gleichgewichtes* befürchteten. Preußen mußte nachgeben, und so schloß der preußische König Ende August 1848 in *Malmö* ohne Rücksicht auf die Frankfurter Nationalversammlung einen Waffenstillstand. Dadurch verloren die Abgeordneten der Paulskirche, die über diesen Entschluß nicht einmal informiert worden waren, im Bewußtsein der deutschen Öffentlichkeit an Achtung, denn die Unterwerfung unter die Interessen ausländischer Mächte erschien vielen nationalgesinnten Deutschen als Schmach. Empörte Frankfurter Studenten und Bürger versuchten sogar, die Paulskirche zu stürmen, so daß österreichische und preußische Truppen den Abgeordneten zu Hilfe kommen mußten.

Badische Republik

Gustav Struve proklamierte in Baden die *»soziale deutsche Republik«* und rief zum Aufstand auf. Auch hier erstickte Militär jeden Versuch, die Herrschaft der Fürsten zu brechen.

f) Staatsaufbau und Scheitern des Verfassungswerkes. Nach der Verabschiedung der Grundrechte wandte sich die Nationalversammlung der Erörterung des Staatsaufbaus zu. Deutschland sollte ein Kaiserreich sein, die erbliche

Kaiserwürde einem deutschen Fürsten übertragen werden. Der Kaiser sollte mit Hilfe von Ministern regieren, die für alle Staatsgeschäfte Mitverantwortung zu tragen haben sollten. Die Gesetzgebung übertrug die Verfassung einem Reichstag , der aus Volks- und Staatenhaus bestand. Die Mitglieder des Volkshauses sollten direkt gewählt, die Angehörigen des Staatenhauses jeweils zur Hälfte von den Regierungen der Einzelstaaten und den Landesparlamenten ernannt werden. Die meisten deutschen Regierungen übernahmen die Frankfurter Reichsverfassung widerstandslos, weil sie neue Unruhen fürchteten.

Preußen lehnt die Kaiserwürde ab

Zum Kaiser wählten 290 Abgeordnete der Nationalversammlung schließlich den preußischen König; 248 Abgeordnete – Großdeutsche und Republikaner – enthielten sich bei dieser Wahl der Stimme. Der preußische König lehnte die Kaiserkrone jedoch ab und demütigte die Abordnung der Nationalversammlung mit den Worten:

»Ihr habt gar nichts zu bieten. Das machte ich mit meinesgleichen ab. Gegen Demokraten helfen nur Soldaten.«[21]

Er beharrte demonstrativ auf seinem Gottesgnadentum und sagte später, der angebotenen Krone habe der »Ludergeruch der Revolution« angehaftet. Vielleicht spielte bei seiner Entscheidung auch die Befürchtung eine Rolle, die europäischen Großmächte würden im Herzen Europas keine deutsche Großmacht dulden und militärisch intervenieren.

3. Das Ende der Revolution – Ein Sieg der Fürsten?

Die revolutionäre Begeisterung vieler Deutscher verflog, als ihnen bewußt wurde, daß der deutsche Nationalstaat weder auf der Straße erkämpft noch durch die langwierigen parlamentarischen Erörterungen der Nationalversammlung geschaffen werden konnte. Einige Bürger traten deshalb für einen Kompromiß mit den Fürsten ein, andere wollten sich enttäuscht aus der Politik zurückziehen, weil der politische Radikalismus aufständischer Republikaner und die »Begehrlichkeit des Vierten Standes« (Wilhelm Heinrich Riehl) sie abstießen.[22]

Sozialpolitische Forderungen

Die *»soziale Frage«* schlug sich in den politischen Forderungen von Handwerkern und Arbeitern nieder, die sich von der Nationalversammlung eine Verbesserung ihrer Lebensverhältnisse durch Einführung des Zehnstundentages, staatlich garantierte Mindestlöhne und »Volkserziehung« für alle erhofft hatten. Einige Arbeiter und Handwerker gründeten Vereine, um ihre Not durch Selbsthilfe zu mildern. Diese »Arbeitervereine« richteten Kranken- und Unterstützungskassen ein und wollten ihre Mitglieder durch Vorträge informieren und beeinflussen. Der Berliner Schriftsetzer *Stefan Born* konnte Ende August 1848 den ersten großen »Arbeiterkongreß« nach Berlin berufen. Diese Zusammenkunft zeigte, daß die Arbeiter am politischen und gesellschaftlichen Leben teilnehmen und die Mißstände durch »soziale Reform«, nicht aber durch eine soziale Revolution beseitigen wollten.

a) Beginn der Gegenrevolution. Im Sommer 1848 begannen die »alten Gewalten«, ihre Stellung zu festigen und den entscheidenden Schlag gegen die Revolution vorzubereiten. Immer mehr Bürger faßten zu ihren Landesherren erneut Vertrauen und begrüßten zuweilen offen die Gegenrevolution. Ihr Zorn richtete sich in Österreich etwa gegen die nationalistischen Tendenzen tschechischer Studenten, die in Prag gegen die kaiserliche Armee auf die Barrikaden gegangen waren und im Juni 1848 kapitulieren mußten. Einen Monat später, nachdem österreichische Truppen in der Lombardei die italienischen Aufständischen besiegt hatten, wandten sich die österreichischen Heerführer auch gegen die aufständischen Bewohner der Hauptstadt Wien und rangen sie in heftigen Straßenkämpfen nieder. Dabei wurde der Führer der deutschen Linken, Robert Blum, standrechtlich erschossen. Der Kaiser löste den österreichischen Reichstag auf und berief mit dem Fürsten Schwarzenberg einen Ministerpräsidenten, auf den er sich völlig verlassen konnte.

Niederlage der Revolutionäre in Wien ...

... und Berlin

Auch in Berlin drängten der König und seine Berater den »Geist der Revolution« zurück. Bereits im Dezember 1848 löste die Regierung die preußische Nationalversammlung auf und ließ die Hauptstadt von Truppen besetzen. Der König »oktroyierte« eine Verfassung und kehrte damit zum vorkonstitutionellen Verfassungszustand zurück. Wenige Monate später ersetzte er das liberale Wahlrecht durch ein *Dreiklassenwahlrecht,* welches die Wählerschaft nach ihrer Steuerleistung in drei Gruppen teilte, die jeweils eine gleiche Zahl von Abgeordneten in den preußischen Landtag entsenden durften. Dies bedeutete, daß 3 % der Wähler ein Drittel, weitere 12 % das zweite Drittel und die übrigen Wahlberechtigten das letzte Drittel der Landtagsabgeordneten bestimmen durften – in der zweiten und dritten Klasse zudem in indirekter Wahl.

b) Das Ende der Nationalversammlung. Nachdem die deutschen Großmächte Preußen und Österreich die Revolution besiegt hatten, war auch das Ende der nationalen Verfassungs- und Einheitsbestrebungen vorgezeichnet. Denn beide Staaten lehnten nicht nur die Bildung eines deutschen Einheitsstaates ab, sondern verhinderten auch die Übernahme der Paulskirchenverfassung in ihren Landtagen. Die meisten gemäßigten Mitglieder der Nationalversammlung erkannten, daß damit ihr Verfassungswerk gescheitert war. Sie verließen resigniert Frankfurt und kehrten in ihre Wahlkreise zurück. Hundert linksliberale und republikanische Volksvertreter wollten jedoch das Werk der Nationalversammlung fortsetzen und siedelten deshalb nach Stuttgart über. Obwohl der württembergische König die »Verfassung der Deutschen« für sein Land übernommen hatte, ließ er durch seine Soldaten das *»Stuttgarter Rumpfparlament«* zerstreuen. Auch in vielen Städten des Rheinlandes und Sachsens bekannten sich große Volksversammlungen weiterhin zu den Verfassungszie-

»Abführung der Gefangenen über die Elbbrücke zu Dresden.« *Zeitgenössischer Kupferstich, 1849.*

len der Paulskirche. Vereinzelt brachen, wie in Dresden, erneut Aufstände aus. Auf den Barrikaden der sächsischen Hauptstadt kämpfte der Komponist *Richard Wagner* neben dem Anarchisten *Bakunin* gegen das preußische Militär, welches der sächsische König zu Hilfe gerufen hatte.

Aufstand in Baden

In der badischen *»Reichsverfassungskampagne«* sammelten sich Anhänger der Demokratie im verzweifelten Kampf. Sie wehrten sich gegen eine Allianz preußischer, badischer und bayerischer Truppen. Eine kleine Freischar, die sich in der Festung Rastatt verschanzt hatte, mußte der militärischen Übermacht schließlich Ende Juli 1849 weichen. Mit diesem »Bürgerkrieg um die Reichsverfassung« scheiterte die Revolution von 1848 endgültig und endete in der Katastrophe. Viele derjenigen, die für Grundrechte und Nationalstaat gekämpft hatten, wurden in den Folgejahren vor Gericht gestellt und zu langer Festungshaft verurteilt. Achtundzwanzig Aufständische wurden zum Tode verurteilt und erschossen. Manche der Verfolgten und Enttäuschten wanderten nach Nordamerika aus und versuchten, dort ihre politischen Ideale zu verwirklichen. Andere paßten sich den Verhältnissen an und empfanden rückblickend ihren Versuch, in Deutschland »Freiheit und Einheit« zum Sieg zu verhelfen, als illusionär oder gar als politische Torheit. Einige aber vergaßen ihre Ideale nicht und warteten auf eine neue Gelegenheit, den deutschen Nationalstaat zu schaffen. So schrieb der Berliner Arzt *Rudolf Virchow,* der sich weiterhin zum linksliberalen »Fortschritt« bekannte:

»Der Boden für die Revolution ist geschaffen; jetzt wird er von der Reaktion geackert, und über kurz oder lang wird ihn wieder das Volk bestellen...«[23]

Die deutsche Einheit – eine Aufgabe der Fürsten?

c) Nach der Revolution. Die Fürsten wollten nach ihrem Sieg das nationale Einigungswerk auf ihre Art fortsetzen und einen »Fürstenbund« gründen. Friedrich Wilhelm IV. schlug deshalb in seiner *Erfurter »Punktation«* vor, einen deutschen Bundesstaat als »Union der Fürsten«, allerdings ohne Österreich, zu gründen. Der habsburgische Ministerpräsident Schwarzenberg wehrte sich jedoch dagegen, Habsburg aus Deutschland »hinauswerfen« zu lassen. Da auch Rußland an der Seite Österreichs gegen die preußischen Pläne Stellung bezog, rückte der preußische König von seinen Vorstellungen ab und willigte Ende November 1850 im Vertrag von Olmütz in die Wiederherstellung des Deutschen Bundes unter österreichischer Führung ein. Wenig später riefen die deutschen Landesfürsten den alten Deutschen Bund erneut ins Leben. Der Frankfurter Bundestag hob die Grundrechte auf und beseitigte in ganz Deutschland das demokratische Wahlrecht.

Dennoch endete die Revolution von 1848, die der preußische König als die »dümmste, albernste und schlechteste« Revolution des 19. Jahrhunderts bezeichnet hatte,[24] nicht mit dem vollständigen Sieg der Fürsten. Einige Herrscher erkannten, daß sie »den berechtigten Forderungen« des Volkes nicht auf Dauer entgegentreten konnten. Selbst der preußische König, der sich unbeirrt zum »monarchischen Prinzip« bekannte, mußte künftig auf der Grundlage einer Verfassung regieren. Mehr denn je lauteten auch in der Folgezeit die politischen Zielvorstellungen der Deutschen: soziale Gerechtigkeit, politische Gleichheit, nationale Einheit, liberale Freiheit und rechtsstaatliche Sicherheit.

Was ist des Deutschen Vaterland?

»Was ist des Deutschen Vaterland?« *Zeitgenössische Karikatur, 1849.*

Industrielle Revolution und soziale Frage

A. Die Industrialisierung Europas

Eine Zäsur der Weltgeschichte

Zwei große Umwälzungen haben die Geschichte Europas im 19. Jahrhundert geprägt: die politische Revolution in Frankreich seit 1789 und die »industrielle Revolution«, die in der zweiten Hälfte des 18. Jahrhunderts von England ausging. Die *Französische Revolution* weckte mit den von ihr verkündeten Ideen der Freiheit, Gleichheit und Brüderlichkeit überall in Europa das Verlangen nach einer Veränderung der bestehenden politischen und sozialen Verhältnisse. Unter Berufung auf die Ideale der französischen Revolutionäre entstanden in vielen Staaten Europas politische Bewegungen, die immer nachdrücklicher liberale Verfassungen und mehr politische Rechte für den einzelnen Bürger forderten. Die Auswirkungen der *industriellen Revolution* auf die Herstellung von Gütern, die Arbeitsbedingungen, den Lebensrhythmus und die Umwelt waren nicht weniger bedeutsam, vielleicht sogar noch einschneidender. Sie haben dazu geführt, daß die industrielle Revolution als eine epochale Zäsur in der Geschichte der Menschheit gewertet wird, als »vermutlich das wichtigste Ereignis der Weltgeschichte seit der Entwicklung der Landwirtschaft und der Städte« (Eric J. Hobsbawm).[1]

Wie sehr die neue Welt der Industrie das Leben und die Arbeit veränderte, war den Zeitgenossen früh bewußt. Schon 1835 berichtete der französische Historiker und Politiker *Alexis de Tocqueville* aus der englischen Stadt Manchester:

»Ein dichter schwarzer Qualm liegt über der Stadt. Durch ihn hindurch scheint die Sonne als Scheibe ohne Strahlen. In diesem verschleierten Licht bewegen sich unablässig dreihunderttausend menschliche Wesen. Tausend Geräusche ertönen unaufhörlich in diesem feuchten und finsteren Labyrinth. Aber es sind nicht die gewohnten Geräusche, die sonst aus den Mauern großer Städte aufsteigen.
Die Schritte einer geschäftigen Menge, das Knarren der Maschinenräder, die ihre gezahnten Ränder gegeneinanderreiben, das Zischen des Dampfes, der dem Kessel entweicht, der gleichmäßige Takt der Webstühle, das schwere Rollen der Lastwagen – dies sind die Geräusche, die das Ohr in diesen finsteren Straßen unentwegt treffen. Nirgends ist der Hufschlag von Pferden zu hören…
Inmitten dieser stinkenden Kloake hat der große Strom der menschlichen Industrie seine Quelle, von hier aus wird er die Welt befruchten. Aus diesem schmutzigen Pfuhl fließt das reine Gold. Hier erreicht der menschliche Geist seine Vollendung und hier seine Erniedrigung; hier vollbringt die Zivilisation ihre Wunder, und hier wird der zivilisierte Mensch fast wieder zum Wilden.«[2]

Tocqueville gewann seine zwiespältigen Eindrücke in England, dem Pionierland der industriellen Revolution, das in seiner wirtschaftlichen Entwicklung allen anderen Ländern voraus war. Aber zu diesem Zeitpunkt hatte der Industrialisierungsprozeß auch schon auf den europäischen Kontinent übergegriffen. Er erfaßte dort zuerst Nordfrankreich und Belgien, um die Jahrhundertmitte Teile Mitteleuropas und gegen Ende des 19. Jahrhunderts schließlich auch einige Gebiete Rußlands.

Fabriken und Lagerhäuser in Manchester, *1826. Tagebuchskizze des Berliner Architekten Karl Friedrich Schinkel. Er gehörte zu den vielen Kaufleuten, Technikern, Künstlern und Wissenschaftlern vom europäischen Kontinent, die in England die neue Welt der Industrie und die von ihr verursachten sozialen Probleme kennenlernen wollten.*

I. Die industrielle Revolution in England

1. »Industrielle Revolution« und »Industrialisierung«

Der Begriff »industrielle Revolution«

Mit dem Begriff *»industrielle Revolution«* bezeichnen die Historiker den durch eine Häufung technisch-wissenschaftlicher Erfindungen und neuer Produktionsverfahren bewirkten *Umbruch in der Güterproduktion und in den Arbeits- und Lebensverhältnissen der Menschen.* Im engeren Sinne verstehen sie darunter nur jene Phase beschleunigter technologischer, ökonomischer und gesellschaftlicher Veränderungen, in der zunächst England in der zweiten Hälfte des 18. Jahrhunderts und dann fast alle Staaten Europas, die USA und Japan den Schritt von der Agrargesellschaft in eine dynamische Industriegesellschaft, begleitet von einer ruckartigen Steigerung des Sozialprodukts, getan haben. Die Phase des Umbruchs, in der die vorindustrielle Produktionsweise neben der industriellen in vielen Bereichen durchaus noch fortbestand, dauerte in England, in den USA oder Deutschland Jahrzehnte, in anderen Staaten wie etwa Japan nur wenige Jahre.

In bewußter Analogie zu den durch die Französische Revolution ausgelösten politischen Umwälzungen wurde der Begriff »industrielle Revolution« im frühen 19. Jahrhundert zuerst von Franzosen auf die ebenso tiefgreifende Umwälzung in der Güterproduktion und den sie bewirkenden sozialen Wandel übertragen. Philosophen und Ökonomen übernahmen ihn als wissenschaftlichen

Terminus, zunächst mit Blick auf den »klassischen Fall« England. Seit dem Ende des 19. Jahrhunderts gewann er vor allem durch *Arnold Toynbees* Schrift »Lectures on the Industrial Revolution« (1884) seine heutige Bedeutung als Chiffre für die verschiedenen nationalen Ausprägungen eines allgemeinen, schließlich universal werdenden Geschehens. Die Einführung industrieller Technologien und der durch sie bewirkte wirtschaftliche und soziale Strukturwandel können fraglos als »Revolution« verstanden werden. Die Zeit abgeflachter Wachstumsraten nach der revolutionären Umbruchsphase von der Agrar- zur Industriewirtschaft wird als *Industrialisierung* bezeichnet – ein *evolutionärer Prozeß,* der in den westlichen Industriegesellschaften, aber auch in anderen Teilen der Welt bis heute noch nicht zum Abschluß gekommen ist. Die Industrialisierung schreitet immer weiter voran.

2. Antriebskräfte der industriellen Revolution

Erfindungen und ihre Nutzanwendung

Die Ablösung der traditionellen Güterproduktion auf handwerklicher Grundlage durch Maschinen, die in Fabriken aufgestellt wurden, begann im späten 18. Jahrhundert in der englischen Baumwoll- und Tuchverarbeitung. Die Umstellung und Steigerung der Produktion beruhte dabei auf der Anwendung bahnbrechender technischer Erfindungen (▷ Tabelle), deren wirtschaftlicher Nutzen von einzelnen weitblickenden Unternehmern frühzeitig erkannt wurde.

»Zwei Motive begeisterten mich«, schrieb 1769 der Eisenfabrikant *Matthew Boulton* aus Birmingham an den Feinmechaniker James Watt, »Ihnen meine Hilfe anzubieten, und zwar meine Zuneigung zu Ihnen und zu einem lukrativen, sinnvollen Projekt ... Um den größtmöglichen Gewinn zu erzielen, dachte ich, eine Fabrik in der Nähe der meinen zu errichten, ... wo ich alle für die Herstellung von Maschinen notwendigen Einrichtungen erstellen würde, und von wo aus wir die ganze Welt mit Maschinen aller Größen versorgen könnten.«[3]

	Erfinder und Techniker bereiten der industriellen Revolution den Weg
1709	Der Eisenhersteller *Abraham Darby* gewinnt aus Kohle Koks, der beim Schmelzen von Eisenerz die bis dahin übliche Holzkohle ersetzt
1712	*Thomas Newcomen* entwickelt eine Dampfpumpe, die in Bergwerken zum Herauspumpen des Grubenwassers verwendet werden kann
1733	Der Webereibesitzer *John Kay* erfindet das »fliegende Weberschiffchen«, das die Produktion eines Webstuhls verdoppelt
1764	Der Weber *James Hargreaves* konstruiert die »Spinning Jenny«, eine Spinnmaschine, die mit mehreren Spindeln produziert
1769	*James Watt* erhält ein Patent für die von ihm gebaute Dampfmaschine
1771	*Richard Arkwright* stellt Spinnmaschinen in fortlaufender Reihe auf: erste moderne Textilfabrik
1782	Watt konstruiert mit finanzieller Unterstützung *Matthew Boultons* eine Dampfmaschine, die die Kolbenbewegung in eine Drehbewegung umsetzt
1785	*Edmund Cartwright* baut den ersten brauchbaren mechanischen Webstuhl

Faktoren der Industrialisierung

Als James Watt die Einsatzmöglichkeiten der Dampfmaschine in entscheidender Weise zu verbessern vermochte, trat im späten 18. Jahrhundert *Dampfkraft* an die Stelle von Wasserkraft. Dampf konnte schwere Maschinen antreiben, zuerst zum Spinnen, später zum Weben, und durch die bessere Entwässerung der Bergwerke mittels Dampfpumpen ließ sich mehr *Kohle* gewinnen – der Energieträger zur Erzeugung von noch mehr Dampf. Maschinen wurden nicht mehr aus Holz hergestellt, wie dies anfangs vielfach geschehen war. Ein härterer und dauerhafterer Werkstoff, der zudem in ausreichender Menge zur Verfügung stand, war notwendig. *Eisen,* das seit dem frühen 18. Jahrhundert aufgrund neuer Schmelzverfahren rationeller gewonnen werden konnte, wurde neben der Kohle zu einem der wichtigsten Rohstoffe für die Industrialisierung.
Von der *Erfindung der Lokomotive* auf Schienen *(Richard Trevithick),* die 1803 erstmals in einem Bergwerk benutzt wurde, gingen weitere Anstöße aus. 1825 konstruierte der Bergwerksingenieur *George Stephenson* die »Rocket«, das Vorbild aller späteren Dampflokomotiven. Im selben Jahr wurde zwischen den Städten Stockton und Darlington *die erste britische Eisenbahnlinie* in Betrieb genommen. Die wichtige Verbindung zwischen Manchester und Liverpool war 1830 fertig. Damit kündigte sich das Zeitalter der *Eisenbahn* an, die als *leistungsfähiges Verkehrsmittel* binnen kurzem die Kutschen und die von Pferden gezogenen Kähne auf den Kanälen verdrängte. Menschen und Güter konnten seit den 40er Jahren, der Zeit des »Eisenbahnfiebers« in Großbritannien, in größerer Zahl und Menge denn je zuvor über weite Entfernungen transportiert werden, zudem mit einer bis dahin nicht für möglich gehaltenen Geschwindigkeit. Die Eisenbahnen wurden neben der Baumwollverarbeitung und dem Maschinenbau ein wirtschaftlicher »Leitsektor« im sich industrialisierenden Großbritannien.

Industriemacht Großbritannien

Obwohl darüber keine genauen Statistiken vorliegen, ist geschätzt worden, daß sich in dem halben Jahrhundert zwischen 1770 und 1820 die *Produktion von Baumwolltuchen* in Großbritannien verzwanzigfachte, die *Kohleproduktion* verdoppelte und die *Eisenproduktion* versiebenfachte. Großbritannien hatte binnen weniger Jahrzehnte eine mächtige Industrie aufgebaut, die bis zur Mitte des 19. Jahrhunderts ohne Konkurrenz war und die vor allem nach dem Ende der Napoleonischen Kontinentalsperre die europäischen Märkte mit ihren Pro-

Die Verteilung des Sozialprodukts in Großbritannien

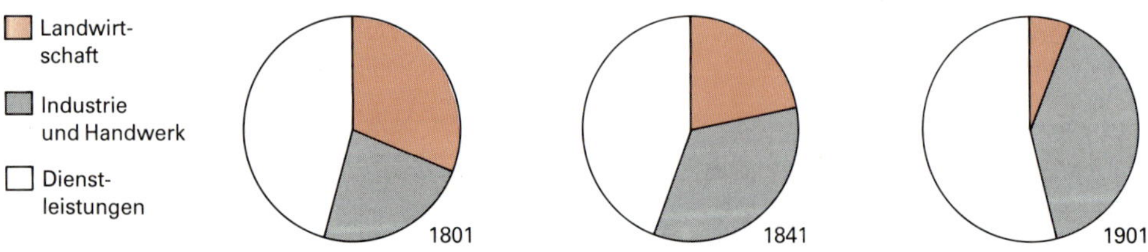

(Nach: Meyers Taschen-Lexikon Geschichte, Bd. 3, S. 121)

dukten überschwemmte. Auf der Produktivität seiner modernen Fabriken beruhten der staunenerregende Reichtum und die Macht Großbritanniens im 19. Jahrhundert.

Warum beginnt die Industrialisierung gerade in England?

Nicht nur von Wirtschaftshistorikern ist gefragt worden, warum es gerade Briten waren, die als erste technische Erfindungen im großen Stil wirtschaftlich nutzten und dadurch die industrielle Revolution auslösten. Eine einhellige Antwort darauf gibt es nicht. Eine ganze Reihe von Gründen wird angeführt, die zusammengenommen eine Erklärung geben können. So wäre Großbritannien in so kurzer Zeit vermutlich keine Industriemacht geworden, wenn es nicht schon vorher *ein wirtschaftlich gut entwickeltes Land* gewesen wäre. Durch die Verarbeitung von Baumwolle und anderen Rohstoffen aus den Kolonien, durch den Export von Metallwaren und auch durch den gewinnbringenden Handel mit afrikanischen Sklaven hatte eine breite Schicht britischer Kaufleute und Unternehmer gewaltige *Kapitalien* angesammelt. Damit standen beträchtliche Mittel für *Investitionen* zur Verfügung. Viele reiche Kaufleute steckten ihr Kapital nicht nur in Handelsunternehmen, sondern liehen Geld auch Manufakturbesitzern (▷ Bd., 1, S. 233) oder Unternehmern, die Waren in Heimarbeit herstellen ließen (»Verleger«). Oft übernahmen Kaufleute auch selbst den Betrieb von Fabriken und Bergwerken.

Darüber hinaus gab es in Großbritannien im Unterschied zu anderen europäischen Staaten bereits ein leistungsfähiges *Banken- und Versicherungssystem,* das den Handel erleichterte. Großbritannien verfügte zudem über die größte *Handelsflotte* der Welt und eine mächtige Kriegsflotte zum Schutz der Seeverbindungen und seiner Kolonien. Zu berücksichtigen sind auch die für den Handel günstige *geographische Lage* Großbritanniens und die *leichte Zugänglichkeit reicher Vorkommen an Kohle und Eisenerzen.* Die vergleichsweise große *politische Stabilität* Großbritanniens seit dem frühen 18. Jahrhundert, die langen Jahre inneren Friedens und die Existenz eines geschlossenen *Binnenmarktes* ohne störende Zollschranken müssen ebenfalls als Faktoren angesehen werden, welche die Industrialisierung in England begünstigten.

Die *Wirtschaftspolitik* folgte dem Liberalismus des schottischen Nationalökonomen *Adam Smith.* In seiner »Untersuchung über die Natur und die Ursachen des Nationalreichtums« hatte Smith 1776 geschrieben:

> »Welche Kapitalanlage wirklich die vorteilhafteste ist, das kann jeder einzelne besser beurteilen als etwa der Staat oder eine sonstwie übergeordnete Instanz ... Das natürliche Bestreben jedes Menschen, seine Lage zu verbessern, ist, wenn es sich mit Freiheit ... geltend machen darf, ein so mächtiges Prinzip, daß es nicht nur allein und ohne alle Hilfe die Gesellschaft zum Wohlstand und Reichtum führt, sondern auch hundert unverschämte Hindernisse überwindet, mit denen die Torheit menschlicher Gesetze es nur allzuoft zu hemmen suchte.«[4]

Smith billigte dem Individuum das Recht zu, seine wirtschaftlichen Interessen frei zu verfolgen, beschränkt allein durch die gleichen Rechte anderer Mitglieder der Gesellschaft. Der Staat sollte den Dingen ihren Lauf lassen und der regulierenden Kraft des Marktes vertrauen.

Umstritten ist die *Rolle der Religion* als auslösendes Moment für den unternehmerischen Wagemut im England des 18. Jahrhunderts. Der deutsche Soziologe Max Weber glaubte, eine Beziehung zwischen der protestantischen, insbesondere der calvinistischen Ethik und dem kommerziellen Erfolgsstreben erkannt zu haben. Er hielt dies für den möglicherweise wichtigsten Faktor in der Entfaltung der Industrialisierung. Für die Stichhaltigkeit dieser These spricht, daß fast die Hälfte der bekannten Erfinder, Kaufleute und Unternehmer im 18. Jahrhundert Calvinisten, vor allem Quäker, waren, obwohl nur eine Minderheit der britischen Bevölkerung calvinistischen Konfessionsgemeinschaften angehörte.

3. Bevölkerungswachstum und »agrarische Revolution«

Bevölkerungszunahme und Wirtschaftswachstum

Die sich ausweitende Produktion in den Fabriken und Bergwerken Großbritanniens, der Eisenbahnbau und der rasch zunehmende Binnen- und Außenhandel waren auf ein umfangreiches Angebot von Arbeitskräften angewiesen. Hierbei kam Großbritannien zustatten, daß seine Bevölkerung seit dem frühen 18. Jahrhundert schneller als in den Jahrhunderten zuvor anwuchs. Um 1750, also in den Jahren, in denen die industrielle Revolution einsetzte, zählte die *Bevölkerung Großbritanniens* nach Schätzungen knapp 8 Millionen Menschen. Im Jahre 1800 war sie auf fast 11 Millionen, 1830 auf 16,5 Millionen und 1850 auf 21 Millionen gestiegen. Eine so gewaltige Bevölkerungszunahme bildete zweifellos eine Bedingung für das *wirtschaftliche Wachstum,* zugleich jedoch auch eine seiner Folgen. Die neuen Fabriken waren auf eine wachsende Bevölkerung angewiesen, da sie sowohl Arbeitskräfte als auch einen expandierenden Markt für ihre Produkte benötigten. Durch Fabrikarbeit verdiente eine immer größer werdende Zahl von Menschen das Geld für ihren Lebensunterhalt. Aber schon Zeitgenossen hegten damals *Zweifel,* ob angesichts der wirtschaftlichen Not vieler Menschen die Bevölkerungsvermehrung unbegrenzt weitergehen könne.

»Ein Mensch, der in einem bereits übervölkerten Land geboren wird«, behauptete der englische Pfarrer und Nationalökonom *Robert Malthus* 1803, »ist überflüssig in der Gesellschaft. Es gibt für ihn kein Gedeck an dem großen Gastmahl der Natur.«[5]

Ursachen der Bevölkerungszunahme

Die Ursachen für die Bevölkerungszunahme, wie sie im 18. Jahrhundert zuerst in Großbritannien zu beobachten war, sind von Historikern und Demographen häufig diskutiert worden. Dabei hatte sich lange Zeit die Auffassung durchgesetzt, daß die auffallende Zunahme der Bevölkerung auf einen Rückgang der Sterblichkeit zurückzuführen war, namentlich bei Kindern. Neue demographische Forschungen deuten allerdings darauf hin, daß nicht der Rückgang der Sterberate, sondern der Anstieg der Geburtenrate der ausschlaggebende Faktor für das Bevölkerungswachstum war. Entscheidend für den Geburtenanstieg scheint danach eine schwer zu erklärende Änderung im Heiratsverhalten gewesen zu sein. Seit dem späten 17. Jahrhundert heirateten jedenfalls immer mehr Menschen immer früher. Nicht zuletzt schufen Verbesserungen in der Landwirtschaft dafür wichtige Voraussetzungen.

Die »agrarische Revolution«

Die *Produktionssteigerung der Landwirtschaft,* die der industriellen Revolution teils voraus, teils mit dieser parallel lief, war so groß, daß aus der Rückschau nicht nur von einer industriellen Revolution, sondern auch von einer *agrarischen Revolution* gesprochen werden muß. Die agrarische Revolution erreichte in Großbritannien ihren Höhepunkt in den Jahren 1760 bis 1820, also in dem gleichen Zeitraum, in dem die Bevölkerung des Landes sprunghaft zunahm, und als Folge davon die Nachfrage nach Lebensmitteln und mithin auch die Preise für Agrarprodukte kräftig stiegen. Die Aussicht, daß sich Kapitalanlagen in der Landwirtschaft lohnen würden, veranlaßte wohlhabende Kaufleute aus den Städten, Ackerland zu erwerben. Dem Streben nach Gewinn stand jedoch die Aufsplitterung des bäuerlichen Landbesitzes entgegen. Voraussetzung für eine gewinnorientierte Landwirtschaft waren größere Felder und kürzere, direkte Verbindungen zwischen Hof und Feldern. Die *Verdrängung vieler kleiner Bauern vom Lande,* ihre massenhafte *Abwanderung in die Städte* und die *Schaffung größerer Höfe* bildeten daher die charakteristischen Merkmale der »agrarischen Revolution«. Treibende Kräfte hinter den Flurbereinigungen waren vor allem die großen Grundbesitzer, die ihren konsolidierten Besitz mit Hecken und Zäunen einhegten, um ihn als Privateigentum zu schützen, insbesondere vor fremdem Vieh. In diesem Prozeß ging der freie Kleinbauernstand nahezu unter.

Gewinnorientierung und ihre Folgen

Anwendung neuer Erkenntnisse und Techniken

Auf ihren eingehegten Gütern suchten unternehmerische Grundbesitzer oder Pächter die Erträge durch die Anwendung schon bekannter agrarwissenschaftlicher Erkenntnisse und neuer landwirtschaftlicher Techniken zu steigern. Der *Wechsel der angebauten Feldfrüchte* und bessere *Düngung* machten die Brachlegung des Ackers in jedem dritten Jahr überflüssig. Die *Kartoffel* wurde zum Hauptnahrungsmittel der ärmeren Bevölkerungsschichten. Verbesserte *Viehzucht* erhöhte die Erträge von Fleisch und Milch. Bessere *Pflüge* wurden eingesetzt und als Zugtiere die stärkeren *Pferde* anstelle von Ochsen. Doch die Produktionssteigerung in der Landwirtschaft, die eine immer größere Zahl von Menschen in den Städten ernähren mußte, reichte anfangs trotzdem nicht aus, um den Hunger ganz zu besiegen. Dies hing auch damit zusammen, daß breiten Bevölkerungsschichten die Kaufkraft zum Erwerb der notwendigen Lebensmittel fehlte (▷ S. 149).

II. Die Industrialisierung auf dem europäischen Kontinent

England als »Werkstatt der Welt«

Im Vorwort zu seinem Hauptwerk »Das Kapital« schrieb Karl Marx 1867: »Das industriell entwickeltere Land zeigt dem minder entwickelten nur das Bild der eignen Zukunft.«[6] Die Zeitgenossen teilten weithin die Meinung von der wirtschaftlichen Schrittmacherrolle Großbritanniens. Sie stand hinter dem Bemühen der west- und mitteleuropäischen Staaten, ihre wirtschaftliche Rückständigkeit zu überwinden und den industriellen Vorsprung Großbritanniens aufzuholen. Den europäischen Regierungen war dabei bewußt, daß die Funktion als »workshop of the world« Großbritannien zum reichsten Staat der Welt

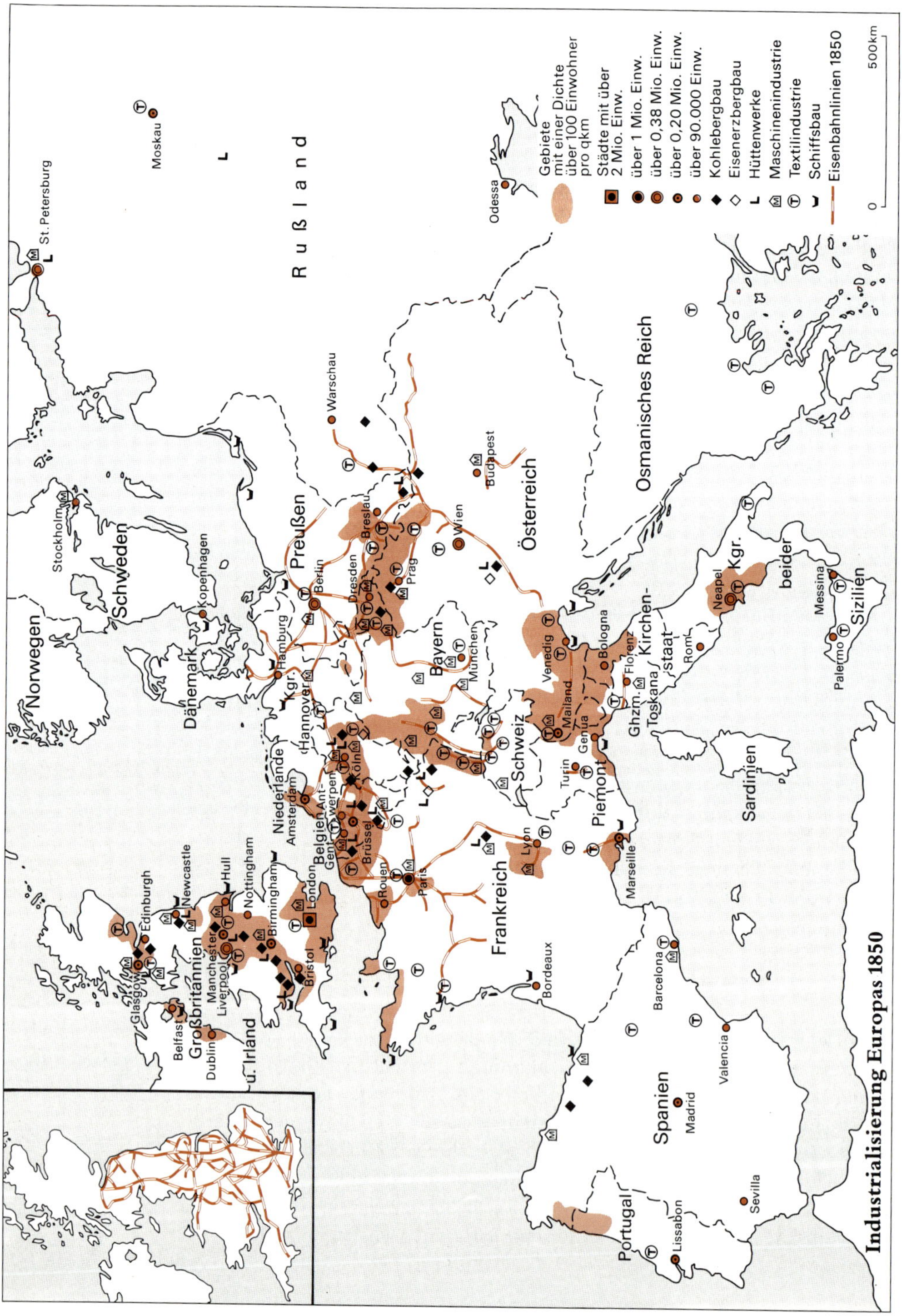

Industrialisierung Europas 1850

gemacht hatte. Seine *überlegene Wirtschaftskraft,* die wesentlich auf der industriellen Produktion beruhte, und sein ausgedehntes *Kolonialreich* in der Karibik, in Kanada, in Australien und auf dem indischen Subkontinent verliehen Großbritannien im 19. Jahrhundert eine politische Vormachtstellung, die in keinem Verhältnis zu seiner geographischen Größe stand.
Als Alexis de Tocqueville in den frühen 30er Jahren des 19. Jahrhunderts das Pionierland der Industrialisierung bereiste, förderte Großbritannien 80 % der in Europa gewonnenen *Kohle.* Es stellte 50 % des *Eisens* her und besaß nahezu ein Monopol beim Bau von *Dampfmaschinen.* Die wichtigsten *technischen Erfindungen* kamen immer noch aus England, wie zum Beispiel der moderne Hochofen zur Erzeugung von Stahl oder neue Verfahren im Bergbau, die den Abbau von Kohle in größeren Tiefen ermöglichten. Beim Bau von Eisenbahnen, Dampfschiffen, Eisenbrücken und Werkzeugmaschinen war die britische *Industrie* führend. Indes, Großbritannien war nicht nur die »Werkstatt der Welt«, sondern mit seiner Handelsflotte auch ihr *Transporteur* und mit seinem Kapitalmarkt im großen Umfang auch ihr *Bankier.* Über London liefen fast alle Transaktionen des Welthandels. Die britische Währung, das *Pfund Sterling,* diente als internationales Zahlungsmittel.

Die industrielle Gesamtproduktion (in Mio. £ Sterling)

	1780	1820	1860
Großbritannien	177	290	577
Frankreich	147	220	380
Deutschland	50	85	310
Belgien	–	60 (1840)	90

1. Frankreich und Belgien

Frankreichs industrielle Entwicklung

Nach Großbritannien war zum Zeitpunkt der Französischen Revolution Frankreich das entwickeltste Land Europas. Die Revolution und die Kriege Napoleons ließen das Land jedoch in wirtschaftlicher Hinsicht gegenüber England zurückfallen. Erst nach 1815 nahm in Frankreich die Industrialisierung zu. Sie gewann allerdings vor allem durch das Fehlen reicher Kohlevorkommen nie die Dynamik wie in Großbritannien. Die französische *Industrie* litt zudem unter der starken Zersplitterung in viele über das Land verstreute Kleinbetriebe, die häufig noch nach veralteten Methoden produzierten. 1847 erzeugte Frankreich 590 000 Tonnen *Eisen,* Großbritannien zwei Millionen Tonnen. Als in Frankreich in den 40er Jahren die ersten Eisenbahnlinien gebaut wurden, mußten Schienen aus England importiert werden.
Die Hauptstrecken der *Eisenbahn* wurden in Frankreich wesentlich systematischer geplant als jenseits des Kanals: Sie gingen sternförmig von Paris aus. Schon die rationalere Planung der Eisenbahnlinien deutet darauf hin, daß ihr Bau in enger Kooperation zwischen Staat und Privatunternehmen geschah. Pri-

vate Unternehmen führten die Streckenarbeiten aus und übernahmen nach Inbetriebnahme der Bahnen die kaufmännische Leitung. Um die Jahrhundertmitte verfügte Frankreich über fast 3500 Streckenkilometer. Damit lag es noch weit hinter dem seiner Fläche nach viel kleineren Großbritannien, das schon über 10 000 Streckenkilometer in Betrieb genommen hatte.

Eine »gebremste« Revolution?

Auch die französische *Textilindustrie* steigerte nach 1815 ihre Produktion, doch in einem geringeren Tempo als die moderner ausgerüstete britische Konkurrenz. Während in Großbritannien um 1846 fast 200 000 mechanische Webstühle arbeiteten, waren es in Frankreich nur 10 000. In der Textilherstellung wie auch in anderen Branchen drang die fabrikmäßige Produktion mit Dampf- und Maschinenkraft nur langsam vor. Zum Teil hing dies damit zusammen, daß die französischen Regierungen nach 1815 nur wenig Einfluß auf die wirtschaftliche Entwicklung des Landes nahmen. Sie kümmerten sich vor allem um den Ausbau des Straßen- und Eisenbahnnetzes. Eine Rolle spielten dabei militärische Gesichtspunkte.

Der alte Bahnhof Saint-Lazare in Paris. *Gemälde von Claude Monet, 1877.*

Die neue Welt der Industrie, über die Tocqueville 1835 seinen Landsleuten aus England berichtete, hatte in Frankreich ihren Durchbruch noch nicht erzielt. Erst nach der Jahrhundertmitte, unter *Napoleon III.,* beschleunigte sich der Industrialisierungsprozeß. Der Kaiser setzte sich energisch für die Förderung der Wirtschaft und die Übernahme »britischer« Produktionsmethoden ein. Auf seine Initiative hin fand 1855 nach dem Vorbild der Londoner Weltausstellung von 1851 die zweite *Weltausstellung in Paris* statt. Mit anderen Staaten vereinbarte Frankreich Handelsverträge, die Grundlage wurden für einen freien Warenaustausch. Der bekannteste dieser Verträge, der Cobden-Chevalier-Vertrag, wurde 1860 mit Großbritannien abgeschlossen. 1870 waren alle Hauptstrecken der französischen Eisenbahnen fertiggestellt mit einer Gesamtlänge von 17 500 Kilometern.

Die industrielle Revolution in Belgien

Der erste kontinentaleuropäische Staat, der die industrielle Revolution in ähnlicher Intensität erlebte wie zuvor Großbritannien, war das nach der Auflösung der Vereinigten Niederlande entstandene Belgien (▷ S. 102). Seine geographische Lage im Schnittpunkt der Verbindungswege zwischen Großbritannien und Mitteleuropa und zwischen Nordfrankreich und Norddeutschland erwies sich als außerordentlicher wirtschaftlicher Vorteil. Die seit dem Mittelalter bestehenden *Traditionen* der Textilherstellung und Metallverarbeitung und die Erfahrungen eines handeltreibenden Bürgertums bildeten einen günstigen Nährboden für die aus England kommenden wirtschaftlichen Impulse. Die Kohleförderung in Wallonien war schon im 18. Jahrhundert entwickelt worden. Die belgischen Regierungen förderten zudem seit 1831 aktiv das wirtschaftliche und industrielle Wachstum des Landes. Dem *Eisenbahnbau* schenkten sie früh Aufmerksamkeit, so daß schon um 1844 die wichtigen Strecken nach Frankreich, Deutschland, Holland und zur Nordseeküste in Betrieb waren.

Der zügige Ausbau der belgischen Eisenbahnen ging einher mit der Erweiterung des *Kanalnetzes* für Schiffe, das für den Gütertransport seine Bedeutung behielt. Die *Kohleförderung,* die sich um Lüttich konzentrierte, verdreifachte sich zwischen 1830 und 1860. Noch 1870 war sie höher als diejenige Frankreichs, aber der wachsende Energieverbrauch des Landes erforderte zusätzliche Kohleimporte aus England. Die belgische *Industrie* produzierte um die Mitte des 19. Jahrhunderts beträchtliche Mengen von Eisen, Metallerzeugnissen, Maschinen und Textilien.

Einwanderer als Unternehmer

Eine der bekanntesten Industriellenfamilien Belgiens war aus England eingewandert. *John Cockerill,* ein Feinmechaniker aus Lancashire, hatte sich 1798 in der wallonischen Stadt Verviers niedergelassen und eine Fabrik für Textilmaschinen aufgebaut, für deren Betrieb er eine englische Dampfmaschine kaufte. Sein Sohn gründete 1817 in Seraing bei Lüttich Fabriken zur Erzeugung von Eisen und zum Bau von schweren Maschinen und Lokomotiven. Um 1837 waren die *Cockerill-Werke* das modernste Montanunternehmen auf dem europäischen Kontinent. In enger Nachbarschaft vereinigten sie Kohlengruben, Hochöfen, Walzwerke und Maschinenfabriken. Bis 1870 entwickelte sich Belgien zu einem führenden Industrieland, das industrielle Erzeugnisse exportierte, Rohstoffe und Nahrungsmittel importierte.

2. Deutschland

1834	Gründung des Deutschen Zollvereins
1835	Erste deutsche Eisenbahnlinie zwischen Nürnberg und Fürth
1873	Im Deutschen Reich werden zwei Millionen Tonnen Eisen erzeugt

Merkantilistische Wirtschaftspolitik hindert die Industrialisierung

Im Grad der Industrialisierung lag Deutschland in der ersten Hälfte des 19. Jahrhunderts noch deutlich hinter Großbritannien, Frankreich und selbst Belgien. Die politisch-staatliche Zersplitterung Mitteleuropas, die französische Besatzung im Zeitalter Napoleons und die Befreiungskriege (▷ S. 77) hatten im frühen 19. Jahrhundert die Wirtschaft erheblich beeinträchtigt. Eine merkantilistische Wirtschaftspolitik in den meisten deutschen Staaten sperrte sich zudem gegen die Einsicht, daß freier Wettbewerb und Handel die wirtschaftliche Tätigkeit beleben. Entscheidende Voraussetzungen für die industrielle Revolution, wie sie in Großbritannien schon im 18. Jahrhundert bestanden, mußten in Mitteleuropa noch geschaffen werden: ein großer Binnenmarkt, eine Gesellschaft, die von den Fesseln ständischer Ordnung befreit war, und das Interesse der Bürger an wirtschaftlicher Leistung. Der Unternehmer, der eine Maschinenfabrik gründen wollte, stieß hier auf mannigfaltige Schwierigkeiten: Außer Erfahrung und Facharbeitern fehlte ihm oft auch das Kapital, um die Zeit des Aufbaus zu überstehen. Geldgeber hatten nur wenig Vertrauen in deutsche Unternehmen. Die Käufer gaben den billigeren und bewährten britischen Industrieerzeugnissen den Vorzug. Auch Zollschranken mußten überwunden werden.

Friedrich List für Freihandel

Der Tübinger Nationalökonom *Friedrich List* schrieb 1819 in einer Denkschrift:

»Achtunddreißig Zoll- und Mautlinien in Deutschland lähmen den Verkehr im Inneren und bringen ungefähr dieselbe Wirkung hervor, wie wenn jedes Glied des menschlichen Körpers unterbunden wird, damit das Blut ja nicht in ein anderes überfließe. Um von Hamburg nach Österreich, von Berlin in die Schweiz zu handeln, hat man zehn Staaten zu durchschneiden, zehn Zoll- und Mautordnungen zu studieren, zehnmal Durchgangszoll zu bezahlen ... Trostlos ist dieser Zustand für Männer, welche wirken und handeln möchten.«[7]

List, der wegen seiner liberalen politischen Ansichten mehrere Jahre im amerikanischen Exil lebte, wurde zum publizistischen Vorkämpfer des *Freihandels* innerhalb Deutschlands: Die deutschen Staaten sollten ein einheitliches Wirtschaftsgebiet bilden, das sich durch *Schutzzölle* gegen die internationale Konkurrenz abschirmte. Obwohl die Bundesakte von 1815 dem Deutschen Bund die Aufgabe zugewiesen hatte, Schritte zur einheitlichen Regelung von Handel und Verkehr im Bundesgebiet einzuleiten, war aufgrund der ablehnenden Haltung Österreichs nichts in dieser Richtung geschehen. Daß dann Preußen die Initiative ergriff, hing mit seiner neugewonnenen Stellung als führende Macht Norddeutschlands zusammen und seiner für die deutschen Verhältnisse vergleichsweise entwickelten Wirtschaft. Preußens Wirtschaftsinteressen waren allein schon wegen der engeren geographischen Verflechtung leichter mit denen des übrigen Deutschland in Einklang zu bringen als mit denen der Habsburgermonarchie.

Gründung des Deutschen Zollvereins

Den Auftakt für die schrittweise Schaffung eines einheitlichen deutschen Wirtschaftsgebiets, allerdings unter Ausschluß Österreichs, bildete der *Übergang Preußens zum Freihandel.* Das *Zollgesetz* von 1818 gab dem preußischen Staat die Handhabe, gegenüber Handelspartnern, die den Warenaustausch ebenfalls liberalisierten, die Zölle zu senken und sie gegenüber allen anderen anzuheben. Allein der Umstand, daß 13 deutsche Staaten von preußischem Gebiet eingeschlossen waren, veranlaßte diese Staaten, sich dem von Preußen geführten Zollverein anzuschließen. Auch in Süddeutschland entstanden zollpolitische Zusammenschlüsse. 1828 vereinbarten Bayern und Württemberg einen Zollverein unter Beibehaltung der einzelstaatlichen Autonomie in der Wirtschaftspolitik. Im selben Jahr trat Hessen-Darmstadt dem preußischen Zollverein bei, 1831 Kurhessen. Der entscheidene Schritt wurde am 22. März 1833 vereinbart: Mit Wirkung vom 1. Januar 1834 schloß sich der preußisch-hessische Zollverein mit dem süddeutschen zum *Deutschen Zollverein* zusammen. In der Silvesternacht 1833 standen vielerorts Wagenschlangen mit Waren vor den Schlagbäumen, um zur Mitternachtsstunde die Grenzen zu überqueren.

Dem Deutschen Zollverein traten aus politischen, ökonomischen oder fiskalischen Beweggründen weitere Bundesstaaten bei – im Gründungsjahr noch Sachsen und die thüringischen Staaten, 1842 Baden, 1854 das Königreich Hannover, 1867 Schleswig-Holstein, Mecklenburg und Lübeck. *Ziel des Zollvereins* war die wirtschaftliche Einigung Deutschlands, unter anderem durch eine Angleichung der Steuern und der Wirtschaftsgesetzgebung in den Mitgliedsstaaten. Für die Industrialisierung Mitteleuropas schuf er die notwendigen Voraussetzungen.

Beginn der industriellen Revolution in Deutschland

Auf die Frage, wann in den deutschen Staaten, voran in Preußen, der Beginn der industriellen Revolution anzusetzen ist, geben die Wirtschaftshistoriker unterschiedliche Antworten. Der Amerikaner Walt W. Rostow[8] datierte den »großen Sprung« im Wachstum der gewerblichen Produktion im Bereich des Deutschen Zollvereins auf die Jahre um 1850, also knapp zwanzig Jahre später als in Belgien. Viele deutsche Wirtschaftshistoriker sehen jedoch den Beginn der industriellen Revolution in Deutschland um das Jahr 1835. Dafür spricht die sich nun schnell ausbreitende Aufstellung von Maschinen, vor allem in der preußischen Rheinprovinz, in Westfalen, Berlin, Oberschlesien und Sachsen. Dafür sprechen auch die Erleichterung des Handelsverkehrs durch den Zollverein und der Beginn des Eisenbahnbaus.

Die *erste deutsche Eisenbahn* nahm 1835 zwischen Nürnberg und Fürth den Betrieb auf. 1837 wurde die erste längere Eisenbahnverbindung zwischen den deutschen Großstädten Leipzig und Dresden eröffnet. Als der dänische Dichter *Hans Christian Andersen* wenige Jahre später nach einer Postkutschenfahrt in Nürnberg eintrat und dort zum erstenmal mit der Eisenbahn fuhr, notierte er tief beeindruckt:

Eisenbahnlinie Nürnberg–Bamberg und Ludwigskanal, *1843. Industrie und Güteraustausch sind auf gute Verkehrsverbindungen angewiesen. Das Bild aus der »Leipziger Illustrierten Zeitung« zeigt den Zusammenprall traditioneller und neuer Verkehrsmittel. Tunnels, Kanäle und Flußregulierungen sind seit der ersten Hälfte des 19. Jahrhunderts Meisterleistungen der Technik. Sie veränderten die Landschaft.*

»Oh, welche Großtat ist doch diese Erfindung! Man fühlt sich so mächtig wie ein Zauberer der alten Zeit! Wir spannen unser magisches Pferd vor den Wagen, und der Raum entschwindet; wir fliegen wie die Wolken im Sturm, tun es den Zugvögeln nach! Unser wildes Pferd schnaubt und prustet, aus seinen Nüstern quillt der schwarze Rauch.«[9]

Die frühen deutschen Bahnen waren, von wenigen Ausnahmen in Süddeutschland und Sachsen abgesehen, Privatunternehmen. Erst nach 1850 erwarb der Staat, vornehmlich in Preußen, einen Teil der *Bahnaktien* und baute außerdem in eigener Regie neue Linien. Das *Schienennetz* wuchs im Gebiet des Deutschen Zollvereins schnell von 549 Kilometer 1840 auf 6000 Kilometer um 1850 und auf knapp 20 000 Kilometer um 1870. Durch bessere Verkehrsverbindungen und Gründung des Zollvereins entstand ein *nationaler Markt,* in dem die »rasche und wohlfeile Fortschaffung der Güter« (Friedrich Harkort)[10] immer leichter wurde. Da die Eisenbahn das Reisen einfacher machte, wurden die Menschen mobiler.

Der Eisenbahnbau als Schrittmacher der Industrialisierung

Eine wichtige wirtschaftliche Bedeutung des Eisenbahnbaus lag auch darin, daß er eine große Zahl von Arbeitskräften beschäftigte, wegen der enormen Investitionen eine zentrale Rolle bei der Entwicklung des Kapitalmarktes spielte und der *Metallindustrie* einen kräftigen Auftrieb gab. Der steigende Bedarf an Eisenbahnschienen, Achsen und Rädern kurbelte die Eisenerzeugung an, die sich zwischen 1840 und 1871 im Zollverein verzehnfachte und um 1873 fast zwei Millionen Tonnen erreichte. Auch die *Maschinenbauindustrie* empfing Impulse. Die Berliner Firma von *August Borsig* fertigte 1841 die erste Lokomotive, 1854 die fünfhundertste, 1858 die tausendste. Die Essener Gußstahlfirma von *Alfred Krupp,* 1811 gegründet, beschäftigte 1835 nicht mehr als 62 Menschen, 1850 über 1500 und 1865 rund 8000. Um 1900 arbeiteten beim Krupp-Konzern 40 000 Menschen. Die deutsche *Produktion von Steinkohle* lag 1835 bei 2 Mio. Tonnen, 1873 bei fast 30 Mio. und 1913 bei 190 Mio. Tonnen.

Industrie- und Wirtschaftsmacht Preußen

Vor allem die Industrialisierung Preußens profitierte vom Ausbau des Verkehrsnetzes und von dem weltweiten, nur in den Jahren 1857–59 kurzfristig unterbrochenen wirtschaftlichen Wachstum, das unmittelbar nach den Revolutionsjahren 1848/49 einsetzte und bis 1873 andauerte. Mit seiner *Montanindustrie* (Kohle und Stahl), die sich in dieser Zeit an der Ruhr, an der Saar und in Oberschlesien entfaltete, erlangte Preußen im Deutschen Zollverein ein erdrückendes Übergewicht und eine daraus resultierende wirtschaftliche Sogwirkung. Um 1866 war Berlin bereits zum führenden Banken- und Börsenplatz Deutschlands geworden.

Verschiedene deutsche Regierungen hatten die wirtschaftliche Entwicklung in den 20er Jahren des 19. Jahrhunderts durch flankierende gesetzliche Maßnahmen (Zölle, Gründung von Banken), durch eine *Reform des Hochschulwesens,* durch die Einrichtung von Gewerbe- und Handelsschulen und durch die Gründung von *polytechnischen Schulen* zur Ausbildung von Technikern und Ingenieuren unterstützt. Letztere waren Vorläufer der Technischen Hochschulen in Berlin, Karlsruhe, München, Dresden, Hannover, Stuttgart, Braunschweig und Darmstadt. Besonders in Preußen galt, im Unterschied zu England, die Förderung des Gewerbefleißes als eine der vornehmsten Aufgaben des Staates.

Ungeachtet aller Fortschritte im Industrialisierungsprozeß war Deutschland um 1870 aber noch überwiegend ein *Agrarland,* das besonders im Osten vom Großgrundbesitz geprägt war. Selbst in Preußen lebten um 1872 noch immer 71,5 % der Bevölkerung auf dem Lande.

Entwicklung des Nettosozialprodukts in Deutschland (in Preisen von 1913)

	insgesamt (in Mrd. Mark)	pro Kopf der Bevölkerung (in Mark)
1780	5,0	240
1800	5,7	250
1825	7,3	260
1850	9,4	265
1875	17,7	427
1900	33,2	593
1914	49,0	728

III. Das Deutsche Reich im Übergang zum entwickelten Industriestaat

1873–96	»Große Depression« der Weltwirtschaft
1879	Abkehr des Deutschen Reiches vom Freihandel
1887	Ein britisches Gesetz schreibt für alle Importwaren aus Deutschland die Kennzeichnung »Made in Germany« vor

1. Technischer Fortschritt und Industrialisierung nach der Reichsgründung

Konkurrenz für die britische Industrie

Die Überlegenheit Großbritanniens als erste Industriemacht der Welt war zwar um 1870 noch ebenso unbestritten wie zwanzig Jahre zuvor, aber seit der Reichsgründung (▷ S. 172) verstärkte sich die Industrialisierung Deutschlands in einem solchen Maße, daß der britischen Industrie eine gefürchtete Konkurrenz erwuchs. Die *Industrieproduktion* Großbritanniens wuchs im Zeitraum 1880–1900 durchschnittlich um 1,7 % im Jahr, diejenige des Deutschen Reiches hingegen um 5,3 %. Die britische Regierung reagierte darauf 1887 mit einem Gesetz, das für alle importierten deutschen Waren die Kennzeichnung *Made in Germany* vorschrieb. Dadurch sollte eine Verwechslung mit den Produkten der britischen Industrie verhindert werden. Aber schon wenige Jahre später war aus der ursprünglich diskriminierenden Bezeichnung ein Qualitätsmerkmal für Maschinen, Arzneimittel, optische Geräte oder Textilien aus Deutschland geworden.

Ursachen technischen Fortschritts

Das anhaltende Wachstum der deutschen Industrieproduktion und die verbesserte Qualität deutscher Waren hingen zu einem erheblichen Teil mit der Entwicklung neuer, auf wissenschaftlicher Forschung beruhender Industriezweige und Verfahren zusammen. Bis über die Mitte des 19. Jahrhunderts hinaus war der deutsche Beitrag zum internationalen technischen Fortschritt relativ gering gewesen. Weniger die Entwicklung technischer Innovationen als vielmehr die Imitation ausländischer Vorbilder stand im Vordergrund. Das änderte sich im letzten Drittel des Jahrhunderts, als in der deutschen Industrie zunehmend Wissenschaftler und Ingenieure beschäftigt wurden.

Aufschwung der chemischen Industrie

Am Beginn des Aufschwungs der deutschen chemischen Industrie, bei dem sich das Zusammenwirken von Labor und Fabrik in bis dahin nicht gekannter Weise bewährte, stand die *Erfindung und Produktion synthetischer Farbstoffe* (Anilinfarben). Die synthetischen Farben aus Kohlenteer verdrängten die Naturfarbstoffe schnell vom Markt. Deutschland gewann in dieser neuen Industrie eine führende Stellung. Mit einer *Produktion* von 135 000 Tonnen synthetischer Farben lag es 1913 weit vor der Schweiz (10 000 Tonnen), Frankreich (7000 Tonnen) und Großbritannien (5000 Tonnen). Die deutsche Überlegenheit bei pharmazeutischen Spezialitäten war ähnlich groß.

Elektroindustrie

Eine andere, in ihren wirtschaftlichen und sozialen Auswirkungen tiefgreifende Umwälzung vollzog sich mit der Nutzung der Elektrizität als Energie- und Lichtquelle, die seit der Erfindung der *Dynamomaschine* (1866) durch *Werner von Siemens* und der *Glühlampe* (1877/79) durch den Engländer *J. W Swan* und den Amerikaner *Thomas Alva Edison* möglich wurde. Auch bei der Erzeugung von elektrischer Energie und der sich rasch ausweitenden Produktion elektrischer Geräte, Maschinen und Leitungssysteme besaß Deutschland gegenüber anderen europäischen Ländern einen deutlichen Vorsprung. 1913 bestritt Deutschland mehr als die Hälfte des Welthandels mit elektrotechnischen Erzeugnissen.

Erdölförderung und Anfänge der Autoindustrie

Fast zur gleichen Zeit, als die Elektrizität ihren Siegeszug antrat, verbreitete sich auch die Nutzung des Erdöls als Energiequelle. Die Förderländer Rumänien, Rußland und die USA lieferten schon seit der Jahrhundertmitte den Brennstoff für die Petroleumlampen in aller Welt. Seit der 70er Jahren wurde zunehmend Öl statt Kohle bei der Dampferzeugung eingesetzt, seit den 80er Jahren auch in Form von Benzin als Kraftstoff für den von *Nikolaus Otto* 1876 erfundenen *Viertaktmotor.* 1885/86 konstruierten *Gottlieb Daimler* und *Carl Benz* den ersten betriebsfähigen *Kraftwagen.*

2. Deutschlands Aufstieg zur führenden Industriemacht

Die »zweite« industrielle Revolution

Die Phase intensiver Industrialisierung im letzten Viertel des 19. Jahrhunderts, die häufig als »zweite« industrielle Revolution bezeichnet wird, zeigt an, daß der in Großbritannien begonnene Prozeß noch längst nicht an seinem Ende angelangt war. Er breitete sich immer weiter aus und erlebte zugleich regionale wie nationale Umschichtungen. Der Schwerpunkt der neuen Industrien lag in Deutschland, das Großbritannien in der wirtschaftlichen Gesamtproduktion gegen Ende des 19. Jahrhunderts überflügelte. Das industrielle Wachstum wurde in Deutschland im Gefolge der »Gründerkrise« von 1873 nur kurze Zeit unterbrochen, während insbesondere Großbritannien nach 1873 eine längere Periode abgeschwächten Wirtschaftswachstums, sinkender Preise und Unternehmergewinne erlebte. Die Unternehmer klagten über wachsende Konkurrenz auf dem Weltmarkt und schlechte wirtschaftliche Aussichten. Den deshalb dramatisierend als *Große Depression* bezeichneten Jahren nach 1873 folgte erst 1896 wieder ein *neuer wirtschaftlicher Aufschwung.* Er hielt bis zum Ersten

Stahlproduktion 1870–1910 (in Millionen Tonnen)

	Großbritannien	Frankreich	Deutsches Reich
1870	0,3	0,1	0,1
1880	1,3	0,4	0,7
1890	3,6	0,7	2,1
1900	5,0	1,5	6,4
1910	6,5	3,4	13,1

Weltkrieg an. In dieser Zeit nahm die Zahl der Bergarbeiter an der Ruhr von etwa 100 000 auf 400 000 zu. Damals erhielt das Ruhrgebiet das Gesicht, das es bis in die Gegenwart bewahrte.

Vom Freihandel zum Schutzzoll

In den Jahren der »Großen Depression« vollzog sich ein Kurswechsel in der Wirtschafts- und Handelspolitik, die Abkehr von der liberalen Wirtschaftsgesellschaft klassischer Provenienz. Dies geschah zuerst im Deutschen Reich, das 1879 zum Schutzzoll überging (▷ S. 177). Ihm folgten Österreich-Ungarn, Rußland, die Schweiz und Frankreich. An die Stelle des Freihandels trat staatlicher *Protektionismus* in einem System konkurrierender Nationalwirtschaften, die bestimmte Wirtschaftszweige durch höhere Zölle zu schützen versuchten. Nur Großbritannien, das seine Stellung als führende Handelsnation behaupten konnte, die Niederlande und Dänemark hielten gegen manche innenpolitischen Widerstände am Freihandel fest. Ungeachtet allen Protektionismus vergrößerte sich das Volumen des Welthandels zwischen 1870 und 1914 um das Fünffache.

In ähnlicher Weise, wie sich die Volkswirtschaften gegeneinander abzuschließen versuchten, begannen auch die einzelnen Industriebranchen Organisationsformen zur Einschränkung des Wettbewerbs und zur Abwehr der ausländischen Konkurrenz zu entwickeln. Besonders in Deutschland entstanden *Kartelle* (= Zusammenschlüsse selbständig bleibender Unternehmen) zur Regulie-

---

Als die Industrialisierung so weit fortgeschritten war, daß sie die Umwelt zu prägen begann, wurden Technik und Arbeitswelt für die Künstler darstellenswert. Sie überlieferten uns damit wertvolle Zeitdokumente.

Tafel 5 Walzwerk Neustadt-Eberswalde, *um 1834 von Karl Blechen gemalt (Berlin, Staatliche Museen). Das Bild stammt aus der Frühzeit der Industrialisierung. Deshalb ist es unwahrscheinlich, daß der Maler durch die Darstellung der Gleichzeitigkeit von stimmungsvoller Frühlingslandschaft, Fischeridyll und festungsartiger Fabrikanlage schon Kritik an der neuen Entwicklung üben wollte. –* Die Harkortsche Fabrik auf der Burg Wetter, *Ölgemälde von Alfred Rethel, entstanden 1834 (Duisburg, Demag AG). Friedrich Harkort, ein Industriepionier, und Alfred Rethel, der bedeutendste deutsche Historienmaler: Es ist verständlich, daß das Gemälde schon zeitgenössischen Kommentar anregte. Es wurde als »Porträtlandschaft mit Fabrik« bezeichnet, Ausdruck dafür, daß man es in erster Linie als Dokumentation empfand.*

Tafel 6 *Als Folge der im 19. Jahrhundert sich durchsetzenden Emanzipation beteiligten sich auch jüdische Unternehmer am fortschreitenden Prozeß der Industrialisierung. Jedoch nicht diese sozialgeschichtliche Frage interessiert den Künstler, der um 1850 das* Eisenwerk von Wittkowitz *(Mähren), das im Besitz eines Angehörigen der Familie Rothschild war, darstellte: Der Betrachter sieht zwar in das Werksgelände zur Zeit der Nachtschicht, aber was er sieht, ist ein Stimmungsbild. – Für die »Illustrierte Zeitung«, die in Leipzig erschien, entstand 1846 die* Darstellung des Maschinensaals der Rübenzuckerfabrik in Brieg. *Das gleiche Interesse am technischen Fortschritt, das der bürgerliche Herr bei der ihn begleitenden Dame voraussetzt (im Vordergrund rechts), erwartet der Zeichner vom Betrachter des Bildes. Andere Probleme wie z. B. die der Arbeitswelt bleiben unberücksichtigt; die Arbeiter stehen nur wie Statisten in Pose.*

Adolph Menzel
Berlin 1875.

Tafel 8

rung von Preisen und Produktion wie auch Verkaufssyndikate (= Kartelle mit eigener Rechtspersönlichkeit) zur Aufteilung der Absatzmärkte. Zwischen 1887 und 1890 lassen sich dort 388, zum Teil nur kurzlebige Kartelle unterschiedlicher Größe und Wirksamkeit nachweisen. Die Zahl der Kartelle, oft »Kinder der Not« genannt, wurde um 1912 in Deutschland auf 600 geschätzt. Das mächtigste unter ihnen war das 1893 entstandene *Rheinisch-Westfälische Kohlensyndikat,* das zwei Drittel der Ruhrkohleförderung kontrollierte. Die Stahlindustrie gründete 1904 den *Deutschen Stahlwerksverband.* Seit der 80er Jahren verstärkte sich daneben die industrielle Konzentration, besonders in der Schwerindustrie des Rhein-Ruhr-Gebietes und Oberschlesiens. Für die deutsche Wirtschaft wurde die »vertikale« *Konzernbildung* typisch – die Fusion mehrerer rechtlich selbständig bleibender Unternehmen verschiedener Produktionsstufen zu einer wirtschaftlichen Einheit. Beispiele solcher Konzerne von der Kohlenbasis über Eisenhütten und Stahlwerke bis zum Maschinenbau waren die Firmen Krupp (▷ Abbildung S. 146), Thyssen oder Mannesmann.

Anteile an der industriellen Weltproduktion (in %)

	Großbritannien	Deutschland	Frankreich	Rußland	USA	Sonstige
1870	31,8	13,2	10,3	3,7	23,2	17,8
1913	14,0	15,7	6,4	5,5	35,8	22,6

Tafel 7 *Mitten in die Arbeitswelt führt Adolph von Menzel mit seinem Gemälde* »Eisenwalzwerk« *von 1875 (Berlin, Nationalgalerie). Ob er die Männer bei ihrer schweren und gefährlichen Arbeit, in ihrer knappen Mittagspause oder unter den Augen des Aufsehers zeigt – er stellt Realität dar, wenn auch verbunden mit der Freude des Impressionisten z. B. an den unterschiedlichen Lichteffekten in der Werkshalle. Soziale Anklage wird nicht spürbar.*

Tafel 8 *Um 1890 entstand in einer süddeutschen Fabrik für Blechspielsachen das* »Mechanische Spielzeug«, *62,5 cm hoch, 54,5 cm breit und 45,5 cm tief (Göppingen, Städtisches Museum). Mit Hilfe eines Wasserdurchlaufs und eines Uhrwerks, beides auf der Rückseite montiert, können Mühlrad, Eisenhämmer und Sägewerk betrieben werden. So wurde zum einen bei den Kindern frühzeitig die Freude am Technischen geweckt. Zum anderen muß man feststellen, daß die Elemente des neuen Industriezeitalters auch noch um 1890 mit romantisierenden Motiven der ersten Jahrhunderthälfte (Ritterburg, Seelandschaft, Fischeridyll) verbunden wurden (▷ Tafel 5).*

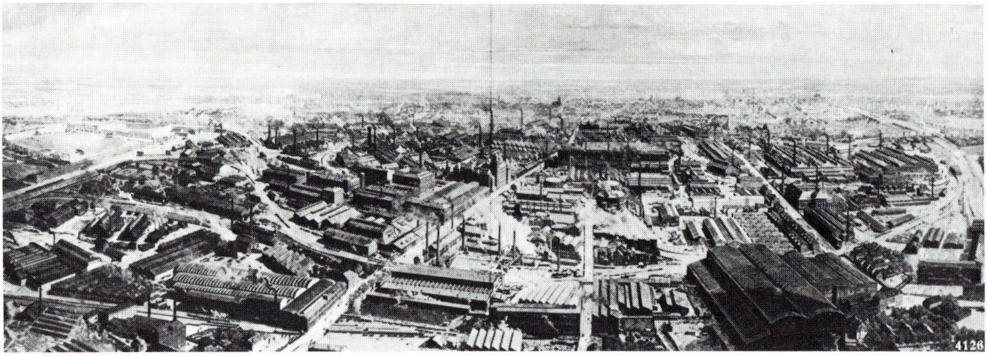

Werke der Firma Krupp in Essen, *um 1900. Die 1811 gegründete Gußstahlfabrik war zum bedeutendsten Montanunternehmen Deutschlands geworden. Es produzierte Kohle und Stahl, Eisenbahnräder, Maschinen und Geschütze. Wegweisende soziale Leistungen der Firma waren die werkseigenen Wohnsiedlungen, Kranken- und Pensionskassen, das Betriebskrankenhaus und die »Konsum-Anstalt«, in der Betriebsangehörige preisgünstig einkaufen konnten.*

Gründe für die Dynamik der deutschen Industrie

Auf die Frage, wo die Gründe für die ungewöhnlich dynamische Entwicklung der deutschen Industrie nach 1870 zu suchen sind, gaben Zeitgenossen und Historiker unterschiedliche Antworten. Sie wiesen auf das günstige Wirtschaftsklima nach der Gründung des deutschen Nationalstaates hin, auf die Nachfrage einer wachsenden Bevölkerung, auf das Organisationstalent und die Disziplin einer militärisch geschulten Nation. Britische Wissenschaftler und Politiker, die um die Jahrhundertwende das wirtschaftliche Zurückfallen Großbritanniens im internationalen Wettbewerb mit Sorge beobachteten, hoben die Vorbildlichkeit des deutschen Schul- und Universitätssystems hervor. Nach ihrer Meinung hatte die staatliche Förderung der wissenschaftlichen Forschung zum Aufblühen der chemischen, pharmazeutischen, elektrotechnischen und optischen Industrie in Deutschland erheblich beigetragen. Der britische Konsul in Stuttgart stellte 1901 in einem Bericht für das Foreign Office einen direkten Zusammenhang her zwischen der Qualität der Chemikerausbildung in Deutschland und der Expansion seiner chemischen Industrie, die zu der Zeit eine viertel Million Menschen beschäftigte. Forscher an Universitäten und Technischen Hochschulen und Industrielle arbeiteten dort nach dem Urteil des Konsuls eng zusammen und gewährleisteten so die effektive Anwendung wissenschaftlicher Erkenntnisse in der industriellen Produktion.[11] Dies war zweifellos *ein* wichtiger Faktor in einem Bündel von Faktoren, das zur Erklärung für den schnellen Durchbruch Deutschlands zum modernen Industriestaat im letzten Drittel des 19. Jahrhunderts berücksichtigt werden muß.

B. Die soziale Frage

I. Massenelend im Gefolge der Industrialisierung

Bevölkerungswachstum und Verstädterung

Obwohl allein seit 1850 mindestens 50 Millionen Europäer nach Übersee, vor allem nach Nordamerika, auswanderten, wuchs Europas Bevölkerung von 187 Millionen um 1800 auf 266 Millionen um 1850 und auf 468 Millionen Menschen am Vorabend des Ersten Weltkrieges. Den größten Bevölkerungszuwachs erlebten Großbritannien, Deutschland und Rußland.

Die Bevölkerung europäischer Staaten (in Millionen)

	Großbritannien und Irland	Frankreich	Deutschland	Rußland	Italien
1851	27,3	35,9	34,5	66,5	23,0
1871	31,4	36,1	41,0	86,0	26,7
1891	37,7	38,1	49,4	–	30,2
1911	44,9	39,2	64,9	122,0	34,7

Bevölkerungswachstum und Industrialisierung verursachten eine schnell zunehmende Verstädterung. Viele dörfliche Gemeinden stagnierten. *Auf der Suche nach Arbeit* wanderten die Menschen in die Städte ab und verstärkten dort die *»industrielle Reservearmee«* (Karl Marx)[12] für die Fabriken. Die Ruhrarbeiter kamen bis ungefähr 1870 meist aus dem Rheinland, aus Westfalen und Hessen. Danach begann die Zuwanderung aus den preußischen Ostprovinzen, darunter viele Polen. Polen zogen auch nach Belgien und Nordfrankreich. Süditaliener strömten nach Norditalien, Iren in die englischen und schottischen Industriegebiete und nach London, Tschechen nach Wien. 1885 waren in Berlin 83,5 % aller Bauarbeiter nicht in der Stadt geboren. Um 1910 waren neben London und Paris auch anderswo in Europa Millionenstädte entstanden.

Das Wachstum der Städte

	1850/51	1870/71	1890/91	1910/11
Berlin	419 000	826 000	1 579 000	2 071 000
Essen	9 000	52 000	79 000	295 000
Hamburg	132 000	240 000	324 000	931 000
London	2 685 000	3 890 000	5 638 000	7 256 000
Manchester	303 000	351 000	505 000	714 000
Paris	1 053 000	1 852 000	2 448 000	2 888 000
Wien	444 000	834 000	1 365 000	2 031 000

Erschütterung des Gesellschaftsgefüges

Knapp vier Jahrzehnte nach Alexis de Tocquevilles Berichten über die englische Industriewelt ließen sich somit die Industrialisierung und die mit ihr einhergehenden neuen sozialen Probleme auch in Frankreich, Belgien und

Verkauf gebrauchter Schuhe in einem Londoner Armenviertel, *um 1869. Der französische Zeichner Gustave Doré besuchte England, als er mit der Illustration eines Buches über die sozialen Verhältnisse auf der Insel beauftragt wurde. Seine weitverbreiteten Stahlstiche sind zwar nicht frei von dramatischen und romantischen Effekten, sein sozialkritisches Anliegen wird dadurch aber nicht verdeckt.*

Deutschland studieren. Wegen der großen Veränderungen, die sie auslöste, hatte Friedrich Engels die Industrialisierung als eine Revolution bezeichnet, »die zugleich die ganze bürgerliche Gesellschaft umwandelte«.[13] Nicht nur die Umwelt und die Arbeitsbedingungen veränderten sich grundlegend, sondern auch das überkommene soziale Gefüge, die Lebensgewohnheiten, der Alltag. Bevölkerungswachstum, Verstädterung und die frühe Industrialisierung verursachten Not, *Massenverelendung* und tiefe menschliche Erniedrigung. Nach seiner Reise durch England sprach Tocqueville vom »zivilisierten Menschen«, der »fast wieder zum Wilden« geworden war. Er hatte städtische *Slums* und *Arbeiterviertel* kennengelernt, in denen die Menschen auf engstem Raum und unter primitivsten hygienischen Verhältnissen leben mußten. Zehn Jahre nach Tocqueville schilderte *Friedrich Engels,* der in Manchester die väterliche Firma vertrat, in seiner berühmten Schrift über »Die Lage der arbeitenden Klasse in England« (1845) die Situation der meisten Arbeiter:

»Die in lauter Atome aufgelöste Gesellschaft ... überläßt es [den Arbeitern], für sich und ihre Familien zu sorgen, und gibt ihnen dennoch nicht die Mittel in die Hand, dies auf eine wirksame und dauernde Weise tun zu können; jeder Arbeiter ... ist daher stets der Brotlosigkeit, das heißt dem Hungertode ausgesetzt, und viele erliegen ihm; die Wohnungen der Arbeiter sind ... schlecht ventiliert, feucht und ungesund; die Einwohner sind auf den kleinsten Raum beschränkt, und in den meisten Fällen schläft wenigstens *eine* Familie in *einem* Zimmer.«[14]

»Pauperismus«

Die Verelendung breiter Schichten der Bevölkerung auf dem Lande und in den Städten wird oft mit der frühen Industrialisierung in Verbindung gebracht; weitverbreitete Armut (»Pauperismus«) läßt sich aber schon in den Jahrhunderten und Jahrzehnten vor der industriellen Revolution nachweisen. Vielmehr war die Massenverelendung eher ein Ergebnis der Tatsache, daß es in den 30er und 40er Jahren noch zu wenige Fabriken gab, welche die wachsende Bevölkerung beschäftigen konnten. Die *Löhne* waren wegen des großen *Arbeitskräfteangebots* niedrig; viele Menschen lebten unterhalb des Existenzminimums. Eine soziale Sicherung bei Arbeitslosigkeit gab es in der ersten Hälfte des 19. Jahrhunderts noch nicht. Schätzungen veranschlagten die Zahl der »Grenzexistenzen« in den größeren Städten auf etwa 60 % der Einwohnerschaft. Nach einer zeitgenössischen preußischen Statistik brauchte ein fünfköpfiger Arbeiterhaushalt für den *Lebensunterhalt* in den 40er Jahren 155 Taler im Jahr; viele Arbeiter verdienten aber nicht mehr als 100 Taler.

Arbeitsbedingungen

Über die damaligen Arbeitsbedingungen liegen uns zahlreiche Quellenzeugnisse vor. Wer in einer Fabrik, im Bergwerk oder später bei der Eisenbahn Arbeit bekommen hatte, mußte sich mit langen *Arbeitszeiten* abfinden. Der zwölf- oder dreizehnstündige Arbeitstag war die Regel, der Sonntag von der Arbeit keineswegs ausgenommen. Erst in den 60er Jahren verkürzte sich allmählich die tägliche Arbeitszeit. An *Schutzvorrichtungen* in den Fabriken, Bergwerken und Eisengießereien mangelte es vor 1850; die Zahl der Unfälle und Berufskrankheiten war folglich hoch. Die *Beschäftigung von Kindern* war verbreitet, ebenso die *Frauenarbeit. Fabrikordnungen* sahen Strafen (meist in Form von Lohnkürzungen) schon bei geringfügigen Verstößen vor.

Der Charakter der Arbeit verändert sich

Aber nicht nur die Arbeitsbedingungen, auch der Charakter der Arbeit veränderte sich durch die Industrialisierung. Die Fabrikarbeit trennte Arbeitsraum und Wohnstätte. Maschinen und technische Apparaturen bestimmten in den Fabriken Art und Rhythmus der Arbeit. Die Zergliederung der einzelnen Arbeitsgänge *(Arbeitsteilung)* und Monotonie der Arbeit nahmen zu. Der moderne Lohnarbeiter, der »Proletarier«, wurde seiner Arbeit *entfremdet* – er wurde »ein bloßes Zubehör der Maschine« (Karl Marx).[15] Das Verhältnis zwischen »Fabrikherr« und Fabrikarbeiter reduzierte sich in der Regel auf den Austausch von Arbeit gegen geldliche Entlohnung. Zu freiwilligen Sozialleistungen fühlten sich die Unternehmer nicht verpflichtet.

Der Streik. *Gemälde des Deutschamerikaners Robert Koehler, 1886. Gegen schlechte Arbeitsbedingungen und niedrige Löhne versuchten sich die Arbeiter mit Arbeitsniederlegungen zu wehren. Seit der zweiten Hälfte des 19. Jahrhunderts wurden Streiks zum wichtigsten Mittel, um gewerkschaftlichen Forderungen Nachdruck zu verleihen. In Deutschland wurde das Wort Streik in den 70er Jahren geläufig. Es ist aus dem Englischen entlehnt (»strike«).*

Bourgeoisie und Proletariat

Unternehmer und Lohnarbeiter wurden zu den beiden Polen einer sich in *zwei Klassen* spaltenden Gesellschaft. *Karl Marx,* der zusammen mit Friedrich Engels die bis heute schärfste und kritischste Analyse des frühkapitalistischen Industriesystems geliefert hat, bezeichnete, vor allem in seinem Hauptwerk »Das Kapital«, die beiden Klassen unter dem Gesichtspunkt des Besitzes oder Nichtbesitzes von Produktionsmitteln als Bourgeoisie und Proletariat. Die Bourgeoisie ziehe aus der wirtschaftlichen Freiheit Vorteile, das Proletariat aber sei der Ausbeutung schutzlos ausgeliefert. Der Liberalismus, wie ihn Adam Smith vertrat, wandte sich gegen soziale Gesetzgebung. Er verwies den Menschen auf sich selbst. Doch als Individuum war der Arbeiter in der Industriegesellschaft hilflos.

»Soziale Frage«

Aus dieser Diskrepanz zwischen der liberalen Theorie, die jedem Menschen ein Höchstmaß an individueller Entfaltung versprach, und der Realität erwuchs die »soziale Frage« des 19. Jahrhunderts. Gemeint waren damit die Probleme, die sich aus der sozialen Lage der Arbeiter während der frühen Industrialisierung und aus ihrer wirtschaftlichen und politischen Benachteiligung ergaben. Eine Antwort auf die soziale Frage wurde im 19. Jahrhundert von verschiedenen Seiten zu geben versucht.

II. Antworten auf die soziale Frage

1833 Johann Hinrich Wichern gründet das Rauhe Haus
1848 Karl Marx/Friedrich Engels: »Manifest der Kommunistischen Partei«
1867 Karl Marx: »Das Kapital«
1878 Verbot der Kinderarbeit in Preußen
1890 Generalkommission der Gewerkschaften Deutschlands

Das Elend der Fabrikarbeiter im 19. Jahrhundert war vermutlich nicht größer als das ihrer Vorfahren auf dem Lande, aber es trat in den neuen übervölkerten Großstädten besonders kraß zutage. Bereits früh wurden Stimmen laut (»Pauperismusliteratur«) und entstanden Organisationen, die auf die Probleme hinwiesen und für soziale Maßnahmen zugunsten der Arbeiter eintraten. Das Spektrum der Forderungen und Programme, die von Angehörigen des Bürgertums, des Adels, der staatlichen Bürokratie und der Kirchen entwickelt wurden, war breit. Es reichte von reformerischen Ansätzen und praktischer Hilfe bis hin zu radikalen gedanklichen Entwürfen, die allein in der Revolutionierung der bestehenden Gesellschaft eine Gewähr für die Lösung der sozialen Frage erblickten. Bis sich die soziale und politische Lage der Industriearbeiter tatsächlich zum Besseren wendete, sollten Jahre vergehen.

Praktische Hilfe zur Milderung der sozialen Probleme

In Großbritannien gingen erste bedeutende Vorschläge zur Milderung der sozialen Probleme im frühen 19. Jahrhundert von dem Unternehmer *Robert Owen* aus. Er baute für seine Arbeiter eine Mustersiedlung, ließ Schulen errichten, verkürzte die Arbeitszeit und verbot in seiner Baumwollspinnerei die Arbeit von Kindern unter zehn Jahren. Zum Erstaunen der Zeitgenossen erhöhte sich durch diese Maßnahmen in Owens Fabrik im schottischen New Lanark die Produktivität. In Deutschland gründeten wenige Jahre später Männer der Kirche soziale Unternehmungen, die weitreichende Wirkungen hatten. Der evangelische Theologe *Johann Hinrich Wichern* schuf 1833 in Hamburg das Rauhe Haus für verwahrloste Kinder. Dahinter stand für Wichern der Gedanke, »durch ein großes, stilles, möglichst vollendetes Familienleben und Familienglück, das im Hause geführt werden soll, die Kinder dahin zu bringen, daß sie das Leben und Wohl des Staates fördern helfen«.[16] Der ehemalige Schuhmachergeselle und spätere Domvikar *Adolf Kolping*, der »Gesellenvater«, gründete die nach ihm benannten katholischen Gesellenvereine (1846/49). Er wollte die Kirche wieder volkstümlicher machen, »damit das Volk wieder kirchlicher werde«.[17] Der Mainzer Bischof *Wilhelm Emanuel von Ketteler* trat seit 1848 für eine entschiedenere Sozialpolitik der Kirche und für eine staatliche Arbeiterschutzpolitik ein. Er war Mitbegründer der Arbeitervereine, die sich vor allem der Weiterbildung der Arbeiter widmeten. Für Ketteler bildete die soziale Frage »die wichtigste Frage der Gegenwart«.[18]

Kinder- und Frauenschutzgesetzgebung

Gegen einen der größten Mißstände der Zeit, die unbeschränkte Frauen- und Kinderarbeit, schritt schon früh der Staat ein. In Großbritannien wurde seit

1833 die Arbeitszeit für Frauen auf zwölf und für Kinder auf acht Stunden begrenzt, die Beschäftigung von Kindern unter neun Jahren verboten. Die preußische Regierung untersagte 1839 die Fabrikarbeit von Kindern und legte die Arbeitszeit für Jugendliche auf höchstens zehn Stunden fest. Kinderschutzgesetze, die allerdings oft nur mangelhaft eingehalten wurden, erließen 1840 auch Bayern und Baden, 1842 Österreich. Erst 1878 konnte ein preußisches Gesetz die Kinderarbeit wirksam unterbinden.

»Kathedersozialisten«

Zu dieser Zeit forderten bereits führende deutsche Nationalökonomen wie die Professoren *Gustav Schmoller* und *Lujo Brentano* umfassende staatliche Sozialreformen, die über die schon bestehenden Fürsorgeeinrichtungen, Wohltätigkeitsvereine und Unterstützungskassen für die Arbeiter weit hinausführen sollten (1872 Gründung des »Vereins für Sozialpolitik«). Nicht zuletzt den Bemühungen von «Kathedersozialisten«, die die sozialen Probleme einer größeren Öffentlichkeit bewußtmachten, war es zuzuschreiben, daß im deutschen Kaiserreich mit der staatlichen Sozialpolitik »zur Verbesserung des Loses der Arbeiter« (Bismarck 1878) begonnen wurde (▷ S. 178). Gegner dieser Politik sprachen von »Staatssozialismus«, der dem einzelnen die Verantwortung der Daseinsvorsorge aus der Hand nehme.

Die Lehre von Karl Marx und Friedrich Engels

Die Praxis der schrittweisen Reformen lehnten auch diejenigen ab, die in der sozialen und politischen Revolution die Voraussetzung für eine neue Ordnung der Gesellschaft erblickten. Zu ihnen gehörten *Karl Marx,* Sohn eines jüdischen Rechtsanwalts aus Trier, der von 1849 bis zu seinem Tode als Emigrant in London lebte, und *Friedrich Engels,* aus einer Familie Barmer Textilfabrikanten stammend und mit Marx in lebenslanger Freundschaft verbunden. Ihre Gedanken, Analysen und Thesen begannen nach den Revolutionen von 1848/49 ihre bis heute anhaltende geschichtliche Wirkung auszuüben. Beide griffen dabei Anregungen der französischen Frühsozialisten (Saint-Simon, Fourier, Blanc, Proudhon) auf, die Modelle einer neuen Gesellschaftsordnung für die sich entfaltende Industriewirtschaft entworfen hatten. In ihr war das Privateigentum abgeschafft und waren die sozialen Gegensätze aufgehoben.

In ihren geistigen Vorläufern haben Marx und Engels »utopische Sozialisten« gesehen, denen sie ihren *wissenschaftlichen Sozialismus* entgegenstellten. Er war nach ihrer Meinung »wissenschaftlich«, weil sie ihn aus der Diagnose der bisherigen gesellschaftlichen Entwicklung ableiteten und für ihre Analysen einen hohen Grad Folgerichtigkeit beanspruchten. Für Marx und Engels war die gesellschaftliche Entwicklung ein Naturvorgang, dessen antreibende Kräfte im wirtschaftlichen Bereich liegen, und zwar letztlich in den Veränderungen der *Produktivkräfte.* Das sind die *Produktionsmittel,* d.h. Produktionsinstrumente (Werkzeuge und Maschinen) und Rohstoffe, und die *Menschen,* die die Produktionsinstrumente anzuwenden vermögen. Um zu produzieren, gehen die Menschen *Produktionsverhältnisse* ein. Diese sind gekennzeichnet durch den Gegensatz zwischen der Klasse, die die Produktionsmittel besitzt, und der ausgebeuteten Klasse. In seiner Schrift »Zur Kritik der politischen Ökonomie« (1859) hat Marx die *marxistische Lehre* zusammengefaßt:

Karl Marx und Friedrich Engels *bei der gemeinsamen Arbeit am Werk »Das Kapital«, 1867. Zeichnung von N. N. Shukow. Marx, der 1842/43 bei der »Rheinischen Zeitung« in Köln gearbeitet hatte, verbrachte fast sein ganzes Leben im Ausland, zunächst in Paris und Brüssel, nach der Revolution von 1848/49 in London. Mit Engels war er seit 1844 eng befreundet. Neben anderen Schriften verfaßten beide gemeinsam das »Manifest der Kommunistischen Partei« (1848 veröffentlicht), die erste zusammenfassende Darstellung der marxistischen Theorie.*

»In der gesellschaftlichen Produktion ihres Lebens gehen die Menschen bestimmte, notwendige, von ihrem Willen unabhängige Verhältnisse ein, Produktionsverhältnisse, die einer bestimmten Entwicklungsstufe ihre materiellen Produktivkräfte entsprechen. Die Gesamtheit dieser Produktionsverhältnisse bildet die ökonomische Struktur der Gesellschaft, die reale Basis, worauf sich ein juristischer und politischer Überbau erhebt und welcher bestimmte gesellschaftliche Bewußtseinsformen entsprechen. Die Produktionsweise des materiellen Lebens bedingt den sozialen, politischen und geistigen Lebensprozeß überhaupt. Es ist nicht das Bewußtsein der Menschen, das ihr Sein, sondern umgekehrt ihr gesellschaftliches Sein, das ihr Bewußtsein bestimmt. Auf einer gewissen Stufe ihrer Entwicklung geraten die materiellen Produktivkräfte der Gesellschaft in Widerspruch mit den vorhandenen Produktionsverhältnissen oder, was nur ein juristischer Ausdruck dafür ist, mit den Eigentumsverhältnissen ... Aus Entwicklungsformen der Produktivkräfte schlagen diese Verhältnisse in Fesseln derselben um. Es tritt dann eine Epoche sozialer Revolution ein. Mit der Veränderung der ökonomischen Grundlage wälzt sich der ganze ungeheure Überbau langsamer oder rascher um.«[19]

Die »ökonomische Grundlage« bestimmt also nicht nur das Bewußtsein, sondern auch den *Gang der Geschichte:* Die begünstigte Klasse sucht die bestehende Ordnung, die »Eigentumsverhältnisse«, zu erhalten, die benachteiligte Klasse sucht sie zu verändern. Folglich ist die Geschichte »die Geschichte von Klassenkämpfen« (Kommunistisches Manifest 1848). Die ausgebeutete Klasse schafft sich politische Organisationen, wird immer stärker und stürzt schließlich die alte herrschende Klasse. Damit verhilft sie einer neuen Gesellschaftsordnung zum Durchbruch, die im Schoße der alten herangereift ist. Auf das 19. Jahrhundert angewendet: Die Arbeiter waren die revolutionäre Klasse, welche die bürgerlich-kapitalistische Gesellschaftsordnung zerstören und auf ihren Trümmern die klassenlose Gesellschaft schaffen würde. Hat die Geschichte ihr Ziel, den Kommunismus der klassenlosen Gesellschaft, erreicht, würden die Bewegungsgesetze der Geschichte ihre Gültigkeit verlieren. Der Mensch wäre nicht länger gezwungen, sich den wirtschaftlichen Verhältnissen zu unterwerfen, denn die »Diktatur des Proletariats« leitet »aus dem Reich der Notwendigkeit in das Reich der Freiheit« hinüber.[20] Alle bisherige Geschichte ist damit nur Vorgeschichte der dann beginnenden eigentlichen Menschheitsgeschichte.

Die sozialistische Arbeiterbewegung

Im Geiste der marxistischen Theorie organisierten sich seit der Jahrhundertmitte die Arbeiter in der sozialistischen Bewegung. Über Gewerkschaften und Parteien versuchten sie, ihre soziale und politischen Emanzipation durchzusetzen und den Staat mitzugestalten, in dem sie lebten. In *Großbritannien,* dem Mutterland der Industrialisierung, blieb der Einfluß des revolutionären Marxismus auf die Arbeiterbewegung paradoxerweise gering. Dort erhielten die Arbeiter schon 1824 das Koalitions- und Streikrecht. Das ermöglichte die Bildung von *»trade unions«,* die 1868 einen Dachverband gründeten (Trades Union Congress). Er zählte 1871 bereits eine Million Mitglieder. In *Deutschland,* wo die Koalitionsfreiheit erst Ende der 60er Jahre gewährt wurde, gewannen Organisationen der Arbeiterschaft seit der Reichsgründung an Bedeutung.

»Die soziale Frage pocht in fast allen Staaten an«, heißt es im Bericht der Handelskammer von Elberfeld und Barmen für 1868, »der Arbeiterstand erwacht aus dumpfer Apathie und erhebt noch unklar über seine wahren Aufgaben und Interessen an vielen Orten begehrliche Anforderungen an den Staat und an die besitzenden Klassen.«[21]

Ihren großen Aufschwung erlebte die sozialistische Arbeiterbewegung in Deutschland nach dem Fall des Sozialistengesetzes (▷ S. 176). Mit der Generalkommission der Gewerkschaften Deutschlands, die mit der SPD eng verbunden war, erhielten die *Gewerkschaften* 1890 eine zentrale Organisation. Sie repräsentierte 1904 über eine Million Mitglieder.

Die gewerkschaftlichen Aktivitäten, andere Formen der Selbsthilfe und staatliche Sozialpolitik trugen wesentlich dazu bei, daß sich die »Lage der arbeitenden Klasse« seit der zweiten Hälfte des 19. Jahrhunderts verbesserte und die soziale Frage an Schärfe verlor. Mit der Vergrößerung des Sozialprodukts stiegen in den Staaten, die sich industrialisierten, die Realeinkommen der lohnabhängigen Arbeiter wie auch die der »Angestellten«, deren Zahl gegen Jahrhundertende rasch zunahm. Insofern hat die Industrialisierung langfristig das Massenelend beseitigt. Die Frage, ob das erwirtschaftete Sozialprodukt in der industrialisierten Gesellschaft Großbritanniens, Deutschlands oder Frankreichs auch gerecht verteilt wird, war damit jedoch nicht entschieden. Um sie geht es noch in den sozialen Konflikten des 20. Jahrhunderts.

Die Epoche des Nationalismus und des Imperialismus 1849–1918

A. Die Politik der europäischen Mächte im Zeitalter nationalstaatlicher Einigungen

Als politische Ideologie gewann der Nationalismus seit der Französischen Revolution durch die Verbindung mit den demokratischen Ideen der Selbstbestimmung und Volkssouveränität überragende Bedeutung. Die Nation und der souveräne Nationalstaat sind für die nationale Ideologie zentrale Werte: Die »Nation« kann sich danach nur im eigenen, unabhängigen Nationalstaat verwirklichen. Die Sprecher des liberalen Nationalismus im frühen 19. Jahrhundert strebten nach Freiheit und Gleichheit aller Nationen und billigten diese Rechte auch allen Angehörigen einer Nation zu. Seit dem Ende des 19. Jahrhunderts trat allerdings eine radikale Ausprägung des Nationalismus stark in den Vordergrund. Während immer mehr Nationen den eigenen Nationalstaat gewinnen konnten, setzten nun viele Nationalisten die eigene Nation absolut, behaupteten ihre Überlegenheit über andere Nationen und versuchten, durch eine expansive Politik ihre Macht zu vergrößern. Der »extreme« Nationalismus wurde zu einer gefährlichen Komponente des Imperialismus.

I. Wandlungen in der europäischen Mächtekonstellation 1849–1871

1852	Napoleon III. begründet das Zweite Kaiserreich in Frankreich
1854–1856	Krimkrieg
1856–1870	Nationale Einigung Italiens
1864–1870/71	Deutsche Einigungskriege

1. Europa nach den Revolutionen

Einen gemeinsamen Nenner für die Jahre europäischer Geschichte zwischen 1849 und 1871 zu finden, ist schwierig, denn die Stichworte »Reaktion« oder »Restauration« decken nur einen Teil dessen ab, was sich in dieser Zeit in der Innen- und Außenpolitik der europäischen Staaten vollzog. Unzweifelhaft stand vor allem Mitteleuropa noch lange Zeit unter dem Eindruck des Scheiterns der revolutionären Bestrebungen. Als Folge davon wandte sich das liberal und demokratisch gesinnte Bürgertum von der Politik ab. Alle Hoffnungen auf eine Umgestaltung der politischen Verhältnisse in den deutschen Staaten im Sinne der liberalen Verfassungsbewegung, die sich am englischen Parlamentarismus orientierte, mußten vorerst begraben werden. »Es bleibt einem nichts übrig«, schrieb 1851 der preußische Journalist und Schriftsteller Theodor Fontane resigniert an einen Freund, »als sich mit dem Geist in die Vergangenheit und mit dem Herzen in den Freundes- und Familienkreis zu flüchten«.[1]

Liberalismus und Nationalismus

Die Beziehungen der europäischen Mächte untereinander und ihre scheinbar stagnierenden inneren Verhältnisse sollten sich jedoch binnen weniger Jahre grundlegend verändern. Frankreich überwand seine politische Isolierung. Die Zusammenarbeit der konservativen Ostmächte Rußland, Österreich und Preußen als Garantie für politische und soziale Stabilität, die 1849 noch einmal die Oberhand behalten hatte, zerfiel rasch. Zu den destabilisierenden Kräften gehörten dabei in erster Linie *Liberalismus* und *Nationalismus,* die schon lange vor der Jahrhundertmitte ein Bündnis eingegangen waren. So blieb auch die Forderung nach der nationalen Einheit Deutschland, die sich zum erstenmal in den Befreiungskriegen gegen Napoleon mächtig entfaltet hatte (▷ S. 77), in breiten Schichten der deutschen Bevölkerung lebendig.

Restaurative Politik

Die Monarchen in Preußen, den deutschen Mittelstaaten und Österreich setzten ihrerseits alles daran, ihre erschütterte Stellung zu festigen, und scheuten deshalb vor harten Maßnahmen (Verbote, Pressezensur) gegen liberale und nationale Bestrebungen nicht zurück. In Preußen stehen die Namen der Ministerpräsidenten Graf Brandenburg (1848–50) und von Manteuffel (1850–58) für die repressive Politik der nachrevolutionären Ära. In Österreich ist es der seit 1848 regierende *Kaiser Franz Joseph,* der sich weitgehend auf den Ministerpräsidenten Fürst Schwarzenberg (1848–52) stützte. In Frankreich war seit 1848 *Louis Napoleon,* ein Neffe des Kaisers, die zentrale politische Figur. Er entwickelte seit seinem Staatsstreich (2. 12. 1851) einen autoritären Regierungsstil: Er löste das Parlament auf und ließ sich durch ein Plebiszit für zehn Jahre diktatorische Vollmachten übertragen. Im November 1852 bestätigte ihn eine Volksabstimmung mit überwiegender Mehrheit (7,8 Mio. gegen 0,24 Mio. Stimmen, 2 Mio. Enthaltungen) als neuen »Kaiser der Franzosen«.

Ihren Rückhalt fand die restaurative Politik der mitteleuropäischen Staaten beim russischen Zarenreich, für das die Jahre 1848/49 keinen Einschnitt bezeichneten. Allein die Verfolgung eines der vielen oppositionellen Intellektuellenzirkel, in dem auch der Dichter Fjodor Dostojewski mitgewirkt hatte, erinnerte 1849 von ferne an die politischen Stürme, die Europa anderswo erfaßt hatten. Die andere europäische Flügelmacht, England, war hingegen nicht nur der Schrittmacher der industriellen Revolution, sondern auch der *Hort des politischen Liberalismus* und der Zufluchtsort politisch Verfolgter. London und St. Petersburg bildeten mithin die Pole eines Spannungsfeldes, das die europäische Politik fortan nachhaltig bestimmen sollte. Neben London trat bald noch Paris: Der Kaiser Napoleon III. verstand sich seit 1852 als Förderer der nationalen Idee. Auf diesen ideologischen Anspruch gestützt, strebte er für Frankreich in Europa eine hegemoniale Stellung an.

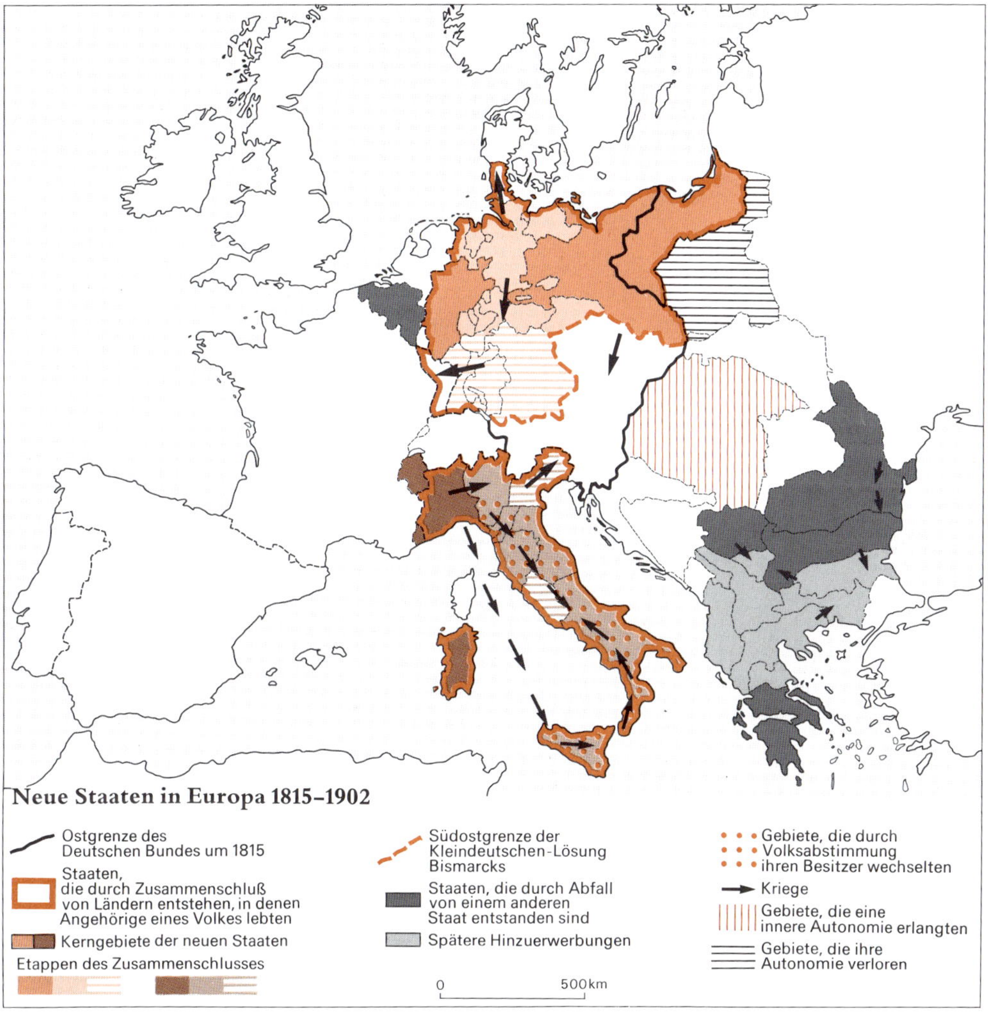

Neue Staaten entstehen

Von den großen europäischen Völkern hatten um die Jahrhundertmitte nur das deutsche und das italienische noch nicht den eigenen Nationalstaat, in dem die Mehrheit der Nation lebte, erlangt. Daß die *Schaffung des Nationalstaates* nicht nur vom Willen der Nation, sondern auch von der Zustimmung der Großmächte abhing, dessen waren sich die führenden Persönlichkeiten der italienischen und der deutschen Einigungsbewegung sehr bewußt. Wie schwierig es war, das 1815 in Wien ausbalancierte europäische Mächtesystem zu verändern, hatte die Geschichte Europas bis zur Jahrhundertmitte hinreichend gezeigt. Serbien gewann 1815–17 seinen Status als autonomes Fürstentum unter osmanischer Oberhoheit nur mit Hilfe der europäischen Mächte. Griechenland konnte 1821–30 seine Unabhängigkeit erkämpfen und gegen die osmanische Türkei behaupten, weil vor allem England, Frankreich und Rußland die griechische Freiheitsbewegung unterstützten. Belgien, ein neuer Staat ohne eigentliche Staatsnation, verdankte 1830/31 sein Ausscheiden aus den 1815 gebildeten Vereinigten Niederlanden einzig und allein der Hilfe Frankreichs.

2. Krimkrieg und Pariser Frieden

Die Wiederherstellung der alten Ordnung im Inneren und Äußeren nach 1849 hatte die Lösung einer Reihe von innen- und außenpolitischen Problemen der europäischen Staaten aber im Grunde nur vertagt. Veränderungen des Status quo bahnten sich zuerst in der Außenpolitik an. Rußland schickte sich an, seine in Kontinentaleuropa 1849 bestätigte Rolle als konservative Vormacht auszubauen und auf dieser Grundlage den Griff nach den Meerengen am Ausgang des Schwarzen Meeres zu wagen. Dies war ein seit langem verfolgtes *Ziel russischer Politik:* Der Besitz von Bosporus und Dardanellen hätte das Zarenreich vom Mittelmeer her unangreifbar gemacht.

Zunahme der politischen Spannungen in Europa

Durch Initiativen Rußlands in der *orientalischen Frage* erhöhten sich in Europa die politischen Spannungen. Mit dem Begriff »orientalische Frage« faßten Politiker und Öffentlichkeit im 19. Jahrhundert alle Probleme zusammen, die mit der langsamen *Auflösung des Osmanischen Reiches* zusammenhingen. Unter der formellen Herrschaft des »kranken Mannes am Bosporus« (so die zeitgenössische Redewendung) standen noch große Teile des Balkans, des Nahen Ostens und Nordafrikas. Da Rußland, England und Österreich hofften, den »kranken Mann« beerben zu können, bildeten der Balkan und die türkischen Meerengen von der Jahrhundertmitte bis zum Ersten Weltkrieg einen *Krisenherd Europas.* Überdies regte sich auch unter den christlichen Völkern des Balkans wie den Griechen, Serben und Rumänen immer stärker das Nationalgefühl, das in dem verwickelten Komplex der »orientalischen Frage« ein Faktor mit zunehmendem Gewicht wurde.

Im *Dardanellenvertrag* (1841) war die strategisch und politisch bedeutsame Meerengenfrage scheinbar geregelt worden. Der Vertrag, den alle Großmächte unterzeichnet hatten, verbot es den Kriegsschiffen fremder Staaten, in die Dardanellen und den Bosporus einzulaufen, solange sich die Türkei, die »Hüterin der Meerengen«, im Frieden befand. Wenn Rußland diese Regelung nun in Frage stellte, dann bedeutete dies den Beginn einer internationalen Krise. Die russische Politik führte zum Krimkrieg und zu einer neuen Konstellation der Mächte, welche die politischen Entwicklungen in Italien und Deutschland seit Ende der 50er Jahre überhaupt erst möglich machte.

Der Krimkrieg: Vorbereitung und Verlauf

Die Forderung, mit deren Hilfe die *russische Politik in der Meerengenfrage* türkische Konzessionen erreichen wollte, war vorgeschoben. Die Regierung in St. Petersburg verlangte ein russisches Protektorat über die orthodoxen Christen in der osmanischen Türkei. Die türkische Regierung lehnte die Forderung ab und fand dabei die Unterstützung der englischen Regierung, die aus gleichgewichtspolitischen Gründen für die ungeschmälerte Souveränität der Türkei über ihr Territorium eintrat und sich daher gegen ein russisches Vordringen an die Meerengen wandte. Das Frankreich des Kaisers Napoleon erblickte in dem sich anbahnenden Konflikt die Gelegenheit, eine Revision der Verträge von 1815 und ihrer gegen Frankreich gerichteten Bestimmungen zu erreichen (▷ S. 78 ff.). Im Sommer 1853 besetzten die Truppen des Zaren die Donaufürstentümer Moldau und Walachei, die im Osmanischen Reich einen autonomen Status besaßen. Als die Russen wenige Monate später die türkische Schwarzmeerflotte versenkten, antworteten die Westmächte mit der Kriegserklärung. Sie landeten im September 1854 auf der Krim ein Expeditionskorps von 175 000 Mann. Die Truppen, die Anfang 1855 durch ein Kontingent Piemont-Sardiniens verstärkt wurden, belagerten ein Jahr lang die Festung *Sewastopol.* Die Belagerung endete mit der Eroberung der Stadt und des Hafens.

Der Friedensschluß 1856 und seine Bedeutung für Europa

Angesichts der hohen Verluste, die der Krieg auf beiden Seiten forderte, begannen im März 1855 Friedensverhandlungen, die seit Februar 1856 auf dem Friedenskongreß von Paris fortgeführt wurden. Im *Pariser Frieden* (30. 3. 1856) mußte Rußland, das militärisch und finanziell dem Zusammenbruch nahe war, seine ehrgeizigen Balkanpläne erst einmal zurückstecken. Die christlichen Untertanen des Sultans wurden unter den Schutz aller Großmächte gestellt. Rußland mußte sich zur Entmilitarisierung des Schwarzen Meeres verpflichten, die territoriale Integrität der Türkei anerkennen und die Dobrudscha mitsamt dem Donaudelta an Moldau und Walachei abtreten. Die Donaufürstentümer, die Keimzellen des späteren Rumänien, verblieben unter türkischer Souveränität, aber die europäischen Mächte garantierten ihre autonome Existenz. Als Hauptergebnis des Pariser Friedens wird jedoch von den Historikern das *Ende der Ordnung von 1815* gewertet. Insofern war der Kongreß ein Triumph Frankreichs, gegen welches sich das System des Wiener Kongresses gerichtet hatte. Die Solidarität der konservativen Mächte war zerbrochen, denn Österreich hatte sich während des Krimkrieges in Verfolgung eigener Pläne auf dem Balkan den Westmächten genähert und damit seinen traditionellen Rückhalt an Rußland aufgegeben. Welche *langfristige Bedeutung* dies für die politische Neuordnung Mitteleuropas hatte, sollte sich schon bald zeigen (▷ Karte S. 157). Das Schicksal der Völker auf dem Balkan blieb auch nach dem Pariser Frieden ein ungelöstes Problem der europäischen Politik. Dort vertraten Österreich und Rußland seither gegensätzliche Interessen.

3. Die nationale Einigung Italiens

Ordnung Europas nach dem Nationalstaatsprinzip

In der Destabilisierung bestehender Herrschaftsverhältnisse sahen die Verfechter des nationalen und liberalen Gedankens eine Chance, politische, soziale und wirtschaftliche Unterdrückung zu beseitigen. Die Vertreter der *Nationalbewegungen* gingen von der Annahme aus, daß erst eine Ordnung Europas nach dem Nationalstaatsprinzip eine Garantie für den inneren und äußeren Frieden des Kontinents sein könne. So meinte zum Beispiel der Genueser Advokat *Giu-*

seppe Mazzini, neben Garibaldi und Cavour die führende Gestalt des liberalen Nationalismus in Italien, daß die Heilige Allianz der in ihren politischen Wünschen befriedeten Völker an die Stelle der Heiligen Allianz reaktionärer Mächte treten müsse, um einen dauerhaften Frieden in Europa zu erreichen. 1857 legte Mazzini, der 1831 in Marseille den Geheimbund »Junges Italien« gegründet hatte, eine Landkarte seines »idealen Europa« vor, das aus elf großen Nationalstaaten bestand. Den kleinen Nationen Europas, den Iren, Finnen oder Albanern, sprach Mazzini die Fähigkeit zur eigenen Staatsbildung ab und empfahl ihnen, sich in einen größeren Nationalstaat einzufügen. Doch das war schon damals eine Empfehlung gegen den Geist der Zeit. Der italienische Rechtsgelehrte *Pasquale Mancini* forderte dagegen schon 1851 ein neues Völkerrecht, in dem die Nationen als »elementare Einheiten« erscheinen. Einen Staat, in dem mehrere Nationen zusammengezwungen waren, nannte er ein »lebensunfähiges Ungeheuer«.[2]

Diese Argumentation richtete sich gegen die *multinationalen Großreiche* der Zeit, gegen das Osmanische Reich, das Zarenreich und den »Völkerkerker« der Habsburgermonarchie, in dem auch Italiener lebten. Noch für Metternich war Italien bloß ein »geographischer Begriff« gewesen, ein Land ohne Nation, das seit dem Untergang des Weströmischen Reiches nie mehr unter einer einheitlichen Herrschaft gestanden hatte. *Italien* – das war um die Jahrhundertmitte eine Ansammlung von Kleinstaaten, in denen meist landfremde Dynastien herrschten. Der Kirchenstaat war ein politisches Gebilde, für das sich in Europa keine Parallele fand. Die Lombardei und Venetien hielt Österreich besetzt. Das bourbonische Königreich beider Sizilien mit der Hauptstadt Neapel umfaßte ganz Süditalien. Nur in Piemont-Sardinien war ein Italiener König, *Viktor Emanuel II.* aus dem Hause Savoyen. Der von ihm regierte Staat hatte 1848 eine liberale Verfassung (»Statuto Albertino«) und ein Parlament erhalten. Die Verfassung führte die konstitutionelle Monarchie ein; der Ministerpräsident war dem Parlament verantwortlich. Als der italienische Nationalstaat entstand, wurde die piemontesische Verfassung übernommen. Sie blieb bis zur Abschaffung der Monarchie (1946) in Kraft.

Die Einigung Italiens geht von Piemont-Sardinien aus

In dem nach dem Krimkrieg einsetzenden italienischen Einigungsprozeß (1856–70) fiel dem fortschrittlich verfaßten *Piemont-Sardinien* die Führung zu. Angesichts der beherrschenden Stellung Österreichs in Norditalien und seines Einflusses in den Staaten Mittelitaliens (Parma, Modena, Toskana) war es den national gesinnten Italienern seit der Mitte des 19. Jahrhunderts klar, daß die angestrebte nationale Einigung des Landes nicht aus eigener Kraft und nicht ohne eine nachhaltige Störung des europäischen Mächtesystems geschehen konnte. Diese Situation hatte besonders der Graf *Camillo Benso di Cavour* erfaßt. Er wurde zum Begründer der italienischen Einheit. Cavour war ein vom westeuropäischen Liberalismus und britischen Parlamentarismus beeindruckter Politiker, der seine Ideen in der 1847 in Turin gegründeten Zeitschrift *Il Risorgimento* (»Die Wiederauferstehung«) publizierte, die der Epoche der italienischen Einigung dann den Namen gab. Ihr Programm war die Unabhängigkeit ganz Italiens. Seit 1852 amtierte Cavour als Ministerpräsident von Piemont-Sardinien. Die Historiker haben zu Recht darauf hingewiesen, daß Cavour in der nationalen Bewegung Italiens eine ähnliche Rolle gespielt hat wie wenige Jahre später Bismarck in Deutschland.

Durch seine aktive Beteiligung am Krimkrieg, für die sich besonders Cavour eingesetzt hatte, gewann Piemont-Sardinien die *Unterstützung der Westmächte* für die nationalen Forderungen der Italiener. Es konnte sich vor allem des Wohlwollens Napoleons III. versichern, der Piemont-Sardinien in seinem Streben nach der französischen Hegemonie in Europa als Vasallen betrachtete. Europa müsse, so das *Konzept Napoleons,* nach dem Nationalitätsprinzip neu aufgebaut werden, wobei Frankreich die »frontières naturelles«, unter anderem auch die Rheingrenze, erhalten würde. Im Rahmen dieser Politik sollte Piemont-Sardinien zum Kern des neu zu gestaltenden Italien werden.

Gestützt auf die italienische Nationalbewegung, die sich 1857 in der Società Nazionale Italiana den organisatorischen Rahmen mit Zweigvereinen in fast allen Teilen des Landes schuf, verfolgte Cavour seit 1856 eine Politik, die sich vor allem gegen die österreichische Stellung in Norditalien richtete. Das später viel bewunderte diplomatische Meisterstück bestand nun darin, daß der piemontesische Ministerpräsident und der Kaiser der Franzosen zwar den Krieg gegen Österreich vorbereiteten, dem Kaiserreich Österreich aber die Rolle des Angreifers zuschieben konnten. Bei ihrem geheimen Treffen im Vogesenbad *Plombières* im Juli 1858 verabredeten Cavour und Napoleon den gemeinsam zu führenden Krieg, der vor der europäischen Öffentlichkeit durch die Berufung auf die nationalen Wünsche der italienischen Bevölkerung gerechtfertigt werden sollte. *Italien frei bis zur Adria* lautete die Formel für die französisch-italienischen Pläne. Konkret sollte dies die Vertreibung Österreichs aus Italien heißen, die Neuorganisation Italiens in drei oder vier Mittelstaaten »nach Art des Deutschen Bundes« und unter dem Präsidium des Papstes, »um ihn über den Verlust des größten Teiles seiner Staaten hinwegzutrösten« (Cavour).[3]

Österreich unterliegt im italienischen Krieg 1859

Ende 1858 schlossen Frankreich und Piemont-Sardinien einen geheimen *Bündnisvertrag.* Die riskante Rechnung ging auf, als die Großmacht Österreich im April 1859 dem Kleinstaat Piemont-Sardinien den Krieg erklärte. Der österreichischen Kriegserklärung waren Aufstände in einigen italienischen Staaten, deren Drahtzieher in Turin saßen, vorausgegangen. In zwei verlustreichen Schlachten siegten die Piemontesen und Franzosen über die österreichische Armee, zunächst am 4. 6. 1859 bei *Magenta* und dann am 24. 6. 1859 bei *Solferino.* Nach diesen Siegen besetzten die Verbündeten den größten Teil der Lombardei. Die Schlacht von Solferino war auch insofern bedeutsam, als sie den Anstoß gab für die Schaffung einer bis heute bestehenden humanitären Einrichtung. Der Anblick des Grauens auf dem Schlachtfeld hat den jungen Genfer *Henri Dunant* dazu bewogen, sich für das Schicksal der Kriegsverletzten einzusetzen. Seine Initiative führte 1863 zur Gründung des *Internationalen Roten Kreuzes* und 1864 zur ersten Genfer Konvention zur Versorgung der Kriegsgefangenen und -verwundeten.

Die Kriegsziele der Verbündeten waren noch längst nicht erreicht, als Napoleon III. am 11. 7. 1859 zur Überraschung des piemontesischen Partners mit Österreich den *Waffenstillstand von Villafranca* (einer kleinen Stadt bei Verona) schloß. Die Motive Napoleons für sein eigenmächtiges Vorgehen sind bis heute umstritten: Genannt werden seine Furcht vor einem Eingreifen Preußens in den Krieg zugunsten Österreichs, die Abneigung gegen den Krieg im französischen Volk und auch die Sorge vor dem Ausbruch der Revolution in Italien, welche die Vereinbarungen von Plombières in Frage stellen würde. In der Tat hatte seit Kriegsbeginn die von Cavour entfachte und von zurückkehrenden politischen Flüchtlingen verbreitete *nationale Begeisterung* die meisten Regionen Italiens erfaßt und zu Kundgebungen und Demonstrationen geführt. Der Krieg löste eine *Aufstandswelle* aus, die von Mitgliedern der Società Nazionale getragen und vom liberalen Bürgertum gestützt wurde. Die Regierungen in den italienischen Staaten reagierten darauf hilflos und machten *provisorischen Regierungen* Platz, die den Anschluß der mittel- und süditalienischen Staaten an Piemont-Sardinien proklamierten.

Aufstände in Italien

Der österreichisch-französische *Friedensvertrag von Zürich* (10. 11. 1859) bestätigte die Regelungen von Villafranca. Österreich trat die Lombardei ab, die mit Piemont-Sardinien vereinigt wurde, behielt jedoch Venetien. Zur Zeit der Friedensverhandlungen war aber schon abzusehen, daß die nationalrevolutionären Ereignisse in Italien den engen Rahmen eines diplomatisch beizulegenden Staatenkonflikts gesprengt hatten. Die provisorischen Regierungen in Mittelitalien ließen *Volksvertretungen* wählen, die den Willen zur Vereinigung mit Piemont bekräftigten. Nun favorisierte Napoleon III. eine Lösung, die Piemont-Sardinien zum Besitz Mittelitaliens verhelfen sollte. Nach Abstimmung mit der englischen Regierung vermochte Napoleon sein Konzept durchzusetzen: Für die Abtretung Savoyens, des Stammlandes der piemontesischen Dynastie, und Nizzas an Frankreich gab Napoleon sein Einverständnis, daß in Mittelitalien *Plebiszite* stattfanden. In ihnen stimmte die große Mehrheit der Befragten für den *Anschluß an Piemont.*

»Zug der Tausend« 1860

Bis dahin war Cavour der führende italienische Politiker gewesen. Erst in der letzten Phase der Einigungsbewegung, beim Ausgreifen nach Süditalien, trat neben Cavour mit *Giuseppe Garibaldi,* einem in ganz Europa bewunderten Freischarführer, eine andere bedeutende Gestalt des »Risorgimento«. Den erwünschten Anlaß für den *Anschluß Süditaliens* an den entstehenden italienischen Nationalstaat lieferten im April 1860 Hilfeersuchen sizilianischer Aufständischer. Mit einer Truppe von angeblich eintausend Freiwilligen schiffte sich Garibaldi mit Wissen Cavours im Mai 1860 in Genua ein und landete wenige Tage später auf Sizilien. Der »Zug der Tausend« durch Sizilien und Kalabrien leitete den Zusammenbruch der bourbonischen Herrschaft im Königreich beider Sizilien ein. Im Oktober 1860 trafen die Truppen Garibaldis und die von Norden heranrückende piemontesische Armee unter Viktor Emanuel, der den militärischen Erfolg nicht Garibaldi allein überlassen wollte, bei Neapel zusammen. Als im Februar 1861 die letzten bourbonischen Truppen

Einzug Garibaldis in Neapel, *9. September 1860. Vorbild für die Fahne des neuen italienischen Nationalstaates war die französische Trikolore. Sie zeigt hier zusätzlich das Wappen des Hauses Savoyen. Die jubelnde Bevölkerung verband mit dem Sieg der nationalen Bewegung die Hoffnung auf wirtschaftlichen und sozialen Fortschritt.*

kapitulierten, stand der Vereinigung des Südens mit dem italienischen Nationalstaat nichts mehr im Wege.

In Turin versammelte sich ein *gesamtitalienisches Parlament.* Es erklärte Rom zur künftigen Hauptstadt Italiens. Viktor Emanuel nahm den Titel »König von Italien« an, also nicht den demokratischer wirkenden Titel »König der Italiener« nach dem Vorbild Napoleons III. Nur Venetien und der Kirchenstaat gehörten jetzt noch nicht zum italienischen Nationalstaat. Venetien fiel erst 1866 nach der Niederlage Österreichs im Krieg mit Preußen (▷ S. 169 f.) an das neue Königreich und der Kirchenstaat mit Rom 1870 während des Deutsch-Französischen Krieges (▷ S. 171). Nun wurde *Rom* die Hauptstadt Italiens, nachdem zwischenzeitlich Florenz diese Funktion innehatte.

Das politische System: Parlamentarismus ohne Demokratie

Die Einigung Italiens war, so haben Historiker bemerkt, weitgehend eine »königliche Eroberung«, an der jedoch Hilfe von außen, Krieg, organisierte Nationalbewegung, Plebiszite und revolutionäre Aktionen entscheidende Anteile hatten. Das Ergebnis war ein zentralistischer *Einheitsstaat,* den eine relativ schmale *Führungsschicht* aus dem liberalen Bürgertum und dem Adel trug. Es ist daher häufig die These vertreten worden, die »italienische Nation« sei eine Nation der Oberschicht und des Bürgertums gewesen, allerdings ohne das Fundament eines breiten und regional gleichmäßig entwickelten Bürgertums. Ungeachtet der revolutionären Aufstände in Mittelitalien und auf Sizilien hätten die *Unterschichten* an der nationalen Einigung in Wahrheit keinen Anteil genommen, und sie hätten von ihr auch keinen spürbaren Nutzen gehabt. Eine tiefe Kluft habe die politische und soziale Führungsschicht von der Mehrheit der Bevölkerung getrennt. So blieb zum Beispiel die Masse der Bevölkerung von den Plebisziten und den Wahlen ausgeschlossen, da das italienische *Wahlrecht* dieser Zeit das Recht zu wählen an den Nachweis eines bestimmten Bildungsgrades band. Da die Volkszählung von 1861 in Italien 78% der Bevölkerung als Analphabeten ausgewiesen hatte, bewirkte der Bildungszensus, daß in den allgemeinen Wahlen dieses Jahres und in den Plebisziten des Vorjahres kaum 2% der italienischen Bevölkerung wahlberechtigt waren. Das Wahlgesetz von 1882 vergrößerte den Wahlkörper auf 7% der Bevölkerung.

Das geeinte Italien besaß zwar ein Parlament, aber aufgrund des restriktiven Wahlrechts war es kein wirklich demokratischer Staat. Die *politischen Richtungen* organisierten sich auch nicht wie in anderen europäischen Ländern in großen Parteien. Die Abgeordnetenkammer zerfiel im Grunde bis über den Ersten Weltkrieg hinaus in zwei liberale Gruppierungen: die Linke und die Rechte, deren Grenzen fließend waren. Besonders seit den frühen 80er Jahren stützte sich die jeweilige Regierung in Rom auf Mehrheiten, die durch den *»trasformismo«* zustande kamen. Es war dies eine parlamentarische Praxis, bei der die Regierung durch geschicktes Lavieren und Stimmenfang die Grenzen zur Opposition zu verwischen und Teile von ihr zu sich herüberzuziehen suchte. Kristallisationskerne für solche Mehrheiten, die auf den Opportunismus der Abgeordneten spekulierten, waren meist herausragende Politiker.

Ungelöste Probleme

Das sich solcherart herausbildende politische System Italiens war eine der Ursachen für die verbreitete Unzufriedenheit der Bevölkerung nach der Staatsgründung. Andere Ursachen dafür waren die Verwaltungsprobleme des neuen Staates und das Aufbegehren entwickelterer Regionen (Toskana, Modena) gegen den Einfluß der Piemontesen und den staatlichen Zentralismus. In Süditalien äußerten sich die enttäuschten sozialen Erwartungen der Pachtbauern und Landarbeiter im Guerillakrieg eines verzweigten Bandenwesens (»Briganten«). Der italienische Historiker Antonio Gramsci sprach später mit Blick auf den Süden von einer »rivoluzione mancata«[4], von einer versäumten Agrarrevolution (Abschaffung des Großgrundbesitzes). Auf die im nachhinein heroisierte Periode der Staatsbildung folgte somit schnell die innere Dauerkrise. Auf die Poesie folgte die Prosa, wie es der Philosoph und Politiker Benedetto Croce formulierte.[5] Ein ungelöstes Problem blieb vor allem die ökonomische *Rückständigkeit des Südens,* des Mezzogiorno, der bald in Gefahr geriet, zu einem Reservoir billiger Arbeitskräfte für die aufblühende Industrie des Nordens herabzusinken. Der extensive Getreideanbau Süditaliens brach zusammen, weil er der Konkurrenz des billigen amerikanischen Getreides, das aufgrund verbesserter Transportmöglichkeiten die europäischen Märkte überschwemmte, nicht gewachsen war.

Eine vermeintliche »nationale Frage« bestand aus italienischer Sicht nach 1870 insofern fort, als 1866 Venetien nicht vollständig an Italien fiel, sondern Südtirol und die Halbinsel Istrien mit Triest bei Österreich verblieben. Auf diese Gebiete und auch auf die dalmatinische Küste, wo eine italienische Minderheit lebte, richtete sich hinfort die nationale Agitation zur Gewinnung der »unerlösten« italienischen Volkstumsgebiete. Das Wort von der *Italia irredenta* fiel erstmals 1877.

4. Preußen: Der Aufstieg Bismarcks

Die politisch interessierte Öffentlichkeit in Deutschland hatte die italienische Risorgimento-Bewegung mit Bewunderung verfolgt. Die national gesinnten Deutschen verglichen die Einigung Italiens mit ihrer eigenen Situation und ihren eigenen Hoffnungen. Die Niederschlagung der Revolution von 1848/49 hatte die *deutsche Frage* nicht von der politischen Tagesordnung verschwinden lassen. Im Gegenteil: Die Rivalität der beiden deutschen Großmächte Preußen und Österreich trat nun offen zutage.

1862–1866	Verfassungskonflikt in Preußen
1862	Bismarck wird preußischer Ministerpräsident

Die deutsche Frage: Preußen contra Österreich

Nach dem Scheitern der Verfassungspläne des Paulskirchenparlaments übernahm die *preußische Politik* die Forderung nach dem deutschen Nationalstaat als politisches Ziel: Nicht eine Volksbewegung, sondern die Fürsten der deutschen Staaten sollten die nationale Einigung »von oben« herbeiführen. Schon im Vormärz hatten liberale Historiker die These vertreten, Preußen habe einen »deutschen Beruf«. Nach der Revolution behaupteten »borussische« Historiker wie J. G. Droysen oder Rudolf Haym, die Einigung Deutschlands sei nur unter preußischer Führung und unter Ausschluß Österreichs möglich (»Kleindeutschland«). Diesen Gedanken griff die Berliner Regierung im Sommer 1849 auf, als sie sich für einen neuen Bund der deutschen Fürsten aussprach. Das zu schaffende Deutsche Reich (»engerer Bund«) sollte sich in einer Union mit Österreich zu gemeinsamer Außen- und Wirtschaftspolitik verbinden (»weiterer Bund«). *Österreich* lehnte diese preußischen Pläne, die auf seinen weitgehenden Ausschluß aus Deutschland hinausliefen, jedoch schroff ab. Wien verlangte statt dessen die Aufnahme des österreichischen Gesamtstaates, also auch seiner nichtdeutschen Gebiete, in das Deutsche Reich (»Großdeutschland«). Nach heftigen diplomatischen Auseinandersetzungen mit Österreich beugte sich die preußische Regierung unter russischem Druck den österreichischen Einwänden, die vom Fürsten *Felix zu Schwarzenberg* vertreten wurden. In der *Olmützer Punktation* (29. 11. 1850) mußte Preußen der Wiederherstellung des Deutschen Bundes von 1815 zustimmen, in dem Österreich den Vorsitz innehatte. Preußens ehrgeiziger Versuch, in der deutschen Einigungsbewegung die Führungsrolle zu übernehmen, war zwar damit gescheitert. Aber in der Folgezeit hielt Berlin an einer antiösterreichischen Politik fest, die langfristig auf eine Auflösung des restaurierten Deutschen Bundes abzielte.

Bismarcks politische Karriere

Diese Politik vertrat beim Frankfurter Bundestag von 1851 bis 1859 *Otto von Bismarck.* Bismarcks politische Karriere hatte begonnen, als er im preußischen Abgeordnetenhaus den Entschluß der preußischen Regierung zum diplomatischen Rückzug in der »deutschen Frage« verteidigte. Seine »Olmützrede« (3. 12. 1850) lenkte die Aufmerksamkeit des Königs auf den damals 35jährigen

Abgeordneten, der aus einer alteingesessenen Familie des preußischen Landadels stammte, mit Gütern in Pommern und Schönhausen an der Elbe. Nach einem juristischen Studium wollte Bismarck in den preußischen Staatsdienst eintreten. Doch dann zögerte er. Denn: »Der preußische Beamte«, schrieb Bismarck schon 1838 voller Selbstbewußtsein, »gleicht dem Einzelnen im Orchester; mag er die erste Violine oder den Triangel spielen: ohne Übersicht und Einfluß auf das Ganze, muß er sein Bruchstück abspielen, wie es ihm gesetzt ist ... Ich will aber Musik machen, wie ich sie für gut erkenne, oder gar keine.«[6] Abgeordneter blieb Bismarck vier Jahre. Dann wechselte er in den diplomatischen Dienst über. Der schwierigen Aufgabe beim Deutschen Bund schloß sich 1859 die Leitung der preußischen Gesandtschaft in St. Petersburg an. Im Frühjahr 1862 wurde er Gesandter in Paris. Ein halbes Jahr später berief ihn der König zum Ministerpräsidenten und Außenminister (22. 9. 1862).

»Neue Ära« in Preußen

Der kometenhafte politische Aufstieg des als konservativ, ja reaktionär geltenden Diplomaten Bismarck vollzog sich vor dem Hintergrund eines schweren Konflikts zwischen der Krone und dem Parlament als der Vertretung des liberalen Bürgertums in Preußen. Prinz Wilhelm von Preußen hatte 1858 bei der Übernahme der Regentschaft für seinen erkrankten Bruder Friedrich Wilhelm IV. eine »Neue Ära« versprochen, die Preußen auf einen Kurs der Aussöhnung mit dem Bürgertum bringen und ihm »moralische Eroberungen« in Deutschland ermöglichen sollte. So war es nur natürlich, daß sich die politischen Hoffnungen der liberal und national gesinnten Deutschen auf den Regenten richteten. 1859 entstand nach dem Vorbild der Società Nazionale Italiana der *Deutsche Nationalverein,* der die »Einigung und freiheitliche Entwicklung des großen gemeinsamen Vaterlandes«[7] anstrebte. Im selben Jahr erinnerten patriotische »Schillerfeiern« in ganz Deutschland an den »nationalen« Dichter und an die kulturelle Einheit der Deutschen. Coburg erlebte 1860 ein »Deutsches Schützen und Turnfest« und Nürnberg 1861 ein »Deutsches Sängerfest«. Bei beiden Gelegenheiten bekannten sich die zahlreichen Teilnehmer zur kleindeutschen Nationalbewegung. Die neubelebten politischen Hoffnungen sammelten sich in Preußen in der *Deutschen Fortschrittspartei.* Bereits wenige Monate nach ihrer Gründung gewann diese erste moderne deutsche Partei bei den Wahlen zum preußischen Abgeordnetenhaus die Mehrheit (Dezember 1861).

Verfassungskonflikt in Preußen

Zu dem Zeitpunkt, als die Fortschrittspartei ihren großen Wahlerfolg errang, hatte sich zwischen den liberalen Abgeordneten und der Regierung über die *Frage der Heeresreform* bereits eine tiefe Kluft aufgetan. Aber bei dieser Auseinandersetzung ging es nur vordergründig um die Vermehrung und Reorganisation der preußischen Armee. Die Notwendigkeit beider Maßnahmen war ziemlich unbestritten. In dem 1859 ausgebrochenen Konflikt war vielmehr die grundsätzliche Frage aufgeworfen worden, ob die Armee auch in Zukunft dem König allein unterstellt bleiben sollte oder ob die gewählten Abgeordneten ein Mitspracherecht in Militärangelegenheiten hätten. Der Heereskonflikt weitete sich zum *Verfassungskonflikt* aus. Denn um ihrer Forderung nach Mitsprache Nachdruck zu verleihen, verweigerten die Abgeordneten 1862 ihre Zustimmung zum vorgelegten Staatshaushalt und blockierten damit die Ausgaben für die Heeresreform. Die Kontrolle über die Armee war also die Kernfrage, um die es in der Kontroverse ging. Hätte Wilhelm I., seit 1861 König von Preußen, in dieser Frage nachgegeben, dann wäre in Preußen letztlich der Weg geöffnet worden für die Bildung einer parlamentarischen, von der Abgeordnetenmehrheit abhängigen Regierung. Zu einem Nachgeben war der König aber nicht bereit, denn dies hätte in seiner Sicht die Anerkennung des Prinzips der Volkssouveränität bedeutet.

Berufung Bismarcks 1862

In der zugespitzten Situation, in der Wilhelm I. schon zur Abdankung bereit war, riet der Kriegsminister *Albrecht von Roon,* Bismarck zum Ministerpräsidenten zu berufen, da dieser den königlichen Standpunkt zu behaupten versprach. »Es gelang mir«, erinnerte sich später Bismarck an ein Gespräch mit dem König kurz vor seiner Berufung, »ihn zu überzeugen, daß es sich für ihn nicht um konservativ oder liberal in dieser oder jener Schattierung, sondern um königliches Regiment oder Parlamentsherrschaft handle und daß die letztere notwendig und auch durch eine Periode der Diktatur abzuwenden sei. Ich sagte: ›In dieser Lage werde ich ... lieber mit dem König untergehen, als Eure Majestät im Kampfe mit der Parlamentsherrschaft im Stiche lassen‹«.[8]

Die *Periode der Diktatur,* in der die Heeresreform ohne verfassungsgemäß bewilligten Etat durchgeführt wurde, dauerte fünf Jahre. Die preußische Verfassung von 1850, behauptete Bismarck, habe den Fall, daß Regierung und Abgeordnetenhaus verschiedener Meinung seien, nicht vorgesehen – die Verfassung habe also eine Lücke. Da aber die Staatstätigkeit nicht stillstehen könne, müsse die Regierung die Lücke überbrücken und die Steuern weiter einziehen, die im letzten Budgetgesetz bewilligt worden waren. Staatsrechtlich war die *Lückentheorie* nicht haltbar. Aber die liberale Opposition hatte nicht den Mut, zum Steuerstreik aufzurufen. Angesichts der verhärteten Fronten suchte Bismarck, der »Konfliktminister«, den Ausweg aus der innenpolitischen Sackgasse in einer aktiven Außenpolitik (▷ Karte S. 157).

5. Deutsche Einigungskriege und Reichsgründung

1864	Deutsch-Dänischer Krieg
1866	Krieg zwischen Preußen und Österreich
1870/71	Deutsch-Französischer Krieg und Reichsgründung

Bismarcks Politik

In seiner ersten Rede als Ministerpräsident hatte Bismarck im September 1862 erklärt, die »großen Fragen der Zeit« würden nicht »durch Reden und Majoritätsbeschlüsse« entschieden, sondern durch *Eisen und Blut.*[9] Der bedeutende Arzt *Rudolf Virchow,* Professor an der Berliner Universität und einer der bekanntesten Sprecher der Fortschrittspartei, äußerte daraufhin den Verdacht, Bismarck wolle im Interesse seiner innenpolitischen Ziele eine kriegerische

Politik nach außen beginnen. Auch später wurde in Bismarcks Worte der Versuch einer Flucht in die Außenpolitik hineingedeutet. Den Vorwurf, aus innenpolitischen Gründen oder im Interesse der kleindeutschen Nationalbewegung einer bedenkenlosen Machtpolitik anzuhängen, hat Bismarck jedoch entschieden zurückgewiesen. »Auswärtige Konflikte zu suchen, um über innere Schwierigkeiten hinwegzukommen«, so soll er nach Zeitungsberichten Virchow geantwortet haben, »dagegen müsse er sich verwahren; das würde frivol sein; er wolle nicht Händel suchen; er spreche von Konflikten, denen wir nicht entgehen würden, ohne daß wir sie suchten.«[10]

Konflikt mit Dänemark

Zu diesen Konflikten gehörte die internationale Krise um die Herzogtümer Schleswig, Holstein und Lauenburg, die seit Ende 1863 gefährliche Dimensionen angenommen hatte. Nationale Ansprüche auf dänischer und deutscher Seite mischten sich hier mit dynastischen Erbtiteln. Preußen und Österreich forderten die Aufhebung eines am 13. 11. 1863 vom dänischen Reichstag gefaßten Beschlusses, entgegen internationalen Verträgen (Londoner Protokoll von 1852) das teilweise dänischsprachige Schleswig in den dänischen Staat einzuverleiben. Der Deutsche Nationalverein entfaltete daraufhin eine lebhafte Agitation mit Flugschriften und Kundgebungen gegen die dänischen Annexionsabsichten und für die Unabhängigkeit der Herzogtümer von Dänemark, ohne allerdings damit wirklichen Einfluß auf die politische Entwicklung zu gewinnen. Die Entscheidungen fielen in den Kabinetten von Berlin und Wien, die sich in der Schleswig-Holstein-Frage auf ein gemeinsames militärisches Vorgehen verständigten, als die dänische Regierung die Rücknahme des Annexionsbeschlusses ablehnte. Der *Deutsch-Dänische Krieg* (Februar bis August 1864) wird von den Historikern den begrenzten europäischen Regionalkriegen zugerechnet, wie auch der Krimkrieg und der italienische Krieg. Der Deutsch-Dänische Krieg unterschied sich vom italienischen Krieg aber dadurch, daß er die Loslösung der Herzogtümer von der dänischen Monarchie allein mit militärischen Mitteln erreichte. Zu ferngelenkten Aufständen wie in Italien kam es in seinem Verlauf nicht.

Im Zeitalter nationalstaatlichen Denkens entstand als Ausdrucksform des nationalen Empfindens ein eigener Denkmaltypus. Diese Nationaldenkmäler verherrlichen in einer anthropomorphen Gestalt die nationale Idee.

Tafel 9 *Ein frühes Zeugnis dieser Art findet sich am Arc de Triomphe de l'Etoile in Paris. Auf dem Relief von François Rude,* »Auszug der Freiwilligen von 1792« *(»Die Marseillaise«; entstanden 1835/36), führt die Marianne, die Symbolfigur Frankreichs, die Volksmassen an, die dadurch mit verherrlicht werden. So wie der Arc de Triomphe nach antikem Vorbild errichtet worden ist, zeigt auch das Relief in der Ausstattung antike Elemente.*

Tafel 10 *Zum Andenken an die Gründung des Deutschen Reiches nach dem Feldzug von 1870–71 wurde das* »Niederwalddenkmal« *auf dem Niederwald über Rüdesheim (1883 vollendet) in Zusammenarbeit des Architekten Karl Weißbach und des Bildhauers Johannes Schilling errichtet. Die monumentale Statue der Germania hält triumphierend die deutsche Reichskrone empor. Planung und Errichtung des Denkmals waren von einem Nationalkomitee getragen worden.*

Tafel 10

Tafel 10

ZUM ANDENKEN
DES DEUTSCHEN VOLKES
UND AN DIE
DES DEUTSCHEN REICHES

Der *Wiener Frieden* (30. 10. 1864) unterstellte die von Dänemark abgetretenen Herzogtümer der gemeinsamen Verwaltung der siegreichen deutschen Mächte. Diese Regelung trug alle Zeichen eines Provisoriums. Die Frage, welchen endgültigen politischen Status die Herzogtümer haben sollten, begann daher von jetzt an die Beziehungen der beiden deutschen Mächte zu belasten. Ihre Zusammenarbeit im Deutsch-Dänischen Krieg ging wieder in eine sich verschärfende Rivalität über. Bismarck, der auf den Gewinn der Herzogtümer für Preußen hinarbeitete, lehnte den österreichischen Plan ab, Schleswig-Holstein zu einem selbständigen Staat im Deutschen Bund zu machen. Österreich überwies daraufhin die Entscheidung über die Zukunft der Herzogtümer dem Frankfurter Bundestag (1. 6. 1866). Preußen reagierte mit der Besetzung des unter österreichischer Verwaltung stehenden Holstein. Als Österreich ein Bundesheer mobilisierte und Preußen deshalb den Deutschen Bund für erloschen erklärte (14. 6. 1866), begann der *Preußisch-Österreichische Krieg* um die Vorherrschaft in Deutschland. Unter der Führung des Generalstabschefs *Helmuth von Moltke* gewann das preußische Heer die entscheidende Schlacht bei *Königgrätz* (3. 7. 1866). Auf der Seite Preußens standen einige norddeutsche Staaten und Italien, das mit Preußen am 8. 4. 1866 ein auf drei Monate befristetes Bündnis abgeschlossen hatte.

Entscheidung der deutschen Frage zugunsten Preußens 1866

»Casca il mondo!«[11] (»Die Welt stürzt ein!«) entfuhr es dem Kardinalstaatssekretär des Papstes Pius IX., als er die Nachricht von der österreichischen Niederlage bei Königgrätz erhielt. Eine epochale Entscheidung für Europa war der unverhofft schnelle Ausgang des Krieges in der Tat: Er entschied den deutschen Dualismus (▷ Bd. 1, S. 314) zugunsten Preußens und gab den Weg frei für eine »neue Gestaltung Deutschlands ohne Beteiligung des Österreichischen Kaiserstaates« (Art. II des *Friedens von Prag*). Preußen verzichtete auf österreichische

---

Tafel 11 *Mehr eine politische als eine nationale Idee verherrlicht die* Freiheitsstatue. *Die 46 m hohe Kolossalstatue aus getriebenem Kupfer wurde über einem Stahlgerüst von Frédéric-Auguste Bartholdi zwischen 1871 und 1884 errichtet. Durch einen 47 m hohen Sockel wird die Gestalt über das Meeresniveau am Hafeneingang von New York gehoben. Obwohl als Leuchtturm konstruiert, hat die Fackelträgerin symbolischen Charakter. Als Geschenk Frankreichs erinnert sie an das Gedankengut der französischen Aufklärung, das erstmals in den USA mit französischer Hilfe in die politische Realität umgesetzt worden war. Für viele Auswanderer wurde die Freiheitsstatue beim Betreten des Festlandes zum Symbol der ersehnten Freiheit.*

Tafel 12 *Eine Sonderform des Nationaldenkmals stellen jene Denkmäler dar, die einer historischen Persönlichkeit gewidmet sind. 1901 schuf Hugo Lederer im Auftrag der Hamburger Bürgerschaft das monumentale* Denkmal Bismarcks, *das für viele andere Bismarckdenkmäler Vorbild wurde. Der Künstler schloß sich in der Gesamtanlage des Werkes dem antiken Vorbild des Tumulus (Grabhügel) des Augustus an, während Bismarck selbst eher einem mittelalterlichen Krieger nachempfunden ist. Das granitne Monument drückt das Empfinden vieler Zeitgenossen aus, das 10 Jahre später G. Egelhaaf in seinem Bismarck-Buch zusammenfaßte: »Bismarck [hat der Nation] die granitne Grundlage der staatlichen nationalen Einheit gegeben.«*

Gebietsabtretungen, annektierte aber Schleswig, Holstein, Hannover, Kurhessen, Hessen-Nassau und Frankfurt. Es gewann durch die Annexionen in Norddeutschland eine Verbindung zwischen seinem Kerngebiet im Osten und der Rheinprovinz im Westen. Sachsen, das auf österreichischer Seite gekämpft hatte, blieb als Staat bestehen. Doch es mußte sich ebenso wie die noch verbliebenen selbständigen Staaten nördlich des Mains mit Preußen im *Norddeutschen Bund* zusammenschließen (1. 1. 1867), dessen Bevölkerung aufgrund des neu eingeführten *allgemeinen, gleichen, direkten und geheimen Wahlrechts* einen verfassunggebenden Reichstag zu wählen hatte. Die süddeutschen Staaten, so bestimmte der Prager Frieden (23. 8. 1866), sollten »in einen Verein zusammentreten, dessen nationale Verbindung mit dem Norddeutschen Bunde der näheren Verständigung zwischen beiden vorbehalten bleibt«. Damit war praktisch entschieden, daß die Österreicher dem deutschen Nationalstaat nicht angehören würden. Preußen hatte den Staat der Habsburger, jahrhundertelang Träger der Kaiserkrone, aus Deutschland verdrängt. Darüber hinaus mußte die Wiener Regierung 1867 den nationalen Forderungen der Magyaren entgegenkommen und Ungarn ein eigenes Parlament und eine eigene Regierung zugestehen. Beide Staaten blieben in der Doppelmonarchie *Österreich-Ungarn* in Personalunion verbunden.

Rückwirkungen auf die preußische Innenpolitik

Krieg und Friedensschluß mit Österreich bescherten dem preußischen Ministerpräsidenten einen glänzenden außenpolitischen Erfolg, den er umgehend zur Beilegung des ungelösten Verfassungskonflikts benutzte. Bismarck erbat *Indemnität,* d.h. Straflosigkeit für sein Regieren ohne genehmigten Etat seit 1862. Mit 230 gegen 75 Stimmen billigte das preußische Abgeordnetenhaus im September 1866 die Indemnitätsvorlage. Dieses Abstimmungsergebnis hat man später als »Kapitulation« des deutschen Liberalismus vor Bismarcks »Machtpolitik« (Friedrich C. Sell)[12] bezeichnet, weil die Abgeordneten auf ihre Forderung nach Mitsprache in allen Regierungsangelegenheiten verzichteten (▷ S. 166 f.). Sicher stellte es ein Einlenken angesichts der außenpolitischen Erfolge Bismarcks dar. Aber es war auch Ausdruck für den legitimen Wunsch vieler *Liberaler,* an der politischen Umgestaltung Deutschlands teilzunehmen. Sie wollten »der Freiheit den Weg ebnen« (Heinrich A. Winkler).[13] Uneinigkeit über den einzuschlagenden Kurs, vor allem über zentrale Bestimmungen der Verfassung für den Norddeutschen Bund (Ministerverantwortlichkeit, Budgetrecht des Reichstages) führten 1867 zur Spaltung der Fortschrittspartei und zur *Gründung der Nationalliberalen Partei,* die im nächsten Jahrzehnt die Politik Bismarcks unterstützte.

Gespannte Beziehungen zwischen Paris und Berlin

Nach dem Sieg über Österreich rückte für die preußische Politik das *Verhältnis zu Frankreich* in den Vordergrund. Napoleon III. hatte den Machtzuwachs Preußens seit 1864 und die sich abzeichnende nationale Einigung Deutschlands mit Sorge beobachtet. Während die britische Regierung in der Neuordnung Mitteleuropas keine Gefährdung des europäischen Gleichgewichts erblickte, machte Napoleon seit 1867 verschiedene Versuche, ein antipreußisches Bündnis zustande zu bringen und für Frankreich »Kompensationen« zu erlangen. Angesichts dieser französischen Bemühungen scheint die Berliner Regierung spätestens 1869 zu der Auffassung gelangt zu sein, daß eine militärische Auseinandersetzung mit Frankreich unausweichlich war. Bismarck ließ den preußischen Gesandten in München wissen: »Daß die deutsche Einheit durch gewaltsame Ereignisse gefördert werden würde, halte auch ich für wahrscheinlich.«[14]

Deutsch-Französischer Krieg 1870/71

Der *Anlaß,* der dann tatsächlich zum Krieg führte, war von allenfalls sekundärer politischer Bedeutung, nämlich die Kandidatur des Prinzen Leopold aus einer katholischen Nebenlinie der Hohenzollern für den vakanten spanischen Thron. Als die Kandidatur am 3. 7. 1870 bekannt wurde, sprach der französische Außenminister von einer Veränderung des europäischen Gleichgewichts, wenn eine fremde Macht »einen ihrer Prinzen auf den Thron Karls V. setzt«.[15] Mit dem Verzicht des Prinzen auf die Kandidatur (12. 7. 1870) gab sich Paris nicht mehr zufrieden. Es wollte eine diplomatische Demütigung Preußens. In einer Unterredung auf der Promenade von Bad Ems verlangte der französische Botschafter vom preußischen König die Garantie, »niemals wieder seine Zustimmung zu geben, wenn die Hohenzollern auf ihre Kandidatur ... zurückkommen sollten«.[16] Wilhelm I. lehnte eine solche Garantie als Zumutung ab und ließ den Inhalt der Unterredung Bismarck telegraphisch mitteilen. Noch am selben Tage (13. 7.) übergab Bismarck die von ihm redigierte *Emser Depesche* der Öffentlichkeit. Dieses Vorgehen und die Formulierungen der Depesche, die die französische Forderung in provozierender Form wiedergab, stellten nach damaligem Empfinden einen unerhörten Affront dar, auf den Frankreich mit der *Kriegserklärung an Preußen* antwortete (19. 7.). Damit begann der *Deutsch-Französische Krieg,* an dem sich alle norddeutschen und entgegen französischen Erwartungen auch die süddeutschen Staaten beteiligten. Sie hatten 1866 unmittelbar nach dem preußisch-österreichischen Frieden mit Preußen geheime Schutz-und-Trutz-Bündnisse abgeschlossen, die ihre Truppen im Kriegsfalle preußischem Oberbefehl unterstellten. Alle Nachbarn Deutschlands, auch Österreich-Ungarn, blieben neutral. Nach dem deutschen Sieg in der Umfassungsschlacht bei *Sedan* (2. 9. 1870) und der Gefangennahme Napoleons III. wurde in Frankreich eine republikanische »Regierung der nationalen Verteidigung« gebildet (4. 9. 1870). Sie proklamierte den Volkskrieg (»levée en masse«) gegen die deutschen Truppen, die Paris belagerten. Die französische Hauptstadt kapitulierte am 28. 1. 1871. Im *Frieden von Frankfurt* (10. 5. 1871) trat Frankreich das Elsaß und Lothringen ab und verpflichtete sich zur Zahlung von fünf Milliarden Franc Kriegsentschädigung – für damalige Begriffe eine enorme Summe, die es aber schon 1873 abgetragen hatte.

Die Annexion Elsaß-Lothringens

Die Problematik des Frankfurter Friedens lag in dem territorialen Opfer, das er Frankreich auferlegte. Die *Annexionsforderung* tauchte kurz nach Kriegsbeginn in Teilen der deutschen Presse auf. Die Militärs schlossen sich ihr an, und auch Bismarck erblickte in ihr offensichtlich sehr bald ein Mittel, den Süden Deutschlands gegen ein wiedererstarkendes Frankreich zu sichern. Zu denen, die vor französischen Gebietsabtretungen warnten, gehörten im Augenblick des deutschen Sieges in Deutschland nur wenige Politiker und Publizisten.

Kaiserproklamation im Spiegelsaal des Schlosses von Versailles. *Gemälde von Anton von Werner, 1877. Die Ausrufung König Wilhelms I. von Preußen zum deutschen Kaiser bildete nach außen hin den Abschluß der Reichsgründung. Rechts neben Bismarck steht Generalfeldmarschall Helmuth von Moltke, hinter Wilhelm I. Kronprinz Friedrich.*

Anderswo in Europa sah man die Konsequenzen klarer. Für den Führer der englischen Liberalen, William Gladstone, konnte die Annexion nur den Beginn »einer neuen Reihe europäischer Verwicklungen« bedeuten.[17] Nach dem Urteil des französischen Historikers Charles Bloch empfand Frankreich die Abtretung des Elsaß und Lothringens »als ein schweres Unrecht und als eine Erniedrigung«.[18] Die Elsässer und Lothringer fühlten sich als Franzosen, auch wenn sie Deutsch sprachen. Aber nach ihrem Willen wurden sie damals nicht gefragt. Eine halbe Million Menschen verließ die annektierten Provinzen.

Reichsgründung

Im Deutsch-Französischen Krieg gewann auch der deutsche Nationalstaat seine Gestalt, wie Bismarck dies 1869 prophezeit hatte. Die Reichsgründung im kleindeutschen Sinne wurde auf deutscher Seite als das eigentliche Ergebnis des Krieges gegen Frankreich angesehen. Uneinigkeit bestand allerdings über den verfassungsrechtlichen Rahmen des künftigen Deutschen Reiches. Die Liberalen, mit dem preußischen Kronprinzen Friedrich als Alliierten, wünschten einen Einheitsstaat mit einer parlamentarisch verantwortlichen Regierung. Dagegen wollten die Konservativen und Bismarck die Kompetenzen des neuen Reiches und seines Parlaments beschränken. So wurde denn das Reich auch nicht durch Plebiszite in allen deutschen Staaten geschaffen, sondern durch einen Vertrag der souveränen Fürsten und Freien Städte. Bei der *Kaiserproklama-*

tion in Spiegelsaal des Schlosses von Versailles (18. 1. 1871) war das deutsche Volk nur ganz im Hintergrund durch den Präsidenten des Norddeutschen Reichstages vertreten. Das Problem, wie das deutsche Staatsoberhaupt heißen sollte – »Kaiser der Deutschen«, wie es die Liberalen in Anlehnung an die demokratische Verfassung der Paulskirche wollten, oder »Kaiser von Deutschland«, wie es Wilhelm I. in Aufnahme mittelalterlicher Vorstellungen wünschte –, löste der Großherzog von Baden, indem er ein Hoch auf »Kaiser Wilhelm« ausbrachte.

Die Reichsgründung im zeitgenössischen Urteil

Prinz Otto, Augenzeuge der Kaiserproklamation, schrieb danach an seinen Bruder, König Ludwig II. von Bayern:

» Ich kann Dir gar nicht beschreiben, wie unendlich weh und schmerzlich es mir während jener Szene zu Mute war ... Alles so kalt, so stolz, so glänzend, so prunkend und großtuerisch und herzlos und leer.«[19]

Die Sicht des bayerischen Prinzen wurde jedoch von der überwiegenden Mehrheit der Zeitgenossen in Deutschland nicht geteilt.

»Meine Augen gehen immer herüber zu dem Extrablatt«, schrieb der Historiker Heinrich von Sybel nach der Kapitulation von Paris, »und die Tränen fließen mir über die Backen. Wodurch hat man die Gnade Gottes verdient, so große und mächtige Dinge erleben zu dürfen? Und wie wird man nachher leben? Was zwanzig Jahre der Inhalt alles Wünschens und Strebens gewesen, das ist nun in so unendlich herrlicher Weise erfüllt! Woher soll man in meinen Lebensjahren noch einen neuen Inhalt für das weitere Leben nehmen?«[20]

Während viele Deutsche die Reichsgründung als glanzvolle Vollendung der deutschen Nationalgeschichte erlebten (und die Geschichtsschreibung hat sich dieser Beurteilung lange vorbehaltlos angeschlossen), betrachteten ausländische Beobachter den Vorgang wesentlich skeptischer. *Benjamin Disraeli,* der Führer der britischen Konservativen, bezeichnete die Reichsgründung im Februar 1871 als »ein größeres politisches Ereignis als die Französische Revolution«. Das europäische Gleichgewicht sei durch die bis dahin schwächste europäische Großmacht »völlig zerstört worden«.[21] Der Basler Historiker *Jacob Burckhardt,* lebenslang ein Kritiker des Deutschen Reiches, äußerte Ende 1872 spottend die Vermutung, daß nun »die ganze Weltgeschichte von Adam an siegesdeutsch angestrichen und auf 1870/71 orientiert sein« würde.[22]

II. Veränderungen der innenpolitischen Strukturen

Das Deutsche Reich, Großbritannien und Rußland verkörperten im späten 19. Jahrhundert exemplarisch Möglichkeiten und Grenzen der politischen, sozialen und wirtschaftlichen Entwicklung. Die drei Staaten repräsentierten ganz unterschiedliche politische Systeme; ihre Bevölkerungen hatten höchst unterschiedliche Stufen der politischen und sozialen Emanzipation erreicht, und sie wurden in unterschiedlicher Weise mit den Problemen der Industrialisierung konfrontiert.

1. Das deutsche Kaiserreich als Nationalstaat

1871	Verfassung des Deutschen Reiches
	Gründung der Zentrumspartei
1875	Gothaer Programm der Sozialdemokraten
1879	Bismarcks Bruch mit den Liberalen

Die Reichsgründung steht am Ende einer Epoche, in der Europa binnen zweier Jahrzehnte fünf Kriege erlebte. Der deutsche Nationalstaat war, wie zuvor schon der italienische, aus Kriegen hervorgegangen. Doch der britische Nationalökonom John Maynard Keynes gebrauchte 1919 die Formulierung, Bismarck habe die deutsche Einheit weniger durch »Eisen und Blut« als durch Eisen und Kohle geschaffen.[23] Damit wollte Keynes ausdrücken, daß der deutsche Einigungsprozeß nicht nur eine politisch-militärische, sondern auch eine wirtschaftliche Seite hatte.

Entwicklungsstufen zur Reichsverfassung

In der Tat gab es »Kleindeutschland« als wirtschaftliche Einheit schon längst vor der Reichsgründung: durch den *Deutschen Zollverein* (▷ S. 139), dem Österreich nicht angehörte. Als das Reich dann in zwei Schritten 1867 und 1871 durch eine »Revolution von oben« gegründet wurde, galt es, für diesen schon weitgehend einheitlichen Wirtschaftsraum und seine Gesellschaft einen angemessenen verfassungsrechtlichen Rahmen zu finden. Das Reich war zwar von Preußen geschaffen worden, aber es konnte nicht einfach ein vergrößertes Preußen, ein »Preußisches Reich deutscher Nation« (Heinrich von Treitschke)[24] sein. Die Verfassungsvorstellungen der süddeutschen Staaten und der bürgerlichen Nationalbewegung mußten berücksichtigt werden. Im Zeichen die-

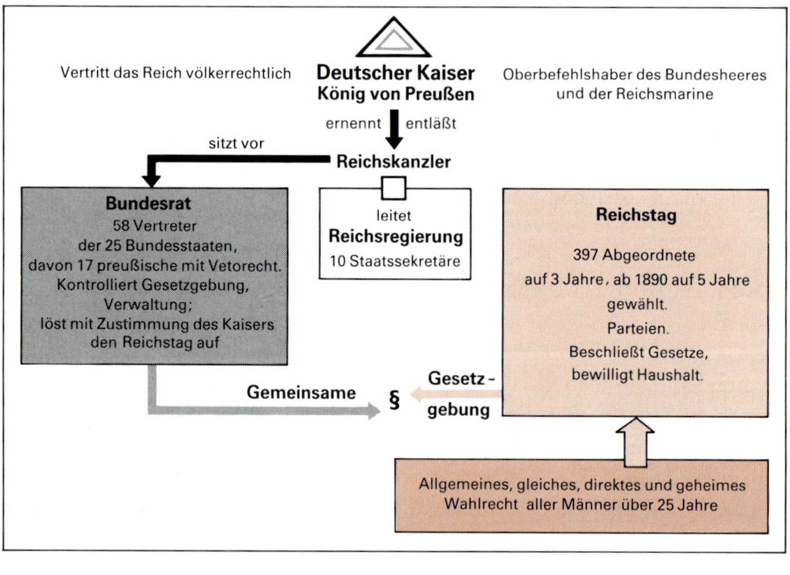

Die Verfassung des Deutschen Reiches von 1871.

ses Kompromisses stand denn auch die Verfassung des Norddeutschen Bundes von 1867, die in ihren wesentlichen Zügen Bismarck selbst entworfen hatte (»Putbuser Diktate«). Mit geringfügigen Änderungen wurde sie 1871 für das Reich übernommen. Der Gedanke, die preußische Verfassung von 1850 in den anderen Staaten des Norddeutschen Bundes bzw. des Deutschen Reiches in Kraft zu setzen, wurde verworfen. Darin unterscheidet sich die deutsche Nationalstaatsgründung deutlich von der italienischen, wo die Verfassung Piemont-Sardiniens einfach auf den neuen Gesamtstaat ausgedehnt wurde.

Bestimmungen der Reichsverfassung

Die Reichsverfassung (▷ Schaubild S. 174) war formal das Werk der verbündeten Fürsten und Senate der Freien Städte, dem das deutsche Volk durch den Reichstag zustimmte. Die Einzelstaaten gingen nicht im Reich auf wie etwa die italienischen Staaten im neuen Königreich Italien. Im Gegenteil: Die Betonung des föderalistischen Prinzips wahrte ihre staatliche Individualität im Bundesstaat. Das *Bundespräsidium* stand dem König von Preußen als erblichem »Deutschen Kaiser« zu. Der *Reichskanzler* war nur ihm verantwortlich. Der *Bundesrat* als das Gremium der Bundesstaaten war der eigentliche Träger der Reichssouveränität. Der *Reichstag* besaß nur das Recht der Haushaltskontrolle und der Gesetzgebung im Zusammenwirken mit dem Bundesrat; auf die Regierungsbildung hatte er keinen Einfluß. *Preußens hegemoniale Stellung* in diesem System drückte sich aus in der Realunion der Kaiserwürde mit der preußischen Krone, in der Verbindung des Reichskanzleramts mit dem des preußischen Ministerpräsidenten, im Vorsitz des Reichskanzlers im Bundesrat und im Vetorecht Preußens gegen jede Änderung der Reichsverfassung. Einen Katalog der Menschen- und Bürgerrechte enthielt die Verfassung nicht. Diese waren jedoch in den einzelstaatlichen Verfassungen garantiert.

Die Verfassung im europäischen Vergleich

Die Reichsverfassung von 1871 blieb ohne wesentliche Änderungen bis 1918 in Kraft. Für das parlamentarische System nach englischem Muster ist es charakteristisch, daß der Regierungschef von der Parlamentsmehrheit abhängig ist. Daran gemessen, war der sogenannte *deutsche Konstitutionalismus* (die Verbindung des monarchischen Prinzips mit demokratisch-parlamentarischen Grundsätzen) kein echtes parlamentarisches System. Vorstöße der Liberalen, die Regierung stärker an die Kontrolle durch das Parlament zu binden, scheiterten an der Auffassung Bismarcks, daß ein dem Reichstag verantwortlicher Reichskanzler die Souveränität der verbündeten Regierungen beeinträchtigen würde. Bismarck lehnte die demokratisch-parlamentarische Regierungsform ab. Mit seiner monarchisch bestimmten Verfassungsform stand das Reich im damaligen Europa aber keineswegs isoliert da. In Italien lief die Praxis des Parlamentarismus erst langsam an. In anderen Ländern vollzog sich der Übergang zum parlamentarischen System in mehreren Etappen – am frühesten 1867 in den Niederlanden, am spätesten 1917 in Schweden.

Die Parteien im deutschen Konstitutionalismus

Für die Parteien war nach dem Willen Bismarcks im deutschen Konstitutionalismus nur ein begrenztes Betätigungsfeld vorgesehen. Bismarck sah in ihnen lediglich Vertreter partikularer Interessen. Aber durch die Einführung des allgemeinen, gleichen, geheimen und direkten Wahlrechts 1867, das Bismarck mit dem Blick auf die vermutete Unterstützung der Landbevölkerung für die konservativen Parteien durchsetzte, erhielt die Entwicklung der Parteien einen starken Anstoß. In das Jahr 1867 fielen die Gründung der Nationalliberalen und der Freikonservativen Partei und die organisatorischen Anfänge des Zentrums. Fast zur gleichen Zeit formierten sich die politischen Organisationen der Arbeiterbewegung. Ferdinand Lassalles *Allgemeiner Deutscher Arbeiterverein* entstand 1863 in Leipzig, dem Zentrum des sächsischen Industriegebiets. Sechs Jahre später gründeten der Journalist Wilhelm Liebknecht und der Drechsler August Bebel in Eisenach die *Sozialdemokratische Arbeiterpartei,* die ganz unter dem Einfluß der Lehre von Karl Marx stand. Beide Organisationen fanden 1875 im Gothaer Programm eine Basis für ihren Zusammenschluß zur *Sozialistischen Arbeiterpartei Deutschlands.* Damit waren die Grundrichtungen des deutschen Parteiwesens, welche die deutsche Innenpolitik in den nächsten Jahrzehnten prägen sollten, ausgebildet. Es waren dies

(1) die beiden Flügel des Liberalismus (nationalliberal und linksliberal),
(2) der Konservatismus, der meist ebenfalls in zwei Parteien organisiert war,
(3) das Zentrum als Partei des politischen Katholizismus und
(4) die Sozialdemokratie.

Die 1871 gegründete *Deutsche Zentrumspartei* stellte unter den deutschen Parteien einen Sonderfall dar. Sie war eine Weltanschauungspartei mit breiter sozialer Basis vor allem im Rheinland, in Westfalen, Bayern und Schlesien. Ihr Führer Ludwig Windthorst wurde in den 70er Jahren der große parlamentarische Gegenspieler Bismarcks.

Das Sozialistengesetz

Die Wählerschaft der *Sozialdemokratie* kam vor allem aus den wachsenden Industrieregionen und den großen Städten. Als nach zwei Attentaten gegen den Kaiser, die Bismarck ohne konkrete Beweise den Sozialdemokraten zur Last

Reichstagswahlen 1871–1912 (Stimmenanteil in %):

Wahljahr	Wahlbeteiligung	Sozialdemokraten	Linksliberale	Zentrum	Nationalliberale	Konservative	Splittergruppen
1871	50,7	3,2	9,3	18,6	37,3	22,0	8,6
1874	60,8	6,8	9,0	27,9	30,7	14,1	11,4
1877	60,3	9,1	8,5	24,8	29,7	17,6	10,4
1878	63,1	7,6	7,8	23,1	25,8	26,6	9,0
1881	56,1	6,1	23,1	23,2	14,7	23,7	9,1
1884	60,3	9,7	19,3	22,6	17,6	22,1	8,7
1887	77,2	10,1	14,1	20,1	22,3	25,0	8,4
1890	71,2	19,8	18,0	18,6	16,3	19,1	8,3
1893	72,2	23,3	14,8	19,1	13,0	19,2	11,2
1898	67,7	27,2	11,1	18,8	12,5	15,5	13,9
1903	75,3	31,7	9,3	19,8	13,9	13,5	12,1
1907	84,3	28,9	10,9	19,4	14,5	13,6	12,7
1912	84,5	34,8	12,3	16,4	13,6	12,2	10,6

legte, der Reichstag 1878 mit den Stimmen der Konservativen, der Nationalliberalen und einiger Unabhängiger das *Ausnahmegesetz »gegen die gemeingefährlichen Bestrebungen der Sozialdemokratie«* verabschiedete, wurden die sozialdemokratischen Organisationen und ihre Presse verboten. Das behinderte die Entwicklung der Partei, aber ihr Aufschwung zur Massenpartei setzte schon vor der Aufhebung des »Sozialistengesetzes« (1890) ein (▷ Tabelle S. 176). Seit 1890 nannte sie sich *Sozialdemokratische Partei Deutschlands.* Ihr Programm, 1891 in Erfurt beschlossen, enthielt Aussagen, welche die bestehende staatliche Ordnung als Grundlage für die Verbesserung der politischen und sozialen Situation der Arbeiter anerkannte. Seit den Wahlen von 1890 war die SPD die stärkste Partei im Reich, aber aufgrund von Ungerechtigkeiten im Wahlsystem erst 1912 die stärkste Fraktion im Reichstag.

Die Sozialdemokraten, die bei den ersten Reichstagswahlen 1871 nur zwei Mandate gewonnen hatten, rechnete Bismarck neben dem Zentrum und einigen Splittergruppen (elsaß-lothringische, welfische und polnische Abgeordnete) noch weit über die 70er Jahre hinaus den »Reichsfeinden« zu, die nach seiner Meinung den Bestand des Reiches und seine monarchische Ordnung gefährdeten. Hauptstütze seiner Innenpolitik waren in den Jahren nach der Reichsgründung die nationalgesonnenen *Liberalen,* mit denen Bismarck seit 1867 zusammenarbeitete. Die liberalen Fraktionen, die ihre soziale Basis im Bürgertum hatten, besaßen im Reichstag bis 1877 die absolute Mehrheit; die Nationalliberale Partei stellte bei weitem die stärkste Fraktion. Mit der parlamentarischen Unterstützung der Liberalen trieb Bismarck die *Vereinheitlichung des Reiches* vor allem auf wirtschafts- und rechtspolitischem Gebiet weiter voran. 1871 wurde die Mark zur Währungseinheit bestimmt, 1875 entstand die Reichsbank. Die Rechtseinheit, die 1871 bereits im Handels- und Strafrecht bestand, wurde seit 1873 durch die Arbeiten an einem neuen deutschen Privatrecht ausgebaut. Das Bürgerliche Gesetzbuch, das Resultat dieser Bemühungen, trat am 1. Januar 1900 in Kraft.

Bismarcks Bruch mit den Liberalen

Das Bündnis zwischen Bismarck und den Liberalen zerbrach, als das Reich 1879 auf Drängen der Schwerindustriellen und der Landwirte vom Freihandel zum *Schutzzoll* überging. Die deutschen Zölle auf importiertes Eisen und Getreide wurden erhöht. Unterschiedliche Auffassungen Bismarcks und der Liberalen über die staatliche Sozialpolitik (▷ S. 178) und die verfassungsrechtliche Stellung des Reichstages (parlamentarische Kontrolle der Regierung) und der Parteien spielten bei dem Bruch ebenfalls eine Rolle. Seither war Bismarck gezwungen, im Reichstag mit wechselnden Mehrheiten zu taktieren und sich vor allem auf die Konservativen und das Zentrum zu stützen. Das Zentrum rückte nach dem Ende des Kulturkampfes (▷ S. 200 f.) immer stärker in die Rolle einer Regierungspartei, obwohl die Distanz des politischen Katholizismus zum kleindeutschen Nationalstaat und zur protestantischen Dynastie an seiner Spitze nie ganz verschwand.

Staatsstreichpläne

Angesichts der schwierigen parlamentarischen Situation erwog Bismarck in den 80er Jahren verschiedentlich, auf dem Wege über einen *Staatsstreich* die

Mitwirkung des Reichstages bei der Gesetzgebung herabzustufen. Danach sollten die Fürsten und Freien Städte das »ewige Bündnis«, auf dem nach der Präambel der Reichsverfassung das Reich beruhte, kündigen und das Reich neu gründen, wobei dann ein Wahlrecht nach dem Muster des preußischen Dreiklassenwahlrechts (▷ S. 124 f.) einen gefügigen Reichstag sichern sollte. Inwieweit Bismarck solche Pläne ernsthaft verfolgte, ist in der Forschung allerdings umstritten. Sie ist sich jedoch darin weitgehend einig, daß Bismarck durch das Abblocken aller Parlamentarisierungsbestrebungen in Preußen und im Reich wie auch durch die Verleumdung von »Reichsfeinden« die »innere« Einigung Deutschlands lange Zeit verhinderte.

Grundlagen des Sozialstaates

Während Bismarck die politisch organisierte Arbeiterbewegung mit dem Sozialistengesetz bekämpfte, versuchte er gleichzeitig, die »soziale Frage« zu entschärfen, die Arbeiter der Sozialdemokratie zu entfremden und sie für den bestehenden Staat zu gewinnen. Unterstützt von den konservativen Parteien, vom Zentrum und auch von den Nationalliberalen, schuf er in den 80er Jahren mit umfassenden Versicherungsgesetzen die *Grundlagen des Sozialstaates* in Deutschland. Erstmals erhielten die Arbeiter einen gesetzlich verankerten Schutz bei Arbeitsunfähigkeit und im Alter. Für andere europäische Länder wurde die fortschrittliche deutsche Sozialpolitik zu einem intensiv studierten, immer stärker befolgten Vorbild.

Sozialpolitik im Reich
Krankenversicherungsgesetz, 1883: Die Krankenkassen, die zu zwei Dritteln von den Arbeitern und zu einem Drittel von den Arbeitgebern finanziert werden, müssen die Mitglieder bei Krankheit unterstützen. Sie erhalten freie ärztliche Behandlung und Krankengeld
Unfallversicherungsgesetz, 1884: Es verpflichtet eine von den Arbeitgebern finanzierte Kasse, nach Arbeitsunfällen für die Kosten des Heilverfahrens bzw. für eine Rente aufzukommen
Alters- und Invaliditätsversicherungsgesetz, 1889: Es garantiert jedem Arbeiter vom 70. Lebensjahr an oder bei Invalidität eine Rente. Die Mittel dafür bringen Staat, Arbeitgeber und Arbeitnehmer gemeinsam auf

2. Wahlrecht und Parteien in Großbritannien

1867	Reform des Wahlrechts
1885/86	Innenpolitische Krise
1886	Scheitern des Home-Rule-Gesetzes für Irland

England als Vorbild für parlamentarische Regierung

England war das Pionierland der industriellen Revolution, in dem sich die wirtschaftlichen und sozialen Auswirkungen des Industrialisierungsprozesses am frühesten zeigten und studieren ließen. Im ausgehenden 19. Jahrhundert verlor das Land seinen technologischen Vorsprung. Doch noch immer galt es in weiten Teilen Europas als Vorbild für ein modernes parlamentarisches Regierungssystem. Das politische System Englands wurde allerdings in dieser Zeit erheblich verändert, weil die politische Elite Englands bemüht war, die Kluft zwischen dem wirtschaftlich-sozialen Strukturwandel des Landes und seiner politischen Verfassung nicht zu groß werden zu lassen. Auf die Forderung nach der Mitwirkung breiterer Bevölkerungsschichten an den politischen Entscheidungen in der sich entfaltenden Massendemokratie antwortete sie mit vorsichtigen Reformen, denen stets ein Kompromiß zwischen den Kräften des Wandels und der Beharrung zugrunde lag. Den Anstoß für Reformen lieferte in der Regel massiver Druck »von unten«, der in der Vermittlung über die Parteien und begünstigt durch ein liberales Presse-, Vereinigungs- und Versammlungsrecht auf die wichtigste politische Instanz des Landes einwirkte: auf das Unterhaus in London.

Reformen des Wahlrechts

Das parlamentarische System war in England seit dem 18. Jahrhundert in der politischen Theorie und im öffentlichen Bewußtsein fest verankert. »Ich halte«, so formulierte es selbstbewußt Benjamin Disraeli 1872, »die parlamentarische Regierungsweise für die vornehmste auf der ganzen Welt und selbstverständlich für die, welche auf England am besten paßt.«[25] Den Hebel für Veränderungen in dieser »vornehmsten« Regierungsweise bildeten die Reformen des Wahlrechts, die 1832, 1867 und 1884/85 vorgenommen wurden. Die Umschichtungen der britischen Gesellschaft seit Beginn der industriellen Revolution hatten in der politischen Repräsentation der Bevölkerung im frühen 19. Jahrhundert noch keinen Niederschlag gefunden, was zu grotesken *Mißständen bei der Verteilung der Unterhaussitze* geführt hatte. Da das althergebrachte Wahlrecht an Grundbesitz oder Privilegien gebunden war, existierte für das gesamte Vereinigte Königreich (England, Wales, Schottland, Irland) kein einheitliches Wahlrecht. Die Bevölkerung fast aller während der Industrialisierung neu entstandenen Großstädte (z. B. Liverpool, Manchester oder Leeds) war im Unterhaus überhaupt nicht vertreten. Dagegen konnten viele ältere Stadtgemeinden, die ihre wirtschaftliche Bedeutung inzwischen verloren hatten und oft nur noch wenige Einwohner zählten, einen Abgeordneten ins Londoner Parlament entsenden. Diese Wahlkreise nannte man »rotten boroughs«.

Demokratisierung

Viele Angehörige der geistigen und politischen Elite Englands stimmten darin überein, daß diese zum Teil bizarren politischen Zustände reformiert werden mußten. Durch die Reformen, die 1832 einsetzten, wurde das *Wahlrecht weitgehend demokratisiert,* so daß gegen Ende des 19. Jahrhunderts der größte Teil der Männer in Großbritannien wählen konnte. Überdies vereinheitlichten die Reformen das bis dahin unterschiedliche Wahlrecht auf dem Lande und in den Städten. Da gegen die Jahrhundertwende alle Wahlkreise auch fast die gleiche Wählerzahl hatten, wurden die enormen Verzerrungen, die sich im Gefolge von Industrialisierung, Binnenwanderung und Verstädterung ergeben hatten, beseitigt. Aber die Vorstellung vom Wahlrecht als einem allgemeinen Bürgerrecht wurde im England des 19. Jahrhunderts nicht akzeptiert. Das allgemeine Wahlrecht galt als eine Idee des revolutionären Frankreich, die angeblich unvereinbar war mit den geschichtlichen Traditionen der Insel. Folglich band die *»Große Wahlreform« von 1832* das aktive Wahlrecht an Haus- oder Grundbesitz mit einem jährlichen Miet- oder Pachtwert von 10 £. Erst durch die Reform von 1867 erhielt jeder Vorstand eines selbständigen Haushalts das Wahlrecht zum Unterhaus zugestanden, aber nur in den städtischen Wahlkreisen. Die Reform von 1884 dehnte diese Regelung auf die ländlichen Wahlkreise aus. Aufgrund dieser Reformen besaßen am Vorabend des Ersten Weltkrieges in Großbritannien 17,5 % der Bevölkerung das Wahlrecht. Im Deutschen Reich umfaßte der Kreis der Wahlberechtigten 22 % der Bevölkerung. Die britische Bindung des Wahlrechts an den eigenen Haushalt war die Ursache für den Unterschied. Das *Wahlrecht für Frauen* wurde in Großbritannien (und Deutschland) erst 1918 eingeführt – eine Reformmaßnahme, die in Großbritannien durch die militante Agitation (Hungerstreiks, Demonstrationen) des radikalen Flügels der Frauenbewegung (»Suffragetten«) vorbereitet worden war.

Die britischen Parteien

Bis heute ist in Großbritannien bei Wahlen das *relative Mehrheitswahlrecht* gültig, das heißt: In einem Wahlkreis ist der Kandidat gewählt, der die meisten Stimmen auf sich vereinigt. Dieses Verfahren bietet kleinen Parteien oder Minderheiten nur eine geringe Chance, Wahlkreise zu gewinnen. Dadurch bildete sich in Großbritannien schon früh ein *Zweiparteiensystem* heraus. Regierungen wurden im 19. Jahrhundert von liberalen oder konservativen Politikern geführt. Doch bei genauerem Hinsehen verliert das britische Zweiparteiensystem viel von seinen scharfen Konturen. Die beiden großen britischen Parteien, die *Konservativen* und die *Liberalen,* setzten sich nämlich stets aus verschiedenen Gruppierungen und Flügeln zusammen. Viele Abgeordnete mußten zudem auf regionale Besonderheiten Rücksicht nehmen, so etwa die Abgeordneten walisischer und schottischer Wahlkreise.

Vollends durchbrochen wurde das Zweiparteiensystem seit den 70er Jahren des 19. Jahrhunderts durch die *Irische Parlamentspartei,* die politische Organisation der starken irischen Nationalbewegung. Irland, seit dem Mittelalter praktisch eine englische Kolonie, bildete nach 1801 mit Großbritannien das »Vereinigte Königreich von Großbritannien und Irland«. Seitdem war Irland im Londoner Unterhaus mit 105, Großbritannien mit 553 Abgeordneten vertreten. Erst seit den allgemeinen Wahlen von 1874 schloß sich ein Teil der irischen Abgeordneten zu einer nationalirischen Partei zusammen, die über das Parlament die *Forderung des irischen Nationalismus* durchzusetzen versuchte: größere politische Selbständigkeit Irlands als Vorstufe für die völlige Unabhängigkeit von Großbritannien. In den Wahlen von 1885 gewannen die Iren zwischen den beiden britischen Parteien eine Schlüsselstellung. Die siegreichen Liberalen unter *William Gladstone* vermochten nur mit Hilfe der nationalistischen irischen Abgeordneten eine mehrheitsfähige Regierung zu bilden. Die Iren verlangten als Gegenleistung für ihre Unterstützung Autonomie: *Home Rule* im Rahmen des Vereinigten Königreiches.

Die Auseinandersetzung um die Frage der irischen Home Rule in den Jahren 1885/86 löste die schwerste *innenpolitische Krise* Großbritanniens in dieser Zeit

Spaltung der Liberalen über der irischen Frage

aus. Sie hatte zwei bedeutsame Folgen: (1) Über das Problem der Home Rule spaltete sich die Liberale Partei, deren antiirischer Flügel, die liberalen Unionisten, hinfort mit den Konservativen zusammenarbeitete. Die Abspaltung der liberalen Unionisten besiegelte 1886 das Scheitern des Home-Rule-Gesetzes im Unterhaus. (2) Die Forderung der Iren nach politischer Autonomie machte deutlich, daß das Vereinigte Königreich ein *multinationaler Staat* war, der wie die Habsburgermonarchie die Probleme nationaler Minderheiten nicht zu lösen vermochte. Die erneute Einbringung eines Home-Rule-Gesetzes stieß 1893 wieder auf den Widerstand der Konservativen Partei, die vor allem im Oberhaus (House of Lords) einen starken Rückhalt besaß. Als die Autonomie Irlands nach heftigen politischen Kämpfen 1914 vom Londoner Parlament doch noch gebilligt wurde, konnte sie infolge des Kriegsausbruchs nicht mehr verwirklicht werden. Die Entscheidung in der irischen Frage fiel dann im und kurz nach dem Ersten Weltkrieg auf gewaltsame Weise: Nach dem Dubliner Osteraufstand 1916 und nach einem grausamen Guerillakrieg gegen die britische Armee in Irland entstand 1921/22 der *Irische Freistaat*. Der industrielle Nordosten Irlands mit seiner protestantischen Bevölkerungsmehrheit hatte sich gegen die politische Trennung von Großbritannien heftig gewehrt. Er verblieb im britischen Gesamtstaat, der sich seither offiziell »Vereinigtes Königreich von Großbritannien und Nordirland« nennt.

Politische Organisationen der Arbeiterbewegung

Neben der Irischen Parlamentspartei stellte seit der Jahrhundertwende die *Labour Party* das britische Zweiparteiensystem in Frage. Politische Organisationen der Arbeiterbewegung tauchten im britischen Parlament auch deshalb später auf als im Deutschen Reich, weil die Arbeiterbewegung und die Liberale Partei lange Zeit zusammengearbeitet hatten. Einen erheblichen Einfluß auf die britische Arbeiterbewegung gewann die 1884 gegründete *Fabian Society*, deren Mitglieder (meist bürgerliche Intellektuelle) für einen reformierten Sozialismus eintraten. Eine führende Rolle spielten in ihr das Ehepaar Sidney und Beatrice Webb und der Schriftsteller George Bernard Shaw. Sie befürworteten eine parlamentarische Vertretung der Gewerkschaften. Mit der Gründung des Labour Representation Committee in London (1900), in dem Politiker und Gewerkschaftler zusammenarbeiteten, entstand die Labour Party, die diesen Namen jedoch erst 1906 annahm.

3. Autokratie und Reformen im Zarenreich

Die westeuropäischen Staaten übernahmen im Laufe des 19. Jahrhunderts wesentliche Elemente der politischen Praxis Großbritanniens. Doch je weiter der Blick nach Mittel- und Osteuropa geht, desto weniger war von individueller und politischer Freiheit, von Wahlrecht und Parlamentarismus die Rede. Am anderen Ende des Spektrums politischer Systeme in Europa stand das zaristische Rußland.

1855–1874	Reformära im Zarenreich
1881	Ermordung Alexanders II. durch Mitglieder eines revolutionären Geheimbundes
1898	Gründung der Sozialdemokratischen Arbeiterpartei Rußlands
1905	Revolution und Oktobermanifest des Zaren

Motive und Ziele der zaristischen Reformen

Das Zarenreich erlebte nach dem Regierungsantritt Alexanders II. (1855) eine Periode innerer Reformen, die erst um 1874 endete. Diese knapp zwei Jahrzehnte bezeichnen einen Zeitabschnitt russischer Geschichte, in dem durch eine Art »Revolution von oben« der »Pulverkeller im Staat« – wie es der Zar angesichts großer innenpolitischer Probleme selbst ausdrückte – ausgeräumt werden sollte. Das politische und soziale Reformwerk sollte die *Autokratie,* die uneingeschränkte »Selbstherrschaft« des Zaren, und die *Großmachtstellung Rußlands* stärken. Auslöser für die Reformen waren also politische Motive und die Erkenntnis aus dem Krimkrieg, gegenüber den Ländern Westeuropas wirtschaftlich und militärisch unterlegen zu sein. Die Rückständigkeit Rußlands hatte sich während des Krimkrieges zum Beispiel darin gezeigt, daß der Transport russischer Truppen von St. Petersburg und Moskau zur Front viermal soviel Zeit benötigte wie die Heranführung französischer Truppen auf dem Seeweg von Marseille.

Eingeschränkte Liberalisierung

Die wichtigste Reform war die *Aufhebung der Leibeigenschaft* für über 40 Millionen Bauern, die am 19. 2. 1861 in einem Manifest Alexanders II. verkündet

Aus der Leibeigenschaft befreite russische Bauern *warten vor einem Bezirksamt. Gemälde von G. G. Mjassojedow, 1872. Die Aufhebung der Leibeigenschaft durch den Reform-Zaren Alexander II. verbesserte die rechtliche Situation der Bauern. An ihrer wirtschaftlichen und sozialen Not änderte sich wenig.*

wurde. Dadurch erhielten die Bauern, die auf den Gütern des Adels gewissermaßen zum lebenden Inventar abgesunken waren, das Recht auf persönliche Freiheit. Die Bauern erhielten aber nicht das Recht der Freizügigkeit. Ihre wirtschaftliche Lage blieb schwierig. Doch die Diskussion über das Thema Freiheit war nun in Rußland in Gang gekommen. Sie führte fast zwangsläufig zur *Frage nach der politischen Freiheit.* Indes, die bürgerlichen und intellektuellen Anhänger liberaler Ideen, die das Zarenreich nach westeuropäischen Vorbildern umbauen wollten, konnten praktisch keinen Einfluß ausüben. Im Adel gab es ebenfalls Ansätze zu einer Opposition gegen den unkontrollierten Bürokratismus in der Staatsverwaltung. Ihnen kam der Zar 1864 dadurch entgegen, daß er Adel, Städter und Bauern an der lokalen Selbstverwaltung stärker beteiligte. Ständische Gremien *(Semstwo)* auf der Ebene der Kreise und Gouvernements übernahmen hinfort bestimmte öffentliche Aufgaben wie Wegebau, Unterhalt von Schulen und das Gesundheitswesen in eigene Verantwortung. Der Plan, aus den Semstwos (die allerdings nur in bestimmten Teilen des europäischen Rußland eingerichtet wurden) eine beratende Körperschaft für die Regierung hervorgehen zu lassen, wurde nicht verwirklicht.

Kleinere Gesten einer Liberalisierung begleiteten die großen Reformmaßnahmen von 1861 und 1864: Reform des Gerichtswesens (1864), Lockerung der Pressezensur (1865) und eine neue Städteordnung (1870). Nach Einführung der allgemeinen Wehrpflicht (1874), die je nach Bildungsgrad des Rekruten eine Dienstzeit zwischen sechs Monaten und sechs Jahren vorsah, hörten die Reformen auf, die ohnehin hinter den Erwartungen fortschrittlich gesinnter Menschen in Rußland zurückgeblieben waren.

Revolutionäre Opposition gegen den Zaren

Da die Aussicht auf einen grundlegenden Wandel der zaristischen Autokratie aus sich selbst heraus auf absehbare Zeit nicht zu bestehen schien, entstanden theoretische Entwürfe und praktische Versuche für einen Umsturz der politischen und gesellschaftlichen Ordnung Rußlands auf gewaltsamem Wege. Diese revolutionäre Grundströmung im Zarenreich seit dem Krimkrieg, die sich in *Geheimbünden* organisierte, nährte sich aus der Unzufriedenheit der verarmenden Bauern und dem wachsenden Proletariat der Städte. Sie nährte sich aber auch aus der Empörung darüber, daß die Regierung in St. Petersburg auf Reformbestrebungen, die »von unten« ausgingen, mit einem nahezu perfekten Überwachungssystem, mit Geheimpolizei und einer drakonischen Strafjustiz reagierte, zu der auch die Verbannung politischer Häftlinge nach Sibirien gehörte.

Auf die *staatliche Repression* antwortete die revolutionäre Opposition (»Anarchisten«, »Nihilisten«) mit Gegengewalt. »Nötig sind«, so erklärte ein Mitglied der Opposition, »energische, fanatische Leute, die alles riskieren und bereit sind, alles zu opfern.«[26] *Politischen Terror* begriff die Opposition als Ersatz für die revolutionäre Erhebung der Massen. Seine Anwendung ergab sich ihrer Meinung nach aus der Kluft zwischen der »Intelligentsia«, die sich selbst als das »denkende Proletariat« bezeichnete, und dem »dunklen Volk«, das in seinen bäuerlichen Lebensformen und Vorstellungen verharrte – von den Entwicklungen anderswo in Europa völlig abgeschnitten. Spektakulärste Aktion der Opposition war die Ermordung des »Reform-Zaren« Alexander II. am 13. 3. 1881. Das Bombenattentat war das Werk des 1879 gegründeten, knapp 50 Mitglieder zählenden Bundes »Narodnaja Volja« (»Volkswille«). Es sollte als Signal wirken und das Volk zur revolutionären Aktion mitreißen. Die terroristische Bewegung, welcher der Zar zum Opfer fiel, wurde bald darauf von der Polizei des Nachfolgers auf dem Thron, Alexander III., zerschlagen. Eine Verschwörergruppe, die wiederum ein Attentat auf den Zaren plante, wurde 1887 entdeckt. Ihre Mitglieder wurden hingerichtet. Unter ihnen befand sich der Student Alexander Uljanow, ein Bruder Lenins.

Kampf russischer Sozialisten um Reformen

Genauere Vorstellungen über die nach dem Sturz des Zarentums anzustrebende politische und soziale Verfassung Rußlands entwickelten die Sozialisten, die sich vor allem unter dem Einfluß *Georgi Plechanows* gegen Terrormethoden wandten. 1883 gründeten sie mit dem »Bund zur Befreiung der Arbeit« die Vorläuferin der Sozialdemokratischen Arbeiterpartei Rußlands (1898). Aber selbst die Sozialisten, die *Befürworter eines gewaltlosen politischen und sozialen Wandels,* wurden von der zaristischen Regierung in den Untergrund oder ins Exil gezwungen. Die Opposition hatte im Zarenreich bis über die Jahrhundertwende hinaus kaum eine Möglichkeit, ihr Programm öffentlich zu vertreten. Institutionen für den Ausgleich widerstreitender politischer Interessen auf friedlichem Wege, wie sie in nahezu allen europäischen Staaten entstanden, konnten sich in Rußland nicht entwickeln. Angesichts dieser politischen Situation hielt *Lenin* den gewaltsamen Umsturz für unvermeidlich. In seiner Schrift »Was tun?« (1902) forderte er die Schaffung einer Elitepartei, die auf der »Konzentrierung aller konspirativen Funktionen in den Händen einer möglichst geringen Zahl von Berufsrevolutionären« aufgebaut sein sollte. Dieses Konzept,das die Parteimitglieder einer geradezu militärischen Disziplin unterwarf, versuchte Lenin auf dem *2. Parteitag der Sozialdemokratischen Arbeiterpartei Rußlands,* der im Sommer 1903 in Brüssel eröffnet und dann nach London verlegt wurde, durchzusetzen. Als es ihm gelang, für eine solche Parteistruktur eine knappe Mehrheit zu gewinnen, spalteten sich die russischen Sozialdemokraten in *Bolschewiki* (»Mehrheitler«) und *Menschewiki* (»Minderheitler«). Zwischen den beiden Gruppen entbrannte in den folgenden Jahren ein erbitterter Kampf um die Macht in der Partei.

Die Revolution von 1905

Der Kontrast zwischen der politischen Entwicklung Rußlands und des übrigen Europa hatte sich immer mehr vergrößert. In Rußland selbst häuften sich die Anzeichen von Unzufriedenheit über die Reformunfähigkeit des zaristischen Regimes. Streiks der Industrie- und Landarbeiter erschütterten zu Beginn des 20. Jahrhunderts das Land. Im Krieg gegen Japan (▷ S. 225) erlitt Rußland eine vernichtende Niederlage. Die Unruhe in der Bevölkerung entlud sich in der Revolution von 1905, die in mehreren Wellen verlief und erst im Dezember des großen Krisenjahres von den Regierungstruppen endgültig niedergeworfen werden konnte. Begonnen hatte die Aufstandsbewegung am »Blutsonntag« in St. Petersburg (9. 1. 1905), als ein Demonstrationszug zum Winterpalais zog, um vom Zaren Reformen zu erbitten. Die Schloßwache eröffnete das Feuer auf die Menge. Daraufhin brachen Streiks aus, die auch auf einzelne Truppenteile übergriffen (Meutereien auf dem Panzerkreuzer »Potemkin« und in der Garnison von Kronstadt) und fast ganz Rußland erfaßten. Aber die revolutionäre Bewegung war nicht zentral gelenkt, sondern erschöpfte sich in verschiedenen Einzelaktionen. Der Zar behielt die Oberhand.

Halbherzige Reformen

Zwischen den Revolutionen von 1905 und 1917 liegen in Rußland die Jahre des »Scheinkonstitutionalismus« (Max Weber), in denen das Regime des Zaren Nikolaus II. auf verschiedene Weise versuchte, der wachsenden Opposition im Lande Herr zu werden. Das *Oktobermanifest des Zaren* (17. 10. 1905) versprach dem Volk mehr Freiheit und eine gewählte Versammlung mit begrenzter gesetzgebender Gewalt (»Duma«). Autor des Manifests war *Sergei Witte,* der bedeutende Finanzminister in den Jahren 1892–1903. Seinen finanz- und wirtschaftspolitischen Maßnahmen war es vor allem zuzuschreiben gewesen, daß die russische Industrieproduktion seit dem Ende des 19. Jahrhunderts höhere jährliche Zuwachsraten aufwies als die irgendeines anderen Landes der Welt. So lebten in der rasch wachsenden Industriestadt St. Petersburg 1903 schon 120 000 Arbeiter. Ausländisches Kapital strömte nach Rußland, vor allem in den Bergbau und in den Eisenbahnbau. In Wittes Amtszeit fiel die *Vollendung der Transsibirischen Eisenbahn* von Moskau an die Pazifikküste (1891–1904). Als der Zar im November 1905 Witte zum Ministerpräsidenten ernannte, schien sich eine neue Reform-Ära anzukündigen. Doch einflußreiche Berater überredeten den Zaren, seine durch die Revolution erschütterte autokratische Stellung mit harten Maßnahmen wieder zu festigen. Schon im April 1906 wurde Witte gestürzt. Im Juli 1906 löste der Zar die I. Duma auf, im Jahr darauf die II. Duma. Die 65 sozialdemokratischen Abgeordneten wurden nach Sibirien verbannt. Doch die politische Unruhe in Rußland, die der neue Minsiterpräsident Stolypin durch eine Agrarreform zugunsten der Bauern aufzufangen versuchte, ließ sich nicht ersticken: 1908 registrierte die Polizei über 2000 politische Gewalttaten, 1910 schon über 6000.

III. Europäische Mächtepolitik nach 1871

1875	»Krieg-in-Sicht«-Krise
1878	Berliner Kongreß
1887	Abschluß des Rückversicherungsvertrages
1890	Bismarcks Entlassung

1. Bedrohung und Bewahrung des europäischen Friedens

Nach Gründung des Deutschen Reiches gehörten zum europäischen Mächtesystem fünf Großmächte (die »Pentarchie«): neben dem Reich England, Rußland, Frankreich und Österreich-Ungarn. Ihnen wurde häufig noch Italien zugerechnet. Für die europäischen Mächte galt das neue Deutsche Reich als potentieller Friedensstörer. Sie befürchteten seine weitere territoriale Ausdehnung unter Berufung auf das Nationalitätsprinzip etwa in Richtung Österreich oder der baltischen Provinzen Rußlands, in denen starke deutsche Minderheiten lebten.

Bismarcks außenpolitische Ziele

Angesichts der im Ausland laut werdenden Befürchtungen über den künftigen Kurs des Reiches entwickelte Bismarck eine Außenpolitik, deren vordringliches Ziel es sein sollte, den territorialen Status quo und den Frieden in Europa zu stabilisieren. Deutschland sei »saturiert«, erklärte der Reichskanzler 1874, und es treibe weder »Kriegs- und Prestige- noch Machtpolitik«, sondern »Sicherheitspolitik«.[27] Doch es mußte noch zu zwei großen Krisen kommen, bis sich bei Bismarck die Überzeugung festigte, daß deutsche Sicherheitspolitik vertraglicher Abmachungen mit anderen Mächten bedurfte. Die Einbindung in Bündnisse würde die Politik anderer Mächte und die europäische Gesamtsituation berechenbarer machen.

»Krieg-in-Sicht«-Krise 1875

Die erste dieser beiden internationalen Krisen war die sogenannte »Krieg-in-Sicht«-Krise des Jahres 1875. Sie erlangte außerordentliche Bedeutung für die außenpolitischen Überlegungen des leitenden deutschen Staatsmannes. Das hat die historische Forschung immer wieder hervorgehoben. Ausgelöst wurde die Krise durch Frankreichs rasche Erholung als Militärmacht, die der deutsche Generalstab und Bismarck in Kenntnis des französischen Revanchewillens mit Besorgnis beobachteten. Ein von Bismarck inspirierter Artikel in der Berliner Zeitung »Die Post« trug die Überschrift »Ist Krieg in Sicht?« Mit dem Hinweis auf die französische Aufrüstung sollte die diplomatische Unterstützung der anderen Mächte für die deutschen Sorgen gewonnen werden. Die deutschen Andeutungen eines Präventivkrieges gegen Frankreich bewirkten jedoch auf französisches Verlangen hin unerwartet energische Reaktionen Englands und Rußlands. Die beiden europäischen Flügelmächte gaben der deutschen Regierung zu verstehen, daß sie eine militärische oder politische Schwächung Frankreichs im Interesse des europäischen Gleichgewichts nicht dulden würden. Bismarck erkannte, daß jeder weitere Machtgewinn des Reiches die anderen europäischen Mächte zu einer gemeinsamen Front gegen Berlin zusammenführen würde.

Die Balkankrise

Wie gründlich Bismarck aus der »Krieg-in-Sicht«-Krise gelernt hatte, zeigte sich kurz darauf in der neuen Balkankrise. Im Gefolge nationaler Aufstände gegen die osmanische Herrschaft brach 1876 ein serbisch-türkischer Krieg aus, in den Anfang 1877 Rußland nach vorheriger Verständigung mit Österreich mit dem bekannten Vorwand eingriff, als »Mandatar Europas« die Christen des Balkans schützen zu müssen. Der Russisch-Türkische Krieg endete mit dem russischen *Friedensdiktat von San Stefano* (3. 3. 1878). In diesem Frieden (benannt nach dem Verhandlungsort in der Nähe Konstantinopels) suchte sich Rußland mit Serbien, Montenegro, Rumänien und einem bis zur Ägäis vergrößerten Bulgarien auf dem Balkan einen Kranz von Vasallenstaaten zu schaffen. Durch

die Ausdehnung des russischen Einflusses auf Kosten der Türkei fühlte sich jedoch nicht nur England (wie bereits 1854) herausgefordert, sondern auch Österreich-Ungarn, das seine politischen Ambitionen auf dem Balkan gefährdet sah. In der gespannten Situation nach dem Frieden von San Stefano, die in einen militärischen Konflikt zwischen den europäischen Großmächten einzumünden drohte, erblickte Bismarck eine Chance, als Vermittler auftreten zu können. Das Reich verfolgte auf dem Balkan keine unmittelbaren eigenen Interessen.
Schon im Herbst 1876 notierte Bismarck:

»Die Frage, ob wir über die orientalischen Wirren mit England, mehr noch mit Österreich, am meisten aber mit Rußland in dauernde Verstimmung geraten, ist für Deutschlands Zukunft unendlich viel wichtiger als alle Verhältnisse der Türkei zu ihren Untertanen und zu den europäischen Mächten.«[28]

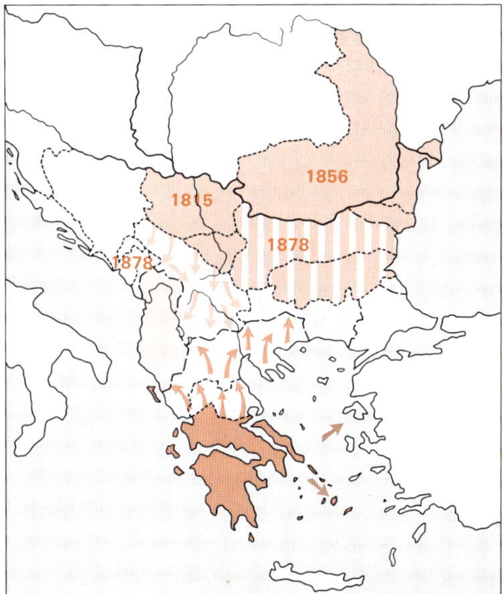

Politische Neuordnung auf dem Balkan

1815–1830 unabhängig geworden (Grenzen von 1863)
1815 Status des Tributfürstentums erlangt
1878 unabhängig geworden
Erst im ersten Jahrzehnt des 20. Jahrhunderts unabhängig geworden
Aufteilung des europäischen Teils des Osmanischen Reiches 1881–1913
0 200 km

Stand das junge Reich also bis dahin unter dem Verdacht, der potentielle Friedensstörer in Europa zu sein, so wandte sich der Reichskanzler nun öffentlich gegen jeden Krieg. Sein Vorschlag, einen europäischen Kongreß einzuberufen, baute die diplomatische Brücke, um die Gefahr eines allgemeinen Krieges zu bannen.

Der Berliner Kongreß: Bismarck als »ehrlicher Makler«

Der Berliner Kongreß, der im Juni und Juli 1878 unter dem Vorsitz des Reichskanzlers beriet, zeigte Bismarck auf dem Höhepunkt seines internationalen Ansehens. Nach dem leicht ironischen Urteil des britischen Außenministers Lord Salisbury nahm Bismarck auf dem Kongreß der europäischen Mächte »eine außergewöhnliche Stellung« ein als Mensch, »der immer weiß, was er will, und es auch manchmal sagt«.[29] In seiner Rolle als »ehrlicher Makler, der das Geschäft wirklich zustande bringen will« (Bismarck im Februar 1878 im Reichstag),[30] hatte Bismarck aber nur begrenzt Erfolg. Der *Kompromiß* des Berliner Kongresses erhielt zwar den bedrohten europäischen Frieden, aber die nationalen Probleme des Balkans löste er nicht. Überdies führte er zu einer ernsten *Verstimmung Rußlands* über die deutsche Vermittlung, da praktisch alle Entscheidungen des Kongresses zu Lasten des siegreichen Rußland gingen. Von seinem Ziel, über den Balkan und die Meerengen das Mittelmeer zu erreichen, wurde es abgedrängt. Der Frieden von San Stefano wurde aufgehoben, Bosnien und die Herzegowina österreichischer Verwaltung unterstellt und Bulgarien aufgeteilt: in ein tributpflichtiges Fürstentum unter türkischer Oberherrschaft im Norden und in eine autonome Provinz Ostrumelien im Süden. Dies war eine Konstruktion von geringer Lebensdauer. Sie ignorierte den bulgarischen

Der Berliner Kongreß. *Gemälde von Anton von Werner, 1881. Das Gemälde zeigt die wichtigsten Teilnehmer des Kongresses. Bismarck begrüßt im großen Saal des Reichskanzleramtes den russischen Grafen Schuwalow. Rechts neben Bismarck steht der österreichisch-ungarische Außenminister Graf Andrássy, etwas weiter rechts der britische Premierminister Disraeli.*

Nationalismus, zumal in einem Augenblick, in dem die Unabhängigkeit Rumäniens, Serbiens und Montenegros vom Berliner Kongreß bestätigt wurde. Schon 1885 schloß sich Ostrumelien dem nun souveränen Bulgarien an (▷ S. 191). Die osmanische Türkei behielt auch nach 1878 große Gebiete des Balkans in ihrem Besitz (Makedonien, Albanien, Thrakien). Allein das weltpolitische Interesse Englands an ihrer fortdauernden staatlichen Existenz verhinderte bis zum Weltkrieg ihre Aufteilung unter Rußland, Österreich-Ungarn und die erwachenden Nationen des Balkans.

2. Bismarcks Bündnissystem

Der Berliner Kongreß bezeichnet einen Wendepunkt der europäischen Politik, da sich die Mächtebeziehungen seither klarer strukturierten. Es entstanden nun zeitlich befristete Bündnisse und Bündnissysteme, wie es sie im neuzeitlichen

Europa in dieser Form bis dahin nur in Spannungs- und Kriegszeiten gegeben hatte. Sie traten neben die traditionelle europäische Kongreßdiplomatie als Instrumente der Friedenswahrung, indem sie das stets labile Mächtegleichgewicht zu verfestigen suchten. Die Initiative zu dieser Bündnispolitik ergriff das Deutsche Reich, das sich am Ende der 70er Jahre vor grundlegende außenpolitische Entscheidungen gestellt sah.

Das Kissinger Diktat 1877

Hinter seiner Rolle als »ehrlicher Makler« auf dem Berliner Kongreß verbargen sich Überlegungen Bismarcks, die ihren konzentrierten Niederschlag in einem berühmten Diktat vom Juni 1877 gefunden haben, als er sich in Bad Kissingen zur Kur aufhielt. In diesem *Schlüsseldokument* deutscher Außenpolitik in der Bismarckzeit ist die Rede vom »cauchemar des coalitions« (»Alptraum der Bündnisse«), der »für einen deutschen Minister noch lange, und vielleicht immer, ein sehr berechtigter« bleiben würde. Die langfristigen Perspektiven und Ziele seiner auswärtigen Politik umschrieb der Reichskanzler so:

> »Wenn ich arbeitsfähig wäre, könnte ich das Bild vervollständigen und feiner ausarbeiten, welches mir vorschwebt: nicht das irgendeines Ländererwerbes, sondern das einer politischen Gesamtsituation, in welcher alle Mächte außer Frankreich unser bedürfen und von Koalitionen gegen uns durch ihre Beziehungen zueinander nach Möglichkeit abgehalten werden.«[31]

Dies war der Kern der deutschen *Sicherheitspolitik* in den folgenden Jahren: Sie zielte auf die außenpolitische Isolierung Frankreichs und nutzte Spannungen zwischen den anderen Mächten als willkommenes Element zur Erweiterung des deutschen Handlungsspielraums.

Der Zweibund

Am Anfang von Bismarcks »machtpolitischer Organisation des Friedens« (Theodor Schieder)[32] stand der Zweibund mit Österreich-Ungarn. Den Hintergrund des Vertrages bildete das sich nach dem Berliner Kongreß verschlechternde deutsch-russische Verhältnis. Unverblümter Ausdruck dafür war der *Ohrfeigenbrief* (15. 8. 1879) Alexanders II. an seinen Onkel Kaiser Wilhelm I., in dem sich der Zar heftig über »Unklarheiten« der deutschen Politik beklagte und negative Folgen für die bilateralen Beziehungen andeutete. Bismarck interpretierte den Brief als Zeichen für einen grundlegenden Wandel der traditionellen russischen Politik gegenüber Preußen-Deutschland und als eine Erschütterung der bislang engen Verbindung zwischen den Dynastien beider Kaiserreiche. In dieser Lage entschied sich Bismarck für eine *Annäherung an Österreich-Ungarn,* um so eine stärkere Position gegenüber Rußland zu gewinnen. Den zögernden Kaiser überzeugte der Reichskanzler in eindringlichen Denkschriften, in denen er sogar ein »öffentliches verfassungsmäßiges Bündnis« mit der Habsburgermonarchie vorschlug, das durch »pragmatische Einrichtungen, sei es auf Zollgebiet, sei es auf anderem Gebiet, zu befestigen« sei.[33] Dies ließ sich durchaus als Initiative zur Vollendung der nationaldeutschen Politik, etwa im Sinne der alten preußischen Idee vom engeren und weiteren deutschen Bund (▷ S. 84), verstehen. Auf ein so weitreichendes Projekt wollte sich die Wiener Regierung aber nicht einlassen.

Die dann rasch (Oktober 1879) ausgehandelte deutsch-österreichische Allianz, die bis zum Ersten Weltkrieg immer wieder erneuert wurde, bildete in den 80er Jahren den Kern eines sich um Mitteleuropa gruppierenden Bündnissystems, dem sich dann auch Rußland unter Zar Alexander II. wieder annäherte. Das Dreikaiserbündnis (18. 6. 1881), das entfernt an die alte Heilige Allianz erinnerte, wird in der modernen Literatur oft als ein *Zweckbündnis* von Partnern bezeichnet, »die sich gegenseitig von einer kriegerischen Intervention abhalten wollten« (Theodor Schieder).[34] Auf drei Jahre abgeschlossen und 1884 noch einmal verlängert, garantierte es die russische *Neutralität* im Falle eines deutsch-französischen Krieges und die deutsche und österreichische Neutralität im Falle eines russisch-englischen Krieges. Die im Bündnisvertrag enthaltene Klausel, auf dem Balkan nur einvernehmlich vorzugehen, bedeutete keine Überwindung der gegensätzlichen Interessen und Ziele Österreich-Ungarns und Rußlands in dieser Region, aber doch eine Milderung der unmittelbaren Konfrontation.

Das Dreikaiserbündnis

Der Dreibund

Nach der halbwegs gelungenen Stabilisierung des Verhältnisses zwischen den drei Kaiserreichen suchte Bismarck auch *Italien* an das Reich zu binden. Als möglicher Verbündeter Frankreichs oder Rußlands konnte es sowohl Österreich-Ungarn als auch dem Reich gefährlich werden. Aus italienischer Sicht empfahl sich gerade Anfang der 80er Jahre eine Anlehnung an das Reich, da Italien zu diesem Zeitpunkt mit Frankreich in Nordafrika um Kolonialgebiete rivalisierte (▷ S. 215). Der immer wieder verlängerte Dreibund (20. 5. 1882) war daher gegen Frankreich gerichtet, auf ausdrücklichen italienischen Wunsch hin jedoch in keiner Weise gegen England. Dieser *Vorbehalt,* der dem Vertrag in einer gesonderten italienischen Erklärung beigefügt wurde, sollte 1914 bei Beginn des Weltkrieges für die italienische Haltung (Neutralität) erhebliche Bedeutung gewinnen. Bismarck selbst hat den Dreibund in erster Linie als eine zusätzliche Sicherung des österreichischen Bundesgenossen gegen italienische Ansprüche auf die »unerlösten Gebiete« gewertet (▷ S. 164) und angenommen, daß in einem Krieg mit Rußland damit die südliche Flanke der Habsburgermonarchie geschützt sein würde. Als sich Italiens Verhältnis zu Frankreich verbesserte, verlor der Vertrag für Berlin und Rom an Gewicht.

Mit dem Abschluß des Dreibundes war in Europa eine *politische Ordnung* entstanden, die nach dem Willen ihres Schöpfers Bismarck die Funktion hatte, die Schwelle für den Ausbruch militärischer Konflikte zu erhöhen. Die Spannungen zwischen den Mächten wurden dadurch zwar nicht aufgehoben, aber zumindest doch bis zu einem gewissen Grade unter Kontrolle gehalten. Bismarck meinte 1883 beiläufig, die auswärtige Politik bereite ihm keine einzige schlaflose Nacht mehr. Das war natürlich nicht wörtlich gemeint, denn gerade er kannte den fließenden Charakter aller politischen Ordnungen. Durch die zeitliche Befristung der Bündnisverträge war ja in dem komplizierten Geflecht die Möglichkeit von Veränderungen auch schon vorgesehen. Alle vertraglich fixierten Abmachungen konnten es zudem nicht verhindern, daß Europa 1887 erneut am Rande des großen Krieges stand, den viele Zeitgenossen seit 1871 fürchteten.

Die Doppelkrise von 1887

Die internationale Krise des Jahres 1887 nahm ihren Ausgang von zwei getrennten Schauplätzen, nämlich von Frankreich und wieder vom Balkan. Nach dem Sturz des gemäßigten Ministerpräsidenten Jules Ferry gewann in *Frankreich* ein radikaler Nationalismus zeitweilig die Oberhand, dessen Sprecher lauthals den Gedanken der Revanche für 1870/71 propagierten. Der Schriftsteller Paul Déroulède, der Kriegsminister Georges Boulanger, aber auch der spätere Ministerpräsident Georges Clemenceau traten öffentlich *für ein französisch-russisches Bündnis* gegen das Deutsche Reich ein. Nach einer Reise Déroulèdes durch Rußland im Sommer 1886 und nach einschlägigen Artikeln in der zensierten russischen Presse schien eine solche Kombination, Bismarcks Alptraum, durchaus in den Bereich des Möglichen zu rücken. Zur gleichen Zeit zogen neue Sturmzeichen über der Krisenzone *Balkan* auf. Dort hatte schon im September 1885 eine von Ostrumelien ausgehende nationale Erhebung mit russischer Duldung die Vereinigung dieses Gebietes mit Bulgarien proklamiert (▷ S. 188). Darüber gerieten Serbien und Bulgarien in einen Krieg, der die hinter ihnen stehenden Großmächte Österreich-Ungarn und Rußland in eine offene *Konfrontation* zu treiben drohte. Die deutsche Diplomatie blieb in der sich zuspitzenden internationalen Lage bestrebt, die beiden befreundeten Großmächte zu einer neuen Abgrenzung ihrer Interessen auf dem Balkan zu bewegen. Denn ein europäischer Konflikt hätte 1887 für das Reich wahrscheinlich den gefürchteten Zweifrontenkrieg bedeutet, in dem Rußland und Frankreich den Mittelmächten gegenübergestanden hätten.

Bismarcks Haltung

Bismarck hat in der Doppelkrise von 1887, in der sich die Kriegsgerüchte überschlugen, an seiner *Politik des friedlichen Interessenausgleichs* festgehalten. Mit dieser Linie stieß er in der deutschen Öffentlichkeit auf Kritik. Dem Reichskanzler wurde damals Schwäche und Abhängigkeit von Rußland vorgeworfen. In der erregten öffentlichen Debatte tauchte sogar der Gedanke auf, Rußland durch einen Präventivkrieg aus Ostmitteleuropa zurückzudrängen. Diesem gefährlichen Gedanken trat Bismarck im Januar 1887 in einer Reichstagsrede nachdrücklich entgegen, als er feststellte, die *orientalische Frage* sei für Deutschland keine »Kriegsfrage«:

> »Wir werden uns wegen dieser Frage von niemand das Leitseil um den Hals werfen lassen, um uns mit Rußland zu brouillieren [entzweien].«[35]

Die europäische Krise konnte entschärft werden, als im Mai 1887 der General Boulanger stürzte. Bulgarien und Serbien schlossen unter dem Druck ihrer russischen und österreichisch-ungarischen Protektoren einen Friedensvertrag.

Der Rückversicherungsvertrag...

Aus der mühevoll beigelegten Krise zog Bismarck den Schluß, daß die Bündnisse des Reiches an die gewandelten Verhältnisse angepaßt werden mußten. Das Dreikaiserbündnis, das (1884 um drei Jahre verlängert) 1887 ablief, ließ sich angesichts der offenen russisch-österreichischen Rivalität auf dem Balkan nicht erneuern. Aber Bismarck wollte den »Draht nach St. Petersburg«, wie er es formulierte, nicht abreißen lassen. Die neue Form einer deutsch-russischen Verbindung wurde dann schon am 18. 6. 1887 im sogenannten Rückversicherungsvertrag gefunden: einem auf drei Jahre geschlossenen *Neutralitätsvertrag*, der im Grunde das Dreikaiserbündnis fortführte, allerdings reduziert auf Rußland und das Deutsche Reich (▷ S. 189). Bismarck sah den Wert des neuen Vertrages in dem Schutz, den er weiterhin vor einem russisch-französischen Zusammengehen gegen das Reich bot. Kurz nach Vertragsabschluß schrieb er an Wilhelm I.:

»Einen Angriff Frankreichs auf Deutschland infolge innerer französischer Zustände und Vorgänge halte ich nach wie vor für die nächstliegende Wahrscheinlichkeit einer Friedensstörung in Europa: viel wahrscheinlicher als die eines russischen Orientkrieges.«[36]

... und seine Problematik

Die intensiv erörterte Problematik des Rückversicherungsvertrages wurde später in dem ihm beigefügten »streng geheimen Zusatzprotokoll« gesehen, das nach dem Urteil der Historiker erhebliche moralische und völkerrechtliche Bedenken aufwarf. Während nämlich der Vertrag den Grundsatz von der Schließung der türkischen Meerengen für fremde Kriegsschiffe noch einmal bekräftigte, sagte das *Zusatzprotokoll* Rußland die »moralische und diplomatische Unterstützung« Deutschlands zu, falls der Zar sich genötigt sehen sollte, »die Aufgabe der Verteidigung des Zugangs zum Schwarzen Meer zu übernehmen«, um »den Schlüssel seines Reiches in der Hand zu behalten«.[37] Dies besagte nichts weniger, als daß Berlin die russische Besetzung der Meerengen unterstützen würde – ein brisantes Versprechen, das zu unübersehbaren internationalen Verwicklungen führen konnte.

Aus den Verhandlungen, die den Rückversicherungsvertrag vorbereiteten, geht hervor, daß die Klausel des Zusatzprotokolls zwar ursprünglich von der russischen Seite vorgeschlagen worden war, später aber nicht mehr von ihr, sondern von Bismarck in der Diskussion gehalten wurde. Dahinter verbarg sich ver-

Die Bündnisse des Deutschen Reiches

1879	Bismarck handelt mit dem österreichisch-ungarischen Außenminister den *Zweibund* aus: ein geheimes Verteidigungsbündnis für den Fall, daß Rußland einen der beiden Vertragspartner angreifen sollte. Bei einem gemeinsamen Angriff Rußlands und Frankreichs sieht der Vertrag gegenseitigen Beistand »mit voller Heeresmacht« vor
1881	Das Deutsche Reich, Österreich-Ungarn und Rußland schließen das *Dreikaiserbündnis:* ein geheimes Neutralitätsabkommen für den Fall, daß einer der Vertragspartner »sich mit einer vierten Großmacht im Kriege befinden würde«
1882	Der *Dreibund* zwischen dem Deutschen Reich, Österreich-Ungarn und Italien ist ein geheimes Verteidigungsbündnis, das gegenseitigen Beistand bei einem französischen Angriff auf Italien oder Deutschland vorsieht
1887	Das Deutsche Reich und Rußland schließen den geheimen *Rückversicherungsvertrag:* Er verpflichtet die Vertragspartner zur wohlwollenden Neutralität beim Angriff einer dritten Macht. Die Neutralitätsverpflichtung soll nicht gelten, wenn einer der Vertragspartner einen Krieg provoziert. Bismarck fördert den Zusammenschluß Österreich-Ungarns, Italiens und Englands zum *Orientdreibund:* Die Vertragspartner verpflichten sich, den territorialen Besitzstand der Türkei gegen einen russischen Angriff zu verteidigen

mutlich die Absicht Bismarcks, England stärker an den Dreibund heranzuführen, indem er Rußland zu einer aktiven Meerengenpolitik ermunterte. Doch dies war eine Politik, die zu anderen Verpflichtungen des Reiches im klaren Widerspruch stand. Das galt vor allem im Hinblick auf den *Orientdreibund* (12. 12. 1887), der mit Billigung Bismarcks den politischen Status quo im Mittelmeer garantierte (▷ S. 192). Der Orientdreibund schützte also die Meerengen vor dem russischen Zugriff, der Rückversicherungsvertrag gab sie Rußland frei. Die Mehrzahl der Historiker vertritt die Meinung, man müsse in Bismarcks problematischstem Bündnisvertrag eine »geniale Aushilfe«[38] sehen, die eine feindliche Koalition zwischen den Nachbarn des Reiches verhindern sollte. Die formale Unvereinbarkeit des Rückversicherungsvertrages mit anderen Verträgen, an denen das Reich direkt oder indirekt beteiligt war, wird nicht bestritten. Zugleich wird aber darauf hingewiesen, daß sich solche Widersprüche nur aus einer Gesamtschau der Bündnispolitik Bismarcks deuten lassen. Ihr Sinn war nämlich die *Verhinderung des großen Krieges in Europa* – und sie beruhte auf der Voraussetzung, daß »der Bündnisfall gar nicht eintrat« (Andreas Hillgruber).[39] Die widerstreitenden Interessen der Mächte sollten durchaus gefördert, zugleich aber unter Kontrolle gehalten werden. In diesem Sinne hatte Bismarck sein Bild »einer politischen Gesamtsituation«, die dem Reich in seiner Mittellage ein Höchstmaß an Sicherheit bringen würde, im Kissinger Diktat verstanden.

»Neuer Kurs« nach Bismarcks Entlassung

Nach Bismarcks Entlassung (20. 3. 1890) unterblieb die fällige Erneuerung des Rückversicherungsvertrages, obwohl die russische Regierung sie wünschte und sogar bereit war, auf das Zusatzprotokoll zu verzichten. Zu Bismarcks Entlassung war es gekommen, als er in einem Machtkampf mit Kaiser Wilhelm II. über die Frage der Regierungsverantwortung des Reichskanzlers unterlag. Der junge Kaiser beharrte auf seinem »persönlichen Regiment«: Er wollte die Richtlinien der deutschen Politik selbst festlegen (▷ S. 228 f.). Das Wort vom »Neuen Kurs«, mit dem Bismarcks Nachfolger Leo von Caprivi sein Amt antrat, sollte auch für die deutsche Außenpolitik gelten. Daß die *Nichterneuerung des deutsch-russischen Vertrages* zeitlich zusammenfiel mit einer Annäherung des Reiches an England, den weltpolitischen Rivalen Rußlands, verstärkte in St. Petersburg den Eindruck eines Kurswechsels der deutschen Außenpolitik. Der *Helgoland-Sansibar-Vertrag* (1. 7. 1890), mit dem das Reich das bis dahin britische Helgoland im Tausch gegen Gebiete in Afrika erwarb, wurde als Signal gewertet: Rußland reagierte mit der Annäherung an das republikanische Frankreich.

Russisch-französischer Zweibund 1893/94

Im August 1892 schlossen Frankreich und Rußland eine Militärkonvention, die um die Jahreswende 1893/94 zum formellen Bündnis ausgebaut wurde. Dieses Bündnis sollte so lange wie der Dreibund in Kraft bleiben; der Bündnisfall war vorgesehen beim Angriff einer Dreibundmacht auf Rußland oder Frankreich. Dann sollten die verbündeten Armeen so operieren, »daß Deutschland zugleich sowohl nach Osten wie nach Westen hin zu kämpfen hat«.[40] Das bislang von Berlin dominierte europäische Bündnisgeflecht verwandelte sich mit dem russisch-französischen Zweibund in ein dualistisches System. Bismarcks »cauche-

»Dropping the pilot« (Der Lotse wird fortgeschickt). *Karikatur zum Rücktritt Bismarcks aus der englischen Zeitschrift »Punch« vom 19. März 1890.*

mar des coalitions«, die Gefahr des *Zweifrontenkrieges,* war Wirklichkeit geworden.

Bismarck im historischen Urteil

Daß es der deutschen Außenpolitik gelungen war, die russisch-französische Allianz so lange zu verhindern, wurde später von den Historikern als eines der größten Verdienste Bismarcks gewertet. Dieser Erfolg seiner »Sicherheitspolitik«, aber mehr noch die Reichsgründung bildeten den Nährboden für eine kritiklose Bismarck-Bewunderung. Erst nach der Erfahrung der nationalsozialistischen Diktatur und der Zerstörung des deutschen Nationalstaates 1945 wandelte sich das historische Urteil. Mit dem Blick auf Bismarcks Haltung zu den liberalen und demokratischen Kräften in Deutschland, besonders auch zu den Parteien, rückte die Frage in den Vordergrund, ob durch Bismarck »der Gang der Dinge in Deutschland eine verhängnisvolle Wendung« (Lothar Gall)[41] erhalten habe. Die Diskussion darüber hält an.

B. Kultur und Gesellschaft im Nationalstaat

Nationalismus und Kultur standen seit dem frühen 19. Jahrhundert in einer engen Wechselbeziehung. Die »Epoche des Nationalismus« erlebte auch eine »Nationalisierung« von Kunst, Wissenschaft und Gesellschaft. Dies wurde dadurch erleichtert, daß sich die Lesefertigkeit breiter Bevölkerungsschichten wesentlich verbesserte. Die Durchsetzung der allgemeinen Schulpflicht und die Verbilligung der Buchproduktion und des Zeitungsdrucks trugen dazu entscheidend bei. Die Politiker hatten die neuen Möglichkeiten der Massenkommunikation, zu denen man auch die neuen Verkehrsmittel zählen muß, rasch erkannt.

I. Kunst und Wissenschaft

1882	Uraufführung von Richard Wagners »Parsifal«
1895	Der schwedische Industrielle Alfred Nobel stiftet Preise für hervorragende wissenschaftliche Leistungen
1896	Künstlergruppe der Sezession in München
1900	Der Physiker Max Planck veröffentlicht seine »Quantentheorie«

Die politischen Nationalbewegungen in Europa legitimierten sich in der Regel aus dem angeblich unverwechselbaren »Geist« der Nationen. Zu ihren bevorzugten Anliegen gehörte deshalb die Förderung der nationalen Sprache, die in manchen Fällen zu einem schriftlich kaum fixierten Dialekt abgesunken war, und die Förderung dessen, was als die spezifische Kultur einer Nation begriffen wurde: Literatur, Kunst, Geschichte, Bräuche.

Kunst im Dienst nationaler Identitätsfindung

Nationalepen wie das »Nibelungenlied« oder das finnische »Kalevala« wurden von den nationalen Bewegungen und in den jungen Nationalstaaten popularisiert und offenbar auch gern gelesen. Die national inspirierte *Historienmalerei* hatte ebenfalls ein breites Publikum und genoß staatliche Förderung. *Anton von Werner* (▷ Abbildung S. 172, 188) und auch *Adolph Menzel* zählten in Deutschland auf diesem Gebiet zu den bekanntesten Künstlern. Besonders typisch für das 19. Jahrhundert sind die *Nationaldenkmäler,* wie sie vor allem nach dem Abschluß von Nationalstaatsgründungen errichtet wurden (▷ Tafeln 9–12). Von den Denkmälern früherer Jahrhunderte unterscheiden sie sich dadurch, daß sie nicht primär das Andenken an einen Herrscher oder Heerführer verewigen, sondern eine Art nationale Mythologie für das Volk schaffen und der nationalen Identitätsfindung dienen sollten. In Deutschland enstanden sie in einigen Fällen schon lange vor der Reichsgründung. Beispiele für Nationaldenkmäler als mythisch-historische Symbole sind die Walhalla (1842) bei Regensburg, das Hermannsdenkmal im Teutoburger Wald (1875), das 1883 »geweihte« Niederwalddenkmal bei Rüdesheim am Rhein (▷ Tafel 10), das

Kyffhäuser-Denkmal (1897) in Thüringen oder das Leipziger Völkerschlachtdenkmal, das in den Jahren 1898 bis 1913 errichtet wurde. Im allgemeinen trugen den Bau dieser Denkmäler nationale Vereinsbewegungen. Auch die Vollendung des *Kölner Doms* kann dem Bestreben, Nationaldenkmäler zu schaffen, zugerechnet werden. Der bizarre Torso der gotischen Kathedrale war über Jahrhunderte das Wahrzeichen der Stadt Köln gewesen. Ihre Fertigstellung wurde Ende der 30er Jahre in einer Atmosphäre nationaler Begeisterung und eines neu belebten Nationalbewußtseins beschlossen. In die Finanzierung teilten sich der 1842 gegründete Dombauverein und die preußische Monarchie. Die Vollendung des Doms wurde im Oktober 1880 mit großer Prachtentfaltung und in Anwesenheit des preußischen Königs und deutschen Kaisers Wilhelm I. gefeiert: »Ein neues, weltliches, nationales Gefühl haftet an den alten Mauern, deren Schlußstein das Siegel der deutschen Einheit ist«[42], berichtete eine englische Zeitung.

Die deutschen Nationaldenkmäler hat man häufig mit dem Werk *Richard Wagners,* des umstrittensten Komponisten des Jahrhunderts, in Verbindung gebracht. Wagner hat auf das Denken, das Lebensgefühl und die Weltsicht vieler Deutscher in der zweiten Jahrhunderthälfte einen großen Einfluß ausgeübt. Er gehört zu den Komponisten, die von der nationalen Aufbruchsstimmung geprägt waren, zumindest bis zum Abschluß der Arbeiten am Opernzyklus *Der Ring des Nibelungen* (1874). Die Reichsgründung hatte Wagner enthusiastisch begrüßt. Er meinte, von ihr die neue Kultur der Deutschen ausgehen zu sehen, »gegen welche die französische Zivilisation für immer erbleicht«.[43] Aber schon bald distanzierte sich Wagner vom neuen Reich. Dies mochte damit zusammenhängen, daß die Errichtung des Festspielhauses in Bayreuth (1871–76), des originellsten kulturpolitischen Unternehmens im frühen Kaiserreich, ohne die erbetene materielle Unterstützung des Reiches geschah. Ungeachtet seiner politischen Vorurteile (er war glühender Antisemit) wuchs Wagner als Künstler über seine anfängliche »nationaldeutsche Rolle hinaus in den Rang eines Umgestalters der abendländischen Musik« (Theodor Schieder).[44]

Anders als im Werk Wagners lebten fast überall in Europa in der zeitgenössischen Musik der Geist des nationalen Erwachens und das Nationalgefühl fort. Vor allem die slawischen und skandinavischen Komponisten behandelten in ihren Werken nationale Stoffe und verwendeten Motive der Volksmusik. So nannte der Tscheche *Friedrich Smetana* 1875 einen Zyklus sinfonischer Dichtungen »Mein Vaterland«. *Antonin Dvořák* und *Leoš Janáček* verstanden ihre Musik als Spiegelbild der böhmisch-mährischen Landschaft und der Geschichte ihres Volkes. Der Norweger *Edvard Grieg* sah seine Aufgabe darin, »in die reichen Schätze des einheimischen Volksliedes zu tauchen und aus diesem bisher unausgeschöpften Ausdruck der Volksseele eine nationale Kunst zu schaffen«.[45] In Italien wurden die frühen Opern *Giuseppe Verdis* geradezu zum künstlerischen Symbol des Risorgimento. Wie der Heerführer Garibaldi wurde der Komponist als nationaler Held gefeiert. Auf Wunsch des Ministerpräsidenten Cavour gehörte er sogar einige Jahre dem italienischen Parlament an.

»Nationalisierung« der Wissenschaft

Ausdruck nationaler Identitätssuche war zu einem guten Teil auch der *Aufschwung wissenschaftlicher Disziplinen* im 19. Jahrhundert wie der neueren Philologien und der Literaturwissenschaft, der Geschichtswissenschaft und bis zu einem gewissen Grade auch der Rechts- und Kunstwissenschaft. Der Anspruch auf den eigenen Staat wurde nicht nur mit sprachlich-literarischen Traditionen begründet, sondern auch mit der Besinnung auf die *nationale Geschichte,* die irgendwann in dunkler Vorzeit begonnen hatte. Die vielfältigen Bemühungen um die verschüttete nationale Identität auch im wissenschaftlichen Bereich bildeten häufig den Hintergrund für die stärkere *Institutionalisierung der Wissenschaft* durch die Gründung von Forschungsstätten, Fachzeitschriften, Akademien und Universitäten. *Universitätsgründungen* aus dem Geiste des Nationalismus waren zum Beispiel Athen 1837, Bukarest 1864, Sofia 1888, Belgrad 1905 und Dublin 1909. Auch die Teilung der Universität Prag 1882 in eine deutsch- und eine tschechischsprachige Hochschule gehört hierzu, ebenso die Gründung der Reichsuniversität Straßburg 1872.

Die Universität Straßburg

In den Beratungen des Berliner Reichstags im Mai 1871, die der Gründung der Straßburger Universität vorausgingen, regte ein Abgeordneter die Schaffung einer »internationalen Universität« an, in der Lehrstühle von deutschen und französischen Gelehrten doppelt besetzt werden sollten. Der nationalliberale Abgeordnete und Historiker Heinrich von Treitschke betonte demgegenüber den deutschen Charakter der Universität, die im Elsaß entstehen müsse, um das Reichsland wieder voll für die deutsche Nation und die deutsche Kultur zu gewinnen. Der Gedanke, die Wissenschaft als Brücke zwischen den beiden, durch den Krieg von 1870/71 verfeindeten Nationen einzusetzen, fand keine Unterstützung. Wissenschaft und Forschung wurden zunehmend als Kräfte im politischen und ökonomischen Wettstreit der Nationen verstanden, einem Wettstreit, in dem nach Meinung des Berliner Theologen und Wissenschaftsorganisators Adolf von Harnack »jedem wissenschaftlichen Forschungsergebnis ein nationaler Stempel aufgedrückt wird« (1909).[46] Der Tendenz zur *»Nationalisierung« der Wissenschaft* stand aber andererseits im Zuge der wachsenden internationalen Verflechtung in Wirtschaft und Verkehr eine sich verdichtende *internationale Kooperation* der Wissenschaftler gegenüber. Zwischen 1850 und 1860 fanden jährlich durchschnittlich erst ein oder zwei internationale wissenschaftliche *Kongresse* statt, zwischen 1890 und 1900 durchschnittlich schon 30. Der erste internationale Historikerkongreß tagte 1903 in Rom.

Wissenschaft und Wirtschaft

Besonders im Deutschen Reich, dessen Wissenschaftspflege im ausgehenden 19. Jahrhundert von Ausländern gerühmt und studiert wurde, galt wissenschaftliche Forschung als Grundlage der wirtschaftlichen Entwicklung. Sie hatte Deutschland in wenigen Jahrzehnten neben England und den USA zur führenden Industriemacht werden lassen. Vor allem die Schlüsselindustrien der »zweiten« industriellen Revolution, die Chemie- und Elektroindustrie, entfalteten sich im engen Kontakt mit der Wissenschaft (▷ S. 146).

Für den deutschen Vorsprung auf dem Gebiet der »neuen« Industrien gab es nach dem Urteil des amerikanischen Wirtschaftshistorikers David S. Landes

»in seiner technischen Virtuosität und seinem aggressiven unternehmerischen Geist keine Parallele. Er bildete die größte Leistung des deutschen Kaiserreiches«.[47] Daß diese Leistung auf dem entwickelten Wissenschaftssystem des Reiches ruhte, hob Landes ebenfalls hervor. Die drei tragenden Säulen dieses Systems waren die *Universitäten,* die großen *Forschungslaboratorien der Industrie* und die neuen *Technischen Hochschulen,* die 1899 den Universitäten als akademische Einrichtungen gleichgestellt wurden. Fast zur selben Zeit geschah dies in Österreich.

Weltausstellungen

Daß Fragen der wissenschaftlich-technischen Leistungsfähigkeit eines Landes im Zeitalter des Nationalismus erhebliche Bedeutung gewonnen hatten, zeigten insbesondere die großen Weltausstellungen. Sie stellten in periodischen Abständen seit der Jahrhundertmitte die wachsende Zahl der Industrieprodukte zur Schau und bildeten zugleich »Meilensteine des Fortschritts«, wie es damals hieß. Die erste Weltausstellung hatte 1851 im Londoner Kristallpalast stattgefunden. Sie prägte nicht nur den Stil aller folgenden Ausstellungen, sondern sie schuf mit dem Kristallpalast, einem gewaltigen Gebäude aus Eisen, Stahl und Glas, auch eine für das Jahrhundert charakteristische Architektur, die überall beim Bau von Bahnhofshallen, Palmen- und Wintergärten nachgeahmt wurde. Das bewunderte Wahrzeichen der Weltausstellung von 1889 in Paris – in der Stadt, die wegen ihrer kulturellen Ausstrahlung die »Hauptstadt des 19. Jahrhunderts« (Walter Benjamin) genannt wurde – war der 300 Meter hohe Eiffelturm.

Die stürmische Entfaltung von Wissenschaft, Technik und Industrie machte auf die Zeitgenossen einen tiefen Eindruck. Sie weckte die Zuversicht (und die Befürchtung), daß die »Entzauberung der Welt« (Max Weber) bald an ihrem Ende angelangt sei. Der Entdeckung der Gesetze der Natur und der Erfindung immer neuer Technologien zur Beherrschung der Materie folgten die *Erforschung der Gesellschaft* durch Soziologen wie Max Weber oder Lujo Brentano

	Paris in der »belle époque«
Seit 1852	Der Präfekt Georges Eugène Haussmann leitet die *städtebauliche Neugestaltung.* Es entstehen die großen Boulevards, Avenuen, Plätze und Parks
Seit 1870	Eine Gruppe junger Maler löst die dargestellte Wirklichkeit in Licht und Farbe auf. Als sie 1874 eine gemeinsame Ausstellung veranstalten, nennt sie eine Zeitung spöttisch *Impressionisten,* abgeleitet von einem Bild Claude Monets, »Impression, soleil levant« (1872). Zu der Gruppe gehören auch Édouard Manet, Georges Seurat, Alfred Sisley und Pierre Auguste Renoir
1871–93	*Émile Zola* verfaßt sein sozialkritisches, zwanzigbändiges Werk »Die Rougon-Macquart. Geschichte einer Familie unter dem Zweiten Kaiserreich«
1875	Die *Grand Opéra,* ein prunkvoller Bau im Renaissance- und Barockstil, wird eröffnet. Im selben Jahr wird Georges Bizets Oper *»Carmen«* uraufgeführt
Seit 1907	Pablo Picasso, Fernand Léger und Georges Braque, die sich eingehend mit afrikanischer Kunst auseinandersetzten, betonen in ihrer Malerei die geometrische Figur *(Kubismus).* Sie stellen ihre Motive ohne zentralen Fluchtpunkt und aus verschiedenen Blickwinkeln gleichzeitig in einem Bild dar. Ihre ungewohnte Sehweise stößt auf Kritik und Ablehnung

und die Erforschung der menschlichen Seele durch die *Psychoanalyse.* Ihr Begründer war Sigmund Freud, der diese Wissenschaft um die Jahrhundertwende in Wien entwickelte.

Umbruch des Denkens und des Lebensgefühls

Das Gefühl eines unaufhaltsamen Fortschreitens in Richtung auf eine immer besser beherrschbare Welt war weit verbreitet. Aber schon Ende 1870 beobachtete der Basler Historiker Jacob Burckhardt voller Skepsis, daß Franzosen und Deutsche »in einer vollständigen Häutung ihrer ganzen Cultur begriffen«[48] seien. Wenig später wandten sich der Philosoph Friedrich Nietzsche in seinen »Unzeitgemäßen Betrachtungen« (1873–76) und der Kulturhistoriker Wilhelm Heinrich Riehl schon mit erheblich schärferen Worten gegen den oft naiven Fortschrittsglauben der Zeit. Dies waren Anzeichen eines Unbehagens über »unsere ganze fadenscheinige Kultur« (Nietzsche), das sich am *Fin de siècle* stärker Bahn brach.

Der Umschlag des Denkens und des Lebensgefühls läßt sich in der Kunst am frühesten beobachten, so im Naturalismus und Realismus der Literatur und des Theaters (Émile Zola, Henrik Ibsen, August Strindberg, Gerhart Hauptmann). In der Malerei distanzierte sich die *Avantgarde* von den staatlich geförderten Kunstakademien und dem offiziösen Geschmack, wie er sich zum Beispiel in Deutschland in den Nationaldenkmälern oder in der Historienmalerei eines Anton von Werner niederschlug. Die Künstlergruppen der Sezessionen (»Absonderung«) in München (seit 1892), Wien, Berlin oder Paris wandten sich gegen das Konventionelle und suchten nach neuen Ausdrucksmöglichkeiten. Sie wurden Begründer des *Jugendstils* (»art nouveau«) – der deutsche Begriff ist abgeleitet von der Münchner Kunstzeitschrift »Die Jugend« (gegründet 1896). In Wien vertrat die »Secession«, der die Maler Gustav Klimt, Egon Schiele, Oskar Kokoschka, Ferdinand Hodler und die Architekten Joseph Olbrich und Otto Wagner angehörten, ihre Forderung nach schöpferischer Erneuerung von Kunst und Architektur in der Zeitschrift »Ver Sacrum« (»Heiliger Frühling«, 1898–1903). Zu den avantgardistischen Künstlervereinigungen der Jahrhundertwende zählten auch die Dresdner »Brücke« (1905) und »Der Blaue Reiter« (1911) in München, ebenso die Pariser Gruppe der »Fauves« (1905), in der Henri Matisse der bekannteste Maler war.

Plakat zur Ausstellung der Berliner Secession *von L. von Hofmann, 1898. Die neuen Richtungen der Kunst um die Jahrhundertwende stießen auf vielfältige Ablehnung. Zum Präsidenten der Berliner Secession wurde 1899 der Maler Max Liebermann gewählt.*

II. Konflikte in der Gesellschaft

1871–1879	»Kulturkampf« in Preußen und im Deutschen Reich
1871	Pariser Kommune
1881/82	Judenpogrome in Rußland
1894–1906	Dreyfus-Affäre in Frankreich
1911	Parlamentsreform in Großbritannien

Die Jahrzehnte zwischen den Revolutionen von 1848/49 und dem Ersten Weltkrieg sind in den meisten europäischen Staaten gekennzeichnet von großen innenpolitischen Spannungen: von Konflikten zwischen Staat und Kirche, zwischen den sozialen Schichten, zwischen Parlamenten und traditionellen Führungseliten, zwischen weitgehend homogenen Bevölkerungsmehrheiten und nationalen bzw. als fremd empfundenen Minderheiten. Das verbreitete Gefühl der Zeitgenossen, in einer Zeit großer Krisen zu leben, steht im Kontrast zu dem Bild, das später häufig von dieser Epoche europäischer Geschichte gezeichnet wurde: das Bild einer in Sicherheit und Wohlstand lebenden Gesellschaft – in Frankreich »la belle époque«.

1. Konflikt zwischen Staat und Kirche

Katholische Kirche und Säkularisierung

Der Konflikt zwischen Staat und katholischer Kirche hing mit den Wandlungen zusammen, die der Staat im 19. Jahrhundert als Träger öffentlicher Funktionen gegenüber anderen gesellschaftlichen Kräften durchlief. Er drang verstärkt in Bereiche ein, die bislang die Kirchen als ihre Domäne angesehen hatten: Erziehung, soziale Fürsorge und Wohlfahrt. Während sich die protestantischen Kirchen mit dem Ausbau staatlicher Aktivitäten arrangierten, war die katholische Kirche als Weltkirche in anderer Weise davon betroffen. Sie stand vor der Wahl, einen Modus vivendi mit der modernen Welt zu finden oder ihr den Kampf anzusagen. Papst *Pius IX.* wählte den zweiten Weg und führte in der Enzyklika *Syllabus errorum* (8.12.1864) 80 »Irrtümer« der Zeit auf – Anschauungen über die Ordnung des sozialen und politischen Lebens, über Geistes- und Gewissensfreiheit, die mit der katholischen Lehre nicht zu vereinbaren seien. Durch die Einberufung eines Konzils (8. 12. 1869), des unter dem Papst geeinten Bischofskollegiums, sollte die Position der Kirche gestärkt werden. Das *1. Vatikanische Konzil* beschloß gegen den Widerstand zahlreicher kirchlicher Würdenträger das Dogma von der *Unfehlbarkeit des Papstes,* wenn er sich in Ausübung seines Amtes (»ex cathedra«) »als Hirt und Lehrer aller Christen« über Glaubens- und Sittenfragen äußert.

Kampf zwischen Staat und Kirche

Die Enzyklika und das 1. Vatikanum bildeten den unmittelbaren Hintergrund des Konfliktes zwischen Kirche und Staat, bei dem es um die »Entstaatlichung« der Kirche, um die Trennung von Kirche und Staat ging. In *Italien* hatte Cavour schon 1860 mit der Formel »Libera chiesa in libero stato« eine Lösung gesucht, indem er der Kirche völlige Unabhängigkeit vom Staat anbot, dafür aber die freie Verfügung des neuen Nationalstaates über ganz Italien, also auch über den Kirchenstaat forderte. Der Papst ging darauf nicht ein. Nach der Besetzung Roms durch italienische Truppen bezeichnete sich Pius IX. als »Gefangener des Vatikans«. Der Konflikt zwischen dem laizistischen italienischen Nationalstaat und dem Heiligen Stuhl, dessen Inhaber von der Forderung nach einem souveränen Territorium der Kirche nicht abrückten, konnte erst nach dem Ersten Weltkrieg beigelegt werden.

Wie in Italien entbrannte auch im *Deutschen Reich* die Auseinandersetzung zwischen Staat und katholischer Kirche sofort nach der Gründung des Nationalstaats. Der Berliner Arzt und Politiker *Rudolf Virchow* prägte dafür Anfang 1873 den Begriff *»Kulturkampf«*. Die meisten Historiker vertreten die Ansicht, bei diesem erbitterten Konflikt sei es Bismarck im Grunde um die Zerschlagung des organisierten politischen Katholizismus in Deutschland gegangen, dessen parlamentarische Vertretung, die Zentrumspartei, im Reichstag als Opposition eine rege Tätigkeit entfaltete.

Die Reaktion der Kirche und der katholischen Bevölkerung auf die antikirchlichen Gesetze im Reich und in Preußen seit 1871 war eindeutig. Die Kirche verweigerte die Erfüllung der neuen gesetzlichen Vorschriften und rief zum passiven Widerstand auf. Die Katholiken solidarisierten sich mit ihren geistlichen und politischen Führern. Das Zentrum stieg bis 1881 zur stärksten Fraktion im Reichstag auf und wurde dadurch für die Gesetzgebungsarbeit unentbehrlich. Nun erst lenkte Bismarck ein. Nach 1879, während des Pontifikats Leos XIII., gelang die Entschärfung der Auseinandersetzung. Von den staatlichen Maßnahmen während des Kulturkampfes überdauerten die staatliche Schulaufsicht, der Kanzelparagraph (bis 1953), die Zivilehe und das Jesuitengesetz (1917 aufgehoben).

	Staatliche Maßnahmen im »Kulturkampf«
1871	Kanzelparagraph (Ergänzung des Strafgesetzbuches): Eine den öffentlichen Frieden gefährdende Erörterung politischer Angelegenheiten durch Geistliche bei der Ausübung ihres Amtes wird mit Gefängnis bis zu zwei Jahren bedroht
1872	Das Schulaufsichtsgesetz überträgt dem Staat die Aufsicht über alle Schulen. Das Jesuitengesetz verbietet den Jesuitenorden im Reich und verfügt die Ausweisung aller ausländischen Jesuiten
1873	Die preußischen Maigesetze unterstellen die katholische Kirche der staatlichen Aufsicht. Die Geistlichen müssen sich vor Übernahme eines öffentlichen Kirchenamtes einer Staatsprüfung in Philosophie, Geschichte und Literatur (»Kulturexamen«) unterziehen. Der Staat kontrolliert damit Ausbildung und Anstellung von Pfarrern
1875	Das Zivilehegesetz beseitigt das bis dahin geltende kirchliche Monopol für Eheschließungen und macht die Zivilehe obligatorisch. Alle Orden, mit Ausnahme reiner Krankenpflegeorden, werden aufgelöst

2. Die internationale Arbeiterbewegung

Gegen den bürgerlichen Staat

Säkularisierter Staat und Kirche fanden nicht zuletzt deshalb Kompromisse, weil der Konflikt zwischen den sozialen Schichten zu einem Problem von viel größeren Dimensionen heranwuchs. Der Angriff der sozialistischen Parteien und Bewegungen in ihren verschiedenen Spielarten auf den bürgerlichen Staat erschien seit den 60er Jahren als überaus ernste Bedrohung, der zum Beispiel Bismarck mit einer Doppelstrategie – Kriminalisierung der sich politisch formierenden Arbeiterschaft (Sozialistengesetz) und Sozialreformen – beizukommen suchte. Aber während einige sozialistische Gruppierungen nur auf die Reformierung des bürgerlichen Staates zielten, planten andere seinen Untergang.

Aufstand in Paris

Wie ein Fanal wirkte auf viele Menschen der *Aufstand der Pariser Kommune* (18. 3.– 28. 5. 1871). Arbeiter, Handwerker und Kleinbürger in der französischen Hauptstadt bildeten aus Empörung über eine unsoziale Politik der monarchistischen Nationalversammlung eine revolutionäre Gemeinderegierung. Ihre radikalsten Forderungen waren die nach Übergabe der Fabriken an »Arbeitergesellschaften« und nach Dezentralisierung Frankreichs. In der »blutigen Woche« (21.–28. 5. 1871) wurde die Kommune von den Truppen der »Regierung der nationalen Verteidigung« unter Adolphe Thiers niedergeschlagen. Karl Marx deutete den Aufstand als erstes Beispiel einer »Diktatur des Proletariats«. August Bebel nannte ihn im deutschen Reichstag ein »kleines Vorpostengefecht« und äußerte die Gewißheit, »daß die Hauptsache in Europa uns noch bevorsteht und daß, ehe wenige Jahrzehnte vergehen, der Schlachtruf des Pariser Proletariats – ›Krieg den Palästen, Friede den Hüten, Tod der Not und

Aus der »Maifestzeitung« der SPD, 1896. *Seit 1886 forderte die internationale Arbeiterbewegung allgemeine Arbeitsruhe am 1. Mai. Das »Weltfest der Arbeit« sollte den »Klassenforderungen des Proletariats, der Verbrüderung und dem Weltfrieden« gewidmet sein (Resolution des SPD-Parteitages in Gotha 1896). Der Achtstundentag wurde in Deutschland 1918 eingeführt, der Maifeiertag1933.*

dem Müßiggang!‹ – der Schlachtruf des gesamten europäischen Proletariats sein wird.«[49]

Internationale der Arbeiterbewegung

Äußerungen dieser Art konnten die latente *Revolutionsfurcht* des Bürgertums und der »monarchisch-konservativen Elemente Europas« (Bismarck)[50] nur verstärken. Sie empfanden es zudem als besonders bedrohlich, daß sich die Arbeiterbewegung als internationale Bewegung verstand und organisierte, ungeachtet aller nationalen Unterschiede zwischen deutscher Sozialdemokratie, britischen Gewerkschaften, französischen Syndikalisten, russischen und österreichischen Sozialdemokraten. Die Organisationen des proletarischen Internationalismus waren allerdings wenig erfolgreich. Die von Marx angeregte, 1864 in London gegründete I. Internationale Arbeiterassoziation, der sozialistische Gruppierungen aus 13 europäischen Ländern und den USA angehörten, scheiterte schon 1872 an internen Auseinandersetzungen über Probleme der Taktik und Ideologie. 1889, zur Hundertjahrfeier der Französischen Revolution, entstand als Nachfolgeorganisation die *II. Internationale* mit einem ständigen Büro in Brüssel. Ihr gehörten bereits Arbeiterparteien aus zwanzig Ländern an. Der Gründungskongreß forderte den Achtstundentag und erklärte den 1. Mai zum Kampftag für diese Forderung. Die II. Internationale zerbrach zu Beginn des Ersten Weltkrieges, als sich die ihr angeschlossenen Parteien für »Vaterlandsverteidigung« (in Frankreich) oder »Burgfrieden« (in Deutschland) entschieden (▷ S. 240).

3. Verfassungskrise in Großbritannien

In den Jahren vor dem Ersten Weltkrieg ließ der gesellschaftliche Wandel die Forderungen nach politischen Veränderungen immer lauter werden. In Großbritannien wurde der Konflikt zwischen den Kräften der Beharrung und denen der Veränderung am erbittertsten ausgetragen. Den Schauplatz gaben dort die beiden Häuser des Parlaments ab, das Unterhaus (House of Commons) und das Oberhaus (House of Lords). Die *soziale Zusammensetzung des Unterhauses* hatte sich nach den Wahlrechtsreformen der späten 60er und der 80er Jahre des 19. Jahrhunderts erheblich gewandelt (▷ S. 179). Der bis dahin vorherrschende Landadel und das besitzende Bürgertum verloren an Einfluß, und zwar zugunsten der »lower middle classes« und der Arbeiterschaft, deren Repräsentanten vor allem über den linken Flügel der Liberalen Partei und seit 1906 über die Labour Party ins Unterhaus einzogen. Im Oberhaus, einer politischen Standesvertretung, dominierten hingegen weiterhin die Vertreter der Aristokratie.

Entmachtung des Oberhauses

Auf die Reformvorhaben liberaler Regierungen seit Gladstones Home-Rule-Vorlage für Irland (1886) reagierte es mit Obstruktion. Damit wurde der Keim einer Verfassungskrise gelegt, die 1909 offen ausbrach, als das Oberhaus sein Veto gegen das Budget des Schatzkanzlers *David Lloyd George* einlegte. Er war für die Einführung einer Einkommenssteuer eingetreten, um ein sozialpolitisches Programm nach deutschem Vorbild (▷ S. 178) finanzieren zu können.

Gestützt auf eine Unterhausmehrheit von liberalen und irischen Nationalisten, tat die Regierung 1910 den entscheidenden Schritt. Mit dem am 18. 8. 1911 in Kraft getretenen *Parliament Act* verlor das Oberhaus seine Funktion als Organ der Gesetzgebung. Finanzgesetze konnten in Zukunft vom Oberhaus weder abgelehnt noch abgeändert werden. Bei allen anderen Gesetzen besaßen die Lords hinfort nur noch ein aufschiebendes Veto. Der Parliament Act brach in Großbritannien den institutionalisierten politischen Einfluß des Adels. Erneut hatte das parlamentarische System des Landes seine Fähigkeit bewiesen, notwendige Reformen in der Innenpolitik und in der Verfassungsstruktur ohne revolutionäre Erschütterungen durchführen zu können. Im Rückblick wird dies von den Historikern zu Recht der »politischen Kultur« Englands als Verdienst zugeschrieben. Dabei sollte aber nicht übersehen werden, daß Reformen in Großbritannien stets das Ergebnis heftig geführter Auseinandersetzungen waren, die an die Geduld der Reformer erhebliche Anforderungen stellten.

4. Antisemitismus

Der spezifischen »politischen Kultur« Englands wird es auch zugeschrieben, daß dort der Antisemitismus in der zweiten Jahrhunderthälfte nie die Schärfe wie in anderen europäischen Staaten annahm. Auf den engen Zusammenhang zwischen Antisemitismus einerseits und wirtschaftlichen und sozialen Krisen andererseits haben die Historiker schon früh hingewiesen. Dabei spielten schmerzhafte soziale Anpassungszwänge eine wesentliche Rolle, die die Industrialisierung in Mitteleuropa für einen großen Teil der Bevölkerung mit sich brachte.

Antisemitismus in Deutschland …

Als nach der Reichsgründung in *Deutschland* die überschäumende wirtschaftliche Konjunktur 1873 jäh zusammenbrach, wurde in der deutschen Öffentlichkeit der Verdacht geäußert, jüdische Spekulanten und Bankiers trügen an dem wirtschaftlichen Debakel eine besondere Schuld. Dabei übersah man geflissentlich, daß es ein jüdischer Reichstagsabgeordneter, der Nationalliberale *Eduard Lasker,* gewesen war, der wiederholt auf die Gefahren eines Spekulationsbooms aufmerksam gemacht hatte, und daß durch das Eingreifen von Banken im jüdischen Besitz (etwa des Berliner Hauses Bleichröder & Co.) noch größeres Unheil verhindert worden war. In Deutschland breitete sich eine neue Form des *rassischen Antisemitismus* aus, von dem in Verflachung darwinistischer Gedanken die Juden als eine eigene, ebenso minderwertige wie gefährliche Rasse verleumdet wurden. Damals lebten in Deutschland eine halbe Million Juden (1,2 % der Bevölkerung), zwei Drittel von ihnen in Preußen. Der Anteil der Juden an der Bevölkerung Berlins lag um 1910 bei 4,4 %. Selbst ein so besonnener Mann wie der Schriftsteller *Theodor Fontane* bekannte 1880, daß ihn die »Judenfrage« neuerdings geradezu aufrege:

»Ich bin von Kindesbeinen an ein Judenfreund gewesen und habe persönlich nur Gutes von den Juden erfahren, und dennoch hab' ich so sehr das Gefühl ihrer Schuld, ihres grenzenlosen Übermuts, daß ich ihnen eine ernste Niederlage nicht bloß gönne, sondern wünsche. Und das steht mir fest, wenn sie sie jetzt nicht erleiden und sich auch nicht ändern, so bricht in Zeiten, die wir ... freilich nicht mehr erleben werden, eine schwere Heimsuchung über sie herein.«[51]

Der Berliner Hofprediger *Adolf Stoecker* machte den Antisemitismus zur Grundlage einer Partei. Nach einigen gescheiterten Gründungsversuchen seit 1878 schlossen sich 1889 mehrere politische Gruppen zur Christlich-Sozialen Partei zusammen, die die Juden unter Fremdenrecht stellen, von zahlreichen Berufen ausschließen und dem »jüdischen Großkapital« alle Betätigungsmöglichkeiten nehmen wollte. Dieses Programm nährte sich aus den Ängsten abstiegsgefährdeter Schichten (Handwerker, Inhaber kleiner Gewerbebetriebe, Bauern), die einen Sündenbock für die Bedrohung ihres wirtschaftlichen und sozialen Status durch die industrielle Expansion suchten. Gemessen an der Zahl ihrer Reichstagsmandate blieb der politische Einfluß der Christlich-Sozialen allerdings unerheblich. Bei den Wahlen von 1890 gewannen sie fünf Mandate, 1893 vorübergehend 16 Mandate. Mit der Konsolidierung der Wirtschaftslage nahm ihre Mandatszahl seit 1898 wieder ab.

Antisemitische Strömungen ließen sich aber auch bei den anderen Parteien feststellen. Bereits 1890 hatte der Berliner Historiker *Theodor Mommsen* angesichts der verbreiteten antisemitischen Agitation an einen Bekannten geschrieben:

»Sie täuschen sich, wenn Sie glauben, daß man überhaupt mit Vernunft etwas machen kann. Ich habe das früher auch gemeint und immer und immer wieder gegen die ungeheure Schmach protestiert, welche Antisemitismus heißt. Aber es nützt nichts ... Es ist wie eine schauerliche Epidemie, wie die Cholera. Man kann ihn weder erklären noch heilen. Man muß geduldig warten, bis sich das Gift von selber austobt und seine Kraft verliert.«[52]

... in Österreich und Rußland

Auch andere Länder suchte die »schauerliche Epidemie« heim. In *Österreich-Ungarn,* wo um 1910 in Wien 8,6 %, in Budapest 25 % der Einwohner jüdische Bürger waren, bildete sich schon 1882 eine antisemitische Partei um den Politiker *Georg von Schönerer.* In *Rußland,* wo im späten 19. Jahrhundert 5,2 Millionen

Zionismus – Die Antwort auf den Antisemitismus

1882	Angesichts der Pogrome in Rußland fordert der Arzt *Leo Pinsker* aus Odessa in seiner Schrift »Autoemanzipation« eine Heimat für die bedrängten Juden. Die seither entstehenden Vereine »Chowewe Zion« (»Zionsliebende«) streben die Rückwanderung der europäischen Juden nach Palästina an
1896	*Theodor Herzl,* der einer wohlhabenden Familie Budapests entstammt, verfaßt unter dem Eindruck der Dreyfus-Affäre, deren Beginn er als Zeitungskorrespondent in Paris erlebte, seine Schrift »Der Judenstaat. Versuch einer modernen Lösung der Judenfrage«
1897	Der *1. Zionistische Weltkongreß* in Basel, der Herzl zum Präsidenten wählt, fordert »für das jüdische Volk die Schaffung einer öffentlich-rechtlich gesicherten Heimstätte in Palästina« und gründet die Zionistische Weltorganisation. Den Charakter eines zukünftigen jüdischen Nationalstaates beschreibt Herzl in seinem Roman »Altneuland« (1902)
1917	Der britische Außenminister Lord Balfour sagt zu, die Errichtung einer »nationalen Heimstätte« für das jüdische Volk zu unterstützen *(Balfour-Deklaration)*

Juden lebten – fast die Hälfte aller Juden in der Welt –, nahm der Antisemitismus gewalttätige Formen an. Auf dem Hintergrund sozialer Unzufriedenheit, religiöser Vorurteile und wirtschaftlicher Probleme kam es dort 1881/82 und erneut 1903–05 zu *Pogromen,* mit Mord und Plünderung verbundenen Verfolgungen der Juden. Diese Pogrome lösten unter den osteuropäischen Juden eine Auswanderungswelle aus. Zwischen 1881 und 1914 emigrierten etwa 2,5 Millionen osteuropäische Juden nach den USA, aber auch nach England und Palästina.

... in Frankreich

In *Frankreich,* wo sich die rund einhunderttausend Köpfe zählende jüdische Minderheit (1905: 0,25 % der Bevölkerung) vor allem in Paris konzentrierte, bildete die *Dreyfus-Affäre* (1894–1906) einen Höhepunkt des Antisemitismus, gleichzeitig die schwerste innenpolitische Krise der Dritten Republik. Der jüdische Hauptmann im französischen Generalstab Alfred Dreyfus war wegen angeblichen Verrats militärischer Geheimnisse an Deutschland verurteilt worden. Über die Frage seiner Schuld oder Unschuld spaltete sich die französische Öffentlichkeit. Einem Teil von ihr erschien Dreyfus als Werkzeug eines »jüdischen Syndikats«, dessen Machenschaften die französische Gesellschaft ausgesetzt sei. Auch nachdem die Unschuld von Dreyfus erwiesen und er rehabilitiert worden war (1906), lebte der Antisemitismus in Frankreich fort, nun vor allem propagiert von der rechtsradikalen Action Française (gegründet 1898). Wie anderswo in Europa glich er einer »hartnäckigen unterschwelligen Infektion, die die Gesundheit des sozialen Organismus nicht ernsthaft gefährdete, sich aber resistent erwies gegenüber allen Versuchen, sie zu überwinden« (Gordon A. Craig).[53]

5. Die Frauenfrage

Das Bewußtsein der Frauen verändert sich

Ihre Emanzipation in der Gesellschaft strebten nicht nur die Juden an. Zunächst nur zaghaft und vereinzelt, aber gegen Ende des 19. Jahrhunderts immer nachdrücklicher, forderten Frauen gleiche Rechte und gleiche Chancen für beide Geschlechter. Das Nachdenken über die Stellung der Frau in der Gesellschaft und die Forderung nach Gleichberechtigung der Frau waren nicht so sehr das Ergebnis der allgemeinen Veränderungen im Zuge der Industrialisierung. Sie waren auch nicht die natürliche Konsequenz aus der fortschreitenden Demokratisierung politischer Entscheidungsprozesse. Auch waren sie nicht das Werk der Männer, die in Politik, Wirtschaft und Gesellschaft das Sagen hatten. Das Verlangen nach Gleichberechtigung war vielmehr eine von den Frauen selbst vorgebrachte Sache (▷ S. 120 ff.), ein Anliegen einzelner Frauen zunächst, dann der organisierten Frauenbewegung in Europa und Nordamerika.

Ungleichheit in den Geschlechterbeziehungen

Schon im frühen 19. Jahrhundert gab es privilegierte Frauen (▷ S. 60 ff.), die in der Gesellschaft, im kulturellen Leben, seltener in der Politik, Ansehen und Einfluß gewannen. Aber in ihrer überwältigenden Mehrheit unterlagen die Frauen dem Diktat eines traditionellen Rollenverständnisses, das tief in einem patriarchalischen Denken wurzelte. Der Vater, Ehemann oder Bruder bestimmte über das Mädchen bzw. die Frau – das wurde als »natürlich« angesehen. Das Recht diskriminierte Frauen, verweigerte ihnen die Beteiligung an Wahlen, schloß sie vom Studium aus und behinderte ihre berufliche Entfaltung. Lebensziel der Frau sollten Heirat und Familie sein.

Vorstellungen über die Fähigkeiten von Frauen

Von dem französischen Frühsozialisten *Pierre Joseph Proudhon* ist der Patriarchalismus vielleicht am krassesten vertreten worden.

»Von Natur aus unproduktiv, passiv, ohne Aktivität noch Verstandeskraft, ohne Gerechtigkeitssinn noch Schamgefühl,« schrieb Proudhon 1858, »braucht sie [die Frau] einen Vater, einen Bruder, einen Liebhaber, einen Ehegatten, einen Herrn, kurz gesagt: einen Mann, der ihr ... die magnetische Kraft gibt, die sie zu männlichen, sozialen und intellektuellen Tugenden befähigt.«[54]

Gegen solche Vorstellungen protestierten mutige Zeitgenossinnen mit dem Argument, die Frau sei anders als der Mann, aber ihm gleichwertig. Doch Patriarchalismus, Bevormundung und Antifeminismus, wie ihn z. B. auch der Philosoph *Arthur Schopenhauer* in seiner vielgelesenen Schrift »Über die Weiber« (1851) vertrat, wirkten fort. Als die deutsche Schriftstellerin *Ricarda Huch* 1891 nach dem Studium in der Schweiz in der Züricher Stadtbibliothek arbeitete, klagte sie über die ihr auferlegten Beschränkungen: »Mit dem Publikum kam ich nicht in Berührung, die Herren hätten geglaubt, mir damit etwas Ungebührliches zuzumuten.«[55]

Eine Berufstätigkeit war *Frauen aus dem Bürgertum* in den westlichen Ländern noch bis zur Jahrhundertwende weitgehend verwehrt. Nur als Gouvernante, Lehrerin (▷ S. 60), später auch als Fürsorgerin, Bibliothekarin oder Gewerbeinspektorin fanden sie Arbeit.

Die Industrie braucht Arbeiterinnen

Die erwerbstätigen Frauen in den Fabriken, in der Heimindustrie und im Dienstleistungsbereich kamen meist aus den sogenannten Unterschichten. Sie arbeiteten dort in der Regel unter miserablen Bedingungen und gegen schlechte Bezahlung (▷ S. 120). Ihre Zahl nahm ständig zu. Allein in Deutschland stieg sie von 5,5 Millionen (1882) auf 9,5 Millionen (1907). Um die Jahrhundertwende waren hier ca. 35 Prozent aller Erwerbstätigen Frauen. Die meisten Frauen arbeiteten in der Landwirtschaft, 22 Prozent in Industrie und Gewerbe, etwas über 13 Prozent in Handel und Verkehr, knapp 15 Prozent als Dienstboten. Im Jahre 1907 waren über 70 Prozent der unverheirateten Frauen erwerbstätig und 26 Prozent der verheirateten Frauen. Einen hohen Anteil weiblicher Arbeitnehmer hatten die Textil-, Konfektions-, Papier- und Nahrungsmittelindustrie. Seit dem Ende des 19. Jahrhunderts stieg die Zahl der weiblichen Angestellten in Büros und Kaufhäusern rasch an.

Anfänge der Frauenbewegung in den USA und in England

Die Benachteiligung der Frau in der Arbeitswelt, ihre Diskriminierung im Recht, in Politik und Gesellschaft, ihre Doppelbelastung durch Familie und Beruf – alles dies wurden Ansatzpunkte für engagierte Frauen, die sich zu Anwälten ihres Geschlechts machten. Sie forderten für die Frauen in den sich differenzierenden Industriegesellschaften eine durchgreifende Verbesserung ihrer rechtlichen Lage, die Entlassung aus willkürlicher Abhängigkeit und männlicher Vormundschaft, kurz: *Gleichberechtigung* mit den Männern, *Selbstbe-*

Louise Otto-Peters. *Sie war die »Bahnbrecherin« der bürgerlichen Frauenbewegung in Deutschland und dreißig Jahre lang ihre unermüdliche Organisatorin und Führerin.*

stimmung und größere Selbständigkeit. Mit ihren Anliegen traten Frauen in den USA und in Großbritannien am frühesten an die Öffentlichkeit. *Abigail Adams*, die Frau des späteren Präsidenten der USA John Adams, schrieb 1776 an ihren Mann:

»Ich freue mich zu hören, daß Ihr Euch für die Unabhängigkeit [der USA] ausgesprochen habt, und nebenbei gesagt, hoffe ich, daß Ihr auch an die Frauen denkt, wenn Ihr Euch an das neue Gesetzbuch macht ... Wenn den Frauen keine besondere Sorgfalt und Aufmerksamkeit gewährt wird, dann sind wir entschlossen zu rebellieren, und wir werden kein Gesetz beachten, bei dessen Verabschiedung wir keine Stimme hatten.«[56]

Die Engländerin *Mary Wollstonecraft* veröffentlichte 1792 die Schrift »A Vindication of the Rights of Women« (▷ Bd. 1, S. 286 ff.); ihre Landsleute *William Thompson* und *Anna Wheeler* wandten sich 1825 mit »An Appeal of One Half of Human Race, Women, against the Pretentions of the Other Half, Men« an die Öffentlichkeit.

Das Wirken der Schriftstellerin Louise Otto-Peters

Wie in den angelsächsischen Ländern, wenn auch mit zeitlicher Verzögerung, schuf sich die Frauenbewegung in Deutschland bald Organisationen, die für die Interessen der Frauen eintreten sollten. Eine führende Rolle spielte dabei *Louise Otto-Peters* (seit 1858 verheiratet mit dem Schriftsteller Otto Peters), die schon in der Revolution von 1848/49 politisch und publizistisch hervorgetreten war (▷ S. 121). In der 1849 von ihr und *Franziska Anneke* gegründeten *»Frauen-Zeitung«* hatte sie das Programm der Frauenbewegung formuliert:

»Wir wollen unser Teil fordern: das Recht, das Rein-Menschliche in uns in freier Entwicklung aller unserer Kräfte auszubilden, und das Recht der Mündigkeit und Selbständigkeit im Staat.«[57]

Unter Mitwirkung von Louise Otto-Peters entstand 1865 in Leipzig der *Allgemeine Deutsche Frauenverein*, der vor allem für Verbesserungen im Familienrecht und bei der weiblichen Erziehung eintrat. Er verlangte auch die Öffnung aller akademischen Berufe für Frauen. Eine Wissenschaftlerin wie die Physikerin Marie Curie, die 1903 den Nobelpreis erhielt und 1906 auf einen Lehrstuhl an der Pariser Universität berufen wurde, stellte selbst noch um die Jahrhundertwende eine Ausnahmeerscheinung dar.

Zersplitterung der Frauenbewegung

Nach 1865 wurden in Deutschland auf lokaler und regionaler Ebene zahlreiche Frauenvereine gegründet, die alle ähnliche Ziele anstrebten. Sie schlossen sich 1894 im *Bund Deutscher Frauenvereine* zusammen. Der Bund wurde unter Führung von *Helene Lange, Marie Stritt* und später *Gertrud Bäumer* zum Zentrum der bürgerlichen Frauenbewegung. Ihm gehörten 1901 über 130 Vereine mit 70 000 Mitgliedern an; 1914 waren es 300 000 Mitglieder. Aber für die Frauenbewegung in Deutschland und anderen Ländern war es charakteristisch, daß sie in Richtungen aufgespalten war und nie mit einer Stimme sprach. So gab es seit den späten achtziger Jahren einen radikalen Flügel um die Lehrerin *Minna Cauer*, der die politischen Rechte der Frauen wie z. B. das Wahlrecht einklagte und ungewöhnliche Mittel und Ideen im Kampf um die Gleichberechtigung der Frauen einsetzte. Obwohl die radikalen Frauenrechtlerinnen nie so weit gingen wie die englischen Suffragetten (▷ S. 180), erregten sie häufig auch bei »aufgeschlossenen« Frauen und Männern Anstoß.

»Die Frau und der Sozialismus«

Neben der bürgerlichen gewannen die sozialistische (»proletarische«) und die konfessionell gebundenen Frauenbewegungen große Bedeutung. Sie schufen sich eigene Organisationen und setzten andere Prioritäten als die bürgerlich-liberale Bewegung. Die *sozialistische Frauenbewegung*, die sich vor allem auf Arbeiterinnen stützte, knüpfte an Marx und Engels an (▷ S. 152 ff.). Beide verstanden Gleichheit als ein universales Prinzip. Einen enormen Einfluß auf die sozialistische Frauenbewegung und über sie hinaus gewann seit 1879 das Buch *»Die Frau und der Sozialismus«* von *August Bebel*, dem sozialdemokratischen Parteivorsitzenden. Es erlebte bis 1910 fünfzig Auflagen. In ihm ging Bebel, der an der Gründungskonferenz des Allgemeinen Deutschen Frauenvereins teilgenommen hatte, von einer doppelten Unterdrückung der Frau aus: Sie war unterdrückt als Angehörige des Proletariats und des weiblichen Geschlechts.

Clara Zetkin (dritte von links) während des Internationalen Sozialistenkongresses in Zürich (1893) *im Kreise von Gesinnungsgenossen, darunter Friedrich Engels (links neben ihr) August Bebel (an der Stirnseite des Tisches) und Eduard Bernstein (rechts außen).*

Ihre Emanzipation werde im Sozialismus erreicht, ohne daß damit die »natürliche« Rollenteilung zwischen den Geschlechtern aufgehoben wurde. In Ehe und Familie trete an die Stelle von Unterordnung ein partnerschaftliches Verhältnis.

Ziele der sozialistischen Frauenbewegung

Die sozialistische Frauenbewegung war Teil der Arbeiterbewegung. Nicht zuletzt auf Drängen *Clara Zetkins*, die ein Leipziger Lehrerinnenseminar besucht hatte und seit 1892 die erfolgreiche Zeitschrift *»Die Gleichheit«* (Untertitel: »Zeitschrift für die Interessen der Arbeiterinnen«) leitete, forderte sie energisch das *Frauenwahlrecht*. Die Forderung unterstützte seit 1898 *Rosa Luxemburg*, die nach einem Studium in der Schweiz für die politische Mobilisierung der Frauen kämpfte. Sie vertrat die Ansicht, daß erst die sozialistische Revolution die rechtliche und politische Gleichstellung der Frau bringen würde. Den politischen Kurs der SPD, in der sie sich engagierte, wollte Rosa Luxemburg mitbestimmen – auch wenn sie »nur« eine Frau war (▷ S. 268, 269, 270).

Erfolge der Frauenbewegung

Am Beginn des 20. Jahrhunderts hatte sich die Stellung der Frau in den industrialisierten Ländern Europas und Nordamerikas zwar nicht radikal, aber doch merklich verändert. Veränderungen ließen sich feststellen im Rollenverständnis der Frau, in den Geschlechterbeziehungen und in den Fragen politischer Mitbestimmung. Schriftsteller wie Gustave Flaubert, Theodor Fontane oder Henrik Ibsen stellten in ihren Werken Frauenschicksale dar. So wird das 19. Jahrhundert auch zum *»Jahrhundert der Frau«:*

> »Zu keiner Zeit vorher ist es Frauen gelungen, sich so deutlich zu emanzipieren, eigene Rechte vorzutragen, sich an die Öffentlichkeit zu wenden, ihren Verstand zu gebrauchen, ihre Bedürfnisse zu artikulieren« (Marie Lise Göpel).[58]

Dennoch: Die Mehrheit der Frauen und erst recht der Männer blieb auch noch zu Beginn des neuen Jahrhunderts überliefertem Denken verhaftet. Die »Frauenfrage« war noch nicht gelöst.

Auf dem Weg zur Gleichberechtigung der Frauen

1845	Einführung des gleichen Erbrechts für beide Geschlechter in Schweden
1849	Promotion der ersten Ärztin in New York
1867	Die Universität Zürich läßt Frauen zum Studium zu. Fünf Jahre später waren dort 110 Studentinnen immatrikuliert, davon 96 Russinnen
1891	Im Erfurter Programm bekennt sich die SPD zur Gleichberechtigung der Geschlechter
1908	Das alte Preußische Vereinsgesetz, das Frauen und Minderjährigen die Mitgliedschaft in politischen Vereinen und die Teilnahme an ihren Versammlungen untersagte, wird aufgehoben
1918	In Deutschland, Österreich und England erhalten die Frauen das Wahlrecht
1919	Die Weimarer Verfassung gewährt den Frauen die volle politische Gleichberechtigung (Art. 109)

C. Das Zeitalter des klassischen Imperialismus

Als sich die europäischen Mächte seit 1890 in ihren Beziehungen zueinander neu gruppierten (▷ S. 193), war Europa schon in eine Phase seiner Geschichte eingetreten, die als das »Zeitalter des klassischen Imperialismus« oder als »Epoche des Hochimperialismus« bezeichnet wird. Worin unterscheiden sich die Jahrzehnte zwischen 1880 und 1914 von früheren und späteren Epochen, in denen sich imperialistische Politik ebenfalls nachweisen läßt?

I. Motive und Ziele imperialistischer Politik

Imperialismus: Entstehung und Bedeutung des Begriffs

Der Begriff »Imperialismus« hat als Schlagwort der Tagespolitik und der ideologischen Auseinandersetzungen eine ständige Ausweitung erfahren. Als er um die Mitte des 19. Jahrhunderts ein Bestandteil der Umgangssprache wurde, bezog er sich zunächst auf das Regierungssystem Napoleons III. Wenig später tauchte der Begriff in der britischen Parteipolitik auf: Die Liberalen benutzten ihn als Kampfparole gegen den Führer der Konservativen, Disraeli, der seit Anfang der 70er Jahre den Ausbau des Empire zu einem vordringlichen Ziel britischer Außenpolitik erklärte. In den folgenden Jahren gewann der Begriff seine uns noch heute geläufige Bedeutung. Imperialismus bezeichnet danach im allgemeinen Sinne die *Ausdehnungspolitik* eines entwickelten Staates mit dem Ziel, jenseits seiner Grenzen »unterentwickelte«, von ihm politisch und wirtschaftlich abhängige Regionen zu erwerben und diese in einem Reich (»Empire«) zusammenzufassen.

Koloniale Reichsbildungen in Übersee hatte es seit den großen Entdeckungsfahrten des 15. und 16. Jahrhunderts gegeben. Zwar zerfielen das spanische, portugiesische, französische und britische Kolonialreich in Amerika, als die USA Ende des 18. Jahrhunderts und die süd- und mittelamerikanischen Länder Anfang des 19. Jahrhunderts ihre Unabhängigkeit erlangten. Aber die politische Expansion der europäischen Staaten kam auch im 19. Jahrhundert niemals ganz zum Stillstand. England erwarb zum Beispiel Hongkong (1842) und baute seinen territorialen Besitz in Indien aus. Frankreich eroberte Algerien (1830) und vergrößerte seine Niederlassungen in Westafrika und Indochina. Doch Kolonialpolitik spielte im Denken und Handeln europäischer Staatsmänner damals keine zentrale Rolle. Für überseeische Gebiete interessierten sich vor allem Kaufleute, Auswanderer, Militärs und Forschungsreisende.

Der dramatische Umschlag in der Haltung der Regierungen und der öffentlichen Meinung bahnte sich in den 70er Jahren des 19. Jahrhunderts an. Er hing fraglos mit dem Abschluß der Nationalstaatsbildungen in Europa zusammen, aber auch mit der Beschleunigung der Industrialisierung und der Entwicklung neuer Verkehrsmittel (Dampfschiff, Eisenbahn) und neuer Möglichkeiten der

Nachrichtenübermittlung (Telegraphie, Unterseekabel). An der Expansion in Übersee beteiligten sich jetzt nicht mehr nur die alten Kolonialmächte wie England oder Frankreich, sondern auch andere Mächte betrachteten sie als wichtigen Bestandteil für einen Großmachtstatus. Von den großen Mächten verzichtete nur die Donaumonarchie auf die überseeische Ausdehnung. In diesem alten multinationalen Reich banden der Umbau des Staates und die Forderungen seiner Nationalitäten alle politischen Energien.

Rechtfertigung imperialistischer Politik

Die Debatte über Vorteile und die vermeintliche Notwendigkeit imperialistischer Politik setzte in England und Frankreich am frühesten ein. An ihr beteiligten sich seit den 70er Jahren nicht nur Politiker, sondern auch Journalisten, Schriftsteller und Wissenschaftler. Sie brachten zur Rechtfertigung für den Kolonialerwerb in Übersee ein ganzes Bündel von Motiven vor.

In England stand am Anfang der Debatte die berühmte Rede, die *Disraeli* im Londoner Kristallpalast gehalten hat (24. 6. 1872). Bei dieser Gelegenheit bezeichnete es der spätere Premierminister als die Pflicht jedes britischen Ministers, »soweit wie möglich unser Kolonialreich wieder aufzubauen«. Denn es »geht darum, ob Sie ein großes Land sein wollen – ein imperiales Land, in dem Ihre Söhne ... zu höchsten Stellungen aufsteigen«.[59] Als Disraeli seit 1874 wieder im Amt war, setzte er die von ihm geforderte Politik in die Tat um: 1874 errichtete Großbritannien sein Protektorat über die Goldküste, 1875 erwarb die britische Regierung die Aktienmehrheit der Suezkanalgesellschaft, und 1876 nahm Königin Viktoria auf Betreiben Disraelis den Titel einer »Kaiserin von Indien« an. Der einflußreiche Kolonialpolitiker *Cecil Rhodes* (seit 1890 Premierminister der Kapkolonie) brachte 1877 den Rassegedanken in die Debatte ein, als er zur Begründung einer grenzenlosen Ausweitung des Empire schrieb: »Ich behaupte, daß wir die erste Rasse in der Welt sind und es für die Menschheit um so besser ist, je größere Teile der Welt wir bewohnen ... Darüber hinaus bedeutet es einfach das Ende aller Kriege, wenn der größere Teil der Welt in unserer Herrschaft aufgeht.«[60] Für ein »größeres Britannien« setzte sich auch der Historiker *John R. Seeley* ein, denn nur das Empire garantiere, daß Großbritannien neben den USA und Rußland in Zukunft eine

Der kolonisierende Europäer als Friedensstifter und Erzieher – *mit dem Hinweis auf diese Aufgaben wurde die koloniale Expansion gern gerechtfertigt. Das Frontispiz von J. G. Woods' »The Uncivilised Races of Men in all Countries of the World«, 1876, zeigt das Motiv in idealisierter Darstellung.*

Weltmacht bleibe. Das Motiv der Zukunftssicherung betonte dann besonders der liberale Politiker *Lord Rosebery.* 1893 erklärte er: »Wir sind im Augenblick damit beschäftigt, ›Schürfrechte für die Zukunft abzustecken‹ ... Wir würden völlig versagen, wenn wir vor der Verantwortung zurückschrecken und den Anteil nicht annehmen sollten, der uns im Zuge der Aufteilung der Welt zufällt«.[61] Der Dichter *Rudyard Kipling* sprach von »the white man's burden«.

Zivilisatorische Mission

Das Motiv der zivilisatorischen Mission tauchte vor allem im französischen Imperialismus auf. »Es geht darum«, verkündete 1901 der Historiker und Politiker *Gabriel Hanotaux,* »über die Meere hinweg in gestern noch unzivilisierten Ländern die Prinzipien einer Zivilisation auszubreiten, deren sich eine der ältesten Nationen der Erde sehr zu Recht rühmen kann; es geht darum, ... so viele *neue Frankreichs* zu schaffen wie möglich.«[62] Der Nationalökonom *Paul Leroy-Beaulieu* sah 1874 den Nutzen von Kolonien nicht nur darin, daß sie als »Auffangbecken für den Bevölkerungsüberschuß« des Mutterlandes dienen konnten. Durch Kolonialerwerb werde vielmehr »der Handel des Mutterlandes zu dynamischer Entfaltung angeregt, ... die Industrie aktiviert und in Gang gehalten«. »Ein Volk, das kolonisiert«, behauptete Leroy-Beaulieu, »ist ein Volk, welches das Fundament für seine Größe in der Zukunft und für seine künftige Vorherrschaft legt.«[63]

II. Die Expansion europäischer Mächte in Afrika und Asien 1880–1914

1. Der Wettlauf um Afrika

Die imperialistische Expansion der europäischen Mächte richtete sich seit ungefähr 1880 bevorzugt auf Afrika (▷ Zeittafel S. 215), dessen Inneres kaum bekannt war. Auf Landkarten erschienen noch große Gebiete des Erdteils als weiße Flecken. An der *Erforschung des »Schwarzen Kontinents«,* die den Weg für die koloniale Besitznahme vorbereitete, beteiligten sich berühmte Entdeckungsreisende und auch Missionare: David Livingstone, der 1855 die Victoriafälle entdeckte; Henry Morton Stanley, der 1871 den verschollenen Livingstone fand und 1879–84 im Auftrag des belgischen Königs Leopold II. das Kongobekken erkundete, oder Gustav Nachtigal, der 1869–74 den Sudan und Zentralafrika bereiste. Da die Forschungsreisenden nur selten auf staatlich-politische Organisationen stießen, wie sie sie aus Europa kannten, verfestigte sich die Vorstellung, Afrika sei ein *»herrenloser« Kontinent.*

Koloniale Aufteilung Afrikas seit 1881

Die koloniale Aufteilung des angeblich herrenlosen Afrika war der zentrale Vorgang des imperialistischen Zeitalters (▷ Karte S. 214). Die Mächte eröffneten eine Art Wettlauf, dessen Beginn ziemlich genau zu datieren ist. 1881 setzte sich Frankreich in Tunesien fest, während im darauffolgenden Jahr Großbritannien seine Herrschaft über Ägypten errichtete. Die britische Geschichtsschreibung hat diesen beispiellosen Vorgang treffend als *scramble for Africa* (»Balgerei um Afrika«) bezeichnet. Während in den Jahren zuvor Handelsstützpunkte an den afrikanischen Küsten oder kleinere Territorien durch Verträge zwischen eingeborenen Herrschern und Forschungsreisenden, Kaufleuten oder großen Handelsgesellschaften (»Chartered Companies«) nur einer eher »informellen« europäischen Kontrolle unterworfen wurden, zwang der sich steigernde Wettlauf um Kolonien seit 1881/82 die Staaten zu unmittelbarem Eingreifen. Von Historikern ist wohl zu Recht die Auffassung vertreten worden, daß nichts das Tempo und die Dynamik der imperialistischen Expan-

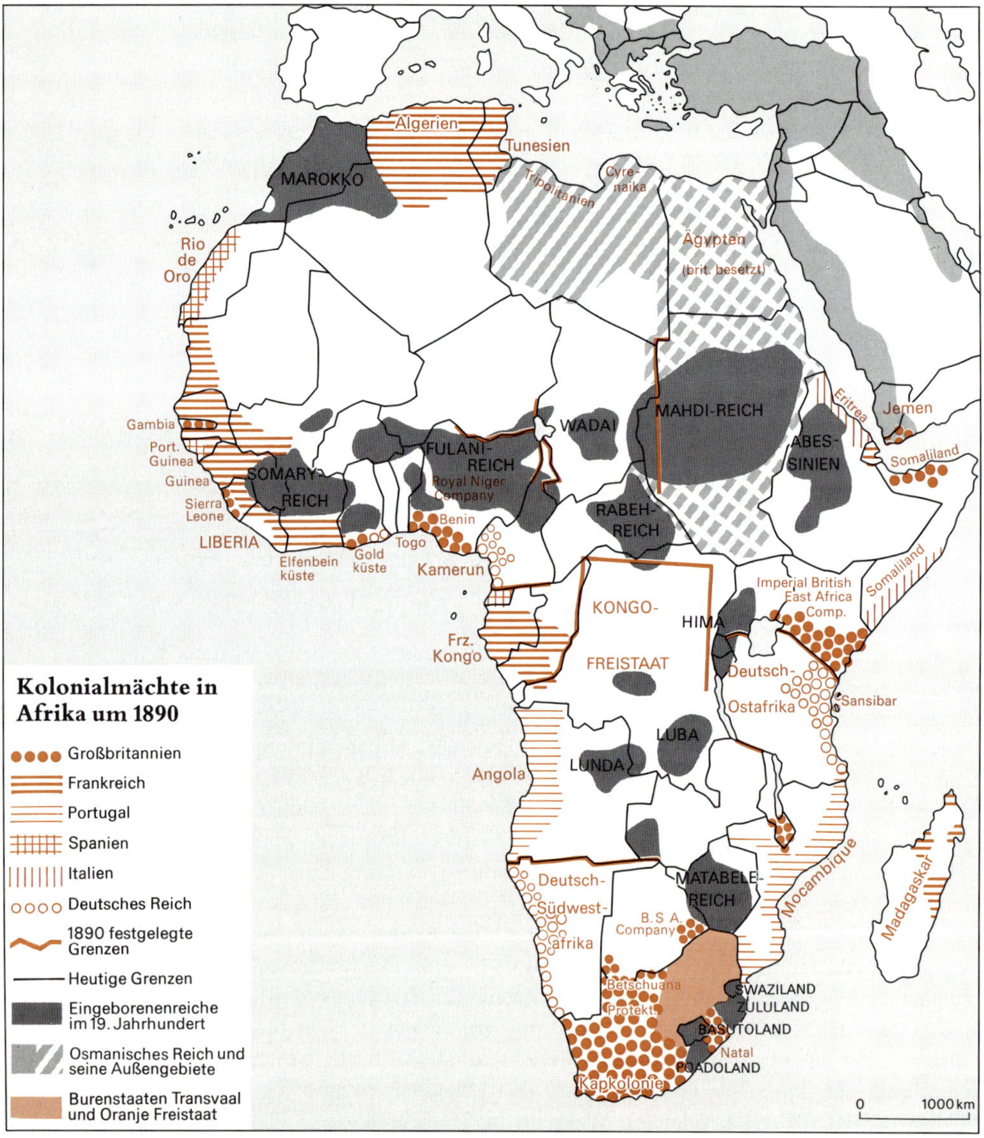

sion so sehr angetrieben hat wie das *gleichzeitige Vorgehen mehrerer Mächte.* Beim Erwerb von Kolonien kam es darauf an, schneller zu sein als der Konkurrent. Die Vorgänge um Tunesien sind dafür ein instruktives Beispiel: Die Festsetzung Italiens in seinem nordafrikanischen Vorfeld scheiterte, weil die Franzosen den italienischen Bestrebungen 1881 durch einen Protektoratsvertrag mit dem Bey von Tunis zuvorkamen. Dieser Wettlauf um Kolonien dauerte an bis unmittelbar vor den Ersten Weltkrieg, als die letzten »freien« Gebiete in Nordafrika (Marokko, Libyen) in europäische Hände fielen. Nur die Republik Liberia, die 1847 von freigelassenen Sklaven aus den USA gegründet worden war, und das alte christliche Kaiserreich Abessinien, um dessen Besitz sich seit 1882 vor allem Italien bemühte, blieben selbständig.
Über die *geographische Gestalt einer Kolonie* oder eines »Schutzgebietes« entschied meist der Zufall: das wirtschaftliche Interesse einer Chartered Company, der Unternehmungsgeist eines Kaufmanns oder das Interesse eines Forschungsreisenden. Auch militärische Gesichtspunkte spielten eine Rolle. Die britische Besetzung Ägyptens, das nominell noch zum Osmanischen Reich gehörte, stand primär im Zusammenhang mit dem Bestreben Londons, den *Seeweg nach Indien* durch den 1869 eröffneten *Suezkanal* zu sichern. Ägypten wurde dann Ausgangspunkt für britische Vorstöße in den Sudan und nach Zentralafrika. Diese Vorstöße leitete schon eine *imperiale Raumidee.* Die Londoner Regierung wollte seit dem Ende der 70er Jahre den Indischen Ozean zu einem »mare nostrum« der Briten machen. Australien, Indien und Ostafrika bildeten die Eckpfeiler dieser Konzeption. Um sie zu verwirklichen, versuchten die

Vom Kap bis Kairo

	Die Expansion der Kolonialmächte
1880	Die Briten setzen sich in Nigeria fest. Einrichtung eines französischen Stützpunktes am Kongo
1881	Französisches Protektorat über Tunesien
1882	Ägypten kommt unter britische Herrschaft. Die Italiener besetzen Assab (Eritrea)
1883	Ägyptische und britische Truppen ziehen sich aus dem Sudan zurück (Mahdi-Aufstand)
1884	Das Deutsche Reich erwirbt Deutsch-Südwestafrika, Togo und Kamerun
1885	Errichtung der Kolonie Deutsch-Ostafrika. Die internationale Kongo-Konferenz in Berlin (November 1884–Februar 1885) beschließt die Bildung eines neutralen Kongostaates unter der Hoheit des belgischen Königs Leopold II. (seit 1908: Belgisch-Kongo)
1885–89	Italien erwirbt Kolonialbesitz in Eritrea und Somaliland
1893	Frankreich errichtet die Kolonien Elfenbeinküste und Gabun
1894–96	Großbritannien annektiert Uganda
1896	Das italienische Heer wird bei Adua von den Abessiniern geschlagen. Madagaskar wird französische Kolonie
1898	General Kitchener besiegt die Mahdisten bei Omdurman
1899–1902	Großbritannien erobert die Burenrepubliken im südlichen Afrika (Burenkrieg)
1904–07	Die Hereros erheben sich gegen die deutsche Herrschaft in Südwestafrika
1911	Französische Truppen besetzen die marokkanische Hauptstadt Fes
1912	Libyen wird italienische Kolonie. Das italienische Kolonialreich umfaßt nun 1,5 Mio. km^2, das deutsche 3 Mio. km^2, das französische 8 Mio. km^2 und das britische Empire 30 Mio. km^2

Engländer, durch eine Kette von Kolonien von Südafrika bis Ägypten eine durchgehende Landverbindung zu schaffen (»Kap-Kairo-Linie«).

Die Realisierung der Konzeption gelangte jedoch über Ansätze nicht hinaus, da sie sich mit vergleichbaren Raumideen der Franzosen und der Deutschen überschnitt.

Von Dakar bis Djibouti

So hatte Frankreich seit den 80er Jahren von Algerien und vom Senegal aus große Teile Westafrikas und der Sahara unter seine Kontrolle gebracht und stieß von dort aus in den Sudan vor. Dahinter stand als Ziel ein französisches Kolonialreich von Dakar im Westen bis Djibouti am Golf von Aden im Osten (»Afrique transversale«). In *Faschoda,* einem kleinen Dorf am oberen Nil, stieß 1898 eine französische Expedition auf britische Truppen. Der Zusammenprall zweier imperialer Raumideen löste zwischen Paris und London eine politische Krise aus, die an den Rand eines militärischen Konflikts zwischen den beiden Großmächten führte. Erst als Frankreich die britischen Ansprüche auf den Sudan anerkannte, konnte die koloniale Auseinandersetzung beigelegt werden. In kluger Begrenzung des eigenen kolonialen Ehrgeizes hatten die französischen Politiker einen Ausgleich mit der Weltmacht England gefunden. Die vom Deutschen Reich längere Zeit verfolgte Konzeption eines mittelafrikanischen Kolonialreiches zwischen Deutsch-Ostafrika und Kamerun war in ihren räumlichen Dimensionen bescheidener als die britischen und französischen Pläne. Doch auch ihre Durchsetzung scheiterte an den rivalisierenden Ansprüchen anderer Mächte.

2. Deutsche Kolonialpolitik

Motive deutscher Kolonialpolitik

Deutschland, das wie Italien nicht zu den alten Kolonialmächten gehörte, erwarb 1884 und 1885 in Afrika und um die Jahrhundertwende in Asien einige größere Territorien (▷ Karte S. 227). Danach erfuhr das deutsche Kolonialreich keine nennenswerte Ausweitung mehr. Das Motiv des »Zuspätgekommenseins« zog sich denn auch wie ein roter Faden durch die deutsche *kolonialpoliti-*

»So sahen sie uns« ist der Buchtitel eines Werkes, das sich mit der Darstellung der Weißen in der Kunst der Kolonialvölker befaßt. Dies soll auch der Leitgedanke sein, unter dem diese vier Tafeln stehen.

Tafel 13 Die Ankunft des ersten Distriktskommissars, *Captain Ambrose, im Jahre 1895. Geschnitzter Türflügel zum Palast des Ogogo von Ikere Ekiti in Süd-Nigeria, entstanden um 1900 (London, British Museum). Besonderes Gewicht haben die beiden Felder mit dem thronenden Häuptling (links) und Captain Ambrose in der Sänfte (rechts). Obwohl die Farbigen überwiegend in dienender Stellung gezeigt werden, klagt der Künstler nicht an; es fasziniert ihn eher das Andersartige des weißen Mannes.*

Tafel 14 Kultbrett des Kargo-Kults *von den Nikobaren im Golf von Bengalen, entstanden Ende des 19. Jahrhunderts (Leiden, Rijksmuseum voor Volkenkunde). Thema ist der Zauber des weißen Mannes; der Geist mit weißer Hautfarbe und europäischem Zylinder ist von jenen Schätzen umgeben (Einrichtungsgegenstände, Flinten, Messer), die der Eingeborene in seiner Hütte (2. Feld) sich ebenso ersehnt wie Herden und reiche Beute.*

Tafel 15

Tafel 16

sche Agitation seit Anfang der 80er Jahre. Im Gründungsaufruf der »Gesellschaft für deutsche Kolonisation« (April 1884) hieß es lapidar:

»Die deutsche Nation ist bei der Verteilung der Erde ... leer ausgegangen ... Das Deutsche Reich, groß und stark durch die mit Blut errungene Einheit, steht da als die führende Macht auf dem Kontinent von Europa: seine Söhne in der Fremde müssen sich überall Nationen einfügen, welche der unsrigen entweder gleichgültig oder geradezu feindlich gegenüberstehen ... In dieser, für den Nationalstolz so schmerzlichen Tatsache, liegt ein ungeheurer wirtschaftlicher Nachteil für unser Volk!«[64]

In der deutschen Diskussion über die Kolonialpolitik standen außerdem *ökonomische Motive* wie die Forderung nach Siedlungsgebieten für Auswanderer oder nach Schaffung eines großen geschützten Marktes im Vordergrund. Die Rede war von einem »deutschen Indien in Afrika« (so der Publizist Wilhelm Hübbe-Schleiden 1882). Aber zwischen den hochgespannten Erwartungen der Öffentlichkeit und der Haltung der Berliner Regierung bestand bis zur Mitte der 80er Jahre eine Kluft. Der Kolonialpolitik anderer Staaten hatte sich *Bismarck* nicht in den Weg gestellt, ja, er hatte sie in Verfolgung seiner europäischen Sicherheitspolitik sogar gefördert. Sie gehörte für ihn zu den Instrumenten, um politische Spannungen in Europa an die Peripherie des Kontinents oder nach Übersee abzuleiten, aber auch um den französischen Revanchewillen zu schwächen und der französischen Politik eine andere Richtung zu geben. Indes, während sich Bismarck noch im Juni 1884 gegen Kolonien aussprach, schrieb er im Januar 1885 an den deutschen Botschafter in London, daß die Kolonialfrage »schon aus Gründen der inneren Politik eine Lebensfrage für uns ist«.[65]

These vom »Sozialimperialismus«

Die Frage, was den plötzlichen *Meinungsumschwung* des Reichskanzlers bewirkt hat, ist von der Forschung ausgiebig diskutiert worden. Dabei wurde die These aufgestellt, daß Bismarck nach dem »Gründerkrach«, der Jahre geringeren Wachstums und sinkender Gewinne einleitete (»Große Depression« 1873–96), und angesichts zunehmender sozialer Spannungen im Reich auf einmal in der Kolonialpolitik ein Ventil für den aufgestauten inneren Druck erblickt habe. Die Expansion nach außen sollte von den wirtschaftlichen, sozialen und politischen Schwierigkeiten im Inneren ablenken, sie möglichst sogar entschärfen. Diese These vom Imperialismus als *Sozialimperialismus* (Hans-Ulrich Wehler),

Tafel 15 *Formal steht der japanische Farbholzschnitt vom Ende des 19. Jahrhunderts in der Tradition der Nagasaki-Drucke, Darstellungen, die überwiegend die Begegnung mit Angehörigen anderer Völker zeigen und wegen ihres Realismus und ihrer Farbgebung in Japan sehr geschätzt waren. Der hier abgebildete* Zug der fünf Nationen *(USA, GB, F, R, NL), zugleich imperialistischer Mächte, zeigt die Übernahme europäischer bzw. amerikanischer Zivilisation, der sich die Japaner – nicht nur auf diesem Bild – weitgehend angeschlossen hatten.*

Tafel 16 *Obwohl José Clemente Orozco (1883–1949)* einen verbundenen Indio *darstellt, sieht der mexikanische Künstler eigentlich die Europäer, und er sieht sie als die, die sein Land gedemütigt und gekränkt haben. Er selbst, in der mexikanischen Revolution engagiert, ist auf der Suche nach dem ursprünglichen Mexiko.*

für die besonders der deutsche Fall Belege liefert, vermag an zeitgenössische Deutungen der imperialistischen Politik anzuknüpfen. »Was wird mit der sogenannten Kolonialpolitik denn eigentlich bezweckt?« fragte zum Beispiel der sozialdemokratische Abgeordnete *Wilhelm Liebknecht* im März 1885 im Berliner Reichstag. Die Antwort gab er selbst:

»Da klagen unsere Fabrikanten, daß ihre Produkte keinen Absatz finden. Ja, meine Herren, warum haben sie keinen Absatz? Weil das Volk nicht kaufen kann – eine Folge unserer mangelhaften sozialen Verhältnisse, und wenn die Sozialreform wirklich den Hebel an der richtigen Stelle ansetzen will, dann muß sie dafür sorgen, daß der Nationalreichtum ... auch seine richtige Verteilung findet. Und wird etwa durch die Kolonialpolitik etwas nach dieser Richtung erreicht? Nein, meine Herren, Sie exportieren einfach die soziale Frage. Sie zaubern vor die Augen des Volkes eine Art Fata Morgana auf dem Sande und auf den Sümpfen Afrikas.«[66]

Die These vom »Sozialimperialismus« hat den Vorzug, daß sie darauf verzichtet, den Imperialismus monokausal zu erklären. Sie liefert vielmehr eine Deutung, welche die imperialistische Politik der Mächte auf ein Geflecht innen- und machtpolitischer Motive, wirtschaftlicher Interessen, sozialer Ängste und Erwartungen zurückführt. Imperialismus ist danach ein politisches, aber in nicht geringerem Maße auch ein wirtschaftliches und sozialpsychologisches Phänomen.

3. Rußland in Asien

Ziele der territorialen Expansion

»Beherrsche den Osten« – das bedeutet der Name der Stadt Wladiwostok, die 1860 an der Küste des Pazifischen Ozeans gegründet wurde. Der Name war ein Programm. Rußlands territoriale Expansion unterschied sich jedoch grundlegend von derjenigen der anderen europäischen Staaten. Es gründete kein überseeisches Kolonialreich, sondern dehnte sich schon seit Mitte des 16. Jahrhunderts über den Ural hinaus nach Sibirien aus. Im 19. Jahrhundert zielte die russische *Expansion in vier Richtungen:* in den Fernen Osten, nach Mittelasien, in das Gebiet des Kaukasus und auf den Balkan. Ihr Ergebnis war ein in riesige räumliche Dimensionen hineinwachsendes Imperium, das *militärisch-staatliche Eroberung* mit einer ihr folgenden *Siedlungsbewegung* verband und dessen Nervenstränge nicht Seewege, sondern Eisenbahnlinien wurden. Dieses Imperium beruhte auf der straffen Unterordnung der annektierten Gebiete unter ein autokratisches Regime.

Verkauf Alaskas

Wegen des unmittelbaren territorialen Zusammenhangs dieser Gebiete mit dem Gesamtreich ist eine Unterscheidung zwischen Mutterland und Kolonien im russischen Falle schwieriger zu machen als sonst irgendwo. Der Aufbau eines überseeischen russischen Kolonialreichs blieb Episode. Aus Nordamerika zogen sich die Russen zurück. Dort hatten sie schon 1791 Alaska erreicht. An der Küste Kaliforniens ließen sich sogar russische Siedler nieder. 1867 verkaufte die russische Regierung Alaska für 7,2 Mio. Dollar an die USA. Der Biologe und Schriftsteller *Nikolaj Danilewski* schrieb 1869 in seinem einflußreichen Buch »Rußland und Europa«:

»Das russische Volk sendet nicht wie die Bienenstöcke aus seiner Mitte Schwärme aus, die Zentren neuer politischer Gesellschaften bilden, wie die Griechen im Altertum und die Engländer in der Neuzeit ... Der russische Staat ist schon von den Zeiten der ersten russischen Fürsten an Rußland selber, das sich allmählich und unaufhaltsam nach allen Seiten ausdehnt, indem es die an es angrenzenden, unbewohnten Flächen besiedelt und sich die in seine Staatsgrenzen eingeschlossenen fremdstämmigen Einwohner anpaßt.«[67]

Die russische Expansion in Asien verstärkte sich nach dem Krimkrieg. China mußte 1858 aufgrund eines »ungleichen Vertrages« die Amurprovinz an Rußland abtreten. Die Steppengebiete Turkestans gingen schrittweise in russischen Besitz über: 1864 wurde die Stadt Taschkent eingenommen. Seit den 80er Jahren richtete sich der russische Imperialismus auf Persien, Afghanistan, Singkiang, die Mongolei und die Mandschurei. Das rief den Widerstand Englands auf den Plan, das seine kolonialen Interessen in Indien und im Fernen Osten bedroht sah. Zusammen mit der russischen Politik auf dem Balkan begründete somit die russische Expansion einen *weltpolitischen Gegensatz zu England,* der erst 1907 durch den britisch-russischen Ausgleichsvertrag über Interessengebiete in Asien weitgehend beigelegt werden konnte.

Der Panslawismus

Einen Nebenschauplatz russischen Expansionsstrebens, der aber im besonderen Maße »konfliktträchtig« war, bildete der Balkan. Dort stand die russische Politik unter dem Einfluß panslawischer Ideen, die dem traditionellen Anspruch auf ein russisches Patronat über die Völker orthodoxen Glaubens noch die Vorstellung der großen slawischen Gemeinschaft hinzufügten. *Fjodor Dostojewski* sprach 1876 von dem Plan, »das ganze Slawentum unter den Fittichen Rußlands zu vereinigen«.[68] Seine ersten Anregungen hatte der Panslawismus von Herder und Hegel erhalten. Insbesondere Tschechen förderten den Gedanken einer *slawischen Schicksalsgemeinschaft.* Der 1. Allslawische Kongreß tagte 1848 in Prag, der 2. Kongreß 1867 in Moskau. Bekannte Propagandisten einer panslawischen Politik Rußlands waren neben Danilewski der Schriftsteller *Rastislaw Fadéjew* und der Publizist *Michail Katkow.* Ihr Ziel war ein slawischer Staatenbund unter der politischen und geistigen Führung des Zaren. Die osmanische Türkei und Österreich-Ungarn sollten zerschlagen werden, damit West- und Südslawen frei würden. Bei den slawischen Völkern stießen die Ideen der russischen Panslawisten nicht selten auf Argwohn, da sie hinter ihnen russische Machtpolitik vermuteten. In diesem Argwohn bestätigte sie die zaristische Russifizierungspolitik in Polen und Finnland. Für die Slawen des Balkans bedeutete die Berufung auf den Panslawismus aber häufig ein willkommenes Mittel in ihrem Kampf um die nationale Unabhängigkeit.

III. Zwei neue imperialistische Mächte: Die USA und Japan

Gegen Ende des 19. Jahrhunderts weitete sich der Kreis der imperialistischen Mächte um zwei außereuropäische Staaten aus: die USA und Japan. Beide Staaten erlebten in diesen Jahren eine Phase intensiver Industrialisierung und Modernisierung auf dem staatlich-militärischen und wirtschaftlich-sozialen Gebiet. Im Falle Japans richtete sich die expansive Politik auf die asiatische Gegenküste, im Falle der USA auf die Karibik, Lateinamerika und den Pazifik.

1. Der Aufstieg der USA zur Vormacht der westlichen Hemisphäre

1861–1865	Amerikanischer Sezessionskrieg
1867	Rußland verkauft Alaska an die USA
1898	Spanisch-Amerikanischer Krieg

Die Ausweitung des Staatsgebietes

Bei den USA ging die Expansionsbewegung nach Übersee fast nahtlos aus der dynamischen Entwicklung der jungen Republik seit 1776 hervor, die sich immer weiter in den Westen und Süden des Kontinents ausdehnte. Die territoriale Vergrößerung der Vereinigten Staaten geschah auf dreierlei Weise: (1) durch den Anschluß neuer Bundesstaaten, (2) durch Kauf und (3) durch Eroberung. Zur ersten Gruppe von Erwerbungen gehörte das Gebiet zwischen den 13 Gründerstaaten der USA an der Ostküste und dem Mississippi. Der Anschluß der sich hier bildenden Teilstaaten an die nordamerikanische Union vollzog sich in den Jahren 1792 bis 1819. Im Jahre 1819 kaufte die Union den Spaniern Florida ab. Durch Kauf war schon 1803 der riesige Besitz Frankreichs in Nordamerika – »Louisiana« zwischen dem Golf von Mexiko, kanadischer Grenze und Rocky Mountains – an die USA gelangt. Die weitere Expansion geschah dann im wesentlichen auf Kosten Mexikos, das 1821 seine Unabhängigkeit von Spanien gewonnen hatte. 1836 spaltete sich Texas als unabhängige Republik von Mexiko ab und wurde 1845 von den USA annektiert. In dem sich anschließenden *Amerikanisch-Mexikanischen Krieg* (1846–48) trat Mexiko alle Gebiete nördlich des Rio Grande und einen großen Teil der Pazifikküste ab. Kalifornien, das 1848/49 einen »Goldrausch« erlebte, wurde 1850 Teilstaat der USA. Etwa zur gleichen Zeit (1846) teilten England und die USA das Oregongebiet auf, das beide Staaten seit 1818 gemeinsam verwalteten.

Inbesitznahme des Landes

Um die Jahrhundertmitte hatten die USA ihre heutige territoriale Gestalt gewonnen (▷ Karte S. 221)). Aber die formelle staatliche Hoheit bedeutete noch nicht die wirkliche Inbesitznahme des Landes, vor allem nicht des Gebietes zwischen Mississippi und Kalifornien. An seiner Erschließung beteiligte sich eine rasch ansteigende Zahl europäischer *Einwanderer.* Im Verlaufe dieser wohl größten Wanderungsbewegung der Weltgeschichte wanderten zwischen 1820 und 1914 allein etwa 5,5 Millionen Deutsche nach Nordamerika aus, die meisten in einer »Kettenwanderung«: Sie folgten Verwandten, Freunden oder Nachbarn, die in ihren Briefen über das »Land der unbegrenzten Möglichkeiten« berichteten. Die Suche nach Land oder Arbeit und der Traum von Reich-

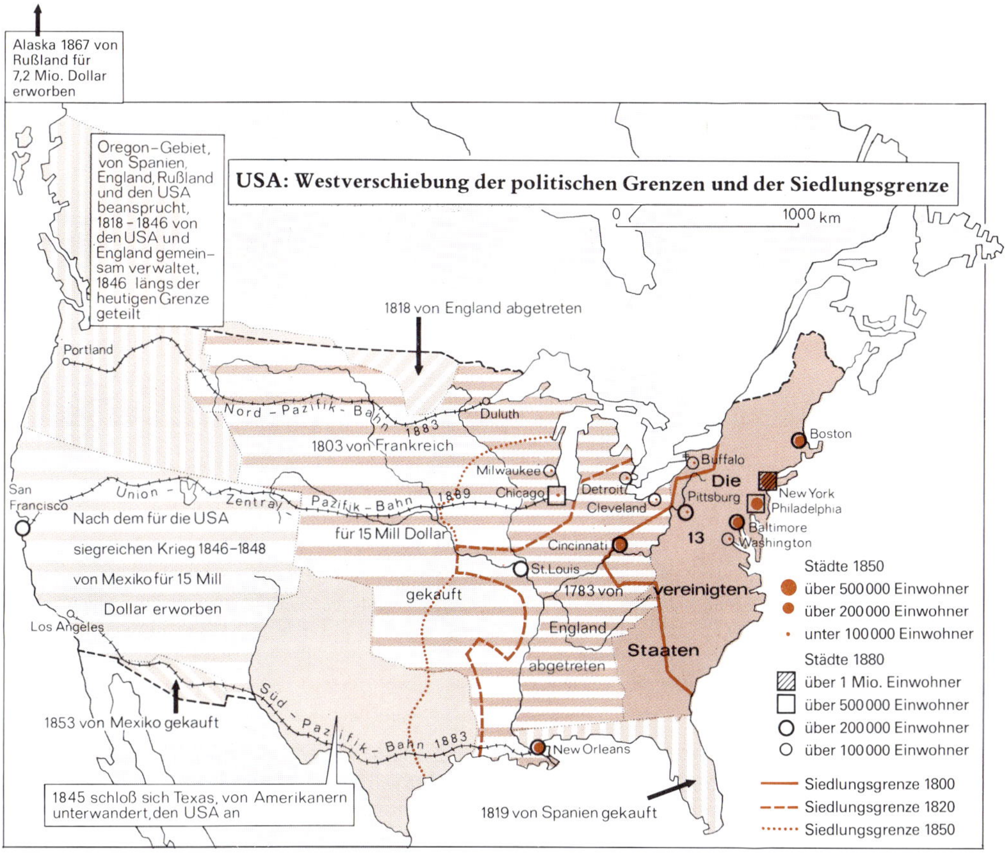

USA: Westverschiebung der politischen Grenzen und der Siedlungsgrenze

tum und Freiheit in der »offenen« amerikanischen Gesellschaft waren die Motive der Auswanderer. Die Besiedlung des Kontinents von Osten nach Westen (»winning of the west«) hatte für das Denken der Amerikaner weitreichende Bedeutung. *Pioniergeist und Individualismus* wurden so etwas wie Nationaltugenden. Die Rechte der nomadisierenden *Indianer* galten wenig. Sie wurden durch »Verträge«, rücksichtslose *Vertreibung* oder *Ausrottungskriege* enteignet und in »Reservate« abgedrängt, die das Washingtoner Bureau of Indian Affairs verwaltete. Erst 1924 erhielten die Indianer das volle amerikanische Bürgerrecht zuerkannt.

Soziale und politische Spannungen

Während sich die »frontier« nach Westen vorschob, traten in den USA schwere soziale und politische Spannungen zutage. Dem Mittleren Westen mit seinem relativ breit gestreuten landwirtschaftlichen Privateigentum standen um die Jahrhundertmitte der sich rasch industrialisierende Nordosten und die auf *Sklaverei* beruhende Plantagenwirtschaft des Südens gegenüber. 1860 lebten in den USA rd. 4 Millionen afrikanische Sklaven bei einer Gesamtbevölkerung von rd. 31,5 Millionen. Die *unterschiedlichen wirtschaftlichen Interessen* der drei großen Regionen der USA führten zu Auseinandersetzungen über die Handels- und

Die Ver-Uneinigten Staaten. *Lithographie in der englischen Zeitschrift »Punch«, 1856. Die Debatte über die Sklaverei in den amerikanischen Südstaaten wurde nicht nur mit wirtschaftlichen Argumenten geführt. Das Buch »Onkel Toms Hütte« von Harriet Beecher-Stowe, eine bewegende moralische Anklage gegen die Sklaverei, übte auf die Öffentlichkeit in den USA und in Europa einen großen Einfluß aus. Es erschien 1852.*

Zollpolitik. Der Nordosten versuchte, seine aufstrebende Industrie durch Zölle vor der überlegenen englischen Konkurrenz zu schützen und einen liberalisierten Arbeitsmarkt herzustellen. Vor allem die 1854 gegründete *Republikanische Partei* kämpfte für die Einführung von Schutzzöllen und die Abschaffung der Sklaverei. Der Süden wollte seine archaische Wirtschafts- und Sozialstruktur erhalten und sogar noch in die neuen Bundesstaaten des Mittleren Westens ausdehnen. Er trat für Freihandel ein, da er für den Absatz seiner Baumwolle auf die britischen Textilfabriken angewiesen war.

Sezessionskrieg

Als 1861 der Republikaner *Abraham Lincoln* zum Präsidenten gewählt wurde, nahmen dies elf Südstaaten zum Anlaß, sich als »Konföderierte Staaten von Amerika« vom Norden abzuspalten. Der darüber ausbrechende *Bürgerkrieg zwischen Nord- und Südstaaten* (1861–65) wurde mit äußerster Erbitterung geführt; er kostete etwa 600 000 Menschen das Leben und verwüstete weite Landstriche des Südens. Die Plantagenwirtschaft zerbrach, da Lincoln 1863 das Ende der Sklaverei verkündet und ihr damit eine ihrer wichtigsten Voraussetzungen genommen hatte.

Nach dem Sezessionskrieg stiegen die USA unter Führung des Nordens, in dem sich über 90 % der Industrieproduktion des Landes konzentrierte, rasch zur wirtschaftlichen Großmacht auf. Die USA, deren staatliche Einheit durch den militärischen Sieg der Nordstaaten gewahrt blieb, erlebten in der Periode der wirtschaftlichen »Reconstruction« (1865–77) ihr *vergoldetes Zeitalter* (»the gilded age«). Die Zahl der Fabrikarbeiter vergrößerte sich von 1,3 Millionen (1860) auf 4,1 Millionen (1890). Die Kohleförderung stieg im gleichen Zeitraum von 16 Millionen auf 141 Millionen Tonnen. Chicago, das 1850 nur 30 000 Einwohner hatte, zählte um 1890 mit mehr als einer Million Einwohnern schon zu den großen Weltmetropolen. Die regionalen wirtschaftlichen Unterschiede konnten in dieser Zeit zwar verringert werden, aber das *Problem der Sklaverei* erfuhr im Grunde nur eine Scheinlösung. Die soziale und politische Situation der Schwarzen veränderte sich nur wenig, da vor allem in den Südstaaten ihre gleichberechtigte Integration in die amerikanische Gesellschaft verhindert wurde.

Wirtschaftliche Interessen und imperiales Sendungsbewußtsein

Durch die Einwanderung, die rasante Industrialisierung und den Ausbau des Eisenbahnnetzes (1869 Linie New York–San Francisco) war der nordamerikanische Kontinent um 1890 erschlossen. Die *»frontier«* als eine Art Grenze zur Unendlichkeit hatte das bereits besiedelte Kalifornien erreicht. Die Wirtschaftspolitik des liberalen »laissez-faire« führte zur Anhäufung riesiger Vermögen, die nach Investitionsmöglichkeiten suchten, im eigenen Lande und zunehmend auch außerhalb der USA. In dieser Situation stellte sich die Frage, worauf sich fortan die überschüssigen Kräfte der jungen amerikanischen Nation richten sollten, die bis dahin im Dienst ihrer *»manifest destiny«* gestanden hatten, nämlich den Kontinent zwischen Atlantik und Pazifik in Besitz zu nehmen. Wie in Europa verband sich in den USA Nationalismus mit Sendungsbewußtsein und wirtschaftlichen Interessen zu einem *imperialen Denken,* das dann seit den 90er Jahren den Eintritt der USA in die Weltpolitik leitete. Der populäre Marineschriftsteller *Alfred Thayer Mahan* behauptete 1893:

> »Die Hawaii-Inseln sind von größter Bedeutung für die handelspolitische und militärische Kontrolle des Pazifiks ..., in dem die Vereinigten Staaten ... das größte Recht auf die politische Vorherrschaft besitzen ... Die Annexion ... wäre eine Erstlingsfrucht und ein Unterpfand dafür, daß die Nation bei ihrem jetzigen Entwicklungsstand zu der Einsicht gelangt ist, es sei nunmehr notwendig, ihre Lebensweise ... hinauszutragen über die Grenzen, die ihren Aktivitäten bislang genügt haben ... Die vergleichende Religionswissenschaft lehrt uns, daß jene Religionen, die auf missionarische Aktivitäten verzichten, zum Untergang verurteilt sind. Ist es mit Völkern nicht ebenso?«[69]

Formen des US-Imperialismus

Auf die amerikanische Öffentlichkeit übten solche Gedanken eine beträchtliche Wirkung aus. Ihre Umsetzung in praktische Politik ließ nicht lange auf sich warten. Als 1895 auf Kuba ein Aufstand gegen die spanische Kolonialmacht ausbrach, nutzte die Regierung in Washington die Gelegenheit, um Spanien unter Berufung auf die Monroe-Doktrin von 1823 (▷ S. 90) den Krieg zu erklären. Nach der Niederlage Spaniens im *Spanisch-Amerikanischen Krieg* (1898) fielen die Reste des einst weltumspannenden spanischen Kolonialreiches an die USA: Puerto Rico, Guam und die Philippinen. Kuba wurde amerikanisches Protektorat. 1898 annektierten die USA auch Hawaii, das zu der Zeit schon unter amerikanischem Einfluß stand. Aber angesichts heftiger Kritik an der imperialistischen Politik zögerte die Regierung des Präsidenten *Theodore Roosevelt,* nach dem Vorbild der europäischen Mächte ein formelles Kolonialreich aufzubauen. Nach 1898 wurde für die amerikanische Politik daher ein eher *informeller Imperialismus* charakteristisch. Sie zog die indirekte Inbesitznahme anderer Länder mit den Mitteln wirtschaftlicher Durchdringung der direkten Herrschaft über Kolonien vor *(Dollarimperialismus).* Die meisten mittel- und südamerikanischen Staaten, der »Hinterhof« der USA, gerieten auf diese Weise in eine wirtschaftliche und dann auch politische Abhängigkeit zum mächtigen Nachbarn im Norden des Doppelkontinents. Unaufgefordert übernahmen die USA die Rolle einer Ordnungsmacht in der westlichen Hemisphäre.

2. Die Öffnung Japans zum Westen

Das fernöstliche Inselreich, über das in Europa nur wenig bekannt war, hatte sich seit dem 17. Jahrhundert nahezu völlig von der Außenwelt abgeriegelt. Russen und Amerikaner versuchten seit Anfang des 19. Jahrhunderts, diese freiwillige Isolation Japans aufzubrechen – lange Zeit ohne Erfolg. Erst das Aufkreuzen amerikanischer Kriegsschiffe in der Bucht von Tokio, das auf die Japaner wie ein Schock wirkte, veranlaßte die japanische Regierung, 1854 mit den USA einen Handelsvertrag zu schließen. Um diese Zeit unterschied sich Japan in den Augen der Amerikaner und Europäer nicht im geringsten von den anderen Ländern des Ostens. Aufgrund seiner wirtschaftlichen Rückständigkeit und militärischen Unterlegenheit schien es dazu prädestiniert zu sein, unter westliche Herrschaft zu fallen. Doch diese Erwartungen erfüllten sich nicht.

Die Reformen der Meiji-Ära

Der erzwungene Kontakt mit der Außenwelt löste in Japan fremdenfeindliche Reaktionen aus, aber zum nicht geringen Staunen westlicher Beobachter auch eine *umfassende Modernisierung,* die den (nach westlichen Maßstäben) unterentwickelten und schwachen Feudalstaat binnen weniger Jahrzehnte in einen mächtigen Industriestaat verwandelte. Ermöglicht wurde die Modernisierung der japanischen Gesellschaft durch den Willen der politischen und sozialen Führungsschicht, sich dem Westen anzugleichen, durch die gute Verwaltungsstruktur des Landes, den hohen Grad der Alphabetisierung, die Einheitlichkeit der Sprache und das entwickelte Verkehrssystem.

Von anderen lernen

Durch die 1868 einsetzenden Reformen der Meiji-Ära erfuhr die staatlich-politische und die wirtschaftlich-soziale Verfassung Japans eine grundlegende Umgestaltung. Heerwesen, Justiz und Verwaltung wurden nach europäischen Vorbildern reformiert, europäische Technik und Wirtschaftsformen in kürzester Zeit übernommen. So orientierte sich die neue Städte- und Gemeindeordnung am preußischen Beispiel. Für die Justizreform lieferte Frankreich das Modell. Beim Aufbau ihrer Flotte schauten die Japaner nach England. Der außerordentliche Erfolg dieser *Reformen von oben* mit dem Ziel, die Unabhängigkeit Japans zu bewahren, beruhte zu einem guten Teil auf der Hilfe ausländischer Experten, die ins Land geholt wurden. Doch er beruhte auch auf der Arbeit japanischer Spezialisten, die nach 1868 in Europa und Amerika ausgebildet wurden. Im Jahre 1875 waren in Japan fast 600 ausländische Experten in Verwaltung und Wirtschaft tätig, um 1890 schon 3000. Die Frage, ob Japans entschlossene Hinwendung zur technischen Zivilisation des Westens für die Entwicklungsländer der Dritten Welt heute Vorbild sein kann, wird häufig diskutiert. Dabei müssen jedoch die unterschiedlichen Voraussetzungen im Auge behalten werden.

Japans Übergang zur imperialistischen Politik

Die Modernisierung des Landes geschah in einem solchen Tempo, daß sich Japan bereits gegen Ende des Jahrhunderts den europäischen Mächten und den USA ebenbürtig fühlte. Gedrängt von der aufblühenden Textil- und Schwerindustrie, die Rohstoffe und Absatzmärkte suchte, begann die japanische Politik schon in den 70er Jahren, den Radius ihrer Interessen und Aktionen zu vergrößern. 1875 einigte sich Japan mit Rußland über den Besitz der Insel Sachalin und der nördlichen Kurilen, 1876 besetzten die Japaner die Riu-Kiu-Inseln zwischen Südjapan und Formosa. Aber den eigentlichen Übergang zur imperialistischen Politik datieren die Historiker für Japan, wie auch für die USA, auf die 90er Jahre, als das asiatische Festland in das Blickfeld der japanischen Politiker rückte. Das Eingreifen chinesischer und japanischer Truppen in einen Aufstand in Korea führte 1894 zum *Chinesisch-Japanischen Krieg,* den Japan mit seinen modern ausgerüsteten Streitkräften für sich entschied. Die anhaltenden japanisch-russischen Rivalitäten in Korea und in der Mandschurei lösten 1904 den *Russisch-Japanischen Krieg* aus, in dem sich zum erstenmal eine asiatische Macht den Streitkräften eines europäischen Staates überlegen zeigte. Nach der Vernichtung der russischen Ostasienflotte und der Ostseeflotte, die um die halbe Welt herangeführt worden war, errang Japan auch einen Sieg über die russische Mandschurei-Armee. Den Frieden zwischen Japan und Rußland vermittelten die USA, die im Fernen Osten vor allem Handelsinteressen verfolgten.

	Japans Aufstieg zur modernen Militärmacht
1853	Ein amerikanisches Geschwader läuft in die Bucht von Tokio ein und erzwingt für die USA den
1854	*Vertrag von Kanagawa.* Er räumt amerikanischen Kaufleuten Hafen- und Handelsrechte ein.
1868–1912	Während der *erleuchteten Regierung des Kaisers Mutsuhito* (Meiji Tenno) entsteht das moderne Japan. Die Bevölkerung wächst von 26 Millionen (1867) auf 52 Millionen (1913).
1889	Eine Verfassung, die sich an der Verfassung Preußens orientiert, verwandelt Japan in eine *konstitutionelle Monarchie.* Der Kaiser wird als die Verkörperung des Staates anerkannt. Alle Männer, die eine Mindeststeuer zahlen, dürfen das Abgeordnetenhaus wählen (1890: 1,14 % der Bevölkerung). Es besitzt nur wenige Kompetenzen.
1895	Nach dem Chinesisch-Japanischen Krieg tritt China im *Frieden von Shimonoseki* Formosa an Japan ab und erkennt die Unabhängigkeit Koreas an.
1902	Das russische Vordringen in Ostasien veranlaßt Japan und England zum Abschluß eines Bündnisvertrages, dem ersten seiner Art zwischen einer westlichen und einer asiatischen Macht.
1904/05	Im *Russisch-Japanischen Krieg* vernichten die Japaner die russische Flotte und besetzen Korea
1905	*Frieden von Portsmouth:* Japan gewinnt Süd-Sachalin, Port Arthur und das Protektorat über Korea und die Süd-Mandschurei.

3. Die »Politik der offenen Tür« in China

1894	Chinesisch-Japanischer Krieg
1900	Boxeraufstand in China
1911/12	Sturz des chinesischen Kaisertums und Gründung der Republik China

Das wirtschaftliche Interesse der Amerikaner konzentrierte sich auf China, dessen staatlicher Zerfall seit der Niederlage im Krieg gegen Japan unmittelbar bevorzustehen schien. Das »Reich der Mitte« hatte sich schon nach dem sogenannten Opiumkrieg gegen England (1839–42), der durch das chinesische Einfuhrverbot für das Rauschgift ausgelöst wurde, dem internationalen Handel öffnen müssen. In den folgenden Jahren hatte es Randgebiete an fremde Mächte verloren: Hongkong an England (1842), die Amurprovinz an Rußland (1858), Indochina an Frankreich (seit 1859). Doch ungeachtet innerer Schwäche, politischer Unruhen und Aufstände gegen die Zentralgewalt in Peking war der Kernraum des Chinesischen Reiches auch am Ende des 19. Jahrhunderts noch nicht unter fremden Mächten aufgeteilt. Ein Grund dafür lag in der dichten Besiedlung Chinas, dessen Bevölkerung um die Jahrhundertwende auf 400 Millionen Menschen geschätzt wurde.

Chinas Konfrontation mit dem Westen

Eine Gemeinsamkeit der chinesischen und japanischen Geschichte im 19. Jahrhundert ist nicht zu übersehen: Beide Völker wurden auf gewaltsame Weise mit westlicher Zivilisation und westlichen Forderungen konfrontiert. Aber ihre Reaktion auf die Herausforderung fiel unterschiedlich aus. Während Japan mehr oder weniger »verwestlichte« und gerade dadurch den Status quo eines unabhängigen Landes bewahrte, lehnte China die Technik und die Lebensformen der Fremden ab. Das aus westlicher Sicht unterentwickelte China wurde, ähnlich wie das Osmanische Reich, zu einem *Tummelplatz imperialistischer Politik:* Den industrialisierten Mächten erschien China als potentiell riesiger Absatzmarkt für Industrieprodukte und als Lieferant wichtiger Rohstoffe. Für die chinesische Oberschicht, vor allem für die Gelehrten- und Beamtenkaste der »Mandarine«, war alles Nichtchinesische barbarisch. Sie setzte sich wie viele andere Chinesen gegen den wachsenden Einfluß der Fremden zur Wehr. Die ältere Form des Widerstandes speiste sich wie in Japan aus der *Fremdenfeindlichkeit.* Der bekannteste der vielen Geheimbünde, die sich am Jahrhundertende gegen die fremden Kaufleute und Missionare in China wandten, wurde die »Gesellschaft der Freiwilligen der geschlossenen Faust«, von den Europäern kurz »Boxer« genannt. Auf den *Boxeraufstand* (1900), an dessen Beginn der deutsche Gesandte in Peking ermordet wurde, antworteten die westlichen Mächte (einschließlich der Russen und Japaner) mit der Entsendung eines Expeditionskorps unter deutschem Oberbefehl.

Noch während der Niederschlagung des Boxeraufstandes trat die Frage der

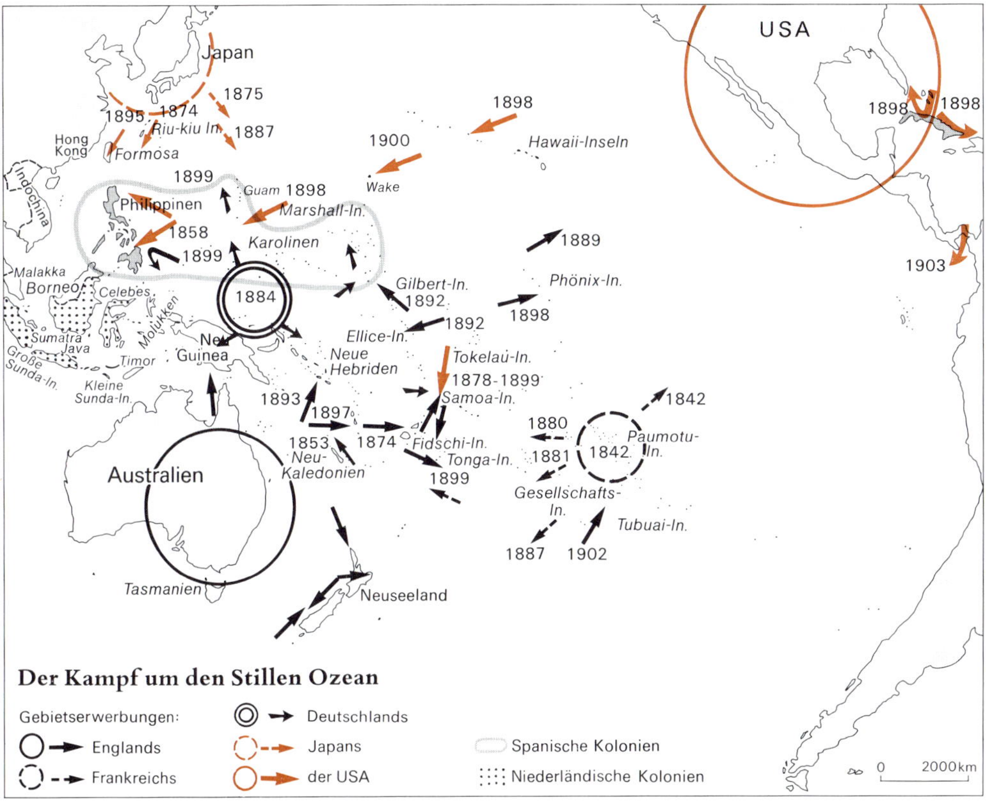

politischen Einflußsphären in China in den Vordergrund. Frankreich und Rußland wünschten eine Zusammenarbeit mit dem Deutschen Reich, um dem wachsenden Einfluß Englands in China entgegenzuwirken. Die europäischen Mächte und auch Japan strebten danach, China als Absatzmarkt für ihre Industrie zu erschließen. Das gleiche galt für die USA. Aber die USA wandten sich gegen die territoriale Zerstückelung Chinas nach dem Muster Afrikas, die durch die erzwungene Verpachtung chinesischer Häfen (»Vertragshäfen«) an einige Mächte offensichtlich schon begonnen hatte (1898: Tsingtao an das Deutsche Reich, Port Arthur an Rußland, Weihaiwei an England). Im Interesse eines freien Handels plädierten die USA für eine »Politik der offenen Tür«, für den ungehinderten Zugang aller Handelsnationen zum chinesischen Markt. England und das Deutsche Reich unterstützten die amerikanische Haltung. Im *Jangtse-Abkommen* (16. 10. 1900) vereinbarten sie freien Handel auf den Flüssen und an der Küste Chinas. Beide Mächte erklärten es als Ziel ihrer Politik, »den Territorialbestand des Chinesischen Reiches unvermindert zu halten«.[70] Wenn auch die »Politik der offenen Tür« die Aufteilung Chinas unter fremde Mächte

Die »Politik der offenen Tür« und ihre Folgen

Grüße von der Chinesischen Mauer. *Deutsche Lithographie, 1900. Vor der Großen Mauer ist das aus sieben Mächten zusammengesetzte Expeditionskorps aufmarschiert, das den Boxeraufstand niederschlagen soll. Ein Chinese gestikuliert drohend. Am 16. August 1900 besetzte das Expeditionskorps Peking.*

letztlich verhinderte, so nahm deren Einfluß nach der Niederschlagung des Boxeraufstandes doch weiter zu.

Die jüngere Form des chinesischen Widerstandes gegen diese Entwicklung gruppierte sich um die wachsende Zahl von Chinesen, die für die umfassende *Modernisierung* ihres Landes nach dem Vorbild Japans eintraten. Die Reformer um den Arzt *Sun Yat-sen,* Sohn eines Bauern, der in den USA und in Japan gelebt hatte, stürzten 1911 das chinesische Kaisertum und gründeten 1912 die *Republik China.* In ihr sollten die drei Prinzipien dieser chinesischen Revolution verwirklicht werden: Nationalismus, Demokratie und Wohlfahrt des Volkes.

IV. Deutsche »Weltpolitik«

1890	»Neuer Kurs« im Deutschen Reich
1898	Beginn des deutschen Flottenbaus
1905/06	1. Marokkokrise und Konferenz von Algeciras
1911	Der »Panthersprung« nach Agadir löst die 2. Marokkokrise aus

Anspruch auf einen »Platz an der Sonne«

»Wir müssen begreifen«, erklärte 1895 der Soziologe *Max Weber,* ein Repräsentant des deutschen Bildungsbürgertums, »daß die Einigung Deutschlands ein Jugendstreich war, den die Nation auf ihre alten Tage beging und seiner Kostspieligkeit halber besser unterlassen hätte, wenn sie der Abschluß und nicht der Ausgangspunkt einer deutschen *Weltmachtpolitik* sein sollte.«[71] Webers Worte faßten prägnant die politische Stimmung in der deutschen Öffentlichkeit nach Bismarcks Entlassung zusammen. Wie die anderen großen Staaten Europas sollte Deutschland seine politischen und wirtschaftlichen Interessen überall in der Welt geltend machen. Vertreter einer solchen Politik war vor allem Kaiser *Wilhelm II.* Der 1888 auf den Thron gelangte Enkel Kaiser Wilhelms I. war begabt, aber sprunghaft, und er hatte eine Vorliebe für politisch schädliche Rhetorik. »Der Ozean ist unentbehrlich für Deutschlands Größe«, behauptete er 1900 beim Stapellauf eines Schlachtschiffes. »Aber der Ozean beweist auch, daß auf ihm in der Ferne, jenseits von ihm, ohne Deutschland und ohne den Deutschen Kaiser keine große Entscheidung mehr fallen darf.«[72] Wie Wilhelm II. dachten auch die verantwortlichen deutschen Politiker. Der Staatssekretär im Auswärtigen Amt und spätere Reichskanzler *Bernhard von Bülow* verlangte 1897 im Reichstag für Deutschland einen »Platz an der Sonne«.[73] Das vordringliche Ziel der Politik Bismarcks nach 1871, die Wahrung des Friedens in Europa, trat zugunsten weltpolitischer Ambitionen zusehends in den Hintergrund.

»Persönliches Regiment« Wilhelms II.

Die Veränderung in der deutschen Außenpolitik nach 1890, der Übergang von der vorsichtigen europäischen »Sicherheitspolitik« (Bismarck) zur lautstark vertretenen »Weltpolitik«, schlug sich auch in der *Innenpolitik* nieder. Obwohl die Reichsverfassung dies nicht vorsah, wollte Wilhelm II. gegenüber Bismarck und seinen schwachen Nachfolgern ein »persönliches Regiment« durchsetzen. Der hochbetagte Reichskanzler Fürst Chlodwig zu Hohenlohe-Schillingsfürst war 1894 unter dem Gesichtspunkt ernannt worden, daß der Kaiser gleichsam sein »eigener Kanzler« sein wollte. Letztlich blieb dieser Anspruch Fiktion, was insbesondere die *Daily-Telegraph-Affäre* zeigte. Am 28. 10. 1908 hatte die Londoner Zeitung »The Daily Telegraph« ein Interview des Kaisers zu den deutsch-britischen Beziehungen veröffentlicht, das sowohl in Deutschland als auch in England auf heftige Kritik stieß. Als ein Freund Englands, so hatte der Kaiser erklärt, gehöre er in Deutschland zu einer Minderheit. Während des Burenkrieges in Südafrika habe er den Engländern gute Ratschläge gegeben. Alle deutschen Parteien verurteilten, wenn auch mit unterschiedlicher Schärfe, die törichten Ausführungen des Kaisers und seine offenbar verfassungswidrige Einmischung in die Außenpolitik. Die historische Forschung hat aber nachgewiesen, daß Wilhelm II. zwar politisch falsch, aber verfassungsrechtlich korrekt gehandelt hat. Denn das Interview hatte dem damaligen Reichskanzler von Bülow vorgelegen, der seine Veröffentlichung nicht verhinderte. Die Affäre erschütterte nachhaltig die Stellung des Kaisers, des Repräsentanten dieses Zeitalters, der bei der deutschen Bevölkerung durchaus populär war.

1. Die deutsch-englische Flottenrivalität

Motive und Ziele des Tirpitz-Plans

Führende Politiker des Wilhelminischen Deutschland betrachteten eine Flotte als Voraussetzung und Instrument von Weltpolitik. Wie die bewunderte englische Flotte sollte die deutsche Flotte die Handelsverbindungen nach Übersee schützen und die Kolonien sichern. Der Inspirator und Organisator des seit 1898 massiv einsetzenden Flottenbauprogramms war Admiral *Alfred von Tirpitz.* Er leitete seit 1897 das Reichsmarineamt. Tirpitz gewann nicht nur die

Führungsschicht des Reiches für den Aufbau einer deutschen Seemacht. Mit Hilfe des auf seine Anregung hin gegründeten Deutschen Flottenvereins (1898), den die deutsche Schwerindustrie finanzierte, wurden die propagierten »deutschen Seeinteressen« in der Bevölkerung außerordentlich populär. Die Leitidee des Admirals, wie sie sich im *Tirpitz-Plan* niederschlug, war es, durch »eine möglichst starke Schlachtflotte« für den potentiellen Gegner einen Konflikt mit dem Reich zu einem großen militärischen Risiko zu machen. Nach dem Tirpitz-Plan sollte die künftige deutsche Flotte der englischen Flotte, die den Bezugspunkt der deutschen Planungen bildete, nicht in der Zahl der Schiffe, wohl aber in deren waffentechnischer Qualität überlegen sein.

Englands Reaktion

Englands Antwort auf die Rüstungsanstrengungen des Reiches war unmißverständlich. Die Briten reagierten auf die Herausforderung nicht nur mit einer Vermehrung der eigenen Seerüstung, sondern sie versuchten ihrerseits, die deutschen Anstrengungen durch die qualitative Verbesserung ihrer Flotte zu übertreffen. 1905/06 bauten sie die erste *Dreadnought,* ein Großkampfschiff mit neuartiger Panzerung und Bewaffnung. Von den insgesamt 102 Schlachtschiffen und Panzerkreuzern der britischen Grand Fleet gehörten um 1913 29 zur Klasse der modernen Dreadnoughts. Zum gleichen Zeitpunkt verfügte das Reich nur über 17 Schiffe dieser Klasse.

Die Kriegsflotten am Vorabend des Ersten Weltkrieges

	Schlachtschiffe	Panzerkreuzer
England	59	43
Deutsches Reich	33	13
USA	32	14

Scheitern der deutsch-englischen Bündnisverhandlungen

Obwohl die militärische Macht des Reiches ständig wuchs, bewirkte der deutsche Flottenbau keine Stärkung der deutschen Sicherheit. Die verantwortlichen Politiker und Militärs in Berlin erkannten nicht, daß die mehrmals angestrebte deutsch-englische Verständigung ohne eine Regelung der Flottenfrage undenkbar war. Seit der Jahrhundertwende machte die britische Regierung politische Konzessionen an das Reich von der Zusicherung abhängig, daß der deutsche Flottenbau die Überlegenheit der englischen Flotte nicht gefährdete. Aber für Berlin sollte die rasch wachsende Flotte auch das Druckmittel sein, um England zur Annäherung an Deutschland zu zwingen. Eben das jedoch erwies sich als Fehlkalkulation. Die zuletzt in den Jahren 1898–1901 zwischen London und Berlin geführten Bündnisverhandlungen erbrachten kein konkretes Ergebnis. England, das seine traditionelle Politik der »splendid isolation« nicht aufgeben wollte, lehnte es ab, in Friedenszeiten feste Bündnisverpflichtungen einzugehen, die die deutsche Regierung hartnäckig forderte.

Das Konzept des Kontinentalblocks

Je mehr sich danach das deutsch-britische Verhältnis abkühlte, desto vielversprechender erschien der Reichsregierung die erneute *Hinwendung zu Rußland,* möglicherweise sogar unter Einbeziehung Frankreichs. Den Höhepunkt dieser deutschen Bemühungen um einen europäischen Kontinentalblock gegen die

Weltmacht England bildete der *Vertragsentwurf von Björkö,* den Wilhelm II. in einer eigenmächtigen Aktion dem russischen Zaren Nikolaus II. bei einem Treffen in den finnischen Schären vorlegte (24. 7. 1905). Der Entwurf sah eine gegenseitige Beistandspflicht vor, wenn eines der beiden Kaiserreiche in Europa angegriffen würde. Rußland sollte überdies Frankreich bewegen, der Vereinbarung »als Verbündeter« beizutreten. Wäre der Vertragsentwurf von Björkö realisiert worden, hätte dies eine radikale Veränderung der europäischen Gesamtsituation bedeutet. Für das Reich wäre ein Höchstmaß an bündnispolitischer Abstützung erreicht worden. In den Worten des triumphierenden Kaisers: »Eine große Erleichterung der Lage für mein teures Vaterland, das endlich aus der scheußlichen Greifzange Gallien-Rußland befreit werden wird.«[74]

Entente Cordiale

Der Vertrag von Björkö trat jedoch nie in Kraft. Er scheiterte an der irrigen Annahme, alle kontinentaleuropäischen Mächte hätten ein gemeinsames Interesse an der Schaffung eines Gegengewichts zu England. Ein solches Interesse hatte das Reich, bis zu einem gewissen Grade auch Rußland, nicht jedoch Frankreich. Gerade Frankreich suchte nach dem Zusammenstoß der britischen und französischen Kolonialexpansion im Sudan (▷ S. 203) bessere Beziehungen zu England. Die *Entente Cordiale* (8. 4. 1904) beider Mächte nahm sogar schrittweise die Qualität eines Bündnisses an. Dabei war das 1904 begründete »herzliche Einverständnis« zwischen Frankreich und England ursprünglich nur ein Kolonialabkommen: Die französische Regierung erkannte die Stellung Englands in Ägypten und im Sudan an und gewann dafür das britische Einverständnis, die französische Vorherrschaft in Marokko hinzunehmen. Das nordafrikanische Königreich hatte als eines der letzten »freien Gebiete« in Afrika seine Unabhängigkeit bis dahin bewahren können.

2. Die Marokkokrisen

Deutsch-französische Rivalität in Marokko

Gestützt auf das 1904 geschlossene Abkommen mit England, ging Frankreich daran, seine politische und wirtschaftliche Stellung in Marokko auszubauen. Doch diesen Teil Afrikas betrachtete auch das Deutsche Reich als Einflußsphäre, zumal es dort aus Berliner Sicht deutsche Wirtschaftsinteressen zu schützen galt. Als Frankreich 1905 durch einen Vertrag mit dem Sultan von Marokko sein Protektorat über das Land errichten wollte, besuchte der deutsche Kaiser demonstrativ die marokkanische Hafenstadt Tanger (31. 3. 1905). Damit sollte in offener Konfrontation mit Frankreich, dessen Bündnispartner Rußland durch den Krieg gegen Japan gelähmt schien (▷ S. 225), das deutsche Interesse an Marokko betont werden.
Die auf deutschen Wunsch hin einberufene *Konferenz von Algeciras* (Januar–März 1906) zeigte, daß die Politiker in Berlin die internationale Kräftekonstellation falsch eingeschätzt hatten. Bei dem Versuch, Frankreich eine politische Niederlage zu bereiten, sah sich Deutschland isoliert. Die Konferenz bestätigte zwar den Grundsatz der »offenen Tür« für Marokko und die Souveränität des

Sultans. Doch der Konferenzverlauf war für die deutsche Diplomatie ein Mißerfolg.

„Panthersprung" nach Agadir

Vor allem die sich abzeichnende französisch-englische Zusammenarbeit hätte dem Reich eine Warnung sein müssen. Aber schon eine weitere Krise um Marokko ließ erkennen, daß die Berliner Regierung keine Lehre daraus gezogen hatte. Als im April 1911 ein Aufstand die Herrschaft des Sultans von Marokko in Frage stellte, besetzten französische Truppen die Hauptstadt Fes. Wieder unter dem Vorwand, deutsche Interessen schützen zu müssen, entsandte die deutsche Regierung das Kanonenboot »Panther« in den marokkanischen Atlantikhafen Agadir. Aber der *»Panthersprung« nach Agadir* (1. 7. 1911) ging in Leere, weil das Reich sich mit der Stellung Frankreichs in Marokko abfinden mußte. Die 2. Marokkokrise wurde nicht mehr durch eine internationale Konferenz beigelegt, sondern durch ein Abkommen der beiden Hauptkontrahenten. Im Marokko-Kongo-Vertrag (4. 11. 1911) erklärte sich das Deutsche Reich mit der französischen Schutzherrschaft über Marokko einverstanden. Dafür erhielt es territoriale Kompensationen in Mittelafrika: Frankreich trat zwei schmale Gebietsstreifen an die deutsche Kolonie Kamerun ab. Außerdem versprach die Regierung in Paris, die deutschen Wirtschaftsinteressen in Marokko zu respektieren.

Folgen der Marokkokrisen

Den Ausgang der beiden Marokkokrisen haben nicht erst die Historiker als diplomatische Niederlagen des Reiches gewertet. Darüber hinaus war bei den Zeitgenossen der Eindruck entstanden, die deutsche »Weltpolitik« bedrohe den Frieden Europas. Wie die Politik des Reiches damals in London beurteilt wurde, läßt eine Notiz des einflußreichen Abteilungsleiters im britischen Außenministerium Sir Eyre Crowe erkennen. Crowe schrieb am 3. 7. 1911: »Die Tatsache, daß Deutschland den Sprung gemacht hat, muß der Annahme Raum geben, daß es sich jetzt in der Lage glaubt, der Gefahr einer bewaffneten französisch-britischen Gegnerschaft zu trotzen ... Wenn sich ... erweisen sollte, daß dem so ist, so stehen wir nun einer dringenden und unmittelbaren Gefahr gegenüber, für die gerüstet zu sein von vitaler Bedeutung ist.«[75]

Die Forschung hat jedoch deutlich gemacht, daß die deutsche Politik in den Marokkokrisen nicht Ausdruck von Kriegsbereitschaft war, sondern als Machtdemonstration angelegt war. Berlin wollte den Anspruch geltend machen, bei internationalen Vorgängen befragt, gehört und gegebenenfalls (zum Beispiel mit Kolonialgebieten) entschädigt zu werden. Indes, die direkte Folge der 2. Marokkokrise war eine Intensivierung der britisch-französischen Entente, die zu einer engeren Zusammenarbeit der Generalstäbe beider Mächte führte.

D. Der Erste Weltkrieg

Den Ersten Weltkrieg betrachten viele Historiker als »*die* Ur-Katastrophe dieses Jahrhunderts« (George F. Kennan),[76] auf welche die politische Entwicklung in Europa im Zeitalter des Imperialismus scheinbar unaufhaltsam zutrieb. Diese Ahnung hatten schon manche Zeitgenossen. »Die Humanität und die Verbrüderung der Völker«, schrieb der Berliner Theologe Adolf von Harnack 1905 in den »Preußischen Jahrbüchern«, »ist in unseren Tagen, da sie sich im Raume immer härter zu stoßen beginnen, mehr bedroht, als die meisten noch ahnen.«[77] Kolonialpolitische Rivalitäten wie die Vorgänge um Marokko verschärften in den Jahren vor 1914 die politischen Spannungen in Europa. Dennoch erwuchs der Weltkrieg nicht aus kolonialen Konflikten, sondern er nahm seinen Ausgang vom klassischen Krisenherd Europas seit dem frühen 19. Jahrhundert: dem Balkan mit seinen komplizierten politischen und nationalen Problemen. Die eskalierenden Krisen in Südosteuropa belasteten zunehmend die Beziehungen der Großmächte.

I. Europa am Vorabend der Katastrophe

1. Das »Pulverfaß Europas«

Krisen auf dem Balkan

Die politische und wirtschaftliche Lage der »unfertigen« Nationalstaaten auf dem Balkan blieb auch nach dem Berliner Kongreß labil (▷ Karte S. 187). Nationale Bestrebungen trugen politische Unruhe über die sich häufig verschiebenden Grenzen hinaus und gefährdeten vor allem den territorialen Bestand der osmanischen Türkei, deren Herrschaft über die Balkanvölker weiter zerbröckelte. Die Rivalitäten und nationalen Ansprüche der neuen Staaten gewannen dadurch eine besondere Brisanz, daß sie sich häufig mit den Interessen der Großmächte zu einer explosiven Mischung verbanden. Im Verlauf der ersten großen Krise, die sich nach der Jahrhundertwende aus einer solchen Mischung entwickelte, annektierte im Herbst 1908 Österreich-Ungarn *Bosnien und die Herzegowina* – Gebiete, welche die Wiener Regierung seit 1878 nach vorheriger Absprache mit Rußland verwaltet hatte. Hinter dem Vorgehen der Habsburgermonarchie stand einerseits der Gedanke, in einem trialistisch zu gliedernden Staatswesen neben Österreich und Ungarn einen südslawischen Reichsteil zu bilden. Solche Pläne verfolgte vor allem der Thronfolger *Franz Ferdinand,* der auf diese Weise den nationalen Bestrebungen der Südslawen entgegenkommen wollte. Andererseits versuchte Österreich-Ungarn, in dem Wettlauf der Großmächte um territoriale Erwerbungen bislang Versäumtes nachzuholen. Das österreichische Vorgehen forderte jedoch heftige Reaktionen in Rußland, vor allem aber bei der Regierung Serbiens heraus, die ihre Absicht durchkreuzt sah, die Südslawen unter serbischer Führung politisch zu einigen. Nur das vermittelnde Eingreifen des Deutschen Reiches konnte Rußland, den

Der kochende Kessel. *Karikatur in »Punch«, 1912. Die europäischen Großmächte unternahmen nur halbherzige Versuche, um die Ursachen der periodischen Balkankrisen zu beseitigen. Hilflos beobachteten sie die Entwicklung, die Europa mehrfach an den Rand des Krieges führte.*

Protektor Serbiens und des südslawischen Nationalismus, zur Hinnahme der Annexion bewegen.

Das Vorgehen Österreich-Ungarns auf dem Balkan löste eine *Kettenreaktion* aus. *Bulgarien* erklärte seine völlige Unabhängigkeit von der osmanischen Oberherrschaft (1908). Als Italien 1911 die letzten nordafrikanischen Gebiete unter formeller osmanischer Herrschaft besetzte (Libyen), schlossen Bulgarien, Serbien, Griechenland und Montenegro mit russischer Vermittlung den *Balkanbund,* um bei der Beerbung des »kranken Mannes am Bosporus« nicht zu kurz zu kommen. Im Oktober 1912 unterlag die Türkei im *1. Balkankrieg* den verbündeten Armeen des Balkanbundes. In dieser gefährlichen Situation benutzten die englische und deutsche Diplomatie eine gemeinsam einberufene Botschafterkonferenz in London als Mittel zur Krisenbewältigung. Im *Londoner Frieden* (30. 5. 1913) verzichtete die Türkei auf ihr europäisches Territorium bis auf einen Brückenkopf um Konstantinopel. Doch schon wenige Wochen später führte der Streit der Bündnispartner um die Aufteilung der eroberten türkischen Gebiete zum *2. Balkankrieg.* Nun griff Bulgarien *Serbien* an, das jedoch von Rumänien, Griechenland, Montenegro und der Türkei unterstützt wurde. Als Bulgarien der Übermacht zu unterliegen drohte, kam auf Druck Österreich-Ungarns der *Frieden von Bukarest* (10. 8. 1913) zustande: Makedonien wurden unter Serbien und Griechenland aufgeteilt, Rumänien gewann die Süddobrudscha, Albanien wurde selbständiges Fürstentum. Aber auch nach dem Frieden blieb die Lage auf dem Balkan gespannt: Als Führungsmacht einer großserbischen Bewegung trat Serbien immer stärker als Widersacher der Habsburgermonarchie hervor.

Aufteilung der europäischen Türkei

Bemühungen um Frieden und Abrüstung

Den Zeitgenossen waren die Gefahren für den Frieden in Europa, die seit der Jahrhundertwende vom Balkan, von den wachsenden internationalen Spannungen und dem allgemeinen Rüstungswettlauf ausgingen, durchaus bewußt. Gegen diese bedrohliche Entwicklung wandten sich die Pazifisten. Der *Pazifismus* gewann gegen Ende des 19. Jahrhunderts nicht zuletzt durch Bertha von

Suttners Buch »Die Waffen nieder!« (1889) und durch das Wirken des französischen Sozialisten *Jean Jaurès* breitere Unterstützung. Die österreichische Schriftstellerin *Bertha von Suttner,* die mit *Alfred Nobel,* dem Erfinder des Dynamits, befreundet war, konnte diesen zur *Stiftung des Friedensnobelpreises* (1896) bewegen, den sie dann selbst 1905 erhielt. Auf Weltfriedenskongressen, wie sie erstmals 1891 in Rom und seit 1901 jährlich in europäischen Städten stattfanden, entwickelten die Pazifisten umfassende Programme zur Friedenssicherung. Diese Bemühungen griffen auf der staatlich-völkerrechtlichen Ebene die beiden *Haager Friedenskonferenzen* auf, deren Einberufung auf das »Friedensmanifest« (24. 8. 1898) des jungen Zaren Nikolaus II. zurückging. Bis heute gibt es keine befriedigende Erklärung für die Beweggründe zu dem »Blitzstrahl aus dem Norden«, wie eine Pariser Zeitung die russische Initiative bezeichnete. Die Historiker haben auf die kritische innen- und außenpolitische Lage des Zarenreiches am Ende des Jahrhunderts hingewiesen. Danach ging der Vorschlag einer Konferenz, die »den unaufhörlichen Rüstungen ein Ziel setzen«[78] sollte, auf die Einsicht der russischen Regierung zurück, daß Rußland im Rüstungswettlauf aus finanziellen und wirtschaftlichen Gründen nicht mithalten könne. Beide Haager Konferenzen vermochten jedoch in der entscheidenden Frage der Abrüstung keine Ergebnisse zu erzielen. Indes: Der Versuch, völkerrechtlich verbindliche Regeln für die Kriegführung festzulegen, hat nicht nur das Gewissen geschärft, sondern auch das Handeln im Kriege beeinflußt.

Haager Konferenzen

Die Haager Friedenskonferenzen

1899	An der 1. Haager Friedenskonferenz (18. 5.–29. 7.) nehmen 26 Staaten teil. Es werden Konventionen über die Humanisierung der Kriegführung (Haager Landkriegsordnung) und die friedliche Beilegung internationaler Streitigkeiten verabschiedet. Aufgrund der letztgenannten Konvention nimmt der Ständige Schiedshof in Den Haag 1901 seine Arbeit auf.
1907	An der 2. Haager Friedenskonferenz (15. 6.–18. 10) nehmen 44 Staaten teil. Eine Behandlung des Rüstungsproblems scheitert am deutschen und österreichischen Einspruch. Die Landkriegsordnung wird ergänzt.

2. Julikrise 1914

Die Nachricht vom 28. Juni 1914, daß Mitglieder des serbischen Geheimbundes »Schwarze Hand« in der bosnischen Stadt Sarajewo den österreichischen Thronfolger Franz Ferdinand und seine Gemahlin ermordet hatten, setzte die Welt in Kenntnis von einer weiteren jener Gewalttaten, an welche die Menschen damals schon gewöhnt waren. Attentate gegen Staatsmänner und Monarchen häuften sich seit dem späten 19. Jahrhundert. In Serbien löste die Tat zahlreiche Bekundungen der Genugtuung aus. Daraus leiteten die österreichische und deutsche Öffentlichkeit eine bis heute unbewiesene Mitschuld der serbischen Regierung an den Morden ab.

Wachsende Kriegsgefahr nach dem Attentat in Sarajewo

Bereits wenige Tage nach dem Attentat sicherte die deutsche Regierung der österreichisch-ungarischen Regierung unbedingte Bündnistreue bei ihrem Vorgehen gegen Serbien zu. Diese später als *Blankoscheck* (6. 7. 1914) bezeichnete Unterstützung des Reiches für seinen Bündnispartner betrachtete die Berliner Regierung als ein Gebot der Stunde, wenngleich auch sie die Gefahr sah, dadurch in die Verstrickungen der Donaumonarchie auf dem Balkan hineingezogen zu werden. Namentlich der österreichisch-ungarische Generalstabschef *Conrad von Hötzendorf* hatte seit der Annexion Bosniens und der Herzegowina *Präventivkriegspläne* gegen Serbien entwickelt. Doch selbst nach Eingang des deutschen »Blankoschecks« wartete die Wiener Politik mit ihren Schritten gegen Serbien so lange, wie ein Staatsbesuch des französischen Präsidenten Poincaré in St. Petersburg andauerte. Der Besuch (20.– 23. 7.) endete mit der Bekräftigung des russisch-französischen Bündnisses (▷ S. 193). Unmittelbar nach der Abreise Poincarés stellte die Wiener Regierung Serbien ein auf 48 Stunden befristetes *Ultimatum* (23. 7.). In ihm verlangte Österreich-Ungarn von Serbien (1) die Unterdrückung jeglicher Propaganda und aller feindlichen Aktionen gegen die Habsburgermonarchie und (2) die gerichtliche Untersuchung des Attentats von Sarajewo unter Mitwirkung österreichisch-ungarischer Vertreter. Im Ton und in der Härte der Forderungen, zu denen beispielsweise auch die Entlassung serbischer Beamter und Offiziere gehörte, ließ das Ultimatum Serbien im Grunde keine Wahl, denn die Annahme hätte seine Selbstaufgabe als politische Macht bedeutet. Als der russische Kronrat aus Furcht vor Unruhen und unter dem Druck der Panslawisten entschied, »Serbien zu unterstützen, auch wenn man dazu … Kriegshandlungen beginnen müsse«[79] (25. 7.), entschloß sich die serbische Regierung zu einer entgegenkommenden, in Wien jedoch als unbefriedigend gewerteten Antwort auf das Ultimatum. Noch am Abend des Tages (28. 7.), an dem die serbische Antwort in Wien eingetroffen war, erklärte Österreich-Ungarn Serbien den *Krieg.* Der Mechanismus der Bündnisverträge (deutsch-österreichischer Zweibund, russisch-französisches Bündnis, englisch-französische Entente) und militärischen Aufmarschpläne (▷ S. 241) für den Fall eines europäischen Krieges geriet in Bewegung.

»In Europa gehen die Lichter aus«

Die traditionellen Instrumente des »Krisenmanagements«, die die europäische Diplomatie seit dem frühen 19. Jahrhundert entwickelt hatte, zeigten sich der gespannten Situation im Sommer 1914 nicht mehr gewachsen. Aber eine Vermittlung zwischen den Mächten scheiterte nicht nur an den Unzulänglichkeiten der Diplomatie, sondern auch daran, daß einige verantwortliche Politiker an einer friedlichen Beilegung der internationalen Krise im Juli 1914 aus innenpolitischen Gründen wenig interessiert waren. Die Krise lenkte die Aufmerksamkeit der Öffentlichkeit von Problemen im Inneren ab. So weitete sich der lokale österreichisch-serbische Konflikt auf dem Balkan zum lange befürchteten großen Krieg aus. »In ganz Europa gehen die Lichter aus«, soll der Außenminister Sir Edward Grey am Tage des britischen Kriegseintritts gesagt haben. »Wir werden sie in unserem Leben nie wieder leuchten sehen.«[80] Von den

Großmächten blieb im August 1914 nur Italien neutral, obwohl es formal noch dem Dreibund angehörte (▷ S. 190). Aufgrund der abgeschlossenen Bündnisse und militärischen Absprachen standen den Mittelmächten Deutschland und Österreich-Ungarn die Ententemächte Rußland, Frankreich, England und Serbien gegenüber. Die Türkei trat im November 1914, Bulgarien im Oktober 1915 auf der Seite der Mittelmächte in den Krieg ein. Für die Entente entschieden sich Japan, das umgehend die deutschen Besitzungen in China und im Pazifik besetzte, Italien im Mai 1915 aufgrund des geheimen Londoner Vertrages (26. 4. 1915), der ihm Tirol bis zum Brenner zusicherte, und Rumänien im August 1916.

Die Debatte um die Kriegsschuld

Nicht selten wurde der Erste Weltkrieg als eine Art Naturkatastrophe empfunden, welche die europäischen Völker gleichermaßen unvorbereitet traf. Doch war er dies wirklich? Die Frage nach den eigentlichen Ursachen und nach der Schuld am Kriege brachte schon unmittelbar nach Kriegsende eine anhaltende Diskussion in Gang, die dadurch belastet war, daß die Sieger dem Reich klar die Schuld zuwiesen. Gegen die behauptete »Alleinschuld« am Weltkrieg setzten sich die deutsche Publizistik und die Geschichtswissenschaft während der Weimarer Republik teilweise polemisch zur Wehr. Sie verfochten die These, daß die europäischen Mächte mehr oder weniger in den Krieg »hineingeschlittert«, daß sie Treibende und Getriebene gewesen seien. Als dann nach 1945 die Frage der Schuld an den beiden Weltkriegen erneut aufgeworfen wurde, ging es primär um den Nachweis eines kontinuierlichen deutschen Expansions- und Hegemonialstrebens seit dem späten 19. Jahrhundert.

»Griff nach der Weltmacht«?

Nach dem Urteil des Historikers Fritz Fischer war auch der Erste Weltkrieg vom Reich seit Ende 1912 systematisch vorbereitet und als Eroberungskrieg, insbesondere gegen Rußland und Frankreich, geplant worden. Seine Analyse der deutschen Politik in der Julikrise, die er 1961 in einem Buch mit dem Titel »Griff nach der Weltmacht« veröffentlichte, führte zu dem Ergebnis, daß Berlin den österreichisch-serbischen Krieg durch den »Blankoscheck« vom 6. Juli überhaupt erst ermöglicht habe und damit den »entscheidenden Teil der historischen Verantwortung« [81] für den Weltkrieg trage. Der Balkankonflikt sollte im deutschen Kalkül dazu dienen, in dem daraus entstehenden allgemeinen Krieg »die deutschen politischen Ziele, die sich unter den Begriff der Hegemonie Deutschlands über Europa subsumieren lassen, durchzusetzen«.[82] Als zentralen Beleg für seine *These vom deutschen Präventiv- und Eroberungskrieg* führte Fischer eine vom Reichskanzler Bethmann Hollweg autorisierte »Aufzeichnung über die Richtlinien unserer Politik bei Friedensschluß« an (sog. *Septemberprogramm* vom 9. 9. 1914). Sie nannte als allgemeines Ziel des Krieges:

»Sicherung des Deutschen Reiches nach West und Ost auf erdenkliche Zeit. Zu diesem Zweck muß Frankreich so geschwächt werden, daß es als Großmacht nicht neu erstehen kann, Rußland von der deutschen Grenze nach Möglichkeit abgedrängt und seine Herrschaft über die nichtrussischen Vasallenvölker gebrochen werden.«[83]

Dem wurde entgegengehalten, daß auch die Regierungen der anderen Mächte, namentlich Frankreichs und Rußlands, weitreichende *Kriegszielprogramme* formulierten. Das deutsche »Septemberprogramm« sei nicht Ausdruck eines lange geplanten Eroberungskrieges gewesen, sondern ein Produkt der Siegesstimmung in den ersten Kriegswochen. Hinter dem deutschen »Blankoscheck« an Österreich-Ungarn habe sogar eine kriegsvermeidende Konzeption gestanden, nämlich die, durch die öffentliche Unterstützung des Bündnispartners Österreich-Ungarn Rußland von einem militärischen Eingreifen zugunsten Serbiens abzuhalten und so den österreichisch-serbischen Konflikt zu lokalisieren (Egmont Zechlin). Die russisch-französische Kriegsbereitschaft sollte gewissermaßen durch die Betonung der deutschen Kriegsbereitschaft in Schach gehalten werden.

Die Politik des »kalkulierten Risikos«

Diese Position vermochte sich jedoch auch nicht voll durchzusetzen. Als *Ergebnis der »Fischer-Kontroverse«* seit 1961 zeichnet sich vielmehr die Auffassung ab, daß die deutsche Politik in der Julikrise und in den Jahren zuvor von der »Konzeption eines kalkulierten Risikos zur Durchsetzung begrenzter machtpolitischer Veränderungen unter Ausnutzung internationaler Krisensituationen« (Andreas Hillgruber) [84] geleitet wurde. Im Rahmen dieser Konzeption entstand der Gedanke, daß eine »Kraftäußerung« der durch nationale Probleme geschwächten Donaumonarchie vonnöten sei, um ihr wieder den Status einer »vollgültigen« Großmacht zu geben. Eine Chance dafür scheint Berlin im Juli 1914 in einer militärischen »Strafaktion« Österreich-Ungarns gegen Serbien gesehen zu haben. Die Verschiebung der Machtverhältnisse auf dem Balkan zugunsten Österreich-Ungarns konnte nach Meinung der deutschen Politiker von Rußland gerade noch hingenommen werden, da sie seine vitalen Interessen nicht berührte. Dieses Kalkül stand hinter dem deutschen »Blankoscheck« an Wien, hinter dem »Sprung ins Dunkle« (Bethmann Hollweg am 14. 7. 1914). [85]
Von der Leugnung jeglicher deutscher Schuld am Ersten Weltkrieg ist die Geschichtsforschung ebenso abgerückt wie von der Vorstellung, alle Mächte seien in den großen Krieg »hineingeschlittert«. Zumindest der kleine Krieg gegen Serbien war den Regierungen in Berlin und Wien für ihre politischen Ziele dienlich.

Kriegsbeginn 1914

28. 7.	Die Donaumonarchie erklärt Serbien den Krieg. Nach der Beschießung Belgrads durch österreichische Truppen (29. 7.) ordnet Rußland am
30. 7.	die Generalmobilmachung an.
31. 7.	Die deutsche Regierung verkündet den »Zustand drohender Kriegsgefahr« und fordert Rußland ultimativ auf, die Mobilmachung zurückzunehmen.
1. 8.	Als eine russische Antwort ausbleibt, erfolgt die deutsche Kriegserklärung an Rußland. Frankreich macht mobil.
3. 8.	Das Reich erklärt Frankreich den Krieg. Deutsche Truppen marschieren in Belgien ein, das unter Berufung auf seine Neutralität den deutschen Armeen das Durchmarschrecht verweigert hatte.
4. 8.	England verlangt die Respektierung der belgischen Neutralität. Als das Reich der Aufforderung nicht nachkommt, erklärt ihm England den Krieg.

II. Der Krieg in Europa 1914–1918

1914	**6.–9. 9.**	Schlacht an der Marne
1916		Kampf um die französische Festung Verdun
1917	**6. 4.**	Kriegseintritt der USA
1918	**8. 1.**	Proklamation der Vierzehn Punkte des amerikanischen Präsidenten
	18. 7.	Beginn der alliierten Offensiven an der Westfront
	11.11.	Waffenstillstand zwischen dem Deutschen Reich und der Entente

Begeisterung bei Ausbruch des Krieges

Mit Jubel und Begeisterung begrüßte die Bevölkerung in den großen europäischen Staaten den Beginn des Krieges. Nachdem die Entscheidung für den Krieg Ende Juli 1914 gefallen war, gerieten die Völker in einen nationalen Rausch, in dem alle von dem Glauben durchdrungen waren, ihre Freiheit und ihre Ideale gegen einen frevelhaften Angriff verteidigen zu müssen. Die Worte

Ausmarsch der Truppen in Paris und in Berlin, *August 1914. Der Kriegsausbruch überdeckte in den Staaten politische und soziale Gegensätze. Die Mobilmachung einte vorübergehend die Nation. »Es war selbstverständlich«, so beschrieb der Dichter Carl Zuckmayer rückblickend die damalige Stimmung, »es gab keine Frage, keine Zweifel mehr: Wir würden mitgehen, alle.«*

Wilhelms II.: »Mit reinem Gewissen und reiner Hand ergreifen wir das Schwert«, nahmen die Reichstagsabgeordneten, die sich am 3. August im Berliner Schloß versammelt hatten, mit »stürmischer Begeisterung« auf. Während der Kaiser davon sprach, er kenne keine Parteien mehr, sondern nur noch Deutsche, prägte der französische Staatspräsident das Wort von der *»union sacrée«* zwischen Volk und Regierung. Der Zar äußerte die Hoffnung, daß das russische Volk sich wie ein Mann gegen den Feind erheben werde. »Die Bevölkerung«, so erinnerte sich der spätere britische Premier David Lloyd George, »wurde vom Kriegsfieber gepackt. In sämtlichen Hauptstädten schrie sie nach dem Krieg.«[86] Der österreichische Dichter Stefan Zweig, der den »Taumel« des Kriegsbeginns in Wien erlebte, meinte rückblickend:

> »Trotz allem Haß und Abscheu gegen den Krieg möchte ich die Erinnerung an diese ersten Tage in meinem Leben nicht missen. Wie nie fühlten die Tausende und Hunderttausende Menschen, was sie besser im Frieden hätten fühlen sollen: daß sie zusammengehörten, ... daß sie einen nie wiederkehrenden Augenblick miterlebten und daß jeder aufgerufen war, sein winziges Ich in diese glühende Masse zu schleudern, um sich dort von aller Eigensucht zu läutern.«[87]

Der Aufruf der II. Internationale an die sozialistischen Parteien (29. 7. 1914), die gemeinsamen Interessen der Arbeiter im Auge zu behalten und auf ihre Regierungen Druck zur Bewahrung des Friedens auszuüben, verhallte wirkungslos. Die nationale Idee triumphierte über den proletarischen Internationalismus. Wie die anderen Parteien stimmten die deutschen Sozialdemokraten am 4. August den Kriegskrediten zu. Dies machte deutlich, daß die SPD den mit parlamentarischen Elementen durchsetzten preußisch-deutschen Obrigkeitsstaat inzwischen stillschweigend als Rahmen für ihre Politik akzeptiert hatte. Im Grunde war sie der von dem sozialdemokratischen Publizisten Eduard Bern-

---

Tafel 17 Das Regiment »Hoch- und Deutschmeister« Nr. 4 *defiliert vor seinem Oberst-Inhaber Erzherzog Eugen, Gemälde von Alexander Pock (1871–1951), Maler des österreichisch-ungarischen Heeres (Wien, Heeresgeschichtliches Museum). Die Repräsentanten des Heeres, Offizierskorps und Mannschaften, wurden vom Künstler in einem Bild vereint und in ihrem Zusammenwirken dargestellt. Der Regimentsinhaber repräsentiert das Herrscherhaus und bildet mit den ihn umgebenden hohen Offizieren die eine Säule der Armee, die Mannschaft, hier ein Infanterieregiment, die andere. Vom Maler geschickt komponiert, erhält die Regimentsfahne mit ihrem hohen Symbolwert im Bild verbindende Funktion zwischen beiden.*

Tafel 18 Das Ballsouper, *Gemälde von Adolph von Menzel, entstanden 1878 (Nationalgalerie [Ost]-Berlin). Ähnlich wie im »Eisenwalzwerk« (▷ Tafel 7), das drei Jahre früher vollendet worden war, übt der Maler auch mit diesem Werk keine offene Gesellschaftskritik, trägt aber sehr wohl Beobachtungen zusammen, die den Betrachter zur Kritik führen können. Menzel, der als Hofmaler in dieser Welt höfischer Feste zu Hause war, wollte nichts weiter als in einem Augenblicksbild festhalten, was er als aufmerksamer Beobachter wahrnehmen konnte. So hielt er ebenso manche karikierende Situation beim allgemeinen Drängen der Gäste zum kalten Büffet fest wie die Mode und Umgangsformen der Zeit und nicht zuletzt die soziale Zusammensetzung der höfischen Gesellschaft, in der Offiziere und Diplomaten, beide in Uniform, überwiegen.*

Tafel 17

Tafel 18

Tafel 20

stein seit der Jahrhundertwende erhobenen Aufforderung gefolgt, überlebte revolutionäre Doktrinen zu revidieren und sich zu dem zu bekennen, was sie in Wirklichkeit schon längst war: eine auf den bestehenden Nationalstaat ausgerichtete demokratisch-sozialistische Reformpartei.

Das militärische Geschehen im Westen und Osten

Die Kriegsbegeisterung fand zumindest auf deutscher Seite in den ersten Kriegswochen Nahrung in den militärischen Erfolgen. Aus Furcht vor dem Zweifrontenkrieg hatte der deutsche Generalstabschef Alfred von Schlieffen schon 1905 einen Plan ausgearbeitet, der an der *Westfront* einen schnellen Bewegungskrieg vorsah. Der *Schlieffen-Plan* konzentrierte, bei schwacher Sicherung der Ostfront und dünner Besetzung der Westfront von der Schweizer Grenze bis zur Festung Metz, die geballte Kraft der deutschen Armeen auf dem »rechten Flügel« nördlich von Metz. In einer großen Flügelbewegung durch die neutralen Länder Luxemburg und Belgien sollten die deutschen Armeen nach Nordfrankreich hineinstoßen und die französischen Armeen in einer Umfassungsschlacht vernichten. Diese Strategie scheiterte in der *Schlacht an der Marne* (6.–9. 9. 1914), die wohl zu Recht als die Entscheidungsschlacht des Ersten Weltkrieges gewertet wird. Das »Wunder an der Marne« (so die französische Sicht) veränderte den Charakter des Krieges im Westen. Die Fronten erstarrten zum Stellungs- und Grabenkrieg. Von nun an gab es nur noch die strategischen Möglichkeiten der Abnutzung und des Durchbruchs. Zwischen beiden Möglichkeiten bewegte sich das Kriegsgeschehen in den Jahren 1915 bis 1917. Für die »Abnutzung« steht als furchtbares Symbol die *Schlacht um die Festung Verdun* (Februar–Dezember 1916), in der fast 700 000 französische und deutsche Soldaten ihr Leben verloren.

Der Schlieffen-Plan sah für die Anfangsphase des Zweifrontenkrieges nur

---

Tafel 19 *Wenn auch fast eine Generation zwischen Menzels Hofball (▷ Tafel 18) und dem Gemälde* »Ballgespräch« *von J. Wodzinski, es entstand um 1900, liegt, so kann man doch feststellen, wie sich die großbürgerliche Gesellschaft in Kleidung und Umgangsformen an der höfischen des Adels und der Offiziere orientierte. Zugleich bemühte sie sich, an modernen geistigen Strömungen teilzunehmen, wie die Jugendstileinflüsse am Mobiliar zeigen. Adel wie Großbürgertum ist gemeinsam, daß sie sich auf den Bilddokumenten exklusiv, in völliger Abgeschlossenheit von anderen, tieferen sozialen Schichten bewegen. – Wenig später, 1910, entstand das* Gruppenfoto von einer kleinbürgerlichen Familienfeier *in Berlin. Der Fotograf hat sich für seine Aufnahme an den aus der Malerei überlieferten Spielregeln für Gruppengemälde orientiert (zur Deutung des Fotos als Bildquelle ▷ S. 439 ff.). Alles, was der Familie als Zeichen ihres bescheidenen Wohlstands wichtig war, wurde ins Bild genommen.*

Tafel 20 »Wollt ihr von die Blume weg, spielt mit'n Müllkasten!« *Diese zu den sogenannten Hinterhofbildern von Heinrich Zille gehörende Darstellung entstand um 1914. Der Künstler kannte das Milieu der Hinterhöfe und der Proletarierwohnungen in der jungen Reichshauptstadt Berlin. Wenn auch häufig die Darstellung der Unterschichten in seinem Werk mit Berliner Witz verbunden wird, so ist Zille doch einer der frühen Künstler, die ohne Beschönigung das Arme-Leute-Dasein dokumentierten.*

schwache deutsche Kräfte an der *Ostfront* vor. Er stellte das Eindringen russischer Truppen nach Ostpreußen in Rechnung. Aber in zwei großen Umfassungsschlachten (Tannenberg 26.–30. 8. 1914, Schlacht an den Masurischen Seen 6.–15. 9. 1914) konnten die eingedrungenen russischen Armeen besiegt werden. Danach behielten die Mittelmächte ungeachtet zeitweiliger Rückschläge (russische Brussilow- Offensive Juni 1916) im Osten die Initiative. Nach der Oktoberrevolution 1917 strebte die neue, noch wenig stabile Regierung Rußlands mit allen Mitteln ein Ende der Kämpfe an. Im *Diktatfrieden von Brest-Litowsk* (3. 3. 1918) mußte das revolutionäre Rußland den Verlust von Gebieten hinnehmen, die zum Teil jahrhundertelang zum Zarenreich gehört hatten, so die baltischen Staaten, Kongreßpolen, Finnland und die Ukraine. Mit diesem Frieden wurde in Osteuropa das verwirklicht, was die deutsche Regierung im »Septemberprogramm« von 1914 erstmals als eines ihrer Kriegsziele proklamiert hatte: Rußland von der deutschen Grenze abzudrängen (▷ S. 237).

Auf dem Wege zum totalen Krieg

In den Kämpfen der »Hölle von Verdun« wurde die neue Qualität, die der *Krieg zwischen Industriestaaten* mit hochentwickelter Wissenschaft und Technik im 20. Jahrhundert angenommen hatte, offenbar. Die Vorstellung, im Zeitalter der Millionenheere und der ungeheuren Vernichtungskraft moderner Kampfmittel noch einen begrenzten Krieg im Stile der »Kabinettskriege« der Vergangenheit führen zu können, erwies sich als Illusion. Schon im August 1914 notierte der französische Botschafter in St. Petersburg:

> »Der jetzige Krieg gehört nicht zu denjenigen, die durch einen politischen Vertrag beendet werden...; es ist ein Krieg auf Leben und Tod, in welchem jeder Kämpfende seine nationale Existenz aufs Spiel setzt.«[88]

Der Erste Weltkrieg begann als ein Krieg im Geist und Stil des 19. Jahrhunderts. Er verwandelte sich dann aber schnell in einen Krieg, der bereits wesentliche Züge des *totalen Krieges* trug. Dazu gehörten die umfassende Mobilisierung der Bevölkerung in den kriegführenden Nationen zu Kriegsdienst und Kriegsproduktion (Frauenarbeit, Bewirtschaftung), die Erstarrung der Strategie in Materialschlachten wie auch die Verschärfung der wirtschaftlichen Kriegführung. So verhängte England schon im November 1914 gegen Deutschland eine Fernblockade zur See, die es vom Welthandel abschnitt und zur Rationierung von Lebensmitteln zwang. Das Deutsche Reich antwortete mit der *Erklärung des uneingeschränkten U-Boot-Krieges* (4. 2. 1915), dem auch Handels- und Passagierschiffe neutraler Staaten zum Opfer fielen. Die deutsche Hochseeflotte blieb im Krieg hingegen ohne große strategische Aufgaben. Entgegen lautstarker Versicherungen beim Aufbau der Flotte, wollte die deutsche Marineleitung nun das Risiko einer offensiven militärischen Auseinandersetzung mit der überlegenen englischen Flotte nicht eingehen. So kam es nur einmal, in der *Seeschlacht vor dem Skagerrak* (31. 5./1. 6. 1916), zu einer Konfrontation der beiden Hochseeflotten. Sie endete zwar mit einem taktischen Erfolg für die Deutschen, ließ aber die strategische Gesamtlage, vor allem die britische Seeblockade, unverändert fortbestehen.

In einem deutschen Rüstungsbetrieb montieren Arbeiterinnen Maschinengewehre. *Vor allem in der Rüstungsindustrie wurde die Produktion während des Krieges zunehmend standardisiert und mechanisiert. Frauen übernahmen nun Arbeiten, die bislang als typische Männerberufe gegolten hatten. Ihr Anteil an der Industriearbeiterschaft stieg in Deutschland von 22 % (1913) auf 35 % (1918). Aber nach wie vor verdienten Frauen im Durchschnitt nur halb soviel wie ihre männlichen Kollegen. 1918 erhielten sie das Wahlrecht.*

Neue Waffen

Die deutschen U-Boote, deren Angriffe die Verluste der alliierten Handelsflotten 1916 vorübergehend auf monatlich 875 000 Tonnen ansteigen ließen, gehörten zu den *neuen Waffen,* die im Weltkrieg erstmals in größerem Umfang eingesetzt wurden. Dazu zählten auch die schwere Artillerie, das Maschinengewehr, Giftgas, die Tanks und schließlich die Luftwaffe. Sie hatte in der Frühphase des Krieges nur der militärischen Aufklärung gedient, später aber schon Bombardierungen durchgeführt. London erlebte die Angriffe deutscher Zeppeline. Der Vernichtungskraft der neuen Waffen entsprach die furchtbare Zahl der Opfer des Weltkrieges: Sie war höher als in irgendeinem Krieg zuvor. Die meisten Gefallenen hatte das Reich mit über 1,8 Millionen. Rußland beklagte 1,7 Millionen Gefallene, Frankreich 1,4 Millionen, Österreich-Ungarn 1,2 Millionen, Großbritannien 1 Million. Die Gesamtzahl der Toten und Vermißten des Ersten Weltkrieges wird auf fast 10 Millionen geschätzt, die Zahl der Verwundeten auf 20 Millionen.

Folgen des Krieges

Der Krieg brachte *politische Veränderungen* mit sich. Reichskanzler Bethmann Hollweg prophezeite schon während der Julikrise die »Umwälzung alles Bestehenden«[89] durch den Krieg. In seinem Verlauf ist das Staatensystem Europas als »Regulator« der Weltpolitik zusammengebrochen. Der Kriegseintritt der USA (6. 4. 1917), der den Ausgang des Ringens zwischen Entente- und Mittelmächten entschied, markierte das Heraufkommen einer neuen Weltmacht. Er machte den europäischen Krieg zum Weltkrieg. In Rußland schufen Februar- und Oktoberrevolution 1917 eine völlig neue politische und soziale Ordnung. Die Habsburgermonarchie zerfiel 1918 in mehrere Teile. Neue Staaten entstanden, so zuerst das Königreich Polen, das durch eine gemeinsame Erklärung (5. 11. 1916) des deutschen und österreichischen Kaisers proklamiert wurde, dann Finnland und die baltischen Staaten, die im März 1918 selbständig wurden. Bestehende Staaten erlebten im Kriege tiefgreifende *Verfassungsänderungen.* Im Deutschen Reich nahm das Gewicht des Militärs gegenüber der politischen Führung zu. Die 3. Oberste Heeresleitung (OHL), die der Generalfeldmarschall Paul von Hindenburg und der Generalquartiermeister Erich Ludendorff im August 1916 bildeten, gewann eine nahezu diktatorische Machtstellung. Demgegenüber konnte sich in England und Frankreich die politische Führung behaupten. Der Premierminister David Lloyd George und Ministerpräsident Georges Clemenceau vereinigten während des Krieges in ihren Händen außerordentliche Vollmachten.

Übergang zum parlamentarischen Regierungssystem im Reich

Während im Reich einerseits die Macht der OHL zunahm, versuchten andererseits die Parteien eine *Kompetenzerweiterung des Reichstages* durchzusetzen. Im Oktober 1916 ermächtigte der Reichstag seinen Haushaltsausschuß, während der Vertagung des Reichstagsplenums »zur Beratung von Angelegenheiten der auswärtigen Politik und des Krieges«[90] zusammenzutreten. Auftrieb erhielten diese Bemühungen durch die *Osterbotschaft* des Kaisers (7. 4. 1917), die »nach den gewaltigen Leistungen des ganzen Volkes in diesem furchtbaren Kriege«[91] die Reform des preußischen Dreiklassenwahlrechts in Aussicht stellte. Mit der *Friedensresolution* des Reichstages (19. 7. 1917), die einen Verständigungsfrieden forderte, traten die *Mehrheitsparteien* (Sozialdemokraten, Zentrum, Fortschrittliche Volkspartei und zeitweilig auch die Nationalliberalen) mit einem Führungsanspruch an die Öffentlichkeit, der ihnen nach der Verfassung von 1871 nicht zustand. Als am 3. 10. 1918 Prinz Max von Baden das Reichskanzleramt übernahm, stellten diese Parteien Staatssekretäre (= Minister), so daß die letzte kaiserliche Regierung schon den Charakter einer dem Reichstag verantwortlichen Koalitionsregierung hatte. Aber dies kam zu spät. Das politische System des Kaiserreiches hatte seine Glaubwürdigkeit verloren. Eine Reihe von Streiks in kriegswichtigen Industrien seit Januar 1918 zeugte von der Kriegsmüdigkeit der Bevölkerung und beschleunigte den Übergang zum parlamentarischen Regierungssystem, das die Regierung an das Vertrauen der Reichstagsmehrheit band.

Die Parlamentarisierung, die der Reichstag am 28. Oktober 1918 durch ein verfassungsänderndes Gesetz beschloß, vollzog sich auf dem Hintergrund der

Zusammenbruch der Mittelmächte im Herbst 1918

militärischen Niederlage der Mittelmächte. Am 14. September richtete der österreichische Kaiser *Karl I.* eine *Friedensnote* an alle kriegführenden Mächte. Nach dem Zusammenbruch der Balkanfront und angesichts der sich seit dem Sommer 1918 verschlechternden Lage an der Westfront, wo die Alliierten nach drei gescheiterten deutschen Offensiven und dem Kriegseintritt der USA die Initiative gewonnen hatten, drängte die OHL plötzlich auf einen sofortigen Waffenstillstand (29. 9.). Das deutsche *Ersuchen um Waffenstillstand* (4. 10.) ging gleichzeitig mit dem österreichisch-ungarischen an den amerikanischen Präsidenten Woodrow Wilson. Auf dessen *Vierzehn Punkte* (8. 1. 1918), die einen maßvollen Frieden und eine demokratische Neuordnung der Welt vorsahen, beriefen sich nun die beiden Regierungen. Das Friedensprogramm Wilsons verlangte neben der Wiederherstellung Belgiens, der Rückgabe Elsaß-Lothringens an Frankreich, der nationalen Selbstbestimmung für alle Völker der Donaumonarchie und des Osmanischen Reiches und der Neuregelung aller kolonialen Ansprüche auch die Schaffung eines Völkerbundes, um die »politische Unabhängigkeit und territoriale Unverletzlichkeit der großen wie der kleinen Staaten«[92] zu garantieren.

Ende Oktober 1918 meuterten die Mannschaften einiger Schiffe der deutschen Kriegsflotte. Die sich daraus entwickelnde revolutionäre Bewegung von Arbeiter- und Soldatenräten griff Anfang November auf die Großstädte über. Der *Waffenstillstand* zwischen dem Reich und den Ententemächten wurde am 10. 11. 1918 im Wald von Compiègne bei Paris unterzeichnet. Am 11. November trat er in Kraft. Bereits zwei Tage zuvor hatte der Reichskanzler Max von Baden die *Abdankung des Kaisers* bekanntgegeben und sein Amt an den Vorsitzenden der SPD Friedrich Ebert übergeben. Am selben Tag (9. 11.) rief der Sozialdemokrat Philipp Scheidemann in Berlin die *Republik* aus.

Von Weltkrieg zu Weltkrieg – Europa in der Krise 1918–1945

A. Europa und die Welt nach 1918

Das Ende des Ersten Weltkrieges erschien den Zeitgenossen als eine der tiefsten Zäsuren der neueren Geschichte. Die »Welt von gestern« (Stefan Zweig) war unwiederbringlich dahin. Die Gegenwart schien in gleicher Weise Möglichkeiten einer friedlichen Neuordnung Europas wie auch krisenhafter Entwicklungen der Demokratien in sich zu bergen.
Heute wissen wir: Auf den Schlachtfeldern Frankreichs, Flanderns und Osteuropas endete das »Europäische Zeitalter«. Der Kriegseintritt der USA und die russische Revolution hatten 1917 eine *weltgeschichtliche Wende* eingeleitet. Seither bestimmten die beiden Weltmächte USA und UdSSR zunehmend den Verlauf von Politik und Geschichte. Gleichzeitig setzten sich der demokratische und der nationale Gedanke weitgehend durch. Vor allem in Mitteleuropa stürzten die Throne. Demokratische und liberale Verfassungsstaaten traten an die Stelle konstitutioneller Monarchien. Einige von ihnen waren den Herausforderungen einer krisengeschüttelten *demokratischen Massengesellschaft* nicht gewachsen. Sie öffneten sich autoritären Strömungen, die schließlich einige Demokratien in *Diktaturen* verwandelten.
Viele Zeitgenossen setzten 1918 große Hoffnungen auf die Friedenspläne des amerikanischen Präsidenten Wilson. Er hatte durch den Kriegseintritt der USA »dem Krieg ein Ende« und die Demokratie »fester machen« wollen. Diese Zukunftsperspektive war jedoch nur realistisch, wenn es gelang, eine Nachkriegsordnung zu entwickeln, die sich in der Ablehnung des Krieges als eine Friedensordnung begriff. Diese Aufgabe wurde nicht gemeistert.

I. Kriegsende und Friedensordnung

Die Grundprobleme der Hegemonial- und Gleichgewichtspolitik, die Europa über Jahrhunderte hinweg in Atem gehalten hatten, wurden nicht überwunden. Das Selbstbestimmungsrecht der Völker wurde in vielen Verfassungen der neuen Staaten zwar proklamiert, aber die Nationalitätenfrage blieb offen. Die Folgen des Krieges entwickelten sich zur Herausforderung an die Weltwirtschaft. Der Wille zur internationalen Kooperation zerbrach an der nationalen Interessenpolitik. Deshalb erscheint uns die Zwischenkriegszeit (1918–1939) als *Krise Europas* (Karl Dietrich Bracher). Sie endete im Zweiten Weltkrieg, dessen Verlauf und dessen Folgen weitaus schwerwiegender waren als diejenigen des Ersten Weltkrieges.

1919 Jan.	Eröffnung der Pariser Friedenskonferenz
28. 6.	Unterzeichnung des Versailler Vertrags und Entstehung des Völkerbundes

1. Der Völkerbund

Völkerordnung als Friedensordnung

Der amerikanische Präsident *Woodrow Wilson* hatte im Januar 1918 in seinem Vierzehn-Punkte-Programm die Gründung einer *Liga der Nationen* gefordert, die das Ende aller kriegerischen Auseinandersetzungen garantieren sollte. Prinzipien dieses »Völkerbundes«, der Bestandteil der neuen Friedensordnung sein sollte, waren ein verbindliches Völkerrecht, Unverletzlichkeit der Grenzen und Freiheit der Meere. Nach Wilsons Vorstellungen sollte die »vereinte Macht der freien Nationen jeden Eingriff in das Recht zum Scheitern bringen«[1] und auf diese Weise Frieden und Gerechtigkeit in den internationalen Beziehungen sichern.

Aufbau und Ziele des Völkerbundes

Der *Völkerbund* wurde als Bestandteil der Pariser Friedensverträge ins Leben gerufen. Er hatte seinen Sitz in Genf und umfaßte folgende *Organe:* Generalsekretariat, Vollversammlung aller Mitgliedsstaaten und Rat. Der Rat bestand aus fünf ständigen Mitgliedern, darunter Frankreich und Großbritannien, und vier bis neun Staaten, die dem Rat nur zeitweise angehörten. Alle Beschlüsse des Rates mußten einstimmig gefaßt werden. Entsprechend seinen *Zielen* sollten die Mitgliedsstaaten sich für Abrüstung, nationale Sicherheit und die »Erzwingung internationaler Verpflichtungen durch gemeinschaftliches Vorgehen« einsetzen. Zugleich garantierten sie gegenseitig ihre Grenzen. Jeder Krieg sollte als Angelegenheit und Herausforderung aller Mitgliedsstaaten begriffen werden. Durch Sanktionen, Boykottmaßnahmen und in bestimmten Fällen auch durch eine gemeinsame Streitmacht sollte der Frieden wiederhergestellt werden. Als Organ international verbindlicher Gerichtsbarkeit sollte der *Internationale Schieds-Gerichtshof* in Den Haag das System kollektiver Sicherheit auf völkerrechtlicher Grundlage festigen und zugleich Geheimdiplomatie und Angriffskrieg unnötig machen. Auf lange Sicht sollten so Bündnisse zwischen einzelnen Staaten durch eine allgemeine Weltfriedensorganisation ersetzt werden.

Idee und Wirklichkeit

Schien der Völkerbund auf diese Weise nicht den Traum vom »Ewigen Frieden« (Kant) auf Erden zu verwirklichen? Oder war er nur eine politische Utopie des historisch gebildeten Intellektuellen Wilson? Die Idee des Völkerbundes war bereits dadurch belastet, daß der Völkerbund Bestandteil der Friedensverträge war. Insbesondere in Deutschland, dem die Siegerstaaten 1919 den Beitritt verwehren konnten, wurde der Völkerbundsgedanke niemals heimisch, sondern erschien als Bemäntelung nationaler Interessen der Siegermächte. Erst 1926 konnte das Deutsche Reich dem Völkerbund beitreten und erhielt einen ständigen Sitz im Rat. In seiner Autorität und internationalen Bedeutung wurde der Völkerbund dadurch entscheidend geschwächt, daß die USA nach dem Ende

des Weltkrieges als Folge starker Tendenzen zur außenpolitischen Isolation innerhalb der amerikanischen Bevölkerung niemals und die UdSSR erst 1933 beitraten. Kriegerische Auseinandersetzungen konnten nicht dauerhaft verhindert werden. Auch die Annahme Wilsons, die Prinzipien einer freiheitlich-rechtsstaatlichen Demokratie müßten sich in aller Welt durchsetzen, erwies sich als trügerisch. Seit 1931 erlebte der Völkerbund eine Phase des raschen Niedergangs; nach 1936 hatte er keinerlei weltpolitische Autorität mehr.
Obwohl der Völkerbund die politischen Konflikte der Zwischenkriegszeit nicht hatte lösen können, gilt er bis heute als ein *wegweisender Versuch,* durch gemeinschaftliche Anstrengungen aller Nationen den Krieg als Mittel der internationalen Politik zu verbannen. Bemerkenswert war auch die Absicht, soziale und politische Weltprobleme auf breiter Grundlage zu lösen. Bis heute zeugen das vom Völkerbund gegründete *Internationale Arbeitsamt* in Genf und der *Internationale Gerichtshof* in Den Haag vom Willen aller Nationen, Herausforderungen der Gegenwart gemeinsam zu meistern und die Zukunftsverantwortung aller Staaten zu bekräftigen.

2. Die Pariser Friedensverträge

Die »Vierzehn Punkte« Wilsons hatten bei den besiegten Mittelmächten die Hoffnung genährt, an der Neuordnung Europas beteiligt zu werden. Sie wurden jedoch nicht zu den Beratungen der Siegermächte hinzugezogen. Der amerikanische Präsident konnte sich gegen den französischen Ministerpräsidenten *Georges Clemenceau* nicht durchsetzen, der die französischen Sicherheitsinteressen durch die Ausschaltung Deutschlands als Machtfaktor der europäischen Politik wahren wollte. So stellten sich die in Versailles und in anderen Pariser Vororten ausgehandelten Friedensverträge als ein Vertragswerk dar, welches den Besiegten diktiert wurde.

Versailler Friedensvertrag

Am 28. Juni 1919, fünf Jahre nach dem Attentat von Sarajewo, unterzeichnete die deutsche Delegation im Schloß von Versailles, wo 1871 der Deutsche Kaiser ausgerufen worden war, den Friedensvertrag. »Der übermächtigen Gewalt weichend und ohne damit ihre Auffassung über die unerhörte Ungerechtigkeit der Friedensbedingungen aufzugeben«, wie es protestierend hieß, nahm die deutsche Regierung die *»auferlegten Friedensbedingungen«* an.[2] Der Vertrag sanktionierte die Abtretung von Elsaß-Lothringen, Eupen-Malmedy, Nordschleswig, von weiten Teilen Ostdeutschlands, die als »Korridor« Polens Zugang zur Ostsee bildeten, und von Oberschlesien (das geteilt wurde). Die Vereinigung Deutsch-Österreichs mit dem Reich wurde untersagt. Danzig wurde Freie Stadt, das Saargebiet dem Völkerbund unterstellt und für fünfzehn Jahre Frankreich zur wirtschaftlichen Nutzung überlassen. Heer und Marine wurden weitgehend entwaffnet und personalmäßig auf 100 000 bzw. 15 000 Mann begrenzt. Das linksrheinische deutsche Gebiet wurde ebenso wie ein 50 km breiter rechtsrheinischer Streifen entmilitarisiert. Alliierte Truppen hielten größere Städte wie Köln, Mainz und die Festung Koblenz besetzt.

Als besonders »schmachvoll« empfanden viele Deutsche den *Kriegsschuldartikel 231* des Vertrages. Er erklärte das Kaiserreich zum »Urheber für alle Verluste und Schäden«, weil es 1914 der Welt durch seinen »Angriff« den Krieg aufge-

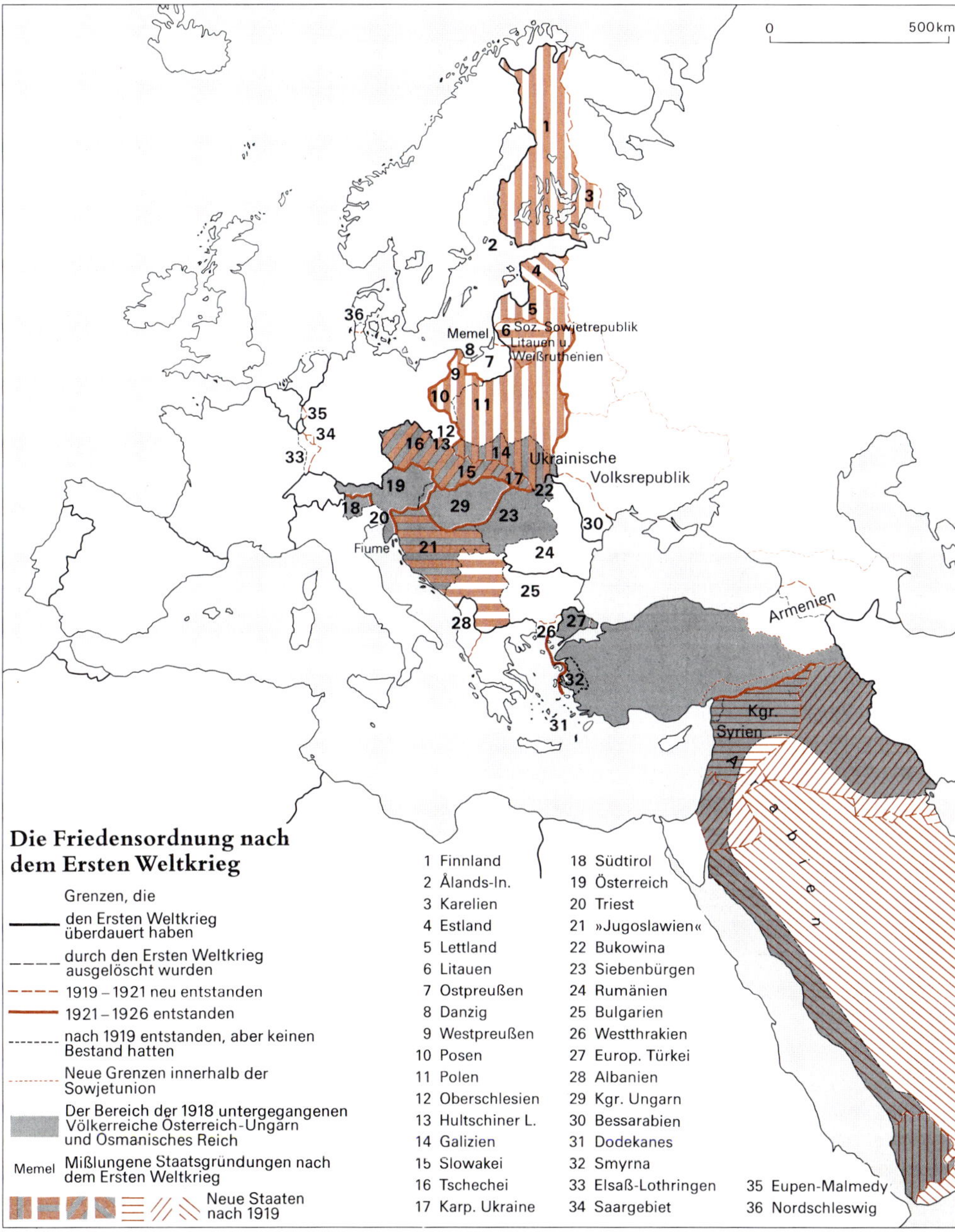

Die Friedensordnung nach dem Ersten Weltkrieg

zwungen habe. Die Verpflichtung, Ersatz für erlittenen Schaden durch *Reparationen* zu schaffen und die schuldigen »Kriegsverbrecher« zu bestrafen, folgte aus dieser Bestimmung (Art. 232). Die Reparationen und die vereinzelt dem Selbstbestimmungsrecht widersprechenden Gebietsabtretungen lasteten auf Deutschland. Daher blieb der Vertrag als »Schandfrieden« stets umstritten. Alle politischen Parteien erstrebten nach 1919 seine umfassende »Revision«. Ihnen erschien der Frieden von Versailles als »Fortsetzung des Krieges mit anderen Mitteln« (Oswald Spengler).[3]

Entstehung von »Zwischen-europa«

Dennoch darf man das Pariser Vertragswerk nicht allein aus deutscher Sicht beurteilen. Von großer Bedeutung war die Festlegung von Grenzen in Osteuropa und im Nahen Osten. Polen entstand als Staat neu und erhielt einen Zugang zur Ostsee. Damit erfüllte sich eine jahrhundertealte Sehnsucht der polnischen Nation. Die vom britischen Außenminister Curzon 1919 als Ostgrenze Polens vorgeschlagene Linie Grodno–Brest bildete für kurze Zeit die Westgrenze Rußlands. Die *Curzon-Linie* sollte im und nach dem Zweiten Weltkrieg für Polen Bedeutung erlangen (▷ S. 356). Die habsburgische Doppelmonarchie wurde in vier Staaten aufgeteilt: Österreich, Ungarn, die Tschechoslowakei und Südslawien (später »Jugoslawien« genannt). Rumänien wurde um zusätzliche Gebiete vergrößert. Aus den baltischen Provinzen des Zarenreichs entstanden Finnland, Litauen, Estland und Lettland. Einige dieser Staaten sollten im Interesse der anderen europäischen Mächte einen Sicherheitsgürtel (»cordon sanitaire«) gegenüber dem revolutionären Rußland bilden. Auch das Osmanische Reich wurde aufgeteilt. Syrien, Palästina und Arabien gerieten unter französischen und britischen Einfluß. Die Türkei fand unter dem großen Reformer *Kemal Pascha (Atatürk)* Anschluß an die moderne Welt; zunehmend prägten westliche Einflüsse die Welt des Islam. Der Nahe Osten wurde in Mandatsgebiete des Völkerbundes aufgeteilt. Dabei wurde das Versprechen, auch den Juden einen eigenen Staat einzuräumen, jedoch nicht eingelöst.

II. Die Entstehung der Sowjetunion

1917	**27.2./12.3.**	Russische Februarrevolution
	16.4.	Aprilthesen Lenins
	7.11.	Sowjetische Oktoberrevolution
1918	**3.3.**	Diktatfrieden von Brest-Litowsk
1921		Einführung der »Neuen Ökonomischen Politik«
1922		Gründung der »Union der Sozialistischen Sowjetrepubliken«
1924		Tod Lenins. Beginn von Stalins Aufstieg zur Alleinherrschaft

1. Die Februarrevolution 1917 und ihre Folgen

Wirkungen des Krieges

Seit Kriegsbeginn hatte die Bevölkerung Rußlands millionenfache *Menschenopfer* bringen müssen. Bald fehlte es in der wenig entwickelten Industrie des Zarenreichs an Fabrikarbeitern. Die Bauern konnten das Land wegen des Mangels an Arbeitskräften und Zugvieh nicht mehr ausreichend bestellen. So kam es zu *Versorgungs- und Hungerkrisen,* welche die Regierung nicht bewältigte. Allein 1917 stiegen die Lebensmittelpreise um 500 %. Die Unzufriedenheit über die Versorgungslage, die glücklose Kriegführung und die Starrheit der politischen Verhältnisse äußerte sich in Streiks, Hungerkrawallen, Demonstrationen und Meutereien. Die Mehrheit der Russen forderte den Sturz des Zaren. Zar Nikolaus II. wollte Anfang 1917 durch die Auflösung der Duma die liberale Kritik unterbinden. Er vermochte aber nicht, langwierige Versäumnisse auf sozialpolitischem und militärischem Gebiet auszugleichen, sondern verstärkte nur den allgemeinen Widerstand in der russischen Bevölkerung.

Provisorische Regierung

Im Februar 1917 brachen in Petrograd Straßenunruhen gegen das zaristische Regime aus, an denen sich Arbeiter, Soldaten und Studenten beteiligten. Zur gleichen Zeit widersetzten sich die Abgeordneten der Duma einer Auflösung des Parlaments. Sie beriefen Anfang März 1917 eine *provisorische Regierung,* in der vor allem Anhänger der *Konstitutionellen Demokraten* und der die Sozialisierung des Bodens und eine demokratische Republik fordernden *Sozialrevolutionäre* Ministerposten übernahmen. Die zaristische Autokratie schien endgültig durch eine parlamentarisch verantwortliche Regierung abgelöst worden zu sein. Der Zar dankte am 15. März ab und wurde nach Sibirien verbannt. Die Schaffung von »Brot und Frieden«, eine Bodenreform und die Gründung einer neuen staatlichen Autorität stellten sich als entscheidende Bewährungsproben der neuen Regierung dar.

Doppelherrschaft von Parlament und Räten

Während der Februarrevolution hatten sich vor allem in großen Städten, wie Petrograd und Moskau, Arbeiter- und Soldatenräte *(Sowjets)* konstituiert. Sie beanspruchten ein Mitspracherecht. Daher bildete sich eine »Doppelherrschaft« von provisorischer Zentralregierung und Sowjets heraus.

Den Sowjets gehörten neben rechten und linken Sozialrevolutionären die Menschewiki und die Bolschewiki an. Im Unterschied zu den *Menschewiki* erstrebten die *Bolschewiki* die revolutionäre Umgestaltung Rußlands. Die Provisorische Regierung hingegen wollte die politischen und sozialen Grundfragen durch eine *verfassunggebende Versammlung* entscheiden lassen, die aus demokratischen Wahlen hervorgehen sollte. Da die Regierung das dringende Problem der Landreform nicht in Angriff nahm, sahen sich die Sowjets veranlaßt, die innenpolitische Initiative zu ergreifen. Sie bildeten ein zentrales *Exekutivkomitee* und forderten die sozialistische Revolution. Die Provisorische Regierung versuchte angesichts dieser Herausforderung, durch neue militärische Anstrengungen an der Front die Bevölkerung für sich zu gewinnen und gleichzeitig die Soldaten zu disziplinieren, die sich den Arbeiter-, Soldaten- und Bauernräten angeschlossen hatten.

2. Lenin – Theorie und Praxis

Lenins Entwicklungsgang

Die Bolschewiki waren im Exekutivkomitee zunächst in der Minderheit. Ihr Führer hieß *Wladimir Iljitsch Uljanow,* genannt *Lenin.* 1870 als Sohn eines Gouvernementsschulrats in Simbirsk an der Wolga geboren, prägte den 17jährigen die Hinrichtung seines älteren Bruders, der an einer Verschwörung gegen den Zaren beteiligt gewesen war. Als junger St. Petersburger Rechtsanwalt fand Lenin Kontakt zu revolutionären Gruppen und gründete 1895 den sozialdemokratischen »Kampfbund zur Befreiung der Arbeiterklasse«. Wenig später wurde er nach Sibirien verbannt. Aus der Verbannung entlassen, lebte er von 1900 bis 1905 in der Emigration. In dieser Zeit wurde Lenin zum Führer der Bolschewiki. Er redigierte ihr Organ »Iskra« (»Der Funke«), den Vorläufer des bolschewistischen Parteiorgans »Prawda« (»Wahrheit«). Lenin beteiligte sich an der Revolution von 1905, mußte jedoch 1907 erneut in das europäische Exil. Dort lernte er die sozialistischen Parteien der wichtigsten Staaten Mittel- und Westeuropas kennen. Er kritisierte sie und entwickelte sich dabei zum *Theoretiker des Sozialismus und Kommunismus.* Obwohl er sich stets dem Denken von Marx verpflichtet fühlte, wollte er dessen Methoden und Ergebnisse nicht nur übernehmen, sondern den Verhältnissen und Herausforderungen seiner Zeit entsprechend weiterentwickeln. Deshalb bezeichnen wir Lenins Lehre als Marxismus-Leninismus oder sprechen von *Sowjetideologie.*

Lehre Lenins

Lenin war kein Denker, dem politische Theorien wichtiger waren als ihre Verwirklichung. Seine Studie über »Staat und Revolution«, eine prinzipielle Bestimmung der Möglichkeiten revolutionärer Politik, brach er 1917 mit der Bemerkung ab, es sei »angenehmer und nützlicher«, die »Erfahrungen der Revolution« durchzumachen, als über sie zu schreiben.

Lenins *Theorie über die Partei* wurde grundlegend für den Marxismus-Leninismus. Eine kleine Gruppe führender Parteimitglieder, die sogenannte »Parteiavantgarde«, sollte ihr zufolge die führende Rolle im »Kampf des Proletariats«

Lenin *weiht 1918 ein Denkmal für Karl Marx und Friedrich Engels ein.*

Partei-avantgarde und Masse

gegen die kapitalistische Gesellschaftsordnung übernehmen. In der Auseinandersetzung mit den Menschewiki berief sich Lenin in seiner Schrift »Was tun?« (1902) nicht auf die revolutionäre Spontaneität der Massen, sondern sprach der Masse ausdrücklich die Fähigkeit ab, politisches Klassenbewußtsein eigenständig zu entwickeln. Auch vertraute er nicht darauf, daß soziale Entwicklungen zwangsläufig revolutionäre Situationen reifen lassen würden. Als Führer der »Parteiavantgarde« wollte er »Revolution machen«, indem er die Massen für die Revolution begeisterte. So schien es ihm im Sinne von Marx möglich, auch in einem rückständigen Land, das noch nicht durch die unüberbrückbaren Klassengegensätze einer Industriegesellschaft geprägt war, eine *sozialistische Revolution* zu verwirklichen.

Lenins Vorstellungen von der Rolle der Partei in der Revolution mündeten in seine Konzeption der *Diktatur des Proletariats,* die er in der Programmschrift »Staat und Revolution« zusammenfaßte:

Kommunismus

»Die Diktatur des Proletariats, d. h. die Organisierung der Avantgarde der Unterdrückten zur herrschenden Klasse zwecks Niederhaltung der Unterdrücker, kann nicht einfach nur eine Erweiterung der Demokratie ergeben. Zugleich mit der gewaltigen Erweiterung des Demokratismus [demokratische Herrschaft], der zum erstenmal ein Demokratismus für die Armen, für das Volk wird und nicht ein Demokratismus für die Reichen, bringt die Diktatur des Proletariats eine Reihe von Freiheitsbeschränkungen für die Unterdrücker, die Ausbeuter, die Kapitalisten. Diese müssen wir niederhalten, um die Menschheit von der Lohnsklaverei zu befreien, ihr Widerstand muß mit Gewalt gebrochen werden – es ist klar, daß es dort, wo es Gewalt gibt, keine Freiheit, keine Demokratie gibt ... Demokratie für die riesige Mehrheit des Volkes und gewaltsame Niederhaltung der Ausbeuter, der Unterdrücker des Volkes, d. h. ihre Ausschließung von der Demokratie – diese Modifizierung erfährt die Demokratie beim Übergang vom Kapitalismus zum Kommunismus.«[4]

Lenin und die russische Revolution

Lenin lebte bei Ausbruch des Ersten Weltkrieges in der Schweiz im Exil. Als sich in Rußland die revolutionären Wirren nach der Februarrevolution zuspitzten, hoffte der deutsche Generalstab, mit Hilfe Lenins einen raschen Friedensschluß im Osten zu erreichen. Die deutsche Regierung gestattete Lenin, in einem plombierten Eisenbahnwaggon von Zürich durch Deutschland und über Schweden nach Finnland zu fahren. In Finnland angekommen, wirkte Lenin von dort aus seit März 1917 unmittelbar auf die russischen Auseinandersetzungen ein. Anfang April reiste er nach Petrograd. Im Bewußtsein, Zeuge und Gestalter einer historischen Epochenwende zu sein, rief Lenin bei seiner Ankunft aus: »Die Morgenröte der weltweiten sozialistischen Revolution hat schon begonnen.« Einen Tag später verschärfte er den Konflikt, der aus der »Doppelherrschaft« zwischen Regierung und Räten entstanden war, durch die herausfordernde Parole »Alle Macht den Räten!« Noch mehr trieben Lenins *Aprilthesen* die Revolution voran; sie forderten die Beseitigung der parlamentarischen Republik:

Lenins Revolutionsprogramm

»Keine parlamentarische Republik – von den Sowjets der Arbeiterdeputierten zur Republik zurückzukehren, wäre ein Schritt rückwärts –, sondern eine Republik des Sowjets der Arbeiter-, Landarbeiter- und Bauerndeputierten im ganzen Lande, von unten bis oben. Abschaffung der Polizei, der Armee, der Beamtenschaft.«[5]

Dieses antiparlamentarische Programm ergänzte Lenin durch die Forderung, die Industrie zu verstaatlichen und Grund und Boden der Großgrundbesitzer zu enteignen. Die notleidende Landbevölkerung schloß sich daraufhin in großer Zahl den Bolschewiki an und ließ sich für das Hauptziel Lenins, den Kampf für die *Sowjetrepublik,* begeistern. Zunächst widersprachen Menschewiki und Sozialrevolutionäre Lenins antiparlamentarischen Thesen; sie konzentrierten sich auf die Wahl der Verfassunggebenden Versammlung. Auf der ersten allrussischen Parteikonferenz der Sowjets (7./12. 5. 1917) fand Lenin jedoch große Unterstützung, weil er wie kein anderer den bäuerlichen Interessen entgegenkam. Die Regierung bezeichnete er als »Klassengegner« der Bolschewiki, sprach ihr die Fähigkeit ab, überhaupt einen »patriotischen Verteidigungskrieg« führen zu können, und stimulierte damit die allgemeine Friedenssehnsucht.

3. Die Oktoberrevolution 1917 und der Kriegskommunismus

Revolutionäre Machtergreifung

Bis zum Sommer 1917 hatten die Bolschewiki mit der Parole »Frieden, Brot, Land« zunehmend Anhang gewinnen können. Heftig agitierten sie gegen die im Juli neu gebildete gemäßigte *sozialrevolutionäre Regierung* unter dem Ministerpräsidenten *Alexander Kerenskij.* Als sich die sozialrevolutionäre Partei spaltete, ergriffen die Sowjets nicht sofort die Macht, vielleicht, weil sie die spontan aufflammenden Demonstrationen als ein Zeichen der politischen Unreife der Massen werteten. Im September suchte Kerenskij Hilfe bei den Räten, um einen Putsch von rechts abzuwehren. Wenig später gewannen die Bolschewiki die *Mehrheit in den Sowjets* von Petrograd und Moskau. Lenin, der wegen der unübersichtlichen Machtverhältnisse nach Finnland ausgewichen war, gab nun das Zeichen zum Losschlagen. Die Regierung Kerenskijs wurde am 25./26. 10. 1917 (nach dem damals in Rußland geltenden Julianischen Kalender) dadurch gestürzt, daß bolschewistische bewaffnete Einheiten Minister verhafteten und alle wichtigen Gebäude in Petrograd besetzten. Das war der Beginn der »Diktatur des Proletariats« und des bolschewistischen Umsturzes, der schnell auf andere Städte und auch auf das Land übergriff. Der Putsch der Bolschewiki hatte zwar mehr den Charakter einer Machtergreifung als den einer Revolution. Aber im Blick auf die tiefgreifenden Veränderungen, die er zur Folge hatte, gilt er bis heute als Revolution. Der 25. Oktober (7. November) wurde in der Sowjetunion als Tag der »Großen Sozialistischen Oktoberrevolution« gefeiert.

Aufbau des Sowjetstaates

Lenin hatte bereits im September 1917 die Absicht geäußert, die »Staatsmacht in die Hände« zu nehmen. Denn er war der Meinung: »Es wäre naiv, eine ›formelle‹ Mehrheit der Bolschewiki [bei den Wahlen zur Verfassunggebenden Versammlung] abzuwarten. Keine Revolution wartet das ab.« In der Tat erklärte Lenin im Januar 1918, die im November 1917 gewählte *Konstituante* entspreche nicht dem wahren Volkswillen, und ließ die Verfassunggebende

Versammlung – in der die Bolschewiki in der Minderheit waren – nach ihrer ersten Sitzung gewaltsam auflösen (18. 1. 1918).

Um sich auf den Aufbau des Sowjetstaates konzentrieren zu können, ließ Lenin den Friedensvertrag von Brest-Litowsk mit Deutschland unterzeichnen (3. 3. 1918; ▷ S. 242). Im selben Monat benannten die Bolschewiki ihre Partei um in »Russische Kommunistische Partei (B)« und erklärten Moskau zur Hauptstadt der Sowjetrepublik. Nach und nach schlossen sie alle anderen Parteien aus den Sowjets aus. Die politischen und gesellschaftlichen »Klassenfeinde« in Stadt und Land ließen sie von der Geheimpolizei (Tscheka) verfolgen, inhaftieren und »liquidieren«. Von Bolschewiki erschossen wurden auch der Zar und seine Familie.

Bürgerkrieg

Gegen diese Art des Staatsaufbaus nahmen im Frühjahr 1918 »weiße« Truppen der alten zaristischen Armee den Kampf auf, von England und Frankreich unterstützt. Der *Bürgerkrieg,* der so zwischen den gegenrevolutionären »Weißen« und bolschewistischen »Roten« entbrannte, wurde mit Erbitterung geführt. Leidtragende waren die Menschen, die abwechselnd dem »roten« und dem »weißen« Terror ausgesetzt waren. Im Bürgerkrieg blieb schließlich die *Rote Armee,* die der Vorsitzende des Petrograder Sowjets, Leo D. Trotzki, organisiert und diszipliniert hatte, Sieger über die unter sich uneinigen »Weißen« (▷ Tafel 25).

Wirtschaftskrise

Sofort nach der Machtergreifung versuchte die Sowjetregierung unter Lenin, das Programm der Aprilthesen zu verwirklichen. Sie begann, die Großgrundbesitzer entschädigungslos zu enteignen und Industrie und Banken zu verstaatlichen. Das Land hatten die Bauern zum großen Teil schon im Sommer in Besitz genommen. Sie bestellten den Boden zum geringen Teil nur für den eigenen Bedarf und widersetzten sich der vorgeschriebenen zwangsweisen Ablieferung ihrer Produkte. Das alles führte dazu, daß im Jahre 1921 in der Landwirtschaft nur etwa die Hälfte und in der Industrie nur etwa ein Viertel der Produktion der Vorkriegszeit erreicht wurden. Die Regierung mußte gegen den Widerstand der Bauern die infolge anhaltender Trockenheit mühsam erwirtschafteten Ernten beschlagnahmen, um das Existenzminimum der Bevölkerung zu sichern. Sie litt unter einer großen *Hungersnot,* der Millionen von Menschen zum Opfer fielen.

Revolte gegen bolschewistische Diktatur

Auf dem Höhepunkt der Hungersnot und angesichts der sich abzeichnenden bolschewistischen Einparteienherrschaft forderten die Matrosen der Petrograder Marinebasis Kronstadt im März 1921 die gerechte Versorgung der Bevölkerung mit Lebensmitteln, das freie Verfügungsrecht der Bauern über Boden und Vieh, die Freilassung politischer Gefangener, Rede- und Versammlungsfreiheit und die Neuwahl der Räte »bei vorangehender freier Wahlagitation in geheimer Abstimmung«. Aber ihre grundsätzliche Opposition zum bolschewistischen System wurde blutig niedergeschlagen. Der *Kronstädter Aufstand* gilt bis heute als Ausdruck eines »linksradikalen Widerstandes« gegen die bolschewistische Diktatur, der im Kampf gegen die »Versklavung der menschlichen Persönlichkeit« und die »geistige Leibeigenschaft« einen Sozialismus mit

»menschlichem Antlitz« schaffen wollte. Die »Iswestija« (»Die Nachricht«) war das publizistische Organ der Aufständischen.

Abkehr vom Kriegskommunismus

Zur Zeit des Kronstädter Aufstandes wandte sich Lenin mit der *Neuen Ökonomischen Politik* (NEP) vom Kriegskommunismus ab. Die Bauern konnten nun wieder ihre Erzeugnisse auf den Märkten der Städte feilbieten und hatten nur noch ein begrenztes Kontingent ihrer Ernte abzuliefern. Sie erhielten sogar einen Teil des verstaatlichten Bodens als Eigentum. Auch in der teilweise wiederhergestellten Privatindustrie konnten sich Unternehmer und Arbeiter freier entfalten. Lediglich die Grund- und Schwerindustrie sowie die Banken blieben verstaatlicht. Der Erfolg trat rasch ein: Innerhalb kurzer Zeit wurde der Vorkriegsstand der Produktion erreicht. Die Voraussetzungen für die Sicherung des »Sozialismus« in dem industriell rückständigen Land schienen dadurch günstiger geworden zu sein.

Gründung der UdSSR

Im Dezember 1922 entstand aus dem Zusammenschluß der im Juli 1918 gegründeten »Russischen Föderativen Sozialistischen Sowjetrepublik« mit den Sowjetrepubliken Ukraine, Weißrußland und Transkaukasus die *Union der Sozialistischen Sowjetrepubliken.* Trotz der verfassungsmäßigen föderalistischen

Staatskonstruktion war die UdSSR jedoch kein bundesstaatlicher, sondern ein zentralistischer Staat, der von der Kommunistischen Partei beherrscht wurde. Es entstand allmählich eine Weltmacht, die sich als Vormacht der »proletarischen Weltrevoltuion« und als Gegenbild zur wesentlichen Demokratie begriff.

4. Machtkämpfe nach Lenins Tod

Stalin und Trotzki

1924 starb Lenin, ohne die Frage seiner Nachfolge endgültig geregelt zu haben. Er hatte offengelassen, wer sein Nachfolger werden sollte: Trotzki oder Stalin. Innerhalb der bolschewistischen Partei herrschte zu dieser Zeit noch eine weitgefächerte politische Diskussion, die eine vielfältige Fraktionsbildung begünstigte. Doch wurden alle Parteigruppen zunächst noch durch den Willen zur Machtbehauptung geeint. Erst nach 1922 entstand eine Parteibürokratie, die diktatorisch die verschiedenen Parteigliederungen zentralisierte. Generalsekretär der Kommunistischen Partei der Sowjetunion (KPdSU) wurde *Josef Wissarionowitsch Dschugaschwili,* dessen Tarnname *Stalin* (»der Stählerne«) lautete. Stalin stammte aus Georgien, war in ärmlichen Verhältnissen aufgewachsen und hatte auf einem Priesterseminar seine erste Ausbildung erhalten. Als junger Mann stieß er zu den revolutionären Gegnern des Zaren. 1904 wurde er Mitglied der bolschewistischen Partei und acht Jahre später in das Zentralkomitee der Bolschewiki gewählt. Im Gegensatz zu Lenin hatte Stalin niemals im Exil gelebt. Er war kein Intellektueller, galt jedoch als vorzüglicher Kenner der russischen Nationalitätenprobleme. Im Bürgerkrieg war Stalin für die »Arbeiter- und Bauern-Inspektion« verantwortlich. Das Amt des Generalsekretärs der Partei, das er seit 1922 innehatte, stärkte seine Ausgangsposition in dem Machtkampf, der nach Lenins Tod einsetzte.

Als Stalins Hauptgegner galt Trotzki, nach Lenins Meinung der »wohl fähigste Mann im Zentralkomitee«. *Leo D. Trotzki* stammte aus einer Gutsbesitzerfamilie. Als 18jähriger gründete er 1897 den südrussischen Bauernbund, schloß sich den damals noch sozialdemokratisch orientierten Menschewiki an, wurde von der Regierung des Zaren nach Sibirien verbannt und floh ins Ausland. Während der russischen Revolution 1905 wurde er Sprecher des St. Petersburger Sowjets. Als diese Revolution scheiterte, mußte Trotzki nach Westeuropa emigrieren, wo er mit Lenin zusammentraf. Für die Bolschewiki gewann er 1917 entscheidenden Einfluß im Petrograder Soldatenrat. Seit der Oktoberrevolution war er zunächst Volkskommissar für Äußeres. Als Volkskommissar für Verteidigung baute er nach 1918 die Rote Armee auf und schuf damit die Voraussetzung für den Sieg der »Roten« im Bürgerkrieg.

»Weltrevolution« oder »Sozialismus in einem Land«?

Nach Lenins Tod verschärften sich die Rivalitäten zwischen Stalin und Trotzki. Stalin wollte der Industrialisierung, vor allem der Rüstungsindustrie, aber auch der Alphabetisierung der Bevölkerung Vorrang einräumen. Er wollte zunächst den »Sozialismus in einem Land« verwirklichen, während Trotzki auf die Weltrevolution setzte: Ein national begrenzter Sozialismus verhindere die »permanente Revolution« und führe zur bürokratischen Erstarrung, war seine

Ansicht. Nach 1925 gelang es Stalin, Trotzki aus der Parteiführung zu verdrängen und selbst zum unumschränkten Führer der KPdSU aufzusteigen. Trotzki setzte den Kampf gegen Stalin aus dem Exil fort. 1940 wurde er, wahrscheinlich von einem Agenten der sowjetischen Geheimpolizei, in Mexiko ermordet.

5. Stalinismus

»Sozialismus in einem Land«

Nach der Ausschaltung der innerparteilichen Opposition Trotzkis korrigierte Stalin den NEP-Kurs und erzwang die völlige *Kollektivierung der Landwirtschaft.* Diese erschöpfte sich nicht in einer »Bodenreform« und der Gründung von Kolchosen und Sowchosen (Genossenschafts- und Staatsgütern), sondern vernichtete das selbstbewußte russische Bauerntum, insbesondere die Schicht der reichen Kulaken. »Eine Offensive gegen das Kulakentum unternehmen, das heißt das Kulakentum zerschlagen und als Klasse liquidieren«,[6] verkündete Stalin im Dezember 1929. Viele Millionen Bauern wurden ermordet, der städtische Mittelstand dezimiert.

Die Industrialisierung der UdSSR sollte vom 1. Oktober 1928 an in Fünfjahresschritten verwirklicht werden. *Fünfjahrespläne* verlangten den »Werktätigen« höchste Lei-

»Die Konsumgenossenschaften verherrlichen würdig den 13. Jahrestag des Oktober« *(der Oktoberrevolution). Der sowjetische Arbeiter und Bauer wird zur »aktiven Teilnahme an der Entwicklung des sozialistischen Vormarsches«, zur »Stärkung von Fabriken und Kolchosen«, aufgerufen. Plakat von 1930.*

stungen und Konsumverzicht ab und ebneten Rußlands Weg zum Industriestaat. »Das Tempo verlangsamen, das bedeutet zurückbleiben. Und Rückständige werden geschlagen. Wir aber wollen nicht die Geschlagenen sein«,[7] spornte Stalin 1931 die ganze Bevölkerung an. »Den Kapitalismus einholen und überholen!« lautete die Generalparole. Sie unterwarf alle Sowjetbürger einer strengen Arbeitsdisziplin, deren Verletzung mit Lohnabzug und Zwangsarbeit geahndet wurde. Stalins Herrschaft erscheint deshalb bis heute als Entwicklungs- und Erziehungsdiktatur, *als »Revolution von oben«.*

Totalitäre Herrschaft

Stalin festigte seine persönliche politische Macht mit Hilfe der neuen russischen Führungselite von Funktionären und Managern der verstaatlichten Industrien. Diese verdrängten zunehmend das »proletarisch-revolutionäre« Element der russischen Arbeiterschaft aus den Sowjets. Seit 1929 wurde auch die innerparteiliche »Rechtsopposition« und fast die gesamte Armeeführung in den propagandistisch inszenierten *Moskauer Schauprozessen* verfolgt und »beseitigt«. 1936 gab Stalin der Sowjetunion eine neue Sowjetverfassung. Die von Stalin geführte KPdSU wurde zur einzigen politischen Organisation der Sowjetgesellschaft deklariert; sie durchdrang und gestaltete mit ihren Nebenorganisationen das Leben aller Sowjetbürger. Die Partei wurde damit zum tragenden Pfeiler des totalitären politischen Systems des *Stalinismus.* Regelmäßige »Säuberungswellen« »reinigten« Partei, Verwaltung, Armee und Management von Gegnern und verstärkten die allgemeine Unsicherheit. Millionen von Menschen litten bis zu Stalins Tod im Jahre 1953 in dem unübersehbaren System von Arbeits- und Straflagern, dem »Archipel GULAG«. Heute schätzt man die Opfer des Stalinismus auf etwa 10 Millionen Menschen.

Außenpolitisch wollte Stalin in den dreißiger Jahren die Sowjetunion durch Nichtangriffspakte mit den baltischen Staaten, mit Polen und Frankreich sowie durch den Beitritt zum Völkerbund in ein System »kollektiver Sicherheit« einfügen. Als ein weiteres Mittel sowjetischer Außenpolitik stellte er die *Kommunistische Internationale* (Komintern) in seinen Dienst. Diese Vereinigung aller kommunistischen Parteien der Welt betrachtete die Sowjetunion als das »Vaterland« der Kommunisten und erschwerte so die Entwicklung eigenständiger kommunistischer Bewegungen auf nationaler Ebene.

Kommunistische Internationale

Stalin gilt bis heute als Diktator, der unter erheblichen und nicht zu rechtfertigenden Opfern der Sowjetunion den Weg von der Rückständigkeit in die moderne Industriegesellschaft aufgezwungen hat. Unter Terror und Leiden hat sich die UdSSR zu einer Weltmacht entwickelt, die nach 1941 sogar dem Angriff der Wehrmacht Hitlers widerstehen, nach 1945 die im Frieden von Brest-Litowsk verlorenen Gebiete zurückgewinnen und ihren Herrschaftsbereich weit in das Zentrum von Mittel- und Südosteuropa ausdehnen konnte. Stalins Missionsbewußtsein und skrupelloses Machtstreben trugen nicht nur dazu bei, den sozialistischen Gedanken entscheidend zu diskreditieren, sondern führten zugleich die sozialistische Utopie ad absurdum, welche soziale Gleichheit sichern, politische Freiheit verwirklichen und die Entfremdung des Menschen überwinden wollte.

III. Der Faschismus in Italien

1922	**Okt.**	Marsch auf Rom. Machtergreifung der Faschisten
1924	**Juli**	Matteotti-Krise
1929		Lateranvertrag zwischen Papsttum und faschistischer Regierung
1935/36		Kolonialkrieg in Abessinien
1939		»Stahlpakt« zwischen Mussolini und Hitler

1. Voraussetzungen

Kriegsfolgen

Am Ende des Ersten Weltkrieges befand sich Italien in einer schwierigen Lage. Das Land hatte mit weit über 650 000 Gefallenen und zerrütteten Staatsfinanzen dem Krieg große Opfer gebracht.

Aus der kriegsbedingten Industrialisierung waren große soziale Probleme entstanden, die Streiks, Fabrik- und Landbesetzungen zur Folge hatten. Als Siegermacht wurde Italien an den Pariser Friedensberatungen beteiligt und erhielt im Friedensvertrag von St.-Germain Südtirol (mit z.T. geschlossener deutschsprachiger Bevölkerung), Triest, Istrien und einige Brückenköpfe an der Küste Dalmatiens zugesprochen. Aber obwohl Italien seine ethnischen Grenzen damit weitgehend erreicht hatte, wurde der Friedensschluß dennoch als »Verstümmelung« des Sieges empfunden, weil das Adriatische Meer nicht zum italienischen Binnenmeer geworden war.

Innenpolitische Krise

Nach Kriegsende sahen sich die herrschenden liberalen politischen Kräfte außerstande, die ökonomischen Schwierigkeiten zu überwinden, zumal sie in der Masse der italienischen Bevölkerung, die den Parteien und dem Parlament fernstand, keine Unterstützung fanden. Auch die 1919 gegründete katholische Volkspartei (»Populari«) schien nicht in der Lage zu sein, die Auseinandersetzungen um die Landverteilung, die zwischen Gutsbesitzern, Bauern und Landarbeitern entbrannt waren, zu entschärfen. Zwischen 1919 und 1921 spitzten sich diese Konflikte in bürgerkriegsähnlicher Weise zu. Als Landarbeiter und Bauern unbewirtschafteten Großgrundbesitz besetzten und der Staat diese widerrechtlichen Besetzungen sanktionierte und als Landreform bezeichnete, fühlten sich die Großgrundbesitzer, der bürgerliche Mittelstand in den Städten und auch die Industriellen von den liberalen Politikern verlassen und wandten sich den Nationalisten in den bürgerlichen Parteien zu. Die *Nationalisten* agitierten gegen die Verantwortlichen des »verschenkten Friedens«, gegen Parlamentarismus, Liberalismus und Sozialismus. Sprecher der Nationalisten war der Dichter *Gabriele d'Annunzio.* Seine Anhänger waren an ihren schwarzen Hemden zu erkennen. Sie besetzten Fiume (Rijeka), den ehemaligen ungarischen Kriegshafen, und erklärten die Stadt 1919 zur autonomen »faschistischen

Republik«. War ihnen mit dieser Aktion auch kein dauerhafter Erfolg beschieden, so hatten sie die italienische Regierung damit doch der Lächerlichkeit preisgegeben.

2. Der Aufstieg Mussolinis

Mussolinis Entwicklung

Zu den Anhängern d'Annunzios zählte auch *Benito Mussolini.* 1883 geboren, wuchs er als Sohn eines Dorfschmiedes und einer Lehrerin in der Romagna auf. Er ergriff den Beruf seiner Mutter. Seine Jugend prägten antiklerikale und sozialistische Vorstellungen. 1900 trat Mussolini der Sozialistischen Partei bei und entwickelte sich zu einem ihrer führenden, wortgewandten Agitatoren. Als Chefredakteur des »Avanti« (»Vorwärts«) war er seit 1912 Sprecher des linken Parteiflügels, der einen revolutionären Aktionismus befürwortete. 1914 trat Mussolini entschieden für eine Teilnahme Italiens am Krieg gegen die »zum Sterben verurteilten« Monarchien der Mittelmächte ein.
In den Kriegsjahren entwickelte er sein Kampfideal:

»Jede Zeit hat ihren und jedes Volk hat seinen Krieg. Das Leben ist relativ; das Absolute existiert nur in kalter, unfruchtbarer Abstraktion. ... Wir müssen handeln, uns rühren, kämpfen und, wenn es notwendig ist, sterben. Die Neutralen haben noch nie die Ereignisse beherrscht. ... Es ist das Blut, das das dröhnende Rad der Geschichte bewegt.«[8]

Zur gleichen Zeit wandte sich Mussolini vom Sozialismus ab, ohne allerdings dessen Ziele völlig preiszugeben.

Die Bewegung des Faschismus

Seit 1919 baute Mussolini Kampfbünde, die »Squadre«, auf, die mit ihren Stoßtrupps die sozialistischen Gegner mit allen Mitteln der Gewalt bekämpften (▷ Tafel 25). Ihr Kennzeichen war das Rutenbündel (lat. »fasces«, ital. »fasci«), das altrömische Herrschaftszeichen der höchsten Amtsgewalt. Dieses Rutenbündel wurde zum Symbol der »Einheit, der Kraft und der Gerechtigkeit« und gab der faschistischen Bewegung ihren Namen. Seit 1921 formierten sich die *Fasci Italiani di Combattimento* zur faschistischen Partei. Mussolini setzte sich als »Duce«, als unumschränkter »Führer«, an die Spitze dieser Bewegung. Seine Hauptgegner erblickte er in Liberalismus und Sozialismus. Deshalb definierte er Faschismus als Gegensatz zum Individualismus, als Ausdruck von »Ordnung, Hierarchie und Disziplin«. Mussolini verkörperte in seinem Verhalten den politischen »Herren- und Übermenschen«, dessen Wahlspruch lautete: *»Glauben, gehorchen, kämpfen«.* Er verstand es, sich effektvoll als Alleinherrscher darzustellen. Auf diese Weise wurde er zum Vorbild anderer autoritärer Herrscher seiner Zeit. Die kulthafte Verherrlichung Mussolinis war Ausdruck einer »Vergöttlichung des Staates«, welche bald die »letzten Reste europäisch-kritischer Überlieferung« (Ernst Nolte)[9] abstreifte. Diesem Herrscherkult entsprach zunächst keine in sich geschlossene Programmatik des italienischen Faschismus. Die Faschisten gründeten ihr Selbstverständnis weniger auf vorgegebene Ziele und Methoden als auf die reine Aktion, die »Bewegung an sich«. Erst 1932 formulierte Mussolini seine »Doktrin des Faschismus«.

3. Die Machtergreifung der Faschisten

Hilflosigkeit der demokratischen Regierung

Die heftigen Kämpfe zwischen Anhängern sozialistischer und kommunistischer Gruppen und den staatlichen Ordnungskräften von Polizei und Armee, die im Zusammenhang mit den Streiks und Landbesetzungen entbrannt waren, wurden durch gewaltsame Übergriffe der faschistischen Squadre verschärft. Die italienische Regierung zeigte sich den *bürgerkriegsähnlichen Auseinandersetzungen* immer weniger gewachsen. So verspielten der italienische Staat und die hinter ihm stehenden liberaldemokratischen Parteien ihre politische Autorität.

Die Faschisten verfügten im Parlament nur über eine kleine Schar eigener Abgeordneter, die sie als »Patrouille« ihrer Bewegung bezeichneten. Ihre Beteiligung an der Regierung wollten sich die Faschisten daher auf der Straße »erkämpfen«. Faschistische Kampfgruppen suchten weite Landstriche mit ihren Gewaltzügen heim, die sie als »Strafexpeditionen« verstanden. Sie brandschatzten Gewerkschaftshäuser und sozialistische Bürgermeistereien. Dabei war ihre Zielstrebigkeit, Konsequenz und Brutalität in Westeuropa bis dahin ohne Beispiel.

»Marsch auf Rom«

Angesichts der Machtlosigkeit der Regierung forderte Mussolini 1922 ultimativ die Regierungsbeteiligung für seine Partei. Der italienische König *Viktor Emanuel III.,* einflußreiche Vertreter der Industrie und Großgrundbesitzer, aber auch Angehörige des Mittelstandes verhielten sich dieser Forderung gegenüber abwartend. Deshalb marschierten im Oktober 1922 etwa 40 000 faschistische

Mussolini *bei einer Ansprache an seine »Schwarzhemden«, 1922.*

»Schwarzhemden« von Neapel nach Rom, um die italienische Hauptstadt zu »erobern«. Ermutigt durch die Verwirrung im Lager der im Parlament vertretenen Parteien, forderte Mussolini schließlich sogar die Führung der Regierung. Am 29. Oktober 1922 beauftragte der König den »Duce« mit der *Regierungsbildung,* während die »Schwarzhemden« noch vor den Toren Roms auf den Sturmbefehl warteten. Mussolini beteiligte zunächst Politiker aus fast allen bürgerlichen Parteien an der Regierung und weitete bis 1925 seine Macht allmählich aus. Bereits 1922 wandelte er die Squadre in eine polizeiähnliche *Miliz* um. 1923 änderte die faschistische Regierung das *Wahlrecht.* Die stärkste Partei sollte unabhängig von den tatsächlichen Stimmenverhältnissen automatisch zwei Drittel der Parlamentssitze erhalten und damit über die verfassungsändernde Mehrheit verfügen. Diese Manipulation erwies sich allerdings als unnötig, denn 1924 gewannen die Faschisten nach einem von Terror bestimmten Wahlkampf zwei Drittel der abgegebenen Stimmen.

4. Antifaschistischer Widerstand

Mussolinis Herrschaft fand in der Bevölkerung viel Zustimmung. Politiker aus dem Lager der christlichen und liberalen Parteien schlossen sich den Faschisten freiwillig an, weil sie von der augenscheinlichen Stabilisierung der innenpolitischen Verhältnisse beeindruckt waren. Mussolini traf aber auch auf entschiedene Gegner. Widerstand entzündete sich vor allem an den Methoden faschistischer Politik. Er war von dem Bewußtsein getragen, daß Terror kein Mittel zur Stabilisierung der politischen Verhältnisse sein dürfe. Der bekannteste Politiker des antifaschistischen Widerstands war der unerschrockene *Giacomo Matteotti.* Er hatte die Wahlrechtsmanipulation der Faschisten im Parlament mutig und offen abgelehnt und zur gewaltlosen Selbstbehauptung aufgerufen: »Auch Schweigen und Feigheit sind zuweilen echter Heldenmut.«[10]

Krise des Faschismus

Im Juni 1924 fand man Matteotti ermordet in Rom auf. Die Nachricht verbreitete sich wie ein Lauffeuer im Land und stürzte den Faschismus in eine schwere Krise. In der Ablehnung Mussolinis schienen auch bürgerliche Politiker wieder eine gemeinsame Basis zu finden. Sie verließen das Parlament und bildeten eine oppositionelle Vertretungskörperschaft, den »Aventin«, die alle Parteien – mit Ausnahme der Kommunisten, die den Generalstreik proklamieren wollten – umfaßte. Dieser bürgerliche Widerstand brach jedoch schon bald wieder im Terror der Faschisten zusammen, weil sich die Antifaschisten nicht auf eine gemeinsame Linie einigen konnten und sich gegenseitig als Totengräber der italienischen Demokratie bezichtigten.

Trotzdem war der antifaschistische Widerstand nicht tot. Aus dem *»antifascismo«* erwuchs die *»resistenza«.* Wortführer der Opposition wurde der Gelehrte *Benedetto Croce,* dessen antifaschistisches Manifest vielen Italienern half, sich der Faszination Mussolinis zu entziehen. Croce und Matteotti gelten in Italien bis heute in allen Parteien als vorbildliche Kämpfer für die Freiheit des einzelnen gegenüber einem totalitären Staat.

5. Konsolidierung der Macht

Festigung des Regimes durch Gleichschaltung

Zwischen 1925 und 1936 festigte sich der Faschismus zu einem durchorganisierten »Regime«. Die Regierung ließ ihre Gegner in Konzentrationslagern inhaftieren und führte die Todesstrafe ein. Das Recht der Gesetzesinitiative und Gesetzgebung ging vom Parlament auf den *Duce* Mussolini über, der Heiligabend 1925 auch die *volle Exekutivgewalt* übertragen erhalten hatte. Nicht nur das Parlament, sondern auch die kommunalen Verwaltungen wurden »gleichgeschaltet«. Nichtfaschistische Beamte galten als politisch unzuverlässig und wurden entlassen. Die Regierung überwachte die öffentliche Meinung. Im November 1926 wurden alle Parteien verboten. Seit 1928 konnten nur noch Abgeordnete gewählt werden, deren Namen der faschistische »Großrat« auf eine Einheitsliste gesetzt hatte. Eine Vielzahl von faschistischen Vereinen und Verbänden übernahm die Vertretung sozialer Interessen, wirkte aber auch bis in das private Leben hinein. Besonders die Jugend sollte im faschistischen Geist von Mussolinis Grundsatz »Glauben, gehorchen, kämpfen« zu »neuen Menschen« erzogen werden.

Die Bildung von berufsständischen Korporationen und die Verfügung einer umfassenden Arbeitsordnung (Carta del Lavoro) sollten der sozialen Konsolidierung des Regimes dienen. Streiks und der Abschluß von Tarifverträgen wurden verboten. Mussolini ließ jedoch das Sozialversicherungssystem reformieren und suchte die Leistungsfähigkeit der italienischen Wirtschaft zu stärken. Der Staat unterstützte Großunternehmen und förderte die Gründung von halbstaatlichen Betrieben.

»Schock der Moderne«, so der Titel eines Sachbuches. Hier hat »Schock« einen doppelten Sinn: Wie erlebt und gestaltet der Künstler Phänomene unseres Jahrhunderts wie z. B. die Großstadt, den Krieg, wissenschaftliche Fortschritte, gesellige Lebensformen? Wie wirkt diese Gestaltung auf den zeitgenössischen Betrachter?

Tafel 21 *Im Jahre 1924 entstand Giorgio de Chiricos* »Melancholie und Geheimnis einer Straße« *(Connecticut, Privatsammlung). Auf seinem Weg, hinter die Geheimnisse der Dinge zu kommen, kontrastiert de Chirico Vertrautes mit Unerwartetem und Ungewöhnlichem: eine unbewohnbar gewordene Stadt, die niemandem mehr Sicherheit bietet, der Mensch darin verloren oder nur noch als Schatten ins Bild ragend. Das Werk gehört in jene Schaffensphase des Künstlers, die als pittura metafisica bezeichnet wird.*

Tafel 22 *Juan Gris,* Stilleben *(Fantomas), entstanden 1915 (Washington, National Gallery of Art). Gris knüpft an eine Tradition an: die Darstellung von Gegenständen, die den Betrachter an die Vergänglichkeit mahnen sollen. Sie verlangt von ihm nachdenkliches, ruhiges Schauen. Gris' Stilleben jedoch scheint dem zu widersprechen; denn die dargestellten Gegenstände werden in den meisten Fällen – im Überangebot vorhanden – vom Kunden am Kiosk nur flüchtig wahrgenommen. – Dieses und das folgende Bild gehören dem Dadaismus an, einer künstlerischen Revolte gegen alles Überkommene, verbunden mit einer tiefen Skepsis. Aus der Erfahrung des Ersten Weltkriegs und seiner immer stärker technisierten Kriegführung entstand 1920 die Collage von Max Ernst,* »Mörderisches Flugzeug« *(USA, Privatsammlung), Originalgröße 6 x 4 cm. Das Bild ist gestaltgewordene Angst vor den Tieffliegern: Halb Maschine, halb menschenartiges Wesen streut es Verderben über drei Soldaten aus, die, verloren in der offenen, zerstörten Landschaft, schutzlos preisgegeben sind.*

Tafel 22

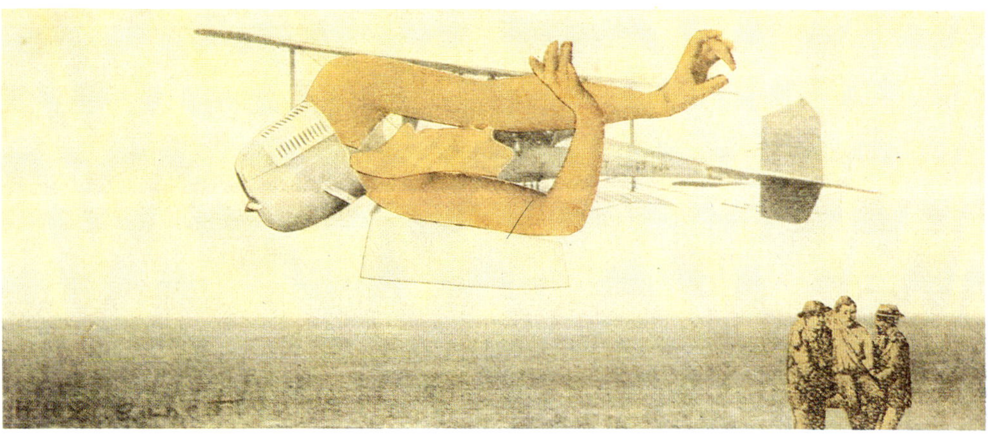

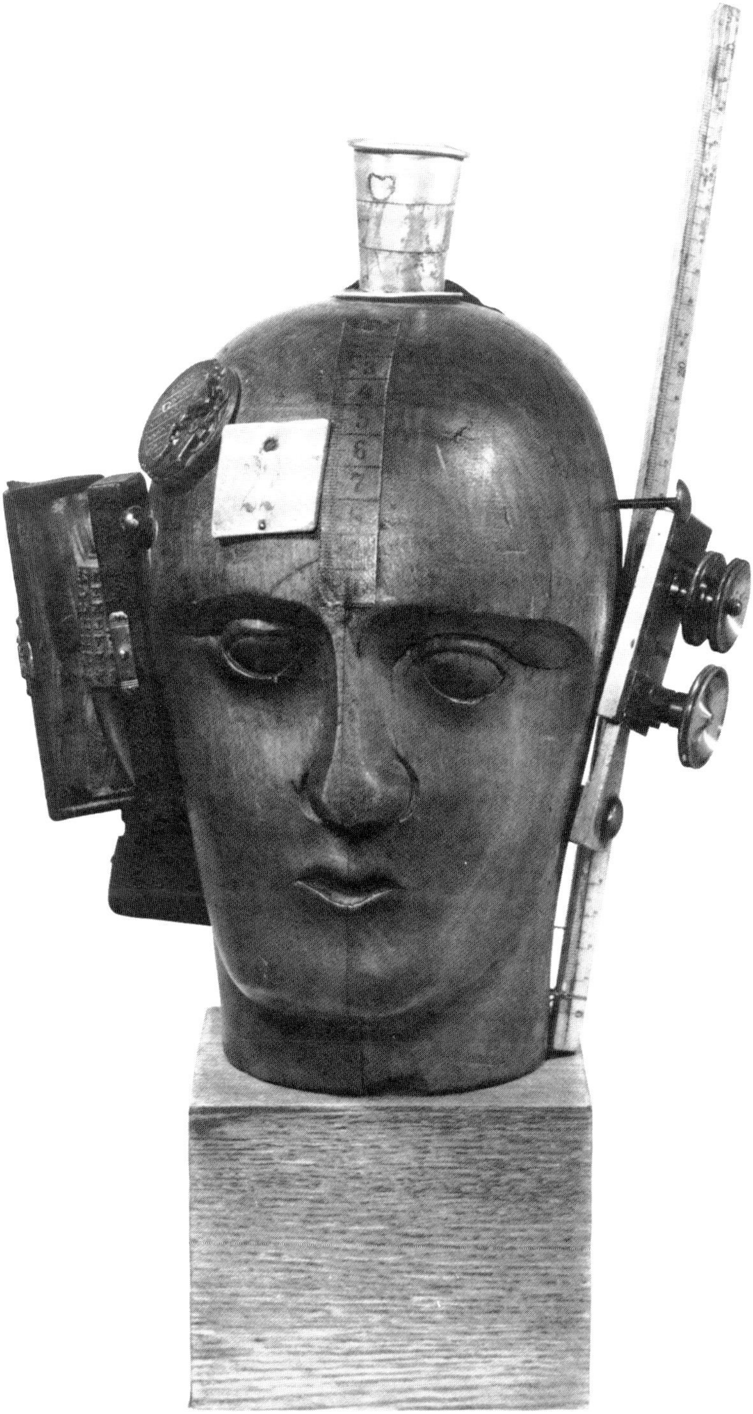

Tafel 24

Außenpolitische Anerkennung und Ausgleich mit dem Papst

Europäische und außereuropäische Mächte erkannten das faschistische Regime rasch an. Ein britischer Minister besuchte Mussolini sogar auf dem Höhepunkt der Matteottikrise. Sein Händedruck war für Mussolini nach eigenem Bekunden »mehr wert als ein Königreich«. Im *Lateranvertrag* von 1929 beendete Mussolini die Auseinandersetzungen mit dem Papsttum (▷ S. 200 f.), die das Verhältnis von Staat und Kirche in Italien seit 1870 belastet hatten. Das Vertragswerk garantierte die Souveränität des Vatikanstaates und erklärte die katholische Religion zur einzigen anerkannten Konfession im faschistischen Staat. Religion wurde zum Pflichtfach in den Schulen. Jede Ehe sollte nur gültig sein, wenn sie auch kirchlich geschlossen worden war. Der Papst verzichtete auf die Wiederherstellung des Kirchenstaates und erkannte damit fast 80 Jahre nach seiner Gründung den italienischen Nationalstaat und Mussolinis Herrschaft an.

Imperiale Politik

Außenpolitisch vertrat Mussolini ein expansionistisches Programm. Er wollte Italien die *Vormachtstellung im Mittelmeerraum* sichern. Um das Mittelmeer zum italienischen Binnenmeer, dem »mare nostro«, zu machen, wollte er möglichst viele Küstenstreifen unter seine Herrschaft bringen. 1935 ließ Mussolini das wehrlose und rückständige Abessinien angreifen, um es dem Kolonialbesitz Italiens in Ostafrika einzugliedern. Nach ihrem Sieg im letzten der europäischen Kolonialkriege feierten die Italiener 1936 die Errichtung eines neuen »römischen Imperiums«. Die Verbindungen zwischen dem faschistischen Italien und dem nationalsozialistischen Deutschland wurden, trotz gegensätzlicher Interessen in Südtirol, seit 1936 enger (▷ S. 325).

Tafel 23 *Die bedeutendste Plastik des Dadaismus schuf 1921 Raoul Hausmann:* »Der Geist unserer Zeit«, *eine Objektmontage von 32 cm Höhe (Paris, Musée d'Art Moderne). Nach Hausmanns eigener Aussage über den Zeitgenossen der 20er Jahre ist dieser dadurch gekennzeichnet, daß er »nicht* mehr *Fähigkeiten besitzt als die, die der Zufall auf seinen Schädel geklebt hat; sein Gehirn bleibt leer.«*

Tafel 24 *Das Kriegserlebnis hat Max Beckmann bis ins Innerste aufgewühlt; der Phase seines künstlerischen Schaffens, in der er diese Erfahrungen aufarbeitete, gehört noch die* »Tanzbar Baden-Baden« *an, entstanden 1923 (München, Bayerische Staatsgemäldesammlung). Seine Kunst war in dieser Zeit ein Zerrspiegel, in dem er das menschliche Treiben einfing; Maskenball, Karneval und Großstadt waren bevorzugte Themen. Die »Tanzbar« zeigt die Diskrepanz zwischen der wirtschaftlichen Realität (1923!) und der Scheinwelt, in die man sich flüchtete – Ausdruck des Nachholbedarfs nach dem Krieg und zugleich Tanz auf dem Vulkan.*

IV. Die Weimarer Republik

Die Umstände, die zur Gründung der Weimarer Republik führten, stellten für die erste deutsche Republik eine folgenschwere Belastung dar. Viele Deutsche nahmen das plötzliche Ende des Kaiserreichs nicht als militärischen Zusammenbruch wahr, sondern als verabscheuenswürdige Revolution. Verstärkt wurde die Abneigung gegen den demokratischen Staat durch die als ungerecht empfundenen Bedingungen des Friedensvertrages von Versailles.
Immer wieder wurde die Republik für außenpolitische Schwierigkeiten und für innenpolitische Krisen verantwortlich gemacht, die tatsächlich Folgen des Krieges und der militärischen Niederlage waren. Die inneren Vorbehalte vieler Deutscher gegenüber der Weimarer Republik nutzten vor allem diejenigen Gegner der Weimarer Verfassungsordnung aus, die eine autoritäre Staatsordnung anstrebten und sich häufig am Vorbild des faschistischen Italien orientierten. Erst nach bürgerkriegsähnlichen Wirren, Inflation und Sanktionen Frankreichs konnte die Republik von 1923 an eine gewisse Stabilität gewinnen. Sie fand zunehmend bei ihren ehemaligen Kriegsgegnern Verständnis und konnte einige der außenpolitischen Hypotheken des Versailler Friedensschlusses verringern oder sogar aufheben. Auch setzte seit 1924 ein bemerkenswerter wirtschaftlicher Aufschwung ein, den allerdings die Weltwirtschaftskrise von 1929

1918	**9. 11.**	Proklamation der Republik
1919	**11. 8.**	Weimarer Reichsverfassung
1920	**März**	Kapp-Lüttwitz-Putsch und Generalstreik
1922		Vertrag von Rapallo
1923		Krisenjahr der Republik: Ruhrbesetzung, Hochinflation, Aufstände im Reich und Hitler-Putsch in München
1924–1928		Politische Stabilitätsphase
1925		Tod Eberts und Wahl Hindenburgs zum Reichspräsidenten
1925/26		Verträge von Locarno und Berlin: Ausgleich mit Frankreich und der Sowjetunion
1926		Deutschlands Beitritt zum Völkerbund
1929		Weltwirtschaftskrise erfaßt Deutschland
1930	**März**	Brüning bildet die erste Präsidialregierung
	Sept.	Wahlerfolg der Nationalsozialisten
1931		Harzburger Front
1932		Wiederwahl Hindenburgs
	30. 5.	Sturz Brünings. Neuer Kanzler wird Papen
	20. 7.	Staatsstreich gegen Preußen. NSDAP wird stärkste Partei im Reichstag
	Dez.	Präsidialkabinett unter Schleicher
1933	**30. 1.**	Hitler wird Reichskanzler

beendete. Sie wirkte sich in Deutschland auf Wirtschaft, Gesellschaft und die politischen Verhältnisse besonders verhängnisvoll aus. Wiederum machten die Gegner der Republik die republikanischen Parteien für die Krise verantwortlich. Dennoch war die erste deutsche Demokratie nicht von vornherein zum Untergang verurteilt: Sie scheiterte erst 1933 an der Vielfalt und Übermacht miteinander verflochtener Herausforderungen wirtschaftlicher, sozialer, innen- und außenpolitischer Art.

1. Die Novemberrevolution 1918

Revolutionäre Handlungen und Maßnahmen

Während die Reichsregierung unter Prinz Max von Baden entschlossen war, den Krieg rasch zu beenden (▷ S. 244 f.), gab die deutsche Seekriegsleitung der Kriegsflotte Ende Oktober 1918 den Befehl, die britische »Home Fleet« zur Entscheidungsschlacht herauszufordern. Matrosen in Kiel und Wilhelmshaven verweigerten daraufhin am 28. 10. 1918 den Gehorsam. Einige von ihnen wurden wegen *Meuterei* erschossen. Die Offiziere waren jedoch nicht mehr Herr der Situation. Am 4. 11. 1918 bildeten Matrosen, Soldaten und Arbeiter den ersten *Arbeiter- und Soldatenrat.* Die Räte in Kiel und die Räte, die sich nach wenigen Tagen auch in anderen Küstenländern und im Binnenland bildeten, gaben einer breiten Friedenssehnsucht Ausdruck. Mit den alten Gewalten wollten sie nicht zusammenarbeiten. Deshalb forderten sie die *Republik.* So erzwangen sie in kurzer Zeit die Abdankung aller deutschen Herrscher, auch des deutschen Kaisers. Als der Sozialdemokrat *Philipp Scheidemann* am 9. November 1918 in Berlin die »deutsche Republik« ausrief, kam er *Karl Liebknecht,* dem Führer der kommunistischen »Spartakusgruppe«, nur um Stunden zuvor. Liebknecht, dessen Vorbild Lenin war, wollte die »sozialistische Republik« verwirklichen. Die deutsche Sozialdemokratie hingegen wollte die Entscheidung über die Verfassungsordnung einer »verfassunggebenden Versammlung« überlassen.

Der Rat der Volksbeauftragten

Am selben Tag übernahm der Sozialdemokrat *Friedrich Ebert* von Prinz Max von Baden das Amt des Reichskanzlers. Ebert bildete eine neue Regierung, die sich *Rat der Volksbeauftragten* nannte. Ihr gehörten je drei Mitglieder der Unabhängigen (USPD) und der Mehrheitssozialdemokratie (MSPD) an (▷ Abbildung S. 268). Ebert trat an die Spitze dieser provisorischen Regierung. Sie konnte sich allerdings nicht auf ein Parlament stützen, weil der noch im Kaiserreich gewählte Reichstag als Ausdruck der überkommenen Machtverhältnisse galt und nicht zusammengerufen wurde. Seine Funktion versuchte ein *Vollzugsrat* wahrzunehmen, der sich als Gesamtvertretung der deutschen Arbeiter- und Soldatenräte verstand. In ihm stellten die Vertreter der Berliner Räte die Mehrheit; sie vor allem waren bestrebt, die Volksbeauftragten direkt zu kontrollieren.

Ausgangslage

Diese Volksbeauftragten standen vor einem Dilemma: Einerseits mußten sie den ordnungsgemäßen Rückzug der Truppen ermöglichen und die Bevölkerung mit Nahrungsmitteln und Brennstoffen versorgen, andererseits hatten sie

Die Ausrufung der Republik durch Scheidemann und die Mitglieder des Rats der Volksbeauftragten *von der Mehrheitssozialdemokratie (Ebert, Scheidemann und Barth rechts) und der USPD (Haase, Landsberg und Dittmann links). Zeitgenössische Postkarte.*

die Erwartungen der Bevölkerung zu erfüllen und sozialpolitische Reformen wie den Achtstundentag, die Anerkennung der Gewerkschaften als Tarifpartner, ein demokratisches Verhältniswahlrecht und die Arbeitslosenunterstützung durchzusetzen. Dabei waren sie in gleicher Weise den überzogenen Erwartungen ihrer Anhänger wie der radikalen Ablehnung durch ihre politischen Gegner ausgesetzt. So geschah es, daß die Braunschweiger Räte die Verkehrsverbindungen zwischen Berlin und dem Ruhrgebiet unterbrachen oder daß die Gutsbesitzer Pommerns sich weigerten, Nahrungsmittel nach Berlin zu liefern. Auf diese Weise spitzte sich im Winter 1918/19 die Situation der notleidenden Menschen vor allem in Berlin und anderen deutschen Großstädten zu. Hinzu kamen der Zwang, Frieden schließen zu müssen, und die lähmende politische Unsicherheit. Der Aufstand einer kleinen kommunistischen Gruppe um Karl Liebknecht und Rosa Luxemburg drohte, und ein Putsch von rechts unter Beteiligung konservativer Militärs und nationalistischer Gutsbesitzer zeichnete sich ab. Einige extremistische Vertreter der USPD verschreckten zudem durch ihre Reden die »bürgerliche Mitte« und verhinderten so, daß diese sich entschieden für die Republik einsetzte.

Die Parteien der Weimarer Republik

Die Parteien des Kaiserreichs (▷ S. 176 f.) stellten sich 1918/19 rasch auf die neuen politischen Verhältnisse ein. Die meisten gaben sich nach Kriegsende einen neuen Namen, um dies zu verdeutlichen. Einige Parteiführer meinten allerdings auch, daß die Parteien mit ihren alten Programmen keine Wähler mehr finden könnten. Die ehemalige Deutschkonservative Partei nannte sich *Deutsch-Nationale Volkspartei* (DNVP) und versuchte am entschiedensten, den Verfassungswandel von der Monarchie zur Republik (▷ S. 271 ff.) rückgängig zu machen. Die meisten Nationalliberalen schlossen sich der *Deutschen Volkspartei* (DVP) an. Die unterschiedlichen Strömungen des deutschen Linksliberalismus – Freisinn, Fortschritt, Süddeutsche Volkspartei und Demokraten – verbanden sich zur *Deutschen Demokratischen Partei* (DDP). Diese trat für liberale Verfassungsinhalte ein, konnte allerdings nur schwer die Vielfalt linksliberaler Richtungen auf einen Nenner bringen. Deshalb setzte sich die Spaltung des deutschen Linksliberalismus auch nach 1919 fort. Die *Zentrumspartei* orientierte sich weiterhin an den konfessions- und kulturpolitischen Zielvorstellungen des politischen Katholizismus. Sie verstand sich in sozialer Hinsicht als Volkspartei, denn ihre Mitglieder und Wähler entstammten allen Schichten.

Auf der Seite der politischen Linken waren während des Weltkriegs und unter dem Einfluß der Revolution mehrere Parteien entstanden, welche die Flügelkämpfe der Sozialdemokratischen Partei aus der Zeit vor 1914 weiterführten: die Unabhängige Sozialdemokratische Partei (USPD), die Mehrheitssozialdemokraten (MSPD) und die Kommunistische Partei (KPD).

Im Gegensatz zur USPD wollten die *Mehrheitssozialdemokraten* die sozialen Verhältnisse lieber reformieren als revolutionär umgestalten; vor allem trachteten sie danach, eine möglichst solide Koalition mit dem linken Liberalismus und dem politischen Katholizismus zu bilden. Die Errichtung einer Diktatur in Rußland und die Verfolgung ihrer russischen Schwesterpartei hatten in der Führung der MSPD eine tiefe Abneigung gegen linksradikale Strömungen hervorgerufen. Die Überzeugung der Sozialdemokraten lautete: »Eine demokratische Herrschaft läßt sich nicht auf Bajonetten errichten.« Die beiden sozialdemokratischen Parteien näherten sich daher seit 1920 einander an und vereinigten sich schließlich 1922 erneut zur SPD.

Links von der Sozialdemokratie hatte sich 1919 die *Kommunistische Partei* aus dem von Karl Liebknecht und Rosa Luxemburg geführten »Spartakusbund« gebildet. Sie orientierte sich an der Haltung der Bolschewiki in Sowjetrußland, bekämpfte die kapitalistische Gesellschaftsordnung und zog Anhänger vom linken Flügel der USPD an. »Alle Macht den Räten!« und »Nieder mit dem Parlament!« waren ihre Parolen.

Neben diesen großen Parteien entstanden viele kleinere Gruppierungen. Sie orientierten sich an Gruppeninteressen oder verstanden sich, wie die *Bayerische Volkspartei* (BVP), als regionale Bewegungen.

Die Vielfalt des deutschen Parteienspektrums erschwerte seit 1919 eine einheitliche politische Willensbildung. Dies wog deshalb besonders schwer, weil der Rat der Volksbeauftragten angesichts der grundlegenden politischen Weichenstellungen, welche die Revolution von 1918/19 und der Friedensvertrag von Versailles bewirkt hatten, eine breite Mehrheit benötigte.

2. Der Weg zur parlamentarisch-demokratischen Verfassung der Republik

Auf den Verlauf der Revolution suchten Anhänger aller Parteien Einfluß zu nehmen. Doch ihre Ziele standen nicht von vornherein fest, sondern kristallisierten sich erst im Laufe der Monate heraus. Daher bemerkte der Großindustrielle und spätere Außenminister Walther Rathenau schon damals zu Recht: »Nicht wurde eine Kette gesprengt, sondern ein Schloß ist durchgerostet.«

Räterepublik oder parlamentarische Demokratie?

Im Zusammenhang mit den Wahlen zu den verfassunggebenden Versammlungen in Preußen und im Reich verschärften sich im Januar 1919 die Auseinandersetzungen um die Verfassung der Republik. Rätedemokratie oder parlamentarische Demokratie hieß die Alternative (▷ S. 272). Zur gleichen Zeit flammte in Berlin ein *kommunistischer Aufstand* auf. Mitte Januar erklärten Anhänger von Karl Liebknecht und Rosa Luxemburg die Regierung für abgesetzt und verbarrikadierten sich im Berliner Zeitungsviertel. Die sozialdemokratischen Volksbeauftragten ließen den »Januaraufstand« unter Führung von Gustav Noske durch Heeresverbände und »Freikorps«, die sich aus entlassenen Soldaten und Offizieren der kaiserlichen Armee gebildet hatten, niederschlagen. Die Freikorps standen häufig völkisch-nationalistischen Ideen nahe und fühlten sich nicht an Recht und Gesetz gebunden. Karl Liebknecht und Rosa Luxemburg wurden Opfer von Freikorpsleuten, die beide hinterrücks erschossen. Dieser Mord machte auf der einen Seite die Republik bei der Linken unglaubwürdig, und Noske galt seit dieser Zeit bei ihnen als der »Bluthund«, die SPD als die Partei der »Arbeiterverräter«. Auf der anderen Seite diskreditierten die Januarereignisse den kommunistischen Rätegedanken bei der Sozialdemokratie.

Ergebnis der Wahlen zur Nationalversammlung

Die Auseinandersetzungen um den verfassungsrechtlich-politischen Charakter der Republik fanden in den Wahlen zur deutschen Nationalversammlung vom 19. Januar 1919 einen ersten Abschluß. Bei einer Beteiligung von weit über 80 % der Wahlberechtigten – darunter zum erstenmal auch Frauen – erhielten die Befürworter der Republik – MSPD, DDP und Zentrum – etwa drei Viertel der abgegebenen Stimmen. Die KPD hatte sich an dieser Wahl nicht beteiligt. Durch das eindeutige Wahlergebnis fühlten sich die republikanischen Kräfte bestätigt und legitimiert, eine neue Verfassung zu beraten.

Anfang Februar versammelten sich die Abgeordneten der Nationalversammlung in Weimar, denn das unruhige, von Aufständen bedrohte Berlin galt als ein ungeeigneter Ort für ungestörte Beratungen. Nach diesem Versammlungsort wurde die erste deutsche Republik als *Weimarer Republik* bezeichnet.

Konstituante und Parlament

Die Nationalversammlung war Konstituante und Parlament zugleich. Die Abgeordneten von Zentrum, DDP und MSPD wählten eine *Regierung* unter dem Reichskanzler Scheidemann, die sich auf die *Weimarer Koalition* dieser Parteien stützte. Die Parteien der Weimarer Koalition einigten sich auch darauf, den Vorsitzenden des Rats der Volksbeauftragten, Friedrich Ebert, zum *Reichspräsidenten* zu wählen. Am 11. 2. 1919 bekam er 277 von 379 möglichen Stimmen der Nationalversammlung.

Der erste Reichspräsident

Friedrich Ebert wurde 1871 als Sohn eines Heidelberger Schneidermeisters geboren. Er erlernte das Sattlerhandwerk, stieß mit 18 Jahren zur Sozialdemokratie, wurde in Bremen Vorsitzender der örtlichen Gewerkschaftsbewegung und 1893 Redakteur des sozialdemokratischen Organs der Stadt. Als Mitglied der Bürgerschaft erwarb sich Ebert einen ausgezeichneten Ruf als Kommunalpolitiker, dem die Praxis stets mehr als die theoretische Auseinandersetzung bedeutete. Seit 1905 vermittelte er als Sekretär des SPD-Parteivorstandes zwischen den sich bekämpfenden Parteiflügeln. Als August Bebel 1913 starb, wurde Ebert in dessen Nachfolge zum Vorsitzenden der Partei gewählt, konnte jedoch die Spaltung der deutschen Sozialdemokratie in USPD und MSPD nicht verhindern. Seit 1916 führte er gemeinsam mit Scheidemann die Reichstagsfraktion der MSPD. Im Reichstag erwarb er sich den Ruf, ein typischer Vertreter der »staatstragenden« Sozialdemokratie zu sein. Nach seiner Wahl zum Reichspräsidenten versuchte er, überparteilich zwischen den Lagern zu vermitteln. Er verstand sich als Repräsentant des Staates und nicht als Vertreter einer Partei. Die Republik verkörperte seine politischen Vorstellungen; um so mehr litt er bis zu seinem frühen Tod (1925) darunter, daß der republikanische Gedanke in Deutschland nicht heimisch wurde (▷ S. 276 ff., 297).

Weimarer Reichsverfassung

Am 11. August konnte Friedrich Ebert die von der Nationalversammlung ausgearbeitete *Verfassung* (▷ Schaubild) unterzeichnen, deren Artikel 1 lautete: »Das Deutsche Reich ist eine Republik. Die Staatsgewalt geht vom Volke aus.«[11] Die Republik bekannte sich zur bundesstaatlichen Einheit des Reiches. Reichstag und Reichspräsident wurden vom Volk gewählt. Die Wahl durch das Volk verlieh beiden eine eigene Autorität und Legitimität. Eine Mehrheit des *Reichstages* konnte Reichskanzler und Reichsministern das Vertrauen entziehen und sie zum Rücktritt zwingen. Die Richtlinien der Politik bestimmte der *Reichskanzler.* An der Spitze des Staates stand der *Reichspräsident.* Artikel 48 der Verfassung verlieh ihm diktatorische Vollmachten. Er konnte, »wenn im Deutschen Reiche die öffentliche Sicherheit und Ordnung erheblich gestört oder gefährdet wird«, Notverordnungen mit Gesetzeskraft erlassen, die Reichswehr einsetzen und Grundrechte außer Kraft setzen. Diese besondere Machtfülle ließ den Reichspräsidenten bei vielen Deutschen zunehmend als eine Art »Ersatzkaiser« erscheinen.

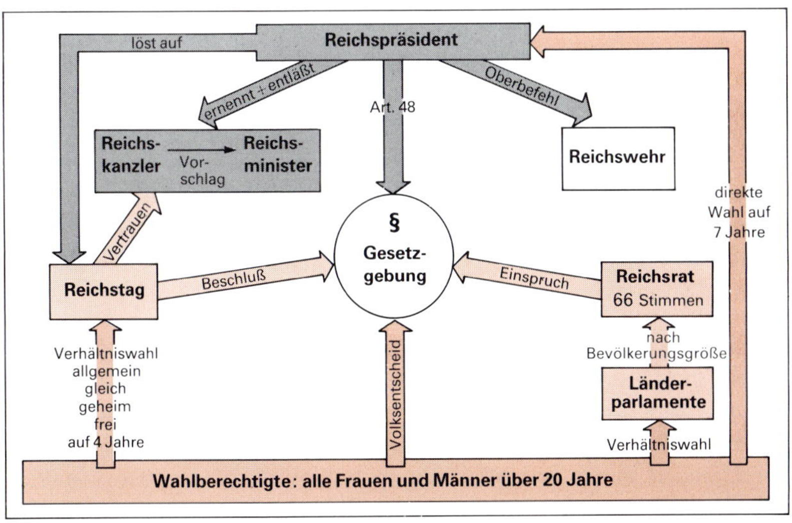

Die Verfassung der Weimarer Republik.

Die Reichsverfassung, die auf einen Entwurf des Staatsrechtlers *Hugo Preuß* zurückging, knüpfte an die liberalen und demokratischen Traditionen der Revolution von 1848/49 an (▷ S. 113 ff.). Daher definierte sie in ihrem zweiten Hauptteil auch *Grundrechte.* Außer den klassischen Individualrechten des Liberalismus wie Meinungs-, Versammlungs- und Pressefreiheit begründete die Verfassung soziale Grundrechte, welche die Rechte des einzelnen innerhalb von Gesellschaft und Staat umschrieben. Sie sollten Minderheiten und sozial Schwächeren Schutz gegen »Überstürzung und Vergewaltigung« gewähren und Richtschnur staatlichen Handelns sein. Unter anderem wurde die menschliche Arbeitskraft unter besonderen Schutz gestellt und zugleich das Recht des Menschen auf würdige Wohn- und Lebensverhältnisse bekräftigt.

Diskussion in der Forschung

Die Frage, ob 1918/19 nur die Alternative zwischen Rätesystem und parlamentarischem Rechtsstaat bestand (▷ S. 270 f.), beschäftigt die Forschung seit vielen Jahren. Einige Wissenschaftler haben die Möglichkeit eines »dritten Weges« herauszuarbeiten versucht. Ihnen erscheinen die Arbeiter- und Soldatenräte nicht als Ausdruck terroristischer Herrschaft, sondern als Versuch, die Gesellschaft auf vielfältige Weise zu demokratisieren. Wäre dieser Versuch gelungen, so lautet ihre These, hätten der Untergang der Weimarer Republik und die nationalsozialistische Diktatur vielleicht verhindert werden können.[12] Kritiker dieser These halten dem die Revolutionsbereitschaft der Linken entgegen. Angesichts der drohenden Gefahr sei es darauf angekommen, eine möglichst breite Legitimationsgrundlage für den neuen Staat zu schaffen. Unter diesem Gesichtspunkt findet die Haltung der MSPD Verständnis, sei es ihr doch darauf angekommen, möglichst viele politische Richtungen und soziale Kräfte der »bürgerlichen Mitte« auf die Republik einzuschwören.[13]

3. Außenpolitik als »Revision« des Versailler Vertrages

Den Friedensvertrag ablehnen oder annehmen?

Die Weimarer Nationalversammlung stand nicht nur vor der Aufgabe, eine neue Verfassung verabschieden, sondern auch unter dem Zwang, den Friedensvertrag (▷ S. 248 f.) ratifizieren zu müssen. Die Frage »Ablehnen oder annehmen?« spaltete Parteien und Fraktionen. Die Gegner hielten den Vertrag für »unerträglich, unerfüllbar, rechtsverletzend und unaufrichtig«. Die Befürworter versprachen sich vom Friedensschluß die Rückführung der deutschen Kriegsgefangenen, eine bessere Versorgung mit Nahrungsmitteln und den wirtschaftlichen Aufstieg. Im Verlauf mehrerer Sitzungen nahmen schließlich 237 Abgeordnete des Zentrums, der MSPD und der USPD gegen 138 Stimmen der DVP, DNVP, BVP und DDP den Vertrag an.

Innenpolitische Auseinandersetzungen

Die Auseinandersetzungen um den Versailler Vertrag belasteten die innenpolitischen Verhältnisse in Deutschland. Als *Verzichtspolitiker* galten alle diejenigen, die dem Vertrag zugestimmt hatten. Und diejenigen, die den Vertrag auch erfüllen wollten, wurden von der nationalistischen Rechten als *Erfüllungspolitiker* diffamiert. Einige dieser »Erfüllungspolitiker« wurden die Opfer von *Mordanschlägen.* So ermordeten »Fememörder« 1922 den Zentrumsführer *Matthias*

Erzberger, der den Versailler Vertrag widerstrebend akzeptiert hatte, und *Walther Rathenau,* der sich als Außenminister bald das Vertrauen seiner alliierten Verhandlungspartner erworben hatte. Die Attentäter nutzten die Stimmung in der Bevölkerung gegen den Vertrag und besonders gegen den Kriegsschuldartikel, die sich in einer öffentlichen *Kriegsschulddiskussion* äußerte. Kaum ein Deutscher erkannte nämlich an, daß das Deutsche Reich 1914 den Krieg gewollt hatte (▷ S. 236 ff.).

Erste außenpolitische Erfolge

Schon unmittelbar nach der Unterzeichnung des Versailler Vertrages setzten Bemühungen ein, den »Diktatfrieden« zu revidieren. Lebenswichtig schien eine Begrenzung der *Reparationsleistungen,* deren Umfang und Dauer vertraglich nicht festgelegt waren. Die Verringerung der Zahlungen von 269 Milliarden Goldmark, die 1921 in einem Reparationsplan der Alliierten niedergelegt worden waren, blieb das Ergebnis langjähriger, schwieriger Verhandlungen (▷ S. 289). Nur wenige Zugeständnisse konnte die deutsche Regierung in der Frage des Abzugs der alliierten *Besatzungstruppen* erreichen. Das gleiche galt auch für den Versuch, die *Rüstungsbeschränkungen* zu mildern.

Allerdings erkannten einige Deutsche, wie der Pazifist und Friedensnobelpreisträger *Ludwig Quidde* oder der Nobelpreisträger für Physik *Albert Einstein,* daß eine Aufrüstung nicht der einzige Weg war, die deutschen Grenzen zu sichern. Sie meinten, der Friede Europas ließe sich auch durch eine allgemeine, vertraglich bekräftigte Abrüstung wahren. So schrieb Albert Einstein:

»Nur wenige Menschen sind heute noch der Ansicht, daß Gewaltakte in Form von Kriegen ein vorteilhaftes, der Menschheit würdiges Mittel zur Lösung internationaler Probleme seien. Aber sie sind nicht konsequent genug, diejenigen Maßregeln energisch zu vertreten und anzustreben, die den Krieg, dieses barbarische und unwürdige Überbleibsel aus den Zeiten der Barbarei, zu vermeiden imstande wären. Es bedarf einiger Besinnung, um hier klarzusehen, und eines gewissen Mutes, um mit Entschiedenheit und in wirksamer Weise diesem wichtigen Ziel zu dienen.«[14]

»Nie wieder Krieg!« *Plakat zum »Mitteldeutschen Jugendtag, Leipzig, 2.–4. August 1924«, von Käthe Kollwitz, 1924.*

Ausgleich mit der UdSSR

Als das Deutsche Reich und die UdSSR am 16. 4. 1922 den *Vertrag von Rapallo* abschlossen, wirkte die Tatsache, daß die Sowjetunion und das Reich einen Interessenausgleich herbeiführten, in Westeuropa wie ein Schock. Bedeutete Rapallo nicht ein Wiederaufleben der guten deutsch-russischen Beziehungen, wie sie unter Bismarck geherrscht hatten? In diesem Vertrag verzichtete die Sowjetunion auf Reparationen und Deutschland auf Schadenersatz für die Sozialisierung deutschen Eigentums in Rußland. Im Berliner Vertrag, der später (1926) abgeschlossen wurde, bekräftigten beide Staaten ihren Willen, die gegenseitigen Wirtschaftsbeziehungen langfristig zu verbessern.

Frankreichs Sicherheitsinteresse und deutsch-französische Ausgleichsbemühungen

Wenn die Alliierten am Versailler Vertrag festhielten und Deutschland für die Kosten des Weltkrieges aufkommen lassen wollten, verfolgten sie damit nicht nur ihren wirtschaftlichen Nutzen, sondern auch ihre Sicherheitsinteressen, die angesichts der nationalistischen Propaganda deutscher Parteien begründet zu sein schienen. Vor allem in Frankreich fürchtete man ein wirtschaftlich starkes und verteidigungsfähiges Deutschland. Im Januar 1923 besetzte Frankreich das *Ruhrgebiet,* um sich Pfänder für Reparationsleistungen zu sichern, die nach Auffassung der französischen Regierung vorsätzlich vernachlässigt worden seien. Dies steigerte in Deutschland den durch den Versailler Vertrag entflammten Haß gegen Frankreich. Die Bevölkerung an der Ruhr leistete *passiven Widerstand* und erhielt dabei die Unterstützung der deutschen Regierung. Vereinzelt kam es auch zu gewaltsamen Übergriffen gegen französische Soldaten, was das deutsch-französische Verhältnis weiter belastete. Angesichts dieser Vorgänge mußte es der deutschen Regierung vor allem darauf ankommen, das französische Sicherheitsbedürfnis anzuerkennen und zugleich die deutschen Friedens- und Ausgleichsbemühungen glaubhaft zu machen. Dies gelang *Gustav Stresemann,* der im Jahre 1923 zweimal Reichskanzler und von 1923 bis 1929 deutscher Außenminister war.

Stresemann

Stresemann, 1878 in Berlin geboren, hatte Nationalökonomie studiert und wurde 1902 im Alter von 24 Jahren der Hauptgeschäftsführer des »Verbandes Sächsischer Industrieller«. Er gehörte bereits vor dem Ersten Weltkrieg dem Reichstag an und war seit 1917 Vorsitzender der nationalliberalen Fraktion. Damals befürwortete er einen Annektions- und Siegfrieden. Nach dem Krieg wirkte Stresemann bei der Gründung der DVP mit. Zum neuen Staat fand er erst allmählich ein positives Verhältnis. Das Krisenjahr 1923 machte ihn jedoch zum entschiedenen Anhänger der Republik. Nationalistische Vorstellungen lehnte er nun ab und suchte statt dessen den außenpolitischen Interessenausgleich vor allem mit Frankreich.

Briand

Auf französischer Seite kam ihm sein gleichgesinnter Kollege *Aristide Briand* entgegen. Der Jurist Briand sympathisierte am Anfang seiner Karriere mit der Sozialistischen Partei, näherte sich später den Liberalen, war allerdings niemals ihr Parteigänger, sondern wahrte seine Unabhängigkeit. Seit 1902 gehörte er der französischen Volksvertretung an. Als Ministerpräsident und Außenminister suchte er nach dem Kriege den französischen Sicherheitsinteressen durch die Aussöhnung mit Deutschland zu dienen. Er verlangte vom Deut-

Briand und Stresemann *am Verhandlungstisch des Völkerbunds in Genf 1926. Neben Stresemann der Generalsekretär des Völkerbundsrates Drummond und der britische Außenminister Austen Chamberlain.*

schen Reich die Anerkennung des Status quo, d. h. der in Versailles geschaffenen politischen Verhältnisse, und war auf dieser Grundlage zu Zugeständnissen bereit.

Anerkennung der Nachkriegsordnung im Westen

Briand und Stresemann hatten wesentlichen Anteil am Zustandekommen des *Vertrages von Locarno* (16. 10. 1925), der den politischen Ausgleich zwischen Deutschland und den ehemaligen Feindmächten Belgien, Großbritannien, Frankreich, Italien, Polen, aber auch der Tschechoslowakei zum Ziel hatte. Das Deutsche Reich erkannte die 1919 geschaffenen *Westgrenzen* gegenüber Frankreich und Belgien an (▷ Karte S. 249). Die Vertragspartner ächteten den *Angriffskrieg,* und die ehemaligen Alliierten erklärten sich bereit, in absehbarer Zeit ihre Truppen aus den linksrheinischen Gebieten abzuziehen. Der Vertrag von Locarno ermöglichte Deutschland auch den *Beitritt zum Völkerbund* (10. 9. 1926).

Locarno: »Scheidepunkt der europäischen Politik«

Die politische Rechte in Deutschland bekämpfte den Vertrag, obwohl Stresemann zunächst um ihre Zustimmung geworben hatte. Sie war nicht bereit, den Ausgleich politischer Interessen als eine bedeutende Leistung anzuerkennen, und billigte auch nicht den Beitritt zum Völkerbund. Der Fraktionsvorsitzende der SPD im Reichstag, Otto Wels, dagegen würdigte die Bedeutung des außenpolitischen Wandels, indem er sagte:

»Es fragt sich jetzt, ob eine neue Welt, in der der Gedanke des Friedens lebendige Kraft haben soll, das Leben der Völker Europas in Zukunft beherrschen wird oder ob die Mächte, die, auf Gewalt und kriegerischen Auseinandersetzungen fußend, dem Fortschritt, dem moralischen und materiellen Wiederaufbau den Weg dauernd versperren sollen.«[15]

Auch Lord D'Abernon, der britische Botschafter in Berlin, bezeichnete Locarno als einen »Scheidepunkt der europäischen Politik« und betonte:

»Der erste und wichtigste Gewinn liegt darin, daß Locarno die Kriegsentente gegen Deutschland beendet. Er bringt Deutschland in das europäische Konsortium der Westmächte und räumt mit der alten diplomatischen Auffassung der Lage auf, die Deutschland als ›den bösen Friedensstörer‹, den ›Exponenten des aggressiven Militarismus‹ und ›den tollen Hund Europas‹ betrachtete.«[16]

So schien sich in der zweiten Hälfte der zwanziger Jahre eine europäische Friedensordnung abzuzeichnen, wie sie unmittelbar nach dem Ende des Ersten Weltkrieges nicht hatte verwirklicht werden können. 1926 erhielten Stresemann und Briand für die diplomatische Aussöhnung der »Erbfeinde« Deutschland und Frankreich gemeinsam den Friedensnobelpreis.

4. Im Innern: Krisen und Zeiten der Prosperität

a) Krisenjahre der Republik (1920–1923). Nachdem Nationalversammlung und Reichsregierung die Verfassungsberatungen beendet und Frieden mit Deutschlands Kriegsgegnern geschlossen hatten, mußten die wirtschaftlichen und sozialen Folgen des Krieges bewältigt werden. Erst allmählich erkannte die Bevölkerung den Umfang dieser Belastungen, für die sie dann diejenigen Parteien verantwortlich machte, die Deutschland den Weg vom Kaiserreich in die Republik gebahnt hatten. Eine *republikfeindliche Gesinnung* herrschte in großen Teilen der Bevölkerung und vor allem in der Beamtenschaft, wo viele noch dem Kaiserreich anhängende Beamte ihre einflußreichen Positionen in Verwaltung, Rechtsprechung, Bildungswesen und Armee zur Bekämpfung der Republik nutzen konnten. Daher fielen die republikfeindlichen Argumente der rechten Parteien auf fruchtbaren Boden und machten den Politikern der Weimarer Koalition deutlich, daß »der Feind rechts stand«. Aber auch die Anhänger von USPD und KPD distanzierten sich zunehmend von der »Kompromißdemokratie«, da sie ja die Verfassung lediglich als Basis für die angestrebte Umgestaltung von Staat und Gesellschaft betrachteten.

»Republik ohne Republikaner«

So konnte im März 1920 im Zusammenspiel von Regierung, Parteien der Weimarer Koalition und Gewerkschaften nur durch einen Generalstreik der *Putsch* des Generals *Walther von Lüttwitz* und des ostpreußischen Landschaftsdirektors *Wolfgang Kapp* abgewehrt werden. Der Chef der deutschen Heeresleitung, General *Hans von Seeckt,* hatte es abgelehnt, den Putsch von rechts mit militärischer Gewalt niederzuschlagen. »Reichswehr schießt nicht auf Reichswehr«, lautete seine Begründung. Als jedoch während des Generalstreiks die KPD im Ruhrgebiet zum Aufstand gegen die Berliner Regierung aufrief, trat die Reichswehr zum »Ruhrkrieg« gegen Kommunisten und Rätesozialisten an.

Auch die Gerichte waren nicht unparteiisch und ließen vor allem gegenüber den Feinden der Republik von rechts Milde walten. Während zum Beispiel die Fememörder Erzbergers und Rathenaus nicht hart bestraft wurden, bekamen Linksintellektuelle, die sich an der Novemberrevolution beteiligt hatten und deshalb vielen als Landesverräter galten, von einer *politisierten Justiz* unverhältnismäßig hohe Strafen.

»Sie tragen die Buchstaben der Firma – aber wer trägt den Geist?« *Karikatur von Th. Th. Heine.*

Die Ablehnung des Weimarer Staates spiegelte sich nicht zuletzt in den *Wahlergebnissen* der Reichstagswahlen vom Sommer 1920 (▷ Tabelle S. 280): Während die linken und rechten Flügelparteien starke Stimmengewinne verbuchten, konnten die Parteien der Weimarer Koalition nur etwa 44 % der deutschen Wähler gewinnen. So wurde bereits 1920 offenbar, daß der Weimarer Staat eine »Republik ohne Republikaner« war. Bestenfalls fanden sich »Vernunftrepublikaner« und »Herzensmonarchisten« zur Mitarbeit bereit.

Inflation und ihre Folgen

Genauso groß wie die republikfeindliche Gesinnung war die Unzufriedenheit vieler Wähler mit der wirtschaftlichen Situation Deutschlands, die durch Schwierigkeiten bei der Umstellung der Industrie von der Kriegs- auf die Friedensproduktion und besonders durch eine rasche *Geldentwertung* gekennzeichnet war. Die Ursachen der Inflation lagen in der Art, wie der Weltkrieg finanziert worden war. Die Finanzierung beruhte auf Staatsanleihen und volkswirtschaftlich nicht gedeckten Geldschöpfungen. Schon zwischen 1914 und 1919 hatte die Mark neun Zehntel ihres Wertes verloren, weil die Reichsbank Geldnoten ohne Rücksicht auf ihre Golddeckung in der Hoffnung auf Kriegsgewinne gedruckt hatte. Nach 1919 setzten die deutschen Regierungen diese *inflationäre Geldpolitik* fort, um die Reparationen zu begleichen und die sozialen Kriegslasten, insbesondere der Kriegsopferversorgung, tragen zu können. In Frankreich betrachtete man die Inflation als ein Manöver der Deutschen, um sich den Reparationsverpflichtungen zu entziehen. 1923 waren die *Ausgaben des Reiches* zehnmal höher als seine Einnahmen. Diese sollen im November 1923 nur noch ein Prozent der Ausgaben betragen haben, mitverursacht durch Steuerausfälle infolge rückläufiger, durch die Ruhrbesetzung (▷ S. 274 f.) noch weiter verminderter Wirtschaftstätigkeit. Von Tag zu Tag verfiel der Geldwert rascher: Die Inflation mündete in die »Hyperinflation«. Der Wert einer Goldmark sank bis Mitte November 1923 auf 1 Billion Papiermark: 10 Millionen Mark entsprachen der realen Kaufkraft eines Pfennigs.

Währungsreform beendet Inflation

Die *Regierung unter Stresemann* bot schließlich der Geldentwertung durch eine *neue Währung* Einhalt, die 4,2 Billionen Papiermark wertmäßig einem Dollar und die *Rentenmark* 1 Billion Papiermark gleichsetzte. Die neue Währung (seit 1924 in Reichsmark) war zunächst durch den gesamten industriellen und landwirtschaftlichen Grundbesitz gedeckt, von Oktober 1924 an auch wieder durch Goldreserven.

Deutschnationales Wahlplakat *1920*

Die »galoppierende Inflation« hatte vor allem den bürgerlichen Mittelstand schwer getroffen, der seine Ersparnisse auf der Bank oder in Staatsanleihen angelegt hatte. Bei Arbeitern und Angestellten hatte die Inflation Arbeitszeitverlängerungen und einen Rückgang des Realeinkommens zur Folge. Wer dagegen Sachwerte wie Mietshäuser, Fabriken, Vorräte gewerblicher und landwirtschaftlicher Erzeugnisse besaß, kam glimpflicher davon. Wer Darlehen aufgenommen und damit Investitionen getätigt hatte und die Kredite mit Inflationsgeld zurückzahlen konnte, zählte zu den Inflationsgewinnern. Auch das Reich konnte sich auf diese Weise seiner Kriegsschulden entledigen.

Aufstands- und Separationsbewegungen

Das Jahr 1923 wurde noch in anderen Bereichen der Innenpolitik zum Krisenjahr der Republik. In einigen Teilen des Reiches kam es zu *Unruhen* und *Aufständen* rechts- und linksgerichteter Kräfte. In Thüringen und Sachsen unterstützten Kommunisten in der Hoffnung auf die »proletarische Revolution« die sozialdemokratischen Regierungen, in Hamburg brach ein kommunistischer Aufstand aus. In Mitteldeutschland griffen Reichswehreinheiten ein, und in der Hansestadt schlug Polizei den Aufstand nieder. Im Rheinland und in der Pfalz wollten *Separatisten* mit Billigung Frankreichs die linksrheinischen Gebiete vom Reich trennen und proklamierten die Rheinische und Pfälzische Republik. Da die Regierung keine Truppen in die entmilitarisierte Zone entsenden durfte, schlugen republikanische Selbstschutzverbände die Separatisten im rechtsrheinisch gelegenen Siebengebirge in die Flucht.

Umsturzversuch in München

Zum Höhepunkt der Reichskrise führte in München der Hitler-Putsch. In der bayerischen Hauptstadt hatten nationalsozialistische Gruppen schon seit 1919 Einfluß auf die Regierung Bayerns nehmen können. Sie empfanden den Freistaat als »Ordnungszelle« und standen in ständiger Opposition zur Berliner Regierung, die ihnen zu links war. Als im Sommer 1923 Stresemann seine Regierung unter Beteiligung der SPD bildete, wollten rechtsextremistische

Kreise, zu denen auch der ehemalige Generalstabschef Erich Ludendorff zählte, von Bayern aus zum »Sturm auf Berlin« ansetzen. Wortführer der nationalistischen Opposition war *Adolf Hitler*. Seinen Namen lasen viele Deutsche damals zum erstenmal in den Zeitungen.

Hitlers Entwicklung

Hitler wurde 1889 in Braunau am Inn als Sohn eines Zollbeamten geboren. Mit 16 Jahren verließ er die Realschule, um in Wien Kunst und Architektur zu studieren. Da er nicht zum Studium zugelassen wurde, fristete er bald sein Leben mit Gelegenheitsarbeiten. Er fand eine Bleibe in einem Wiener Männerasyl. Die Jahre in Wien ließen ihn zum Kritiker der Großstadt, zum Gegner der Juden und zum Antimarxisten werden:

»Ich bin von Wien weg als absoluter Antisemit, als Todfeind der gesamten marxistischen Weltanschauung, als alldeutsch in meiner Gesinnung.«[17]

Nationalistische und rassistische Anschauungen der Zeit nahm Hitler begierig auf. Der Ausbruch des Weltkrieges wirkte auf ihn, der seit 1913 in München lebte, befreiend. Er meldete sich freiwillig an die Front, wurde ausgezeichnet und gegen Kriegsende bei einem Gasangriff schwer verletzt. Hitler, der sich die Unvermeidlichkeit der deutschen Kapitulation nicht eingestand, wurde zum fanatischen Anhänger der »Dolchstoßlegende«. Er zweifelte niemals daran, daß allein die Juden für die militärische Niederlage Deutschlands verantwortlich gewesen seien. Daher predigte er den Rassenhaß, der ihn den Weg in die Politik einschlagen ließ.

»Mit den Juden gibt es kein Paktieren, sondern nur das harte Entweder-Oder. Ich aber beschloß nun, Politiker zu werden.«[18]

Nach der Genesung von seiner Verwundung schloß Hitler sich einem Münchner Freikorps an und wurde dessen propagandistischer Vertrauensmann. In dieser Funktion lernte er die kleine »Deutsche Arbeiterpartei« kennen, der er sich bald als »Trommler« zur Verfügung stellte. 1920 gab sich die DAP einen neuen Namen: *Nationalsozialistische Deutsche Arbeiterpartei* (NSDAP). Hitler, der bereits zu dieser Zeit eine kleine Schar von später führenden Nationalsozialisten in den Bann seiner demagogischen Fähigkeiten gezogen hatte, wurde ihr Vorsitzender.

Als sich im Herbst 1923 erkennen ließ, daß die separatistischen Bestrebungen in Bayern zunahmen, glaubte Hitler, die Landesregierung unter dem mit diktatorischen Befugnissen ausgestatteten Generalstaatskommissar Gustav Ritter von Kahr als Verbündeten im Kampf gegen die Berliner Regierung gewinnen zu können. Doch als die bayerische Regierung über Bayern den Ausnahmezustand verhängte und die bayerischen Reichswehreinheiten durch von Kahr kurzerhand auf Bayern vereidigt wurden, proklamierten Ludendorff und Hitler die »nationale Revolution« in der Hoffnung, die rechtsradikalen Kräfte Bayerns auf ihre Linie zwingen zu können.

Hitler-Putsch

Am 8. 11. 1923 erklärte Hitler im Münchner Bürgerbräukeller die Regierungen des Reichs und Bayerns für abgesetzt und sich selbst zum Reichskanzler. Von Kahr schloß sich den Putschenden scheinbar an, widerrief wenige Stunden später jedoch seine Bereitschaft, sich am Hitler-Ludendorff-Putsch zu beteiligen. Als von Berlin aus republiktreue Reichswehreinheiten eingriffen, erkannten Hitler und Ludendorff die drohende Niederlage. Am 9. November 1923 versuchten sie mit ihren Anhängern, durch eine bewaffnete Straßendemonstration, den Marsch zur Feldherrnhalle, das Blatt zu wenden. Nachdem ein Demonstrant auf die bayerische Polizei geschossen hatte, erwiderte diese das Feuer und tötete 16 Anhänger Hitlers. Die Demonstration brach zusammen. Hitler flüchtete und wurde später von milden Richtern zu einer Strafe von fünf Jahren Festungshaft in Landsberg verurteilt, die nach neun Monaten zur Bewährung ausgesetzt wurde. In dieser Haft diktierte Hitler den ersten Teil seiner Programmschrift »Mein Kampf«.

b) Stabilität und Prosperität. Auf das Krisenjahr 1923 folgte eine vierjährige Phase innen- wie auch außenpolitischer Konsolidierung. Aufmerksamen Beobachtern der Republik blieb allerdings nicht verborgen, daß Revolution und Nachkriegszeit im innenpolitischen Bereich tiefe Spuren hinterlassen hatten. Verheilte Wunden konnten jederzeit wieder aufbrechen. Der Weimarer Staat erschien vielen in dieser Phase als eine »Schönwetter-Republik«, die ihre Bewährungsprobe noch zu bestehen hatte.

Wirkungsweise des parlamentarischen Systems

Nach den Stimmenverlusten von SPD, DDP und Zentrum im Jahre 1920 konnten die Deutschnationalen und Kommunisten mit der Wahl von 1924 ihre Stellung im Reichstag weiter ausbauen (▷ Tabelle 266). Nach 1924 regierten im Reich *Mitte-Rechts-Koalitionen:* DVP, Zentrum, BVP und DDP bildeten den Kern; sie nahmen zuweilen auch Vertreter der DNVP in das Regierungsbündnis auf. Mehrfach zerbrachen Regierungen an außen- und innenpolitischen Streitfragen. Zudem wurde die Arbeit der Regierung vielfach dadurch belastet, daß sich die Koalitionsparteien nur schwer an ihre Aufgabe gewöhnen konnten, das aus ihren Reihen gebildete Kabinett auch im Reichstag zu unterstützen. Oft sprachen sich Fraktionen gegen ihre eigenen Minister aus und verharrten in programmatisch starrer Distanz zu den Koalitionspartnern. Dennoch

Die Zusammensetzung der deutschen Reichstage von 1919 bis 1933

Parteien	19.1. 1919	6.6. 1920	4.5. 1924	7.12. 1924	20.5. 1928	14.9. 1930	31.7. 1932	6.11. 1932	5.3. 1933
Nationalsozialisten	–	–	32	14	12	107	230	16	288
Deutschnationale Volkspartei	42	66	106	111	78	44	39	54	53
Deutsche Volkspartei	22	62	44	51	45	30	7	11	2
Wirtschaftspartei	-	-	7	11	23	23	2	2	–
Splittergruppen der Rechten	9	8	12	10	23	52	7	9	6
Zentrum	89	69	65	69	61	68	75	70	73
Bayerische Volkspartei		20	16	19	17	19	22	19	19
Deutsche Demokratische Partei	74	45	28	32	25	14	4	2	5
Sozialdemokraten	165	113	100	131	153	143	133	121	120
Unabhängige Sozialdemokraten	22	81	–	–	–	–	–	–	–
Kommunisten	–	2	62	45	54	77	89	100	81

kam es im Reichstag zur Ausbildung eines funktionsfähigen parlamentarischen Systems, in dem sich Regierungsmehrheit und Opposition gegenüberstanden. Die Rolle der Opposition wurde allerdings dadurch geschwächt, daß sich mit der KPD und der DNVP sowie der NSDAP systemfeindliche Parteien etabliert hatten, die der SPD eine systemloyale Oppositionsarbeit erschwerten. Grundsätzlich war die politische Kompromißfähigkeit der parlamentarischen Parteien nur ungenügend ausgebildet. Politik galt als »schmutziges Geschäft«. Parteikonflikte und Kontroversen nährten zusätzlich das weitverbreitete »antidemokratische Denken«, das in der Tradition des deutschen Obrigkeitsstaates stand.

Wirtschaftliche Erholung ohne sozialpolitischen Konsens

Nach der Währungsreform von 1923 nahm die deutsche Wirtschaft einen starken Aufschwung. Die günstige Konjunktur der Weltwirtschaft, in welche die deutsche Industrie zunehmend eingebunden wurde, verstärkte die wirtschaftlichen Aktivitäten. Vor allem aus den USA flossen hohe Kredite nach Deutschland und halfen, die industrielle Fertigung zu rationalisieren. In den zwanziger Jahren setzte sich die wirtschaftliche Konzentration fort, die bereits im deutschen Kaiserreich begonnen hatte. Große Industrieunternehmen schlossen sich zu Kartellen zusammen, mit denen sie Angebot und Preise beeinflussen konnten. Mit dem Sozialprodukt stieg auch der Reallohn.

Die Vertreter industrieller Interessen standen in der Regel den Parteien der Mitte und vor allem der Rechten nahe, da sie sich weniger an sozialpartnerschaftlichen als an politisch-autoritären Zielvorstellungen orientierten. Die deutschen Gewerkschaften dagegen verfolgten aufgrund des 1920 beschlossenen *Betriebsrätegesetzes* eine betriebsorientierte Interessenpolitik, mit der sie sich gegenüber den Unternehmern als Tarifpartner durchsetzen konnten. So gehörten im Jahre 1928 dem Allgemeinen Deutschen Gewerkschaftsbund (ADGB) etwa 4,9 Millionen Mitglieder an.

1926 schien sich eine Annäherung zwischen den Industrieverbänden und der Republik mit ihren Parteien und Verbänden abzuzeichnen. Der Stellvertretende Vorsitzende des Reichsverbandes der deutschen Industrie (RdI), Paul Silverberg, hob in einer von den Deutschnationalen scharf kritisierten Rede hervor:

»Alle ernsthaften und pflichtbewußten Menschen haben sich auf den Boden des heutigen Staates und der Reichsverfassung gestellt.«[19]

Dennoch versöhnten sich die verschiedenen Gruppierungen nicht völlig, weil sich in der Stabilitätsphase kein sozialpolitischer Konsens zwischen ihnen einstellen wollte. Der Gesetzgeber verwirklichte mit staatlicher Fürsorge für sozial Schwache, mit Jugendhilfe, Angestellten- und Arbeitslosenversicherung sowie der staatlichen Arbeitsvermittlung grundlegende sozialpolitische Vorhaben ohne einhellige Zustimmung. Denn ihre Finanzierung blieb zu allen Zeiten umstritten. Als sich Ende 1928 wirtschaftliche Schwierigkeiten bemerkbar machten, wurde deutlich, daß Parteien und Verbände jeweils auf Kosten anderer den eigenen Vorteil suchten. Schließlich richteten sich die Aktivitäten der meisten Verbände gegen den Staat.

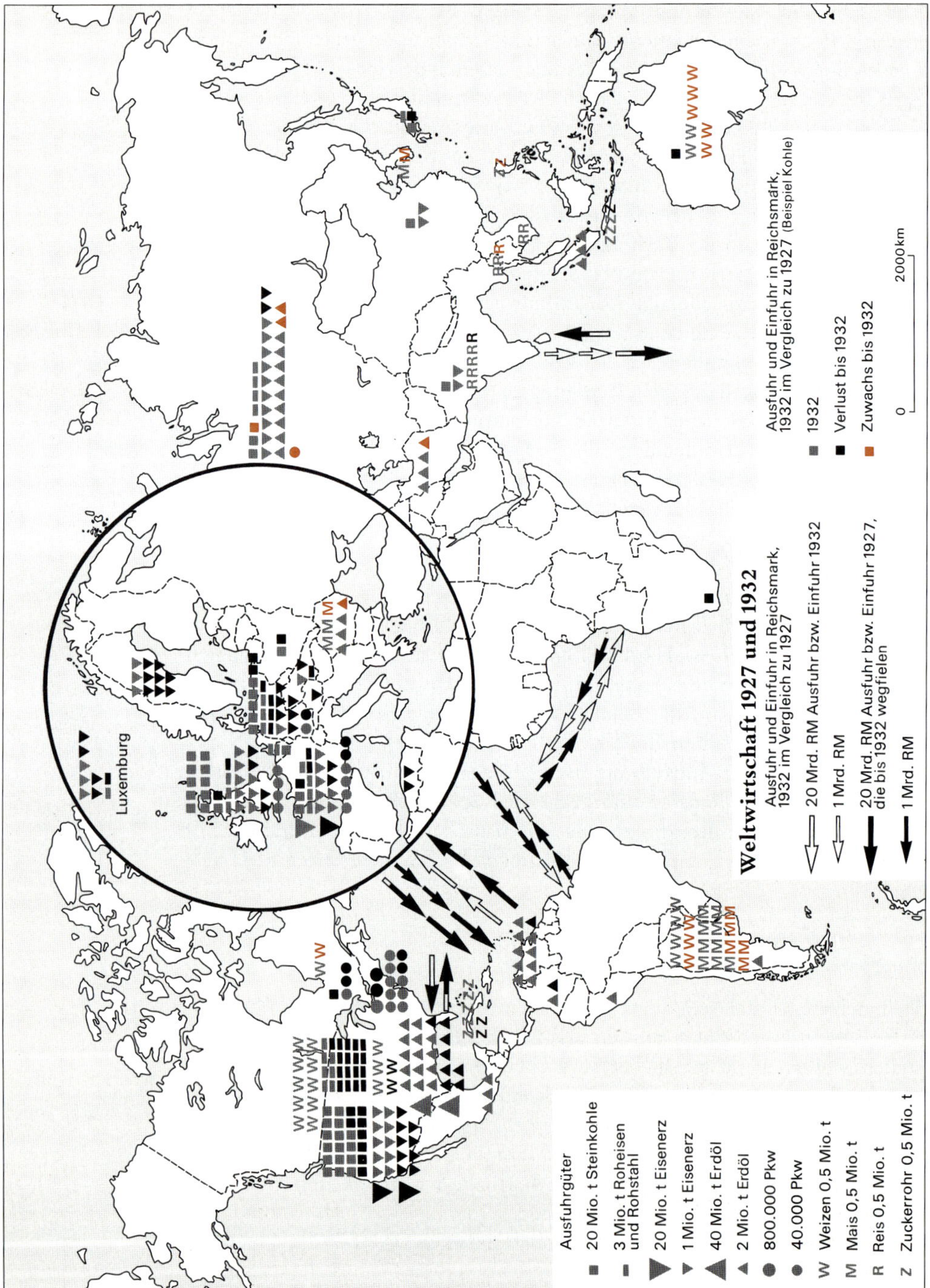
Luxemburg
Ausfuhrgüter
20 Mio. t Steinkohle
3 Mio. t Roheisen und Rohstahl
20 Mio. t Eisenerz
1 Mio. t Eisenerz
40 Mio. t Erdöl
2 Mio. t Erdöl
800.000 Pkw
40.000 Pkw
W Weizen 0,5 Mio. t
M Mais 0,5 Mio. t
R Reis 0,5 Mio. t
Z Zuckerrohr 0,5 Mio. t
Weltwirtschaft 1927 und 1932
Ausfuhr und Einfuhr in Reichsmark, 1932 im Vergleich zu 1927
20 Mrd. RM Ausfuhr bzw. Einfuhr 1932
1 Mrd. RM
20 Mrd. RM Ausfuhr bzw. Einfuhr 1927, die bis 1932 wegfielen
1 Mrd. RM
Ausfuhr und Einfuhr in Reichsmark, 1932 im Vergleich zu 1927 (Beispiel Kohle)
1932
Verlust bis 1932
Zuwachs bis 1932
0
2000 km

Kulturelle Blüte

c) Die »Goldenen Zwanziger«. Der – vorübergehenden – politischen Stabilität und wirtschaftlichen Prosperität der zwanziger Jahre entsprach eine bis in unsere Gegenwart ausstrahlende kulturelle Blüte. Besonders die deutsche Hauptstadt *Berlin* entwickelte sich in diesen »Goldenen Zwanzigern« zu einem der bedeutendsten Kulturzentren der Welt. Theater, bildende Kunst (▷ Tafeln 22 u. 24) und Dichtung erreichten Höhepunkte, die sich in den Aufführungen bedeutender Regisseure, den »Stücken« erfolgreicher Dramatiker, den Romanen herausragender Schriftsteller oder in den Bildern und Skulpturen engagierter Künstler ausdrückten. Der Regisseur *Erwin Piscator* verwischte die Grenzen zwischen Theater und Film und erregte mit dem Stück des ehemaligen Münchener Revolutionärs *Ernst Toller* »Hoppla, wir leben!« großes Aufsehen, als er Schauspieler gleichzeitig auf einer Etagenbühne verschiedene Szenen spielen ließ. *Max Reinhardt*, der auch das Wiener Theaterleben tief beeinflußte, integrierte nicht nur wie kein anderer Regisseur seiner Zeit die Möglichkeiten völlig neuer Bühnentechniken in seine Arbeit, sondern entdeckte und förderte auch viele junge Schauspieler. Neben *Theaterexperimenten*, die vor allem die Choreographie des Balletts veränderten, konnte man auf den Straßen politisches Theater sehen, durch das Schauspieler und Dramatiker die Arbeiterschaft politisch beeinflussen wollten. *Bertolt Brecht* erregte mit seinen Lehrstücken (»Die hl. Johanna der Schlachthöfe«) Aufsehen und versuchte sich an ungewohnten Kunstformen wie dem Film und der Oper. Gemeinsam mit dem Komponisten *Kurt Weill* schuf er die »Dreigroschenoper« und die Oper »Aufstieg und Fall der Stadt Mahagonny«. *Alfred Döblin* zeichnete in seinem Roman »Berlin Alexanderplatz« ein Bild der Menschen in der Großstadt. Eine Hörspielfassung dieses neuen *Gesellschaftsromans* machte die künstlerischen Möglichkeiten des neuen Mediums *Rundfunk* deutlich. *Architektur und bildende Kunst* wurden durch die *Mitglieder des Bauhauses* – unter ihnen die Maler *Paul Klee, Lyonel Feininger, Wassily Kandinsky* und *Oskar Schlemmer*, der Architekt *Walter Gropius* und der Innenarchitekt *Marcel Breuer* – stark beeinflußt, indem sie die Verbindung zwischen handwerklicher Sorgfalt, künstlerischem Konstruktivismus und den neuen technischen Möglichkeiten des industriellen Designs anstrebten. Der Dichter *Thomas Mann*, der sich in der Weimarer Republik zu einem Schriftsteller mit Weltruhm entwickelt hatte, erhielt 1929 für sein Werk – darunter »Buddenbrooks« – den Nobelpreis für Literatur.

Neue Medien

Die Neuen Medien, vor allem *Rundfunk* und *Tonfilm*, eröffneten völlig neue Möglichkeiten künstlerischer Selbstentfaltung, der Unterhaltung und Information, aber auch der politischen Beeinflussung. Zunächst war der Einfluß sowjetischer Regisseure wie *Sergej Eisenstein* sehr groß. Sein Spielfilm »Panzerkreuzer Potjemkin« schilderte Szenen der russischen Revolution und mußte gegen den starken Widerstand deutscher Zensurbehörden durchgesetzt werden. Diese Auseinandersetzungen zeigten, daß der Spielfilm rasch zum *Politikum* werden konnte. *»Magische Filme«* wie »Caligari« und »Dr. Mabuse, der Spieler« wurden Ende der zwanziger Jahre durch *realistische Filme* in den Schatten gestellt, darunter der auf den Antikriegsroman »Im Westen nichts Neues«

von *Erich Maria Remarque* zurückgehende Film »Westfront«. Im Film »Kameradschaft« wurde ein Bergwerksunglück geschildert, das sich in Frankreich ereignet hatte und die Hilfsbereitschaft deutscher Arbeiter weckte, die sich über nationale Gegensätze hinwegsetzten. Der später in Hollywood sehr erfolgreiche Regisseur *Fritz Lang* bot 1927 in seinem Spielfilm *»Metropolis«* eine eindrucksvolle Auseinandersetzung mit der modernen Arbeitswelt, während *Josef von Sternberg* mit seinem Film *»Der Blaue Engel«*, einer Verfilmung des Romans »Der Untertan« von *Heinrich Mann* mit *Marlene Dietrich*, den wohl erfolgreichsten Film der Weimarer Republik herstellte. Die *Schallplattenaufnahmen* von Konzerten bedeutender Dirigenten – unter ihnen *Eugen Jochum* und *Wilhelm Furtwängler* – wurden technisch immer besser und beflügelten die künstlerische *Entfaltung des Rundfunks*, der neben Konzerten auch Hörspiele und direkte Übertragungen von Veranstaltungen bot.

Die Gefahr der Neuen Medien, dem Massengeschmack zu erliegen, wurde besonders in der Ausbreitung der *Massenpresse* deutlich. Boulevardzeitungen und Illustrierte, die ihre Qualität durch neue Drucktechniken steigern konnten, stellten nicht nur die wirtschaftliche Grundlage neuer *Medienkonzerne* – neben Ullstein und Scherl auch der deutschnationale Hugenberg-Konzern – dar, sondern wurden bald zum wichtigen Mittel *politischer Massenbeeinflussung*. Wissenschaft und Forschung genossen internationales Ansehen. Vor allem einige städtische *Universitätsneugründungen* in Köln, Hamburg und Frankfurt hatten den älteren Universitäten neue Impulse vermittelt. Auch die Technischen Universitäten, die entstanden waren, konnten sich einen Platz in Forschung und Lehre sichern. Führend wurden deutsche Forscher im Bereich von Chemie und Physik, fünfzehn von ihnen erhielten den international sehr angesehenen Nobelpreis.

Kritik von links und rechts

Trotz der Freiheit, welche die Weimarer Republik den Intellektuellen gewährte, standen einige von ihnen Verfassung und Staat gleichgültig oder distanziert gegenüber. Intellektuelle der Linken verhöhnten die tragenden Kräfte der Republik als Kleinbürger, die sich der radikalen Demokratie und dem Sozialismus entgegenstemmten. Ihre Kritik war häufig berechtigt, insbesondere, wenn sie die politische Justiz, die Untertanengesinnung und den Militarismus anprangerte. Wußten die Kritiker aber genau, für welche Ziele sie sich einsetzten? Ließen sie es nicht an Engagement fehlen und zogen sie sich nicht darauf zurück, daß sie eben negativ, kritisch seien? Rechte Intellektuelle wie der Kulturphilosoph *Oswald Spengler* und der Schriftsteller *Ernst Jünger* wollten dagegen dem Lebensgefühl der Weltkriegsgeneration Ausdruck geben. Sie beanspruchten, Krieger, keine »Mittelmenschen« der Alltäglichkeit zu sein. Die Republik lehnten sie wegen ihres Kompromißcharakters ab, da sie der Meinung waren, politische Gegensätze ließen sich nicht ausgleichen, sondern müßten bis zum Sieg einer Auffassung ausgefochten werden.

Jugend, Kunst und Philosophie

Die Suche nach neuen Ausdrucksformen und Inhalten bestimmte die kulturellen Dimensionen. Die *Jugendbewegung* – »Wandervogel«, »Bündische Jugend« –, die Volksmusik, Volkstanz und Laienspiel pflegte, aber auch die Behäbigkeit des »bürgerlichen Lebens« kritisierte, erhob selbstbewußt den Anspruch der Jugend auf ihre Einbeziehung in das öffentliche und kulturelle Leben. Im *Dadaismus* wurde besonders der naturalistischen Formenwelt eine Absage erteilt. (▷ Tafeln 22, 23) *Hannah Höch* beeindruckte durch ihre Kollagen ihre Freunde und wurde bald zu einer führenden Künstlerin. Andere Dadaisten wie *Hans Arp* oder *Kurt Schwitters*, die vom *Expressionismus* herkamen, der auch die Erfahrungen einer zunehmend selbstkritischen und den überkommenen Traditionen mißtrauenden Weltkriegsgeneration ausdrückte, verstanden ihre Texte und Materialkollagen auch als Kritik an der bürgerlichen Gesellschaft. Daneben gab es die beißende *Zeitkritik* von *Georg Grosz*, die schonungslose Entlarvung des sozialen und politischen Egoismus bürgerlicher Schichten in den Fotomontagen von *John Heartfield* und die eindringliche Beschreibung der Lebensverhältnisse notleidender Schichten in den Bildern von *Käthe Kollwitz* (▷ Abbildung S. 273) oder in den Karikaturen von *Heinrich Zille* (▷ Tafel 20). Soziales und politisches Engagement waren begleitet von Zynismus und Oberflächlichkeit, Nihilismus und Dezisionismus – also von Denkweisen, die sich gegen soziales Engagement wandten. Die *Philosophie des Existentialismus*, die ihren Ausdruck in *Martin Heideggers* grundlegendem Werk »Sein und Zeit« gefunden hat, überwand jedoch die Stimmung allgemeiner Verneinung, bekannte sich zu einer kompromißlosen Diesseitigkeit und beeinflußte so das Lebensgefühl der Zeit. Gleichzeitig mit der philosophischen Suche nach dem »neuen Menschen« und seiner Aufgabe in der Welt bestimmte die pädagogische Diskussion über die neue Menschenbildung und die Reform der Lebensführung das geistige Denken. Vor allem die *Reformpädagogik* wollte erreichen, daß Schule und Erziehung die Bedürfnisse »junger Menschen« stärker berücksichtigen und den Anspruch der Jugend auf die Gestaltung ihres Lebens anerkennen.

Kennzeichen der Zeit

So zeichnete die »Goldenen Zwanziger« eine Vielfalt von Denkmöglichkeiten, Perspektiven und Hoffnungen aus: Neben der Flucht in die Vergangenheit stand der Versuch, neue philosophische Entwürfe und politisch-soziale Utopien zu skizzieren.

Viele Diskussionen über Kultur und Wissenschaft, Geschichte und Zukunft blieben jedoch vieldeutig und unentschieden gegenüber aktuellen Herausforderungen. Nicht nur Brillanz, sondern auch Relativismus und Wertneutralität waren Kennzeichen der »Goldenen Zwanziger«. Später erkannten viele Intellektuelle das Verhängnisvolle ihrer unentschiedenen Haltung. *Emil Lederer*, einer der bekanntesten Soziologen der Weimarer Republik, schrieb 1938/39 im Exil, als Wissenschaftler müsse man bereit sein,

> »diejenigen Werte zu verteidigen, auf deren Grundlage sich die Wissenschaft entwikkelt hat: die Freiheit des Gedankens, der Rede, der Diskussion; die Achtung vor der Wahrheit; das Vertrauen auf die Fähigkeit des menschlichen Geistes, für sich selbst zu entscheiden, und die Bereitschaft, die Verantwortung für das eigene Schicksal zu übernehmen.«[20]

Aufruf des Ausschusses der Frauenverbände Deutschlands. *Plakat von Martha Jäger, 1918.*

d) Lebensformen und Lebenschancen von Frauen. Die Weimarer Reichsverfassung bekannte sich zur Gleichberechtigung von Mann und Frau: Mit dem gleichen Wahlrecht sollten auch die Voraussetzungen für Chancengleichheit unabhängig vom Geschlecht geschaffen werden. So schienen 1919 die wichtigsten Forderungen der Frauenrechtlerinnen des 19. Jahrhunderts (▷ S. 206 ff.) erfüllt worden zu sein: gleiche Bildungs- und Berufschancen, politische Gleichheit und persönliche Selbstverantwortung. Nun mußte es nach den Worten von *Agnes von Zahn-Harnack*, einer der führenden Frauenrechtlerinnen dieser Zeit, die »Aufgabe der folgenden Generation« von Frauen sein, »zu erwerben, was sie besitzen«.[21]

Frauenpolitische Kontroversen

Manche der Themen, die im Mittelpunkt der frauenpolitischen Kontroversen der Jahre zwischen 1919 und 1933 standen, hatten schon während der Regierungszeit von Kaiser Wilhelm II. die Auseinandersetzungen geprägt. Bereits damals hatten sich heftigste Diskussionen an der Frage entzündet, ob werdende Mütter allein aus medizinischen und sozialen Gründen oder ausschließlich innerhalb bestimmter Fristen ein Recht auf Abtreibung haben sollten. Nachdrücklich wurde die Unterstützung berufstätiger Mütter als Konsequenz zunehmender Berufstätigkeit von Frauen gefordert. Denn Frauen hatten durch ihren Einsatz in der Kriegswirtschaft bereits (▷ S. 243) die Überzeugung mancher Männer widerlegt, die gegen die Forderung der Gleichberechtigung von Frauen in Staat und Gesellschaft betont hatten, die Frau könne nur innerhalb der Familie ihre wahre Bestimmung finden. Schließlich ging es um die Frage, ob Hausfrauenarbeit von Frauen, die wegen ihrer Kinder nicht berufstätig sein konnten oder wollten, als berufliche Tätigkeit anerkannt werden könne und positive Auswirkungen auf die Rentenansprüche haben müsse. Diese Auseinandersetzungen spiegelten die Veränderungen auf dem Arbeitsmarkt. Denn seit der Jahrhundertwende waren mehr als ein Drittel aller Erwerbspersonen Frauen, unter ihnen zunächst viele Hausangestellte, deren Anteil in der Weimarer Republik rasch sank.

Frauen und Frauenbewegungen im Kampf um Frauenemanzipation

Etwa 1 Million Frauen waren seit 1919 im *Bund Deutscher Frauenvereine* organisiert, der unter Führung von Frauen wie *Gertrud Bäumer, Marianne Weber* und *Agnes von Zahn-Harnack* die Rechte der Frauen verteidigen wollte und sich als Sprachrohr der *»bürgerlichen Frauenbewegung«* verstand. Sie setzte sich von der *»proletarischen Frauenbewegung«* ab, die nach 1919 weitgehend unter kommunistischen Einfluß geraten war. Doch vielfach mußten die Frauen in linken Parteien gegen dieselben Vorbehalte kämpfen, wie die Frauen auf der Rechten. So galt bei der »antifeministischen Linken« die »Frauenarbeit« etwa als Anzeichen einer Unterdrückung der Frau im Kapitalismus, nicht aber als Begleiterscheinung oder gar als wichtige Voraussetzung der Frauenemanzipation. Innerhalb der Parteien fanden sich zunehmend Frauen in Unterorganisationen zusammen, ohne allerdings angemessen in den Parteiführungen und Fraktionen vertreten zu sein. Sie wurden vor allem auf Bereiche der Fürsorge, der Erziehung und des Jugendschutzes verwiesen. Gleichberechtigte politische Mitwirkung hingegen wurde ihnen weitgehend verweigert. Aus diesem Grund trat der Bund Deutscher Frauenvereine nicht nur entschieden für die Weimarer Republik ein, sondern wollte auch seine Mitglieder veranlassen, auf eine stärkere Vertretung von Frauenbelangen in der Politik und auf die Wahl von weiblichen Abgeordneten hinzuwirken. *Gertrud Bäumer,* die sich der Deutschen Demokratischen Partei angeschlossen hatte, sah so in der »Politisierung« der Frauen ein wichtiges Ziel ihrer Arbeit und erklärte: »In den Parteien sowohl wie in der Frauenbewegung muß alles aufgeboten werden, um die Frauen zu Wählern zu machen.«[22]

Wahlbeteiligung und Stimmabgabe von Frauen

An den ersten politischen Wahlen, der Wahl zur Nationalversammlung, hatten 78 % der weiblichen Stimmberechtigten teilgenommen. An den späteren Wahlen beteiligten sich Frauen jedoch merklich seltener als Männer und gaben häufig kirchlich orientierten und konservativen Parteien ihre Stimme, also nicht den Liberalen und Sozialdemokraten, die sich besonders für Frauenrechte eingesetzt hatten. Allerdings verweigerten sie sich auch geradezu unbeirrbar extremistischen Parteien auf beiden Seiten des Parteienspektrums. Zwar ist zuweilen behauptet worden, Frauen hätten in der Endphase der Weimarer Republik vor allem Hitler unterstützt. Wahlhistorische Untersuchungen beweisen jedoch, daß gerade Frauen gegenüber der NSDAP starke Vorbehalte hatten und zu keiner Zeit mehrheitlich für Hitler stimmten. Vor allem die Zentrumspartei und die Deutschnationalen erhielten mehr Stimmen von weiblichen als von männlichen Wählern.[23]

Zahlenverhältnis von männlichen und weiblichen Reichstagsabgeordneten (ohne NSDAP) in der Zeit der Weimarer Republik

	KPD	SPD	LIBERAL	ZENTRUM	KONSERVATIV	VÖLKISCHE	SONST.
männlich	189	297	182	201	204	27	43
weiblich	24	43	13	13	8	–	–

Das Engagement dreier Frauen

Im Reichstag betrug der Anteil von Frauen etwa 7 %. Unter ihnen befand sich auch *Marie Elisabeth Lüders,* die sich vor dem Ersten Weltkrieg in Wohlfahrtsverbänden engagiert hatte und während des Krieges Leiterin der Frauenarbeitszentrale im Kriegsministerium geworden war. Als Reichstagsabgeordnete setzte sie sich nicht nur für die Gleichstellung der Frau, sondern auch für die Jugendwohlfahrt, die Familienförderung und eine Reform des Familienrechts ein. Später wurde Marie E. Lüders schließlich zu einer entschiedenen Pazifistin und vertrat das Deutsche Reich auf wichtigen Abrüstungskonferenzen. *Gertrud Bäumer,* die 1919 als eine der wenigen Frauen zum Mitglied der Nationalversammlung gewählt worden war, repräsentierte Deutschland beim Völkerbund. Ihre Parlamentskollegin *Marie Juchacz,* die von 1919 bis 1933 zur Fraktion der SPD gehörte, gründete bereits 1919 die »Arbeiterwohlfahrt«.

Frauenstudium

Ein Hauptanliegen der Frauenbewegung war bereits im 19. Jahrhundert die volle Anerkennung des Frauenstudiums gewesen. Nach 1919 nahm der Anteil weiblicher Studenten stark zu und machte Anfang 1932 über 16 % aus. Auf Ablehnung stieß diese Entwicklung aber vor allem bei Akademikern, die die Konkurrenz der Frauen auf dem Arbeitsmarkt fürchteten. Anerkannt war dagegen die Mithilfe der Frauen in der Jugendpflege und in der Sozialarbeit. Durch die Gründung von »sozialen Frauenschulen«, an denen Frauen das staatliche »Wohlfahrtsexamen« ablegen konnten, sollte die Anerkennung qualifizierter gleicher beruflicher Bildung und Berufstätigkeit von Frau und Mann durchgesetzt und zugleich die verbreitete Vorstellung korrigiert werden, die Frau sei im Berufsleben nur für untergeordnete Aufgaben geeignet. Denn staatliche Examen vergrößerten die Chancen von Frauen auf dem akademischen Arbeitsmarkt. Frauen, die sich wie die sozialdemokratische Reichstagsabgeordnete und bayerische Generalstochter *Toni Pfülf* vor dem Krieg noch den Zugang zur pädagogischen

»Selbstinserat«. *Titelbild der Frauenzeitschrift »Der Weg der Frau«, Nr. 7, 1. Dezember 1931. Der Kommentar dazu lautet: »Da hat sie nun soviel gelernt und bekommt doch keine Arbeit. Denn sie gehört, trotz der auffälligen Anpreisung ihrer Kenntnisse, zu dem Millionenheer der Stempelbrüder, das der Kapitalismus weder beschäftigen noch ernähren kann.«*

Bildungsanstalt hatten erkämpfen müssen, konnten nun ohne große Schwierigkeiten Lehrerinnen werden.

Ungleicher Verdienst

Obwohl die Reichsverfassung die Gleichberechtigung von Mann und Frau festlegte, verdienten Frauen bei gleicher Arbeit erheblich weniger als ihre männlichen Kollegen. Facharbeiterinnen erhielten Ende der zwanziger Jahre nicht einmal zwei Drittel des Facharbeiterlohnes. Als die Arbeitslosigkeit wuchs, wurde überdies immer öfter gefordert, die Ehefrauen von Männern zu entlassen, die noch Arbeit hatten. Diese Kampagne gegen »Doppelverdiener« steigerte sich bei wachsender Arbeitslosigkeit zu der Forderung: »Die Frau gehört ins Haus.« Auch das Frauenstudium wurde zunehmend erschwert. Manche Frauen wehrten sich, andere resignierten angesichts wachsender Arbeitslosigkeit, die zuerst die Frauen, danach aber die Familien traf und den Wunsch verstärkte, wenigstens einen Verdiener in der Familie zu haben. Da Männer mehr als Frauen verdienen konnten, verzichteten viele Frauen notgedrungen auf ihre Berufstätigkeit oder wichen in Hilfsberufe aus. So wurde am Ende der Weimarer Republik auch die Frauenbewegung, die in der ersten deutschen Demokratie große Erfolge erzielt hatte, stark zurückgeworfen.

5. Der Untergang der Weimarer Republik

Außenpolitische Erfolge der Großen Koalition

Die Reichstagswahlen von 1928 brachten der SPD nahezu ein Drittel der Reichstagssitze und schwächten die Parteien auf der Rechten zugunsten kleinerer sozialer und regionaler Interessenparteien (▷ Tabelle S. 280). Dieses Wahlergebnis ermöglichte eine aus SPD, DDP, Zentrum, BVP und DVP gebildete *Große Koalition* unter dem sozialdemokratischen Reichskanzler *Hermann Müller-Franken,* der fast 60 % der deutschen Abgeordneten hinter sich wußte. Die Regierung, in der Stresemann Außenminister war, wollte die Politik von Locarno fortsetzen und auf diese Weise die Last des Versailler Vertrages endgültig abwerfen. Bereits im August 1928 unterzeichnete sie den *Kellogg-Pakt.* Er ging auf Vorschläge des amerikanischen Außenministers *Frank B. Kellogg* zurück und ächtete aufgrund einer Initiative Briands den Krieg weltweit als ungeeignetes Mittel der Politik. Anschließend konzentrierte sich die Regierung auf die Neuregelung der deutschen *Reparationsleistungen.* Sie waren zuletzt 1924 aufgrund von Kommissionsverhandlungen unter Leitung des amerikanischen Finanzpolitikers *Charles G. Dawes* auf Jahresleistungen von zunächst 1 Mrd. RM festgelegt worden und sollten bis höchstens 1,75 Mrd. RM jährlich steigen. Der *Dawes-Plan* hatte jedoch die Zahlungsverpflichtungen nicht befristet. Im Frühjahr 1929 konnte die Regierung Müller die Revision dieses Planes erreichen. Ein neuer Plan, der nach dem amerikanischen Wirtschaftsfachmann *Owen D. Young* benannt wurde, sah schließlich Zahlungen zwischen 0,7 und 2,1 Mrd. RM bis zum Jahre 1988 vor. Obwohl der *Young-Plan* für das Deutsche Reich eine Erleichterung bedeutete, zumal er auch die baldige Räumung der besetzten linksrheinischen Gebiete zusicherte, setzte eine heftige *nationalistische Agitation* gegen seine Annahme ein. Ihre Wortführer waren ein Komitee aus Mitgliedern der DNVP, des Alldeutschen Verbandes, des Stahlhelms und des Reichsverbandes der deutschen Industrie sowie die NSDAP. Zwar stimmten Ende Dezember 1929 nur 5,8 Millionen Deutsche in einem Volksentscheid gegen die Annahme des Young-Planes. Aber dieser – wenn auch erfolglose – Versuch, die Massen gegen das parlamentarische System zu mobilisieren, war »ein Angriff auf die Autorität des Staates«.

a) Das Ende des parlamentarischen Systems. Die heftigen Auseinandersetzungen um den Young-Plan machten deutlich, daß die politische Stabilität der Republik brüchig zu werden begann. In dieser Situation war es besonders folgenschwer, daß die republikanische Mitte durch den Tod Stresemanns (3. 10. 1929) eine Persönlichkeit verlor, die es verstanden hatte, unterschiedliche Parteiinteressen auszugleichen und auch die auseinanderstrebenden Flügel der eigenen Partei zusammenzuhalten. Noch zu Lebzeiten des Außenministers und Parteivorsitzenden wurde besonders der *rechte Flügel der DVP,* der immer stärker mit der nationalistischen Opposition sympathisiert hatte, der Großen Koalition müde und nahm die finanz- und sozialpolitische Frage der *Beitragserhöhung zur Arbeitslosenversicherung* zum Anlaß, die Regierung Müller zu Fall zu bringen.

Ende der Großen Koalition

Das Problem der Arbeitslosenversicherung war akut geworden, als die *Weltwirtschaftskrise* nach dem Börsenkrach in New York (▷ S. 298) auch auf Deutschland übergriff und im Winter 1929/30 die Zahl der Arbeitslosen auf über 3,4 Millionen ansteigen ließ. Um das Defizit in der Arbeitslosenversicherung auszugleichen, wollte die Regierung mit der Unterstützung der SPD und der Gewerkschaften die von Arbeitgebern und Arbeitnehmern zu gleichen Teilen aufzubringenden Versicherungsbeiträge um einen halben Prozentpunkt auf 4 % erhöhen. Dieser Plan stieß nicht nur auf den Protest der Unternehmer- und Arbeitgeberverbände; auch die DVP lehnte die Erhöhung ab und forderte stattdessen wie die DNVP eine *Kürzung der Sozialleistungen.* Auch den *Kompromißvorschlag* des Zentrums, die Versicherungsbeiträge unter bestimmten Bedingungen nur um ¼ % heraufzusetzen, lehnte die DVP ebenso wie die *SPD* ab, die darin einen *Angriff auf das System der Sozialversicherung* erblickte. Da sich Reichskanzler Müller nicht in der Lage sah, mit den Parteien der Großen Koalition eine Einigung über die Regierungsvorlage zu erreichen, und die DVP- und die Zentrum-Minister mit ihrem Rücktritt drohten, legte er dem Reichspräsidenten – nach Eberts Tod 1925 war der monarchistisch gesinnte Generalfeldmarschall *Paul von Hindenburg* als Kandidat der Rechten in das höchste Staatsamt gewählt worden – das Rücktrittsgesuch seines Kabinetts vor; von Hindenburg nahm es an. Damit war die Große Koalition aufgelöst – eine andere mehrheitsfähige Parteienkoalition erwies sich als unmöglich.

Präsidialregierung unter Brüning

Diese Vorgänge zeigten, daß die Parteien unfähig geworden waren, ihre Gegensätze parlamentarisch zu überwinden, indem sie eine neue Regierung bildeten. Sie wußten, daß angesichts der wirtschaftlichen Notlage unpopuläre Maßnahmen unvermeidlich waren, und lehnten die Verantwortung dafür von vornherein ab. Am 29. März 1930 ernannte Reichspräsident von Hindenburg unter

Berufung auf den Artikel 48 der Weimarer Reichsverfassung eine Minderheitsregierung »seines Vertrauens« – das erste *Präsidialkabinett* unter dem Fraktionsführer des Zentrums im Reichstag, *Heinrich Brüning.* Ohne eine förmliche Koalition zu bilden, stützte sich Brüning als Reichskanzler auf Politiker fast aller Parteien der bürgerlichen Mitte. Da auch die SPD Verhandlungsbereitschaft signalisierte, erreichte er, daß seine Regierung zunächst von der Mehrheit der Reichstagsabgeordneten *toleriert* wurde.

Brüning war davon überzeugt, daß nur eine grundlegende *Reform der Staatsfinanzen* die wirtschaftlichen Nöte und die Arbeitslosigkeit beheben könnte. Aber die DNVP und die DVP lehnten die geplanten Steuererhöhungen ab, während die SPD die geplanten Einsparungen für unzureichend hielt, weil keine Verringerung der Rüstungsausgaben vorgesehen war. Daher stimmten diese Parteien zusammen mit den Kommunisten und den Nationalsozialisten am 16. Juli 1930 gegen wesentliche Teile des von Brüning geforderten steuerpolitischen Reformprogramms. Unverzüglich setzte der Reichskanzler daraufhin den *Staatshaushalt 1931 mit Hilfe einer Notverordnung* in Kraft. Zwei Tage später verlangte die Reichstagsmehrheit die Außerkraftsetzung dieser Notverordnung. Die Antwort Brünings war die *Auflösung des Reichstages* mit der Festsetzung von Neuwahlen auf den 14. September. Bis zum Wahltag konnte er nur mit Notverordnungen regieren. Die *Wahlen* (▷ Tabelle S. 280) brachten dem Reichskanzler eine schwere *Niederlage.* Während die bürgerlichen Parteien bis auf das Zentrum schwere Verluste erlitten, erzielten die Parteien der radikalen Linken und der extremistischen Rechten erhebliche Gewinne. Die KPD errang mit 4 Mio. Wählerstimmen 77 Sitze. Den größten Erfolg konnte die NSDAP verbuchen, welche die Zahl ihrer Reichstagsmandate von 12 auf 107 steigerte. 6,4 Millionen Wähler hatten sich zu Hitler bekannt.

Notverordnungen

b) Innenpolitische Radikalisierung. In dieser Lage wurden die deutschen Politiker nicht allein durch die Weltwirtschaftskrise in ihrem Handlungsspielraum eingeengt, sondern überdies von einer innenpolitischen Radikalisierung bedrängt, die in Volksbegehren und Volksentscheiden, wie etwa gegen den Young-Plan, ein wirksames Agitationsmittel fand. Plebiszitäre Abstimmungen beeinflußten zunehmend die politischen Auseinandersetzungen.

Hitlers Aufstieg

Bis zum Jahre 1928 galten die Nationalsozialisten als eine extremistische, nicht ernst zu nehmende Splitterpartei, die nicht einmal 3 % der deutschen Wähler repräsentierte. In ihren »Massenversammlungen« sprachen sie damals vor allem eigene Mitglieder an. Erst in der Untergangsphase der Republik entwickelte sich Hitler zum Volksredner. Wie kein zweiter deutscher Politiker dieser Zeit verstand er es, seine Zuhörer in seinen Bann zu ziehen und zu begeistern. Mit seinen gewalttätigen Saalschutz-Formationen, der Vorstufe der SA, schüchterte er allerdings auch die Öffentlichkeit ein. Seit 1930 beherrschte Hitler die politische Bühne. Bis heute gilt seine Laufbahn als eine der »erstaunlichsten, unheimlichsten, unverständlichsten und folgenreichsten Karrieren der Weltgeschichte« (Walther Hofer)[24]. Politik erschien nicht mehr als »Kunst des Möglichen«, sondern als Fähigkeit, »zwischen Freund und Feind« (Carl Schmitt)[25] zu unterscheiden.

Harzburger Front

Das galt auch für den Führer der DNVP, den Großverleger *Alfred Hugenberg,* der seine Zeitungen gezielt zum Kampf gegen die Republik und zur Diffamierung republiktreuer politischer Gegner einsetzte. Für Hugenberg gab es in der politischen Auseinandersetzung nur »Brei und Block«. Ihm gelang es, Hitler für seine Ziele zu gewinnen und mit der NSDAP und anderen nationalistischen Gegnern der Republik, die dem Kampfverband »Stahlhelm« nahestanden, 1931 in Bad Harzburg ein Aktionsbündnis, die »Harzburger Front«, zu bilden. Hugenberg und seine Anhänger hofften, so die schmale Wählerbasis der Deutschnationalen ausweiten zu können.

Hitlers Propagandakonzept

Ihre Rechnung ging allerdings nicht auf. Die konservativen Parteien verloren große Teile ihrer Wähler an die nationalsozialistische Bewegung, die 1930 bereits 107, im Sommer 1932 nach erneuter Auflösung des Reichstages sogar 230 Reichstagssitze eroberte. Unzufriedene Wähler des Mittelstandes, Landwirte, von sozialem Abstieg und Arbeitslosigkeit bedrohte Angestellte und Arbeiter sowie nationalistisch gesonnene Bildungsbürger erlagen gleichermaßen Hitlers Propaganda, deren Prinzipien er in »Mein Kampf« beschrieben hatte:

> »Die breite Masse des Volkes besteht weder aus Professoren noch Diplomaten. Das geringe abstrakte Wissen, das sie besitzt, weist ihre Empfindungen mehr in die Welt des Gefühls. Dort ruht entweder ihre positive oder negative Einstellung. Sie ist nur empfänglich für eine Kraftäußerung in einer dieser Richtungen und niemals für eine zwischen beiden schwebende Halbheit. Ihre gefühlsmäßige Einstellung bedingt aber gleichzeitig ihre außerordentliche Stabilität. Der Glaube ist schwerer zu erschüttern als das Wissen, die Liebe unterliegt weniger dem Wechsel als Achtung. Haß ist dauerhafter als Abneigung, und die Triebkraft zu den gewaltigsten Umwälzungen auf dieser Erde lag zu allen Zeiten weniger in einer die Masse beherrschenden wissenschaftlichen Erkenntnis als in einem sie beseelenden Fanatismus und manchmal in einer sie vorwärts jagenden Hysterie.«[26]

Seit 1930 nahmen auch die Auseinandersetzungen zwischen SPD und KPD an Heftigkeit zu. Die SPD bekämpfte NSDAP und KPD in gleicher Weise als Feinde der Republik mit der Parole »Weder Hitler-Knechte noch Stalin-Sklaven«. Die KPD agitierte vor allem gegen die SPD und bezeichnete deren Führer als »Sozialfaschisten«, die noch gefährlicher als die Nationalsozialisten seien. Im Kampf gegen die Weimarer Republik konnten KPD und NSDAP gelegentlich sogar eine gemeinsame Basis finden: So versuchten sie 1932, den weiterhin in Preußen an der Spitze einer »Weimarer Koalition« stehenden Ministerpräsidenten Otto Braun durch einen »braun-roten Volksentscheid« zu stürzen, und beteiligten sich auch an einem Streik der Angestellten der Berliner Verkehrsbetriebe.

Zerfall des Weimarer Parteiensystems

Um ihre staats- und parteiverdrossenen Wähler zurückzugewinnen, gaben auch die bürgerlichen Parteien ebenso wie das Zentrum zunehmend Verfassungsprinzipien der Republik preis und öffneten sich autoritären Ordnungsvorstellungen: Parlamentarismus, Rechtsstaat und Demokratie wurden ent-

Verhaftung eines Demonstranten. *Pressefotografie, ca. 1932.*

wertet, politischer und sozialer Pluralismus zunehmend abgelehnt. Dennoch konnte der Zulauf der Wähler zu den radikalen und extremistischen Parteien nicht gebremst werden. Die DNVP, die 1924 noch über 20 % der Stimmen bekommen hatte, sank im Juli 1932 auf knapp 6 %; die DVP fiel von 13,9 % im Juni 1920 bis zum Sommer 1932 auf 1,2 %; und die DDP, die bei den Wahlen zur Nationalversammlung fast 20 % erzielt hatte, gewann 1932 nur mehr 1 % der Stimmen. Die NSDAP aber brachte im Sommer 1932 fast 14 Mio. Wähler hinter sich. Dies entsprach einem Stimmenanteil von 37,2 %.
Der Aufstieg des Nationalsozialismus hatte viele Ursachen, die von der zeitgeschichtlichen Forschung unterschiedlich dargestellt und gewichtet werden. Einig ist man sich in der Einschätzung der Wirtschaftskrise als einer der wichtigsten Voraussetzungen für Hitlers Erfolg.

Die Wirtschaftskrise und ihre politischen Folgen

Seit Mitte 1930 spitzte sich infolge der Weltwirtschaftskrise (▷ Karte S. 282, 298) auch in Deutschland die *Wirtschaftskrise* dramatisch zu. Produktionseinbußen von über 50 %, eine Verringerung des Sozialprodukts um bis zu 12 % pro Jahr und ein rascher Anstieg der Arbeitslosigkeit waren die Folgen. Im Februar 1930 waren von 18 Mio. Arbeitnehmern 3,4 Mio. ohne Arbeit. Ein Jahr später wurde die Fünfmillionengrenze überschritten, Mitte März 1932 wurden über 6 Mio. Arbeitslose gezählt. Bei einer Zahl von lediglich 12 Mio. Arbeitnehmern belief sich die Arbeitslosenquote damit auf 33 %. Nur 700 000 Arbeitslose erhielten Arbeitslosenunterstützung. 1,2 Mio. lebten von der Krisenfürsorge, 2,3 Mio. erhielten Sozialhilfe. Der Rest galt als »ausgesteuert« und war auf familiäre Unterstützung angewiesen. Allerdings deckte selbst das Arbeitslosengeld kaum das Existenzminimum. Angesichts der allgemeinen Not sanken wirtschaftliche Nachfrage und Umsatz, zumal auch der Staat infolge seiner Deflations- und Sparpolitik als Käufer und Auftraggeber immer mehr ausfiel. Die *Unzufriedenheit* aller gesellschaftlichen Gruppen mit dem Staat wuchs. KPD und NSDAP erhielten zunehmend stärkeren Zulauf, da sie versprachen, den für die Krise verantwortlichen Kapitalismus beseitigen und die Herrschaft der »jüdischen Kapitalisten« brechen zu wollen.

Brünings Absichten und Ziele

Die politischen Auseinandersetzungen wurden zunehmend gewaltsam ausgetragen, da nahezu alle Parteien über uniformierte *Kampfverbände* – die NSDAP über »Sturmabteilungen« (»SA«), die KPD über die »Rotfrontkämpfer«, die SPD über das »Reichsbanner« und die DNVP über »Schutzformationen« (»Schufo«) – verfügten. Die Militarisierung des öffentlichen Lebens schlug sich in *Saalschlachten* und *Straßenkämpfen* nieder, die Verletzte und Todesopfer forderten.

Brüning sah sich nicht veranlaßt, der fortschreitenden Radikalisierung der Öffentlichkeit entschieden entgegenzuwirken. Er setzte auf außenpolitische Erfolge und ihre positive Rückwirkung auf die Innenpolitik. Denn er hoffte, durch den demonstrativen Beweis der deutschen Zahlungsunfähigkeit die *Beendigung der Reparationszahlungen* erreichen und die außenpolitische Unabhängigkeit unter gleichzeitiger Anerkennung militärischer Gleichberechtigung durchsetzen zu können. Deshalb verlangte er vor allem politische Kontinuität für sein Kabinett: »Wir müssen hier einmal davon herunterkommen, daß wir jedes Jahr mit wechselnden Koalitionen arbeiten oder unter dem Einfluß wechselnder Stimmungen stehen.«[27] Doch Brünings Präsidialregierung war nicht allein von den Reichstagsfraktionen, sondern auch vom Reichspräsidenten abhängig, der die Notverordnungen erlassen mußte, mit deren Hilfe Brüning seit den Novemberwahlen 1930 regierte. Hindenburgs Amtszeit endete im Frühjahr 1932. Auf Drängen Brünings stellte sich Hindenburg erneut zur Reichspräsidentenwahl gegen Hitler und Ernst Thälmann, den Vorsitzenden der KPD. In der Stichwahl setzte er sich mit Hilfe der bürgerlichen Mittelparteien und der SPD mit 53 % der Stimmen gegen Hitler durch, der 37 % der Stimmen erhielt. Nach dieser Wiederwahl verschlechterte sich das Verhältnis zwischen Hindenburg und Brüning. Als der Kanzler auf ostelbischem Grundbesitz Bauern ansiedeln wollte, kam es zum Bruch: Am 29. 5. 1932 erklärte Reichspräsident Hindenburg dem Reichskanzler Brüning, die Regierung habe sein Vertrauen verloren und er werde keine der von ihr vorgeschlagenen Notverordnungen mehr unterzeichnen. Am Tag darauf trat Brüning – seiner Meinung nach »hundert Meter vor dem Ziel«[28] – zurück.

Brünings Sturz

Papens autoritäre Ziele

c) Die Auflösung der Weimarer Republik. Brünings Nachfolger, der von Hindenburgs Vertrauen getragene parteilose *Franz von Papen,* befürwortete unverhohlen eine neue »autoritäre Ordnung« ohne Parlament und Parteien. Papen bildete sein Kabinett ohne parlamentarischen Rückhalt überwiegend aus nationalistisch gesonnenen Adeligen, die gute Beziehungen zur Wirtschaft

Wahlhelfer in Berlin *mit den Plakaten ihrer Partei vor den Reichtagswahlen am 31. Juli 1932.*

besaßen. Sein *»Kabinett der Barone«* verringerte die Sozialleistungen und hoffte, durch wiederholte Reichstagswahlen schließlich eine günstige Reichstagsmehrheit zu finden, die sogar die Umwandlung der Republik in eine »Neue Ordnung« billigen würde. Papen plante einen autoritären Staatsstreich und zögerte nur, weil er sich der Reichswehrführung nicht sicher war. Den Staatsstreich probte er am 20. 7. 1932 mit seinem *»Preußenschlag«,* d.h. der verfassungswidrigen Absetzung der preußischen Regierung unter Otto Braun mit Hilfe einer Notverordnung des Reichspräsidenten. Sozialdemokraten, Gewerkschaften und republikanische Verbände nahmen seinen *Verfassungsbruch* widerstandslos hin. Später versuchte Papen sich zu rechtfertigen, er habe die Reichsreform durch die »Vereinheitlichung von Reich und Preußen« als dem bevölkerungsreichsten und größten Land vorantreiben wollen.[29]

Von Wahlkampf zu Wahlkampf

Wenige Tage nach dem »Preußenschlag« wählten die Deutschen einen neuen Reichstag und verweigerten Papen die Gefolgschaft. Aus der Wahl (▷ Tabelle S. 280) gingen Kommunisten, Sozialdemokraten, Zentrum, Deutschnationale und die Bayerische Volkspartei zwar im wesentlichen ungeschwächt hervor, doch konnten die Nationalsozialisten 230 von 608 Mandaten (= 37,8 % der Stimmen) erringen. Papen versuchte nun, die Parteien der Mitte und der Rechten hinter sich zu bringen – auch Hitler, der das Reichskanzleramt für sich beanspruchte, aber damit an Hindenburgs Widerstand scheiterte. Als Papen jedoch keine stabile Mehrheit finden konnte, schrieb er für November 1932 erneut Reichstagswahlen aus. Nutznießer des leichtfertig inszenierten *»Wahlkampfinfernos«* waren die extremistischen Parteien und militanten Feinde der

Republik: Die Kommunisten erzielten fast 17 % der abgegebenen Stimmen; die Nationalsozialisten erhielten ein Drittel der Sitze, verloren aber gegenüber der Wahl vom Sommer 1932 etwa 4 % der Stimmen und schienen damit den Höhepunkt ihres Erfolges überschritten zu haben. Daher zeichneten sich in der NSDAP Auseinandersetzungen zwischen einer gemäßigten Richtung um *Gregor Strasser,* den Leiter der NS-Parteiorganisation, und Hitler ab: Hitler wollte trotz der Wahlverluste die Bedingungen einer nationalsozialistischen Regierungsbeteiligung diktieren und seine politischen Ziele ohne Rücksicht auf mögliche Koalitionspartner verwirklichen, während Strasser die Beteiligung der NSDAP an einer »Rechtskoalition« auch ohne die völlige Durchsetzung des nationalsozialistischen Führungsanspruchs befürwortete.

Schleichers Zähmungskonzept

Als Papen Parteien und Gewerkschaften verbieten lassen wollte, um mit Hilfe der Reichswehr eine Präsidialdiktatur zu errichten, stieß er bei Reichswehrminister *Kurt von Schleicher* auf Ablehnung. Schleicher, der starken Einfluß auf Hindenburg ausübte, strebte eine *Zusammenarbeit mit den Gewerkschaften und der Arbeiterorganisation der NSDAP* um Gregor Strasser an und versuchte, die Arbeiterschaft durch ein neues *Arbeitsbeschaffungsprogramm* für sich zu gewinnen. Hindenburg zeigte sich von diesen Plänen beeindruckt und berief Schleicher zum Kanzler einer neuen Präsidialregierung. Dadurch hatte er Hitler, der nach Papens Sturz die Regierungsübernahme gefordert hatte, die Ernennung zum Kanzler erneut verwehrt. Jedoch scheiterten Schleichers Pläne zur Zusammenarbeit mit den Gewerkschaften. Schleicher gelang es nicht, im Reichstag eine Mehrheit zur Tolerierung seiner Politik zu finden und eine »sozialpolitische Interessenkoalition« zustande zu bringen. Damit waren offensichtlich die Möglichkeiten erschöpft, eine Regierung ohne Hitler und die NSDAP zu bilden.

Hitler wird Reichskanzler

Unterdessen hatte *Papen* hinter Schleichers Rücken und im Einverständnis mit Hindenburg in geheimen Verhandlungen Hitler und anderen Führern verschiedener nationalistischer Gruppen die *Bildung einer Koalitionsregierung unter Hitler* als Reichskanzler und Papen als Vizekanzler angeboten. Im Kabinett Hitlers sollten nur zwei Vertreter der NSDAP – Frick als Innenminister und Göring als Minister ohne Geschäftsbereich – Ministerämter erhalten. Ferner sollten dem Kabinett Hugenberg von der DNVP als Wirtschaftsminister, Seldte vom Stahlhelm als Arbeitsminister sowie weitere Minister aus rechten Gruppierungen angehören. Es gelang Papen, Hindenburg davon zu überzeugen, daß mit dieser *Regierung der »nationalen Konzentration«* der Sozialismus gestoppt und der Nationalsozialismus »kanalisiert« werden könne. »Wir rahmen Hitler ein«, so hieß es. Hindenburg verweigerte dem Reichskanzler weitere Notverordnungen, woraufhin Schleicher mit seiner Regierung zurücktrat. Am *30. Januar 1933* ernannte Hindenburg *Hitler* zum *Reichskanzler.* Damit hatten die Nationalsozialisten die ersehnte Möglichkeit erhalten, ihr politisches Programm zu verwirklichen.

Die Fehleinschätzung der konservativen Koalitionspartner, Hitler werde sich durch die Regierungsübernahme innerhalb weniger Wochen »verschleißen«, ermöglichte den Nationalsozialisten den rücksichtslosen Griff nach der Macht. Kaum jemand rechnete mit dem zielbewußten Machtwillen der NS-Führung, die bereits 1930 für den Fall ihrer Regierungsübernahme angedroht hatte, »Köpfe rollen zu lassen«, die Beamten der republikanischen Parteien aus ihren Ämtern zu vertreiben und die Macht niemals mehr freiwillig, wie es dem demokratischen Verfahren entsprochen hätte, abzugeben.

Das Ende von Weimar in der Forschung

Bis heute ist in der zeitgeschichtlichen Forschung umstritten, welche Faktoren das Scheitern der Weimarer Demokratie bewirkt bzw. erleichtert haben. Die Beantwortung dieser Frage hängt weitgehend von der Bewertung einzelner Ereignisse und Entwicklungen der Geschichte der Weimarer Republik durch die Wissenschaft ab. Die gemeinsame Fragestellung hat der Historiker Karl Dietrich Erdmann bereits in der Mitte der fünfziger Jahre formuliert: »Alle Forschung zur Geschichte der Weimarer Republik steht mit Notwendigkeit – ausgesprochen oder unausgesprochen – unter der Frage nach den Ursachen ihres Zusammenbruchs.«[30] Im Laufe der Jahrzehnte fielen die Erklärungen immer komplexer aus. Niemand macht heute mehr einen einzelnen Faktor – etwa die ausgebliebene Sozialisierung und angeblich halbherzige Demokratisierung in der Anfangsphase (Arthur Rosenberg)[31] oder das Verhältniswahlrecht (F. Hermens)[32] – für das Ende der Republik verantwortlich. Dies ist vor allem das Ergebnis einer – allerdings heftig diskutierten – »strukturanalytischen« Betrachtungsweise, die möglichst genau die »Handlungsspielräume« einzelner Politiker und Gruppen zu bestimmen sucht (Karl Dietrich Bracher)[33]. Diese Handlungsspielräume ergaben sich durch politische Sachzwänge, krisenhafte Entwicklungen in ganz Europa, aber auch durch politische Ziele und Fahrlässigkeiten einzelner Beteiligter. Besonders verhängnisvoll war dabei für Historiker wie Hans Mommsen das Zusammenwirken von Verfassungs- und Gesellschaftskrise, das in der Gleichzeitigkeit von nationalsozialistischen Erfolgen und leichtfertig verspielter politischer Freiheit durch die politischen Eliten zum Ausdruck kommt. Deshalb sah Werner Conze auch im Untergang der Republik vor allem die nicht bewältigte Krise des Parteienstaates.[34] Die Nachwirkungen von Revolution und Inflation, von inneren Wirren und der doppelten republikfeindlichen Frontstellung auf der politischen Rechten und Linken werden heute vor allem als eine entscheidende politisch-psychologische Belastung der Republik gedeutet: Aus der »belagerten Civitas« (Michael Stürmer)[35] wurde schließlich eine »preisgegebene« (Hagen Schulze)[36] und heftig bekämpfte Republik, die bestenfalls den »Schein der Normalität« (Heinrich August Winkler)[37] erlebte und so seit dem Beginn der dreißiger Jahre einen fast zwangsläufig vorgezeichneten »Weg in die Katastrophe« ging, der allerdings nicht ohne politische Alternativen gewesen sein soll und deshalb bei größerer Gemeinsamkeit der Verantwortlichen hätte verlassen werden können (Eberhard Kolb).[38]

V. Entwicklungen in westlichen Demokratien und in Spanien

Nicht nur Deutschland, sondern auch die Vereinigten Staaten von Amerika, Großbritannien, Frankreich und Spanien wurden von der Weltwirtschaftskrise hart getroffen. Außer Spanien suchten diese Staaten den Ausweg aus den wirtschaftlichen und sozialen Schwierigkeiten nicht in einer faschistischen oder autoritären Diktatur, sondern bewiesen in der Krise die Planungs- und Überlebensfähigkeit von Demokratien.

1. Die USA

1919–1929	Big-Business-Periode
1929 25.10.	»Schwarzer Freitag« der New Yorker Börse
1933–1945	Franklin D. Roosevelt amerikanischer Präsident
Seit 1933	New Deal

Börsenkrach in New York

Als in den USA bekannt wurde, daß wichtige Industrien infolge von Überproduktion und Absatzrückgang in Schwierigkeiten geraten waren, wurden amerikanische Aktienbesitzer von Panik ergriffen. Viele wollten ihre Wertpapiere verkaufen, doch gab es dafür keine Käufer. So sanken am 25. Oktober 1929 die Aktienkurse an der New Yorker Börse schlagartig. Fünf Milliarden Dollar verloren die Aktionäre an diesem *»schwarzen Freitag«*.

Krise des liberalen Wirtschaftssystems

Aus dem New Yorker Börsenkrach entwickelte sich eine lang anhaltende *Weltwirtschaftskrise*. Sie hatte in den USA Massenarbeitslosigkeit und sinkende Kaufkraft zur Folge. Diese wiederum schmälerte die Nachfrage nach Industrie- und Agrarprodukten. Der Export verringerte sich um ein Drittel. Um der Krise zu begegnen, dehnten die USA zunächst ihre isolationistische Politik, die sie unmittelbar nach dem Versailler Friedensschluß eingeschlagen hatten, auf die Wirtschaftspolitik aus: Ein *»neuer Merkantilismus«* suchte das Heil in Schutzzöllen und Einfuhrquoten. Jedoch in einer Zeit allgemeiner weltwirtschaftlicher Verflechtungen konnte die Lenkung des Außenhandels allein keine Wende der Konjunktur einleiten. Unter dem Wirtschaftseinbruch litten wegen der fehlenden Sozialversicherung vor allem die arbeitslosen Amerikaner. Im Lande breitete sich tiefe Niedergeschlagenheit aus. In weiten Kreisen der Bevölkerung verlor das liberale Wirtschaftssystem der USA an Attraktivität. Noch 1928 hatte der republikanische Präsident *Herbert Hoover* hervorgehoben, »allein durch geordnete Freiheit und Chancengleichheit« werde jeder einzelne angespornt, den »Fortschritt« zu verwirklichen.[39]

Roosevelts Programm: New Deal

In dieser Situation boten die Präsidentschaftswahlen von 1932 dem Kandidaten der Demokraten *Franklin D. Roosevelt* eine Chance. Roosevelt hatte im September 1932 ein *sozialpolitisches Programm* zur Überwindung der Wirtschaftskrise

F. D. R. (Roosevelt) räumt in der Politik auf und wagt einen neuen Anfang (New Deal). *Amerikanische Zeitungskarikatur der 30er Jahre.*

formuliert, das Eigentumsrechte und -pflichten in einem neuen Gesellschaftsvertrag ausgleichen wollte. Vertreter von Banken und Großindustrielle sollten »gemeinsame Ziele« verfolgen und, »wo nötig, diesen oder jenen privaten Vorteil opfern und in wechselseitiger Selbstverleugnung nach einem gemeinsamen Vorteil suchen«. Der Staat sollte egoistische Geschäftemacherei verhindern und kollektiver wirtschaftlicher Macht Grenzen setzen. Umfangreiche staatliche *Arbeitsbeschaffungsmaßnahmen,* die der britische Wirtschaftstheoretiker *John Maynard Keynes* angeregt hatte, sollten die Depression überwinden. Das Recht des liberalen Staates auf regulierende Eingriffe, auf Intervention auf dem Markt, war der Kern einer Politik des *New Deal,* des »Neuen Anfangs«. Das Interventionsrecht des Staates schränkte Roosevelt jedoch auf bestimmte Ausnahmesituationen ein:

»Die Regierung sollte die Funktion wirtschaftlichen Regulierens nur übernehmen als ein äußerstes Mittel, das erst dann ausprobiert werden soll, wenn die Privatinitiative, angeregt durch hohe Verantwortlichkeit, mit aller Unterstützung und allem Ausgleich, den die Regierung zu geben vermag, am Ende doch versagt.«[40]

Überwindung der Depression durch ...

Aufgrund dieses Programms zum Präsidenten gewählt, gelang es Roosevelt, die dumpfe Stimmung in der Öffentlichkeit durch einen Aufbruchsoptimismus zu ersetzen. Eine Reihe von Aktionsprogrammen – Straßen- und Staudammbau, großräumige Strukturverbesserungen, Agrarsubventionen, Wohnungsbau –

... Intervention des Staates

vermittelten dem Markt neue wirksame Impulse. Gleichzeitig entstand zur Bewältigung dieser neuen Aufgaben des Staates eine moderne Regierungsbürokratie.

Den »New Deal« mußte Roosevelt gegen den Widerstand finanzkräftiger Konservativer, aber auch gegen Massenbewegungen durchsetzen, von denen einige den faschistischen Bewegungen Europas ähnelten. Um den Radikalen »den Donner zu stehlen«, verbesserte er die Rechte der Gewerkschaften und begrenzte die Kapitalkonzentration. Durch Arbeitsbeschaffung, Hilfe für die Farmer, Sanierung des Geldwesens, »Neuordnung der Arbeit« und erste Schritte zur Einführung einer Sozialversicherung im Jahre 1935 bewies er, daß staatliche Intervention und die Entwicklung eines *wirtschaftlichen Mischsystems* von Unternehmerfreiheit und staatlichem Dirigismus erfolgreich waren. In den Präsidentschaftswahlen von 1936 konnte Roosevelt so einen triumphalen Erfolg erringen. Zwei Drittel der amerikanischen Wähler gaben ihm ihre Stimmen.

2. Großbritannien

1919–1926	Bergarbeiterstreiks
1922–1931	Wechsel zwischen konservativen und von Labour geführten Regierungen
1931	Allparteienregierung MacDonald. Westminsterstatut

Innenpolitische Probleme

Obwohl das britische Königreich zu den Siegern des Weltkriegs gehörte, belasteten die *Kriegsfolgen* Staat und Gesellschaft erheblich. Die Industrie, die in starkem Maße auf Exporte angewiesen war, litt unter geschrumpften Märkten und gesunkener Kaufkraft. Massenarbeitslosigkeit und Stagnation waren die Folgen. Immer wieder flammten Streiks auf. Bei den Unterhauswahlen 1923 löste die *Labour Party* unter *James Ramsay MacDonald* mit der Unterstützung der Liberalen die regierende konservative Partei ab, konnte aber keine dauerhafte Regierungsmehrheit bilden.

Nach diesem kurzen Zwischenspiel kamen die Konservativen unter *Stanley Baldwin* wieder an die Regierung. Die konservative Finanzpolitik der Verknappung des Geldes durch Minderung der Staatsausgaben (Deflationspolitik) festigte zwar das Pfund, aber sie drückte gleichzeitig nach 1925 den Lebensstandard und provozierte die Gewerkschaften zum Streik. 1926 traten die Bergarbeiter in den Ausstand, den sie sogar zum *Generalstreik* ausweiten konnten. Obwohl der Konflikt mit einer Niederlage der Gewerkschaften endete, war dieser Streik für die Regierung ein Warnsignal: Nach und nach baute sie das Sozialversicherungssystem aus.

1929 kam die Labour Party unter MacDonald erneut an die Regierung. Wiederum war sie auf die Unterstützung der Liberalen angewiesen, und 1931

»Heute arbeitslos«. *Plakat der Labour Party in den Wahlkämpfen 1910–1924. Farblithographie von Gerald Spencer Pryse, 1910.*

konnte sie eine Abwertung des Pfundes nur durch die Fortsetzung der konservativen Deflationspolitik verhindern. Zur Sanierung der Finanzen forderten die Konservativen die Kürzung der Arbeitslosenunterstützung. Die Auseinandersetzung um diese Forderung spaltete die Labour Party. Die Regierung zerbrach, und MacDonald, der die Kürzungsvorschläge guthieß, wurde zum Prime Minister in einem *»nationalen Kabinett«* berufen, das sich auf Konservative, Liberale und einige seiner Anhänger aus der Labour Party stützte. Neuwahlen bestätigten seine Politik: MacDonalds Regierung konnte sich danach auf 554 Abgeordnete stützen, während der oppositionelle Flügel der Labour Party lediglich 52 Parlamentssitze gewann. Offensichtlich hatten Millionen von Briten die Berechtigung der Sparpolitik begriffen und waren zu Opfern bereit.

Faschisten ohne Chance

Trotz aller politischen und sozialen Schwierigkeiten und harten Auseinandersetzungen hatte in England eine »neue Rechte«, die sich an den autoritären Bewegungen Westeuropas orientierte, keine Chance. Ihr Führer, *Sir Oswald Mosley,* der sich zunächst zur innerparteilichen Opposition der Labour Party gerechnet hatte, wollte die Wirtschaft durch die Steigerung der Massenkaufkraft ankurbeln. Als er sich damit in seiner Partei nicht durchsetzen konnte, organisierte er die *British Union of Fascists,* welche die Öffentlichkeit durch die Brutalität ihrer Äußerungen und Aktionen schreckte. Als Mosley sich zum Propagandisten des Antisemitismus machte, wurde er vollends zum politischen Außenseiter. Die Fähigkeit der Briten, in der Krise mit demokratischen Mitteln und im Rahmen des parlamentarischen Systems Wege zur Überwindung der wirtschaftlichen und sozialen Schwierigkeiten zu suchen und zu finden, machte Großbritannien zur großen Ausnahme im Europa der Zwischenkriegszeit.

Gründung des Commonwealth of Nations

Auch im Hinblick auf das Empire gelang es der britischen Regierung 1926, das Streben der Dominions nach Gleichberechtigung durch die Bildung einer Staatengemeinschaft des British Commonwealth of Nations aufzufangen, in dem dann die »weißen Dominions« im *Westminsterstatut* von 1931 endgültig staatliche *Autonomie* und politische *Gleichberechtigung* mit dem britischen Mutterland erhielten. In Indien kämpfte *Mahatma Gandhi* seit 1929 mit seiner Strategie der Gewaltlosigkeit für das Selbstbestimmungsrecht seiner Mitbürger und für die Verleihung des vollen Dominionstatus.

3. Frankreich

Nach 1919	Instabile innenpolitische Verhältnisse und häufiger Regierungswechsel
1931	Wirtschaftskrise in Frankreich
1934	Bürgerkriegsgefahr
1936–1938	Volksfrontregierung

Innenpolitische Situation

Frankreichs innenpolitische Situation nach 1919 war durch eine Reihe rascher *Regierungswechsel* gekennzeichnet. Bis 1924 regierten rechtsgerichtete Parteien. Eine zweijährige Vorherrschaft der sozialistischen Linken schloß sich an. Nach 1926 regierte wiederum die Rechte. Bemerkenswert war die Entstehung einer starken kommunistischen Partei (KPF). In der nationalistischen Organisation »Action française« sammelten sich faschistische und antisemitische Gruppen. In wirtschaftlicher Hinsicht erlebte Frankreich in den zwanziger Jahren eine *Prosperitätsphase.* Die meisten Franzosen nahmen die Abwertung des Franc und die *Inflation* hin. Denn obwohl dadurch der Wert ihrer Sparguthaben gegenüber 1914 auf ein Siebentel sank, stieg die Kaufkraft der Löhne mit der Produktionssteigerung um fast 48 %.

Verteidigung der demokratischen Republik

Nach 1930 wirkte sich auch in Frankreich die Verschlechterung der Weltwirtschaft aus. Zwar milderte die Abwanderung ausländischer Arbeitskräfte die Arbeitslosigkeit, und der Produktionsrückgang machte sich wegen des vergleichsweise niedrigen Industrialisierungsgrades nicht übermäßig bemerkbar. Aber die KPF erhielt trotzdem beträchtlichen Zulauf.

Dies wiederum rief nationalistische und rechtsextremistische Gruppierungen zu verstärkter Aktivität auf. Im Februar 1934 forderten *Zusammenstöße* zwischen kommunistischen und nationalistischen Demonstranten zahlreiche Todesopfer.

»Aktionseinheit« »Volksfront«

Als die aus den Wirren hervorgegangene rechtsgerichtete Regierung bei der Bekämpfung der Wirtschaftskrise versagte, bildeten Sozialisten und Kommunisten eine »Aktionseinheit«, die bei den »Volksfrontwahlen« von 1936 eine breite Stimmenmehrheit gewann. In der »Volksfront« waren die Kommunisten zum erstenmal bereit, mit ihren sozialistischen Gegnern zusammenzuarbeiten. Die Volksfrontregierung unter dem Ministerpräsidenten *Léon Blum* setzte Tarifpartnerschaft, 40-Stunden-Woche und sozialpolitische Reformen durch. Dennoch blieb die »Volksfront« nur eine Episode, weil es zwischen den Sozialisten und Kommunisten bald zum Bruch kam. 1938 übernahm der zur politischen Mitte neigende »Radikalsozialist« *Edouard Daladier* die Regierung. Er machte einige Reformen der Volksfrontregierung aus finanziellen Gründen rückgängig. Entscheidend blieb, daß die französischen Demokraten die Republik gegenüber der Errichtung einer faschistischen Diktatur erfolgreich verteidigt hatten.

4. Der Spanische Bürgerkrieg

1936	**18. 7.**	Militärputsch: Beginn des Spanischen Bürgerkriegs
	1. 10.	Proklamation Francos zum Regierungschef und Oberbefehlshaber der Streitkräfte
1936–1938		Europäische Mächte greifen in den Bürgerkrieg ein
1939		Anerkennung der Regierung Franco durch England und Frankreich

Spanien wird Republik

Spanien hatte unter der Weltwirtschaftskrise weniger schwer zu leiden als andere europäische Länder. Aber es war ein von innenpolitischen und sozialen Gegensätzen zerrissenes Land. Als die königsfeindlichen Republikaner der Linken 1931 bei den spanischen Gemeindewahlen in den größeren Städten siegten und sich das Offizierskorps und das Bürgertum teilnahmslos verhielten, kam es zum *Sturz der Monarchie.* Auch bei den Wahlen zur Nationalversammlung (Cortes) errangen die Linksrepublikaner und Sozialisten die Mehrheit. Die neue republikanische Verfassung wurde sogar mit 368 gegen 68 Stimmen angenommen. Dennoch gelang es nicht, die Republik auf Dauer zu stabilisieren. Als die republikanisch-sozialistische Regierungskoalition auseinanderbrach und die inzwischen besser organisierte Rechte (Monarchisten, Konservative, Katholiken) bei den Neuwahlen von 1933 den Sieg errang, kennzeichneten Streiks, sozialistische und kommunistische Arbeiteraufstände, separatistische und anarchistische Unruhen die politische Situation. Damals wurde die Falange-Partei gegründet, die die nationale und soziale Gemeinschaft nach faschistischem Vorbild in einem autoritären Staat zu verwirklichen suchte. Um die Republik zu verteidigen, schlossen Linksrepublikaner, Sozialisten und Kommunisten 1936 ein »Volksfront«-Bündnis und errangen Mitte Februar bei den Cortes-Wahlen eine nach Stimmen nur knappe, im Parlament aber große Mehrheit.

Spanien als Kampfplatz europäischer Großmächte

Im Juli 1936 brach der Bürgerkrieg (1936–1939) aus, als in Marokko sowie in Teilen Süd- und Nordspaniens fünf Armeegeneräle gegen die neue linksrepublikanische Regierung putschten, die sich vor allem auf die Bevölkerung Kataloniens, der baskischen Provinzen, vieler Großstädte und auf das Agrarproletariat des Südens stützen konnte. Sofort nach Kriegsbeginn bildeten die Putschisten eine Junta, die nach einigen Wochen General *Francisco Franco,* den Kommandeur der spanischen Truppen in Marokko, zum Regierungschef und Ober-

Gefangene Republikaner werden vor ihrer Erschießung verhört.

befehlshaber der Streitkräfte ausrief. Diese »nationalspanische« Regierung wurde von Hitler und Mussolini anerkannt und militärisch unterstützt. Die Republikaner baten die nichtfaschistisch regierten Staaten um Hilfe. Doch es waren überwiegend kommunistische Freiwilligenverbände aus Europa und Amerika (»Internationale Brigaden«), die durch die Komintern von Paris aus organisiert wurden und bis 1938 auf republikanischer Seite kämpften. Sodann versorgte die Sowjetunion das republikanische Spanien in größerem Umfang mit Kriegsmaterial (Panzer). Deutschland und Italien lieferten Franco Waffen. Vor allem aber sandten sie getarnte Truppen auf den Kriegsschauplatz, nicht zuletzt deshalb, um die Luftwaffe *(Legion Condor)* unter kriegsmäßigen Bedingungen zu erproben. Im Januar 1939 eroberten Francos Truppen den Ostteil Spaniens mit Barcelona. Im März kapitulierte die Hauptstadt Madrid. Als der Krieg endete, war Spanien verwüstet. Die Menschenverluste beliefen sich auf 500 000–600 000, wovon der weitaus größte Teil in Franco-Spanien politischem und Justizmord zum Opfer fiel.

Auf diesen Trümmern errichtete Franco eine Diktatur. Als einzige Partei wurde die Falange zugelassen. Obwohl die Westmächte die Regierung Franco 1939 anerkannten, konnten sie Spanien nicht zum Verbündeten gewinnen. Aber auch auf ein formelles Kriegsbündnis mit Hitler und Mussolini ließ sich Franco nicht ein. Im Zweiten Weltkrieg schwankte die Position Spaniens zwischen Neutralität und »Nichtkriegführung«, wobei Madrid jedoch das Deutsche Reich durch Rohstofflieferungen und Entsendung einer Freiwilligen-Division an die Ostfront unterstützte. Erst 1975 ermöglichte der Tod des Diktators den Spaniern die Rückkehr zu demokratischen Regierungsformen.

B. Die Welt im Zeichen nationalsozialistischer Herausforderung 1933–1945

Der Nationalsozialismus im Vergleich mit anderen totalitären Regimen

Hitlers Ernennung zum Reichskanzler bedeutete den Beginn einer historischen Epoche. Keine der »autoritären Notstandsdiktaturen« Italien und Sowjetunion glich in der konsequenten Machterringung, Herrschaftsbefestigung und Machtsicherung dem nationalsozialistischen System, das bis heute als ein klar ausgebildetes *totalitäres Regime* gilt. Das System zeichnete sich durch die Beherrschung von Gesellschaft und Staat, die Durchdringung selbst der alltäglichen Lebensverhältnisse, durch »Führerprinzip«, Aufhebung der Gewaltenteilung und Gleichschaltung aller staatlichen Institutionen sowie durch Polizeiterror und den Willen zur Durchsetzung einer geschlossenen und verpflichtenden Weltanschauung aus.

Totalitäre Staaten können sich durch Ideologien, politische Zielvorstellungen und soziale Grundlagen ihrer Herrschaft unterscheiden. Dies zeigt ein Vergleich des kommunistisch-stalinistischen Herrschaftssystems mit dem faschistischen und dem nationalsozialistischen System. Daher ist es problematisch, kommunistische und faschistische bzw. nationalsozialistische Diktaturen gleichzusetzen. Diese Systeme ähneln sich jedoch in dem Ziel, die liberaldemokratische Ordnung – und mit ihr Menschenrechte, Rechtssicherheit und Gewaltenteilung – zu beseitigen und durch einen *zentralisierten Führer- und Einparteienstaat* zu ersetzen. Sie wollen den politischen und sozialen Pluralismus abschaffen und das Individuum durch Gewalt und Terror in ihre Gefolgschaft oder zumindest zur »Einsicht in die Notwendigkeit« der Unterwerfung zwingen. Ihr Vorgehen rechtfertigen sie mit ihrer angeblichen »Verantwortung für die Zukunft der Menschheit«.

Verhalten der liberalen Demokratien

Die liberal-demokratischen Staaten erkannten erst allmählich die Gefahren, welche die nach Hegemonie und Weltherrschaft strebenden totalitären Staaten heraufbeschworen. Dann aber begegneten sie der Herausforderung mit Entschiedenheit. Als erster erklärte Präsident Roosevelt die Bereitschaft der USA, den Frieden zu sichern. In seiner *Quarantäne-Rede* im Oktober 1937 verkündete er:

> »Friede, Freiheit und Sicherheit von neunzig Prozent der Menschheit werden von den übrigen zehn Prozent gefährdet, durch die der Zusammenbruch aller Ordnung und allen Rechts im internationalen Leben droht. … Unglücklicherweise scheint die Epidemie der Gesetzlosigkeit sich auf der Welt auszubreiten. Wenn eine Krankheit sich epidemisch ausbreitet, beschließt die Gemeinschaft, um sich vor Ansteckung zu schützen, die Patienten in Quarantäne zu legen.«[41]

Aber bis Ende 1941 verhielten sich die Vereinigten Staaten, völkerrechtlich betrachtet, neutral.

I. »Nationale Revolution« und Aufbau des totalen Führerstaates

»Und selbst wenn Hitler nur ›legal‹ zur Macht kommen will – und selbst vorausgesetzt, daß er die Instinkte derjenigen zügeln will und kann, die es auf andere Weise versuchen möchten – was ist eine Legalität wert, der hinterher, nach der Machtergreifung, eine ganz neue, eigens geschaffene Legalität, die ›Legalisierung‹ der Rache, der terroristischen Unterdrückung folgen soll?«[42]

Mit diesen Worten warnte *Theodor Wolff*, der liberale Publizist, schon 1932 vor der nationalsozialistischen »Machtergreifung«. Er machte sich über den nationalsozialistischen Machtwillen keine Illusionen. Denn bereits 1931 hatte *Josef Goebbels*, der Berliner Gauleiter der NSDAP, in einer Reichstagsrede erklärt:

»Wir wollen legal die Macht erobern. Aber was wir mit dieser Macht einmal, wenn wir sie besitzen, anfangen werden, das ist unsere Sache.«[43]

1933	**30. 1.**	Hitlers Regierungsübernahme
	27. 2.	Reichstagsbrand/Verfolgung der Kommunisten
	28. 2.	Notverordnung »zum Schutz von Volk und Staat« hebt Grundrechte auf
	24. 3.	Ermächtigungsgesetz
	7. 4.	Entlassung republikanischer und jüdischer Beamter
	2. 5.	Unterdrückung der Gewerkschaften
	Juni/Juli	Verbot und Auflösung aller Weimarer Parteien
	Juli	Reichskonkordat
	Sept.	Beginn des Kirchenkampfes
1934	**Mai**	Bekenntnissynode von Barmen
1935	**15. 9.**	Nürnberger Rassegesetze
1938	**9./10. 11.**	Novemberpogrom (»Reichskristallnacht«)

1. Das Programm der NSDAP und Hitlers Weltanschauung

Die Ziele nationalsozialistischer Politik fanden sich in programmatischen Aussagen, die vor 1933 allerdings nur wenige Menschen zur Kenntnis genommen hatten.

Das *Programm der »25 Punkte«* von 1920, das sich die Deutsche Arbeiterpartei als Vorgängerin der NSDAP gegeben hatte, blieb bis 1945 offizielles Programm der Nationalsozialisten. Es forderte den nationalstaatlichen Zusammenschluß aller Deutschen, »Land und Boden« zur Ernährung der wachsenden Bevölkerung, die Aufhebung des Friedensvertrages von Versailles, die Begrenzung des Zuzugs von »Nicht-Deutschen« und die Ablösung des römischen Rechts durch ein »germanisches« Recht. Nur der »deutschblütige Volksgenosse« sollte deutscher Staatsbürger sein können. Presse und Kultur sollten ausschließlich in der Hand von Deutschen sein. Neben diesen nationalistischen und rassenpolitischen Programmpunkten fanden sich sozialistisch klingende Forderungen: Verstaatlichung, Abschaffung »müheloser Einkommen«, Ausbau der Altersversorgung, Gewinnbeteiligung und Förderung des Mittelstandes, Enteignung des Bodens für »gemeinnützige Zwecke« und Verhinderung der Bodenspekulation. Der Antikapitalismus der NSDAP fußte auf der Behauptung, »national« und »sozial« seien identische Begriffe.

Hitlers »Kampf-« schrift

Dem Programm von 1920 lag eine bestimmte Weltanschauung zugrunde, die Hitler in seiner Programmschrift »Mein Kampf« formuliert hatte. Diese Kampfschrift übertraf bald das Parteiprogramm an Bedeutung. Im Mittelpunkt der nationalsozialistischen Weltanschauung stand die *Rassenlehre,* der zufolge die Geschichte der Menschheit durch die Entwicklung und den Kampf der Rassen bestimmt war. Für Hitler gab es »höherwertige« und »wertlose« Rassen; entscheidend für den Wert eines Menschen waren »Rasse und Blut«. Als die schlimmsten »Rassenfeinde«, als die Zerstörer der deutschen Kultur und »Zersetzer« des »arischen« Blutes galten den Nationalsozialisten die Juden. Alle »negativen« Zeittendenzen – Marxismus, Liberalismus, Individualismus und Humanismus – wurden ihnen angelastet. Biologisches Lebensrecht schrieb Hitler der höherwertigen Rasse zu und leitete daraus ihr Recht auf Lebensraumeroberung ab. Hitler fühlte sich als »Führer« des »germanischen Herrenvolks«, das ohne Rücksicht sein Lebensrecht behaupten und seine rassischen, sozialen und politischen Gegner niederkämpfen und ausrotten mußte.[44] Daraus folgte die Abkehr der Nationalsozialisten von den Grundwerten der westeuropäischen Zivilisation. In diesem Sinne schrieb der NS-Ideologe Alfred Rosenberg bereits 1932: »Mensch ist nicht gleich Mensch«, und zog daraus den Schluß: »Recht ist nicht gleich Recht.«[45]

Vielen fehlte die Phantasie, sich die Konsequenzen des nationalsozialistischen Programms und von Hitlers Weltanschauung vor Augen zu führen, die nach der Machtergreifung verwirklicht wurden.

2. Die Machtergreifung

In dem von Hitler geführten Präsidialkabinett der »Nationalen Konzentration« gaben sich die Koalitionspartner der NSDAP der Täuschung hin, Hitler für ihre Zwecke engagiert zu haben. Papen prophezeite sogar: »In zwei Monaten haben wir Hitler in die Ecke gedrängt, daß er quietscht.«[46]

Festigung der NS-Herrschaft durch Notverordnungen und Ministererlasse

Für Hitler und seine Partei ging es jedoch um alles oder nichts. Noch in der Nacht vom 30. zum 31. Januar 1933 setzte die Festigung und Ausweitung nationalsozialistischer Macht ein. Das anfängliche Bekenntnis zur »Legalität« schlug rasch in den offen eingestandenen Willen um, die vorhandene Rechts- und Verfassungsordnung umzustürzen.

Bereits in den ersten Februartagen häuften sich gewaltsame Rechtsverletzungen, scheinbar gedeckt durch Notverordnungen und Ministererlasse. Am 1. 2. 1933 setzte Hitler entgegen dem Wunsch Hugenbergs *Neuwahlen* zum Reichstag und zum Preußischen Landtag fest in der Hoffnung, die Mehrheit für die

NSDAP im Reichstag gewinnen zu können. In einer wiederholt ausgestrahlten Rundfunkrede forderte Hitler die Deutschen auf, ihm »vier Jahre Zeit zu geben«. Er erhob den Anspruch, nach der Überwindung der »kommunistischen Zersetzung« den »politischen und wirtschaftlichen Wiederaufstieg Deutschlands« zu verwirklichen.[47] Gleichzeitig überzog Goebbels, der im März zum »Reichsminister für Volksaufklärung und Propaganda« ernannt wurde, das Reich mit einem großen *Propagandafeldzug,* den die nationalsozialistischen Kampfverbände SA und SS mit *Terror,* besonders gegen Mitglieder der KPD und SPD, begleiteten. Am 6. 2. hob Hitler durch Präsidialerlaß die Versammlungs- und Pressefreiheit auf und stellte Kritik an der Regierung unter Strafandrohung. Zwei Tage später wurde die preußische Regierung, die seit dem »Preußenschlag« Papens weitgehend handlungsunfähig war, dem preußischen Innenminister und späteren »Reichskommissar für Preußen«, Göring, unterstellt. Im *Schießerlaß* verpflichtete Göring die Polizei des größten Landes und die ihr angeschlossene Hilfspolizei aus Kampfverbänden der NSDAP und Angehörigen des »Stahlhelm«, im Kampf gegen Kommunisten und Sozialdemokraten rücksichtslos von der Waffe Gebrauch zu machen.

Reichstagsbrand

Am 27. Februar fiel das Reichstagsgebäude in Berlin einem Brandanschlag zum Opfer. Die Frage, wer für den *Reichstagsbrand* die Verantwortung trägt, ist bis heute nicht völlig geklärt. Als eigentliche Verantwortliche beschuldigten die Nationalsozialisten noch in der Brandnacht die Kommunisten. Wie man weiß, lagen in Berlin zu dieser Zeit schon 4000 Haftbefehle gegen KPD-Mitglieder, auch gegen ihren Vorsitzenden Thälmann, bereit. In den folgenden Stunden und Tagen wurden Parteilokale, Redaktionen und zahlreiche Wohnungen von Kommunisten durchsucht. Auf diese Weise nutzte die NS-Führung den Reichstagsbrand zum entscheidenden Schlag gegen einen ihrer politischen Hauptgegner aus. Der Reichstagsbrand diente Hitler bereits am folgenden Tage als Vorwand, um mit der *Notverordnung »zum Schutz von Volk und Staat«* vom 28. 2. 1933 die Weimarer Grundrechtsordnung aufzuheben. Zur Unterschrift unter diese verhängnisvolle Verordnung war Hindenburg durch die Behauptung bewogen worden, eine kommunistische Revolution stehe unmittelbar bevor. Die Februarverordnungen blieben bis zum Ende der NS-Herrschaft in Kraft.

Die Reichstagswahl vom 5. März 1933 und ihre Folgen

Trotz des Ausnahmezustandes, in dem sich Deutschland nun befand, gelang es den Nationalsozialisten nicht, in der Reichstagswahl am 5. März 1933 die Mehrheit der Reichstagssitze zu erobern. Bei einer außerordentlich hohen Wahlbeteiligung von 88,8 % hatten nur 17,3 Mio. Wähler (43,9 %) für die NSDAP gestimmt. Die SPD erhielt 18,3 %, die KPD 12,3 % und das Zentrum 11,2 % der Stimmen. Die Regierungskoalition aus NSDAP und DNVP hatte mit 51,9 % der Sitze die *verfassungsändernde Zweidrittelmehrheit verfehlt* und war damit für Verfassungsänderungen auf weitere Koalitionspartner angewiesen. Trotzdem begannen die Nationalsozialisten unmittelbar nach der Wahl, das Wahlergebnis propagandistisch aufzuwerten und sich als stärkste Kraft einer nationalen Sammlungsbewegung darzustellen. Die *NSDAP als Partei der »nationalen*

Bewegung« versprach die Erfüllung aller politischen Hoffnungen, die sich auf Frieden, die Überwindung politischer und sozialer Konflikte, die Beseitigung wirtschaftlicher Not, die Aufhebung des Versailler Vertrags und den Sieg über den Marxismus richteten. Viele Politiker anderer Parteien, die den Nationalsozialisten ursprünglich distanziert gegenübergestanden hatten, gerieten in den Sog dieser Propaganda, die nach der Beseitigung des »Weimarer Systems« die »nationale Wiedergeburt«, die »Erneuerung« und den »Neuaufbau« des Reiches verhieß.

Tag von Potsdam

Am »Tag von Potsdam«, bei der pompös inszenierten Eröffnung des neugewählten Reichstages in der Potsdamer Garnisonskirche, demonstrierten die Nationalsozialisten die »nationale Konzentration der Kräfte«. Sie hatten dafür den 21. März 1933 gewählt, ein Datum, das besonders gut ihre Verwurzelung in der deutschen Tradition zum Ausdruck zu bringen schien: Genau 62 Jahre vorher – 1871 – hatte sich der erstmals gewählte Reichstag des neugegründeten zweiten deutschen Kaiserreichs in Berlin versammelt. Hitler, der »Gefreite des Weltkrieges«, verneigte sich vor dem »greisen Feldmarschall« von Hindenburg. SA und SS marschierten mit der Reichswehr, die Hakenkreuzfahne wehte neben der schwarzweißroten Fahne, die den nationalen Aufbruch symbolisierten sollte und bei den Gegnern der Weimarer Republik stets als die eigentliche Nationalflagge des Reiches gegolten hatte. Über dem Sarg Friedrich des Großen verbanden sich, so schien es, die Kräfte der »neuen Bewegung« mit den Tra-

Hindenburg begrüßt Hitler vor der Garnisonskirche in Potsdam, *1933*.

ditionen Preußen-Deutschlands. Viele Deutsche ließen sich beeindrucken, glaubten an eine neue Reichsgründung und setzten ihre Hoffnung auf das *Dritte Reich* (▷ Tafel 26). Oppositionelle Stimmen konnten sich im Klima aufbrausenden Nationalgefühls nicht zu Gehör bringen und standen überdies unter Ausnahmerecht.

Abschaffung der parlamentarischen Gesetzgebung

Vom Reichstag verlangte Hitler die Übertragung außerordentlicher Befugnisse und erhielt sie, als am 24. März 1933 die meisten Reichstagsabgeordneten dem *Ermächtigungsgesetz* zustimmten. Allerdings waren 81 kommunistische und einige sozialdemokratische Abgeordnete gewaltsam am Erscheinen gehindert worden, unter ihnen der spätere Widerstandskämpfer Julius Leber, der vor der Sitzung verhaftet worden war. Zur »Behebung der Not von Volk und Reich« verzichteten 444 Abgeordnete auf ihr Gesetzgebungsrecht und übertrugen es auf die Regierung. Nur 94 Abgeordnete der SPD stimmten dagegen. Hitler hatte so auf scheinbar gesetzmäßige Weise die Gewaltenteilung beseitigt und alle politische Macht des Staates in seinen Händen konzentriert. Das Ermächtigungsgesetz schloß die Entwicklung ab, die mit den Februarverordnungen begonnen hatte. Es sanktionierte den permanenten Verfassungsbruch, der die nationalsozialistische Machtergreifung und -befestigung als eine Revolution erscheinen ließ.

3. »Gleichschaltung« von Staat und Gesellschaft

Bereits am 3. Februar 1933 umriß Hitler vor Offizieren der Reichswehr sein *innenpolitisches Programm:*

> »Im Innern: Völlige Umkehrung der gegenwärtigen innenpolitischen Zustände in Deutschland. Keine Duldung der Betätigung irgendeiner Gesinnung, die dem Ziel entgegensteht. ... Wer sich nicht bekehren läßt, muß gebeugt werden. ... Todesstrafe für Landes- und Volksverrat. Straffste autoritäre Staatsführung. Beseitigung des Krebsschadens der Demokratie.«[48]

Gleichschaltung der Verwaltung

Nach der Verabschiedung des Ermächtigungsgesetzes konnten diese Ziele auf dem scheinbar legalen Weg einer »Verwaltungsrevolution« (Karl Dietrich Bracher) verfolgt werden. Demonstrative Gesetzgebungsakte sollten zudem den grundlegend neuen Charakter der Epoche bekräftigen. Das »Gesetz zur Wiederherstellung des Berufsbeamtentums« vom 7. 4. 1933 schuf die Möglichkeit, politisch mißliebige – darunter vor allem auch jüdische – und »unzuverlässige« Beamte aus dem öffentlichen Dienst zu entfernen. Es verlangte von den Beamten ein *politisches Treuebekenntnis zur neuen Regierung* und entband sie auf diese Weise von der Treue zur Weimarer Verfassung. Am selben Tage traten gemäß dem »Gesetz zur Gleichschaltung der Länder mit dem Reich« an die Spitze der Landesregierungen *Reichsstatthalter.* Diese »Gleichschaltung« der Länder wurde am 30. 1. 1934 mit dem »Gesetz zum Neuaufbau des Reiches« abgeschlossen.

Abschaffung der Parteien und...

Nachdem die NS-Regierung den Föderalismus im Reich beseitigt hatte, begann sie, Verbände, Parteien und Vereine zu verbieten oder auf nationalsozialistische Ziele hin zu orientieren. Damit zerstörte sie den sozialen Pluralismus. Am

... der Gewerkschaften

2. Mai 1933 wurden innerhalb weniger Stunden Gewerkschaftshäuser besetzt und Gewerkschaftsführer verhaftet. Tags zuvor hatten die Nationalsozialisten noch den zum »Tag der nationalen Arbeit« erhobenen Maifeiertag glanzvoll gefeiert. An die Stelle der freien deutschen Gewerkschaftsbewegung trat die *Deutsche Arbeitsfront.* Ihr gehörten sowohl Lohnempfänger als auch Unternehmer an. Auf den Untergang der deutschen Gewerkschaftsbewegung folgte im Juni das Verbot der Sozialdemokratischen Partei. Im Mai hatte sich die SPD in eine Exil-Partei mit Sitz in Prag, die »Sopade«, und in eine Restfraktion ehemaliger Reichstagsabgeordneter gespalten, die sich in der Verfolgung wieder zusammenfanden. Im Juni und Juli 1933 lösten sich die bürgerlichen Parteienverbände und Parteien selbst auf. Teils hatten sie vor dem NS-Terror kapituliert, teils hatten sie aber auch das politische Programm der NSDAP weitgehend akzeptiert. Die katholischen Parteipolitiker des Zentrums stimmten der Auflösung der Partei im Blick auf Hitlers konfessionspolitische Zugeständnisse im *Konkordat* zu, das der Vatikan am 20. 7. 1933 mit dem Deutschen Reich schloß. Die wichtigsten Bestimmungen des Konkordats gewährleisteten die Freiheit des Bekenntnisses und die öffentliche Ausübung der katholischen Religion, sicherten die Existenz der Bekenntnisschulen und schützten die Tätigkeit katholischer Organisationen auf religiösem, karitativem und kulturellem Gebiet.

Schon am 14. 7. verbot die Regierung mit dem »Gesetz gegen die Neubildung von Parteien« die Neugründung der untergegangenen Parteien wie auch den Versuch, die Parteien im Untergrund weiterbestehen zu lassen. Schließlich wurde das nationalsozialistische Deutschland am 1. 12. 1933 mit dem Gesetz »zur Sicherung der Einheit von Partei und Staat« endgültig zum *Einparteienstaat.*

Kulturelle Gleichschaltung

Der politischen Gleichschaltung der Verfassungsordnung, des Verbands- und des Parteiensystems entsprach die ideologische Gleichschaltung des öffentlichen und kulturellen Lebens. Am 10. Mai 1933 verbrannten Nationalsozialisten öffentlich Bücher, die sie für »zersetzend« hielten. Nach der *Bücherverbrennung* begannen NS-Studenten einen »Aufklärungsfeldzug wider den undeutschen Geist«. Nach der Gründung der *Reichskulturkammer* am 29. 9. 1933 stand auch die öffentliche Meinung unter der ideologischen Herrschaft und Kontrolle der Nationalsozialisten. Kritik konnte sich nicht mehr öffentlich äußern (▷ Tafeln 27 u. 28), sondern war fortan die Angelegenheit einzelner unter Gefährdung ihrer Existenz. Wissenschaftler, Schriftsteller, Schauspieler, Musiker, Maler und Bildhauer emigrierten, wurden ausgebürgert, mit Berufs- und Arbeitsverboten belegt oder inhaftiert. Unter den *Emigranten* befanden sich, um jeweils nur einen Namen zu nennen, Albert Einstein, Bertolt Brecht, Therese Giehse, Paul Hindemith, Hans Purrmann. Viele Schriftsteller und Künstler konnten sich jedoch nicht vorstellen, daß die nationalsozialistische Herrschaft von Dauer sein würde und wollten, wie Erich Kästner, »Augenzeuge bleiben und eines Tages schriftlich Zeugnis ablegen«.[49] Diese »inneren Emigranten« empfanden sich als die »zukünftigen Ankläger der Nazidiktatur«. Daneben gab es jedoch auch Intellektuelle, die sich, wie *Gottfried Benn* oder *Gerhart Hauptmann,* von den Nationalsozialisten »vereinnahmen« ließen.

Konzentrationslager

Der *Terror* von geheimer Staatspolizei, SA und SS war das wirksamste und folgenschwerste Mittel der Gleichschaltung. Er äußerte sich in willkürlicher Verhaftung, zeitlich unbefristeter »Schutzhaft« und der Einrichtung zahlreicher Konzentrationslager (▷ Abbildung S. 314). Aus einer Reihe »wilder«, von einzelnen SA-Gruppen unmittelbar kontrollierten Konzentrationslager entwickelte sich nach 1933 ein straff organisiertes *staatliches Lagersystem,* dem das KZ Dachau als Vorbild diente. Der nationalsozialistische Terror verfolgte stets *zwei Ziele:* politische Gegner durch direkten Zwang einzuschüchtern und innerlich zu zerbrechen und darüber hinaus die breitere Öffentlichkeit zu demoralisieren und in ihrer Widerstandskraft zu lähmen.

Gleichschaltung der Justiz

Diese Entwicklung wurde durch die »Gleichschaltung« der Justiz begünstigt und abgesichert. Die NS-Führung beseitigte die Unabhängigkeit der Rechtsprechung und nahm vor allem auf die Strafjustiz politischen Einfluß. Der im April 1934 gebildete *Volksgerichtshof* sollte alle Angeklagten aburteilen, denen Hoch- und Landesverrat unterstellt worden war. Seine Aufgabe lag nicht in der Rechtsprechung, sondern sollte die »Vernichtung« aller Gegner des Nationalsozialismus sein. Wer einmal verurteilt worden war, konnte keinen Widerspruch einlegen, denn laut Gesetz waren »gegen Entscheidungen des Volksgerichtshofes keine Rechtsmittel zulässig«. Dies galt auch für »Sondergerichte«.

»Erfassung« der Gesellschaft

Die Gleichschaltung erstreckte sich schließlich auf nahezu alle Lebensbereiche der Gesellschaft. Ein dichtes Netz parteiabhängiger und -gesteuerter Organisationen wirkte in die Jugenderziehung, in das Berufsleben und in die Freizeit hinein. Das »Deutsche Jungvolk«, die am 1. 12. 1936 zur Pflichtorganisation

---

Tafel 25 *Der Maler, Bildhauer und Graphiker El Lissitzki bedient sich in seinem 1919 entstandenen Werk* »Schlagt die Weißen mit dem Roten Keil« *(Eindhoven, Van-Abbe-Museum) der Formensprache der Moderne, erläutert und ergänzt durch das Wort. Das Motiv der sprengenden Kraft des Roten Keils tritt allerdings nicht nur in seinem Schaffen auf. Denn solange Lenin lebte, galt sein kulturpolitischer Grundsatz: »Agitation und Propaganda erhalten eine besondere Schärfe und Effektivität, kleidet man sie in die attraktive und wirkungsvolle Form der Kunst.« – Den ideologischen Gegenpol repräsentiert Enrico Prampolinis Wandbild, das sich auf den faschistischen Aufstand von 1919 bezieht:* »Mussolinis Schwarzhemden«, *geschaffen 1933 für den Monumentalbau der Mostra della Rivoluzione Fascista in Rom. Der Künstler bedient sich auch gegenständlicher Elemente, so daß sein Werk aggressiver erscheint als das stärker abstrahierende des sowjetischen Künstlers, obwohl die aggressive Grundhaltung beiden gemeinsam ist.*

Tafel 26 *Harmlosigkeit – aber nur scheinbare – geht von P. M. Paduas Gemälde* »Der Führer spricht«, *das 1939 entstand, aus. Mit fragwürdigen künstlerischen Mitteln wird so zum einen der Führerkult dokumentiert: die Präsenz Hitlers durch das Bild an der Zimmerwand, das gedruckte Wort in der Zeitung und das gesprochene aus dem »Volksempfänger«. Zum andern ist die Bauernfamilie Ausdruck der nationalsozialistischen Rassenideologie. Dies alles wird verbunden mit dem traditionellen Motiv der Darstellung der Lebensalter, mit dem großen Unterschied jedoch, daß sie sich gerade nicht in Einstellung und Haltung unterscheiden, sondern sich unter dem Eindruck der Worte Hitlers zusammenfinden.*

КЛИНОМ
КРАСНЫМ
БЕЙ
БЕЛЫХ
ЛЛ.

Tafel 26

Tafel 28

erklärte *Hitlerjugend* (HJ) und der *Bund Deutscher Mädchen* (BDM) »erfaßten« Kinder und Jugendliche, die *NS-Frauenschaft,* die *Deutsche Arbeitsfront* und die Freizeitorganisation *Kraft durch Freude* (KdF) die Erwachsenen. Verschiedene Berufsgruppen wurden in Sonderorganisationen wie dem *NS-Ärztebund,* dem *NS-Lehrerbund* oder dem *NS-Rechtswahrerbund* formiert. Über diese Organisationen und mit Hilfe einer streng hierarchischen Befehlsstruktur in Staat und Gemeinden, welche vom Reichsleiter über Gauleiter, Kreis- und Ortsgruppenleiter bis zu den Zellen- und Blockwarten reichte, »erfaßte« das NS- Regime etwa 90 % aller »Volksgenossen«, wenn auch der Alltag dem einzelnen immer wieder Handlungsspielräume bot, die es ihm ermöglichten, sich der Willkür des an keine Gesetze gebundenen »Maßnahmestaates« (Ernst Fraenkel) zu widersetzen und als Individuum zu behaupten.

Zentralisierung politischer Herrschaft

Die politische, ideologische und gesellschaftliche »Gleichschaltung« mündete in den *totalen Führerstaat.* Allein die Reichswehr hätte Hitler 1933/34 noch gefährlich werden können. Denn sie empfand die »Parteiarmee« der NSDAP, die von *Ernst Röhm* geführte SA, als gefährliche Konkurrenz. Weil Hitler auf das Wohlverhalten der Reichswehrführung angewiesen war, suchte er die SA als »Parteiarmee« auszuschalten und gleichzeitig die innerparteiliche Kritik in der SA zum Schweigen zu bringen, die auf ein Vorantreiben der »nationalsozialistischen Revolution« drängte. Sein Mittel war der *politische Mord.* Hitler ließ Röhm und andere führende SA-Offiziere am 30. Juni 1934 ermorden. Er rechtfertigte sein Vorgehen mit der nachweislich falschen Behauptung, Röhm habe einen Putsch mit der SA gegen ihn geplant. Er erklärte die Morde als »Staatsnotwehr« und damit nachträglich für rechtmäßig. Namhafte Juristen unterstützten ihn dabei durch die Erklärung: »Der Führer schützt das Recht!«[50] Auch große Teile der Bevölkerung begrüßten die Abrechnung mit der verhaßten SA, die für viele Symbol nationalsozialistischer »Gossenherrschaft« war. Bereits am 1. 8. 1934, am Tag vor dem erwarteten Tod des Reichspräsidenten, erließ die Regierung das »Gesetz über das Staatsoberhaupt des Deutschen Reiches«. Als dann Hindenburg am 2. August starb, vereinigte Hitler als »Führer und Reichskanzler« die Befugnisse beider Ämter in seiner Hand und ließ in seinem Sinne folgerichtig die Wehrmacht auf seine Person vereidigen.

Tafel 27 *Im unüberbrückbaren Gegensatz zu der im Dritten Reich offiziell vertretenen* »heilen Welt« *steht die Weltsicht derer, die vom nationalsozialistischen System betroffen sind. Carl Hofer, selbst zu den Verfemten des Dritten Reichs gehörend, schuf 1943 mit* »Die schwarzen Zimmer« *ein Gemälde von bedrückender Atmosphäre (Berlin, Galerie des 20. Jahrhunderts). Die Gestalten versuchen zwar, dieser Ausweglosigkeit zu entrinnen, vom Trommler als Mahner oder Unheilverkünder in Bewegung gesetzt, aber sie scheinen im Gewirr der Räume eingesperrt zu sein.*

Tafel 28 *Felix Nußbaums (1904 Osnabrück – 1944 Auschwitz)* »Selbstbildnis mit Judenpaß« *entstand 1943 (Osnabrück, Kulturgeschichtliches Museum): zugleich eine Anklage der brandmarkenden Methoden des Antisemitismus im Dritten Reich und – tiefer gesehen – ein Zeugnis menschlicher Angst in äußerster Ausweglosigkeit. Durch den schwefeligen Farbhauch wird das Unheimliche noch verstärkt.*

Appellplatz eines deutschen Konzentrationslagers, *1938.*

SS-Staat

Der *Führerstaat* wird häufig als »SS-Staat« (Eugen Kogon) bezeichnet. Denn nach 1933 entwickelte sich die SS rasch zu einer der am meisten gefürchteten und mächtigsten nationalsozialistischen Organisationen, der die Geheime Staatspolizei *(Gestapo)* und der für Nachrichtenbeschaffung und Abwehr zuständige Staatssicherheitsdienst *(SD)* unterstellt waren.

Ursprünglich galt die SS (»Schutzstaffel«) als Hitlers Leibgarde. Sie verstand sich nicht nur als militärische Parteiorganisation, sondern als Elitetruppe und als »soldatischer Orden nordisch bestimmter Männer«, dessen Mitglieder zu »bedingungslosem« Gehorsam verpflichtet waren und die nationalsozialistischen Ziele besonders konsequent vertreten mußten. *Heinrich Himmler* war »Reichsführer-SS« und zugleich Chef der deutschen Polizei. Das für die Polizei zuständige »Reichssicherheitshauptamt« leitete *Reinhard Heydrich,* einer der engsten Vertrauten von Heinrich Himmler. Der SS unterstanden alle Konzentrationslager. Hier beutete sie die Arbeitskraft der KZ-Häftlinge nach dem Grundsatz »Vernichtung durch Arbeit« aus. Vielfach wurden die Häftlinge auch an Industriekonzerne »verliehen«, die dafür feste Beiträge an die SS zu zahlen hatten. Schließlich gründete die SS sogar SS-Wirtschaftsbetriebe, die vom SS-»Wirtschaftsverwaltungshauptamt« kontrolliert wurden. Auf diese Weise entwickelte sich die SS zu einem Staat im Staate.

Der totale Führerstaat in der Forschung

Im Blick auf die »Gleichschaltung« betont eine Gruppe von Forschern, daß der Eindruck einer straffen, monolithischen Führerdiktatur täusche, da unterhalb der Führungsspitze Kompetenzstreitigkeiten ausgetragen worden seien. Sie sprechen deshalb von polykratischen Herrschaftsstrukturen. Doch nach der wissenschaftlichen Überzeugung anderer war die Stellung Hitlers als eines letztlich allmächtigen »Führers« durch diese Kompetenzkonflikte seiner nachgeordneten Verwaltungs- und Parteibehörden nicht bedroht, sondern wurde dadurch vielleicht sogar noch gestärkt. Deshalb erscheint es unangemessen, aus der Tatsache des Nebeneinanders vieler Institutionen zu schließen, das Dritte Reich sei kein *totaler Führerstaat* gewesen. Denn daß dieser Staat jeden einzelnen Menschen völlig in seine Dienste zu nehmen versuchte, ist unbestritten.[51]

4. Die »Erfassung« der Frauen

Die NSDAP setzte sich erst in der Endphase der Weimarer Republik mit frauenpolitischen Themen auseinander, nahm dabei deutlich gegen die emanzipatorischen Ziele der Frauenbewegung Partei und wollte die Stellung der Frau vor allem durch deren Rolle als Mutter und damit als Faktor nationalsozialistischer Rassenpolitik festlegen. In der Erfüllung von Mutterpflichten sollten die Frauen ihre wahre Bestimmung finden.

NS-Frauenideologie und Wirklichkeit

Die Absichten der Frauenbewegung, die Gleichstellung der Geschlechter zu erreichen und der Frau durch Ausbildung und Berufsausübung Unabhängigkeit und Selbstwertgefühl zu vermitteln, wurden zumindest in programmatischen Aussagen entschieden abgelehnt. Alfred Rosenberg, neben Hitler der wichtigste Parteiideologe, erklärte sogar die »Emanzipation der Frau von der Frauenemanzipation«[52] zu einem wichtigen Ziel der NSDAP. Allerdings wurden »arteigene« Frauenberufe, besonders im Bereich der Krankenpflege und Kindererziehung, akzeptiert. Unmittelbar nach Hitlers Machtergreifung verdrängten die Nationalsozialisten durch rigide Vorschriften Frauen vor allem aus akademischen Berufen. Der Anteil weiblicher Studenten wurde zunächst drastisch auf 10 % reduziert, nur jeder vierte Referendar sollte weiblich sein. In höheren Beamtenpositionen durften nur noch Männer beschäftigt werden. Frauen sollten sich vor allem auf ihre Rolle innerhalb der Ehe beschränken: Kinder zu gebären und aufzuziehen, galt als ihre vorrangige Aufgabe. Überdies hieß es: »Der Mann ist der Organisator des Lebens, die Frau seine Hilfe und sein Ausführungsorgan.«[53]

Postkarte, *herausgegeben vom »Bund Deutscher Mädel« (BDM), beschrieben und versandt 1938.*

Zwischen dem Anspruch der Nationalsozialisten und der sozialen Wirklichkeit bestand jedoch ein unübersehbarer Widerspruch. Denn weil auf die Mitarbeit der Frauen vor allem in der Landwirtschaft und in den Betrieben ihrer Männer nicht verzichtet werden konnte, sank die Zahl der Berufstätigen nach 1933 kaum und stieg später sogar wieder stärker an. Dabei wirkten sich insbesondere die Vierjahrespläne (▷ S. 319) aus, die den Einsatz der weiblichen Arbeitskräfte voraussetzten – ganz im Gegensatz zur nationalsozialistischen Frauenideologie.

NS-Frauenpolitik

Die NS-Führung erließ eine Vielzahl von Gesetzen, um die Geburtenrate zu steigern. Dazu gehörten Steuerermäßigungen für Familien mit Kindern, Familiengründungsdarlehen oder die Einführung eines sechswöchigen Mutterschutzes vor und nach der Geburt, aber auch die Erleichterung der Scheidung kinderloser Ehen. »Fortpflanzungsverweigerung« galt ebenso als Scheidungsgrund wie die Unfruchtbarkeit eines Ehepartners. Seit 1938 wurden »kinderreiche Mütter« durch das »Ehrenkreuz der Deutschen Mutter« ausgezeichnet. Es gab insgesamt drei Stufen – für Mütter mit 4 oder 5 Kindern in Bronze, mit 6 oder 7 Kindern in Silber, mit mindestens 8 Kindern in Gold. Dieses »Mutterkreuz« wurde wie eine Kriegsauszeichnung verliehen und sollte daran erinnern, daß, wie man lesen konnte, kinderreiche Mütter den gleichen »Einsatz von Leib und Leben wie Frontsoldaten im Donner der Schlachten«[54] gezeigt hätten. Insgesamt wurde dieses Kreuz an mehr als drei Millionen Frauen verliehen.

Eingriffe in das Leben »nicht-arischer« und »arischer« Frauen und Mädchen

Wenn die Nationalsozialisten immer wieder betonten, das Familienleben besonders zu fördern, so galt dies nicht für Ehen, die sie aus rassischen Gründen (▷ S. 320)für »minderwertig« hielten. Ohne Rücksicht auf das Leben von »nichtarischen Müttern und Kindern« wollten sie ihre Rassenideale verwirklichen, sterilisierten angeblich minderwertige Frauen oder leiteten bei Schwangeren eine Fehlgeburt ein. Dies galt auch für weibliche »Fremdarbeiter«, die Kinder bekamen. Auch die Kinder, die als »minderwertig« galten, wurden bewußt vernachlässigt oder sogar leichtfertig dem Tod preisgegeben.

Der NS-Staat griff aber nicht nur aus rassenideologischen Gründen tief in das Leben der Frau und ihrer Kinder sowie in das Familienleben ein, sondern wollte auch die Erziehung der Kinder ganz entschieden in seinem Sinne beeinflussen. Dazu mußte er den Einfluß der Eltern und insbesondere der Mutter zurückdrängen. Heranwachsende Mädchen sollten konsequent auf ihre zukünftige Rolle als Hausfrau und Mutter vorbereitet werden. Die seit dem 19. Jahrhundert errungenen Fortschritte der Mädchenbildung wurden dabei weitgehend zunichte gemacht. Vor allem der »Bund deutscher Mädchen« sollte innerhalb der »Hitler-Jugend« die nationalsozialistischen Ideale der Mädchenerziehung und Frauenbildung propagieren. Diese Aufgabe erfüllten auch die »NS-Frauenschaft«, das »Deutsche Frauenwerk« und die »Deutsche Arbeitsfront«, in der die weiblichen Erwerbstätigen »erfaßt« wurden (▷ S. 311).

Einsatz von Frauen im Krieg

Mit dem Krieg (▷ Kap. B. III.) wurden Frauen schließlich weitgehend in die Kriegswirtschaft einbezogen. Im Jahre 1939 verfügte die NS-Führung die Dienstpflicht arbeitsfähiger Frauen im Alter zwischen 17 und 45 Jahren, die

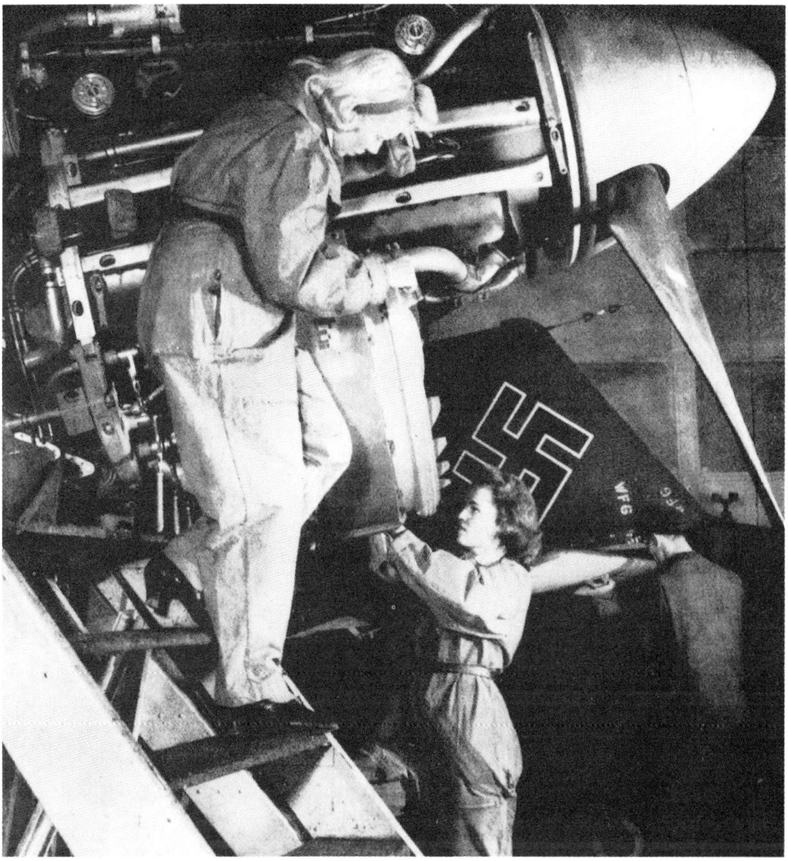

»Frauen helfen siegen«, *NS-Propaganda 1941. Die Bildunterschrift dazu lautet: »Fabrikdienst der deutschen Studentin. Am ersten Tag ist ihre Hand noch unsicher, ihr Blick ängstlich, aber bald wird sie die Gelassenheit ihrer Lehrmeisterin besitzen und deren Leistungen erreichen.«*

keine Kinder zu versorgen hatten – neben das »Mutterkreuz« trat nun das »Arbeitsbuch«. Die weibliche Arbeitspflicht wurde von den Betroffenen vielfach als Eingriff in ihre persönlichen Rechte empfunden, um so mehr, als es Frauen mit guten Beziehungen zur NSDAP vielfach gelang, eine Freistellung von der Arbeitsdienstpflicht zu erreichen. Offensichtlich war die Bereitschaft der Frauen, in die Kriegsproduktion zu gehen, sehr gering. Dennoch traf die Last der Kriegswirtschaft neben den nach Deutschland verschleppten Kriegsgefangenen sowie den etwa 7 Millionen Fremd- und Zwangsarbeitern vor allem die Frauen, die nicht nur die zunehmenden Versorgungsschwierigkeiten im Reich zu bewältigen hatten, sondern je länger desto mehr Opfer des Bombenkriegs wurden. Durch den Krieg wurde den Frauen wieder stärker jene Berufstätigkeit ermöglicht, welche die nationalsozialistische Ideologie zuvor weitgehend abgelehnt hatte. Auch der Anteil weiblicher Studenten stieg in den Kriegsjahren erheblich an. 1944 sollen sogar mehr als zwei Drittel aller Studenten weiblich gewesen sein.

NS-Frauenpolitik in der Forschung

Die Auswirkungen der nationalsozialistischen Frauenpolitik sind in der Forschung bis heute umstritten. Während die einen hervorheben, daß die Nationalsozialisten durch die Einbeziehung der Frauen in die Produktion tatsächlich einen wichtigen Beitrag zu deren sozialen Aufstieg geleistet hätten, betonen die anderen, daß sich die Nationalsozialisten überwiegend an rückwärtsgewandten Vorstellungen und Frauenidealen orientierten.[55] Tatsächlich nahm während der NS-Zeit der Anteil berufstätiger Frauen an den Erwerbstätigen zu. Führungspositionen wurden den Frauen aber nur innerhalb der Frauenorganisationen gestattet. Während des Krieges rückten die Nationalsozialisten fast völlig von ihren traditionellen frauenpolitischen Zielen ab. Der Anteil der Frauen, die in Fabriken arbeiteten, stieg stark an. Selbst hinter der Front wurden Frauen als Nachrichtenhelferinnen eingesetzt. In den von Bomben zerstörten Städten trugen sie bald die volle Last des Krieges. Eine Zeitzeugin fragte sich in ihrem Tagebuch:

»Das Geschöpf, das in Hosen Brandbomben löscht wie ein Feuerwehrmann, das mit der Hacke in verschütteten Kellern Ausgänge buddelt, das im Stahlhelm auf dem Dach Brandwache hält, Möbel aus brennenden Zimmern schleppt, Flakschüsse und Bombeneinschläge zu taxieren weiß, wie ein gelernter Artillerist, dieses geschlechtslose, tapfere, tüchtige Wesen, ist es eigentlich noch eine Frau? Bedarf es des Schutzes? Frauen fallen nicht mehr in Ohnmacht, sie haben keine Migränen und keine Kapricen, sie sind keine Luxusgeschöpfe mehr, sondern nur noch Lasttiere.«[56]

5. Die Wirtschaft im Dienste der Aufrüstung

Die Nationalsozialisten hatten vor 1933 stets versprochen, die Arbeitslosigkeit zu beseitigen. »Vollbeschäftigung« und wirtschaftliche Sicherung des »bedrohten Mittelstandes« waren zentrale Forderungen der NSDAP. Deshalb fühlten sich viele Arbeitslose und Angehörige des Mittelstandes von der NS-Propaganda angesprochen.

Verminderung der Arbeitslosigkeit durch Arbeitsbeschaffung

Unmittelbar nach der Regierungsübernahme leitete die NS-Führung Maßnahmen zur *Schaffung neuer Arbeitsplätze* ein. Moore sollten trockengelegt, Deiche und Autobahnen gebaut und der Wohnungsbau durch Subventionen angeregt werden. Die Arbeitsbeschaffungsmaßnahmen finanzierte die Regierung mit öffentlichen Mitteln. Die *Staatsausgaben* stiegen zwischen 1933 und 1935/36 um die Hälfte; bis 1939 vervierfachten sie sich sogar. Entsprechend stieg der Anteil *staatlicher Investitionen* am Volkseinkommen von 6,3 % im Jahre 1933 auf über 25 % im Jahre 1939. Die von 3,1 Mrd. RM im Jahre 1933 auf 21 Mrd. RM im Jahre 1939 erhöhten Investitionen gaben dem Arbeitsmarkt kräftige Impulse. Deshalb sanken die *Arbeitslosenzahlen* rasch von über 6 Mio. Arbeitslosen im Winter 1932/33 auf 1,5 Mio. im Jahre 1936 und schließlich auf 0,4 Mio. im Jahre 1938. Vielen erscheint diese Entwicklung bis heute als ein »Wirtschaftswunder« (Sebastian Haffner), das sie Hitlers planerischen Fähigkeiten zuschreiben. Vor allem die *Autobahnen,* die allerdings überwiegend noch vor 1933 geplant und teilweise auch in Angriff genommen worden waren, werden immer wieder als Beispiel eines erfolgreichen Arbeitsbeschaffungsprogramms genannt.

Rüstung

Die »Vollbeschäftigung« war auch eine Folge der militärischen Aufrüstung, die Hitler im Hinblick auf den von ihm geplanten Krieg schon 1933 vorantrieb. Viele Arbeitslose fanden auf den großen Baustellen der gegen Frankreich gerichteten *Befestigungsanlagen* (»Westwall«) Verdienst und Auskommen. Die *Rüstungsausgaben* stiegen zwischen 1933 und 1938 von 0,7 Mrd. RM auf 15,7 Mrd. RM und verschlangen 1938 mehr als 60 % der Reichsausgaben. Die Einführung des *»Arbeitsdienstes«,* der einen halbjährigen Arbeitseinsatz verlangte und als »Ehrendienst« für männliche und weibliche Jugendliche dargestellt wurde, entlastete den Arbeitsmarkt von jugendlichen Arbeitssuchenden ebenso wie die Wiedereinführung der *allgemeinen Wehrpflicht* (1935).

Kriegsbereitschaft

1936 forderte Hitler in einer Denkschrift die wirtschaftliche »Aufrüstung bzw. Mobilmachung«. Deutschland sollte »politisch und wirtschaftlich in die Lage der Selbsterhaltung gebracht werden« und »in großem Umfang eine Binnenwirtschaft im autarken Sinn« aufgrund eines Vierjahresplanes aufbauen. »Ich stelle damit folgende Aufgabe«, schloß Hitler:

»I. Die deutsche Armee muß in 4 Jahren einsatzfähig sein. II. Die deutsche Wirtschaft muß in 4 Jahren kriegsfähig sein.«[57]

Wirtschaftspläne

Die Aufstellung eines Vierjahresplanes bedeutete nicht, daß auch die Wirtschaft völlig gleichgeschaltet wurde; Hitler genügte es, wenn sie sich den Zielen des NS-Systems anpaßte. Infolge von Vierjahresplänen, die der damit beauftragte Göring ausarbeiten ließ, entstand schließlich eine *Planwirtschaft,* die zentrale Planung mit dezentraler Verwirklichung der Planziele verband und die Erwirtschaftung privater Gewinne ermöglichte. In einzelnen Fällen gründeten der Staat und Parteiorganisationen wie die SS Wirtschaftsunternehmen, in denen eine neue Führungsschicht von politisch indifferenten Ingenieuren und Managern die Geschäfte leitete. Als »Technokraten« fragten sie sich nicht, in wessen Diensten sie standen.

1938 ersetzte die NS-Führung den Vierjahresplan durch einen *Neuen Erzeugungsplan* und verstärkte die Rüstungsanstrengungen erneut. Göring rief »Erzeugungsschlachten« aus, um die Arbeitnehmer zu vermehrtem Einsatz anzuspornen. Als Anreiz hatte die NS-Führung die Nominallöhne der Beschäftigten zunächst steigen lassen. Doch wuchs die *Kaufkraft* der Löhne kaum, denn die Wirtschafts- und Konjunkturpolitik wurde durch »versteckte Staatsschulden« finanziert, die zur Geldentwertung führen mußten.

Finanzierung der Investitionen durch eine »Zweite Währung«

Die staatlichen Investitionen finanzierte der Wirtschaftsminister *Hjalmar Schacht* durch Wechsel, d. h. durch Wertpapiere, die dem Staat auferlegten, erst zu einem späteren Zeitpunkt die eingegangenen Zahlungsverpflichtungen zu erfüllen. Bis zum Zeitpunkt der Einlösung konnte der Wechsel wie Papiergeld im Zahlungsverkehr verwendet werden. »Wechselschuldner« war aber nicht das Deutsche Reich, sondern eine »Metallforschungsgesellschaft« (Mefo-GmbH), weil der Staat das Ausmaß der Verschuldung verheimlichen wollte.

Die *»Mefo-Wechsel«* wurden von der Regierung garantiert und von der Reichsbank angenommen. Sie sollten nach jeweils fünf Jahren Laufzeit fällig werden und zur Einlösung vorgelegt werden können. Bis 1938 hatte sich der Staat auf diese Weise mit 12 Mrd. RM bei deutschen Wirtschaftsunternehmen verschuldet. Zur gleichen Zeit waren die Fehlbeträge des Staatshaushaltes auf über 10 Mrd. RM angewachsen. Diesen Schulden, die ebenso groß waren wie das gesamte staatliche Investitionsvolumen des Jahres 1938, standen keine realen Werte gegenüber, denn sie dienten nahezu ausschließlich der Rüstungsfinanzierung. So war eine erneute Inflation vorgezeichnet, die eine Verringerung der Kaufkraft bedeutete und schließlich (1948) in eine weitere Währungsreform mündete.

6. Die Rassenpolitik

Einschränkung des Lebensrechts von »rassisch Minderwertigen«

Der zentrale Punkt nationalsozialistischer Programmatik und Politik war die Rassenideologie (▷ S. 307). Sie maß den Wert des Menschen nur an seiner Bedeutung für »Volk und Rasse«. Die propagierte Vorstellung vom geringeren Lebensrecht des »rassisch Minderwertigen« – des Geisteskranken und geistig Behinderten ebenso wie des »Asozialen«, »Alkoholikers« und »Arbeitsscheuen«, des Juden und schließlich des »slawischen Untermenschen« – zerstörte systematisch die Achtung vieler Menschen vor dem Eigenwert und der Eigenwürde jedes Menschen. Nach nationalsozialistischer Überzeugung gab es »positive« und »negative« Rassenpolitik. Begriffe wie »Züchtung, Aufnordung, Aufartung und Rassenhygiene« bestimmten die positive Rassenpolitik. Diese forderte *rassisch erwünschte Ehen* und wollte durch die *Sterilisierung* der »Träger kranken Erbgutes« deren Fortpflanzung verhindern. Negative Rassenpolitik zielte auf »Ausmerzung, Ausrottung und Vernichtung« der als »minderwertig« eingestuften »Ballastexistenzen, Rassenschänder und Untermenschen«. Sie endete in der *»Sonderbehandlung«*, d. h. der Ermordung, von einzelnen und Bevölkerungsgruppen, die zu »Rassenfeinden« erklärt worden waren.

Den Juden wird eine »Sonderstellung zugewiesen«

Das *»Gesetz zur Verhütung des erbkranken Nachwuchses«* vom 14. 7. 1933 eröffnete eine lange Reihe von Gesetzen, Verordnungen und Erlassen, die »rassisch Minderwertigen«, unter ihnen vor allem den Juden, alle Rechte nahmen. Bereits am 1. April 1933 hatte Goebbels einen dreitägigen *Boykott jüdischer Geschäfte* und Waren proklamiert: »Deutsche, kauft nicht bei Juden!« verkündeten Anschläge an Geschäften und Litfaßsäulen. Nach dem Boykott wurden viele Juden zur Geschäftsaufgabe gezwungen und aus ihren Berufen verdrängt. Ihre Kinder durften nur noch jüdische Schulen besuchen, nicht mehr ungehindert studieren, nicht einmal mehr gemeinsam mit »arischen« Kindern musizieren. Gegen »jüdische Blutschänder« hetzte vor allem die von dem Nürnberger Gauleiter *Julius Streicher* herausgegebene Zeitung *»Der Stürmer«*.

Diese »Aussonderung« einer Bevölkerungsgruppe, die sich als Teil der deutschen Nation empfand, vollzog sich weitgehend vor den Augen der deutschen Öffentlichkeit. Nur wenige Deutsche widerstanden der Rassenhetze und verhielten sich menschlich gegenüber ihren jüdischen Mitbürgern. Sie überwanden ihre Angst, obwohl sie immer in der Gefahr standen, denunziert und zur Rechenschaft gezogen zu werden. Viele fürchteten sich jedoch vor Unannehmlichkeiten oder waren sogar der Meinung, den Juden geschehe »Recht«.

Nürnberger Gesetze

Auf dem Nürnberger Parteitag der NSDAP 1935 wurden zwei neue gegen die deutschen Juden gerichtete Gesetze verkündet. Das *»Gesetz zum Schutz des deutschen Blutes und der deutschen Ehre«* verbot Ehen zwischen Juden und »Ariern« und stellte den außerehelichen Verkehr zwischen Juden und »Staatsangehörigen deutschen und artverwandten Blutes« unter Strafe. »Rassenschande« wurde später mit dem Tode bestraft. Das *»Reichsbürgergesetz«* schloß die Juden von der deutschen Staatsbürgerschaft aus. Juden galten als »Staatsangehörige minderen Rechts«. 1938 kommentierte *Ernst Rudolf Huber,* der führende Verfassungsrechtler des Dritten Reiches, die grundlegende Bedeutung der Nürnberger Gesetze:

»Die Juden genießen im Reich nicht die Stellung einer fremdvölkischen Minderheit, sondern ihnen ist eine Sonderstellung zugewiesen, die sich aus dem Ziel einer völligen Ausscheidung des Judentums erklärt...«[58]

»Reichskristallnacht«

Als Anfang November 1938 der Sohn einer ohne Rücksicht auf familiäre Bindungen nach Polen abgeschobenen jüdischen Familie einen Angehörigen der deutschen Botschaft in Paris niederschoß, war dies der gewünschte Anlaß, in einer »Aktion« gegen die deutschen Juden vorzugehen. In der Nacht vom 9. auf den 10. November inszenierte Goebbels mit Billigung Hitlers den *Pogrom.* Ein Fernschreiben der Gestapo kündigte um Mitternacht an:

»Es werden in kürzerer Frist in ganz Deutschland Aktionen gegen Juden, insbesondere gegen deren Synagogen, stattfinden. Sie sind nicht zu stören. ... Es ist vorzubereiten die Festnahme von etwa 20–30 000 Juden im Reiche. Es sind auszuwählen vor allem vermögende Juden.«[59]

Scheinbar spontan in »Räuberzivil« drangen Schlägertrupps vor allem der SA und der NSDAP unter dem Schutz von Polizei und Feuerwehr in jüdische Wohnungen und Geschäfte ein, zertrümmerten das Mobiliar und plünderten die Auslagen. Die meisten Synagogen gingen in Flammen auf oder wurden verwüstet; Gemeindehäuser wurden demoliert und Friedhöfe geschändet. Mindestens 91 jüdische Menschen wurden bei diesen »Aktionen« ermordet, Hunderte nahmen sich selbst das Leben, unzählige wurden mißhandelt und unter verhöhnenden Beschimpfungen durch die Straßen getrieben. Für die erlittenen Schäden mußten die Juden selbst aufkommen, zudem wurden sie zur Zahlung einer Kollektivstrafe von 1 Mrd. RM gezwungen. Ungefähr 30 000 meist wohlhabende Juden befahl Heydrich ins KZ zu bringen. Göring erhoffte sich »Reichsgewinne bei Arisierung jüdischer Unternehmungen«, um der »sehr kritischen Lage der Reichsfinanzen« abzuhelfen. »Arisierung« bedeutete »Überführung jüdischer Betriebe und Anteile auch gegen den Willen ihrer Besitzer« in »arische« Treuhänderschaft und erpresserische Aneignung jüdischer Vermögen unter ihrem Wert durch Konzerne, die Partei und einzelne Parteigenossen.

Geschändete Synagoge in München, *1938.*

Die Reaktion der Mehrheit der Bevölkerung auf den Pogrom war Betroffenheit und Scham.

Vertreibung und Deportation der deutschen Juden

Nach der »Reichskristallnacht« verließen – die Gefährdung ihres Lebens vor Augen – innerhalb weniger Wochen 40 000 Juden Deutschland, seit 1933 waren schon ungefähr 130 000 emigriert. Bis nach Kriegsausbruch 1939 gelang es noch einmal etwa 100 000 Juden auszuwandern oder über die Grenzen zu entkommen. Diejenigen, die zurückblieben – 164 000 – und von denen manche noch hoffen mochten, in Deutschland überleben zu können, wurden in Lager und Ghettos deportiert, wo viele umkamen und von wo aus die Überlebenden später in die Vernichtungslager transportiert wurden (▷ S. 340 f.). Man nimmt an, daß nur etwa 6000 Juden bei deutschen Mitbürgern untertauchen und so ihr Leben retten konnten.

7. Anpassung und früher Widerstand

Die Zustimmung, die Hitler nach der Machtübernahme in der Bevölkerung in immer größerem Maße fand, läßt sich nicht allein mit der Einschüchterung der Menschen durch Willkür und Terror erklären. Die außergewöhnlich großen Erfolge der Nationalsozialisten bei Volksabstimmungen zeigen vielmehr eine grundlegende *Übereinstimmung* weiter Bevölkerungskreise mit den meisten Zielen des Nationalsozialismus. Dennoch gab es in Deutschland nicht nur »Nazis«. Um Widerstand leisten zu können, mußten Gegner des NS-Regimes zum Teil große innere Hindernisse überwinden, die ihnen aus der Verwurzelung in den Traditionen des deutschen Obrigkeitsstaates, aber auch aus persönlicher Existenzangst erwuchsen. In der Regel bedeutete Widerstand nicht von vornherein eine völlige Ablehnung der Politik Hitlers, sondern entwickelte sich erst allmählich angesichts der NS-Schreckensherrschaft bis zur offenen Ablehnung des NS-Regimes und schließlich zum aktiven, lebensgefährlichen Widerstand. Die Grenze zwischen »Mitmachen« und »Widerstehen« war fließend.

Verfolgung der Anhänger der Arbeiterparteien

Kommunisten leisteten den »Widerstand der ersten Stunde«. Viele gerieten in die Hände von SA und SS und wurden in langer Lagerhaft zermürbt, gequält und getötet. Auch die Sozialdemokraten galten als »Marxisten« und wurden wie die Kommunisten verfolgt. Dennoch verharrten Kommunisten und Sozialdemokraten häufig in prinzipieller Gegnerschaft. Nur wenige fanden sich in den sozialistischen Widerstandsgruppen *»Neubeginnen«* und *»Roter Stoßtrupp«* zusammen. Die meisten Widerstandsgruppen der politischen Linken in Deutschland konnte die »Gestapo« bis zum Beginn des Jahres 1938 zerschlagen.

Widerstand evangelischer Christen

Die NS-Führung verfolgte nicht allein die Anhänger gegnerischer Parteien, sondern erhob auch gegenüber den christlichen Konfessionen ihren weltanschaulichen Führungsanspruch. Dadurch geriet die evangelische Kirche nach 1933 in eine Zerreißprobe. Viele evangelische Pfarrer hatten den politischen Wechsel zunächst begrüßt, waren sie doch zu Gehorsam und Treue gegenüber der Obrigkeit erzogen worden. So wollten die »deutschen Christen« Evangelium und Ideologie miteinander versöhnen und die Kirche gleichschalten. Diesen Bestrebungen widersetzten sich Pfarrer und Laien, die sich zur alleinigen Autorität der Heiligen Schrift bekannten und zugleich die Verfolgung von Juden ablehnten. Sie schlossen sich zur *»Bekennenden Kirche«* zusammen. Dadurch fühlte sich der totalitäre Weltanschauungsstaat herausgefordert. Viele Geistliche, wie der zunächst deutschnationale und später kompromißlos oppositionelle *Martin Niemöller* und der Theologe und geistige Führer einer Erneuerung des Glaubens *Dietrich Bonhoeffer* wurden verhaftet. Sie blieben bis zum Ende des Dritten Reiches in Konzentrationslagern inhaftiert. Bonhoeffer wurde noch in den letzten Kriegstagen von seinen Bewachern im KZ Flossenbürg erschossen.

Die Haltung der katholischen Kirche

Der Widerstand der katholischen Kirche entzündete sich an der Entkonfessionalisierung der Schulbildung und des Vereinslebens, d. h. an der zunehmenden Einschränkung der ihr im Konkordat zwischen dem Deutschen Reich und dem Heiligen Stuhl zugestandenen Rechte auf die Seelsorge, und an der Unvereinbarkeit des christlichen Glaubens und der katholischen Morallehre mit der NS-Ideologie. Träger des Widerstandes waren vor allem einzelne Christen und Priester aus dem niederen Klerus. So wurde eine große Zahl von Weltgeistlichen und Ordensleuten wegen angeblicher Devisenvergehen oder sittlicher Verfehlungen verfolgt und vor Gericht gestellt. Nach vergeblichen Protesten gegen zahlreiche Konkordatsbrüche stellte *Papst Pius XI.* 1937 in seiner *Enzyklika »Mit brennender Sorge«* die »Machenschaften« der nationalsozialistischen Regierung bloß. Die päpstliche Botschaft wurde von den Kanzeln verlesen.

Trotzdem ging der Papst wie die meisten katholischen Christen, Kirchenvolk und Kleriker, nicht so weit, den Nationalsozialismus grundsätzlich zu verurteilen. Es waren einzelne, die wie Bischof *Clemens August Graf von Galen* aus Münster und Bischof *Konrad Graf Preysing* von Berlin, prinzipiell Widerstand leisteten oder sogar wie Dompropst *Bernhard Lichtenberg* und *Pater Alfred Delp* das Martyrium der Haft und den Tod auf sich nahmen.
Viele Gegner des Nationalsozialismus waren sich bewußt, daß ihr Widerstand nicht den Umsturz des Regimes herbeiführen würde. Es kam ihnen darauf an, für geistige Unabhängigkeit, Anstand und Menschenwürde Zeugnis abzulegen. Im Alltag erkannten sich die Gesinnungsgenossen häufig an Kleinigkeiten: an ihrer Kleidung, an einem Abzeichen, an einer Formulierung oder an einer Geste. Auch der politische Witz wurde häufig im Kampf um innere Selbstbehauptung verwendet.

II. Europa und der Nationalsozialismus bis zum Kriegsbeginn

Die Jahre 1933 bis 1939 standen außenpolitisch stark im Zeichen der Revision des Versailler Vertrages. Das nationalsozialistische Deutschland strebte jedoch mehr an als die Wiederherstellung der Grenzen von 1914, die Wehrfreiheit und die Rückgewinnung der Kolonien. Hitler wollte »neuen Lebensraum« gewinnen, um zugleich die Ernährung und die Vermehrung des deutschen Volkes zu sichern und seinen militärischen Schutz zu erweitern. Die Regierungen der europäischen Mächte erkannten lange nicht die Gefährlichkeit dieses Expansionswillens und glaubten, Hitler durch Zugeständnisse und Verträge zufriedenstellen zu können. Dies sollte sich als verhängnisvoller Irrtum erweisen.

1933		Austritt aus dem Völkerbund
1935		Wiedereinführung der allgemeinen Wehrpflicht
1936		Besetzung des Rheinlandes
		Antikominternpakt mit Japan und Italien
1938	**März**	»Anschluß« Österreichs
	Sept.	Münchner Abkommen
1939	**15. 3.**	Einmarsch deutscher Truppen in Prag
	22. 5.	»Stahlpakt« Italien–Deutschland
	23. 8.	Deutsch-sowjetischer Nichtangriffspakt
	1. 9.	Deutscher Angriff auf Polen

1. Nationalsozialistische Außenpolitik

In seiner ersten Regierungserklärung am 31. Januar 1933 versicherte Hitler, die »höchste Mission« deutscher Außenpolitik sei die »Wahrung der Lebensrechte und damit die Wiedererringung der Freiheit«. Er versprach öffentlich, für die »Erhaltung und Befestigung des Friedens einzutreten« und die militärische Abrüstung zu fördern. Schon drei Tage später sprach er jedoch vor Reichswehroffizieren seine territorialen Expansionsziele offen aus:

»Wie soll politische Macht, wenn sie gewonnen ist, gebraucht werden? Jetzt noch nicht zu sagen. Vielleicht Erkämpfung neuer Exportmöglichkeiten, vielleicht – und wohl besser – Eroberung neuen Lebensraumes im Osten und dessen rücksichtslose Germanisierung.«[60]

»Revision« des Versailler Vertrages ohne Gegenwehr

Im Oktober 1933 verließ Deutschland den *Völkerbund* mit der Begründung, Frankreich verhindere die Gleichberechtigung Deutschlands auf militärischem Gebiet. In einer Volksabstimmung billigten 93 % der Deutschen diesen Schritt. Im Januar 1934 überraschte Hitler die Weltöffentlichkeit mit dem Abschluß eines *deutsch-polnischen Nichtangriffspaktes.* Trotz dieser Annäherung an das osteuropäische Nachbarland verlor er niemals sein Ziel der Eroberung deutschen »Lebensraumes« im Osten aus den Augen. Als Gegengewicht zur deutsch-polnischen Annäherung bemühte sich Frankreich um die Festigung der *Kleinen Entente* mit der Tschechoslowakei, Rumänien und Jugoslawien und schloß mit der Sowjetunion einen Beistandspakt ab. Als weiteren außenpolitischen Erfolg verbuchte Hitler die *»Rückkehr des Saar-Gebietes ins Reich«,* die in Übereinstimmung mit dem Versailler Vertrag aufgrund einer Volksabstimmung Anfang 1935 stattfand.
Seit 1935 rüstete Deutschland offen und demonstrativ auf, stellte die *allgemeine Wehrpflicht* wieder her und beschleunigte den Aufbau von Luftwaffe und Kriegsmarine. Die Westmächte begnügten sich gegenüber diesem Bruch des Versailler Vertrages mit Protesten. Im Juni 1935 erkannten die Briten diese Aufrüstung im *deutsch-britischen Flottenabkommen* sogar indirekt an. Das Abkommen begrenzte zwar die Stärke der deutschen Flotte auf 35 % der britischen Einheiten, ermöglichte aber zugleich den Bau großer Schlachtschiffe wie auch von Unterseebooten. 1936 ließ sich Hitler zum erstenmal bewußt auf ein militärisches Wagnis ein. Er kündigte den Vertrag von Locarno und befahl den *Einmarsch von Reichswehrverbänden in das entmilitarisierte Rheinland.* Die europäischen Westmächte nahmen, durch den italienischen Einmarsch in Abessinien verstört (▷ S. 265), diese Vertragsverletzung nahezu protestlos hin. Im selben Jahr bildeten Deutschland und Italien die *»Achse« Berlin–Rom* und bereiteten damit ihre enge Zusammenarbeit vor, so z. B. ihr gemeinsames Eingreifen in den spanischen Bürgerkrieg auf der Seite Francos (▷ S. 303 f.).

Neues Bündnissystem

Gegen Ende des Jahres 1936 vereinbarten Deutschland und Japan den *Antikominternpakt,* dem Italien 1937 beitrat. Japan hatte mit einem Überfall auf die Mandschurei den Kampf gegen das vom Bürgerkrieg geschwächte China begonnen, um in Ostasien ein Großraumimperium zu errichten.
Trotz der Verletzung internationaler Verträge durch Deutschland, Italien und Japan blieb die Welt lange Zeit versöhnungsbereit. So nahmen Sportler vieler Staaten an der *Berliner Olympiade* von 1936 teil. Diese Olympischen Spiele

feierte die NS-Führung mit großem Aufwand, der viele ausländische Teilnehmer und Gäste beeindruckte.

2. Die Entfesselung des Zweiten Weltkrieges

Vor hohen Offizieren kündigte Hitler im November 1937 an, die Tschechoslowakei und gleichzeitig Österreich »niederwerfen« zu wollen. Nach diesem »Anschluß« sollten »inmitten des europäischen Kontinents« Siedlungsgebiete und Rohstofflagerstätten erobert werden. Hitler wußte, »daß jede Raumerweiterung nur durch Brechen von Widerstand und unter Risiko vor sich gehen« konnte. Sein »unabänderlicher Entschluß, spätestens 1943/45 die deutsche Raumfrage zu lösen«, ließ sich nur mit einer hochgerüsteten und ihm völlig ergebenen Streitmacht verwirklichen. Die Reichswehr wurde seit 1937 als Wehrmacht bezeichnet. 1938 machte sich Hitler zu ihrem *Oberbefehlshaber.*

a) Die Entstehung eines »Großdeutschen Reiches«. Im Jahre 1938 erzielte Hitler außergewöhnliche politische Erfolge. Es gelang ihm, umfangreiche deutsche Bevölkerungsgruppen »heim ins Reich« zu holen, ohne daß es zum Ausbruch eines Krieges kam. Die Zusammenführung aller Deutschen in einem gemeinsamen Nationalstaat entsprach dem Wunsch vieler Österreicher, Sudeten- und Memeldeutscher, die sich als »Volksdeutsche« verstanden. Hitler machte sich zu ihrem Sprecher.

»Anschluß« Österreichs

In Österreich war 1933 aus der Krise des österreichischen Parlamentarismus ein *autoritärer »christlicher Ständestaat«* hervorgegangen. In ihm agitierten österreichische Nationalsozialisten für den »Anschluß Deutsch-Österreichs« an das Deutsche Reich. Hitler sicherte der österreichischen Regierung unter *Kurt Schuschnigg* zu, Deutschland werde sich nicht in innerösterreichische Belange einmischen, ließ aber dennoch von seinen Eingliederungsplänen nicht ab. Im Februar 1938 erzwang Hitler von Schuschnigg das Zugeständnis, den österreichischen NS-Führer *Arthur Seyß-Inquart* in die österreichische Regierung aufzunehmen. Als Hitler in einer Reichstagsrede dann drohte, die »Unterdrückung« der mitteleuropäischen »Volksdeutschen« nicht mehr länger dulden zu wollen, gab er damit ein Zeichen für *Demonstrationen österreichischer Nationalsozialisten,* die den »Anschluß« an das Deutsche Reich forderten. Schuschnigg kündigte daraufhin eine *Volksbefragung* über diese Anschlußpläne an. Hitler kam ihr durch den *Einmarsch deutscher Truppen* zuvor. Mussolini hatte vorher angedeutet, daß Italien keinen Widerstand gegen diese Ausweitung des deutschen Machtbereichs leisten wolle. Deutsche und Österreicher begrüßten im nachhinein bei einer Abstimmung zu 99 % den »Anschluß«. Nur wenigen war nicht nach Jubel zumute. Vor allem die österreichischen Juden erlebten schwere *Verfolgungen.* Die Begeisterung über den »Anschluß« bewog Hitler, der zunächst nur eine »Personalunion« beider Staaten geplant hatte, aus der »Ostmark« Österreich und dem Reich ein *»Großdeutsches Reich«* zu bilden.

Entsprechend Hitlers Willenserklärung vom November 1937, nach der Einverleibung Österreichs das »Sudetenproblem« lösen zu wollen, befahl er Ende Mai 1938 der Wehrmachtsführung, endgültig die »Zerschlagung« der Tschechoslowakei vorzubereiten. Er wies die von der SS und dem deutschen Staatssicherheitsdienst unterwanderte *»Sudetendeutsche Bewegung«* unter *Konrad Henlein* an, von der tschechischen Regierung unter *Eduard Beneš* »immer so viel zu fordern, daß wir nicht zufriedengestellt werden können«.[61] Dabei kam Hitler zugute, daß die Westmächte einer »Abtrennung des Saumes« deutschsprachiger Bevölkerungsgruppen in der Tschechoslowakei nicht abgeneigt waren und die »Sudetenkrise« friedlich beilegen wollten. Vor allem der britische Premierminister *Arthur Neville Chamberlain* bemühte sich um eine friedliche Lösung, die im Einklang mit dem Selbstbestimmungsrecht der Völker stehen sollte.

»Sudetenkrise«

Auch in der sudetendeutschen Frage gelangte Hitler an sein Ziel. Durch Vermittlung Mussolinis einigten sich Deutschland, Italien, Frankreich und Großbritannien im Münchner Abkommen vom 29. 9. 1938 über die *Abtretung des Sudetenlandes* an das Deutsche Reich. Die europäische Kriegsgefahr schien damit beseitigt und der Frieden gerettet. Hitler erklärte, für Deutschland gebe es keine territorialen Probleme in Europa mehr. Um ihren Friedenswillen zu bekräftigen, ergänzten England und Deutschland das Münchner Abkommen durch einen *Nichtangriffspakt.*

Münchner Abkommen

Obwohl Hitler seine Forderungen erfüllt sah, gab er der Wehrmachtsführung bereits drei Wochen später den Befehl, die »Resttschechei zu zerschlagen«. Zunächst nutzte er die Gegensätze zwischen Tschechen und Slowaken aus. Mitte März 1939 proklamierten die Slowaken ihre Autonomie. Der tschechoslowakische Staatspräsident *Emil Hácha* wurde nach Berlin beordert, wo Hitler von ihm die Erklärung erpreßte, er lege »das Schicksal des tschechischen Landes und Volkes vertrauensvoll in die Hände des Führers«. Für den Fall einer Weigerung hatte Hitler die Bombardierung Prags angedroht. Am 15. März

»Zerschlagung« der »Resttschechei«

Daily Herald

No. 7051 SATURDAY, OCTOBER 1, 1938 ONE PENNY

MR. CHAMBERLAIN DECLARES "IT IS PEACE FOR OUR TIME"

Hysterical Welcome At Airport, Palace And Downing St.

PRAGUE'S DAY OF SORROW

TO a frenzied welcome from tens of thousands of Londoners, Mr. Neville Chamberlain came home last night and announced to all the world: "I believe it is peace for our time."

GERMANS WILL MARCH

The Premier had two agreements in his pocket:

1.—The Munich Four-Power Pact for the transfer of Sudetenland from Czechoslovakia to Germany; and

From a Window at No. 10

BUT—

Poles Issue Ultimatum

WITHIN 24 hours of our threat of an immediate war on the Czechs being averted, Poland last night handed a new ultimatum to Prague.

It demanded an immediate answer to the demand that all Czech territory inhabited by Poles shall be evacuated at once.

Simultaneously the threat was broadcast from all stations that failing satisfaction the Government "will to-night resort to measures which may have the gravest consequences."

Suggestions were made that Polish troops would enter the Teschen district of Czechoslovakia to-day at the same time that the Germans occupy the areas ceded to them (says the B.U.P.).

"The official wireless broadcast a message from Teschen which declared: "The hour is approaching when Polish troops will free the Poles in Czechoslovakia with their fixed bayonets."

An official communique said: "The [illegible]

Reports were circulated of alleged incidents "on the Czech border and military preparations went steadily forward.

These incidents, it was stated, compelled Poland to "throw all responsibility on the Czech Government, which is the aggressor."

An urgent meeting was called, attended by General Smigly-Rydz, virtual Dictator of Poland, President Moscicki, the Premier, vice-Premier and Foreign Minister.

Colonel Beck, the Foreign Minister, then received in turn the Ambassadors of Germany, France, Italy, Britain, Rumania and the United States, and the Hungarian Minister.

Up to three months is allowed under the Munich agreement for settlement of the Teschen question. The latest ultimatum imposes a 24-hour time limit.

"It seems that the only language that the Czech Government under- [illegible]

Der »Daily Herald« berichtet über Chamberlains Rückkehr und die Abmachungen in München, *1. 10. 1938.*

besetzten deutsche Truppen die westliche Tschechoslowakei. Zur gleichen Zeit verleibte sich Ungarn die Karpato-Ukraine ein. Aus der »Resttschechei« machte Hitler das vom Reich abhängige *Protektorat Böhmen und Mähren* und setzte einen Reichsprotektor ein.

Nach dem Einmarsch der deutschen Wehrmacht in Prag erkannten die Westmächte, daß sie Hitlers Machtansprüche selbst durch weitgehende Zugeständnisse niemals würden befriedigen können. So rückte Chamberlain in einer öffentlichen Rede von seiner Appeasement-Politik ab, und Großbritannien führte Ende April 1939 die allgemeine Wehrpflicht ein.

Zur Politik des Appeasement

Die britische Appeasement-Politik wird bis heute überwiegend negativ beurteilt, dennoch ist sie nicht als »schmachvolles Nach- und Preisgeben«, sondern als »sorgsam abgewogene Lösung von Spannungen« zu betrachten, die einen Gegenpol zu Hitlers »von leidenschaftlicher Blindheit getriebenen Politik« bilden sollte (Paul Kluke). Doch diese Politik mußte infolge der Expansionsziele und des Kriegswillens Hitlers scheitern. Chamberlains Tragik war, daß er den feierlichen Friedensversicherungen Hitlers Glauben schenkte und zu spät erkannte, daß er von Hitler betrogen worden war.[62]

Englisch-französische Garantieerklärung für Polen

Schon eine Woche nach der »Erledigung der Resttschechei« forderte Hitler, der im deutsch-polnischen Nichtangriffspakt scheinbar auf die Revision der deutschen Ostgrenzen verzichtet hatte, erneut den *»Anschluß« der Freien Stadt Danzig,* die dem Völkerbund unterstand, und die Schaffung eines exterritorialen Zugangs nach Ostpreußen. Die Regierungen Englands und Frankreichs sahen voraus, daß Polen das nächste Opfer der deutschen Expansion werden sollte. Deshalb garantierten sie am 31. 3. 1939 dem polnischen Staat Souveränität und Unverletzlichkeit seiner Grenzen. Hitler reagierte darauf, indem er sowohl das deutsch-britische Flottenabkommen von 1935 als auch den deutsch-polnischen Nichtangriffspakt von 1934 kündigte.

b) Der Angriff auf Polen. Im Mai 1939 stellte Hitler vor Reichswehroffizieren fest: »Danzig ist nicht das Objekt, um das es geht. Es handelt sich für uns um die Erweiterung des Lebensraumes im Osten und Sicherstellung der Ernährung ...« Polen stand der Lebensraumerweiterung im Wege. Daher blieb Hitler bei seinem »Entschluß, bei erster passender Gelegenheit Polen anzugreifen«, obwohl er wußte: »Das Problem Polen ist von der Auseinandersetzung mit dem Westen nicht zu trennen.«[63]

Dies sagte Hitler einen Tag nach dem Abschluß des italienisch-deutschen Militärbündnisses *(Stahlpakt)* vom 22. 5. 1939 und während die deutsche Presse Polen angriff.

Diplomatische Initiativen der UdSSR

Schon Mitte April 1939 suchte die Sowjetunion gleichzeitig, sich Deutschland zu nähern und einen britisch-französisch-sowjetischen Dreibund, wenn möglich unter Einschluß Polens, zustandezubringen. Die Verhandlungen blieben ohne Ergebnis. Auch der *Beistandsvertrag zwischen Großbritannien, Frankreich und der Sowjetunion* vom 24. 7. 1939 trat nicht in Kraft, weil sich die Bündnispartner nicht auf das von der Sowjetunion geforderte Durchmarschrecht durch Polen

Unterzeichnung des deutsch-sowjetischen Nichtangriffspaktes in Moskau. *Der deutsche Außenminister Joachim von Ribbentrop unterzeichnet den Pakt im Beisein Stalins, des sowjetischen Außenministers Molotow, des Generalstabschefs der sowjetischen Armee und des sowjetischen Botschafters in Berlin.*

und Rumänien einigen konnten, wogegen sich auch die Betroffenen gewehrt hatten.

Hitler-Stalin-Pakt

Erfolgversprechend begannen hingegen Ende Juli *deutsch-sowjetische Wirtschaftsverhandlungen.* Hitler sah in ihnen die Möglichkeit, sich für den Kampf gegen die Westmächte den Rücken freizuhalten und zugleich seine gegen Polen gerichteten Ziele verfolgen zu können. Zur großen Überraschung der Weltöffentlichkeit schloß das Deutsche Reich am 23. 8. 1939 mit der UdSSR einen *Nichtangriffspakt.* In dem *geheimen Zusatzprotokoll* zu diesem Vertrag lieferte Hitler »für den Fall einer territorial-politischen Umgestaltung« Finnland, Estland, Lettland und Bessarabien an Stalin aus; Litauen sollte zu Deutschland kommen. Die jeweiligen Interessenbereiche in Polen wurden durch die Flüsse Narew, Weichsel und San abgesteckt und damit eine neue Teilung Polens vorbereitet. Für den Kriegsfall verpflichteten sich beide Vertragspartner zu wohlwollender Neutralität.

Zur Beurteilung der Motive

Unter Berufung auf den Antikominternpakt protestierte Japan gegen diesen Nichtangriffspakt; Deutschlands Verbündete waren durch den deutsch-sowjetischen Vertrag ebenso schockiert wie die Westmächte. Hatte Hitler seine Politik nicht stets als Bollwerk gegen den Marxismus dargestellt? Hatte Stalin nicht in Deutschland viele Anhänger der KPD im Kampf gegen den Faschismus geopfert? Heute kennen wir Hitlers Ziele und wissen, daß dieser Vertrag nur ein taktischer Schachzug war, um zunächst England und Frankreich niederkämpfen zu können, ehe der »Ostfeldzug« beginnen sollte. Stalins Motive dagegen werden bis heute kontrovers beurteilt. War er in seinen Vorstellungen von einer zweiseitig garantierten »kollektiven Sicherheit« befangen, oder wollte er mit dem Pakt Zeit gewinnen, um bis zum »unvermeidlichen« Kriegsausbruch zwischen Deutschland und der UdSSR die wirtschaftliche und rüstungstechnische Ausgangslage der sowjetischen Seite entscheidend verbessern zu können?

Entfesselung des Zweiten Weltkrieges

Am *1. September 1939* entfesselte Hitler den Zweiten Weltkrieg, als er der Wehrmacht den Befehl zum *Einmarsch in Polen* gab. Da Hitler insgeheim hoffte, England und Frankreich würden sich durch den deutsch-sowjetischen Nichtangriffspakt davon abhalten lassen, zur Verteidigung Polens Deutschland den Krieg zu erklären, stellte er den Angriff der deutschen Wehrmacht auf Polen als Reaktion auf einen angeblichen polnischen Überfall auf den deutschen Rundfunksender Gleiwitz dar. Großbritannien und Frankreich ließen sich jedoch nicht täuschen und standen zu ihren vertraglichen Verpflichtungen.

Kriegseintritt der Westmächte

Nach vergeblichen diplomatischen Bemühungen und einem Ultimatum des britischen Premierministers Chamberlain und des französischen Ministerpräsidenten Daladier, die Kriegshandlungen unverzüglich einzustellen, erklärten England und Frankreich am 3. September 1939 dem Deutschen Reich den Krieg. Chamberlain bekräftigte vor dem britischen Unterhaus:

> »Was uns betrifft, so müssen wir nun die Zähne zusammenbeißen und in den Kampf ziehen, den abzuwenden wir ernst und aufrichtig bemüht waren. Wir müssen den Kampf bis zu Ende durchhalten. Wir gehen reinen Gewissens in den Kampf. ... Wir haben keinen Konflikt und keinen Kampf mit dem deutschen Volk, sondern mit seinen Machthabern. Solange diese Regierung am Ruder ist und sich der Methoden bedient, die sie unaufhörlich in den letzten Jahren angewendet hat, gibt es keinen Frieden in Europa. – Wir sind fest entschlossen, beizutragen, daß diesen Methoden ein Ende gemacht wird.«[64]

Die Briten kritisierten nun die Appeasement-Politik. Chamberlain trat zurück; sein Nachfolger wurde *Winston S. Churchill.* In seiner ersten Unterhausrede als Premierminister verpflichtete der »Kriegspremier« sich, die Aufrichtung der nationalsozialistischen Herrschaft über Europa zu verhindern, und er kündigte an, daß dieses Ziel »Blut, Mühsal, Tränen und Schweiß«[65] verlangen würde.

Zur Beurteilung der Verantwortung

Die historische Forschung hat nach 1945 betont, daß Chamberlain und Stalin den Ausbruch des Krieges begünstigt hätten. Die Zugeständnisse und Unterlassungen im Rahmen der Appeasement-Bemühungen, aber auch die Rückendeckung Hitlers durch den deutsch-sowjetischen Nichtangriffspakt hätten Hitler die Verwirklichung seiner Pläne ermöglicht. Dennoch können Fahrlässigkeiten, Fehler und Aktionen anderer europäischer Politiker nicht davon ablenken, daß Hitler den Krieg gegen Polen als notwendigen Schritt auf dem Weg zur Herrschaft über Europa, ja zur Weltherrschaft bewußt auslöste. Mochte er 1939 die rasche Ausweitung seines »Kampfes um deutschen Lebensraum« zum Weltkrieg nicht beabsichtigt haben, so doch nur deshalb, weil er die verschiedenen Mächte Europas zunächst isolieren und einzeln militärisch besiegen wollte.[66]

III. Der Zweite Weltkrieg 1939–1945

1939	**1. 9.**	Einmarsch deutscher Truppen in Polen
	3. 9.	Großbritannien und Frankreich erklären Deutschland den Krieg
1940	**April**	Besetzung von Dänemark und Norwegen
	Juni	Sieg über Frankreich
1940–1943		Krieg in Nordafrika endet mit der deutschen Niederlage
1941		Balkankrieg
	22. 6.	Überfall auf die Sowjetunion
	Dez.	Überfall der Japaner auf den amerikanischen Kriegshafen Pearl Harbor. Hitlers Kriegserklärung an die USA weitet den europäischen Krieg zum Weltkrieg aus
1942	**20. 1.**	Wannsee-Konferenz
1943	**24. 1.**	Konferenz von Casablanca
	Febr.	Deutsche Niederlage bei Stalingrad
	Sommer	Alliierte Truppen erobern Sizilien und landen in Italien
	Nov.	Konferenz von Teheran
1944	**6. 6.**	Westalliierte Truppen landen in Frankreich
	20. 7.	Attentat auf Hitler mißlingt
1945	**Febr.**	Konferenz von Jalta über die alliierte Nachkriegspolitik
	30. 4.	Selbstmord Hitlers
	7./8. 5.	Bedingungslose Kapitulation der deutschen Wehrmacht
	6./9. 8.	Atombomben auf Hiroshima und Nagasaki

Mit dem Zweiten Weltkrieg sollten die Lebensraumideologie und die rassenpolitischen Vorstellungen des Nationalsozialismus verwirklicht werden. Hitler ging es sowohl um die Errichtung eines nationalsozialistischen Großreichs im Osten und um Weltherrschaft als auch um die »Vernichtung« des europäischen Judentums und die Unterdrückung und wirtschaftliche Ausbeutung der »slawischen Untermenschen«. Die von der NS-Führung befohlenen Verbrechen verstärkten den Widerstand in Deutschland und Europa. Die Widerstandsbewegung in Deutschland zielte auf die gewaltsame Beseitigung des NS-Staates, um die Niederlage des Reichs abzuwenden und den Rechtsstaat wiederherzustellen. Sie erreichte ihr Ziel nicht. Erst alliierte Truppen befreiten Deutschland vom Nationalsozialismus.

1. Der Verlauf

Unterwerfung Polens

a) Der europäische Krieg. Der deutsche Angriff auf Polen traf einen unterlegenen Gegner. Das Land wurde in einem »Blitzkrieg« von drei Wochen mit Panzerarmeen und Sturzkampfbombern überrannt. Als die polnische Armee so gut wie besiegt war, fiel die Rote Armee in Ostpolen ein. Bereits Ende September 1939 teilten Deutschland und die UdSSR Polen unter sich auf, so wie es im deutsch-sowjetischen Nichtangriffspakt vorgesehen war. Deutschland gliederte die 1918 abgetretenen Teile Westpreußens und Schlesiens und weitere westpolnische Gebiete ins Reich ein. Mittelpolen wurde unter deutscher Herrschaft zum »Generalgouvernement« mit der Hauptstadt Krakau zusammengefaßt. Ostpolen fiel in dieser *Fünften Teilung Polens* an die UdSSR. Im November 1939 griff die Rote Armee auch Finnland an und zwang dieses Land nach erbitterten Kämpfen im Frieden von Moskau (12. 3. 1940), Teile Ostkareliens abzutreten.

Sieg über Frankreich

Nach dem polnischen »Blitzkrieg« bereitete Hitler den *Westfeldzug* gegen Frankreich vor. Um einer britischen Landung in Norwegen zuvorzukommen, landeten im April 1940 deutsche Truppen in *Norwegen* und marschierten in *Dänemark* ein. Norwegen war von strategischer Bedeutung für die Seeherrschaft über die Nordsee. Im Mai 1940 brachen dann die deutschen Armeen in die neutralen Staaten *Belgien, Luxemburg* und die *Niederlande* ein. Von dort stießen sie mit Panzerverbänden durch das Nordende der französischen Befestigungen, der »Maginotlinie«. Auf diese Weise trieben sie einen Keil zwischen die französischen und die auf dem Festland gelandeten englischen Truppen. Etwa 350 000 britische und französische Soldaten entkamen von *Dünkirchen* aus über den Ärmelkanal. Anfang Juni durchbrachen die deutschen Truppen eine an der Somme neu aufgebaute französische Verteidigungsstellung. Zur gleichen Zeit nahmen sie in einer Zangenbewegung vom Oberrhein und vom Inneren Frankreichs aus die Maginotlinie ein. Am 10. Juni hatte das mit Deutschland verbündete Italien noch in die Kriegshandlungen eingegriffen. Angesichts des allgemeinen militärischen Zusammenbruchs bot die neue französische Regierung unter Marschall *Pétain* am 17. Juni Deutschland den *Waffenstillstand* an. Hitler ließ ihn in Compiègne im selben Eisenbahnwaggon unterzeichnen, in dem auch der Waffenstillstand von 1918 vereinbart worden war. Deutsche und italienische Truppen besetzten den größten Teil Frankreichs.

Luftschlacht über England

Nach dem Sieg über Frankreich sollte eine Luftschlacht über England die Voraussetzungen für eine Landung deutscher Truppen in Südengland schaffen. Hitler hatte im Verlauf des Krieges bereits Warschau und Rotterdam ohne Rücksicht auf die Zivilbevölkerung bombardieren lassen. In England wurde die Stadt *Coventry* besonders schwer von deutschen Bombern getroffen. Die britische »Air Force« wehrte sich aber erfolgreich gegen die deutschen Angriffe und konnte der deutschen Luftwaffe schwere Verluste zufügen. Deshalb errangen die Deutschen die Luftherrschaft über England nicht, und Hitler mußte die *geplante Landung* (»Operation Seelöwe«) verschieben. Der Kampf gegen England konzentrierte sich nun weitgehend auf die Operationen der U-Boot-Flotte, deren Ziel es war, durch Sperrung der Zufuhren die Versorgung Englands zu unterbrechen. Die deutschen U-Boote konnten jedoch den britischen Nachschub nicht ernsthaft gefährden.

Krieg in Nordafrika

Im Laufe des Jahres 1940 verlagerte sich der Kriegsschauplatz nach Nordafrika, wo die Italiener das unter britischer Herrschaft stehende Ägypten angegriffen hatten, und nach Südosteuropa. Die Italiener erlitten in Afrika wie auch in

Krieg in Südosteuropa

Griechenland, in das sie von Albanien aus eingefallen waren, schwere Niederlagen. Nach einem Staatsstreich in Jugoslawien befürchtete Hitler, daß die neue jugoslawische Regierung die Bindungen an Deutschland lockern würde, und befahl deshalb seiner Armee, in Jugoslawien einzufallen. Zugleich ließ er zur Unterstützung der Italiener Griechenland von Jugoslawien aus angreifen. In einem erneuten »Blitzkrieg« eroberten deutsche Truppen bis April 1941 die ganze Balkanhalbinsel und gewannen dabei Rumänien und Bulgarien zu Verbündeten. Auch in Nordafrika kamen deutsche Verbände den Italienern zu Hilfe und drangen unter General *Erwin Rommel* weit über die ägyptische Grenze vor. Sie wollten den Suezkanal in deutsche Hände bringen, um die Verbindungen zwischen England und Indien zu erschweren.

Der Plan Hitlers

b) Der Angriff auf die Sowjetunion. Hitler war schon Ende 1940 entschlossen, vor der Niederkämpfung Englands die Sowjetunion anzugreifen. Er gab sich der Hoffnung hin, auch gegen die UdSSR einen »Blitzkrieg« führen zu können, selbst als das seit 1940 mit Deutschland und Italien verbündete Japan mit der UdSSR am 13. 4. 1941 den *japanisch-sowjetischen Neutralitätspakt* abschloß, der Stalin vor einem Zweifrontenkrieg bewahrte. Hitler ließ sich dadurch ebensowenig wie durch den deutsch-sowjetischen Nichtangriffspakt davon abhalten, den Überfall auf die Sowjetunion vorzubereiten. Stalin wollte den Meldungen seiner Geheimdienste über einen bevorstehenden deutschen Angriff keinen Glauben schenken und erfüllte bis zum letzten Tag alle vertraglichen Verpflichtungen gegenüber Deutschland. Seine Motive und Erwartungen sind allerdings bis heute umstritten.

Anfangserfolge

Am *22. Juni 1941* brach die deutsche Wehrmacht in die Sowjetunion ein. Sie rückte schnell vor, und es gelang ihr, große sowjetische Truppenverbände in Kesselschlachten einzukreisen und zur Kapitulation zu zwingen. Heute wissen wir, daß Stalin nach den ersten großen Verlusten zunächst bewußt seine schlecht ausgerüsteten Armeen opferte, um Zeit zu gewinnen. Tief im Hinterland Rußlands ließ er neue Kriegsindustrien aufbauen und Waffen entwickeln, mit denen dann die neu aufgestellten Elitetruppen ausgerüstet werden konnten. Hitler erkannte zu keiner Zeit die Gefahr des »Auslaufens« und »Steckenbleibens« deutscher Angriffsspitzen.

Krieg gegen den »Bolschewismus«

Für Hitler war der Krieg zwischen Deutschland und der UdSSR nicht allein eine militärische Auseinandersetzung. Für ihn handelte es sich um einen *»Weltanschauungskrieg«*, der die Vernichtung des Bolschewismus zum Ziel hatte und ohne Zweifel mit der *Ausrottung* der europäischen Juden enden sollte. Nach dem Sieg über die UdSSR sollte ein großgermanisches Kolonialreich, das *»Ostimperium«*, entstehen. Bereits Ende März 1941 notierte ein hoher Offizier Hitlers Ausführungen vor den Befehlshabern der Wehrmacht:

»Kampf zweier Weltanschauungen gegeneinander. Vernichtendes Urteil über Bolschewismus; ist gleich soziales Verbrechertum. Kommunismus ungeheure Gefahr für die Zukunft. Wir müssen vom Standpunkt des soldatischen Kameradentums abrücken. Der Kommunist ist vorher kein Kamerad und nachher kein Kamerad. Es handelt sich um einen Vernichtungskampf. Wenn wir es nicht so auffassen, dann werden wir zwar den Feind schlagen, aber in 30 Jahren wird uns wieder der kommunistische Feind gegenüberstehen. Wir führen nicht Krieg, um den Feind zu konservieren.«[67]

Mit dem Mitte Oktober vorzeitig einsetzenden, außergewöhnlich harten Winter stockte der deutsche Angriff vor Leningrad und Moskau. *Leningrad* hielt der deutschen Belagerung zwei Jahre lang stand, und von *Moskau* aus ließ Stalin mit überlegenen Kräften eine *Gegenoffensive* eröffnen, die zum erstenmal deutsche Truppen zum Rückzug zwang.

Bis zum Herbst 1941 waren Weißrußland und die Ukraine in deutsche Hände geraten. In der Sommeroffensive 1942 konnten deutsche Truppen zwar weitere Landgewinne erzielen, aber ein Sieg über die Sowjetunion rückte in weite Ferne, weil die Wehrmacht nicht auf einen Krieg in russischen Wintern vorbereitet war und die deutsche Führung den sowjetischen Widerstandswillen unterschätzt hatte.

Ende der Kriegserfolge

Ende Januar/Anfang Februar 1943 mußten die im Winter 1942/43 in *Stalingrad* eingeschlossenen deutschen Verbände, vor allem der 6. Armee, vor einer sowjetischen Übermacht kapitulieren; Hitler hatte jeden Ausbruchsversuch verboten. Der sowjetische Sieg bedeutete die erste entscheidende Niederlage Deutschlands, und viele Deutsche empfanden Stalingrad als *Wende.* Seit 1943 warf die Rote Armee die deutschen Truppen auf breiter Front zurück. In dem von Stalin proklamierten *»Vaterländischen Krieg«* entwickelte sich ein neuer sowjetischer Nationalismus, der sich mit der traditionellen Liebe der Sowjetbürger zu »Mütterchen Rußland« verband. Er befestigte Stalins Herrschaft, obwohl viele Sowjetbürger unter dem stalinistischen Terror gelitten und vereinzelt sogar die deutschen Truppen mit großen Erwartungen begrüßt hatten.

c) Der Weltkrieg. Der überraschende Überfall auf die Sowjetunion eröffnete den Gegnern Deutschlands die Möglichkeit, Hitler in einem *Zweifrontenkrieg* zu besiegen. Dies bedeutete allerdings, daß der Westen der UdSSR zu Hilfe kommen mußte. Die Hilfsgüter (insbesondere Waffen und Munition), die über die Weltmeere in die Sowjetunion strömten, stammten zum großen Teil aus den USA. Die Amerikaner verzichteten auf die sofortige Bezahlung und schlossen mit den Gegnern Hitlers *Pacht- und Leihverträge* ab.

Japan greift die USA an

Roosevelt hatte bereits seit 1937 Hitlers Gegner moralisch unterstützt, obwohl er dabei auf die isolationistische Grundströmung in der amerikanischen Öffentlichkeit Rücksicht nehmen mußte. Als am 7. Dezember 1941 die Japaner die amerikanische Pazifikflotte in *Pearl Harbor,* dem Kriegshafen der Insel Hawaii, unvermutet überfielen, erkannte Roosevelt, daß dieser Angriff den Weltkrieg nach sich ziehen mußte. Als Verbündete Japans erklärten Deutschland und Italien wenige Tage danach (11. 12. 1941) den Vereinigten Staaten den Krieg. Nach diesen Kriegserklärungen waren die Amerikaner überzeugt, einen »Kreuzzug« für die Demokratie führen zu müssen.

Krieg im Pazifik

Den Japanern kamen zunächst der Überraschungsangriff auf Pearl Harbor und die Dezimierung der amerikanischen Seestreitkräfte im Pazifik zugute. So eroberten japanische Truppen 1942 in wenigen Wochen die Philippinen, große Teile von Südostasien und der pazifischen Inselwelt. Seit 1943 konnten die Amerikaner in einem für beide verlustreichen *Inselspringen* mit ihren Landungstruppen die von Japan besetzten Inseln befreien und mit ihren Flugzeugträgerverbänden die Luft- und Seeherrschaft über den Pazifischen Ozean zurückgewinnen. Auch die *Chinesen,* die von den Japanern bereits 1937 überfallen worden waren und überdies unter dem Bürgerkrieg zwischen den Nationalchinesen unter Tschiang Kai-schek und den Kommunisten unter Mao Zedong litten (▷ S. 372), fügten sich in die Abwehrfront der Alliierten ein. Sie wollten die innerchinesischen Auseinandersetzungen zunächst zurückstellen, um ihren Beitrag zum Sieg über Japan zu leisten.

Im Jahr 1943 trat an fast allen Fronten der Achsenmächte die Wende ein. Nach der Kapitulation der deutschen 6. Armee bei Stalingrad kapitulierten im Mai auch die deutschen und italienischen Truppen in Afrika, nachdem amerikanische Truppen in Nordafrika gelandet und der bereits siegreichen britischen Wüstenarmee zu Hilfe gekommen waren. Damit war die Südküste des Mittelmeeres in alliierter Hand.

In Deutschland: totaler Krieg

1943 verstärkten die Alliierten auch die *Bombenangriffe auf deutsche Städte.* Viele Deutsche erinnerten sich jetzt an die jubelnde Zustimmung, die Goebbels noch im Februar desselben Jahres im Berliner Sportpalast auf seine Frage erhalten hatte: »Wollt Ihr den totalen Krieg?« Sie erkannten, daß die Alliierten keinen Unterschied mehr zwischen militärischer Front und »Heimatfront«, zwischen Wohn- und kriegswichtigen Industrievierteln machten. Der Luftkrieg über Deutschland zog infolge der alliierten Luftüberlegenheit Kinder und Frauen immer stärker in Mitleidenschaft. Viele wurden evakuiert, weil die Bombenangriffe immer heftiger wurden.

1943 landeten alliierte Truppen auf Sizilien und in Süditalien und errichteten dort eine neue europäische Front. Im September 1943 wurde Mussolini gestürzt. Deutsche Truppen besetzten daraufhin den größten Teil

Die Folgen des totalen Krieges. *Eine Familie, die nach einem Fliegerangriff auf Mannheim nur das nackte Leben gerettet hat.*

Italiens, um den Abschluß eines Sonderfriedens zwischen der neuen italienischen Regierung und den Alliierten zu verhindern. Nun gehörte auch das ehemals verbündete Italien zu den von Deutschen unterdrückten Nationen. Erst am 4. 6. 1944 zogen schließlich amerikanische Truppen in Rom ein.

Im Jahre 1944 rückten die Alliierten auf allen Fronten vor. Sowjetische Truppen eroberten alle Gebiete zurück, die 1942 und 1943 in deutsche Hände gefallen waren, und näherten sich den Grenzen Deutschlands.

Landung der Alliierten in Frankreich

Im Juni landeten die Alliierten unter dem Befehl des amerikanischen Generals *Dwight D. Eisenhower* in der Normandie, wenige Tage später in Südfrankreich. Die deutsche Westfront brach innerhalb weniger Wochen unter den Angriffen der amerikanischen und britischen Armeen zusammen. Die Amerikaner ermöglichten General *Charles de Gaulle* Ende August an der Spitze von im Exil aufgestellten französischen Truppen den Einzug in Paris.

Krieg auf deutschem Gebiet

Seit Anfang 1945 fanden die Kämpfe im Westen und Osten auf deutschem Boden statt. Hitler verließ kaum mehr seinen »Führerbunker« im Zentrum von Berlin; er wollte nicht glauben, daß der Krieg verloren war. Seine Hoffnung konzentrierte sich auf die Erfindung und die Produktion von »Wunderwaffen« (V2-Raketen). Den deutschen Truppen verbot er jeglichen Rückzug, den er als Feigheit vor dem Feind bezeichnete und mit dem Tode bestrafen ließ. Sogar die Zivilbevölkerung wurde zunächst gehindert, vor dem heranrückenden Gegner zu fliehen. Später gerieten die *Flüchtlingszüge* in die Kampfhandlungen, wurden beschossen und häufig mit den deutschen Verbänden abgeschnitten. Viele Frauen und Kinder wurden Opfer von Kämpfen und von Gewalttätigkeiten, die vor allem sowjetische Soldaten begingen.

Ende des Krieges in Europa

Am 25. April 1945 vereinigten sich Angriffsspitzen amerikanischer und sowjetischer Verbände bei *Torgau* an der Elbe. Selbst zu dieser Zeit noch gab Hitler den deutschen Armeeverbänden, die vielfach nur auf seinen Generalstabskarten existierten, Ausbruchs- und Verteidigungsbefehle. Obwohl nur noch einige Gebiete Norddeutschlands, Teile des »Protektorats Böhmen und Mähren« und die Alpen in der Hand der deutschen Wehrmacht waren, glaubte Hitler an den »Endsieg«. Erst als man bereits die sowjetischen Geschütze und das Gewehrfeuer in den Straßen Berlins hören konnte, erkannte Hitler endlich, daß der von ihm entfesselte Krieg verloren war. Mit einigen seiner engsten Gefolgsleute, unter ihnen Goebbels, verübte er Selbstmord. Mussolini war Ende April 1945 von italienischen Antifaschisten ermordet worden. Etwa eine Woche nach Hitlers Selbstmord erklärte sich die noch von ihm eingesetzte Regierung unter dem Großadmiral *Karl Dönitz* zur *bedingungslosen Kapitulation* bereit. Sie wurde am *7. Mai 1945* in Reims und am *8. Mai 1945* unter Teilnahme auch der Sowjets in Berlin unterzeichnet. Diejenigen höchsten NS-Führer, die in Gefangenschaft gerieten, wurden in Nürnberg 1945/46 vor ein internationales Gericht gestellt und 12 von 21 als »Hauptkriegsverbrecher« zum Tode verurteilt.

Ende des Krieges im Pazifik

Auf dem ostasiatischen Kriegsschauplatz kämpften die Japaner noch einige Monate. Gegen Ende der Kämpfe griff auch die UdSSR Japan an, um sich in den Besitz der nördlichsten Inseln des Kaiserreichs zu bringen. Das Ende des Krie-

Verletzte Überlebende nach dem Atombombenabwurf auf Hiroshima. *»Wie ich höre, wird die Bombe nicht als gar so schrecklich und unanwendbar betrachtet, ›Eine Stadt wird nicht hundertprozentig ausgelöscht... Nicht alle sterben. Radioaktivität verfliegt mit der Zeit...‹ Wissen sie es denn, haben sie es denn untersucht, was sie in den Herzen, in den Gewissen und in den Gehirnen anrichten?« Takasha Nagai, gest. 1951 an den Folgen der ersten Atombombenexplosion.*

ges im Pazifik erzwangen die Amerikaner durch den Abwurf von zwei *Atombomben.* Am 6. und am 9. August 1945 warfen amerikanische Bomber die ersten Atombomben und töteten in *Hiroshima* 80 000, in *Nagasaki* 120 000 Menschen. Beide Städte wurden in Sekundenschnelle dem Erdboden gleichgemacht. Angesichts dieser Opfer und der hoffnungslosen Lage kapitulierte Japan am *2. September 1945.*

Die Verluste an Menschenleben

Infolge des Zweiten Weltkrieges starben 55 Millionen Menschen. Bis heute gelten noch 3 Millionen als vermißt. Von den 40 Millionen Verwundeten leiden heute noch viele als Schwerbeschädigte unter ihren Verletzungen. Kaum eine Familie in Europa blieb verschont. Die Zivilbevölkerung hatte die meisten Opfer zu bringen: 20–30 Millionen Tote. Die Sowjetunion hatte 20 Millionen Tote zu beklagen. Allein in Polen kamen durch Massenvernichtung 4 Millionen Menschen ums Leben. Unter ihnen befanden sich fast alle polnischen Juden.

2. Gewaltverbrechen an den Menschen und Völkern Europas

a) Deutsche Besatzungspolitik. Lange vor dem Krieg hatten führende Nationalsozialisten Gewaltverbrechen geplant. Der Krieg und die vorübergehende Eroberung großer Teile Osteuropas gaben ihnen die Möglichkeit, ihr rassenpolitisches Programm (▷ S. 320) in die Tat umzusetzen.

Polen – das erste Opfer

In Polen wurde die Vorstellung, eine »germanische Herrenrasse« sei zur Herrschaft über eine »slawische Dienstrasse« befugt, zuerst verwirklicht. Unmittelbar nach der polnischen Kapitulation wurden in großem Umfang Bevölke-

Razzia in Warschau, *1940. Deutsche Soldaten transportieren Polen ab.*

rungsgruppen umgesiedelt. Aus Westpolen vertrieben die NS-Dienststellen alle Polen, um Volksdeutsche aus dem Baltikum anzusiedeln. *»Einsatzgruppen«* ermordeten in wenigen Tagen 50 000 polnische Lehrer, Offiziere, Beamte und Intellektuelle, um den Polen ihre Führungsschicht zu rauben. Nach Hitlers Willen sollte Polen zum deutschen Nahrungs- und Arbeitskräftereservoir werden. Er wollte die Polen als »führungsloses Arbeitsvolk« in Deutschland bei besonderen Arbeitsvorhaben »verbrauchen«. Deshalb sollten die polnischen Kinder nur ein Minimum lernen:

»Vierklassige Volksschule, einfaches Rechnen bis höchstens 500, Schreiben des Namens, eine Lehre, daß es ein göttliches Gebot ist, den Deutschen gehorsam zu sein und ehrlich, fleißig und brav zu sein.«[68]

Polen, die zum Widerstand entschlossen schienen, wurden in Konzentrationslager eingewiesen. Zugleich begann die »völkische Siebung« der Polen: Die »rassisch wertvollen« Polen und »Deutschstämmigen« sollten in Deutschland »aufgenordet« werden, während die als »minderwertig« eingestuften Polen als »Fremd-« und »Zwangsarbeiter« arbeiten mußten. Diese durften sich nicht frei bewegen und wurden im wesentlichen nur mit Nahrungsmitteln entlohnt. Viele von ihnen starben an Unterernährung und Krankheiten.
Auch Angehörige anderer besiegter Völker wurden nach Deutschland »zwangsverpflichtet«. 1942 arbeiteten etwa 4 Mio., 1944 etwa 7 Mio. *»Fremdarbeiter«* und Kriegsgefangene in der deutschen Kriegswirtschaft.

Kollaboration

Die NS-Führung hatte ursprünglich gehofft, in den besetzten Staaten West- und Nordeuropas Unterstützung zu finden. Bis auf wenige Ausnahmen ließ sich deren Bevölkerung jedoch nicht mit Hilfe von »Kollaborateuren« »gleichschalten«. Nur in Norwegen konnte sich die NS-Führung auf einige Gesinnungsgenossen stützen. Der Name des führenden norwegischen Nationalsozialisten *Vidkun Quisling* wurde in Europa zum Synonym für »Verräter«. Wegen der fehlenden Unterstützung errichteten die Nationalsozialisten in den »germanischen« Staaten West- und Nordeuropas Besatzungsbehörden. Der Staatssicherheitsdienst zerschlug jede aktive Opposition, kontrollierte die »Erfassung« der Zwangsarbeiter und organisierte die Deportation der jüdischen Bevölkerung.

Die »Ostvölker« konnten sich erst nach den schweren militärischen Rückschlägen an der Ostfront an der »Verteidigung Europas vor dem Bolschewismus« beteiligen. Die »fremdvölkischen Freiwilligenverbände«, die damals gebildet wurden, unterstanden dem Befehl der SS. In der Endphase des Krieges war jeder siebente Soldat, der eine deutsche Uniform trug, kein Deutscher.

Ausbeutung

Die deutsche Besatzungspolitik orientierte sich an dem Grundsatz: »*Beherrschen, verwalten und ausbeuten.*« Diesem Ziel dienten »Reichskommissariate«, die in Osteuropa Vorstufen des geplanten »Ostimperiums« sein sollten. Abgesehen von einer taktisch bedingten Milderung der Besatzungsherrschaft gegen Ende des Krieges, wurde die Zivilbevölkerung der besetzten Gebiete rücksichtslos ausgebeutet. Sie hatte besonders unter der Strategie der »verbrannten Erde«, dem Niederbrennen ganzer Dörfer und der Getreidefelder beim Rückzug deutscher Armeen, zu leiden.

Widerstand der Unterdrückten

Die gewalttätige Besatzungspolitik verstärkte den Willen der unterdrückten und ausgebeuteten Bevölkerung, sich gegen die deutsche Herrschaft zu wehren. Widerstandsgruppen, die sich bildeten, führten vielfach einen *Partisanenkrieg* gegen die Besatzungstruppen. So kontrollierten sowjetische Partisanenverbände weite Landstriche im Hinterland der deutschen Ostfront und verwickelten deutsche Truppen in erbitterte Kämpfe. Auf Befehl Hitlers rächten sich deutsche Truppen an der Zivilbevölkerung und töteten oftmals wahllos Geiseln, unter ihnen Frauen und Kinder. Dabei brannten sie ganze Ortschaften nieder, wie *Lidice* in der Tschechoslowakei oder *Oradour* in Frankreich. Diese Namen sind bis heute Symbole nationalsozialistischer Besatzungswillkür.

Trotz der großen Gefahren unterstützte die Zivilbevölkerung vielfach den Befreiungskampf der Partisanenverbände. Dennoch vermochte der bewaffnete Widerstand nicht immer die ersehnte Freiheit herbeizuführen. 1944 konnte die deutsche Besatzungsmacht den *Aufstand der Polen* in Warschau niederschlagen und die Stadt dem Erdboden gleichmachen, während sowjetische Truppen Warschau gegenüber auf dem östlichen Ufer der Weichsel standen und den Aufständischen keine Hilfe brachten.

Leiden der deutschen Zivilbevölkerung

Gegen Kriegsende versuchte die Bevölkerung in den besetzten Gebieten zunehmend, die NS-Herrschaft aus eigener Kraft abzuschütteln. Dabei schreckte sie auch nicht vor erbarmungslosem Vorgehen gegen Deutsche zurück. Besonders hohe Opfer brachte die deutsche Zivilbevölkerung in der Tschechoslowakei. Die Tschechen verfolgten viele deutsche Einwohner Prags und Böhmens, die schon vor 1938 dort gelebt hatten, vergriffen sich an ihnen und vertrieben sie über die Grenzen. Auch bei dem Vormarsch der sowjetischen Truppen hatte die deutsche Zivilbevölkerung schwer zu leiden. Besonders in Ostpreußen und in Schlesien wurde sie in vielen Fällen Opfer des Hasses, den die nationalsozialistische Besatzungspolitik hervorgerufen hatte. Dabei wurden viele ermordet, vergewaltigt, verschleppt.

Ermordung Geisteskranker

b) Völkermord. Die nationalsozialistische Rassenpolitik führte bereits in den ersten Kriegswochen zur Vorbereitung der *Morde an Geisteskranken* unter dem Decknamen »Euthanasie« (= »Gnadentod«). Hitler datierte einen entsprechenden Befehl auf den 1. September 1939 zurück, wahrscheinlich, um später unter Hinweis auf den »kriegerischen Existenzkampf« die Vernichtung angeblich »lebensunwerter ›Ballastexistenzen‹« propagandistisch rechtfertigen zu können. Bis 1941 wurden im Rahmen der »Kindereuthanasie« und dreier weiterer »Aktionen« etwa 150 000 Menschen, Erwachsene und Kinder, umgebracht.
Die Morde an Geisteskranken ließen sich nicht verheimlichen. Sie machten die Öffentlichkeit betroffen, riefen unter den Angehörigen der Opfer große Unruhe hervor und entsetzten viele, die Genaueres wußten. Hohe katholische und protestantische Würdenträger fühlten sich dadurch zu öffentlichen Protesten herausgefordert. Bischof *Clemens Graf von Galen* predigte 1941 in Münster gegen die Ermordung Geisteskranker. Auch der evangelische Landesbischof von Württemberg, *Theophil Wurm,* wandte sich in einem offenen Brief gegen die »Vernichtung menschlichen Lebens«.[69] Auf diese Proteste hin, die in der Bevölkerung ein starkes Echo hatten, ließ Hitler die »Aktionen« abbrechen.

Massenmorde an Juden

Die Morde an Geisteskranken bereiteten die »industriemäßig betriebene« (Adalbert Rückerl) Ermordung der europäischen Juden vor, die seit 1941 den gelben »Judenstern« tragen mußten und damit gebrandmarkt waren. Bereits in den ersten Kriegstagen begann die *systematische Ausrottung* der jüdischen Bevölkerung Europas, das im Laufe des Krieges »vom Westen nach Osten durchgekämmt« wurde. Die SS bildete besondere *»Einsatzgruppen«*; sie sollten sich als Elitetruppen im Rassen- und Weltanschauungskrieg fühlen. In Frankreich wehrte sich die *Wehrmacht* gegen die eigenständigen Aktivitäten dieser »Einsatzgruppen«. In Polen und der Sowjetunion wurden sie kaum noch behindert. Die Einsatzgruppen »durchkämmten« jüdische Wohnviertel, wobei Wehrlose als angeblich gefährliche »Rassenfeinde« erschossen wurden. Die »Durchkämmung« führte vor allem zur *»Selektion«* (»Aussonderung«) derjenigen jüdischen Menschen, die nicht mehr arbeitsfähig waren und deshalb »sonderbehandelt«, d. h. getötet, wurden. Auf dem Gebiet der Sowjetunion meldeten manche »Einsatzgruppen« innerhalb weniger Wochen die *»Sonderbehandlung«* vieler Hunderttausender von Juden. Schließlich befahlen Hitler und Himmler die Errichtung großer *Vernichtungslager,* um Europa »judenfrei« zu machen. Diese Lager hatten nur eine Aufgabe: die Ermordung von Menschen und die Beseitigung ihrer Leichname.

Wannsee-Konferenz

Am 20.1.1942 trafen sich in einer Villa am Großen Wannsee in Berlin hohe Verwaltungsbeamte und SS-Führer, unter ihnen Heydrich als Chef des Staatssicherheitsdienstes und der Leiter des Judenreferats in der Reichsführung SS *Adolf Eichmann,* um die von Hitler und Göring bereits beschlossene *»Endlösung der Judenfrage«* zu beschleunigen. Die »Wannsee-Konferenz« traf die organisatorischen Vorbereitungen für die »Erfassung« von 11 Millionen europäischer Juden. Sie sollten »in geeigneter Weise im Osten zum Arbeitseinsatz kommen«, wie Heydrich ausführte, und bis zum Erschöpfungstod Straßen bauen. »Der allfällig endlich verbleibende Restbestand wird ... entsprechend behandelt werden müssen.«[70] Das bedeutete Tod durch Vergasung und Verbrennung der Leichen.

Jüdischer Widerstand

Nur wenige Juden ahnten ihr Schicksal und versuchten, sich ihm entgegenzustellen. So griffen Häftlinge, die im Vernichtungslager Sobibór Leichen zu verbrennen hatten, ihre Bewacher an, als sie selbst »liquidiert« werden sollten. Die Bewohner des Ghettos in Warschau widersetzten sich Ostern 1943 ihrer Deportation. Obwohl sie keine Aussicht auf Erfolg hatten, kämpften viele in diesem *Ghettoaufstand,* um wenigstens die Bedingungen ihres Todes nicht ihren Peinigern überlassen zu müssen.

Viele Juden, die sich seit der Judenemanzipation den Lebensgewohnheiten ihrer Umgebung angepaßt, assimiliert, hatten, entwickelten unter dem Eindruck der Verfolgungen zunehmend ein eigenes Nationalgefühl und Staatsbewußtsein: »Ihr habt uns zu Juden gemacht«, sagten die Überlebenden nach 1945. Sie blickten nach Palästina, wohin vor 1939 noch einige wenige der Verfolgten hatten entkommen können und wo 1948 der Staat Israel gegründet wurde (▷ S. 475 ff.).

Weitere Opfer des »Rassenkrieges«

Der nationalsozialistische »Rassenkrieg« forderte noch andere Opfer. Zu ihnen zählten vor allem die *Zigeuner,* die unter dem Vorwand von vorbeugender Verbrechensbekämpfung in »Schutzhaft« genommen und in Konzentrationslager eingewiesen wurden, und die *sowjetischen Kriegsgefangenen,* die als »Untermenschen« galten. Sie hatten unter Hunger, Krankheit und der fortwährenden »Aussonderung« von angeblichen Kommissaren zu leiden, denn die NS-Führung wollte den Tod der Gefangenen bewußt herbeiführen. Der bereits vor dem Angriff auf die Sowjetunion formulierte *»Kommissarbefehl«* bestimmte, daß die politischen Offiziere der Roten Armee als Träger des »jüdischen Bolschewismus« auf der Stelle erschossen werden sollten. Ein weiterer Erlaß, der sogenannte *Gerichtsbarkeitserlaß,* berechtigte Offiziere, »tatverdächtige Elemente« erschießen zu lassen oder »kollektive Gewaltmaßnahmen« zu verhängen. Verbrechen von deutschen Wehrmachtsangehörigen an der russischen *Zivilbevölkerung* durften demgemäß strafrechtlich nicht verfolgt werden. Diese unmenschliche Haltung besiegelte das Schicksal vieler deutscher Soldaten, die in sowjetische Kriegsgefangenschaft gerieten.

Zahlen

Erst nach dem Krieg wurde das Ausmaß der nationalsozialistischen Schrekkensherrschaft ganz offenbar: Den deutschen »Einsatzgruppen« waren etwa 2 Millionen osteuropäische Juden zum Opfer gefallen, in den Vernichtungslagern wurden etwa 5 bis 6 Millionen Menschen ermordet. Etwa 2,5 Millionen sowjetischer Kriegsgefangener kamen in deutschen Lagern um. Genaue Zahlen lassen sich nicht angeben, weil die NS-Führung Unterlagen beseitigen ließ und einige der Täter bis heute schweigen.

Fragen der Forschung

Die Zeithistoriker versuchen zu klären, ob die »Endlösung« als zielgerichtete, konsequente Verwirklichung des NS-Rassenprogramms zu deuten ist. Einerseits betonen sie, daß sich die Massenvernichtung vielfach aus der Dynamik des Krieges ergeben habe. Andererseits wird dem entgegengehalten, daß Hitler bei aller taktischen Flexibilität sein rassenpolitisches Programm niemals aus den Augen verloren habe. In seinem Programmbuch »Mein Kampf« und in öffentlichen Reden hatte er immer wieder die Vernichtung des jüdischen »Weltfeindes« angekündigt und schließlich offen gefordert. Auch ist unbestreitbar, daß Hitler schon Mitte der dreißiger Jahre davon ausgegangen war, seine Rassenvorstellungen »im Schutze« des gewollten Krieges realisieren zu können. Für die NS-Führung stellten die »Eroberung von Lebensraum« und der »Rassenkrieg« stets eine Einheit dar.[71]

3. Widerstand gegen den Nationalsozialismus

Hatten vor 1939 vor allem deutsche Emigranten im Exil und Widerstandskämpfer innerhalb Deutschlands – als Verfolgte, als aktive Gegner oder als Angehörige der »inneren Emigration« – den nationalsozialistischen Herrschaftsanspruch bestritten oder bekämpft, so bekannten sich seit Kriegsbeginn zunehmend auch Angehörige der unterdrückten Völker zur Gegnerschaft. Der Widerstand gegen Hitler und die NS-Besatzungsmacht wurde zur gesamteuropäischen Erscheinung. Im Vergleich mit den Einwohnern der besetzten Staaten, die sich als »Kriegführende«, als Partisanen und Résistancekämpfer fühlten, war es für den deutschen Widerstand besonders schwer, seine gegnerische Haltung an der »doppelten Front zwischen Bomben und Gestapo« (Ursula von Kardorff)[72] zu bewahren.

Kontroversen der Forschung und Wandel des Widerstandsbegriffes

In der Nachkriegszeit war die Deutung des Widerstands wohl stets umstritten. Diese Kontroversen zur Geschichte des Widerstandes spiegelten dabei nicht immer den Willen zur wissenschaftlichen Auseinandersetzung, sondern verwiesen auf die Bedeutung politisch-moralischer Kriterien historischer Urteilsbildung. Galten die Widerstandskämpfer im Umkreis des 20. Juli 1944 in der Nachkriegszeit als Vertreter eines »anderen« und besseren Deutschland, die durch ihr Gewissen die Vollmacht zum Handeln erhalten hätten, so wurden sie in den frühen fünfziger Jahren auch von manchen Zeitgenossen als »Verräter« tituliert. Gegen derartige Verunglimpfungen wandten sich frühzeitig Pädagogen, Politiker und Publizisten, die nach Vorbildern der zweiten deutschen Demokratie suchten. So wurde neben dem Kreis um Moltke, Beck, Goerdeler und Stauffenberg vor allem die Widerstandsgruppe um die Geschwister Scholl anerkannt (▷ S. 346 ff.). In den sechziger Jahren machten Historiker darauf aufmerksam, daß viele Gesellschafts- und Verfassungspläne des Widerstands keineswegs in Einklang mit den Grundsätzen unserer Verfassungsordnung gebracht werden könnten (Hans Mommsen)[73] und auch außenpolitisch bis auf wenige Ausnahmen – etwa die auf eine europäische Konföderation zielenden Vorstellungen des Kreisauer Kreises – die Wiederherstellung deutscher Vormachtsstellung in Europa ein Hauptziel des »national-konservativen« (Gerhard Schulz)[74] Widerstands gewesen sei (Hermann Graml)[75]. Andreas Hillgruber hat deshalb festgestellt, daß der Widerstand im Umkreis des 20. Juli 1944 sowohl Gegensatz als auch Ergebnis seiner Zeit gewesen sei: Der Widerstand gegen den Nationalsozialismus müsse als ein Prozeß gedeutet werden, der durch seine graduelle Steigerung und zeitliche Differenzierung charakterisiert werden könne.[76]

Im Zusammenhang mit der Kritik an der herkömmlichen Deutung des Widerstands steigerte sich das Interesse am Widerstand. Differenzierungen des Widerstandsbegriffs mündeten in die begriffliche Unterscheidung von Resistenz, Nonkonformität, Dissidenz, Protest und Konspiration. Diese differenzierte Begrifflichkeit unterstützte die Erschließung neuer Dimensionen der Geschichte der NS-Gegnerschaft.[77] Der Widerstand aus der Arbeiterbewegung, aus der Jugendopposition, von Häftlingen, Juden und Frauen (▷ S. 349 ff.) wurde ebenso wie der im Alltag bewiesene Widerstand einzelner immer intensiver erforscht. Auch das Exil wurde als Ausdruck des Protestes und des Kampfes gegen den Nationalsozialismus von außen in die Geschichte des Widerstandes einbezogen. Schließlich konnte in den achtziger Jahren im Zusammenhang mit der Entstehung der ständigen Ausstellung zur Geschichte des Widerstands in der Berliner »Gedenkstätte Deutscher Widerstand« die Gegnerschaft zum Nationalsozialismus zu einem Gesamtbild gefügt werden. Es entstand aus dem Versuch, viele Dimensionen der Widerstandsgeschichte zu integrieren und nicht deren Konturen durch eine oftmals sogar bewußt verengende Definition des Widerstands zu zerstören.[78]

Motive, Ziele und Methoden

a) Europäischer Widerstand in den besetzten Gebieten. Haß auf die Besatzung, Zorn über die wirtschaftliche Ausbeutung und Empörung über Terror und Deportationen waren die Wurzeln des Widerstandes in den europäischen Staaten, die von deutschen Truppen besetzt worden waren. In nahezu allen Nationen Europas erstrebten Widerstandsgruppen den Sturz der NS-Herrschaft über Europa und die Wiederherstellung der Unabhängigkeit ihrer Staaten. Dabei orientierten sie sich an unterschiedlichen politischen Prinzipien und Weltanschauungen und ähnelten so in der Vielfalt der Ziele dem deutschen Widerstand. Auch für die europäischen Widerstandskämpfer galt es oft, »mit dem Feind zu leben«. Deshalb schlossen sich Kollaboration und Résistance in Europa ebensowenig aus wie Anpassung und Widerstand in Deutschland.

In den besetzten Gebieten versuchte die Bevölkerung zunächst, den Feind zu schwächen: durch passiven Widerstand, Gegenpropaganda oder Bummelei am Arbeitsplatz. Ein von Résistancekämpfern geknüpftes Verbindungsnetz half Verfolgten und entwichenen Gefangenen in den Untergrund. Den Massenverfolgungen von Juden widersetzten sich oft große Teile der Bevölkerung. So entkamen die dänischen Juden, die von einem Angehörigen der deutschen Botschaft in Kopenhagen gewarnt worden waren, den nationalsozialistischen »Einsatzgruppen«, weil dänische und schwedische Bootsbesitzer sie bei Nacht innerhalb weniger Stunden über die Ostsee in Sicherheit brachten. In Amsterdam hefteten sich Zivilisten einen Judenstern an ihre Kleidung, um die bedrohten Juden der Stadt vor der Deportation zu schützen.

Partisanenkrieg und neues Nationalbewußtsein

Seit 1942/43 begingen aktive nationale Widerstandsgruppen zunehmend Sabotageakte und verübten Attentate auf hohe Beamte des Besatzungsregimes und auf Militärpersonen. Dieser Widerstand wuchs sich bald zu einem regulären Partisanenkrieg aus. Vor allem in Frankreich, auf dem Balkan und in den dünn besiedelten und schwer zugänglichen Gebieten Weißrußlands formierten sich Partisanen zu militärähnlichen Einheiten. Auch die als Partisanen aktiven Widerstandskämpfer verfolgten unterschiedliche Ziele und kämpften zuweilen sogar gegeneinander. In Frankreich und Jugoslawien entwickelten sich aus den nationalen Widerstandsbewegungen ein neues Staatsgefühl und Nationalbewußtsein. Der französische Panzergeneral *Charles de Gaulle,* der sich mit wenigen französischen Soldaten der Kapitulation entzogen hatte und Führer

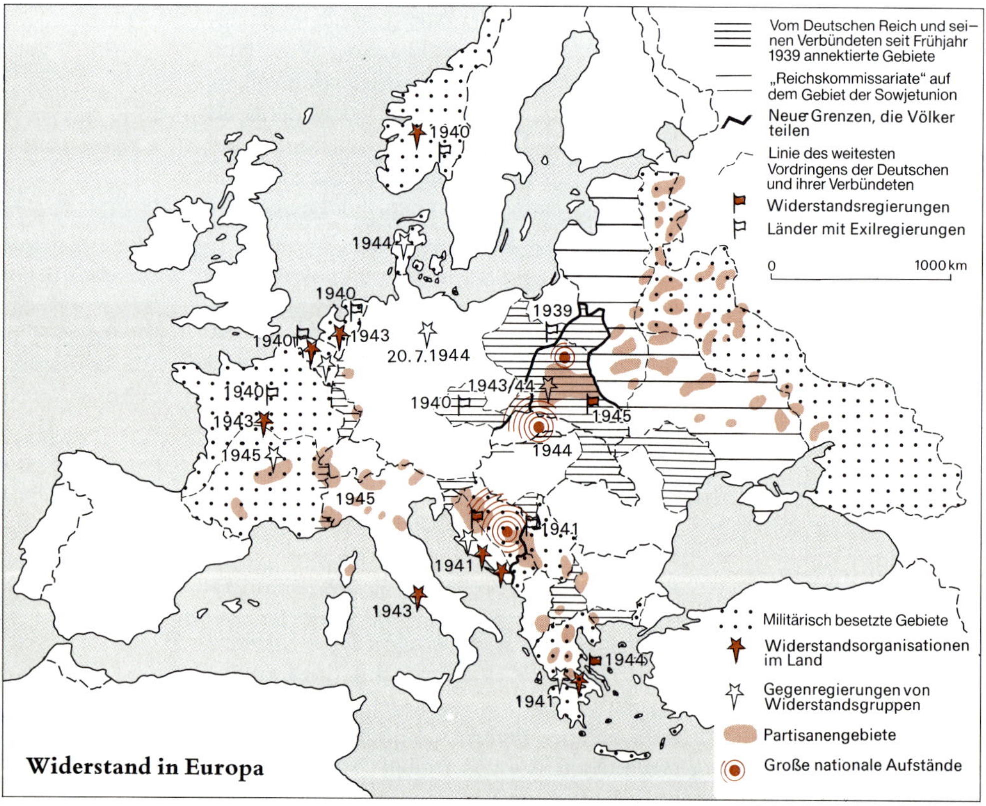

Widerstand in Europa

»Verjagt die Eindringlinge, bestraft die Verräter!«, *Plakat der Résistance, 1944.*

der französischen Exilregierung in London geworden war, und der Jugoslawe *Josip Broz Tito* als Partisanenführer bestimmten in der letzten Phase des Krieges und danach die Entwicklung ihrer Staaten entscheidend. In Italien und in den osteuropäischen Staaten, vor allem in Polen, wurden der Widerstandswille und die Widerstandserfahrung zum Kern eines neuen Nationalbewußtseins. Es war die Tragik der polnischen und der tschechischen Widerstandsbewegung, daß ihre Länder nach 1945 in den sowjetischen Einflußbereich gerieten und damit politische Freiheit und Unabhängigkeit nicht erreicht werden konnten.

b) Widerstand in Deutschland. Der deutsche Widerstand (▷ S. 322 f.) befand sich nach dem Beginn des Krieges in einem besonderen *Dilemma.* Dietrich Bonhoeffer beschrieb den inneren Konflikt vieler deutscher Widerstandskämpfer:

»Entweder in die Niederlage ihrer Nation einzuwilligen, damit die christliche Zivilisation weiterleben kann, oder in den Sieg, und dabei unsere Zivilisation zu zerstören.«[79]

Prinzipien und Ziele

Über alle Unterschiede hinweg waren sich Menschen verschiedener Herkunft und Überzeugungen in ihren Zielen einig: Um ethische Grundnormen wie Menschenwürde, Menschenrechte, mitmenschliche Solidarität und Nächstenliebe wieder in Kraft zu setzen, mußte Hitler »ausgeschaltet« werden. Allen Gruppen ging es um die Wiederherstellung des Rechts, aber auch darum, den Weg in eine friedliche und demokratische Nachkriegsordnung zu bahnen und damit Zeugnis von der Existenz eines »anderen Deutschland« abzulegen.

Widerstand aus der Arbeiterbewegung

Den organisierten Widerstand von Mitgliedern der Arbeiterbewegung konnte die Gestapo bis zum Beginn des Krieges weitgehend brechen. Viele der sozialdemokratischen Regimegegner versuchten – wie Julius Leber, der in Berlin-Schöneberg eine Kohlenhandlung betrieb – in »bürgerlichen Berufen« zu überleben und Gesinnungsgenossen zu unterstützen.

Vor allem nach dem Angriff auf die UdSSR nahmen kommunistische Widerstandsgruppen den Kampf gegen die NS-Herrschaft auf. Auf sich gestellt hatte der Schreiner *Georg Elser* auf Hitler im Bürgerbräukeller am 8.11.1939 einen Bombenanschlag verübt und fast sein Ziel erreicht, Hitler zu töten. Besonders

Der Tod als deutscher Soldat. *Flugblatt des Widerstands, 1942.*

erfolgreich war die in Berlin wirkende Widerstandsorganisation »Rote Kapelle« von Arvid Harnack und Harro Schulze-Boysen, die aus Beamten und Intellektuellen bestand. Sie verteilten Flugblätter, halfen Verfolgten und verrieten schließlich sogar militärische Geheimnisse an die Sowjetunion. Deshalb wurden die Mitglieder dieser Gruppe gelegentlich als »Landesverräter« abgetan. Aber: »Mochten ihre Ziele und Mittel von denen der übrigen Gruppen abweichen, Gesinnung und Haltung taten es nicht« (Hans Rothfels). Die Mitglieder der »Roten Kapelle« wurden bereits 1942 nach ihrer Enttarnung gehängt.

Widerstand leisteten auch ehemalige Mitglieder von KPD und SPD gemeinsam mit anderen Häftlingen in den Konzentrationslagern. Vor allem im Lager Buchenwald formierte sich ein politisch motivierter *Häftlingswiderstand.*

Kirchlicher Widerstand

Der kirchliche Widerstand der Zeit nach 1939 stand in der Tradition der Vorkriegszeit, verstärkte sich jedoch angesichts der Morde an Geisteskranken und der Judenverfolgung. Er wurde wie zuvor weniger von der Kirchenführung als vom niederen katholischen Klerus und von protestantischen Gemeindepfarrern getragen. Daß die Bischöfe angesichts der vieltausendfachen Judenverfolgungen nicht ebenso entschieden protestierten wie gegen die »Euthanasie«, erscheint den beiden großen Kirchen heute unbegreiflich.

Jugend- und Studentenwiderstand

Vereinzelt widersetzten sich Jugendliche und Studenten dem Zwang und der »Gleichschaltung« durch die Nationalsozialisten, besonders nach der Auflösung verschiedener freier Jugendverbände und der Aufwertung der »Hitlerjugend« zur »Staatsjugendbewegung« im Jahre 1936. Die *»Edelweiß-Piraten«,* die an ihrem Abzeichen, einem Edelweiß, zu erkennen waren, gewährten Verfolgten Unterschlupf und suchten bewußt die Auseinandersetzung mit der HJ. Da die NS-Führung den Freunden amerikanischer Tanzmusik untersagt hatte, »Negermusik« zu hören und Tanzabende zu veranstalten, trafen sich Anhänger der *»Swing-Jugend«* heimlich. Himmler persönlich befahl ihre strenge Bestrafung und Einweisung in Jugendlager. Die Beispiele des Jugendwiderstands zeigen, daß Widerstand im Alltag sich auch als Reaktion auf die Einschränkungen der persönlichen Freiheit entwickeln konnte.

Seit 1941 riefen *Hans* und *Sophie Scholl, Willi Graf, Christoph Probst* und *Alexander*

Schmorell zum Widerstand gegen das NS-Regime auf. Sie waren Studenten in München und standen unter dem Eindruck von Massenerschießungen, die einige von ihnen als Angehörige von Studentenkompanien in Polen und in der Sowjetunion hatten miterleben müssen. Sie gehörten der Widerstandsgruppe *»Weiße Rose«* an. Nach der deutschen Niederlage bei Stalingrad erwarteten sie einen breiten Stimmungsumschwung der Deutschen gegen die NS-Führung und mißachteten alle Vorsichtsmaßregeln. Gemeinsam mit ihrem Universitätslehrer *Kurt Huber* verfaßten sie Flugblätter. In ihrem letzten Flugblatt, dem *»Aufruf an alle Deutschen«*, den sie in den Lichthof der Münchener Universität flattern ließen, bezeichneten sie den NS-Staat als »Tyrannei« und forderten die »deutsche Jugend« zur Auflehnung auf. Am 18.2.1943 wurden sie in der Münchener Universität verhaftet, vier Tage später verurteilt und hingerichtet.

Gesprächskreise

Die Prinzipien des »anderen Deutschland« suchten auch Gesprächskreise zu wahren, in denen sich die Gegner der nationalsozialistischen Weltanschauung und Politik sammelten. Der bedeutendste unter ihnen war der *Kreisauer Kreis.* Er vereinigte Konservative, ostelbische Adelige, radikale Sozialisten, Wissenschaftler und Geistliche beider Konfessionen. *Helmuth James Graf von Moltke,* dessen schlesisches Gut Kreisau wie auch seine Berliner Wohnung oft der geheime Treffpunkt der Gruppe waren, wirkte als seine treibende Kraft. Moltke, der sich entschieden zur Gewaltlosigkeit bekannte, legte seine Vorstellungen von menschlicher Freiheit und christlicher Verantwortung in mehreren Grundsatzdokumenten nieder. In der Idee eines »christlichen Sozialismus« nahm er in vielen Zügen die Ordnungsvorstellungen der Nachkriegszeit voraus. Der Kreisauer Kreis verfügte zwar über gute Beziehungen zu Stauffenberg, war aber am Attentat vom 20. Juli nicht beteiligt. Die meisten Mitglieder des Kreisauer Kreises wurden hingerichtet, weil sie sich nach Ansicht des Volksgerichtshofspräsidenten Roland Freisler mit Fragen auseinandergesetzt hatten, »die zur ausschließlichen Zuständigkeit des Führers gehören« sollten.

Militäropposition

c) Militärischer Widerstand. Mit der Vereidigung der Offiziere und Soldaten auf die Person Hitlers (▷ S. 313) waren Heer, Luftwaffe und Kriegsmarine in das System des totalen Führerstaates eingegliedert worden. Die erfolgreiche Revision des Versailler Vertrages, die Wiedereinführung der Wehrpflicht, die Aufrüstung und die öffentliche Aufwertung alles Militärischen machten hohe Offiziere vielfach zu ergebenen Anhängern ihres Oberkommandierenden Hitler. Nur wenige Generäle ließen sich von Hitler nicht beirren, sondern erkannten seit 1937 mit steigender Besorgnis, daß dieser zielstrebig auf einen neuen Krieg hinarbeitete. Hitler löste 1938 unbequeme Generäle ab und ersetzte sie durch ihm ergebene Offiziere. Dennoch konnte er nicht alle warnenden Stimmen zum Schweigen bringen. So weigerte sich der Chef des Generalstabs *Ludwig Beck,* den Überfall auf die Tschechoslowakei zu planen. Beck schrieb im Juli 1938 dem Oberbefehlshaber des Heeres *Walter von Brauchitsch:*

»Es stehen hier letzte Entscheidungen über den Bestand der Nation auf dem Spiel. Die Geschichte wird diese [Hitler ergebenen militärischen] Führer mit einer Blutschuld belasten, wenn sie nicht nach ihrem staatspolitischen Wissen und Gewissen handeln. Ihr soldatischer Gehorsam hat dort eine Grenze, wo ihr Gewissen und ihre Verantwortung die Ausführung eines Befehls verbieten.«[80]

Beck forderte die Wehrmachtsführung auf, geschlossen zurückzutreten und auf diese Weise Krieg und »Untergang« zu verhindern. So wurde Beck seit 1939 zum Mittelpunkt einer Widerstandsgruppe von Offizieren.

Verbindung zum Widerstand im Bürgertum

Die Militäropposition stand in engem Kontakt zu oppositionellen Diplomaten und Verwaltungsbeamten, die sich um den ehemaligen Leipziger Oberbürgermeister *Carl Friedrich Goerdeler* gesammelt hatten. Goerdeler verkörperte den bürgerlich-konservativen Politiker, der sich zunächst von den Nationalsozialisten hatte beeindrucken lassen. Teilweise hatte er sogar deren politische Ziele befürwortet. Allerdings fühlte er sich durch die Rassenpolitik der NS-Führung abgestoßen. Erst allmählich lehnte Goerdeler aus seiner konservativ-christlichen Einstellung heraus den militärisch übersteigerten Nationalismus und Rassenfanatismus ab. In geheimen Denkschriften, die den Weg zu Beck fanden, warb er für den Umsturz.

Attentats- und Umsturzpläne

Nach Kriegsbeginn planten die Widerstandskämpfer um Beck und Goerdeler wiederholt Attentate auf Hitler, aber Unentschlossenheit, ungünstige Gelegenheiten und die unerwartete Versetzung beteiligter Offiziere verhinderten immer wieder die Verwirklichung dieser Pläne. Ein Verschwörer meinte verzweifelt: »Der eine will handeln, wenn er Befehl erhält, der andere befehlen, wenn gehandelt wird«, und kritisierte die Unentschiedenheit vieler Offiziere, die im Banne Hitlers standen.

Eine entschlossene Führung erhielten die Verschwörer seit 1941/42 mit den Generalstabsoffizieren *Henning von Tresckow* und *Claus Graf Schenk von Stauffenberg.* Für Tresckow war der Tyrannenmord der einzige Ausweg aus der militärisch und politisch hoffnungslosen Lage, in der sich Deutschland befand, und damit sittliche Pflicht. Zwei sorgfältig geplante Attentate schlugen 1943 allerdings fehl. Nachdem Tresckow 1943 von Berlin aus an die Ostfront versetzt worden war, übernahm Stauffenberg die Führung des militärischen Widerstandes. Er hatte Hitlers Machtübernahme zunächst begrüßt, sich aber bald aus einem ethisch begründeten Verantwortungsbewußtsein von der NS-Führung abgewandt. Der verbrecherische Charakter der NS-Politik wurde ihm im Verlauf des Krieges bewußt. 1943 wurde Stauffenberg in Nordafrika schwer verwundet und nach seiner Genesung im Oktober 1943 nach Berlin versetzt. Zunächst arbeitete er unter General *Friedrich Olbricht* im Allgemeinen Heeresamt Berlin. Olbricht galt neben Beck als eine treibende Kraft der deutschen Militäropposition; er hatte die Umsturzpläne (»Operation Walküre«) entwickelt, in die er Stauffenberg eingeweiht hatte. Anfang Juli 1944 wurde Stauffenberg zum Stabschef beim Befehlshaber des Ersatzheeres ernannt. In dieser Eigenschaft konnte er die Verbindungen zu Olbricht aufrechterhalten und zugleich Kontakte zu weiteren Offizieren knüpfen. Insbesondere in Paris hatten Offiziere um den Militärbefehlshaber *Karl-Heinrich von Stülpnagel* Umsturzpläne entwickelt. Sie warteten auf eine Gelegenheit, Hitler zu verhaften.

Attentat vom 20. Juli 1944

Durch seine neue Stellung erlangte Stauffenberg auch unmittelbaren Zugang zu Hitler. Als sich wiederholt Attentatspläne zerschlugen und die Gestapo enge Freunde der Verschwörer verhaftete, entschied sich Stauffenberg selbst zum Anschlag auf Hitler. Am 20. Juli 1944 gelang es ihm, eine Bombe in die »Wolfsschanze«, das ostpreußische Hauptquartier Hitlers, einzuschleusen und während einer Lagebesprechung explodieren zu lassen. Da Stauffenberg von Berlin aus den Umsturz leiten wollte, hatte er die »Wolfsschanze« noch vor der Explosion verlassen müssen. Von ferne beobachtete er die Detonation und konnte deshalb nach seiner Rückkehr nach Berlin der Nachricht keinen Glauben schenken, Hitler habe den Anschlag überlebt. So versuchte er, die »Operation Walküre« plangemäß in Gang zu setzen. Erst als Hitler im Rundfunk sprach und damit feststand, daß der Anschlag mißlungen war, brach die Widerstandsoperation zusammen. Noch in der Nacht zum 21. Juli 1944 wurden Stauffenberg, Olbricht und ihre Mitarbeiter *Albrecht Mertz von Quirnheim* und *Werner von Haeften* erschossen. Beck wurde zum Selbstmord gezwungen.

Verfolgung

Schon wenige Stunden später konzentrierten sich Gestapo und Justiz auf die Verfolgung der Widerstandskämpfer um Stauffenberg, Beck und Goerdeler. In wenigen Wochen wurden zahlreiche Verbindungen zwischen den verschiedenen Widerstandsgruppen, Gesprächskreisen und Einzelpersonen aufgedeckt, die mit den Attentätern in Beziehung gestanden oder mit ihnen auch nur sympathisiert hatten. Insgesamt wurden etwa 7000 Personen verhaftet; die genaue Zahl der Opfer des deutschen Widerstands wird nicht endgültig festgestellt werden können, weil noch in den letzten Kriegstagen Widerstandskämpfer ohne Gerichtsverfahren erschossen wurden. Es besteht jedoch kein Zweifel, daß weit über 10 000 Angehörige des Widerstands von Polizei, SS und durch Vollstreckung von Volksgerichtshofsurteilen umgebracht worden sind.

d) Frauen im Widerstand. Obwohl die Nationalsozialisten immer wieder behaupteten, gerade die Frauen gewonnen zu haben, so ist doch unbestreitbar, daß viele Frauen gegen den Nationalsozialismus entschiedenen Widerstand leisteten. Teilweise engagierten sie sich als Mitglieder der unterdrückten Parteien und verbotenen Verbände. Teilweise widersetzten sie sich als Christen, und besonders häufig reagierten sie auf die Entrechtung ihrer Mitmenschen im Alltagsleben oder trugen ihren Teil zum Widerstandskampf ihrer Gesinnungsfreunde und Ehemänner bei, indem sie Verbindung zu anderen Widerstandskreisen hielten, oftmals geheime Nachrichten übermittelten oder konspirative Zusammenkünfte tarnten. Sie versteckten bedrohte Juden und bewiesen so gerade im Alltag eine große Widerstandskraft. In der Forschung ist der Widerstand von Frauen lange Zeit nicht ausreichend gewürdigt worden, weil erst der Wandel des Widerstandsbegriffs neue Dimensionen individueller Selbstbehauptung im totalen Staat erschließen half. Widerstand meinte zunächst vor allem den Versuch, das Regime zu stürzen – später wurde deutlich, daß ganz unterschiedliche Verhaltensweisen von der NS-Führung als Widerstand definiert und entsprechend geahndet wurden.[81] Dies wird besonders deutlich im

Widerstand von Frauen in der Forschung

Die Folge eines couragierten, stillen Protests: Disziplinierung einer Andersdenkenden.

Schicksal von Frauen, die sich dem Regime aus politischen, aber auch aus religiösen und humanitären Gründen widersetzten. Bis heute läßt sich wegen des schlechten Forschungsstandes kein Gesamtbild zeichnen. Deshalb sollen einzelne Frauen aus dem Widerstand vorgestellt werden:[82]

Frauen leisten Widerstand in persönlicher Verantwortung

Die aus Württemberg stammende Studentin *Liselotte Herrmann*, die sich schon als Jugendliche dem Kommunistischen Jugendverband angeschlossen hatte, protestierte 1933 mit Studienfreunden öffentlich gegen Hitlers Regierungsübernahme und wurde deshalb von der Universität verwiesen. Sie beteiligte sich an Widerstandshandlungen der KPD, wurde Ende 1935 verhaftet und zwei Jahre später als erste Frau aus politischen Gründen zum Tode verurteilt. Obwohl sie einen kleinen Sohn hatte, wurde das Urteil vollstreckt – gegen den Protest von NS-Gegnern in aller Welt. – *Margarete Sommer*, die 1933 aus politischen Gründen als Dozentin einer Wohlfahrtsschule entlassen worden war und zwei Jahre später Mitarbeiterin des Berliner Bischofs Graf von Preysing wurde, übernahm 1941 als Leiterin des bischöflichen »Hilfswerks« Verantwortung für die Hilfe zugunsten verfolgter Juden. Im August 1942 informierte sie ohne Rücksicht auf ihre Sicherheit die deutschen Bischöfe über die Ermordung tausender deutscher Juden, die angeblich in die Lager des Ostens deportiert worden waren, aber unmittelbar nach ihrer Ankunft im Baltikum erschossen wurden. – Auch die Freiburger Pazifistin *Gertrud Luckner* half nach 1933 immer wieder Bedrohten und Verfolgten und sammelte Nachrichten über die Konzentrationslager. Nach 1939 sorgte sie für Zwangsarbeiter und Kriegsgefangene und organisierte kleine Gruppen von Gesinnungsfreunden, die untergetauchten Juden das Überleben ermöglichen wollten. 1943 wurde sie von der Gestapo verhaftet und in das Frauenkonzentrationslager Ravensbrück verschleppt. – Immer wieder halfen Frauen einzelnen Verfolgten, indem sie diese in ihre Wohnungen aufnahmen und nicht selten jahrelang versteckten, ernährten und pflegten. So rettete die Frankfurter Rechtsanwältin *Irene Block* im Herbst 1942 die jüdische Bildhauerin Maria Fulda, die mit dem letzten Frankfurter »Kranken- und Altentransport« aus Frankfurt in das Konzentrationslager Theresienstadt deportiert werden sollte, indem sie deren Selbstmord vortäuschte. Sie versteckte die völlig verängstigte und mehrmals schwer erkrankte Maria Fulda drei Jahre lang, mußte nach Bombenangriffen immer wieder neue Behausungen suchen und wagte erst Wochen nach Kriegsende, sich amerikanischen Soldaten zu erkennen zu geben, weil sie dem Frieden mißtraute. Irene Block betreute Maria Fulda bis zu deren Tod im Jahre 1966.

Andere Frauen widersetzten sich der nationalsozialistischen Propaganda. Zu ihnen gehörte die Lehrerin *Ilse Demme*, die als »Mischling« von den Nationalsozialisten 1933 nicht in den Schuldienst übernommen worden war und als Sekretärin und Übersetzerin arbeiten mußte. Sie vervielfältigte 1941 Predigten des Münsteraner Bischofs Graf Galen, der die Morde an Geisteskranken angeprangert hatte. Im Herbst 1942 wurde sie denunziert und von einem Sondergericht wegen Verstoßes gegen das »Heimtückegesetz« zu einer langjährigen Zuchthausstrafe verurteilt. Man warf ihr vor, durch »böswillige gehässige Äußerungen das Vertrauen des Volkes zur politischen Führung untergraben und einen heimtückischen Angriff auf Partei und Staat« verübt zu haben. – *Elise Hampel* verteilte mit ihrem Mann mehr als 200 handschriftlich vervielfältigte Flugblätter auf Berliner Briefkästen und in Treppenhäusern. Auf diese Weise forderte sie die Berliner auf, sich nicht an Straßensammlungen zu beteiligen, den Kriegsdienst zu verweigern und Hitler zu stürzen. Beide wurden beschuldigt, Soldaten aufgefordert zu haben, »die Erfüllung der Dienstpflicht in der deutschen Wehrmacht zu verweigern«, und den »Willen des deutschen Volkes zur wehrhaften Selbstbehauptung zu lähmen und zu zersetzen«. Sie wurden zum Tode verurteilt und in Berlin-Plötzensee ermordet. Der Schriftsteller Hans Fallada setzte dem Ehepaar Hampel mit seinem Roman »Jeder stirbt für sich allein« ein Denkmal.

Frauen in organisierten Widerstandsgruppen

In den großen organisierten Widerstandsgruppen war der Anteil der Frauen bis auf wenige Ausnahmen sehr gering. Einige Männer des 20. Juli 1944 hatten ihre Frauen in ihre Pläne eingeweiht. Auch nahmen an den Diskussionen im Kreisauer Freundeskreis (▷ S. 347) immer wieder einzelne Frauen, unter ihnen auch Moltkes Frau Freya und Yorcks Frau Marion, teil. Besonders groß war der Anteil von Frauen an der Widerstandsorganisation Harnack/Schulze-Boysen (▷ S. 345 ff.) oder an Widerstandskreisen wie der Gruppe um den jüdischen

Arbeiter Herbert Baum. Auch in den politischen Gruppen, die sich im Exil gebildet hatten und von außen den Nationalsozialismus zu bekämpfen suchten, war der Anteil weiblicher Mitglieder sehr hoch. Zu ihnen gehörte *Hilda Monte*, die 1933 als junge Frau nach London emigrierte und mehrfach mit falschen Papieren nach Deutschland einreiste, um in Kontakt mit den Regimegegnern »an der inneren Front« zu kommen. 1944 überschritt sie mehrmals illegal die deutsch-schweizerische Grenze und wurde dabei wenige Wochen vor Kriegsende von einer deutschen Grenzpatrouille erschossen.

Frauen im Widerstand gegen die deutsche Besatzung

Überall in Europa widersetzten sich Frauen der deutschen Besatzungsherrschaft, indem sie sich Widerstandsgruppen anschlossen, als Partisaninnen kämpften oder im Untergrund Verfolgten beistanden. Zwei polnische Jüdinnen – *Rosa Robota* und *Ester Wajcblum* – bereiteten mit anderen Häftlingen im Herbst 1944 einen Aufstand von Häftlingen des Lagers Auschwitz-Birkenau vor. Rosa Robota schloß sich nach 1939 zunächst einer zionistischen Widerstandsgruppe an und wurde nach der »Räumung« ihres Ghettos nach Auschwitz verschleppt, wo sie in der Bekleidungskammer arbeiten mußte. Bald kam sie in Verbindung mit Mitgliedern der jüdischen Untergrundbewegung, die sich im Lager gebildet hatte. Sie versuchte, Sprengstoff zu organisieren, um mit Hilfe von Angehörigen des Sonderkommandos, das die Leichname der ermordeten Juden zu verbrennen hatte, einen Anschlag auf die Krematorien zu verüben. Dabei half ihr Ester Wajcblum. Bei dem Anschlag auf das Krematorium III des Vernichtungslagers Anfang Oktober 1944 kamen vier SS-Leute ums Leben. Bald wurde bekannt, daß Rosa Robota eine wichtige Rolle bei der Vorbereitung dieser Widerstandsaktion gespielt hatte. Sie wurde bei den Verhören heftig geschlagen, gab aber ihre Mitverschwörer nicht preis. Anfang Januar 1945 wurde sie gemeinsam mit anderen Frauen öffentlich gehenkt, gemeinsam mit Ester Wajcblum, der die SS auf andere Weise ihre Beteiligung nachweisen konnte.

4. Ergebnisse des Zweiten Weltkrieges in Deutschland und Europa

Mit dem Ende des Krieges endete nicht das allgemeine Leiden. Millionen von Menschen gerieten in Gefangenschaft, wurden verschleppt oder vertrieben. Die Praxis der NS-Führung, Angehörige fremder Nationalitäten zu vertreiben, schlug nun auf viele »Volksdeutsche« zurück. Einige deutsche Volksgruppen, wie etwa die »Wolgadeutschen«, wurden auf Befehl Stalins über die gesamte UdSSR versprengt. Auf diese Weise endete eine Form des Zusammenlebens von Angehörigen unterschiedlicher Nationen in einem Staat, die über Jahrhunderte hinweg den deutschen Sprachgruppen und ihren Gastvölkern gleichermaßen kulturelle und wirtschaftliche Vorteile gebracht hatte.
Der »totale Krieg«, den Goebbels 1943 nach der deutschen Niederlage bei Stalingrad ausgerufen hatte, hatte Deutschland und große Teile Europas in eine von Bomben verwüstete Landschaft verwandelt. Millionen von Menschen hat-

ten ihre Angehörigen, Hab und Gut, ihre Heimat und vielfach auch ihre nationale Identität verloren. Millionen Deutsche wurden aus ihrer Heimat vertrieben, in russische Zwangsarbeit verschleppt oder jahrelang in Kriegsgefangenschaft gehalten. Ein Neubeginn schien angesichts der Kriegsfolgen und der deutschen Schuld kaum denkbar zu sein. Die öffentliche Ordnung war fast völlig zusammengebrochen. Verkehr, Versorgung und Bildungseinrichtungen waren vielfach zum Erliegen gekommen. Zur materiellen Not kamen Ungewißheit über die Zukunft und kollektive Scham: KZ-Häftlinge und Verfolgte, die von den Alliierten befreit worden waren, machten die schlimmen und für viele Deutschen bis dahin nicht vorstellbaren Konsequenzen des NS-Terrors deutlich, dem die Deutschen nicht widerstanden hatten; ausgehungerte russische Gefangene und »Fremdarbeiter« verlangten ihr Recht. Die aus den »deutschen Ostgebieten« nach Westen strömenden Flüchtlinge und Vertriebenen mußten versorgt werden. Viele Deutsche empfanden Verbitterung über die verantwortlichen Nationalsozialisten und billigten deren Verurteilung zum Tode oder zu langer Haft. Nur wenige aber bekannten sich zu ihrer Mitverantwortung, wie es die evangelische Kirche in ihrem Stuttgarter Schuldbekenntnis vom Oktober 1945 tat:

»Mit großem Schmerz sagen wir: Durch uns ist unendliches Leid über viele Völker und Länder gebracht worden. ... Wir klagen uns an, daß wir nicht mutiger bekannt, nicht treuer gebetet, nicht fröhlicher geglaubt und nicht brennender geliebt haben.«[83]

Die drohende Teilung Deutschlands durch einen »Eisernen Vorhang« vergrößerte die allgemeine Unsicherheit. 1945 errichteten die alliierten Siegermächte zwar eine gemeinsame Besatzungsherrschaft, deren Ziele die Potsdamer Konferenz 1945 festlegte – die »Vier großen D«: Demilitarisierung, Denazifizierung, Dezentralisierung und Demokratisierung. Aber allmählich setzten sich in den Besatzungszonen Bestrebungen der Weltmächte durch, die eine Wiedervereinigung Deutschlands verhindern wollten. So war aus dem Deutschen Reich durch den von Hitler entfesselten Krieg ein zerstörtes und geteiltes Land mit ungewisser Zukunft geworden, dem seine Nachbarn mit Mißtrauen begegneten.

Auch viele der befreiten Staaten »Zwischeneuropas« verloren ihre volle Souveränität und gerieten unter den Einfluß der Sowjetunion. Die Westverschiebung Polens zugunsten der UdSSR wurde mit der Abtretung weiter Gebiete Ostdeutschlands unter »polnische Verwaltung« ausgeglichen. War die endgültige Festlegung der deutschen Grenzen auch einem Friedensvertrag überlassen, so wurde realistischen Zeitgenossen doch bald bewußt, daß die ostdeutschen Territorien auf Dauer an Polen abgetreten werden müßten. In den Ostverträgen von 1970 erkannte die Bundesrepublik Deutschland in enger Abstimmung mit den Alliierten die territorialen Verluste des Deutschen Reiches als Realität an. Erst zu diesem Zeitpunkt schien für viele Deutsche die Last des Zweiten Weltkrieges bewältigt worden zu sein.

Die Weltgesellschaft im Atomzeitalter

Seit dem 6. August 1945, dem Tag des Abwurfs der ersten Atombombe auf Hiroshima, gibt es die Weltgesellschaft – als Notgemeinschaft. Das Zeitalter nach Hiroshima, unsere Zeit, unterscheidet sich von allen anderen Epochen der Vergangenheit durch die Gefahr, daß ein von Menschen angehäuftes Zerstörungspotential jegliches Leben auf diesem Planeten für alle Zeiten vernichten kann. Daher mahnte schon wenige Wochen nach Kriegsende der französische Philosoph und Schriftsteller Jean-Paul Sartre: »Die Gemeinschaft, die sich zur Hüterin der Atombombe gemacht hat..., trägt die Verantwortung für ihr Leben und ihren Tod; es wird in Zukunft nötig sein, daß sie jeden Tag und jede Minute zum Leben ihre Zustimmung gibt. Das ist es, was wir heute erfahren in der Angst.«[1]

Nicht nur der Rauchpilz der Bombe von Hiroshima überschattet unsere Zeit, sondern auch die Rauchschwaden aus den Verbrennungsöfen der nationalsozialistischen »Konzentrationslager«. Nicht nur das *Überleben der Menschen* auf der Erde ist gefährdet, sondern auch ihre *menschenwürdige Existenz.* Der deutsche Philosoph Karl Jaspers hat das systematisch betriebene Vernichtungswerk der Nationalsozialisten als Beweis einer »dunklen Bosheit ohne Humanität« gewertet, »die tiefer greift als die Atombombe, weil sie der Seele des Menschen droht.« Da er fürchtete, daß solch eine fanatisch-brutale Menschenverachtung sich wiederholen »und den Erdball erobern« könne, hoffte und forderte er: »Das schreckliche Vergessen darf nicht stattfinden. Angst muß uns bleiben, die sich umsetzt in aktive Sorge.«[2]

A. Ost-West-Gegensatz: Konfrontation und Kooperation der Machtblöcke

Die Weltpolitik im Atomzeitalter wurde bis Anfang der 90er Jahre von zwei Staaten – den USA und der Sowjetunion – bestimmt. Der Gegensatz zwischen diesen beiden Weltmächten (die oft auch als »Supermächte« bezeichnet werden) und den von ihnen angeführten Machtblöcken durchzog die gesamte Weltgesellschaft. Interkontinental-Raketen, die in Minutenschnelle Atombomben von unvorstellbarer Zerstörungskraft über riesige Entfernungen ins Ziel bringen können, haben die USA und die Sowjetunion in eine unauflösliche und spannungsreiche »Nachbarschaft« gezwungen. Ihre atomaren Vernichtungswaffen lieferten Grundlage und Instrument für die weltpolitische Stärke der Supermächte – darin liegt aber auch ihre besondere Verantwortung begründet, eine wirksame Schwelle vor dem Einsatz von Atomwaffen aufrechtzuerhalten.

I. Die Welt in der Phase des »Kalten Krieges«

1. Sieg ohne Frieden – Das Ringen um die Neuordnung der Welt (1941–1945)

1941 Aug.	Atlantik-Charta
1943 Nov./Dez.	Konferenz der »Großen Drei« in Teheran
1945 Febr.	Konferenz von Jalta
Juni	Gründung der Vereinten Nationen
Juli/Aug.	Potsdamer Konferenz

a) Risse in der »Anti-Hitler-Koalition«: Kriegsziele, Konflikte und Kompromisse. Nach dem Angriff des Deutschen Reiches auf die Sowjetunion im Juni 1941 führte Winston Churchill ebenso zielstrebig wie flexibel eine »coalition of necessity« zwischen den USA, Großbritannien und der UdSSR zusammen. Dieses *Zweckbündnis* aus Staaten mit sehr verschiedenartigen Gesellschaftssystemen, politischen Herrschaftsordnungen, geopolitischen Bedingungen und ökonomischen Interessen blieb stets von einem tiefen Mißtrauen durchsetzt. Bis zum Tage der deutschen Kapitulation fürchteten die Westalliierten wie die Sowjetunion, daß der jeweils andere Bündnispartner sich zu einem Separatfrieden mit dem Feind bereit finden könnte. Die zerbrechliche Allianz wurde nur durch das gemeinsame Ziel zusammengeklammert, die Achsenmächte militärisch niederzuwerfen.

Atlantik-Charta: Weltordnung nach dem Krieg

Die erste programmatische Erklärung zu den positiven Kriegszielen der Alliierten enthielt die *»Atlantik-Charta«*, die der amerikanische Präsident Roosevelt und der britische Premierminister Churchill am 14. August 1941 bekanntgaben. Ihr politisch und ökonomisch liberales Grundsatzprogramm lautete: keine territorialen Gewinne; Recht auf nationale Selbstbestimmung; gleicher Zugang zum Welthandel und zu den Rohstoffen der Erde, internationale Zusammenarbeit zur Verbesserung der sozialen und ökonomischen Lebensbedingungen; Schaffung einer internationalen Friedensordnung auf der Grundlage eines allgemeinen Gewaltverzichtes und der Entmilitarisierung aller Aggressorstaaten.

Sowjetische Vorbehalte

Der Verzicht auf »territoriale oder sonstige Vergrößerungen« und die Betonung des Selbstbestimmungsrechtes konnten als Kritik und Abwehr *sowjetischer Absichten* verstanden werden. Deshalb verband die Sowjetunion ihre Unterzeichnung der Charta mit dem Vorbehalt, daß »sich die praktische Anwendung dieser Prinzipien notwendigerweise an die Umstände, die Bedürfnisse und historischen Eigenheiten bestimmter Länder anpassen« müßte. Die durch den deutsch-sowjetischen Nichtangriffspakt vom August 1939 ermöglichte Verteilung Osteuropas sollte so indirekt bestätigt bzw. legalisiert werden: die Annexion der baltischen Staaten, Ostpolens und Ostrumäniens sowie zusätzliche Gebietsgewinne an der finnischen Eismeerküste. Stalin begründete diese territoriale Expansion mit der Sicherung des russischen Raumes vor künftigen aggressiven Vorstößen aus Mitteleuropa.

Roosevelts Dilemma

Während die britische Regierung sehr zögernd und widerwillig einige Gebietserweiterungen der UdSSR (vor allem im Baltikum) zugestand und somit eine sowjetrussische Vormachtstellung in Osteuropa indirekt duldete, weigerte sich Präsident Roosevelt zunächst entschieden, die Atlantik-Charta zu übergeben und schon während des Krieges endgültige Regelungen anzuerkennen. Diese prinzipientreue diplomatische Strategie war notwendig, um gegenüber der amerikanischen Öffentlichkeit, in der es eine starke isolationistische Strömung gab, die großen Kriegsanstrengungen zu rechtfertigen. Doch geriet so die *Außenpolitik der USA in eine Zwickmühle:* Zum einen wurde das Mißtrauen des Kommunisten Stalin gegenüber der Kooperationsbereitschaft der kapitalistischen USA immer wieder genährt; zum anderen sah sich im Verlaufe des Krieges der realistische Pragmatiker Roosevelt immer stärker gezwungen, eine gemäßigte Hegemonie der Sowjetunion in Osteuropa anzuerkennen. Am Ende war man in Washington davon überzeugt, daß die ins Auge gefaßte Weltfriedensordnung ohne die Mitwirkung der Sowjetunion nicht zu verwirklichen sei.

Teheran: erste Zugeständnisse

So wurde auf der *Konferenz von Teheran* (November/Dezember 1943) die faktische Annexion der baltischen Staaten durch die Sowjetunion indirekt geduldet; ihr territorialer Zugewinn in Polen (bis zur sogenannten »Curzon-Linie«) wurde prinzipiell bestätigt, während Polen durch einen zwar nicht näher bestimmten, aber »beachtlichen territorialen Zuwachs« im Norden und Westen entschädigt werden sollte. Im Oktober 1944 betrieben Churchill und Stalin (in Gegenwart des amerikanischen Botschafters) einen vom britischen Premierminister selbst als »zynisch« charakterisierten Territorialschacher, indem sie »auf einem halben Blatt Papier«, Südosteuropa in russische bzw. britische »Einflußsphären« aufteilten.[3] Diese im Stile traditioneller Großmachtarroganz betriebene Gebietsverteilung wurde vorgenommen, weil die ameri-

»Im Bauche des Bären.« *»Ich habe so das Gefühl, als ob wir ihm doch ein wenig zu weit entgegengekommen wären!« Karikatur von Olaf Gulbransson, 1943, nach der Konferenz von Teheran.*

kanische Regierung beabsichtigte, bald nach Kriegsende die US-Truppen aus Europa abzuziehen. Auch in Ostasien wurde die Welt verteilt: Ohne Absprache mit der verbündeten chinesischen Regierung gestanden die USA in einem Geheimabkommen der Sowjetunion Gebiete und Privilegien in China und auf der Insel Sachalin zu.

Jalta: Einflußzonen und Selbstbestimmungsrecht

Das Dilemma der amerikanischen Außenpolitik zeigte sich am deutlichsten auf der *Konferenz von Jalta* (Februar 1945). Die militärisch bedingten Machtverschiebungen in Ost- und Südosteuropa und somit die Bildung eines sowjetischen Hegemonieraumes wurden nun endgültig anerkannt – wenn auch mit dem Vorbehalt einer möglichen Modifikation durch die späteren Friedensverträge. Gleichzeitig wurde in einer »Erklärung über das befreite Europa« die gemeinsame Verantwortung der Siegermächte für eine freiheitliche Ordnung der Staaten Europas beschworen. Allen Völkern wurde das Recht auf freie Selbstbestimmung bestätigt und die Bildung pluralistisch-demokratischer Regierungen in Aussicht gestellt. Als jedoch die Westmächte versuchten, diese Zusage in den von der Roten Armee besetzten Ländern auch durchzusetzen, wurden sie von den sowjetischen Militärbehörden daran gehindert. Stalin hatte gegen Ende des Krieges einem hohen Funktionär der jugoslawischen KP erläutert:

> »Dieser Krieg ist nicht wie in der Vergangenheit; wer immer ein Gebiet besetzt, erlegt ihm auch sein eigenes gesellschaftliches System auf. Jeder führt sein eigenes System ein, so weit seine Armee vordringen kann. Es kann ja nicht anders sein.«[4]

Konflikt um Polen

Am deutlichsten zeigten sich die Bruchstellen zwischen Konflikt und Kompromiß in der Anti-Hitler-Koalition bei den Auseinandersetzungen über *Polen.* Unter dem Schutz der Roten Armee war bereits fünf Wochen vor der Konferenz von Jalta eine prosowjetische »Polnische Provisorische Regierung« eingesetzt worden. Gemäß der beabsichtigten »Erklärung über das befreite Europa« forderten nun Roosevelt und Churchill die Bildung einer neuen Regierung, an der Vertreter der polnischen Exilregierung, die bei Kriegsausbruch nach London geflüchtet war, gleichberechtigt beteiligt sein sollten. Stalin gestand nur eine »breitere demokratische Basis« (durch Aufnahme von drei Exilpolen) zu. Zwar erhielt das in dieser Weise erweiterte »Kabinett der nationalen Einheit« die offizielle Anerkennung durch die Westalliierten, doch diese konnten nicht verhindern, daß die polnischen Kommunisten mit Hilfe sowjetischer Stellen Wirtschaftsstruktur und Gesellschaftssystem (durch Bodenreform und Verstaatlichung der Industrie) tiefgreifend veränderten. Ihren Höhepunkt erreichte diese von Stalin immer mit dem Argument einer notwendigen Festigung der russischen Sicherheitszone gerechtfertigte Sowjetisierungspolitik im Januar 1947, als die Wahlen zur Verfassungsgebenden Versammlung behindert und gefälscht, nichtkommunistische Politiker verfolgt sowie eine zentrale Planwirtschaft nach sowjetischem Muster eingeführt wurden.

»Bruch von Jalta«

Unter Druck, mit Versprechungen und Täuschungen wurden dann auch in der *Tschechoslowakei,* in *Ungarn, Rumänien* und *Bulgarien* »sowjetfreundliche« Regierungen an die Macht gebracht. Diese Politik des fait accompli unter dem

Schild der Roten Armee wurde in den westalliierten Ländern als *Bruch von Jalta* gebrandmarkt. Churchill prägte schon im Mai 1945 das Bild vom *Eisernen Vorhang,* der von Lübeck bis Triest Europa teilte.

Behandlung Deutschlands nach dem Kriege

Die Frage, was mit *Deutschland* nach dem Kriege geschehen sollte, stellte die Kompromißfähigkeit der Anti-Hitler-Koalition auf die entscheidende Probe. Über das Hauptziel waren die Verbündeten sich einig: zu verhindern, daß Deutschland jemals wieder zum Ausgangspunkt militärischer Aggression in hegemonialer Absicht werden könnte. In Teheran und Jalta wurden dafür die wichtigsten Maßnahmen vorgezeichnet: konsequente Entwaffnung Deutschlands, dauerhafte Schwächung seines Wirtschaftspotentials durch den Abbau schwerindustrieller und hochtechnischer Produktionskapazitäten, Verpflichtung zu Reparationen in Form von Sachleistungen sowie der Aufbau demokratischer Institutionen, der eine »Umerziehung« der deutschen Bevölkerung zu demokratischen Einstellungen erfordern würde. Um diese Ziele zu erreichen, sollte Deutschland vollständig und vorerst unbefristet militärisch besetzt werden. Bis Kriegsende gelang es den Verbündeten jedoch nicht, diese noch recht allgemeinen Vorstellungen in konkrete Einzelregelungen umzusetzen. Vor allem Präsident Roosevelt wich den Festlegungen im Detail aus; wichtiger Grund für solches »postponement« war die Überlegung, daß nach dem Kriege die ökonomische Überlegenheit der USA besser ausgespielt werden könnte.

Konferenz von Potsdam: Verlust der deutschen Ostgebiete

Nach der deutschen Kapitulation wollten die Siegermächte auf der *Konferenz von Potsdam* (17. Juli – 2. Augsut 1945) für die noch offenen Probleme eine Lösung finden. Dabei mußten die Westalliierten ein weiteres fait accompli der Sowjetunion hinnehmen: Das nördliche Ostpreußen und Königsberg waren unter sowjetische Verwaltung gestellt und somit faktisch annektiert worden. Da Polen für seine an die Sowjetunion verlorenen Gebiete im Westen entschädigt werden sollte, übergab Stalin das Gebiet östlich der Oder und der Lausitzer Neiße den polnischen Behörden. Die für die Westalliierten selbstberuhigende Kompromißformel, »daß die endgültige Festlegung der Westgrenze Polens bis zur Friedenskonferenz zurückgestellt werden sollte«, konnte die in Jalta vorgenommene Abgrenzung der Machtzonen nicht rückgängig machen. Eine ähnliche Formeldiplomatie betrieben die beiden Westalliierten auch, als sie trotz aufschreckender Informationen über Ausmaß und Form der Vertreibung (▷ S. 339 f.) der Erklärung zustimmten, die Deutschen aus den bisherigen Ostgebieten des Deutschen Reiches, aus Polen, der Tschechoslowakei und Ungarn sollten »in ordnungsgemäßer und humaner Weise« in das »eigentliche Deutschland« übergeführt werden. Über 12 Millionen Menschen mußten ihre Heimat verlassen; etwa 2 Millionen verloren bei Vertreibung und Flucht ihr Leben.

Deutschland als »wirtschaftliche Einheit«

Entgegen der in Jalta offiziell verabredeten Zerschlagung Deutschlands in mehrere schwache Teilstaaten (dismemberment) wurde nun festgelegt, daß die verbliebenen Reste des Deutschen Reiches während der Besatzungszeit als *»wirtschaftliche Einheit«* zu behandeln seien. Kooperation und gemeinsame Verantwortung der Besatzungsmächte sollten auf Regierungsebene durch einen

»Rat der Außenminister« gewährleistet werden; im besetzten, in Besatzungszonen aufgeteilten Deutschland sollte der aus den Zonenbefehlshabern gebildete *»Alliierte Kontrollrat«*, dessen Beschlüsse einstimmig gefaßt werden mußten, eine einheitliche und auf ganz Deutschland bezogene Besatzungspolitik ermöglichen.

Unterschiedliche Absichten

Die Potsdamer Formel von der wirtschaftlichen Einheit Deutschlands deckte die *unterschiedlichen Interessen* der beiden größten Alliierten. In der amerikanischen Administration hatte sich mit Unterstützung zahlreicher Wirtschaftsmanager die Auffassung durchgesetzt, das leistungsfähige Wirtschaftspotential Deutschlands müsse im Kern erhalten bleiben, um eine Wiederbelebung der vom Zusammenbruch bedrohten Wirtschaft Westeuropas (insbesondere Frankreichs) sowie die Ankurbelung der gesamten Weltwirtschaft zu ermöglichen. Außerdem wären die westlichen Besatzungszonen mit ihrer industriellen Monokultur auf Nahrungslieferungen aus den agrarischen Ostgebieten angewiesen. – Die deutschlandpolitischen Pläne der sowjetischen Führung waren vor allem von der Furcht vor dem wirtschaftlichen, technischen und militärischen Potential Deutschlands beherrscht. Deshalb fanden die verschiedenen Pläne zur Zerstückelung Deutschlands zunächst Stalins Zustimmung; als jedoch die Rote Armee den Osten des Reiches besetzen konnte, bot die Beteiligung an der Kontrolle über ein einheitliches Rumpfdeutschland für die Sowjetunion die Chance, sich die Reparationsleistungen aus den westlichen Besatzungszonen (Ruhrgebiet) zu sichern, die Entstehung einer neuen deutschen Rüstungswirtschaft zu unterbinden und das noch weitgehend intakte deutsche Industriepotential nicht in die Hände der kapitalistischen Mächte fallen zu lassen.

Streit um Reparationen

Grenzen der Kompromißfähigkeit zeigten sich in der Frage der *Reparationen.* Die von der Sowjetunion in Jalta angemeldete Forderung nach Reparationen im Werte von 10 Mrd. Dollar aus einer Gesamtsumme von 20 Mrd. Dollar war von Roosevelt als Grundlage für weitere Verhandlungen akzeptiert, von Churchill dagegen abgelehnt worden. Auch in Potsdam konnte man sich nicht darauf einigen, die absolute Höhe der von Deutschland zu leistenden Reparationen festzusetzen; statt dessen sollte jede Besatzungsmacht ihre Reparationen der eigenen Zone entnehmen; der Sowjetunion wurde ein Anteil von 50 % der späteren Gesamtsumme zugestanden, wobei sie 25 % der in den Westzonen demontierten Industrieanlagen erhalten sollte, von denen sie aber drei Fünftel mit Nahrungsmitteln und Rohstoffen aus ihrer Zone bezahlen müßte. So wurden eigentlich zwei Reparationszonen geschaffen, eine Entscheidung, in der die spätere Teilung Deutschlands bereits vorgezeichnet war.

b) Konzepte zur Weltpolitik – widerstreitende Interessen und Ideologien. Mit der Kapitulation Deutschlands und Japans zersprang die wichtigste Klammer der »coalition of necessity«. Wie wollten nun nach den Zerstörungen und Machtverschiebungen des Krieges die beiden neuen Weltmächte das System der Staaten und Völker ordnen?

UdSSR: Wiederaufbau und Sicherheit

Trotz ihrer militärischen Erfolge und territorialen Gewinne schien die *sowjetische Führung* nach dem Kriege aus einer Position der Schwäche heraus operieren zu müssen. Die Sowjetunion hatte die weitaus größten Kriegsschäden zu ertragen: 20 Millionen Sowjetbürger waren ums Leben gekommen; die Vermögensverluste wurden von sowjetischen Stellen mit 128 Mrd. Dollar angegeben (von amerikanischen Experten dagegen auf 20 Mrd. Dollar geschätzt); die Landwirtschaft war nahezu zerrüttet; die Industrieproduktion blieb weit hinter den Sollziffern der Fünfjahrespläne zurück. Um alle Kräfte auf den Wiederaufbau zu konzentrieren, mußten die Verteidigungsausgaben gesenkt und die Rote Armee demobilisiert werden. Das Trauma von 1941, also die Gefahr der völligen Vernichtung der Sowjetunion als Staat und als Vorbild für den »Aufbau des Sozialismus in einem Lande«, beherrschte seitdem die sowjetische Außenpolitik und sollte durch einen *Kult militärischer Stärke* kompensiert werden. Stalin hielt eine Wiederaufrüstung Deutschlands in absehbarer Zeit für wahrscheinlich. Deshalb sollten die militärischen Gewinne durch einen Ring »sowjetfreundlicher Regime« gesichert werden (▷ S. 367).

USA: Demokratie und freier Welthandel

Die *USA* gingen als einzige Macht militärisch und wirtschaftlich gestärkt aus dem Zweiten Weltkrieg hervor. Nach der Lähmung durch die Weltwirtschaftskrise hatte der Krieg in den USA eine außerordentliche Konjunktur in Gang gebracht: Zwischen 1941 und 1945 verdoppelte sich fast das Nettosozialprodukt von 116,8 Mrd. Dollar auf 201 Mrd. Dollar. Politiker und Publizisten in den USA waren sich dieser Stärke bewußt. Aufgrund ihrer wirtschaftlich-technischen Leistungsfähigkeit und ihrer freiheitlichen politischen Wertordnung seien die *USA zur Rolle der führenden Weltmacht* verpflichtet und berufen. »Wir müssen der gute Samariter der ganzen Welt sein!« – so der einflußreiche Publizist Henry Luce in seinem vielbeachteten Essay: »The American Century«.[5] Nur die »pax americana« würde globale Prosperität gewährleisten. Diese missionarisch pathetische Vision wurde von nüchternen *wirtschaftlichen Erwägungen* gestützt: Die »Waffenschmiede der Demokratie« mußte auf den Bedarf einer Friedenswirtschaft umgestellt werden. Experten schätzten, daß die amerikanische Wirtschaft dreimal soviel wie vor dem Krieg exportieren müßte, um die vorhandenen Produktionskapazitäten (die Hälfte der gesamten Welt) auszulasten. Die politischen und ökonomischen Führungsgruppen befürchteten eine neue weltweite große Depression. Wie in den dreißiger Jahren würden die Staaten dann vermutlich wieder ihre Zuflucht zu einer kurzsichtigen egoistischen Autarkiepolitik nehmen. Hunger und Not in den vom Krieg ruinierten Ländern Europas würden zwangsläufig in politisches Chaos führen und erneut die Menschen zum Opfer »totalitärer« Ideologien – nun in Gestalt des Kommunismus – werden lassen. Die Überzeugung von der untrennbaren *Einheit von Wirtschaftssystem und Herrschaftsordnung*, die stets amerikanische Innen- und Außenpolitik geprägt hat, ließ ein liberales Weltwirtschaftssystem als unabdingbar erscheinen. Die schlagwortartigen Programmformeln *one world* und *open door* kennzeichneten diese Mischung aus Vision und Kalkül.

Gegen Ende des Krieges schuf die amerikanische Regierung den Bedingungs-

Das System von Bretton Woods

rahmen für solch ein liberales Weltwirtschaftssystem. Auf einer internationalen Finanz- und Währungskonferenz in *Bretton Woods,* an der im Sommer 1944 insgesamt 44 Staaten (die UdSSR als Beobachter) teilnahmen, wurde der US-Dollar als Leitwährung festgesetzt; feste Wechselkurse und die freie Konvertibilität aller Währungen sollten das Weltwirtschaftssystem stabilisieren und liberalisieren (dieses System galt bis 1973). Im Oktober 1947 unterzeichneten 23 Staaten das *GATT-Abkommen* (General Agreement on Tarifs and Trade), das durch den Abbau von Zöllen und Handelsbeschränkungen den Welthandel liberalisieren sollte. (Heute werden innerhalb des GATT, dem sich über 100 Staaten angeschlossen haben, rund 80 % des gesamten Welthandels abgewikkelt.)

Pax americano-sovietica

Realisten innerhalb der politischen Führung der USA – unter ihnen Roosevelt selbst – erkannten jedoch seit der Konferenz von Teheran in zunehmendem Maße, daß der Anspruch der USA auf wohlwollende Suprematie mit den Großmachtinteressen der UdSSR in Konflikt geraten müßte. Die Vision einer »pax americana« mußte dem Konzept einer Weltfriedensordnung weichen, die auf dem Interessenausgleich und der Zusammenarbeit vor allem der beiden neuen Welt-Mächte beruhen sollte – eine *»pax americano-sovietica«.* Den institutionellen Rahmen für diese neue integrative Weltordnung sollten die »Vereinten Nationen« bilden.

c) Die Gründung der Vereinten Nationen – ein Kompromiß aus machtpolitischem Kalkül? Seit 1941 wurde der Krieg als Welt-Krieg begriffen und geführt. In der Atlantik-Charta wurden die Grundlinien einer Welt-Friedensordnung skizziert. Die im Juni 1945 von 50 Staaten einstimmig verabschiedete Charta der *»United Nations Organization«* (UNO – später UN) enthält wesentliche Punkte dieser positiven Kriegszielprogrammatik. Art. 1 der Charta umreißt die *Aufgaben:*

Ziele der UN

»...den Weltfrieden und die internationale Sicherheit wahren und zu diesem Zweck wirksame Kollektivmaßnahmen treffen; ... freundschaftliche, auf der Achtung vor dem Grundsatz der Gleichberechtigung und der Selbstbestimmung der Völker beruhende Beziehungen zwischen den Nationen entwickeln; ... eine internationale Zusammenarbeit herbeiführen, um internationale Probleme wirtschaftlicher, sozialer, kultureller und humanitärer Art zu lösen, und die Achtung vor den Menschenrechten und Grundfreiheiten für alle ohne Unterschied der Rasse, des Geschlechts oder der Religion fördern und festigen.«[6]

Organisation

Entstehung und Konstruktion der UNO sind von den beiden sich gegenseitig überlagernden Strategien der amerikanischen Außenpolitik während des Krieges geprägt: universalistische One-world-Vision und Interessenausgleich der Großmächte. In der zuerst genannten Perspektive (sie wurde vor allem vom amerikanischen Außenminister Cordell Hull vertreten) sollten die Vereinten Nationen die Zusammenarbeit aller Staaten organisieren, um Hunger und Armut als wichtiste Ursachen von Kriegen zu beseitigen und so zu einem »peaceful change« zugunsten der gesamten Menschheit beizutragen. Deshalb

Am 26. Juni 1945 unterzeichnen in San Francisco die Vertreter von 50 Staaten in Anwesenheit des amerikanischen Präsidenten Harry S. Truman die Gründungsurkunde der Vereinten Nationen.

erhielt die *Generalversammlung,* in der jeder Staat gleichberechtigt mitwirken kann, weitreichende Kompetenzen. *Sonderorganisationen* sollen soziale und wirtschaftliche Konfliktstoffe als mögliche Kriegsursachen entschärfen oder beseitigen.

Abweichend davon gelangte Präsident Roosevelt unter dem Eindruck der weltpolitischen Machtverhältnisse zu der Überzeugung, daß den *Großmächten als »Weltpolizisten«* eine besondere Verantwortung zur Sicherung des Weltfriedens zukäme. Kern dieser Friedensordnung bilde die gleichberechtigte Zusammenarbeit der Großmächte, die, wenn sie sich einig wären, die internationale Sicherheit auch mit politischem, wirtschaftlichem oder militärischem Zwang gegen andere Staaten schützen könnten. Dementsprechend wurde ein *»Sicherheitsrat«* gebildet, dem fünf ständige Mitglieder – USA, UdSSR, Großbritannien, Frankreich und China (zunächst die Nationalregierung bzw. Taiwan, seit 1971 die Volksrepublik) – und zehn weitere Mitglieder angehören, die von der Vollversammlung jeweils für zwei Jahre gewählt werden. Beschlüsse des Sicherheitsrates müssen von den ständigen Mitgliedern einstimmig getragen werden, d. h. die angestrebte kollektive Sicherung des Weltfriedens kann durch das Veto einer der fünf Großmächte blockiert werden.

Schwäche der UN

In der UN-Charta heißt es, die Organisation ruhe auf dem Grundsatz der souveränen Gleichheit aller ihrer Mitglieder. Das *Prinzip der einzelstaatlichen Souveränität* verbietet jeden Eingriff in die inneren Angelegenheiten der Mitgliedstaaten, auch wenn dort die in der UN-Charta verkündeten Menschenrechte massiv verletzt werden. Jedes Mitglied kann sich außerdem auf das in der Charta verbriefte »naturgegebene Recht zur individuellen oder kollektiven Selbstverteidigung« berufen. Als freiwilligem Zusammenschluß souveräner

Nationalstaaten – von einer Oligarchie privilegierter Großmächte gesteuert und häufig blockiert – bleiben der UNO die ökonomischen und militärischen Machtmittel vorenthalten, um das Ziel der kollektiven Friedenssicherung zu garantieren. Doch in mehreren regionalen Konflikten konnten die im Auftrag der UN eingesetzten Truppen Waffenstillstandsabkommen überwachen und als dämpfender Puffer zwischen den Fronten wirken.

2. Schritte in den »Kalten Krieg« – Die Spaltung Europas und die Teilung Deutschlands (1945–1948)

1945 Juni	Übernahme der Regierungsgewalt in Deutschland durch die Vier Mächte
1947 Jan.	Vereinigung der amerikanischen und britischen Besatzungszone (Bi-Zone)
März	Truman-Doktrin
Juni	Marshall-Plan zum wirtschaftlichen Wiederaufbau Europas
1948 Juni	Beginn der Berliner Blockade (bis Mai 1949)
1949 Mai	Gründung der Bundesrepublik Deutschland
Okt.	Gründung der Deutschen Demokratischen Republik

a) Die USA und die UdSSR im Kampf um die Vorherrschaft. Im April 1945 starb Roosevelt; Vizepräsident *Harry S. Truman,* der bisher an den außenpolitischen Entscheidungen nicht beteiligt worden war, übernahm die Führung der amerikanischen Regierung. Nach langen Auseinandersetzungen kam die neue Administration zu der Überzeugung, das universalistisch-optimistische *Konzept der »one world« sei gescheitert.*

Die Spannungen nehmen zu

Anlässe und Gründe für diesen Sichtwechsel boten in den Jahren 1945–1947 zahlreiche Spannungen und Konflikte zwischen der Sowjetunion und ihren früheren Alliierten. Gegen Ende des Krieges in Ostasien war die Rote Armee in die Mandschurei und nach Nordkorea einmarschiert. Mit dem ausdrücklichen Hinweis auf das Vorgehen der UdSSR in Osteuropa lehnten im Herbst 1945 die USA eine russische Beteiligung an der Besatzung und Kontrolle Japans ab. In China flammte seit April 1946 der während des Kampfes gegen die japanischen Invasoren vorübergehend eingestellte Bürgerkrieg zwischen der Nationalregierung unter Tschiang Kai- schek und den von Mao Zedong geführten und von Moskau unterstützten Kommunisten wieder auf. In Persien wurde im Frühjahr 1946 die UdSSR gezwungen, sich dem massiven Druck der USA (unter Einschaltung des UN-Sicherheitsrates) zu beugen und ihre Truppen aus zwei nördlichen Provinzen abzuziehen sowie den Anspruch auf persische Ölkonzessionen aufzugeben. Im Sommer 1946 forderte die sowjetische Regierung von der Türkei, an der Kontrolle der Dardanellen beteiligt zu werden. Daraufhin wurden demonstrativ Verbände der US-Navy ins Mittelmeer entsandt. Auch der Anspruch der UdSSR, daß sie als Siegermacht an der Aufteilung der italienischen Eroberungen beteiligt sein müßte und ihr die treuhänderische Verwaltung von Tripolitanien in Nordafrika übertragen werden sollte, wurde von den Westalliierten abgewiesen. Nicht nur in Polen, auch in Bulgarien, Rumänien und Ungarn wurden 1946/47 unter massivem Druck der Roten Armee durch Wahlmanipulationen und Terror kommunistische Einparteienregierungen an die Macht gebracht, nachdem sich nämlich gezeigt hatte, daß die kommunistischen Parteien in diesen Ländern aus eigener Kraft keine demokratische Legitimation gewinnen konnten. Seit Sommer 1946 versuchten in Griechenland kommunistische Partisanen, die tatkräftige Unterstützung der kommunistischen Nachbarstaaten Bulgarien, Jugoslawien und Albanien erhielten, die von einem monarchisch-autoritären Regime gehaltene Regierungsgewalt an sich zu reißen.

Zwischen Konfrontation und Kooperation

Trotz dieser zahlreichen Konflikte versuchte die Regierung in Washington bis Anfang 1947 noch eine *zweiteilige Diplomatie* zu verfolgen: einerseits scheute man nicht die offene Konfrontation (bis hin zu »Flottendiplomatie«); andererseits zeigten die Westalliierten sich zu Kompromissen bereit. So wurden die Friedensverträge mit Italien, Ungarn, Bulgarien, Rumänien und Finnland einvernehmlich mit der UdSSR ausgehandelt und dieser dabei beträchtliche territoriale und finanzielle Gewinne zugebilligt (Unterzeichnung im Februar 1947). Korea wurde dem 38. Breitengrad entlang in zwei Besatzungszonen geteilt, die jeweils von russischen bzw. amerikanischen Truppen gehalten wurden. Diese Bereitschaft zu einer kooperativen Konfliktregulierung gründete in der Überzeugung des State Department, die UNO biete »das beste Mittel, der sowjetischen Expansion entgegenzutreten«. Dort sah sich die Sowjetunion auch schon in die Defensive gedrängt: Von 1946 bis 1949 legte sie in 47 Fällen im Sicherheitsrat ihr Veto ein (bei insgesamt 49 Vetos).

Stalins Mißtrauen

Die sowjetische Führung unter Stalin versuchte, durch eine taktische Mischung von Blockade und Vorstoß das *Eroberte zu sichern* und der teils tatsächlich befürchteten, teils propagandistisch behaupteten *Einkreisung* durch einen Ring feindlich gesinnter kapitalistischer Mächte zu entgehen. Der Streit um die deutschen Reparationsleistungen (▷ S. 359) sowie die Ablehnung eines zuvor von amerikanischen Stellen empfohlenen Gesuchs der sowjetischen Regierung um einen Warenkredit in Höhe von 6 Mrd. Dollar durch die USA wurden als Beweise einer kapitalistischen Offensivstrategie angesehen. Zwischen den Führungseliten in Partei, Wirtschaft und Militär war es umstritten, wie der Wiederaufbau der Sowjetunion zustande gebracht werden könnte. Stalins Auffassung setzte sich durch, wie in den dreißiger Jahren alle Kräfte auf die Schwerindustrie zu konzentrieren und die Rüstungstechnik der Roten Armee zu verbessern. Um die erschöpfte, nach Konsumgütern verlangende Bevölkerung zu mobilisieren und zu disziplinieren, wurde die besondere Stimmung der gemeinsamen Kriegsanstrengungen propagandistisch konserviert. In einer Rede (Februar 1946) begründete Stalin die Entscheidung zu weiteren Opfern mit der marxistisch-leninistischen Doktrin vom prinzipiellen Kriegswillen kapitalistischer Staaten. In den USA wurde diese Rede als »Kriegserklärung des Dritten Weltkrieges« bezeichnet.

Die Wende zum »Containment«

Innerhalb der amerikanischen Regierung gewannen allmählich diejenigen Politiker und Diplomaten die Oberhand, die in den Spannungen und Konflikten seit Jalta den Beweis dafür sahen, daß sich der weltrevolutionäre Anspruch der *kommunistischen Ideologie* mit den traditionellen geopolitischen Zielen des *russischen Imperialismus* zu einem *globalen Machtanspruch der UdSSR* verbunden habe. Die UdSSR wurde als das völlige *Gegenmodell* zur eigenen politischen Ordnung begriffen. Die Konsequenzen, die aus solch einem Befund über die ideologischen Motive und weltpolitischen Ziele der UdSSR gezogen werden sollten, faßte der Chef des Planungsstabes im State Department, *George F. Kennan,* im Konzept des *Containment* (Eindämmung) zusammen: Die offene territoriale Expansion der Sowjetunion müsse durch global orientierte militärische Maßnahmen in Schach gehalten werden; der versteckten Infiltration durch die von Moskau gesteuerten kommunistischen Parteien in den vom Krieg geschwächten Ländern müsse durch großzügige Wirtschaftshilfe der Boden entzogen werden. Letztlich müsse die *Teilung der Welt* in zwei Machtbereiche in Kauf genommen werden. Langfristig würde dies den Sowjetblock schwächen und spalten.

Truman-Doktrin

Seit Frühjahr 1946 gewannen die Auffassungen Kennans in der amerikanischen Öffentlichkeit immer größere publizistische Resonanz. Präsident Truman, der sich einer Mehrheit von Republikanern in beiden Häusern des Kongresses gegenübersah, nutzte diesen Meinungsstrom, um den auf Sparsamkeit bedachten Kongreß zu einem Programm weltweiter Auslandshilfe zu bewegen. Unmittelbaren Anlaß dazu boten die Vorgänge in Griechenland und in der Türkei. In einer Rede vor beiden Häusern des Kongresses (12. März 1947) umriß der Präsident die sogenannte *»Truman-Doktrin«,* die nicht nur diesen beiden Mittelmeerländern, sondern »allen freien Völkern« den Beistand der USA gegen eine gewaltsame sowjetische bzw. kommunistische Bedrohung versprach.

Im Kampf zwischen zwei sich gegenseitig ausschließenden politischen »Lebensformen« – freiheitliche Demokratie gegen totalitäres Einparteienregime – »muß es die Politik der Vereinigten Staaten sein, die freien Völker zu unterstützen, die sich der Unterwerfung durch bewaffnete Minderheiten oder durch Druck von außen widersetzen«.[7]

Die Teilung der Welt

So war der *Ost-West-Gegensatz* zum *Grundmuster der Weltpolitik* geworden. Ein begrenzter Konflikt im Mittelmeer-Raum bot den Anlaß einer globalen Konfrontationsstrategie. Dahinter standen zwei Befürchtungen: zum einen die *Furcht vor einem »zweiten München«;* die westlichen Demokratien sollten sich nicht wieder den zynischen Täuschungen und Erpressungen eines »totalitären« Regimes fügen. Zum anderen sah man die Gefahr, daß, »wie Äpfel in einem Sack von der Fäulnis eines einzigen Exemplars angesteckt werden…, der Niedergang Griechenlands den Iran und alle östlichen Länder anstecken [könnte]…, ebenso Afrika…, Italien und Frankreich« (Dean Acheson).[8]

Anspruch und Angebot der Truman-Doktrin galten weltweit. Die Aufmerksamkeit der amerikanischen Regierung konzentrierte sich jedoch zunächst auf Mittel- und Westeuropa. Dort hatten die Verwüstungen des Krieges und extrem harte Winter die wirtschaftliche Produktionsfähigkeit nachhaltig geschwächt. In Washington befürchtete man, das wirtschaftliche Elend könnte die Machtübernahme durch kommunistische Parteien in Italien und Frankreich erleichtern.

Marshall-Plan: Hilfe für Europa

Mehr als 12 Mrd. Dollar hatten die USA seit Ende des Krieges als Kredite oder Zuschüsse an die einzelnen europäischen Staaten vergeben – ohne erkennbaren Erfolg. Im Juni 1947 umriß der amerikanische Außenminister *George C. Marshall* die Grundzüge eines neuartigen *Hilfsprogramms der USA zum wirtschaftlichen Wiederaufbau Europas* (European Recovery Program – ERP). Alle europäischen Staaten – die Sowjetunion eingeschlossen – wurden aufgefordert, gemeinsam langfristige Bedarfsanalysen und Verteilungspläne für die von den USA bereitgestellten Darlehen und Subventionen zu erstellen. Ziel der Hilfe sei, »die Wiederherstellung einer funktionierenden Weltwirtschaft und damit auch die Herstellung politischer und sozialer Verhältnisse, die zum Existieren freiheitlicher Institutionen nötig sind«. Nachdem sich 16 Staaten nach langwierigen Verhandlungen zur Organization for European Economic Cooperation (OEEC) zusammengeschlossen hatten (die drei deutschen Westzonen wurden durch die jeweiligen Zonenbefehlshaber repräsentiert), liefen im April 1948 die Hilfeleistungen an, die innerhalb von vier Jahren insgesamt 12,4 Mrd. Dollar betrugen. Der größte Teil dieser Gelder ging nach Frankreich und Großbritannien. Für die deutschen Westzonen brachten sie den Vorteil, daß dringend benötigte Nahrungsmittel und Investitionsgüter eingeführt werden konnten, ohne daß dafür Devisen gezahlt werden mußten. Besonders kritische Bereiche der Produktionsstruktur (wie Transport, Energie, Bergbau, Wohnungsbau) konnten gezielt gefördert werden. In wirtschaftlicher Hinsicht brachte der Marshall-Plan einen wichtigen *Verstärkereffekt* für die Ankurbelung der westeuropäischen Wirtschaft. Politisch bedeutete er den ersten Schritt zu einer *Integration* der drei westlichen Besatzungszonen in den größeren Verbund west- und südeuropäischer Staaten, die durch die koordinierende Organisation des Planes zu intensiven Wirtschaftsbeziehungen gedrängt wurden.

Der Wieder-Aufbau Europas – *nach neuen Plänen. Plakat von Alban Wyss zu einem Wettbewerb für den Marshall-Plan.*

Die UdSSR lehnt ab

Die sowjetische Führung zeigte zunächst Interesse, sich an dem Programm zu beteiligen. Als jedoch deutlich wurde, wie eng die beteiligten Staaten ihre Maßnahmen aufeinander abstimmen sollten, *wies die UdSSR das Angebot des Marshall-Plans zurück* und zwang alle anderen Regierungen in ihrem Machtbereich, dasselbe zu tun. Die von den USA verlangte Koordination der Empfängerländer wurde als eine »Einmischung in die inneren Angelegenheiten der europäischen Staaten« abgelehnt. Offensichtlich wollte die Sowjetunion ihre eigenen Wirtschaftsplanungen nicht offenlegen und fürchtete, die Kontrolle über ihren Machtbereich zu verlieren. Auf einer Konferenz osteuropäischer sowie italienischer und französischer KP-Führer formulierte im Herbst 1947 der sowjetische Delegationsleiter *Shdanov* die Moskauer Sicht der weltpolitischen Situation:

Die Theorie der »zwei Lager«

Im Gefolge des Krieges sei die »gesamte politische Weltkarte umgestaltet« worden; *zwei »Hauptlager«* stünden sich unversöhnlich gegenüber: »das imperialistische anti-demokratische Lager, dessen Hauptziel die Weltherrschaft des amerikanischen Imperialismus und die Zerschlagung der Demokrtie ist, und das anti-imperialistische und demokratische Lager, dessen Hauptziel die Untergrabung des Imperialismus, die Festigung der Demokratie und die Liquidierung der Überreste des Faschismus ist«. Die USA betrieben eine »expansionistische Weltpolitik«. Bollwerk gegen diesen Versuch einer »kapitalistischen Versklavung« seien die UdSSR und »die Länder der neuen Demokratie«. Wichtige Vorposten im »anti-imperialistischen Kampf« seien die »brüderlichen kommunistischen Parteien in allen Ländern«.[9]

Um deren Kampf zu koordinieren, wurde nun ein gemeinsames *»Kommunistisches Informationsbüro« (Kominform)* eingerichtet, durch das vor allem die kommunistischen Parteien Europas auf dem von der KPdSU vorgegebenen Kurs gehalten werden sollten.

Sowjetisierung Osteuropas

In den folgenden Monaten verstärkten die kommunistischen Regierungsparteien in den osteuropäischen Staaten ihren Diktaturanspruch. Wie hart und ohne Rücksicht auf demokratische Legitimation die alleinige Kontrolle über die Staatsgewalt erkämpft wurde, zeigte sich Ende Februar 1948 in der Tschechoslowakei, als dort die Kommunisten durch einen Staatsstreich die Macht eroberten. Die »neuen Demokratien«, die sich als *»Volksrepubliken«* bezeichneten, wurden durch einseitig ausbeuterische »Freundschafts- und Beistandspakte« eng an die UdSSR gebunden. Innerhalb dieser »Satellitenstaaten« (wie man sie dann bald in den westlichen Ländern bezeichnete) wurden nun nach sowjetischem Muster alle Kräfte auf die Schwerindustrie konzentriert, die Landwirtschaft kollektiviert und eine zentralistische Wirtschaftsplanung durchgesetzt. Nur Jugoslawien konnte sich diesem Hegemoniesog entziehen (▷ S. 402).

Der offene »Kalte Krieg«

So mündete die während der Anti-Hitler-Koalition stets erhobene Forderung nach »freundlichen« Nachbarstaaten der Sowjetunion in die von machtpolitischen und ideologischen Motiven gestützte Strategie einer disziplinierten Blockbildung. Ein *neues Imperium* entstand. Die Zurückweisung der Kooperation, die im Marshall-Plan angeboten wurde, schloß gleichsam den »Eisernen Vorhang« vollständig; sie bedeutete das »Ende der Diplomatie« (Daniel Yergin) und markierte den offenen Beginn des »Kalten Krieges«.[10]

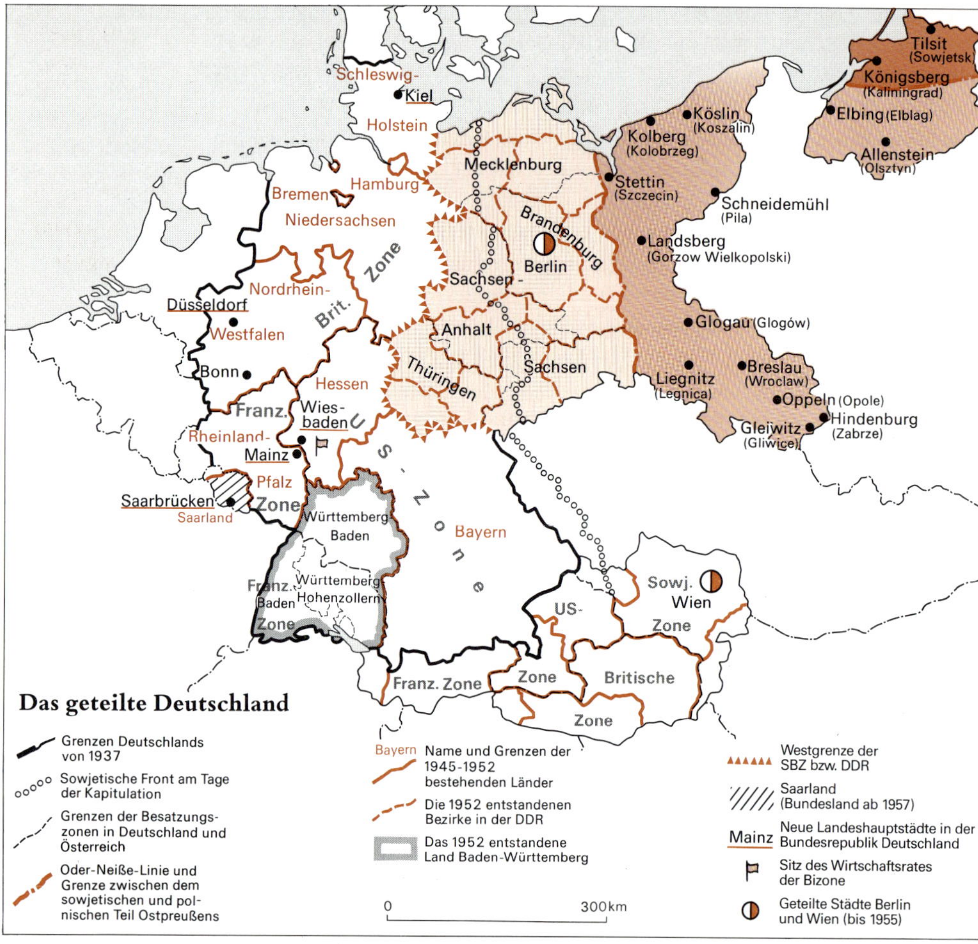

Eigeninteressen der Besatzungsmächte

b) Deutschland – Objekt rivalisierender Siegermächte. In mehrdeutigen Absichtserklärungen hatte man sich auf der *Potsdamer Konferenz* geeinigt, den Rest des Deutschen Reiches als *Einheit* zu behandeln und mittels gemeinsamer Organe zu verwalten (▷ S. 358). Bei der praktischen Durchführung verhinderte jedoch die französische Regierung eine einheitliche Organisation des politischen und wirtschaftlichen Lebens, weil sie ein wiedererstarktes Gesamtdeutschland fürchtete. Daraufhin wurde die Besatzungspolitik in den einzelnen Zonen zunehmend nur von den Interessen der jeweiligen Besatzungsmacht diktiert. Ökonomische Überlegungen hatten dabei den Vorrang. Beide Weltmächte wollten die Einheit Deutschlands nutzen, jedoch mit gegensätzlichen Absichten: hier Rekonstruktion und Integration in das Weltwirtschaftssystem, dort Ausnutzung und Ausschaltung des deutschen Wirtschaftspotentials.

Dieser grundsätzliche Interessenkonflikt konnte auf den fünf Konferenzen des »Rats der Außenminister«, die zwischen 1945 und 1947 stattfanden, nicht gelöst werden. Die Westalliierten verweigerten der Sowjetunion die Teilnahme an der Viermächte-Kontrolle über das Ruhrgebiet; der Streit über Höhe und Form der deutschen Wiedergutmachungsleistungen an die UdSSR, der schon die Kriegskonferenzen belastet hatte, konnte nicht beigelegt werden.

Der Weg zum westdeutschen Teil-Staat

Harte Ernährungs- und Versorgungskrisen in den westlichen Besatzungszonen brachten diese 1946/47 an den Rand eines *wirtschaftlichen Zusammenbruchs.* Nach Meinung der amerikanischen Militärregierung unter General *Lucius D. Clay* wurde diese Gefahr noch durch die (gemäß früheren Abmachungen durchaus zulässige) Praxis der sowjetischen Behörden verschärft, Wiedergutmachungsleistungen aus der laufenden Produktion abzuführen, ohne dafür im Interzonenhandel Nahrungsmittel zu liefern. Um die Lebensfähigkeit der Westzonen zu sichern, wurden die Demontagen eingestellt und der UdSSR weitere Reparationslieferungen aus diesem Gebiet verweigert (Mai 1946); die amerikanische und britische Zone wurden zu einem einheitlichen, aber noch erweiterungsfähigen Wirtschaftsgebiet, der *»Bi-Zone«,* zusammengeschlossen (Januar 1947), mit der im Laufe des Jahres 1948 die französische Besatzungspolitik koordiniert wurde; tiefgreifende Veränderungen der wirtschaftlichen Eigentumsverhältnisse (z.B. die Sozialisierung der Grundstoffindustrie) wurden nicht zugelassen, eine ökonomisch unerläßliche *Währungsreform* wurde vorgenommen (Juni 1948) und schließlich im Juni/Juli 1948 der Auftrag zur *Gründung eines westdeutschen Teil-Staates* an die Ministerpräsidenten der inzwischen neugeschaffenen Länder als Repräsentanten der deutschen Bevölkerung erteilt. Diese Entscheidungen zielten zwar auf die besonderen Verhältnisse in Deutschland und ergaben sich aus den Schwierigkeiten einer gemeinsamen Besatzungspolitik, letztlich aber sollte im Rahmen der Containment-Strategie der neue westdeutsche Staat *Westeuropa* gegenüber dem östlichen Hegemoniestreben *stärken.*

Die Sowjetisierung Mitteldeutschlands

Die sowjetische Führung verfolgte dagegen eine zweigleisige Deutschlandpolitik; einerseits versuchte sie ein *gesamtdeutsches Mitspracherecht* aufrechtzuerhalten; andererseits begann sie früh, ihrer Besatzungszone eine *neue politische und wirtschaftliche Struktur* aufzuprägen. So wurden alle landwirtschaftlichen Großbetriebe enteignet, die Schlüsselindustrien verstaatlicht, eine zentralistische Verwaltungsorganisation errichtet sowie die Funktionseliten in Bildung, Justiz, Verwaltung und Wirtschaft ausgetauscht. Wie zielstrebig die Formierung des eigenen Machtbereichs auf deutschem Boden betrieben wurde, zeigte sich, als im April 1946 in der sowjetischen Besatzungszone unter Druck der Militärregierung und gegen den Widerstand zahlreicher Sozialdemokraten die KPD mit der SPD zur »Sozialistischen Einheitspartei Deutschlands« (SED) zusammengeschlossen wurde, in der die Kommunisten alle wichtigen Schlüsselpositionen besetzten. Die SED errichtete mit Hilfe der sowjetischen Behörden hinter der Fassade eines Mehrparteiensystems faktisch eine *Einparteiendiktatur.* Kommunistische Doktrin und rigorose Eintreibung der Reparationen führten zu einer

In Berlin stießen Anspruch und Wirklichkeit der Blöcke *am deutlichsten aufeinander. Das Foto wurde Mitte Mai 1949 aufgenommen.*

völligen Veränderung der Wirtschaftsstruktur. 45 % aller Industrieanlagen (etwa 1300 Betriebe) wurden demontiert; 25 % wurden konfisziert und mußten als »Sowjetische Aktiengesellschaften« für die UdSSR weiterarbeiten. So wurden Reparationen im Werte von schätzungsweise 30 Mrd. Dollar aus der sowjetischen Besatzungszone herausgepreßt. Wie in den anderen »Volksdemokratien« wurde auch in der sowjetischen Besatzungszone im Laufe der Jahre 1947/48 das System einer zentralen Planwirtschaft durchgesetzt, was die Umwandlung der meisten Produktionsstätten zu »Volkseigenen Betrieben« notwendig machte.

Berliner Blockade – erste Zuspitzung des »Kalten Krieges«

Als deutlich wurde, daß die USA und Großbritannien einen Weststaat bilden wollten, kündigte die UdSSR ihre Mitarbeit im Alliierten Kontrollrat auf. Die Währungsreform in den Westzonen wurde als bewußte Maßnahme zur Spaltung Deutschlands verstanden: Am 24. Juni 1948 verhängte die sowjetische Militärregierung eine *Blockade der Berliner Westsektoren.* Über die »Luftbrücke« versorgten Amerikaner und Briten mehr als 2 Millionen Menschen in den Westsektoren; mit disziplinierter Opferbereitschaft und entschiedener Ablehnung aller Versuche, den Westteil der Stadt kommunistischer Kontrolle zu unterwerfen, unterstützten diese den Einsatz der Westalliierten. Die USA wollten beweisen, daß sie auch in Deutschland zu einer Gegenoffensive im Sinne des Containment-Konzepts entschlossen waren. So wurden amerikanische Bombergeschwader auf englische Luftwaffenstützpunkte verlegt. Aber die USA wollten die erste offene Machtprobe der neuen weltpolitischen Rivalen nicht zu einem Krieg um Berlin zuspitzen; deshalb wurde Clays Vorschlag, mit Panzern nach Berlin durchzubrechen, abgelehnt. Auch die sowjetische Führung konnte und wollte angesichts der demonstrativ bewiesenen Machtressourcen der Amerikaner und des Widerstandswillens der Westberliner Bevölkerung keinen Krieg um Berlin riskieren; am 12. Mai 1949 wurde die Blokkade aufgehoben.

Zwei deutsche Staaten

Unter dem Eindruck der Berliner Blockade wichen die starken Bedenken, die viele deutsche Politiker in den Westzonen – die Ministerpräsidenten wie die Sprecher der Parteien – gegen den Auftrag der Besatzungsmächte zur Gründung eines westdeutschen Teil-Staates erhoben hatten. Nach verhältnismäßig kurzen Beratungen trat am 23. Mai 1949 die mit Rücksicht auf die spätere Wiedervereinigung Deutschlands bewußt als »Grundgesetz« bezeichnete Verfassung der neuen *»Bundesrepublik Deutschland«* in Kraft (▷ S. 416 ff.). Der Preis für die Schaffung eines demokratischen Rechtsstaates und dessen von Anfang an beabsichtigte Integration in die Gemeinschaft der westeuropäischen Nationen war die Teilung Deutschlands. Nachdem in der Bundesrepublik der erste Bundestag gewählt und eine Bundesregierung gebildet worden war, wurde in einem von langer Hand vorbereiteten Gegenzug die sowjetische Besatzungszone als *»Deutsche Demokratische Republik«* konstituiert (7. Oktober 1949).
Die Teilung Deutschlands war letztlich unvermeidbar, spiegelte sie doch die Spaltung Europas wider. Keine der beiden Weltmächte glaubte es zulassen zu können, daß das Zentrum Europas in die Hände des weltpolitischen Rivalen fiel. Wenn schon nicht ganz Deutschland in den eigenen Herrschafts- und Sicherheitsbereich eingepaßt werden konnte, dann wenigstens der Teil, über den man die Kontrolle besaß.

3. Der »Kalte Krieg« – Weltweite Konfrontation (1949–1961)

1949	**April**	Gründung der NATO
	Aug.	Zündung der ersten Atombombe der UdSSR
	Okt.	Proklamierung der Volksrepublik China
1950	**Juni**	Ausbruch des Korea-Krieges (bis Juli 1953)
1952	**März/April**	Deutschland-Noten Stalins
1955	**Mai**	Beitritt der Bundesrepublik Deutschland zur NATO Gründung des Warschauer Paktes
1956	**Febr.**	XX. Parteitag der KPdSU: »friedliche Koexistenz«
	Okt.	Aufstand in Ungarn
1958	**Nov.**	Beginn der Berlin-Krise
1961	**Aug.**	Bau der »Berliner Mauer«

Allianz gegen die Expansion des Sowjetimperiums

a) Die Gründung der NATO, der Bürgerkrieg in China und der Wettlauf um die Atombombe. Die Containment-Politik der USA mußte ihre erste Bewährungsprobe in Europa bestehen. Gegen militärische Aggression und innenpolitische Infiltration der Kommunisten sollte der enge wirtschaftliche und militärische Zusammenschluß Westeuropas schützen. Der kalte Staatsstreich der Kommunisten in der Tschechoslowakei im Februar 1948 verstärkte die Argumente für solche Pläne. Am 17. März 1948 wurde der *Brüsseler Vertrag* unterzeichnet, in dem sich Großbritannien, Frankreich und die Beneluxländer zu wechselseitigem Beistand im Falle eines bewaffneten Angriffes in Europa verpflichteten und eine intensive wirtschaftliche und politische Zusammenarbeit verabredeten. Bereits einen Monat später baten diese fünf Mächte die USA offiziell um Unterstützung. Der Senat des amerikanischen Kongresses ermächtigte den Präsidenten, auch in Friedenszeiten außerhalb des amerikanischen Kontinents Bündnisse abzuschließen – eine deutliche Abkehr von der Tradition amerikanischer Außenpolitik. Die Truman-Doktrin erhielt so eine militärische Legierung.

Die NATO

Nach langwierigen Verhandlungen über die konkrete Form der amerikanischen Beteiligung wurde dann – während der Berliner Blockade – am 4. April 1949 in Washington der *Nordatlantikvertrag* zwischen zehn europäischen Staaten, den USA und Kanada unterzeichnet. Die Mitglieder der *NATO (North Atlantic Treaty Organization)* verpflichteten sich, »daß ein bewaffneter Angriff gegen eines oder mehrere von ihnen als ein Angriff gegen sie alle angesehen wird«. Das bedeutete jedoch nicht, daß sie automatisch zum militärischen Beistand verpflichtet waren, denn jedes Mitglied entschied letztlich für sich, welche Maßnahmen es für erforderlich hielt. Einflußreiche politische und militärische Gruppen in Washington wollten sich nämlich nicht zu eng an die europäischen Staaten koppeln, sondern die »Planungs- und Handlungsfreiheit hinsichtlich einer globalen Strategie« (so die Vereinigten Stabschefs der US-Streitkräfte) behalten. Deshalb wurden auch keine gemeinsamen Planungs- und Entscheidungsorgane der neuen Verteidigungsallianz geschaffen; auch wurden die Rüstungsanstrengungen zu beiden Seiten des Atlantiks nicht verstärkt.

In China erobern die Kommunisten die Macht

Wie notwendig die amerikanische »Planungs- und Handlungsfreiheit zu einer globalen Strategie« sein könnte, schien der *chinesische Bürgerkrieg* zu beweisen. Neben Deutschland und Korea war auch China am Ende des Zweiten Weltkrieges ein geteiltes Land, aber nicht durch ausländische Mächte, sondern durch zwei chinesische Parteien: auf der einen Seite die 1911 gegründete *Nationale Volkspartei (Kuomin-tang, KMT),* die offiziell die Regierung der 1911 proklamierten *Republik China* stellte – und auf der anderen Seite die von *Mao Zedong* geführte *Kommunistische Partei Chinas* (*KPCh,* gegründet 1921). Bereits 1927 hatten 10 000 Mann einer »Roten Armee« im Süden des Landes begonnen, ein System von kommunistischen Stützpunkten, sogenannten »Sowjets« bzw. Räten, zu errichten, und 1931 eine »Chinesische Räterepublik« ausgerufen. Die Nationalregierung unter dem General *Tschiang Kai-schek* konnte zwar in mehreren »Vernichtungsfeldzügen« die Räterepublik zerschlagen, aber nicht verhindern, daß sich die Kommunisten in einem einjährigen verlustreichen »Langen Marsch« (fast 12 000 km) in den Nordwesten des Landes zurückzogen und dort 1935 begannen, ihren »Staat« wiederzuerrichten, den sie dank ihrer disziplinierten Truppen sowie behutsamer und pragmatischer Agrarreformen festigten. Als im Juli 1937 mit dem Einfall japanischer Truppen der erste Akt zum Zweiten Weltkrieg eingeleitet wurde, beendeten Nationalregierung und Kom-

In Shanghai nach der Einnahme durch kommunistische Verbände *im Mai 1949.*

munisten ihren zehnjährigen Bürgerkrieg und schlossen sich zu einer *anti-japanischen Einheitsfront* zusammen. In diesem nationalen Zweckbündnis behaupteten die Kommunisten jedoch hartnäckig die Selbständigkeit ihrer »Roten Armee« und gaben die Kontrolle über ihre Einflußgebiete nicht auf. Gegen Ende des Krieges lebten dort nahezu 100 Millionen Menschen; die Kommunisten verfügten über fast eine Million Soldaten und mehr als zwei Millionen dörflicher Milizen, deren Zahl innerhalb eines Jahres auf 5,5 Millionen anwuchs. Demgegenüber hatte das Regime Tschiang Kai-scheks wegen militärischer Niederlagen gegen die Japaner, mangelhafter Landreformen, politischer Repression und alles durchdringender Korruption immer mehr an Rückhalt in der Bevölkerung und bei den eigenen Truppen verloren. Sowohl die Sowjetunion als auch die USA unterhielten Kontakte zu beiden Seiten und drängten zur Bildung einer Koalitionsregierung. Doch die Gegensätze in den politischen Zielen waren so schroff und das jahrzehntelang gewachsene Mißtrauen so tief, daß hinter einer Fassade von Verhandlungen und Beteuerungen ein *stiller Bürgerkrieg* weiterschwelte, der dann im April 1946 *offen ausbrach.* Die USA unterstützten das ebenso korrupte wie diktatorische KMT-Regime, dessen Zusammenbruch abzusehen war, nur sehr zurückhaltend und nicht in dem von Tschiang Kai-schek geforderten Maße. Die UdSSR überließ zwar den chinesischen Kommunisten erbeutete japanische Waffen, hatte aber nur wenig Einfluß auf die Parteiführung. Entscheidend für den Sieg der kommunistischen »Volksbefreiungsarmee« war letztlich der große Rückhalt in der bäuerlichen Bevölkerung. Am 1. Oktober 1949 proklamierte Mao Zedong in Peking die Gründung der *Volksrepulik China.*

Bis zum Dezember desselben Jahres zogen sich die letzten KMT-Truppen vom

Festland auf die zu China gehörende Insel Formosa zurück. Tschiang Kai-schek errichtete dort ein autoritäres Regime, das einen (von den USA dann akzeptierten) Alleinvertretungsanspruch erhob und das Festland zurückerobern wollte. In Washington wuchs die Furcht, die kommunistische Herrschaft könnte auf andere Gebiete Ostasiens, vor allem Indochina, übergreifen, zumal die UdSSR und »Rotchina« im Februar 1950 einen Vertrag über Wirtschafts- und Militärhilfe schlossen.

Der Wettlauf um die Atombombe

Zu globaler Wachsamkeit mußte sich die Führung der USA auch herausgefordert fühlen, als Ende August 1949 die Nachricht von der *ersten Atombombenexplosion durch die Sowjetunion* um die Welt ging. Bisher hatten die USA das Monopol über diese neue verheerende Waffe behaupten können. Zwar waren bereits Ende 1945 im Rahmen der UNO Verhandlungen über eine supranationale Kontrolle der Kernenergie eingeleitet worden, aber die US-Regierung wollte bis zur Errichtung einer UN-Atombehörde weiterhin Atomwaffen bauen dürfen und den Vorsprung in der Nukleartechnik jederzeit behalten. Gleichzeitig sollte aber in Fragen der Atomwaffenkontrolle das Vetorecht der Großmächte im Sicherheitsrat aufgehoben sein, so daß die Sowjetunion sich der damals proamerikanischen Mehrheit in den UN hätte beugen und u.U. die Inspektion ihres Territoriums und ihrer Rüstungsindustrie zulassen müssen. Die UdSSR lehnte im Sommer 1946 diesen Vorschlag und alle weiteren Verhandlungen zunächst ab – das Zeitalter des atomaren Wettrüstens hatte begonnen.
Hatten Regierung und Militärführung der USA darauf vertraut, sie könnten aufgrund der technologischen Überlegenheit das Atomwaffenmonopol lange aufrechterhalten, und die vergleichsweise billigere Nuklearrüstung vorangetrieben, so brachte jetzt die sowjetische Atombombe dieses Sicherheitskonzept ins Wanken. In Washington glaubte man, nun sei die *Bedrohung durch die Sowjetunion universal* geworden. Der Nationale Sicherheitsrat rechnete damit, daß die UdSSR wirtschaftlich und rüstungstechnisch in der Lage sein werde, 1954 einen neuen Weltkrieg zu entfesseln. Im Januar 1950 ordnete der Präsident den zuvor heftig umstrittenen Bau der *Wasserstoffbombe* an – eine neue Runde im atomaren Rüstungswettlauf war eröffnet.

Kontroverse über die Ursachen des Kalten Krieges

Die wissenschaftliche Darstellung und Wertung der Entstehung und Entwicklung der Ost-West-Spannung folgte zunächst weitgehend dem aktuellen politischen Konfliktmuster. Demnach wurden als wichtigste Ursachen für den Kalten Krieg folgende Faktoren angesehen: (1) Der Kalte Krieg habe eigentlich schon 1917 mit der Russischen Oktoberrevolution und dem Kriegseintritt der USA begonnen, denn da hätten *zwei politische Systeme* die weltpolitische Bühne betreten, deren *Ziele und Methoden völlig entgegengesetzt* seien; das kommunistische Gesellschaftsmodell mit seiner bürokratischen Planwirtschaft und kollektivistischen Gleichförmigkeit sowie die rigorose Diktatur einer Kaderpartei, die die absolute Wahrheit für sich beanspruche, widersprächen in jeder Hinsicht dem amerikanischen Politikverständnis, in dem individuelle Autonomie, Pluralismus der Interessen sowie eine pragmatische Erkenntnistheorie und Toleranz bestimmend seien. (2) Die kommunistische Revolutionsideologie sei im

Laufe des Zweiten Weltkrieges von Stalin mit dem traditionellen großrussischen Expansionismus zu einer *aggressiven Welteroberungsstrategie* verschmolzen worden, die nach der Ausschaltung Deutschlands und wegen der Schwäche der alten kapitalistischen Großmächte England und Frankreich nun die Unordnung auf dem europäischen Kontinent zu ihren Gunsten ausnützen wollte. (3) Die Sowjetisierung der osteuropäischen Staaten wurde als Beweis eines *brutalen Unterdrückungswillens* gesehen, der jeden Versuch einer eigenständigen Entwicklung im Einflußbereich der sowjetischen Militärmacht im Keim ersticken sollte. (4) Der Sieg der Kommunisten in China schuf die reale Gefahr, daß ein *riesiger kommunistischer Machtblock,* der von *Europa bis nach Ostasien* reichte, immer mehr Staaten in seine Abhängigkeit zwingen und die gesamte »freie« Welt erdrücken könnte. (5) Die Containment-Strategie der USA, mit ihrer Umsetzung in Truman-Doktrin, Marshall-Plan, Gründung eines Staates in Westdeutschland und Formation der NATO, wurde als notwendige Konsequenz aus solch einer Analyse des *Bedrohungswillens* und des *Bedrohungspotentials* der Sowjetunion verstanden.[11]

Dieses Interpretationsmuster wurde gegen Ende der sechziger Jahre, als der Vietnam-Krieg Zweifel an einem allzu idealistischen Bild amerikanischer Politik nährte, in Frage gestellt. Die als *»revisionistisch«* bezeichneten Darstellungen konzentrierten sich auf folgende Aspekte: (1) Die idealistische Vision der *»one world«* sei von massiven *wirtschaftlichen Interessen* diktiert gewesen, denn die Produktionskapazitäten der USA, die nun von der Kriegs- auf die Friedenswirtschaft umgestellt werden mußten, brauchten große Absatzmärkte. Die Containment-Politik habe einen Schutzwall um die zusammenbrechenden Märkte in Westeuropa legen sollen. (2) Die US-Regierung habe das ausgeprägte *Sicherheitsbedürfnis* der sowjetischen Führung *nicht* verstanden; die von Moskau erbetene Unterstützung beim Wiederaufbau der Sowjetunion, die die größten Kriegsopfer gebracht hatte, sei kurzsichtig versagt worden – eine Entscheidung, die das latente Mißtrauen verschärfen mußte. (3) Die Truman-Regierung habe das *Atombomben-Monopol* rigoros als Instrument gegen die weltpolitische Gleichberechtigung der neuen Weltmacht Sowjetunion einzusetzen versucht und somit den von gegenseitigem Mißtrauen diktierten *Rüstungswettlauf* angetrieben. (4) Die sowjetische Führung habe nach Kriegsende eigentlich immer nur reagiert, z.B. in der Deutschlandpolitik oder in der Aufrüstung, während die in jeder Hinsicht überlegenen *USA das Gesetz des Handelns diktiert* hätten, ohne aus ihrer Überlegenheit eine besondere Verantwortung für einen kooperativen Stil im Verhältnis zwischen den beiden neuen Weltmächten zu folgern.[12]

Ein dritter Ansatz versucht, das vereinfachende Schema eindeutiger Zuweisung von »Schuld« und »Verantwortung« zu vermeiden. (1) Der Kalte Krieg sei unvermeidbar gewesen, weil die beiden von sehr unterschiedlichen Politik-Konzeptionen geleiteten neuen Weltmächte in den Sog des in Europa entstandenen *Machtvakuums* hineingezogen worden seien und dort ihre erste Auseinandersetzung über den Vorrang in der Welt austragen mußten. (2) Die Abspra-

chen der Anti-Hitler-Koalition für die Zeit nach dem Krieg seien so unklar und widersprüchlich gewesen, daß sie bei der Realisierung zu *Mißverständnissen* führen mußten. (3) Die Führungsgruppen beider Mächte seien sehr schlecht über die Interessen und Befürchtungen der anderen Seite informiert gewesen, so daß falsche Annahmen über die bedrohlichen Absichten und das Bedrohungspotential des anderen sich gegenseitig zu dunklen *Feindbildern* verhärteten; es wurde in den Planspielen stets der schlimmste Fall (worst case) angenommen; Weltpolitik wurde als »Nullsummen-Spiel« verstanden: ein »Verlust« des einen wurde automatisch zum »Gewinn« des anderen gemacht.[13]
Diesen unterschiedlichen Interpretationsmustern entsprechen *unterschiedliche politisch-diplomatische Handlungsstrategien.* So kann der erste Ansatz als Reflex jener Phase des Kalten Krieges verstanden werden, in der machtpolitisches Containment und programmatischer Anti-Kommunismus bestimmend waren. Der zweite »revisionistische« Ansatz bereitete gleichsam die Realpolitik Nixons und Kissingers vor, bei der die UdSSR als »normale« Großmacht mit berechtigten Sicherheitsinteressen ernstgenommen wurde, um sich, ungeachtet aller ideologisch-normativen Gegensätze, zur Bewahrung des Weltfriedens mit ihr zu arrangieren. Die dritte Perspektive, in der die reziproke Wahrnehmung von Bedrohungsabsichten und Bedrohungspotentialen als ausschlaggebend erkannt wird, betont den kommunikativen Charakter von Politik, der realpolitisch in der Entspannungspolitik mit ihrem gemeinsamen Krisenmanagement und den »vertrauensbildenden Maßnahmen« wirksam geworden ist.[14]
In der *Rückschau* auf die Periode des Kalten Krieges wird deutlich, daß die nüchterne Wahrnehmung und Berücksichtigung der realen Interessen der anderen Seite sowie die selbstkritische Kontrolle und der Abbau von Feindbildern wesentliche Entscheidungen im politischen Handlungsablauf gewesen sind und aufschlußreiche Kriterien für das politisch-historische Verstehen bilden.

Rivalität der zwei Teil-Staaten in Korea

b) Der Krieg in Korea und seine Folgen. Wie sehr sich die Weltlage durch universale Konfrontation verschärfen konnte, zeigte der Krieg in Korea. Ähnlich wie in Deutschland, doch etwa ein Jahr früher, hatten sich in Korea mit Unterstützung der jeweiligen Besatzungsmacht *zwei Staaten* herausgebildet: im sowjetisch besetzten Norden die kommunistische »Volksdemokratische Republik Korea«; im amerikanisch besetzten Süden ein autokratisches Präsidialregime, die »Republik Korea«. Beide Teil-Staaten wollten ganz Korea repräsentieren und beherrschen, ein Anspruch, der durch den raschen Aufbau von Streitkräften unterstrichen wurde. Nach dem Abzug der sowjetischen und amerikanischen Truppen (1948/49) kam es hin und wieder zu Grenzzwischenfällen entlang der Demarkationslinie am 38. Breitengrad. Am 25. Juni 1950 griffen – vermutlich mit Billigung der Kreml-Führung – nordkoreanische Truppen Südkorea mit dem Ziel an, das dortige »Marionettenregime« zu verjagen und das Land wiederzuvereinigen. Die US-Regierung, die sich vom »Polizeiregime« im Süden häufig distanziert und noch im Februar erklärt hatte, Südkorea gehöre nicht zum »Verteidigungsperimeter« der USA, sah den nordkoreanischen Vorstoß als einen von Moskau gesteuerten Versuch, den »Kalten Krieg« zu einem heißen Krieg zu entfachen.

UN-Truppen gegen Nordkorea

Weil die UdSSR wegen der Nichtaufnahme der Volksrepublik China in die UNO gerade den Sicherheitsrat boykottierte, gelang es den USA, Nordkorea als Aggressor zu brandmarken, gegen den im Namen der Vereinten Nationen Truppen aus verschiedenen Mitgliedsländern unter amerikanischem Oberbefehl eingesetzt wurden. Der weitaus größte Teil dieser UN-Truppen wurde von den USA gestellt; unter General *Douglas MacArthur* schlugen sie die Angreifer zurück und drangen ihrerseits über den 38. Breitengrad vor.

China greift ein

Kurz vor der vollständigen Niederlage Nordkoreas und als die UN-Truppen die chinesische Grenze erreichten, griff die Volksrepublik China mit etwa 300 000 »Freiwilligen« in die Kämpfe ein. MacArthur und einflußreiche Gruppen in Washington wollten – entgegen dem Auftrag der UN – Nordkorea vernichten und verlangten dazu eine massive Offensive gegen China – den Einsatz von Atombomben nicht ausgeschlossen. Doch Präsident Truman, darin nachhaltig von europäischen Regierungen unterstützt, wollte nicht die Ausweitung des begrenzten Konfliktes zu einem weltweiten Krieg riskieren. Nachdem sich die Front entlang der ursprünglichen Demarkationslinie stabilisiert hatte, konnte erst nach einem fast zweijährigen Stellungskrieg und der amerikanischen Drohung, Nuklearwaffen einzusetzen, im Juli 1953 ein *Waffenstillstandsabkommen* geschlossen werden.

Stärkung der NATO

Der Krieg in Korea beschleunigte das Wettrüsten und die Formierung zweier großer »Blöcke«, deren Gegensatz seitdem die Weltpolitik beherrscht. Die amerikanische Regierung setzte innerhalb weniger Monate eine allgemeine *Aufrüstung im NATO-Bündnis* in Gang: Die Zahl der in Europa stationierten US-Truppen wurde stark erhöht; gemeinsame Planungs- und Führungsorgane für alle der NATO unterstellten nationalen Streitkräfte wurden eingerichtet; der Posten eines Oberbefehlshabers geschaffen, den stets ein Amerikaner innehaben sollte. Neue Mitglieder – Griechenland und die Türkei – sollten das Bündnis an seiner Südflanke stärken. Eine der folgenreichsten Entscheidungen, die als Reaktion auf die Ereignisse in Korea getroffen wurden, betraf den neuen westdeutschen Staat.

Neubewaffnung der Bundesrepublik

Gegen starke Bedenken ihrer europäischen Verbündeten – vor allem der französischen Regierung – setzte die amerikanische Regierung ihren im Sommer 1950 gefaßten Entschluß durch, die *Bewaffnung der Bundesrepublik Deutschland* in die Wege zu leiten. Die von vielen gefürchtete Gefahr einer unkontrollierten Wiedergeburt des aggressiven »deutschen Militarismus« wurde dadurch gebannt, daß die neuen Streitkräfte der Bundesrepublik dem Oberbefehl und der Kontrolle der NATO unterstellt wurden. Im Mai 1955 erlangte die Bundesrepublik in den *Pariser Verträgen* ihre volle Souveränität und wurde gleichberechtigtes *Mitglied der NATO*.

Die »Stalin-Noten«

In Moskau und in anderen Hauptstädten Osteuropas wollte man die »Remilitarisierung« der Bundesrepublik und ihre Verankerung im westlichen Lager verhindern. In zahlreichen Vorschlägen an die Westmächte und an die Bundesregierung wurde eine diplomatische Gegenoffensive vorgetragen, die im März und April 1952 ihren Höhepunkt in *zwei Noten Stalins an die Westmächte* erreichte.[15] Demnach sollte im Rahmen eines Friedensvertrages und aufgrund freier Wahlen wieder ein gesamtdeutscher Staat westlich der Oder und Neiße entstehen, der zwar eine eigene begrenzte Nationalarmee aufstellen dürfte, sonst aber strikt neutral sein müßte. Wie ernsthaft dieses Angebot gewesen ist, war damals und ist heute noch sehr umstritten. Es paßte eigentlich nicht in die bisher von der Sowjetunion betriebene Politik disziplinierter Blockbildung. Die sowjetischen Vorschläge wurden von der Bundesregierung sofort zurückgewiesen und auch von den Westmächten nicht aufgegriffen. Die Westintegration der Bundesrepublik hatte Vorrang vor dem unsicheren Experiment einer deutschen Wiedervereinigung.

Gründung des Warschauer Paktes

Im Jahre 1955 wurde der Prozeß bipolarer Blockbildung in Europa abgeschlossen. Neun Tage nach dem Beitritt der souveränen und gleichberechtigten Bundesrepublik zur NATO wurde mit dem *Warschauer Pakt* (14. Mai 1955) die östliche Militärallianz gegründet. Ihr gehörten neben der UdSSR, Polen, Bulgarien, Rumänien, Ungarn, Albanien (1968 ausgeschieden) und der Tschechoslowakei auch die DDR als gleichberechtigtes Mitglied an. Die Abgrenzung der Machtsphären und die damit verbundene Teilung in zwei deutsche Staaten wurde von beiden Seiten indirekt anerkannt und besiegelt, als im September desselben Jahres die Bundesrepublik und die UdSSR diplomatische Beziehungen miteinander aufnahmen.

Weltweite Blockbildung

Die Bildung von Allianzen und Gegenallianzen blieb aber nicht auf Europa beschränkt, sondern erstreckte sich über den ganzen Globus. Die UdSSR konzentrierte sich mit dem Warschauer Pakt sowie durch Bündnisverträge mit Rotchina und Nordkorea zunächst auf den eurasischen Landbogen. Die USA wollten den als monolithisch angesehenen sowjetisch-chinesischen Herrschaftsraum durch einen *Ring von Allianzen und militärischen Stützpunkten* einkreisen. Zusätzlich wurden *bilaterale Bündnisse* mit Staaten in geostrategisch wichtigen Zonen geschlossen; so vor allem mit Japan (1951/52 und 1960), Israel (1952), Südkorea (1953) und mit Taiwan (1954). Eine dritte Methode dieser globalen antikommunistischen Mobilisierung durch die USA wurde in *Indochina* praktiziert: Seit 1950 unterstützten die USA den Kolonialkrieg der Franzosen gegen das im Norden des Landes herrschende nationalkommunistische Vietminh-Regime, das von der Sowjetunion und Rotchina Hilfe erhielt. Bis zur Kapitulation der Franzosen 1954 bestritten die USA mit 2,6 Mrd. Dollar etwa 80 % der französischen Kriegskosten.

Harter Konfrontationskurs der USA

1953 war in den USA unter dem ehemaligen NATO-Oberbefehlshaber *Dwight D. Eisenhower* eine neue Regierung ins Amt gekommen. Der neue Außenminister *John Foster Dulles* verkündete 1954 eine *Strategie der Befreiung:* Die kommunistischen Regime sollten nicht nur gehindert werden, weiter vorzudringen (Containment), sondern in ihrem eigenen Machtbereich aktiv geschwächt und zurückgedrängt werden (roll back). Die neue Administration verstärkte die Aufrüstung mit Atomwaffen. Dem entsprach die militärstrategische Doktrin der *massiven Vergeltung* (massive retaliation): Jedem potentiellen Angreifer

Das globale Bündnissystem der USA

Bündnis	Gründung/Dauer	Mitglieder
NATO (North Atlantic Treaty Organization)	1949	Belgien, Dänemark, Frankreich (seit 1966 keine integrierten Truppen), Großbritannien, Island, Italien, Kanada, Luxemburg, Niederlande, Norwegen, Portugal, USA, Griechenland (1952), Türkei (1952), Bundesrepublik Deutschland (1955), Spanien (1982)
ANZUS	1951	Australien, Neuseeland (1986 ausgeschlossen), USA
SEATO (South East Asian Treaty Organization)	1954-1977	ANZUS-Staaten, Philippinen, Thailand, Pakistan, Großbritannien, Frankreich
Bagdad-Pakt	1955–1958	Irak, Türkei, Iran, Pakistan, Großbritannien – USA mit Beobachterstatus
CENTO (Central Treaty Organization)	1959–1979	Staaten des Bagdad-Paktes ohne Irak
OAS (Organization of American States)	1890, 1948	30 süd- und mittelamerikanische Staaten und die USA (Kuba faktisch ausgeschlossen), 16 Beobachter-Staaten

gegen einen Verbündeten der USA wurde angedroht, daß er, auch bei Vorstößen mit konventionellen Waffen, mit schweren atomaren Gegenschlägen bestraft werden könnte. Dieses Konzept der asymmetrischen Drohung konnte zwar konventionelle Angriffe abschrecken und regionale Konflikte eingrenzen, trieb aber die UdSSR zu einer forcierten Atomrüstung an, um gegen das zunächst noch überlegene Atomwaffenpotential der USA eine gleichgewichtige Gegendrohung aufbieten zu können. Im rüstungstechnischen Wettlauf (▷ Schaubild S. 385) konnten die USA wegen ihrer technologischen Kapazität zwar stets einen qualitativen Vorsprung erzielen, die Sowjetunion war jedoch imstande – manchmal mit großen Verzögerungen und stets unter hohen sozialen Kosten – gleichzuziehen.

c) Versuche, den »Kalten Krieg« zu lockern. Die Konfrontation der Blöcke prägte zwar die Weltpolitik nach 1950, sie wurde jedoch nicht überall und jederzeit praktiziert; sie war global, aber nicht total. Als die Blocksysteme weitgehend formiert und die Rüstungsmaschinerien auf Hochtouren gebracht worden waren, versuchte nach Stalins Tod (März 1953) die neue sowjetische Führung zu prüfen, welche politisch-diplomatischen Optionen ihr noch offenstünden, um die Sowjetunion aus militärischer Einkreisung und politischer Isolierung zu lösen. So wurde im Juli 1953 der Krieg in Korea beendet; im Sommer 1954 wurde der Konflikt in Indochina durch den Abzug der Franzosen, die

Garantie der Neutralität von Kambodscha und Laos sowie durch die Errichtung zweier unterschiedlicher politischer Systeme in Vietnam vorläufig beigelegt; 1955 wurde der Staatsvertrag zwischen den vier alliierten Mächten und der Republik Österreich unterzeichnet, der den Abzug aller Besatzungstruppen regelte sowie die Souveränität und Neutralität Österreichs garantierte; im September 1955 wurden die diplomatischen Beziehungen zwischen der UdSSR und der Bundesrepublik Deutschland aufgenommen und die letzten 10000 deutschen Kriegsgefangenen freigelassen. Sichtbarer Höhepunkt dieser Entspannungsversuche bildete im Juli 1955 die *Genfer Gipfelkonferenz der »Großen Vier«* (USA, UdSSR, Großbritannien und Frankreich). In den anstehenden Streitfragen – Wiedervereinigung Deutschlands und Abrüstung der Blöcke – kam es jedoch zu keiner Einigung.

Vier-Mächte-Konferenz in Genf

»Friedliche Koexistenz« trotz Konkurrenz der Systeme

Die realistische Erkenntnis von der Gefahr und der Verantwortung, die sich aus dem nuklearen Vernichtungspotential beider Weltmächte ergab, prägte auch das sowjetische Konzept der *friedlichen Koexistenz. Nikita Chruschtschow,* der sich in den Machtkämpfen nach Stalins Tod als Erster Sekretär des Zentralkomitees der KPdSU hatte durchsetzen können, formulierte 1956 auf dem XX. Parteitag diese neue außenpolitische Linie der UdSSR: Kriege seien »nicht schicksalhaft unvermeidbar«, sondern könnten und müßten im Atomzeitalter durch gemeinsame Anstrengungen vermieden werden; an die Stelle militärischer Konfrontation solle der Wettbewerb der Wirtschaftssysteme treten (in dem das sozialistische letztlich seine Überlegenheit beweisen werde); der ideologische Kampf werde fortdauern.

Keine Veränderung der Machtverhältnisse

Verschiedene Vorschläge von östlicher wie westlicher Seite in den Jahren 1957 und 1958, den »Geist von Genf« und das Konzept der »friedlichen Koexistenz« in Mitteleuropa zu erproben – Truppenabbau und Auseinanderrücken der beiden Militärpakte (Disengagement), atomwaffenfreie Zone, Neutralität –, blieben ohne Ergebnis. Die politischen und militärischen Führungskreise im westlichen Bündnis sahen in der These von der »friedlichen Koexistenz« nur den Versuch Chruschtschows, eine Erholungspause im Rüstungswettlauf zu gewinnen. Wie unrealistisch andererseits die Doktrin des »roll back« war, hatte sich bereits am *17. Juni 1953* in der DDR gezeigt, als die Westalliierten den Einsatz sowjetischer Panzer gegen die Aufständischen hinnehmen mußten (▷ S. 431 f.). Auch im Herbst 1956, als die Rote Armee den *Aufstand der Ungarn* gegen die sowjetische Hegemonie niederwarf, griffen die USA trotz der Hilferufe aus Budapest nicht ein und enthielten sich jeglicher Drohung an die Kreml-Führung.

»Sputnik«-Schock in den USA

Als die Sowjetunion am 4. Oktober 1957 den ersten künstlichen Erdsatelliten, *Sputnik,* ins Weltall schoß, wurden politisches Selbstbewußtsein und militärisches Weltbild der amerikanischen Nation erschüttert: Nun konnte (zumindest theoretisch) das Gebiet der USA mit Interkontinentalraketen (Reichweiten von 6000 bis 12000 Kilometern) getroffen werden; die Militär-Doktrin der »massiven Vergeltung« war offensichtlich überholt. Ein schon 1955 von Winston Churchill beschworenes »Gleichgewicht des Schreckens« zeichnete sich ab.

Chruschtschow, der den »Sputnik« als Beweis für die Überlegenheit des sozialistischen Lagers feierte, glaubte nun, zu einer *offensiven Weltpolitik* übergehen zu können, zumal die defensive Strategie der »friedlichen Koexistenz« keine nachhaltigen Ergebnisse gebracht hatte. Mit dem Angebot großzügiger Wirtschafts- und Militärhilfe wurden Staaten im Nahen Osten, Afrika und Asien als Stützpunkte sowjetischer Globalpräsenz umworben. Im November 1958 forderte Chruschtschow ultimativ den Abzug der Westalliierten aus Berlin; als »Freie Stadt« sollte West-Berlin eine »selbständige politische Einheit« bilden. Dies hätte letztlich die völlige Einverleibung Berlins in die DDR bedeutet, mit der die Sowjetunion einen separaten Friedensvertrag abschließen wollte, falls die Westmächte zu einer »Normalisierung« in Berlin nicht bereit seien. Die Westmächte beugten sich diesen Forderungen nicht. Mit einer Mischung aus Härte und Konzilianz (1959 besuchte Chruschtschow die USA) konnten die Westmächte den Status quo wahren: Lebensfähigkeit der Stadt, Präsenz der Westalliierten, Bindung an die Bundesrepublik, dies sind die seitdem als »essentials« erachteten Bedingungen. Die Westalliierten konnten jedoch nicht verhindern, daß am 13. August 1961 die DDR-Führung eine Mauer quer durch Berlin errichten ließ, weil sie glaubte, nur so die massenhafte Flucht der Menschen in den Westen (seit 1949 etwa 2,7 Millionen) und den damit verbundenen ökonomischen Aderlaß unterbinden zu können. Die Teilung Deutschlands war nun auch in Berlin vollstreckt worden – mit der Mauer, einem Symbol der Schwäche des kommunistischen Regimes, aber auch einem Symbol der Ohnmacht des Westens, die bestehenden weltpolitischen Kräfteverhältnisse zu verändern.

Der Kreml wagt eine Berlin-Krise

Bau der Berliner Mauer

13. August 1961: *Bau der Mauer in Berlin.*

II. Die Wende im »Kalten Krieg« – Die Welt unter dem Schatten der Atombombe

1. Von der Kuba-Krise zur Politik der Entspannung und dem Ende des »Kalten Krieges« (1962–1991)

1962 Okt.	Kuba-Krise
1963 Juni/Aug.	»Heißer Draht« zwischen Moskau und Washington; Atomtest-Vertrag
1964 Juli/Aug.	Beginn der offenen Beteiligung der USA am Krieg in Vietnam
1970 Okt./Dez.	Verträge der Bundesrepbulik Deutschland mit der UdSSR und Polen
1971 Mai	Grundlagenvertrag zwischen der Bundesrepublik Deutschland und der DDR
Sept.	Vier-Mächte-Abkommen über Berlin
1973 Jan.	Waffenstillstandsabkommen zwischen den USA und Nordvietnam
1979 Dez.	NATO-Doppelbeschluß Sowjetische Invasion Afghanistans
1987 Dez.	Vertrag über die Beseitigung der atomaren Kurz- und Mittelstreckenwaffen in Europa
1991 Juli	START-Abkommen: Verringerung von Atomwaffen um 30 % – gegenseitige Informationen und Beobachtungen

Die Sowjetunion bedroht die USA von Kuba aus

a) Die Kuba-Krise und die Notwendigkeit der bedingten Kooperation. Im Herbst 1962 stand die Welt für einige Tage am Rande eines Atomkrieges. Auf *Kuba* war unter dem Guerillaführer *Fidel Castro,* der sich nach seiner revolutionären Machtergreifung 1959 vergeblich um die Unterstützung durch die USA bemüht hatte, ein kommunistisches Einparteienregime entstanden. Ein striktes Handelsembargo durch die USA und ein vom amerikanischen Geheimdienst unterstützter Invasionsversuch durch Exilkubaner hatten Castro dazu gebracht, sich immer enger an die Sowjetunion zu binden. Als Mitte Oktober 1962 US-Aufklärungsflugzeuge entdeckten, daß sowjetische Techniker auf Kuba Abschußrampen für Mittelstreckenrakten bauten, die auf Nordamerika gerichtet waren, entschied sich der amerikanische Präsident *John F. Kennedy* zwar gegen direkte militärische Aktionen (Invasion der Insel, Zerstörung der Raketenstellungen), aber er verhängte eine Seeblockade, um sowjetische Raketentransporter abzufangen. Er forderte die Sowjetunion auf, die Abschußrampen zu demontieren und ihre Raketen abzuziehen. Die US-Streitkräfte wurden in Alarmbereitschaft versetzt und Interkontinentalraketen zum Abschuß vorbereitet, doch gleichzeitig erklärte sich Kennedy zu Verhandlun-

Kennedys »Krisen-management«

Am Rande des Atomkrieges. *Karikatur aus der »Daily Mail«, London 1962. Einige Wochen nach der Kuba-Krise sagte der amerikanische Präsident John F. Kennedy in einem Fernsehinterview: »Mr. Chruschtschow und ich befinden uns in demselben Boot, insofern als wir beide über diese nukleare Kapazität verfügen und ebenfalls beide unsere Gesellschaften verteidigen wollen.«*

gen über alle Rüstungsfragen bereit. Als Chruschtschow mit dem Hinweis auf die verheerenden Folgen nuklearer Zerstörung erkennen ließ, unter welchen Bedingungen die Sowjetunion einlenken würde, griff Kennedy dieses Signal sofort auf: Die US-Regierung verpflichtete sich, die territoriale Integrität Kubas zu respektieren; außerdem sollten amerikanische Raketenbasen in der Türkei abgebaut werden. Daraufhin zog die sowjetische Führung ihre Raketen aus Kuba ab.

Konsequenzen der Kuba-Krise

Durch die Kuba-Krise erkannten beide Supermächte, daß ihnen aus der Gefahr nuklearer Apokalypse die besondere Verantwortung erwachsen war, ein *»Bündnis gegen den atomaren Krieg«* (Raymond Aron) zu schließen. Daher nahmen die Supermächte einen Dialog auf, den sie mit unterschiedlicher Intensität bis heute fortgesetzt haben. Sie handelten eine Reihe von bilateralen Verträgen aus, die das Risiko bewaffneter Zusammenstöße verringern und das Rüstungswachstum begrenzen sollten; daneben bestimmten sie maßgeblich verschiedene (im Rahmen der UN verhandelte) multilaterale Abkommen, die Kriege entweder ganz verhindern oder ihre verheerende Wirkung in Grenzen halten sollen (▷ Aufstellung S. 384). In der NATO wurde eine »Zwei-Säulen-Theorie« entwickelt (Harmel-Bericht 1967), nach der die Sicherheit des Westens nicht nur durch militärische Abschreckung, sondern auch durch friedliche Zusammenarbeit zwischen den Lagern gewährleistet werden sollte.

Abschreckung durch Zweitschlagkapazität

Diese Versuche einer bedingten Kooperation, um einen Atomkrieg zu vermeiden, hoben jedoch nicht den Gegensatz der beiden Gesellschaftssysteme und die globale Konkurrenz um Einfluß und Ressourcen auf. Die Blöcke blieben bestehen und die Rüstungsmaschinerien liefen weiterhin auf Hochtouren; der auch militärisch nutzbare Wettlauf ins Weltall wurde stetig vorangetrieben. Die USA verdreifachten bis 1967 die Zahl ihrer Interkontinentalraketen auf insgesamt 1054, um dann, ohne die Zahl der Raketen zu erhöhen, deren Sprengkraft und Zielgenauigkeit zu verbessern. Die UdSSR verstärkte fortlaufend ihre Flotte als Instrument globaler Militärpräsenz; in der Zahl ihrer

Abkommen zur Rüstungsbegrenzung zwischen mehreren Staaten (multilateral)

Abschluß	Abkommen	Inhalt
1963	Atomtest-Vertrag	verbietet Kernwaffenversuche in der Atmosphäre, im Weltraum und unter Wasser
1967	Weltraum-Vertrag	verbietet die Stationierung von Kernwaffen und anderen Massenvernichtungswaffen im Weltraum; stellt allgemeine Grundsätze für friedliche Forschung und Nutzung des Weltraums auf
1968	Atomwaffensperrvertrag (Non-Proliferation Treaty)	verpflichtet Kernwaffen-Staaten, Atomwaffen weder mittel- noch unmittelbar weiterzugeben; den Nicht-Kernwaffen-Staaten sind Herstellung und Annahme von Atomwaffen untersagt
1971	Meeresboden Vertrag	verbietet die Stationierung von Kernwaffen und anderen Massenvernichtungswaffen im Meer, auf dem Meeresboden und im Meeresuntergrund
1974	Vertrag über unterirdische Kernwaffenexplosionen	jeweils auf 150 KT begrenzt
1976	Vertrag über unterirdische Atomversuche	auf friedliche Zwecke beschränkt
1977	Vertrag über Verbot von Umweltkriegen	
1980	Konvention über das Verbot besonders inhumaner Waffen	

Zweiseitige (bilaterale) Abkommen zur Rüstungskontrolle zwischen den USA und der UdSSR 1963 bis 1991

Abschluß	Abkommen	Inhalt
1963	Vereinbarung eines »heißen Drahtes«	direkte Fernschreibverbindung zwischen Washington und Moskau, um Risiko eines Atomkrieges durch Fehlalarm und Kurzschlußhandlungen zu verringern
1972	SALT-I-Vertrag (Strategic Arms Limitation Talks)	begrenzt die Anzahl der Raketenabwehrsysteme auf zwei Standorte in jedem Land
1972	SALT-I-Interimsvereinbarung	begrenzt die Gesamtzahl der Interkontinentalraketen und U-Boot-Raketen beider Vertragspartner
1974/ 1976	Atomteststoppverträge*	begrenzen unterirdische Atomtests zu militärischen und friedlichen Zwecken
1979	SALT-I-Vertrag*	begrenzt die Zahl der nuklearstrategischen Trägersysteme
1979	SALT-II-Protokoll*	begrenzt die Stationierung und/oder Erprobung von mobilen Interkontinentalraketen sowie bestimmter Marschflugkörper bis zum 31. Dezember 1981
1987	INF-Reduktionsvertrag	Verschrottung amerikanischer und sowjetischer Atomraketen mit kürzerer (500–1000 km) und mittlerer Reichweite (1000–5500 km) – Inspektion durch jeweils andere Seite an Ort und Stelle
1991	START (Strategic Arms Reduction Talks)	Verringerung strategischer Atomwaffen (Träger und Sprengköpfe) um 30 %

* Vom US-Senat nicht ratifiziert; beide Seiten hielten sich jedoch an die Vertragsbestimmungen.

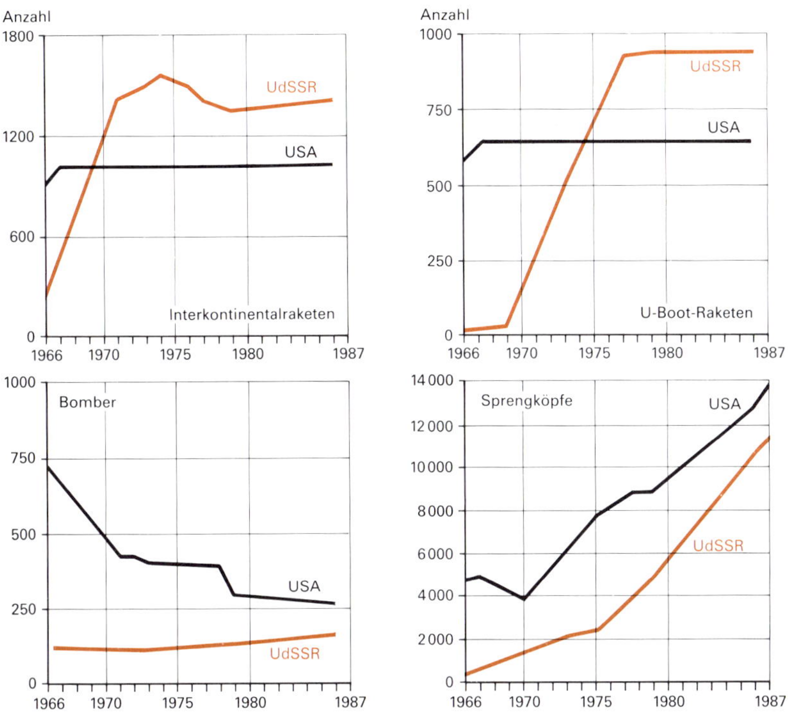

Nuklearstrategisches Kräfteverhältnis zwischen den USA und der UdSSR *1966–1987. Nach: International Institute for Strategic Studies, London*

Nuklearraketen zog sie innerhalb von drei Jahren mit den USA gleich. So besaßen Ende der sechziger Jahre beide Supermächte die *Zweitschlagkapazität:* Jede würde die Zerstörungen eines ersten Atomangriffes noch so weit überstehen, daß sie in einem Vergeltungsschlag dem Gegner unermeßlichen Schaden zufügen oder ihn sogar völlig vernichten könnte. Dieses *Gleichgewicht des Schreckens* hat bisher den Einsatz von Atomwaffen verhindert, weil keine Seite den kollektiven Selbstmord riskieren konnte. Aber der andauernde Rüstungswettlauf wurde durch die seit 1967 gültige NATO-Strategie der *abgestuften Erwiderung* (flexible response), die einen Atomkrieg unwahrscheinlicher machen sollte, noch verstärkt. Im Gegensatz zur Doktrin der »massiven Vergeltung« (▷ S. 379), wollte man nun einer Aggression zunächst mit der schwächsten, aber noch erfolgversprechenden Maßnahme entgegentreten, um eine Pause für politische Lösungen (Verhandlungen, Boykott etc.) zu gewinnen; falls diese bewußte Zurückhaltung nicht wirken sollte, würde man seine Mittel dosiert und abgestuft steigern (»eskalieren«), dabei jedoch stets politische Optionen suchen, bis schließlich der Einsatz von Nuklearwaffen nicht mehr zu umgehen wäre. Diese politisch-militärische Entscheidungsstrategie (die im Modell der NATO-Stäbe über mehr als 40 Eskalationsstufen führte) bewirkte eine sehr kostspielige Auffächerung der Waffensysteme; die Sowjetunion baute ihrerseits ein riesiges Arsenal von Mittelstreckenwaffen auf.

Die Strategie der »flexible response«

Der unerklärte Krieg

b) Der Krieg in Vietnam und die »Impotenz der Macht«. Nach der »vorläufigen« Teilung des Landes in zwei Staaten auf der Genfer Indochina-Konferenz 1954 unterstützten die USA eine antikommunistische Präsidialdiktatur in Südvietnam, der im Norden ein von der Sowjetunion und Rotchina gefördertes kommunistisches Regime gegenüberstand. Als Anfang der sechziger Jahre die Kommunisten zum offenen Guerillakrieg in Südvietnam übergingen, griffen die USA in den Kampf ein und verschärften ihre Intervention allmählich zum offenen, nicht erklärten Krieg gegen Nordvietnam, den sie zeitweise auch auf die Nachbarstaaten Kambodscha und Laos ausweiteten. Schließlich kämpfte über eine halbe Million US-Soldaten in Vietnam; mehr als 56 000 blieben tot zurück. Über 13 Mio. t Sprengstoff verwüsteten das Land: riesige Waldgebiete wurden durch Chemikalien entlaubt; etwa vier Millionen Menschen starben. Trotzdem konnte die übermächtige Militärmaschinerie der USA den Krieg nicht gewinnen: 1968 kündigte die US- Regierung den schrittweisen Rückzug an; nach einem Waffenstillstand (1973) zogen die letzten US-Truppen ab. Südvietnam, dessen Unabhängigkeit und Freiheit die US-Regierung wiederholt als Begründung ihrer Intervention angeführt hatte, mußte daraufhin 1975 kapitulieren und wurde vertragswidrig und gewaltsam in die »Sozialistische Republik Vietnam« eingegliedert. Gleichzeitig eroberten die kommunistischen »Roten Khmer« in Kambodscha und die kommunistischen »Pathet Lao« in Laos die Macht.
Die Gründe für diese über zehnjährige Intervention der USA in Vietnam waren komplex und teilweise widersprüchlich. In seiner Inaugurationsrede hatte Kennedy 1961 versprochen:

»...daß wir jeden Preis bezahlen, jede Bürde auf uns nehmen, jede Härte ertragen, jedem Freund helfen und jedem Feind entgegentreten werden, um den Fortbestand und den Sieg der Freiheit zu sichern«.[16]

In Washington befürchtete man, daß nach einer kommunistischen Eroberung Südvietnams andere Staaten der Region (zunächst vor allem Kambodscha und Laos) wie Dominosteine umfallen könnten. Machtprestige und Glaubwürdigkeit der USA als Führungsmacht der »freien Welt« stünden auf dem Spiel – und beide gingen teilweise verloren.

Folgen der Niederlage

Das amerikanische Debakel in Vietnam enthüllte die »Impotenz der Macht« (Raymond Aron). Die modernste Armee der Welt hatte ideologisch motivierte Guerillakämpfer im Dschungel nicht niederbomben können. Weil eine Supermacht ihre atomare Vernichtungsgewalt weder einsetzen konnte noch wollte, mußte sie die Niederlage in einem »konventionellen Krieg« riskieren. Die USA büßten ihre Vormachtstellung im pazifisch-asiatischen Raum ein. Der Vietnam-Krieg hat über 350 Mrd. Dollar gekostet. Die Handelsbilanz der USA, die seit 1894 stets positiv gewesen war, fiel 1971 zum erstenmal in die Negativzone; 1972 belief sich das Defizit auf fast 7 Mrd. Dollar. Der Krieg hatte die Inflation angeheizt; auf den internationalen Währungsmärkten verlor der Dollar an Ansehen, so daß er im März 1973 als Weltleitwährung aufgegeben werden mußte. Das Containment-Konzept und die darin enthaltenen Versprechungen ließen sich nicht um jeden Preis und an jeder Stelle des Globus einlösen. In den USA war im Protest gegen den Vietnam-Krieg ein *neuer Isolationismus* gewachsen; das Pathos globaler Verantwortung verlor seine Kraft. Da die Entscheidungen zur Eskalation des Vietnam-Krieges weitgehend ohne Mitwirkung oder Kontrolle des Kongresses erfolgt waren, beschnitt dieser die militärischen und außenpolitischen Vollmachten der Exekutive.

Gründe für die Entspannungspolitik

c) Entspannungspolitik – Suche nach einer »stabilen Struktur des Friedens«. Erst Anfang der siebziger Jahre ließen verschiedene Gründe es den atomaren Führungsmächten und ihren Blockpartnern als rational erscheinen, eine dauerhafte und geregelte Entschärfung der Ost-West-Spannungen zu suchen. *Détente* bzw. *Entspannung* hieß die neue Formel der Weltpolitik: Auf der Grundlage des machtpolitischen und territorialen Status quo sollte die explosive Gefährlichkeit militärischer Konfrontationen durch Vereinbarungen, gemeinsam akzeptierte Methoden eines »Krisenmanagements« und friedliche Formen des Wettbewerbs verringert werden, ohne daß der Gegensatz zwischen den Systemen dabei geleugnet oder gar aufgehoben werden könnte. Entspannungspolitik war der Versuch, »die Realität der Konkurrenz mit dem Imperativ der Koexistenz zu verbinden« (Henry Kissinger).[17]

Nixon-Doktrin

In Washington trat 1969 der neugewählte Präsident *Richard M. Nixon* sein Amt mit dem erklärten Ziel an, den Vietnam-Krieg »ehrenhaft« zu beenden und die bisherige amerikanische Außenpolitik globaler Dominanz aufzugeben. Im Februar 1970 formulierte er vor dem US-Kongreß die *Nixon-Doktrin:* »Amerika kann nicht alle Pläne machen..., nicht alle Entscheidungen treffen und nicht die ganze Verteidigung der freien Nationen der Welt übernehmen – und will es auch nicht.« Deshalb müsse die »Ära der Konfrontation« mit der kommunistischen Welthälfte beendet und eine »Ära der Verhandlungen« eröffnet werden, um eine »stabile Struktur des Friedens« zu schaffen.[18] Die Sowjetunion, die in erster Linie an der Erhaltung ihres machtpolitischen Status interessiert sei, sollte als verantwortliche Weltmacht in das internationale System eingebunden werden. Die US-Regierung würde sich einer Bewertung oder aktiven Veränderung der inneren Ordnung kommunistischer Staaten bewußt enthalten, und zwar aus »der Erkenntnis der Notwendigkeit des Friedens – nicht aus moralischer Gefühllosigkeit« (Henry Kissinger).[19] Die sowjetische Führung ihrerseits hoffte, durch Entlastung von den Rüstungskosten, wirtschaftliche Kooperation mit dem Westen und verstärkte Einfuhr von Technologie ihre großen ökonomischen Schwierigkeiten vielleicht zu überwinden. Unumwunden erklärte der sowjetische Staats- und Parteichef *Leonid Breschnew:* »Die Entspannung hebt die Gesetze des Klassenkampfes keineswegs auf.«[20] Außerdem gebot der sich zuspitzende Konflikt mit China (1969 schwere Grenzgefechte am Ussuri) eine Entschärfung der Beziehungen zum Westen. In der Bundesrepublik Deutschland kam 1969 eine neue Koalitionsregierung aus SPD und FDP ins Amt, die stärker als bisher versuchen wollte, auf der Grundlage des territorialen Status

Aufteilung der Militärausgaben der Welt *1971 und 1985. Nach: SIPRI-Rüstungsjahrbuch, verschiedene Ausgaben.*

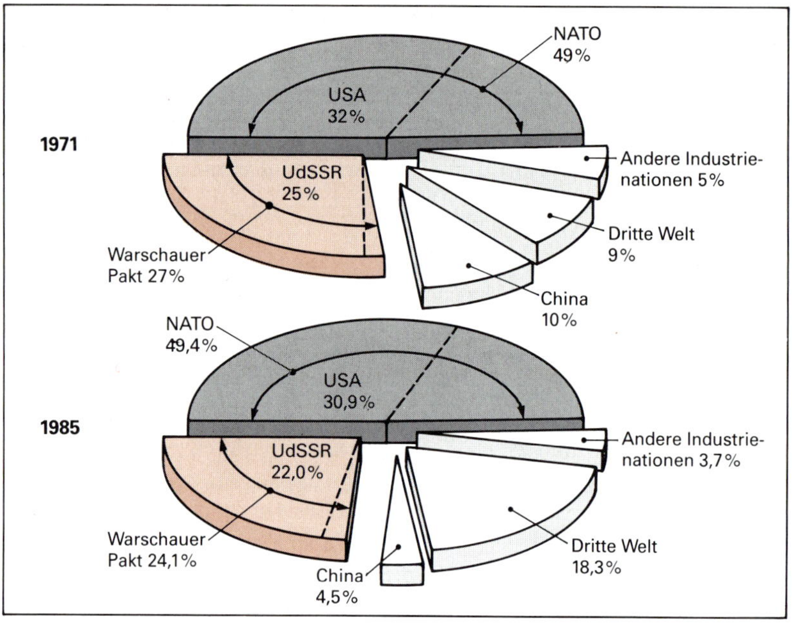

quo in Mitteleuropa zu einer Verständigung mit der DDR und den osteuropäischen Nachbarstaaten zu gelangen.

Rüstungskontrolle

Die nach der Kuba-Krise begonnenen Verhandlungen über Rüstungsbegrenzungen wurden fortgesetzt und fanden ihren Höhepunkt in den *SALT-Verträgen* (▷ S. 384). Durch Mengenbegrenzung und Vorschriften, wie die Einhaltung des SALT-II-Vertrages gegenseitig zu überwachen sei, sollte die Rüstung beider Seiten überschaubarer und berechenbarer gemacht werden. Um den militärischen Entspannungsprozeß nicht allein auf den Dialog der Supermächte zu beschränken, wurden 1972 in Helsinki Vorgespräche zu einer *»Konferenz über Sicherheit und Zusammenarbeit in Europa« (KSZE)* aufgenommen und 1975 abgeschlossen. Seit 1973 verhandeln in Wien Warschauer Pakt und NATO über eine *gegenseitige Verringerung ihrer Streitkräfte in Mitteleuropa* (▷ S. 454 f.).

Eine neue Ära der Diplomatie

In einem zweiten Bereich der Entspannungspolitik versuchten die Supermächte, einen *Kodex für ihr weltpolitisches Verhalten* zu entwickeln. Die Initiative dazu ergriff die Nixon-Administration, für die Henry Kissinger als Sicherheitsberater und (seit 1973) Außenminister eine komplizierte *»Dreiecksdiplomatie«* entwarf: Zu den beiden Supermächten USA und Sowjetunion sollte als neue Großmacht die Volksrepublik China ins Spiel gebracht werden, weil diese, »ebenso wie wir, ein Interesse daran [hatte], die Sowjetunion daran zu hindern, das weltpolitische Gleichgewicht irgendwie zu stören«.[21] Nachdem die US-Regierung im Juni 1971 ein seit 21 Jahren strikt eingehaltenes Handelsembargo gegen »Rotchina« gelockert hatte und dieses Land im Oktober desselben

Jahres in die UN aufgenommen worden war (bei gleichzeitigem Ausschluß National-Chinas), reiste Nixon im Februar 1972 nach Peking. Beide Seiten erklärten, daß gute amerikanisch-chinesische Beziehungen im Interesse »aller Staaten« lägen, und verurteilten jegliche Hegemoniebestrebung im asiatisch-pazifischen Raum. Aber im Mai desselben Jahres besuchte Nixon auch – als erster amerikanischer Präsident – die Sowjetunion. Bei dieser Gelegenheit unterstrichen beide Supermächte ihre besondere weltpolitische Verpflichtung zu einer kooperativen Konfliktregelung. In dem *Abkommen zur Verhütung von Atomkriegen,* das bei einem Staatsbesuch des sowjetischen Staats- und Parteichefs Breschnew im Juni 1973 in den USA unterzeichnet wurde, hieß es dazu:

»Die Vereinigten Staaten und die Sowjetunion stimmen darin überein, daß es ein Ziel ihrer Politik ist, die Gefahr eines Atomkrieges und der Anwendung von Kernwaffen zu beseitigen. Daher vereinbaren die Vertragsparteien, so zu handeln, daß die Entwicklung von Situationen verhindert wird, die eine gefährliche Verschlechterung ihrer Beziehungen verursachen könnte. ... Wenn zu irgendeinem Zeitpunkt die Beziehungen zwischen den Vertragsparteien oder zwischen einer Vertragspartei und anderen Ländern das Risiko eines nuklearen Konfliktes heraufzubeschwören scheinen ..., so werden die Vereinigten Staaten und die Sowjetunion umgehend in sofortige Konsultation miteinander eintreten und alles unternehmen, um ein solches Risiko zu vermeiden.«[22]

Nichts veranschaulichte die komplizierte Entspannungsdiplomatie besser als zwei Ereignisse der Jahre 1972 und 1973. Gleichzeitig zum sowjetisch-amerikanischen Gipfeltreffen 1972 in Moskau trieb die US-Regierung den Vietnam-Krieg auf den Höhepunkt, indem sie massive Bombenangriffe gegen Nordvietnam und die Verminung der Häfen anordnete. Im *Yom-Kippur-Krieg* (Oktober 1973; ▷ S. 476) unterstützten beide Supermächte ihre jeweiligen Verbündeten (USA den Staat Israel, die Sowjetunion dagegen Ägypten und Syrien). Als die Sowjetunion mit eigenen Truppen der ägyptischen Armee zu Hilfe kommen wollte, versetzten die USA einen Teil ihrer Streitkräfte in erhöhte Alarmbereitschaft. Die Gefahr einer direkten Konfrontation wies dann beide Seiten auf den vertraglich vorgezeichneten Weg der Konsultation; gemeinsam erzwangen sie einen Waffenstillstand und veranlaßten die Entsendung von UN-Truppen.

Die Bonner Ostpolitik

Auf einer dritten Ebene der Entspannungspolitik konnte die Regierung der Bundesrepublik Deutschland die Ost-West-Beziehungen dadurch entschärfen, daß sie den *territorialen Status quo in Zentraleuropa anerkannte.* In Abkommen mit der Sowjetunion (Moskauer Vertrag, Oktober 1970), Polen (Warschauer Vertrag, Dezember 1970) und der ČSSR (Dezember 1973) wurde die Unverletzlichkeit der bestehenden Grenzen bekräftigt, auf die Androhung oder Anwendung von Gewalt verzichtet und der Wille zur gegenseitigen Verständigung bekundet. In gleicher Weise wurde das Verhältnis zur DDR vertraglich geregelt (Grundlagenvertrag vom November 1972; ▷ S. 429). Als Gegenleistung hatte die UdSSR im *Vier-Mächte-Abkommen über Berlin* (September 1971) die Verantwortung der Westmächte für West-Berlin bestätigt, den ungehinderten Verkehr zwischen dem Bundesgebiet und West-Berlin gewährleistet und die besonderen Bindungen West-Berlins an die Bundesrepublik anerkannt.

An die Wirtschaftsbeziehungen als vierte Dimension der Entspannungspolitik

Entspannung durch Handel

knüpften zunächst beide Seiten hohe Erwartungen. Der *Ost-West-Handel* hatte schon in den sechziger Jahren stetig zugenommen und wuchs nun in der ersten Hälfte der siebziger Jahre überdurchschnittlich: 1974 stiegen die Importe des Ostblocks aus dem Westen gegenüber dem Vorjahr um 42,6 %, die Exporte nach dem Westen um 44,8 %. Aber die mit dem »Ölschock« (▷ S. 395) verbundene schwerste Rezession der Weltwirtschaft seit Kriegsende beeinträchtigte auch den Ost-West-Handel sehr stark; seit Mitte der siebziger Jahre ist er ständig zurückgegangen. Weil die Ostblockländer überwiegend Roh- und Brennstoffe lieferten, während sie vergleichsweise teure Industriegüter und Anlagen importieren mußten, wuchsen ihr *Handelsdefizit* und ihre *Verschuldung* gegenüber dem Westen, so daß sie in den achtziger Jahren ihren Handel mit den westlichen Industriestaaten drastisch einschränken mußten.

Global orientierte Vorstöße der Sowjetunion

d) Grenzen der Entspannung – neue Verhärtungen. Der Sieg der Kommunisten in Vietnam (und dann in Kambodscha und Laos) stärkte die Position Moskaus in Ostasien. Die Sowjetunion nutzte die *Lähmung der amerikanischen Außenpolitik nach Vietnam:* In der zweiten Hälfte der siebziger Jahre verhalfen sowjetische Waffen und kubanische Soldaten (teilweise bis zu 20 000 Mann) prosowjetischen Revolutionsregimen in Angola, Mosambik, Äthiopien, Somalia und dem Südjemen zur Macht bzw. unterstützten diese in Kriegen mit ihren Nachbarländern. Durch Militärhilfe-Abkommen wurden bereits 1972 der Irak und Syrien an die Seite der Sowjetunion gebunden. So konnte die UdSSR allmählich wichtige militärische und politische *Brückenköpfe im Nahen Osten und in Afrika* gewinnen. Die *sowjetische Flottenrüstung* wurde noch gesteigert, so daß seit Anfang der achtziger Jahre die Seestreitkräfte der UdSSR in der Lage sind, alle wichtigen militärischen und wirtschaftlichen Versorgungslinien der westlichen Länder (vor allem Japans) auf den Weltmeeren zu unterbrechen. In *Europa* sahen westliche Politiker und Militärs das militärische Gleichgewicht durch neue sowjetische Mittelstreckenwaffen aus der Balance gebracht.

Gegenzüge der westlichen Seite

Auf der anderen Seite konnte auch die sowjetische Führung die globale Machtverteilung als zu ihren Ungunsten gestört ansehen. Die von Nixon und Kissinger bewußt als Eingrenzung sowjetischer Machtdynamik konzipierte *Annäherung der USA an die Volksrepublik China* wurde von den Präsidenten Ford und Carter fortgesetzt; zum Jahresbeginn 1979 nahmen die Regierungen in Washington und Peking volle diplomatische Beziehungen auf. Die meisten prowestlich orientierten Staaten Ostasiens hatten diesen Schritt bereits vorher vollzogen. Nachdem seit 1972 die politischen und wirtschaftlichen Beziehungen zwischen Japan und China verstärkt worden waren, wurde im August 1978 ein *chinesisch-japanischer Friedens- und Freundschaftsvertrag* geschlossen, der u. a. auch zum Ziel hat, keinerlei Hegemonie einer Macht im asiatisch-pazifischen Raum entstehen zu lassen, worin die UdSSR eine anti-sowjetische Stoßrichtung sieht. Von den USA gedrängt und von der Regierung in Peking ermutigt, beschloß die japanische Regierung, ihre bisher außerordentlich geringen Verteidigungsausgaben stetig zu erhöhen. Ebenfalls im Jahre 1978 schlossen die

Europäische Gemeinschaft und die Volksrepublik China ein Handelsabkommen; 1977 gingen 38 % der chinesischen Ausfuhr in westliche Industrieländer, die ihrerseits fast 66 % der Importe lieferten. Als dann im April 1979 die Volksrepublik China den Freundschaftsvertrag mit der Sowjetunion aus dem Jahre 1950 kündigte, konnte sich die Kreml-Führung in einer *globalen Umfassungsstrategie* eingeschlossen sehen: In Europa steht die NATO (mit den USA), während an der asiatischen Flanke ihr die machtvolle Dreier-Koalition USA, China und Japan entgegentritt.

Ägypten nähert sich dem Westen an

Auch im *Nahen Osten* mußte die Sowjetunion Positionsverluste hinnehmen. Schon vor dem Yom-Kippur-Krieg 1973 hatte der ägyptische Staatspräsident *Anwar as Sadat* 17 000 sowjetische Militärberater des Landes verwiesen. Die militärischen Erfolge in diesem Krieg (weitgehend mit sowjetischen Waffen erfochten) ließen Sadat dem Prinzip eines *Verhandlungsfriedens* zustimmen, der von den USA stets gefordert worden war. Die diplomatischen Beziehungen zu den USA wurden wiederaufgenommen und amerikanische Wirtschaftshilfe vereinbart. Die Sowjetunion weigerte sich, die Materialverluste des Oktober-Krieges durch weitere Waffenlieferungen auszugleichen. Daraufhin widerrief Sadat 1976 den ägyptisch-sowjetischen Freundschaftsvertrag von 1971. Die USA wirkten als Vermittler bei der *ägyptisch-israelischen Verständigung,* die 1979 zum Abschluß eines Friedensvertrages führte (▷ S. 476). Der Versuch der US-Regierung, die Sowjetunion von einer Regelung der Konflikte im Nahen Osten auszuschließen, konnte in Moskau den Verdacht erhärten, daß die Anerkennung der UdSSR als gleichberechtigte Supermacht – eine der wesentlichen Grundlagen der Entspannungspolitik – von den USA unterlaufen würde.

Die sowjetische Invasion Afghanistans

Die Grundlagen der Entspannungspolitik waren offenkundig völlig zerrüttet, als Ende Dezember 1979 sowjetische Truppen in das blockfreie *Afghanistan* einmarschierten, um dort den bewaffneten Aufstand traditionell orientierter Stammesverbände und rebellierender Armee-Einheiten, die sich als »islamische Freiheitskämpfer« bezeichneten, gegen die kommunistische Regierung in Kabul niederzuschlagen. Zum ersten Male seit Ende des Zweiten Weltkrieges waren Truppen der UdSSR über die Grenze ihres Hegemonialbereichs vorgestoßen. Ohne daß die Motive der sowjetischen Führung eindeutig zu erkennen waren, wurde durch diese Invasion doch eine Grundregel der Entspannungspolitik – Keine einseitige Veränderung des Status quo! – gebrochen.

Rückkehr zu einer »Politik der Stärke«

Die Beziehungen zwischen Ost und West erstarrten daraufhin in einer neuen Phase der Sprachlosigkeit zwischen den Supermächten. Die US-Regierung unter Präsident *Jimmy Carter* sperrte die amerikanischen Agrarexporte in die UdSSR und boykottierte die Olympischen Spiele 1980 in Moskau. Der US-Senat setzte die Ratifizierung des 1979 unterzeichneten SALT-II Vertrages aus. Innerhalb der amerikanischen Regierung waren schon seit Mitte der siebziger Jahre (so z. B. von Verteidigungsminister James R. Schlesinger) verstärkt *militärische Überlegungen* in die außenpolitische Diskussion eingebracht worden: Eine regionale militärische Überlegenheit des kommunistischen Lagers sei vor allem in Europa, Indochina und in zunehmendem Maße am Persischen Golf zu befürchten; einseitige Abrüstung aus finanziellen Gründen oder um ein gutes Beispiel zu geben, sei gefährlich. Die *Rüstungsanstrengungen* wurden wieder *verstärkt.* Alle NATO-Staaten sollten ab 1978 ihre Verteidigungsausgaben jährlich real um 3% erhöhen (während sie 1971 bis 1976 jährlich gesunken waren). Nach Afghanistan beschloß die Carter-Administration eine drastische Steigerung ihrer Rüstungsausgaben. Der 1981 ins Amt gekommene Präsident *Ronald Reagan,* der seinen Wahlkampf unter dem Motto »Frieden durch Stärke« geführt und eine *Rückgewinnung der amerikanischen Vormachtstellung* in der Welt (»America first«) versprochen hatte, setzte sich zum Ziel, durch massive Aufrüstung (von 1978 bis 1985 wurde der Militäretat mehr als verdoppelt), den Aufbau eines weltraumgestützten Raketenabwehrsystems (SDI, Strategic Defense Initiative) und das Lieferverbot für hochentwickelte Technologien die Sowjetunion zu weltpolitischem Wohlverhalten zu zwingen.

Der neue »Globalismus«

In der amerikanischen Außenpolitik hat sich im Gegensatz zu den Konzeptionen Nixons und Kissingers ein *neuer »Globalismus«* durchgesetzt. In einem »Posture Statement« erklärte im Januar 1980 der damalige Verteidigungsminister in der Carter-Administration, Harold Brown, daß nicht so sehr ein Vorstoß des Warschauer Paktes nach Westeuropa, sondern die *unkontrollierte »Turbulenz«* in anderen Regionen der Welt (vor allem im Nahen und Mittleren Osten) die größte Gefahr für die Sicherheit Amerikas darstelle. »In einer Welt von Streitereien und Gewalttätigkeiten können wir es uns nicht leisten, im Ausland unbewaffnet aufzutreten.« In einer ähnlich grundsätzlichen Erklärung hat der amerikanische Außenminister *George P. Schultz* im Juni 1983 die Doktrin einer weltweiten Behinderung und Blockierung sowjetischer Machtinteressen dargelegt:

> »Unsere Politik beginnt mit der klaren Erkenntnis, daß die Sowjetunion eine globale Supermacht ist und bleiben wird. In Antwort auf das weltweite Verhalten dieser Supermacht in den letzten Jahren geht unsere Politik – anders als einige Formen der Entspannung – davon aus, daß die Sowjetunion mehr durch Handlungen unsererseits abgeschreckt wird, welche die Risiken ihrer Angriffe klarstellen, als durch ein zartes Netz [gegenseitiger] Abhängigkeit.«[23]

Die Maßnahmen, durch die die amerikanische Regierung die Sicherheit ihres Landes, die an jeder Stelle des Globus auf dem Spiele stehe, durch Prävention und Intervention behaupten will, sind vielfältig: Aufrüstung, Wiederbelebung, militärischer Allianzen, Unterstützung anti-kommunistischer Regime in Krisenzonen (z.B. El Salvador), Hilfe für Rebellengruppen in Bürgerkriegen (so in Nicaragua und Angola), Entsendung von US-Soldaten als Teil multinationaler Friedenstruppen (z.B. im Libanon, von September 1982 bis Februar 1984), demonstrativ verstärkte Präsenz der US-Navy im Persischen Golf seit 1987, Bereitstellung von »Schnellen Eingreiftruppen« oder die unmittelbare militärische Zerstörung vermeintlicher sowjetisch-kubanischer Offensivbasen (z.B. in der mittelamerikanischen Inselrepublik Grenada im Oktober 1983) bis hin zum Handelsembargo gegen Nicaragua und der Verminung der Häfen dieses Landes durch den amerikanischen Geheimdienst CIA. Wie hart und eigenwillig die US-Regierung die »nationale Sicherheit« der USA definierte, zeigte sich, als im April 1986 Bombenangriffe auf den Sitz des Staatschefs von Libyen geflogen wurden, um »ein Zentrum des Terrorismus in der Welt zu treffen«.

Das Ende des »Kalten Krieges« in Sicht

e) Das Ende des »Kalten Krieges« Nachdem aus der Sicht Präsident Reagans das amerikanische Selbstbewußtsein wiederhergestellt und gestärkt worden war, ging er in seiner zweiten Amtsperiode – auch unter dem starken Druck des von den Demokraten beherrschten US-Kongresses – daran, vom Konfrontationskurs abzugehen und ein Arrangement mit der anderen Supermacht zu suchen. Diese Wende zu einer mehr pragmatisch orientierten Weltpolitik wurde ermöglicht, weil die 1985 neu formierte Kreml-Führung unter *Michail Gorbatschow* für ihre Reformen des sowjetischen Gesellschaftssystems die Entlastung von den hohen Rüstungskosten und außenpolitische Ruhe brauchte. Das Bemühen Gorbatschows, für seine Reformanstrengungen stabile außenpolitische Bedingungen zu schaffen, wurde auch in der Entscheidung erkennbar, im Mai 1988 mit dem *Abzug der sowjetischen Truppen aus Afghanistan* zu beginnen. Es entsprach der Interpretation ihrer jeweiligen Interessenlage, daß die beiden Supermächte sich zunächst auf die Situation in Europa konzentrierten: Die Moskauer Führung konnte so versuchen, die unmittelbare Gefährdung durch die in Europa stationierten US-Raketen zu neutralisieren, während die Regierung in Washington durch eine Lockerung ihrer atomaren Präsenz in Europa größeren Handlungsspielraum für ihre globalen Ambitionen gewinnen würde. Nach »Gipfelkonferenzen« in Genf (1985) und Reykjavik (1986) unterzeichneten Reagan und Gorbatschow am 8. Dezember 1987 in Washington einen Vertrag, in dem die völlige und gegenseitig überwachte *Beseitigung aller Atomwaffen kurzer (500–1000 km) und mittlerer (1000–5000 km) Reichweite,* die sogenannte »doppelte Null-Lösung«, geregelt wurde. Bereits im Sommer 1988 wurden in Anwesenheit amerikanischer Offiziere die ersten sowjetischen Raketen gesprengt.

Effektive Abrüstung

Zwar wurden nur 4 % des nuklearen Zerstörungspotentials der beiden Supermächte erfaßt, aber der Vertrag von Washington bedeutete einen historischen Durchbruch, denn zum erstenmal wurde eine *wirkliche Abrüstung* vereinbart; die Regelung, daß beide Staaten die »Verifikation« der im Vertrag vorgesehenen Maßnahmen durch die jeweils andere Seite zulassen, setzt einen wichtigen Maßstab für alle weiteren Vereinbarungen zur Rüstungskontrolle und Abrüstung. Im Rahmen der bereits seit 1982 laufenden Strategic Arms Reduction Talks (START) einigten sich im Juni 1990 der amerikanische Präsident Bush und der sowjetische Staatspräsident Gorbatschow über Grundelemente eines START I-Vertrages, der dann am 31. Juli 1991 abgeschlossen wurde: Die strategischen Waffen sollen jeweils um ein Drittel verringert werden; beide Seiten verzichten auf die Produktion chemischer Waffen; der größte Teil der vorhandenen Giftwaffenarsenale soll vernichtet werden. Unmittelbar danach wurden 100.000 Giftgasgranaten, die seit 20 Jahren von den US-Streitkräften in der Bundesrepublik gelagert worden waren, abtransportiert, um auf einem Atoll im Pazifik verbrannt zu werden.

Im Dezember 1989 hatten Bush und Gorbatschow auf ihren Gipfeltreffen in Malta übereinstimmend erklärt, daß der »Kalte Krieg« nun zu Ende sei. Im Juli 1990 beschlossen die Regierungschefs der NATO eine *Reform der militärischen Strategie:* Auf den Ersteinsatz von Atomwaffen sollte verzichtet werden; sie dürften nur als »letztes Mittel« gegen eine drohende Niederlage eingesetzt werden; dem Warschauer Pakt wurde die »Hand zur Freundschaft« angeboten. Präsident Bush zog daraus die Konsequenz, Ende September 1991 unerwartet zu erklären, daß die USA ihre sämtlichen landgestützten taktischen Atomwaffen (fast 3000 in Europa, Asien und den USA) verschrotten würden; über 2500 Nuklearsprengköpfe sollten demontiert und zum Teil vernichtet werden; der Daueralarm der Bomberflotte und der Befehl zu Startbereitschaft von Trägerraketen werde aufgehoben. Weitere Abrüstungsschritte im Hinblick auf landgestützte Nuklearwaffen könnten jederzeit mit der sowjetischen Führung vereinbart werden, ein Angebot, das einige Tage später von Gorbatschow, der ja ursprünglich den Abrüstungsprozeß in Gang gesetzt und immer wieder durch neue Vorschläge belebt hatte, positiv aufgegriffen wurde. Der amerikanische Präsident reagierte so auf die *veränderte weltpolitische Lage,* nachdem die Sowjetunion zwar nicht mehr als gleichgewichtige Supermacht zu fürchten war, der Putsch in Rußland (▷ S. 404 ff.) jedoch gezeigt hatte, wie brüchig die Autorität der Regierung unter Gorbatschow war und eine berechenbare Kontrollgewalt über die Atomwaffen seitens einer verläßlichen sowjetischen Führung ein vordringliches Ziel amerikanischer Außenpolitik sein mußte. Mit dem Hinweis, daß das *sowjetische Atomwaffenarsenal* inzwischen »eher eine Last als ein Instrument der nationalen Sicherheit« zu sein scheine, signalisierte der amerikanische Präsident diese Entlastungsfunktion seiner einseitigen Abrüstung, die zudem auch der schwindenden Wirtschaftskraft der USA Rechnung trug.

2. Struktur und Wandel der Machtblöcke

Die Blöcke aus der Konfrontation des »Kalten Krieges« haben über vier Jahrzehnte lang die Weltpolitik geprägt, auch wenn sich ihr innerer Zusammenhalt im Laufe der Zeit gewandelt hat. Das östliche wie das westliche Lager wurden von den beiden Supermächten mit einem unterschiedlich begründeten und durchgesetzten Hegemonie-Anspruch dominiert.

a) Die »imperiale Republik« und ihre Verbündeten. Aus der Verantwortung, stärkste Siegermacht des Zweiten Weltkrieges zu sein, und unter dem selbstgewählten Diktat der Containment-Strategie hatte sich mit der Gründung der NATO die »imperiale Republik« (Raymond Aron)[24] der USA zum erstenmal in ihrer Geschichte an ein Militärbündnis außerhalb der eigenen Hemisphäre gebunden. Über vierzig Jahre nach Kriegsende waren und sind fast 300 000 US-Soldaten noch immer auf europäischem Boden stationiert. Im paradoxen »Gleichgewicht des Schreckens« sicherte der *atomare Schutzschild der* USA die europäischen Verbündeten, die mittlerweile zur wirtschaftlich machtvollsten Staatengruppe der Welt emporgewachsen waren, gegenüber der *europäisch-asiatischen Supermacht Sowjetunion.*

Zweifel an der atomaren Sicherheitsgarantie für Europa

Im Nordatlantischen Bündnis verfügen die USA über das größte Waffenpotential und besitzen das *Entscheidungsmonopol* über den Einsatz der NATO-Atomwaffen. Trotz wiederholter Erklärungen der amerikanischen Präsidenten, daß die Vereinigten Staaten jederzeit zur Verteidigung ihrer westeuropäischen Verbündeten einstünden, sind sowohl in den USA wie in Europa die Zweifel gewachsen, ob diese *Sicherheitsgarantie* auch tatsächlich eingelöst werden könnte. Amerikanische Militärs und Politiker, so z. B. Henry Kissinger 1979 in einer Rede im Brüsseler NATO-Hauptquartier, haben mehrfach die Sorge geäußert, daß die USA bald nicht mehr imstande sein könnten, der Sowjetunion in allen Regionen der Welt mit einem gleichgewichtigen Abschreckungspotential gegenüberzutreten, und deshalb ihre Interkontinentalraketen nur zum Schutz des eigenen Territoriums einzusetzen bereit wären. Europäische Politiker wollten demgegenüber durch die Stationierung amerikanischer Atomraketen auf europäischem Boden (NATO-Doppelbeschluß; ▷ S. 455) eine militärisch-strategische *Abkopplung* der global orientierten Supermacht USA von Europa verhindern. Diese Befürchtungen sind nach dem sowjetisch-amerikanischen Abkommen über den Abbau der Mittelstreckenwaffen vom Dezember 1987 noch stärker geworden. Die amerikanischen Regierungen ihrerseits haben – stets vom Kongreß dabei nachdrücklich unterstützt – immer wieder gefordert, die Verbündeten sollten – gerade auch angesichts ihrer wirtschaftlichen Leistungsfähigkeit – stärker für ihre eigene Verteidigung sorgen; besonders durch den Ausbau der konventionellen Rüstung könnte innerhalb des Prozesses der »flexible response« die Atomschwelle, d. h. der Einsatz von Nuklearwaffen, erheblich höher gelegt werden. Ihre Alliierten müßten die *Lasten weltpolitischer Stabilität mittragen* (burden sharing).

Unterschiedliche Interessen und Bewertungen

Die europäischen Verbündeten ihrerseits wollten nicht in die Konflikte anderer Regionen hineingezogen werden, in die der »Weltpolizist« USA im Zuge einer wieder verschärften Rivalität zur anderen Supermacht glaubte eingreifen zu müssen. Während die westeuropäischen Staaten weiterhin die militärische und politische Entspannung mit der Sowjetunion suchten und die Wirtschaftsbeziehungen verstärken wollten, sah die Regierung in Washington die Gefahr, daß dadurch der Sowjetunion die Aufrüstung erleichtert worden wäre. Sie wollte daher die Lieferung hochentwickelter Industrieprodukte (z. B. Computer, Elektronik) in den Ostblock unterbinden, zumal solche Restriktionen aufgrund des technologischen Vorsprungs der amerikanischen Industrie auch als handelspolitisches Instrument gegenüber den europäischen Wirtschaftskonkurrenten eingesetzt werden konnte.

Verschärfte wirtschaftliche Konkurrenz

Seit der Schaffung des westlichen Verteidigungssystems in der Hochphase des »Kalten Krieges« haben sich nämlich die ökonomischen Gewichte zwischen den Verbündeten stark verschoben. Die USA sind zwar die militärisch und wirtschaftlich dominierende Macht geblieben, aber einige ihrer Alliierten – vor allem die Bundesrepublik und Japan – sind heute in vielen Bereichen der

	Gesellschaft und politisches System der USA
1954	US-Senat löst den Untersuchungsausschuß über prokommunistische Umtriebe unter Joseph McCarthy auf
	Supreme Court erklärt die Rassentrennung in Schulen (»separate but equal«) für verfassungswidrig
1958	Erster amerikanischer Satellit – »Explorer I« – im Weltall
1962	Bundestruppen und Nationalgarde erzwingen die Einschreibung des ersten schwarzen Studenten an der Universität von Mississippi
1963	Bürgerrechtsbewegung unter Martin Luther King (1964 Friedensnobelpreis, 1968 ermordet) findet große Unterstützung in den Mittelschichten; gewaltloser Einsatz für Gleichberechtigung der schwarzen US-Bürger (11% der Bevölkerung)
1964–1968	Blutige Unruhen in den von Schwarzen bewohnten Ghettos der Großstädte – radikale Gruppen fordern »Freedom now« und »Black Power«
1969	Zwei amerikanische Astronauten betreten als erste Menschen den Mond
1969/70	Wachsender Widerstand gegen den Vietnam-Krieg äußert sich in großen Massendemonstrationen (vor allem als Ausschreitungen von US-Soldaten bekannt werden und US-Truppen vorübergehend in Kambodscha einmarschieren)
1971	Handelsbilanz der USA zum erstenmal seit 1894 negativ
1973	Ein Senatsausschuß soll den Einbruch in das Wahlhauptquartier der Demokratischen Partei im Washingtoner Watergate-Hotel untersuchen; gegen enge Mitarbeiter Nixons werden Gerichtsverfahren eingeleitet; Verdacht an der Mitwisserschaft des Präsidenten wächst, zumal dieser die Untersuchungen massiv behindert
	Schärfste Rezession seit der Weltwirtschaftskrise 1929/30 zwingt zur Freigabe des Dollarkurses – Ende des 1944 in Bretton Woods geschaffenen Weltwährungssystems – Der Kongreß verabschiedet »War Powers Act«: Einsatz von US-Streitkräften durch den Präsidenten als Oberbefehlshaber ohne Zustimmung des Kongresses auf 60 Tage begrenzt
1974	Der Rechtsausschuß des Repräsentantenhauses empfiehlt, Verfahren zur Amtsenthebung (Impeachment) Nixons wegen Amtsmißbrauchs, Behinderung der Justiz und Mißachtung des Kongresses einzuleiten; Nixon tritt am 8. August zurück; sein Nachfolger Gerald Ford begnadigt ihn für alle im Amt begangenen Vergehen
1977	Präsident Carter erklärt die Energieversorgung zur wichtigsten innen- und wirtschaftspolitischen Aufgabe, kann sich mit seinen Gesetzesinitiativen im Kongreß aber kaum durchsetzen
1980	Mit der seit 1948 geringsten Wahlbeteiligung (52,3 %) wird Ronald Reagan im November zum 40. Präsident der USA gewählt – Wiederwahl 1984
1982	34,4 Mio. US-Bürger (15%) leben unterhalb der offiziellen Armutsgrenze – 12 Mio. Arbeitslose, höchste Arbeitslosenquote seit der Weltwirtschaftskrise Anfang der 30er Jahre
1983-1986	Steuerreformen und Dollarabwertung fördern Investitionen und verringern Arbeitslosenquote, bedingen aber zusammen mit den hohen Rüstungsausgaben ein extrem hohes Haushaltsdefizit – dies, verbunden mit Rekorddefiziten in der außenwirtschaftlichen Leistungsbilanz, lassen die USA in nur 3 Jahren vom größten Gläubiger zum größten Schuldner der Welt werden
1986/87	Iran-Contra-Skandal: Geheime Waffenlieferungen an den Iran, um amerikanische Geiseln im Libanon freizukaufen – Erlöse aus diesem Geschäft werden, entgegen ausdrücklicher Beschlüsse des Kongresses, an die rechtsgerichteten Rebellen in Nicaragua (»Contras«) weitergeleitet – wie weit Präsident Reagan über diese illegalen Transaktionen informiert war, bleibt ungeklärt
1988	George Bush zum 41. Präsidenten der USA gewählt

Die Central High School in Little Rock, Arkansas, im Jahre 1957. Bewaffnete Nationalgardisten verschaffen schwarzen Jugendlichen Zugang zum Unterricht.

Am 20. Juli 1969 betrat der amerikanische Astronaut Neil Armstrong als erster Mensch den Mond. Das Foto zeigt den Astronauten James Irwin mit der Mondfähre »Apollo 15« *im Jahre 1972.*

Weltwirtschaft die schärfsten Konkurrenten der USA. In den Jahren 1973/74 und 1978/80 schnellte der Preis für Erdöl jeweils um das Dreifache in die Höhe; von 1972 bis 1980 stieg er insgesamt um das 14fache. Durch diese »Ölschocks« wurde die *härteste Rezession der Weltwirtschaft* seit der Großen Depression der dreißiger Jahre teils ausgelöst, teils verstärkt. Die Krise verschärfte die Konkurrenz auf den Weltmärkten und führte zu heftigen Auseinandersetzungen zwischen den westlichen Verbündeten, weil die Regierungen versuchten, durch *protektionistische Maßnahmen* ihrer nationalen Wirtschaft zu helfen. Besonders scharfe »Handelskriege« wurden zwischen den USA und Japan ausgetragen; die Agrarsubventionen der EG waren ein weiterer Streitpunkt, an dem alle Versuche, im Rahmen des GATT die Blockaden gegen einen freien Welthandel abzubauen, gescheitert sind – so zuletzt 1990/91. Stets waren auch Währungsfragen umstritten, zumal es seit 1973 weltweit keine festen Wechselkurse zwischen den einzelnen Nationalwährungen mehr gab. Mit dem Ende des »Kalten Krieges« traten diese wirtschaftlichen Interessengegensätze immer stärker hervor.

Die UdSSR – eine Industriegesellschaft

b) Das sowjetische Imperium: von der Hegemonie bis zum Zerfall im Chaos. Durch die weltpolitische Situation nach dem Zweiten Weltkrieg begünstigt und vom Weltgeltungsanspruch der kommunistischen Ideologie getragen, konnte die UdSSR neben den USA zur Weltmacht aufsteigen. Dazu wurden alle Kräfte und Ressourcen dieses größten Flächenstaates der Welt durch das rigorose *Parteiregime der KPdSU* mobilisiert und kontrolliert. Zwi-

Militärparade auf dem Roten Platz in Moskau *am 55. Jahrestag der russischen Revolution, 1972.*

Politisches System und Parteiherrschaft in der UdSSR (1953–1991)

1953	Tod Stalins (5. März) – »Neuer Kurs«: »Kollektive Führung«; Förderung der Konsumgüterindustrie und der Landwirtschaft; »sozialistische Gesetzlichkeit« statt Terror und Willkür der Geheimpolizei; Lockerung der Reglementierung des kulturellen Lebens (»Tauwetter«)
1954	Parteichef Nikita Chruschtschow setzt sich in internen Machtkämpfen durch: Vorrang für Industrialisierung und ehrgeiziges Programm zur landwirtschaftlichen Erschließung im Südwesten des asiatischen Teils der UdSSR
1956	XX. Parteitag der KPdSU: Chruschtschow kritisiert die Greuel unter Stalin als Auswuchs eines nichtmarxistischen Personenkults, der durch Stärkung der Partei in Zukunft verhindert werden müsse – umfangreiche Sozialgesetzgebung und Erhöhung der Löhne
1958	Chruschtschow wird auch Regierungschef
1961	Neues Parteiprogramm der KPdSU (letzte Fassung 1919) erklärt die »Diktatur des Proletariats« für nicht mehr notwendig, da die UdSSR inzwischen ein »Staat des ganzen Volkes« sei.
1964	Chruschtschow wird abgesetzt; den Parteivorsitz übernimmt Leonid Breschnew (seit 1977 auch Staatsoberhaupt), Alexei Kossygin wird Regierungschef – Prinzip der »kollektiven Führung« seitdem weitgehend praktiziert
1977	Neue Verfassung der UdSSR: Rolle der Partei als »Vorhut des Volkes« gestärkt – Verfassungen der Unionsrepubliken erhalten mehr Spielraum für nationale Eigenheiten
1982	Tod Breschnews; Juri Andropow wird Generalsekretär der KPdSU und Staatsoberhaupt – kritisiert die Leistungsfähigkeit der sowjetischen Wirtschaft
1984	Tod Andropows; der 72jährige Konstantin Tschernenko wird Generalsekretär der Partei und Staatsoberhaupt
1985	Tod Tschernenkos; der 54jährige Michail Gorbatschow wird zum Generalsekretär gewählt (1988 auch Staatsoberhaupt) – setzt bald unter den Programmworten »Perestroika« und »Glasnost« weitreichende Reformen von Wirtschaft, Partei und Staat in Gang
1990	Die baltischen Republiken *Litauen, Estland* und *Lettland* erklären ihre *Unabhängigkeit;* Versuche der Moskauer Zentralregierung, durch Wirtschaftsblockade und Militäreinsatz diese Entscheidung rückgängig zu machen, bleiben erfolglos; im Laufe des Jahres erklären dann auch die Russische Republik (der größte Teilstaat) sowie alle anderen Republiken ihre Souveränität. – Die KPdSU verzichtet auf ihr in der Verfassung niedergelegtes Monopol, die »führende und lenkende Kraft« des Staates zu sein; viele Spitzenfunktionäre verlassen die Partei. – Regierung und Staatsspitze werden in einer Präsidialverfassung organisiert und Michail Gorbatschow zum 1. exekutiven Präsidenten der Sowjetunion gewählt.
1991	April – In einem Referendum billigt die Mehrheit der Sowjetbürger das neue Modell einer *»Union Souveräner Sowjetrepubliken«* (statt früher »Union Sozialistischer Sowjetrepubliken«), in der die einzelnen Teilrepubliken mehr Selbständigkeit erhalten sollen; sechs Republiken boykottieren die Abstimmung, in anderen lassen sie die auf größere Autonomie bedachten Regierungen ihren Kurs bestätigen. August – *Putsch konservativer Gruppen* in Partei, Staat und Militär gegen die *Perestroika* scheitert am Widerstand der zur Reformpolitik entschlossenen Bürger und politischen Führer – die KPdSU wird teilweise verboten, teilweise löst sie sich selbst auf – die nach Unabhängigkeit strebenden Republiken gewinnen größeren Bewegungsspielraum bei den Verhandlungen über den Umbau der Union September – Aufnahme der baltischen Republiken als souveräne Staaten in die UN Dezember – Auflösung der UdSSR und Gründung einer »Gemeinschaft unabhängiger Staaten« (GUS) durch elf der früheren 15 Teilrepubliken – Rücktritt Gorbatschows

schen 1950 und 1980 hat sich die wirtschaftliche Produktion bei einem durchschnittlichen jährlichen Zuwachs von 4,7 % ungefähr vervierfacht. Dies war nur zu erreichen, weil die in den dreißiger Jahren unter hohem politischem Druck stalinistischer Terrorherrschaft eingeleitete *Industrialisierung* fortgesetzt wurde. Die materiellen Lebensbedingungen der Sowjetbürger haben sich langsam, aber stetig verbessert, auch wenn der Lebensstandard im Vergleich zu anderen Ostblockstaaten und vor allem zu den westlichen Industrienationen gering blieb. Wie in allen Industriegesellschaften hat sich auch in der Sowjetunion eine *Spirale steigender Ansprüche* in Bewegung gesetzt: Die Nachfrage nach Konsumgütern wuchs und konnte stets nur unvollkommen befriedigt werden. Seit Anfang der siebziger Jahre forderten Wissenschaftler und Künstler immer offener mehr Rechtssicherheit und politische Meinungsfreiheit, ohne jedoch die bestehende Eigentums- und Produktionsordnung aufheben zu wollen. Diese »Dissidenten« wurden bis in die Mitte der achtziger Jahre hart verfolgt.

Das sowjetische Dilemma

Die Führungsgruppen in Partei, Staat, Wirtschaft und Militär standen somit vor dem Dilemma, daß einerseits die Weltmachtrolle der UdSSR nur von einer hochentwickelten und *dynamischen Industriegesellschaft* getragen werden konnte, während andererseits die *monolithisch-zentralistische Struktur des Herrschaftssystems* die notwendige Dynamik vielfach blockierte. Deshalb war bei den internen Auseinandersetzungen im Kreml immer der *Vorrang der Partei* (den Chruschtschow ebenso durchsetzen konnte wie Breschnew) gleichermaßen umstritten wie die Frage, in welchem Maße *Rüstungs- und Investitionsgüter auf Kosten des Massenkonsums* produziert werden sollten. Der hohe Anteil der Militärausgaben am Bruttosozialprodukt (schätzungsweise 10 bis 15 %) als vermeintlicher Preis des Weltmachtstatus führte zu wirtschaftlichen Engpässen. Zunehmend wurde im Kreml die Notwendigkeit einer Modernisierung des schwerfälligen Systems der sowjetischen Planwirtschaft erkannt, denn zu Beginn der achtziger Jahre gab es kaum noch Wirtschaftswachstum.

Pax sovietica: hegemoniale Machtbehauptung

In den vier Jahrzehnten nach Kriegsende wurde die Weltmacht UdSSR von einer Führungsgruppe beherrscht, die das Trauma des 22. Juni 1941 nicht vergessen konnte. So verfolgte sie *zwei außenpolitische Strategien:* parallel zur *global ausgreifenden Weltpolitik* (die seit Anfang der sechziger Jahre zielstrebig betrieben wurde) stets auch eine *eurasische Großraumpolitik,* die der Tradition des großrussischen Expansionismus folgte. Den von der Roten Armee besetzten Ländern Europas wurde das System kommunistischer Einparteiendiktatur und Planwirtschaft aufgezwungen, um sie so zu homogenen und integralen Bestandteilen eines militärisch-ökonomischen Sicherheitsraumes zu machen. Der *Primat der Innenpolitik* beherrschte den *hegemonialen Anspruch* der Sowjetunion gegenüber ihren im *Warschauer Pakt* zusammengeschlossenen Satelliten: Weil die sowjetischen Führungsgruppen eine Erosion ihres absoluten Herrschaftsanspruches im eigenen Lande befürchten mußten, reagierten sie stets schnell und hart gegen jeden vermeintlichen Versuch in den Satellitenstaaten, etwas mehr *innenpolitischen Pluralismus* zuzulassen, obwohl dort weder die sozialistische Wirtschaftsordnung in Frage gestellt noch gar die militärische

Im August 1968 besetzten Truppen des Warschauer Paktes die ČSSR.

Sicherheit der UdSSR bedroht gewesen wäre. Diese von der Furcht vor innenpolitischer Ansteckung der Sowjetunion motivierten Interventionen sollten nach dem Einmarsch in die Tschechoslowakei 1968 durch die sogenannte »Breschnew-Doktrin« ideologisch gerechtfertigt werden:

Die »Breschnew-Doktrin«

»Man kann die Souveränität einzelner sozialistischer Länder nicht den Interessen des Weltsozialismus, der revolutionären Bewegung der Welt entgegenstellen.« Wenn in einem sozialistischen Land versucht werde, wieder »kapitalistische Verhältnisse« zu schaffen, sei die gesamte »sozialistische Gemeinschaft« mit ihrer »Hauptkraft«, der UdSSR, bedroht, die deshalb eingreifen müsse – notfalls militärisch.[25]

Auch von Gorbatschow ist dieser Interventionsanspruch zunächst nicht aufgegeben, sondern eher bestätigt worden, wenn er 1985 in Warschau erklärte, »daß die sozialistischen Errungenschaften unumkehrbar sind« und der Versuch, »aus der sozialistischen Gemeinschaft herauszubrechen ... ein Anschlag auf den Frieden« sei.[26] 565 000 sowjetische Soldaten waren noch Anfang 1989 in den Mitgliedsländern des Warschauer Paktes (mit Ausnahme Rumäniens und Bulgariens) stationiert; das größte Kontingent (380 000 Mann) stand in der DDR.

Das Konzept Gorbatschows

Bald nach seiner Wahl zum Generalsekretär des Zentralkomitees der KPdSU im März 1985 eröffnete Michail Gorbatschow eine »Strategie zur Beschleunigung der sozialökonomischen Entwicklung«. Um die weltpolitische Wettbewerbsfähigkeit der Supermacht UdSSR zu erringen, müsse die sowjetische Wirtschaft mit besserer Qualität und höherer Effektivität aufwarten. Mit den Signalbegriffen »Perestroika« (Umgestaltung) und »Glasnost« (Offenheit) machte Gorbatschow deutlich, daß die notwendigen Reformen nicht auf das Wirtschaftssystem beschränkt bleiben könnten, sondern auch die verkrusteten Strukturen in Partei und Staat erfassen müßten, weil nur eine tiefgreifende »Demokratisierung« der sowjetischen Gesellschaft die Energien zur Mobilisierung aller Kräfte freisetzen könnte. Doch die Veränderungen des Wirtschaftssystems waren vorsichtig, unsystematisch und tasteten die Grundstruktur des »sozialistischen Eigentums« und der Planwirtschaft nicht an. Die straffe Gängelung des kulturellen Lebens wurde demonstrativ aufgegeben und zahlreiche »Dissidenten« freigelassen, um die Intellektuellen für die schwierige *»Revolution von oben«* zu gewinnen. Zunächst noch zögernd, dann aber in rascher Folge wurden klassische politische Freiheitsrechte (geheime Wahlen, Presse- und Versammlungsfreiheit) eingeführt und der rechtsstaatliche Schutz eines jeden Bürgers gewährleistet; auch die Kirchen wurden wieder zugelassen.

In heftigen öffentlichen Auseinandersetzungen, die die vorher autoritär verord-

Instabilität und Intervention im »Ostblock«

1948 wurde *Jugoslawien* aus der Kominform ausgeschlossen sowie durch Wirtschaftsblockade und Militärmanöver unter Druck gesetzt, weil Tito keine rigorose Zentralverwaltungswirtschaft einführen und ein Bündnis mehrerer Balkanstaaten zusammenfügen wollte. Nach Stalins Tod wurden die Beziehungen zwischen Belgrad und Moskau wieder enger; Jugoslawien wahrte jedoch seine unabhängige Rolle als eine Variante kommunistischer Gesellschaftsordnung (Arbeiterselbstverwaltung, »sozialistische Marktwirtschaft«)

1953 In Ost-Berlin und der DDR schlugen sowjetische Truppen den Aufstand eines großen Teils der Arbeiterschaft nieder, weil diese eine Verbesserung ihrer wirtschaftlichen Lage, aber auch freie Wahlen in ganz Deutschland forderten

1956 Die Rote Armee walzte den Volksaufstand in *Ungarn* nieder, wo im Zuge der auf den ganzen Ostblock übergreifenden *Entstalinisierung* politische Meinungsfreiheit und nichtkommunistische Parteien zugelassen werden sollten, gleichzeitig aber auch der Abzug der sowjetischen Truppen und der Austritt aus dem Warschauer Pakt gefordert wurden

1968 Truppen der Staaten des Warschauer Paktes (mit Ausnahme Rumäniens) besetzten die *ČSSR* und setzten die dortige Regierung ab, weil diese einen *»Kommunismus mit menschlichem Antlitz«* praktizieren wollte, in dem das diktatorische Führungsmonopol der Partei aufgelöst und eine legale Opposition zugelassen werden sollte, ohne jedoch die kommunistische Eigentums- und Wirtschaftsordnung abzuschaffen. Die neuen, von Moskau eingesetzten Machthaber unterdrückten jegliche oppositionelle Regung in der Bevölkerung

1981 An der Ostgrenze *Polens* hielten die sowjetischen Streitkräfte große Manöver ab. Seit Sommer 1980 hatte die von Danziger Werftarbeitern gegründete unabhängige Gewerkschaft *»Solidarität«* stürmische Zustimmung in der Arbeiterschaft gefunden, zählte bald mehr als neun Millionen Mitglieder und verhandelte mit der zu Konzessionen bereiten Partei- und Staatsführung über tiefgreifende Reformen des Wirtschafts- und Arbeitslebens. Am 13. Dezember 1981 übernahm im engen Kontakt mit sowjetischen Stellen ein »Militärrat der nationalen Erneuerung« staatsstreichartig die Macht, verhängte das *Kriegsrecht* (im Juli 1983 wiederaufgehoben), verbot die »Solidarität« und ging gegen die zahlreichen Demonstrationen und Streiks mit harter Gewalt vor. Die Opposition ließ sich aber auf Dauer nicht unterdrücken; besonders die schwierige wirtschaftliche Situation des Landes zwang die Regierung, immer mehr Zugeständnisse zu machen und die oppositionellen Gruppen durch Beratungsgremien (»Runder Tisch«) an der Regierungsgewalt zu beteiligen.

1989/1990 Nachdem der sowjetische Staats- und Parteichef Gorbatschow im Zuge der *Perestroika* den Interventionsanspruch der UdSSR in ihrem bisherigen Machtbereich ausdrücklich aufgegeben hatte, zerfällt, weitgehend ohne Gewaltsamkeit, in allen Staaten des ehemaligen »Ostblocks« die Einparteiendiktatur der Kommunisten. Die neu entstehenden Demokratien lösen im Sommer 1991 den Warschauer Pakt und den Rat für Gegenseitige Wirtschaftshilfe auf.

Die Schatten der Vergangenheit. *Michael Gorbatschow während einer Pressekonferenz im Kreml am 12. Juli 1991. Im Hintergrund ein Gemälde, das Lenin bei einer Ansprache auf dem Roten Platz in Moskau 1917 zeigt.*

nete Gleichförmigkeit des öffentlichen Lebens in der Sowjetunion völlig sprengten, kämpften die Verfechter eines raschen und harten Reformkurses, die von dem Präsidenten der Russischen Sowjetrepublik, *Boris Jelzin*, angeführt wurden, gegen den hinhaltenden Widerstand zahlreicher Funktionäre in Parteibürokratie und Staatsapparat, beim Militär, dem Staatssicherheitsdienst und in den großen Industriekombinaten. Die Kritiker warfen Gorbatschow vor, nicht konsequent genug den Übergang zu Marktwirtschaft und Privateigentum zu betreiben und sich weiterhin auf die alten Kader zu stützen. Gorbatschow seinerseits versuchte, das *sowjetische Dilemma* in der Weise zu lösen, daß er zwar viele Hindernisse für die Entwicklung einer dynamischen und *wettbewerbsorientierten Leistungsgesellschaft* beseitigen wollte, ohne jedoch den in mehr als siebzig Jahren verfestigten *Führungsanspruch der KPdSU aufzugeben und vom Primat der staatlichen Kontrolle der Produktionsmittel* zu lassen. Die Grundprinzipien des Marxismus-Leninismus sollten beibehalten und eine kontrollierte »Revolution von oben« durchgeführt werden.

Doch diese Strategie ließ sich nicht durchhalten. Der zögernde und immer wieder sabotierte Übergang zu einer neuen Wirtschaftsform, deren Konzeption unklar und umstritten war, brachte große Probleme: rapider Rückgang der Produktion, Preissteigerung, Arbeitslosigkeit, Versorgungsengpässe (Hungerwinter 1990/91 mit umfangreichen Hilfsaktionen der westlichen Staaten) und immer wieder ausgedehnte Streiks in den Bergbaugebieten. Der Widerstand gegen Person und Politik Gorbatschows wurde so stark, daß dieser sich genötigt sah, den Besuch zur Entgegennahme des Friedensnobelpreises 1990 in Oslo abzusagen.

Auflösung des »Ostblocks«

Die Konsequenzen der Perestroika und der offensichtliche Mangel an wirtschaftlicher Leistungskraft und Reformfähigkeit zwangen Gorbatschow zu der Einsicht, daß die *Kräfte der Sowjetunion überfordert* seien, noch länger die aufwendige Kontrolle über die Staaten Osteuropas auszuüben. So erklärte er, daß jeder Staat das Recht hätte, seinen eigenen Weg zu gehen. Ohne Furcht vor einer militärischen Intervention der Sowjetunion konnten sich daraufhin in den einzelnen Ländern die bislang unterdrückten Oppositionsgruppen durchsetzen. Aber auch die verschiedenen Kommunistischen Parteien paßten sich rasch der neuen Lage an und änderten ihre Programme und Organisationen, um nicht alle Macht auf einmal zu verlieren. Doch innerhalb kürzester Zeit brachen 1989/90 die alten Regime zusammen. Zunächst in *Polen* und *Ungarn,* dann auch in der *Tschechoslowakei* und der *DDR* (▷ S. 435 ff.) gelang es in verblüffend kurzer Zeit, die Weichen für Marktwirtschaft und Demokratie zu stellen; die Gründung neuer Parteien, die Wahl von Parlamenten, die Verabschiedung neuer Verfassungen geschah ohne Blutvergießen. In einer *friedlichen Revolution,* wie sie in der Geschichte bisher noch nicht zu beobachten war, setzten die Menschen in diesen Ländern ihr Recht auf Selbstbestimmung durch. In *Rumänien* konnte dagegen die brutale Terrorherrschaft des Staatspräsidenten Ceauşescu und der Geheimpolizei erst durch einen Volksaufstand gebrochen werden, nachdem sich die Militärführung auf die Seite der protestierenden Bürger gestellt hatte.

Auch in *Albanien,* dessen Regime unbeirrt an stalinistischen Doktrinen und Methoden festgehalten hatte, begehrten die Menschen auf; Zehntausende flohen; in teilweise blutigen Massendemonstrationen wurde das Regime zum Nachgeben gezwungen.

Die UdSSR zerfällt

Die großen innenpolitischen und wirtschaftlichen Schwierigkeiten, die sich beim völligen Umbau solch eines riesigen Imperiums mit seiner verkrusteten Bürokratie, seiner schwerfälligen Planwirtschaft und seiner ideologisch starren Parteidiktatur von über 18 Millionen Funktionären ergeben, nährten die Befürchtung, daß die *Sowjetunion als Staat zerbrechen* und im Chaos versinken würde. Dies war auch das Argument, mit dem Anfang August 1991 eine Gruppe aus *konservativen Führungsfunktionären* der Partei, der Armee und des Geheimdienstes KGB den Staatsnotstand ausrief und Staatspräsident Gorbatschow gefangensetzte. Boris Jelzin, der Präsident der Russischen Republik, sowie die Bürgermeister von Moskau und Leningrad, G. Popow und A. Sobtschak, verurteilten sofort den Putsch und riefen zum Generalstreik auf. Tausende von Bürgern bildeten einen lebenden Schutzwall um den Amtssitz von Jelzin, in dem dieser sich verbarrikadiert hatte; einige Panzerkommandeure schlossen sich ihnen mit ihren Fahrzeugen an, andere erklärten in die laufenden Kameras, sie würden in keinem Fall auf Landsleute schießen. Die Machtinstrumente funktionierten nicht mehr automatisch und willenlos. Die Putschisten hatten nicht erkannt, daß sich die sowjetische Gesellschaft in den fünf Jahren der *Perestroika* tiefgreifend *verändert* hatte: Die sowjetischen Bürger nutzten und verteidigten ihre Freiheit – drei Männer ließen dabei ihr Leben.

Staatsstreich gescheitert. *Eine Frau mit einem Jelzin-Plakat während der Massendemonstration auf dem Roten Platz in Moskau am 22. August 1991.*

Nach drei Tagen brach der Putsch in sich zusammen. Gorbatschow gab selbstkritisch zu, daß er in dem Versuch, die Reformpolitik zu stabilisieren, den konservativen Reformgegnern zu viel Vertrauen geschenkt und sie an die Schalthebel der Macht gelassen habe. Der gescheiterte Putsch bedeutete eine *Stärkung der entschlossenen Reformpolitiker,* allen voran Boris Jelzins. Er bedeutete auch eine Stärkung der Bestrebungen zu nationaler Autonomie und beschleunigte so den Umbau der Sowjetunion zu einer Konföderation weitgehend autonomer Staaten, wie sie dann zunächst in einer Wirtschaftsunion begründet werden sollte.

Ein erstes welthistorisch bedeutsames Ergebnis des gescheiterten Putsches vom August 1991 ist darin zu sehen, daß die KPdSU, die über acht Jahrzehnte lang Symbol und Organisation des Gedankens der kommunistischen Weltrevolution gewesen war, nun innerhalb weniger Tage beseitigt wurde: Jelzin verbot sie für die Russische Republik; Gorbatschow dekretierte nach einigem Zögern ihre Selbstauflösung für die gesamte Sowjetunion. In den westlichen Ländern wurde eindringlicher als zuvor die Notwendigkeit umfassender Hilfeleistungen für die Sowjetunion erörtert, um ein Absinken in ein unkontrollierbares Chaos zu verhindern, denn der Putsch hatte die Gefahr vor Augen geführt, daß politische und militärische Desperados den Finger am atomaren Abzug haben könnten. Die Frage, wer in der neuen Konföderation die *Befehlsgewalt über die fast 30.000 Atomwaffen* erhalten würde, beunruhigte die Weltöffentlichkeit. Die Entscheidung der Bush-Administration, zunächst einseitig einen großen Teil taktischer Atomwaffen abzurüsten (▷ S. 394), war auch darin begründet, Gorbatschow und die Reformpolitik zu unterstützen, zumal die *Perestroika* von Anfang an die notwendige Entlastung von den riesigen Rüstungskosten und die Rücknahme der imperialen Überdehnung als militärischer Supermacht flankieren sollte.

Nationalismen sprengen die Sowjetunion

Die Eigendynamik der *Perestroika,* die Gorbatschow durch eine Stärkung des staatlichen Machtmonopols in Form eines Präsidialsystems eindämmen wollte, entfesselte auch die zentrifugalen Kräfte der Nationalitäten-Konflikte, die schon Lenin als eine der größten Hypotheken der neuen Sowjetmacht erkannt hatte. Eine weitaus höhere Geburtenrate der asiatischen Nationalitäten sowie der über 50 Millionen Moslems, die in relativ geschlossenen Siedlungsgebieten leben, drängte das Staatsvolk der Russen allmählich in die Minderheit (1991 etwa 48 % der Gesamtbevölkerung). Viele der über *100 Nationalitäten mit 130 verschiedenen Sprachen,* die sowohl im Zarenreich wie auch in der Sowjetunion unter dem Herrschaftsanspruch der Großrussen gestanden hatten und sich nur mühsam gegen eine systematische und oft auch gewaltsame Russifizierung hatten wehren können, begehrten nun offen auf und verlangten nach größerer politischer Autonomie. Im Laufe der Jahre 1989 und 1990 erklärten die meisten der 15 Teilrepubliken ihre Souveränität; einige drohten mit dem Austritt aus der Union. Verschiedene ethnische Gruppen (wie etwa die Krimtataren) verlangten ihrerseits eine »autonome Republik«. Besonders die drei baltischen Staaten, *Litauen, Estland* und *Lettland,* die 1939 im Zuge des Hitler-Stalin-Paktes widerrechtlich von der Sowjetunion annektiert worden waren (▷ S. 329 ff. f.) verlangten nun ihre Wiederherstellung als souveräne Staaten. Die Moskauer Zentralregierung unter Gorbatschow versuchte, durch Wirtschaftsblockade und Einsatz militärischer Gewalt die Loslösung dieser ökonomisch besonders wichtigen Länder zu unterbinden. Als aber Boris Jelzin, der Präsident der Russischen Republik, die ebenfalls ihre Souveränität proklamiert hatte, die Autonomiebestrebungen der Balten offen unterstützte, wurde erkennbar, daß die Moskauer Unionsregierung sich auf eine *Verhandlungslösung* einlassen mußte. Besonders erbittert wurden die Nationalitäten-Konflikte in den südlichen Regionen der Föderation ausgetragen: Dort mußten wiederholt Truppen eingesetzt werden, um gewalttätige Demonstrationen, Pogrome und Bürgerkriege zwischen verfeindeten Volks- und Religionsgruppen nur notdürftig unter Kontrolle zu halten. In diesen Kämpfen verloren Tausende von Menschen ihr Leben, Hunderttausende mußten fliehen. Gorbatschow und die Moskauer Zentralregierung versuchten, in Verhandlungen mit den Regierungen das neue Modell einer *»Union Souveräner Sowjetrepubliken«* durchzusetzen, in dem die einzelnen Nationalitäten gleichberechtigt in einer Art sowjetischem Commonwealth zusammenarbeiten könnten. Gorbatschow argumentierte, daß nur durch den modifizierten Fortbestand der Union ein blutiger Nationalitätenkrieg verhindert werden könnte.

Doch die zentrifugalen Kräfte waren stärker. Nach dem gescheiterten Putsch vom August 1991 sprengten sie die von Lenin konzipierte Konstruktion der »Union der Sozialistischen Sowjetrepubliken«. Anfang Dezember 1991 schlossen in Viskuli bei Brest die drei Republiken Rußland, Weißrußland und die Ukraine das Abkommen, eine »Gemeinschaft Unabhängiger Staaten« (GUS) zu bilden; eine Gemeinsame Behörde sollte die Außen- und Verteidigungspolitik leiten; über die Wirtschaftspolitik sollten die Regierungen sich abstimmen.

Kategorisch wurde erklärt: »Die Sowjetunion existiert nicht mehr als Subjekt der internationalen und geopolitischen Realität.«

Am 21. Dezember 1991 wurde in Alma-Ata, der Hauptstadt von Kasachstan, daraus die Konsequenz gezogen: Elf der ehemaligen 15 Sowjetrepubliken gründeten den neuen Staatenbund der *»Gemeinschaft Unabhängiger Staaten«.* Ein Gemeinsames Oberkommando über die Rote Armee wurde beibehalten und auch die Kontrolle über die Atomwaffen sollte gemeinsam ausgeübt werden. Die Russische Republik (der bei weitem größte Staat in diesem Bund: 76 % des Gebietes und 51 % der Bevölkerung der früheren UdSSR) wurde zum Rechtsnachfolger der UdSSR erklärt und übernahm den Sitz im UN-Sicherheitsrat.

Würdigung Gorbatschows

Drei Tage später trat Michail Gorbatschow als Präsident der UdSSR zurück. So endete (vorerst) das öffentliche Wirken eines Mannes, der die Geschichte der Weltgesellschaft im Atomzeitalter wie selten zuvor jemand bestimmt hat. Seine diplomatischen Initiativen und Abrüstungsvorschläge haben den Kalten Krieg rasch beenden lassen. Er hatte erkannt, daß die Supermacht-Rolle für die Sowjetunion auf die Dauer zu groß war. Er hatte in einer relativ gewaltlosen »Revolution von oben« den Menschenrechten und demokratischer Selbstbestimmung in einer vormals autokratischen Einparteiendiktatur zur Geltung verholfen. Er hat die Staaten und Nationen Osteuropas aus hegemonialer Bevormundung und Unterdrückung durch die mit kommunistischer Selbstgewißheit auftretende Sowjetmacht entlassen. Er hat die Einigung Deutschlands nicht durch Interventionen und Auflagen blockiert. – Aber er ist in seinem Bemühen, Zusammenhalt und Stärke der von Lenin begründeten Sowjetmacht, wenn auch in anderen Formen und auf niedrigerem Niveau, zu erhalten, gescheitert. Der Eigen-Sinn der Nationalismen war weder durch das marxistisch-leninistische Revolutionspathos noch durch den alles durchdringenden Zwang der Herrschaftsapparate gebrochen worden. Wieweit in den Konflikten zwischen den zahlreichen Nationalitäten und Gruppen des ehemaligen Sowjetimperiums die gewonnenen Freiheiten nicht wieder zerrieben werden, wird die Zukunft zeigen.

Bürgerkrieg in Jugoslawien

Die Bestätigung des nationalen Selbstbewußtseins, wie sie in der Auflösung des ehemaligen »Ostblocks« zum Ausdruck gekommen ist, verstärkte die zentrifugalen Kräfte, die schon seit längerem den *Bundesstaat Jugoslawien* belasteten. Auch hier kam es zu einer Umbenennung und Re-Organisation der alten Kommunistischen Einheitspartei, die vor allem in der Teilrepublik Serbien weiterhin an der Macht blieb, während in Slowenien und Kroatien neugegründete demokratisch orientierte Parteien durch freie Wahlen an die Regierung kamen. Die propagandistisch sehr aggressive Führung Serbiens beanspruchte eine traditionell »großserbische« Vormachtrolle, die sie interventionistisch und mit Hilfe der Bundesarmee durchzusetzen versuchte. Die Republiken Slowenien und Kroatien, die auch wirtschaftlich leistungsfähiger als Serbien sind, erklärten im Frühsommer 1991 ihre Unabhängigkeit. Serbische Freischärler und bald darauf auch die von Serbien kontrollierte Bundesarmee griffen Ziele in diesen Republiken an und eröffneten so einen *erbitterten Bürgerkrieg,* in dem Tausende von Menschen umkamen und ganze Städte dem Erdboden gleichgemacht wurden. Versuche der EG den Konflikt zu schlichten, scheiterten, weil einerseits die europäischen Regierungen keine einheitliche politische Linie finden konnten und weil andererseits Serbien sich von gewaltsamen militärischen Operationen die größten Vorteile in der Agonie des zerbrechenden Bundesstaates versprach. In diesem Konflikt zeigte sich sehr deutlich, daß der Haß zwischen Völkern und Konfessionen unter dem Druck kommunistischer Einparteienherrschaft und in der Disziplin weltpolitischen Blockdenkens nur eingekapselt worden war und nun, nachdem diese Zwänge zerbrochen waren, mit unkontrollierter Aggressivität aufbrechen konnten. Da in vielen Staaten des ehemaligen »Ostblocks« – wie auch in der Sowjetunion selbst – jeweils große ethnische Minderheiten leben, überschattet die Gefahr des Bürgerkrieges den gesamten östlichen Teil Europas.

Kampf um den Führungsanspruch

c) China im »sozialistischen Lager«. Die begründete Furcht des Kreml vor einer Erosion des sowjetischen Imperiums hat 40 Jahre lang die sowjetische Außenpolitik beherrscht. Sie wurde während dieser Zeit immer wieder neu angefacht, seit Ende der fünfziger Jahre die zweitgrößte Macht im »sozialistischen Lager«, die Volksrepublik China, den seit Lenin erhobenen ideologischen Führungsanspruch der Sowjetunion im Weltkommunismus immer entschiedener leugnete und seit Anfang der siebziger Jahre eine gegen die UdSSR gerichtete Außen- und Militärpolitik verfolgte, die zu einer der wichtigsten Verschiebungen im weltpolitischen Kräfteparallelogramm seit 1949 geführt hat. Trotz historisch gewachsener Feindschaft zwischen Chinesen, der KPCh und Moskau in der Vergangenheit (▷ S. 373), hatte sich die Führung der 1949 proklamierten Volksrepublik China unter *Mao Zedong* zunächst außenpolitisch und ideologisch eng an die Sowjetunion gebunden, deren finanzielle und technische Hilfeleistungen dem wirtschaftlichen Aufbau Chinas wertvolle Impulse gaben. Im Korea-Krieg zeugten fast 90 000 chinesische Gefallene davon, wie sehr die Volksrepublik für das kommunistische Lager zu kämpfen bereit war.

Tafel 29 *Henry Moore unterscheidet in einem Manifest zwischen »der Schönheit des Ausdrucks und der Macht des Ausdrucks« und bekennt sich zu letzterer. In der Skulptur* »Der Krieger«, *entstanden 1953/54 (Hoglands, Much Hadham), realisiert er dieses Programm so, daß der verstümmelte Mensch gelegentlich als das Kriegerdenkmal unserer Zeit bezeichnet worden ist. Und trotz seines Geschundenseins bleibt er in Abwehrbereitschaft gegen eine Gefahr, die er fest ins Auge faßt und gegen die er den Schild erhebt.*

Tafel 30 *Robert Rauschenbergs* »Retroactive I« *vom Jahre 1964 (Hartfort, Wadsworth Atheneum) ist in doppelter Hinsicht ein Zeitdokument. Zum einen spiegelt es die politische Situation der 60er Jahre: US-Präsident Kennedy als der – nicht nur das Bild – beherrschende Vertreter einer Weltmacht. Dies wird unterstrichen durch den weisenden Ausdruck seiner rechten Hand, die sich im »Flimmern« der hier angewandten Siebdrucktechnik verdoppelt. Zum andern ist das Bild Zeugnis für die Möglichkeiten, die die Fotografie in der Fotomontage hat: Der Betrachter neigt dazu, Fotos als authentische Wiedergaben der Wirklichkeit zu werten. Wenn nun wie hier bei Rauschenberg die realistischen Elemente »ungereimt« zusammengesetzt werden, kann der Künstler durch diese verfremdende Wirkung bei dem, der das Werk anschaut, kritische Haltungen auslösen.*

Tafel 30

ADAM I
(material)
ADAM II
73
RH
0

Tafel 32

Im Unterschied zu den europäischen Satellitenstaaten, in denen die kommunistischen Regime mit Hilfe der Roten Armee an die Macht gekommen waren, konnten sich Mao und seine Gefolgsleute (ähnlich wie Tito) auf ihre eigene revolutionäre Leistung berufen; sie leiteten daraus und aus dem Stolz auf die kulturelle Tradition Chinas eine größere Selbständigkeit gegenüber der Moskauer Zentrale des Weltkommunismus ab, um einen *»eigenen Weg zum Sozialismus«* zu verfolgen.

Konzepte, Forderungen, Vorwürfe

Als die sowjetische Führung unter Chruschtschow versuchte, mit Hilfe der *»friedlichen Koexistenz«* die Gefahr einer atomaren Eskalation des Ost-West-Gegensatzes zu verringern, hielten die chinesischen Kommunisten an der früheren Doktrin fest, daß für den Sieg des Kommunismus der *gewaltsame Kampf*, Atomkriege dabei eingeschlossen, unerläßlich sei. Die kommunistische Revolution müsse in die vielen Länder getragen werden, die sich gerade aus kolonialer Abhängigkeit befreiten, um dort wie in China durch Guerillakampf und Mobilisierung der ländlichen Massen eine kommunistische Gesellschaftsordnung herbeizuführen. Die Chinesen warfen der Kreml-Führung vor, sie verrate den weltrevolutionären Kampf zugunsten eines nationalstaatlich egoistischen *»Großmachtchauvinismus«*. Dieser Vorwurf gründete in zahlreichen Enttäuschungen der chinesischen Führung durch Moskau: So hatte 1958 der Kreml den Anspruch Pekings auf die zu Taiwan gehördenden Inseln Quemoy und Matsu, die von rotchinesischen Truppen beschossen worden waren, nicht unterstützt; im chinesisch-indischen Grenzkonflikt hatte 1959 die Sowjetunion sich betont neutral verhalten; im selben Jahr widerrief Moskau seine Zusage, China beim Aufbau einer eigenen Atomindustrie zu helfen, weil dies der beabsichtigte Atomtestvertrag (▷ S. 384) als wesentliches Element der »friedlichen Koexistenz« verlangte; 1960 wurden innerhalb eines Monats alle sowjetischen Berater aus China abgezogen und die Wirtschaftshilfe eingestellt, wodurch das Land in große ökonomische Schwierigkeiten geriet.

Tafel 31 »Adam maßstäblich«, *entstanden 1973 (Wien, Privatbesitz), gehört in die sogenannte Adam-Serie von Rudolf Hausner. In seiner Aussage ist das Gemälde der Montage von R. Hausmann (▷ Tafel 23) verwandt, wenn auch der Künstler auf die satirischen Elemente wie z. B. den Holzkopf im dadaistischen Werk verzichtet. Hausner will den Menschen, »der sich nicht ganz zu Unrecht für das Maß aller Dinge hält«, mahnen, »seiner Selbstsucht, Eigenliebe und Borniertheit« Herr zu werden.*

Tafel 32 *Lutz Brandt gehört zu jener Künstlergeneration der DDR, die in den 80er Jahren in verstärktem Maße wieder Probleme aufgriffen, die im Grundsätzlichen nicht ideologisch gebunden sind. Sein Gemälde* »Landschaft mit Baum« *aus dem Jahre 1981 ist dem »Einsamen Baum« des Romantikers Caspar David Friedrich nachempfunden (gemalt 1823). Zwar sind beide Bäume, die jeweils die Mitte des Bildes einnehmen, stark geschädigt; doch während der Baum C. D. Friedrichs im Kampf mit den Naturgewalten sich in einer natürlichen Landschaft behaupten konnte, ist der von Lutz Brandt einbetoniert, in gefährlicher Nähe einer großen Industrieanlage; weitab kein menschliches Lebewesen, selbst die letzten Vögel scheinen zu fliehen. Jenseits einer in Dunst getauchten Übergangszone zeigt der Maler – letztes Rückzugsgebiet oder Zukunftsvision? – eine unberührte bergige Landschaft.*

Grenzgefechte und Propagandakrieg

Nachdem der Konflikt nun offen zutage getreten war, kam es 1961 in Sinkiang zu ersten Grenzzwischenfällen. Im Krieg zwischen Indien und China 1961 unterstützte der Kreml den indischen Standpunkt. 1963 verlangte Peking die Rückgabe aller Gebiete, die im 19. Jahrhundert unter Druck an das zaristische Rußland abgetreten werden mußten. Seit 1964 kam es immer wieder zu Grenzkämpfen, die 1969 (und zuletzt 1978) zu massiven sowjetischen Truppenkonzentrationen und schweren Zwischenfällen am Ussuri führten; 1969 zwangen die Sowjets mit der Drohung, Atomraketen einzusetzen, China zur Aufnahme von Grenzverhandlungen ohne Vorbedingung. Die militärischen Interventionen der UdSSR in der Tschechoslowakei (1968) und in Afghanistan (1979) wurden von der chinesischen Führung als Beweis eines ungebrochenen großrussischen Imperialismus verurteilt. Die Kreml-Führung ihrerseits warf Peking unberechenbares »Abenteuertum« vor, das nicht nur den inneren Zusammenhalt des »sozialistischen Lagers« gefährde, sondern auch den Weltfrieden aufs Spiel setze. Seit es im Oktober 1964 den Chinesen gelungen war, ihre erste *Atombombe* zu zünden, mußte sich die Furcht des Kremls vor dem neuen Rivalen noch verschärfen. Auch der innere Reformkurs nach Maos Tod verstärkte in Moskau die Zweifel an der ideologischen Linientreue der chinesischen Genossen. Dagegen erleichterte die »Perestroika« Gorbatschows in jüngster Zeit Versuche einer pragmatischen Annäherung. So wurden 1987 sowjetische Truppen aus der Mongolei abgezogen, und beide Regierungen einigten sich auf Grundsätze für die endgültige Grenzziehung an Amur und Ussuri.
Nach der Auflösung der KPdSU und dem Zerfall der Sowjetunion bleibt die Volksrepublik China die einzige kommunistische Großmacht, deren Machtelite meint, nun die Vision der kommunistischen Gesellschaft um so kompromißloser verfechten zu müssen.

III. Koordinaten gegenwärtiger Weltpolitik

1. Probleme im Dialog der Mächte: »Sicherheit« – »Gleichgewicht« – »Entspannung«

Pax atomica: »Sicherheit durch Abschreckung«

Gestützt auf das Prinzip der *»Souveränität«*, definieren *Nationalstaaten* ihre *»Sicherheit«* jeweils selbst. Meist wurde und wird sie mit der *Unversehrtheit der territorialen Grenzen* gleichgesetzt sowie auf militärische Stärke und Überlegenheit verengt. Aber die waffentechnische Entwicklung hat dieses traditionelle Sicherheitskonzept relativiert. Unter dem Schatten der Atombombe sahen sich vor allem die Atommächte, aber auch alle anderen Staaten, gezwungen, ihre Sicherheit *dialektisch* zu begreifen: das Kalkül der eigenen Sicherheitsbedürfnisse mußte auch die Sicherheit des anderen berücksichtigen.
Die Logik der atomaren Zerstörungsgefahr löste jedoch nicht die Gegensätze und Spannungen zwischen den antagonistisch gepolten Gesellschaftssystemen in West und Ost. Vor allem beseitigte sie nicht das bereits auf beiden Seiten auf-

„Neue Lage". *Karikatur des Simplicissimus.*

gebaute Vernichtungspotential. Deshalb glaubten beide Seiten, am ehesten *»Sicherheit durch Abschreckung«* erreichen zu können.

»Die Pointe der Stabilität der Abschreckung durch Drohung mit dem atomaren Schlag liegt ... in ihrer Symmetrie und genauer in der Existenz von Zweitschlagkapazitäten. Kann jede der beiden Mächte nach einem ersten Schlag des Gegners diesen noch durch einen Gegenschlag auslöschend treffen, so bietet der erste Schlag keinen Vorteil, also besteht kein Anreiz, ihn zu führen, also kein Anlaß zu fürchten, der Gegner werde ihn führen, also kein Anreiz zu eigenen Präventivschlägen« (Carl Friedrich von Weizsäker).[27]

Das labile »Gleichgewicht des Schreckens«

Dieses *»Gleichgewicht des Schreckens«* kann leicht aus der Balance geraten. (1) Die Abschreckungsdoktrin gründet in der Annahme, daß der mögliche Aggressor die atomare Katastrophe vermeiden will – und dies auch in hektischen Krisensituationen durchhalten kann. (2) Die andauernde gegenseitige Drohung mit totaler Vernichtung fördert das Denken in Extremen und läßt verzerrte »Feindbilder« entstehen; Fehlinformationen sind dann nahezu unvermeidbar; eine nüchterne Analyse der Interessenlage der anderen Seite wird erschwert. (3) Technische Pannen sind nicht auszuschließen. (4) Große Ressourcen an Kapital und Intelligenz werden durch Rüstung anderen Zwecken entzogen, wodurch sich innergesellschaftliche Konflikte verschärfen und die Gefahr einer Flucht in den Krieg wachsen kann. (5) Durch Geheimhaltung und gezielte Fehlinformation steigern sich Unsicherheit und Furcht vor den Absichten und Fähigkeiten des Gegners. Ein vermeintlicher Rüstungsvorsprung einer Seite führt in der Mechanik des Gleichgewichtskonzepts zwangsläufig zur Nach-Rüstung des anderen Lagers, die vom Gegner wiederum als erneute Bedrohung gesehen wird, worauf sich die Rüstungsspirale weiterdreht.

Rüstungskontrolle

Um das gefährlich labile »Gleichgewicht des Schreckens« immer wieder auszubalancieren und wegen der Last immer höherer Rüstungsausgaben, haben die Weltmächte seit der Kuba-Krise nach Verfahren der *Rüstungskontrolle* und des *»Krisenmanagements«* gesucht (▷ S. 383 ff.). Durch vertragliche Regelungen sollen Waffentechnik und Einsatzdoktrinen beider Seiten so gleichgewichtig abgestimmt werden, daß vermeintliche militärische Unter- oder Überlegenheit keine Kriegsursache mehr sein kann. Angesichts ihrer katastrophalen Folgen sollen Krisen durch Verhandlungen und Vereinbarungen entschärft und somit eine »Krisen-Stabilität« gewährleistet werden.

Krisenmanagement

Krisenmanagement »erfordert zunächst, daß die Kommunikation zwischen den Konfliktparteien zu keiner Stunde abbricht...; erfordert den politischen Willen, erstens: Provokationen zu vermeiden; zweitens: die eigenen Optionen unmißverständlich zu machen, drittens: gefährliche Situationen durch Kompromißbereitschaft zu entschärfen, und viertens: den Beteiligten die Wahrung ihres Gesichts zu ermöglichen«. (Helmut Schmidt)[28]

Vermutlich hat die Paradoxie eines »kriegerischen Friedens« (Raymond Aron) den Einsatz von Atomwaffen bisher verhindert – den Rüstungswettlauf dagegen nicht.[29] Ein erster Schritt, innerhalb des Gleichgewichtsschemas die Rüstungsspirale zu stoppen, ist 1987 mit dem Vertrag von Washington über die Beseitigung der Kurz- und Mittelstreckenraketen in Europa getan worden; die Verringerung der vorhandenen Interkontinentalraketen um ein Drittel, wie sie im START-Abkommen vom Juni 1990 geregelt wurde, soll ein Gleichgewicht auf niedrigerer Stufe erhalten.

Das qualitative Wettrüsten

Die Vergleichsmaßstäbe für ein *»militärisches Gleichgewicht«* sind umstritten. Entscheidend sind qualitative Gesichtspunkte (Einsatzmöglichkeiten der verschiedenen Waffen, Ausbildung der Bedienungsmannschaften, Logistik, Führungs- und Steuerungskapazität etc.), die sich aber nicht exakt messen und vergleichen lassen. Die getroffenen Vereinbarungen legen meist bestimmte Höchstmengen verschiedener Waffensysteme fest. Beide Seiten versuchen dann, durch qualitative Veränderungen (Mehrfachsprengköpfe, größere Zielgenauigkeit usw.) die vertraglichen Bestimmungen zu unterlaufen. Umstritten sind auch die Methoden, um gegenseitig zu prüfen, ob getroffene Vereinbarungen tatsächlich eingehalten werden.

Neue atomare Waffensysteme mit nahezu absoluter Zielgenauigkeit und dosierter Sprengkraft machen es möglich, nicht nur zivile Ballungsräume mit ungeheurer Verwüstung zu bedrohen, sondern die militärischen Kommandozentralen des Gegners anzugreifen und auszuschalten. Durch die technische Möglichkeit, von der gegenseitigen *totalen Vernichtungsdrohung* zu einer *begrenzten Kriegführungsstrategie* überzugehen, hat sich die Gefahr eines Atomkrieges erhöht, weil so die Versuchung zu einem nuklearen Erstschlag größer geworden ist. Die Befürworter einer »Abschreckung nach Maß« (discriminate deterrence) in den USA zur Zeit Präsident Reagans sahen dagegen den Manövrierraum für die amerikanische Außen- und Sicherheitspolitik erweitert: die Bindungen an die nukleare Schutzgarantie für Westeuropa würden gelockert und die USA könnten flexibler auf »Turbulenzen« in der Welt reagieren, was angesichts des möglichen Aufstiegs neuer Atommächte in der Dritten Welt notwendig sei.

»Sicherheitspolitik« wurde weitgehend auf Rüstungsmaßnahmen verengt. Parallel zu dieser »negativen« Methode, bei der der »kalte Krieg« als Dauerzustand der Weltpolitik erhalten blieb, wurde bereits seit Anfang der sechziger Jahre und dann besonders intensiv in den siebziger Jahren ein stärker kooperativ gestimmtes Leitmotiv in die weltpolitische Auseinandersetzung eingebracht: *Sicherheit durch »Entspannung«* (▷ S. 387 ff.). Die Methode der vorbeugenden Konfliktentschärfung zwischen Staaten entgegengesetzter politischer und gesellschaftlicher Ordnung blieb aber zunächst auf Nordamerika, die Sowjetunion und Europa beschränkt, während in anderen Teilen der Welt die Konkurrenz der Supermächte weder durch offizielle Verträge noch durch stillschweigendes Krisenmanagement reguliert wurde. Im Golf-Krieg 1990/91 (▷ S. 481), in dem im Rahmen der UN die Sowjetunion wie auch die Volksrepublik China die aggressive Politik des Iraks verurteilten und das militärische Eingreifen der USA billigten, wurde jedoch zum ersten Mal erkennbar, daß die Supermächte die Sicherung des Weltfriedens auch in anderen Regionen für so wichtig halten, daß die Gegner in einem regionalen Konflikt sich nicht wie bisher auf die Unterstützung einer der beiden Supermächte verlassen können.

Zwei Methoden der »Sicherheitspolitik«

2. Von der Bipolarität zum Polyzentrismus

Ausgangspunkt: Duopol der Supermächte

Das Kräfteverhältnis gegenwärtiger Weltpolitik muß auf verschiedenen Ebenen und mit verschiedenen Achsen gezeichnet werden. Auf der Ebene militärischer Konkurrenz bildeten Washington und Moskau bis zur Mitte der achtziger Jahre die Pole eines *bipolaren Spannungsfeldes.* Um dieses *Duopol* mit seiner prekären Stabilität gegenseitiger Abschreckung aufrechtzuerhalten, sicherten sich beide »Supermächte« mit sehr unterschiedlichen Methoden die Vorherrschaft in »ihren« Blöcken. Die Struktur des von den USA geführten westlichen Allianzsystems und die Gewichtsverschiebungen innerhalb der Weltwirtschaft hatten in den sechziger Jahren das *Konkurrenzdreieck* USA–UdSSR–China durch ein *Kooperationsdreieck* USA–Westeuropa–Japan ergänzt bzw. zu einem fünfeckigen Mächtesystem erweitert. Diese neue Geometrie der Weltpolitik, die Nixon und Kissinger zum Orientierungsmuster ihrer Entspannungsdiplomatie nahmen, beruhte in erster Linie auf den militärischen und wirtschaftlichen Potenzen der Mächte, die, außer China, Industrieländer der nördlichen Hemisphäre sind. Die Veränderungen in der Sowjetunion und die Auflösung des Kalten Krieges haben diese Konstellation in Bewegung gebracht, ohne daß schon eine neue Struktur zu erkennen ist.

Risiken der polyzentrischen Weltlage

Die vielen Staaten der *Dritten Welt* konnten zwar nicht die vorhandene weltpolitische Hierarchie zersetzen, sich aber doch durch geschickte Diplomatie und politischen Einsatz ihrer ökonomischen Ressourcen (z.B. die OPEC) einen Manövrierraum öffnen; einigen (wie etwa Indien, Nigeria, Brasilien, Mexiko) gelang es, eine regionale Vormachtrolle zu erringen. Dieser ungleichgewichtige *Polyzentrismus* hat die Instabilität des internationalen Systems erhöht: Konflikte zwischen den Staaten einer Region wurden häufig militärisch ausgetragen; seit 1945 fanden fast 160 solcher Kriege statt. Bisher konnten diese Regionalkonflikte immer noch begrenzt werden, doch bleibt die Gefahr, daß ein Regionalkrieg zu einem allgemeinen Atomkrieg auflodert. Zwar sind durch den *Atomwaffensperrvertrag* von 1968 die »Kernwaffenstaaten« verpflichtet, keine Atomwaffen weiterzugeben, doch sind einige dieser Staaten wie China, Frankreich und Indien dem Vertrag nicht beigetreten, und vermutlich verfügen mittlerweile etwa 10 Entwicklungsländer (z. B. Pakistan, Israel und Südafrika) über Atomwaffen bzw. die technischen Kapazitäten, solche herzustellen. Die Gefahr, daß die Supermächte in einen regionalen Krieg hineingezogen werden, war besonders groß, als sich die Konfliktparteien durch Bündnisverträge und Waffenlieferungen zu *Klienten der Supermächte* (die bisher allein über 70 % des Waffenhandels der Welt bestritten, die Sowjetunion war Hauptlieferant der Dritten Welt) und zu Parteigängern im Ost-West-Gegensatz gemacht hatten. In den 80er Jahren erwiesen sich die Regionalkonflikte in der Dritten Welt zunehmend als ökonomischer und politischer Ballast für jede Supermacht und behinderten deren gegenseitige Annäherung. Der Dialog über die Entspannung regionaler Konflikte und globale Abrüstung erleichterte dann auch Lösungen in Afghanistan (▷ S. 393), im Krieg zwischen Irak und Iran (▷ S. 479), in Kambodscha (▷ S. 488) sowie in Angola und Namibia (▷ S. 483 ff.).

Eine neue Weltordnung?

Nach dem Erfolg im Golf-Krieg gegen den Irak zeichnete der amerikanische Präsident George Bush das Modell einer »neuen Weltordnung«, die Elemente der Rooseveltschen Weltpolitik gegen Ende des Zweiten Weltkrieges enthielt (▷ S. 481 ff.). Der Kalte Krieg zwischen den Supermächten sei durch Abrüstung und Kooperationsbereitschaft überwunden. Alle Staaten, besonders aber die militärisch und wirtschaftlich starken Mächte, allen voran die USA, müßten nun im Rahmen der UNO und des Völkerrechts zusammenwirken, um jede Störung des Weltfriedens durch einen Aggressor zu unterbinden. Dann sollten große internationale Anstrengungen unternommen werden, um »Demokratie, Gerechtigkeit, Freiheit und nationale Selbstbestimmung« zu verwirklichen. Kritische Stimmen vor allem in den USA wiesen darauf hin, daß die Verwirklichung dieses idealistischen Entwurfes große Leistungen der (westlichen) Industrieländer für eine globale Entwicklungspolitik verlange, während gleichzeitig die ökonomische Stärke der USA ständig abnehme, Deutschland für lange Zeit mit den Kosten und Strukturproblemen der neuen staatlichen Einheit zu kämpfen habe und die offensichtliche Auflösung der Sowjetunion zu einem gewalttätigen Chaos in Osteuropa, auf dem Balkan und im Mittleren Osten führen könne.

Ungeachtet ihrer großen innergesellschaftlichen und wirtschaftlichen Schwierigkeiten (z. B. Staatsverschuldung, Defekte im Bildungs- und Gesundheitswesen, großes Armutsgefälle etc.) können allein die *USA als Weltmacht* operieren. Doch ist die Ära einer *pax americana* sehr unwahrscheinlich, denn wie in der Phase des Kalten Krieges die USA zu vielfältigen Kompromissen mit der UdSSR, den westeuropäischen Verbündeten in der NATO, aber auch dem Staate Israel, Taiwan oder den Philippinen gezwungen gewesen waren, so verlangen die neuen Gefährdungen weltpolitischer Stabilität einen kooperativen Stil der amerikanischen Außenpolitik. Der hohe Grad ökonomischer Interdependenz, die Stärke neuer wirtschaftlicher Supermächte wie Japan und die EG, Umweltkatastrophen, die Verbreitung schwer zu kontrollierender Rüstungs- und Vernichtungstechnologien (etwa 20 Staaten der Dritten Welt verfügen über Raketen und chemische Waffen), die Millionen Menschen auf der Flucht vor Krieg, Armut und Hunger, der international operierende Terrorismus oder epidemische Gesundheitsrisiken wie Aids und Drogensucht sowie der wachsende Nationalismus in kleinen Ländern und der religiös-politische Fundamentalismus – alle diese Entwicklungen lassen *»Sicherheit«* nicht mehr durch »harte« Machtmittel militärischen Drucks und der Kontrolle über Territorien erreichen, sondern erfordern die *»weichen« Methoden der Kooperation und Konsensfindung.* Die demokratische Revolution in den kommunistischen Staaten Osteuropas und der Sowjetunion zeigte, wie entscheidend der Faktor Legitimität für den Bestand politischer Systeme ist. Die Weltlage zu Beginn der 90er Jahre ist durch neue Gravitationsfelder und eine neue Unübersichtlichkeit gekennzeichnet.

B. Europa – Von der Selbstentmachtung zu neuer Verantwortung

In den zwei blutigsten Kriegen der Menschheitsgeschichte, die im 20. Jahrhundert von Europa aus die Welt erfaßt hatten, war die komplizierte, stets durch Bündnisse und Kriege austarierte »balance of power« zwischen den europäischen Großmächten in sich zusammengestürzt. Über Jahrhunderte war der Gang der Weltgeschichte in Europa bestimmt worden; nun lagen die Schaltzentralen der Weltpolitik nicht mehr in London, Paris oder Berlin. Durch den Zusammenbruch Deutschlands war in Zentraleuropa ein Machtvakuum entstanden, das keiner der beiden neuen Protagonisten der Weltpolitik dem Rivalen überlassen wollte. Deutschland wurde so zu einer Ursache und einem Streitobjekt des »Kalten Krieges«. Welche Rolle sollte das besiegte Deutschland, das früher als Großmacht das europäische Mächtesystem häufig in Unruhe versetzt hatte, nun in der neuen Ordnung des Kontinents spielen?

I. Die »deutsche Frage« – Europäisches und globales Problem

1. Die Entwicklung der Bundesrepublik Deutschland 1949–1990 Vom Besatzungsgebiet zu einer »mittleren Macht«

1949	**23. Mai**	Verkündigung des Grundgesetzes der Bundesrepublik Deutschland
1955	**Mai**	Souveränität und NATO-Beitritt
1966–1969		»Große Koalition« aus CDU/CSU und SPD
1969	**Sept.**	Sozialliberale Koalition aus SPD und FDP
1982	**Okt.**	Koalition aus CDU/CSU und FDP
1990	**3. Okt.**	Beitritt der DDR zur Bundesrepublik: Ende der deutschen Teilung

Der Auftrag zur Gründung eines Teil-Staates

Genese und Gestalt der Bundesrepublik Deutschland ergaben sich aus den weltpolitischen Wechselzügen des »Kalten Krieges«; sie sind zugleich auch das Ergebnis eindeutiger Entscheidungen deutscher Politiker. Als die zunächst beabsichtigte gemeinsame Besatzungspolitik der vier Alliierten scheiterte, was spätestens im Jahre 1948 deutlich wurde (▷ S. 368 ff.), erteilten – in Abstimmung mit den westlichen Nachbarn Deutschlands – die Westalliierten den Ministerpräsidenten der seit 1945 in den Westzonen neu geschaffenen Länder als den politischen Repräsentanten der westdeutschen Bevölkerung den Auftrag,

»eine verfassunggebende Versammlung einzuberufen, [die] ... eine demokratische Verfassung ausarbeiten soll, die ... eine Regierungsform des föderalistischen Typs schafft, die am besten geeignet ist, die gegenwärtig zerrissene deutsche Einheit schließlich wiederherzustellen, und die Rechte der beteiligten Länder schützt, eine angemessene Zentralinstanz schafft und die Garantien der individuellen Rechte und Freiheiten enthält« (»Frankfurter Dokumente« vom 1. Juli 1948).[30]

Frühe Weichenstellungen

1947/48 war mit der Zusammenlegung der amerikanischen und britischen Besatzungszone zu einem *»Vereinigten Wirtschaftsgebiet« (Bi-Zone)* der erste Schritt zu einer Teilorganisation bereits unternommen worden, die durch halbautonome Legislativ- und Exekutivorgane schon quasi staatlichen Charakter besaß; auch hatten diese Organe in Übereinstimmung mit den Besatzungsmächten bereits Entscheidungen getroffen – *Währungsreform und »soziale Marktwirtschaft«* –, die das Wirtschaftssystem für die Zukunft weitgehend festlegten. In den inzwischen zugelassenen Parteien hatten sich ebenfalls die Befürworter einer engeren Zusammenarbeit mit den Westalliierten durchgesetzt. Vor allem hatte *Kurt Schumacher* durch die Gründung einer *selbständigen SPD der Westzonen,* deren Vorsitz er übernahm, die von der KPD propagierte (und in der sowjetischen Besatzungszone 1946 gewaltsam praktizierte) Umarmungsstrategie einer gesamtdeutschen sozialistischen Einheitsfront und die sowjetischen Pläne einer »Neutralisierung« Deutschlands abgeblockt – und damit ein erstes innenpolitisches Signal für eine Westorientierung gegeben. In gleichem Maß gelang es dem Vorsitzenden der neugegründeten *»Christlich Demokratischen Union« (CDU)* in der britischen Zone, dem früheren Kölner Oberbürgermeister *Konrad Adenauer,* die gesamte Partei auf Westkurs zu bringen. Überlegungen, ein neutrales (Gesamt-)Deutschland als »Brücke« zwischen den sich verhärtenden Fronten von West und Ost zu schaffen, konnten sich nicht durchsetzen.

Der »Kalte Krieg« diktiert die Entscheidungen

Die Ministerpräsidenten zögerten zunächst, den Auftrag zur Staatsgründung zu erfüllen. Sie wollten einerseits diese Chance zu einem erweiterten Spielraum deutscher Politik nicht verpassen, andererseits wollten sie die sich immer deutlicher abzeichnende Spaltung Deutschlands nicht allein verantworten oder gar endgültig besiegeln. Die Berliner Blockade und die lapidare Feststellung des Bürgermeisters der abgeriegelten Westsektoren der Stadt, *Ernst Reuter,* daß die Spaltung bereits eine Tatsache sei, erlöste die westdeutschen Politiker aus ihrem Dilemma. Weil die Weichen schon seit langem gestellt waren, wurde die »Staatsgründung des verschämten Totalkonsens« (Ernst Nolte)[31] rasch zuwege gebracht. Ohne erbitterte Grundsatzkontroversen erarbeitete eine von den Länderparlamenten gewählte verfassunggebende Versammlung, die im Hinblick auf eine spätere gesamtdeutsche Lösung als *»Parlamentarischer Rat«* bezeichnet wurde, innerhalb von neun Monaten eine bewußt nur als *»Grundgesetz«* deklarierte Verfassung; sie sollte die verfassungsrechtlichen Konsequenzen aus dem Scheitern der Weimarer Republik enthalten.

Verfassung für ein »Provisorium«

In einem Bundesstaat mit starker Zentralgewalt sollen die klassischen Menschen- und Freiheitsrechte vorrangige Leitnormen sein, die durch Gewaltenteilung, repräsentativen Parlamentarismus, Parteienpluralismus und ein Bundes-

	Innere Politik der Bundesrepublik
1949 23.5.	Grundgesetz der Bundesrepublik Deutschland tritt in Kraft – Wahl zum 1. Bundestag – Konrad Adenauer (CDU) Bundeskanzler
1954/56	Änderungen des Grundgesetzes, um die Aufstellung der Bundeswehr zu ermöglichen
1955	Nach der Proklamation ihrer Souveränität durch die Westalliierten tritt die Bundesrepublik der *NATO* bei
1963	Rücktritt Adenauers – Ludwig Erhard (CDU) Bundeskanzler
1966	Rücktritt Erhards – »Große Koalition« aus CDU/CSU und SPD: Kurt Georg Kiesinger (CDU) Bundeskanzler, Willy Brandt (SPD) Außenminister
1968	Durch Grundgesetz-Änderung »Notstandsverfassung« geregelt: im Verteidigungsfall, bei inneren Unruhen und Naturkatastrophen können bestimmte Artikel des Grundgesetzes zeitweise außer Kraft gesetzt werden
1969	Nach Bundestagswahl Bildung der sozialliberalen Koalition aus SPD und FDP Willy Brandt Bundeskanzler, Walter Scheel (FDP) Außenminister
1970–1973	Verträge mit der UdSSR, Polen, ČSSR und der DDR ausgehandelt und ratifiziert
1974	Rücktritt Brandts – Helmut Schmidt (SPD) Bundeskanzler
1982	Mittels des »konstruktiven Mißtrauens« wählt eine Mehrheit des Bundestages aus CDU/CSU und FDP Helmut Kohl (CDU) zum Bundeskanzler
1983	Vorgezogene Wahl zum 10. Deutschen Bundestag – Kohl bleibt Kanzler
1990 2. 12.	Wahl zum 12. Bundestag, der erste nach der Vereinigung mit der DDR. Bundeskanzler: H. Kohl

Wahlen *zum Deutschen Bundestag.*

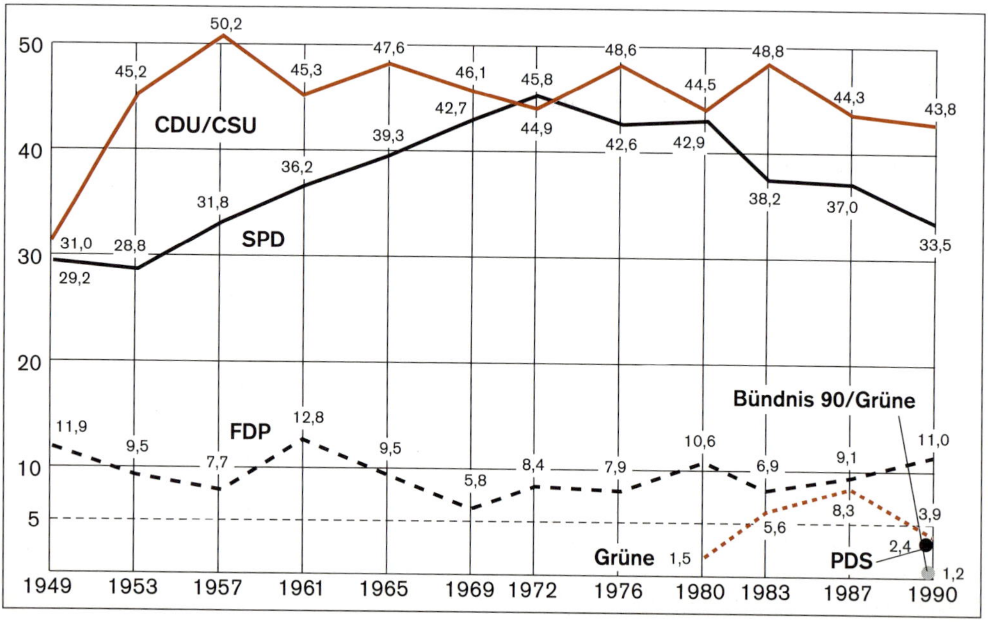

verfassungsgericht gewährleistet werden, aber bei Angriffen auf die »freiheitlich demokratische Grundordnung« teilweise verwirkt sein können (»wehrhafte Demokratie«). Eine auf das Amt des Bundeskanzlers zugeschnittene Exekutive erhielt (u.a. durch die Vorschrift des »konstruktiven Mißtrauens«) gegenüber der Legislative eine Vorrangstellung, um Stabilität und Effizienz des Regierungssystems zu erreichen. In einer komplizierten Legitimationsdoktrin wurden die Gründung und die weitgehend definitive Ordnung des neuen Staates gerechtfertigt: Die Bundesrepublik sei zwar nur ein *»Provisorium«*, stelle aber nach der militärischen Niederlage des völkerrechtlich fortbestehenden Deutschen Reiches den *»Kernstaat«* für die später in einem Friedensvertrag zu sichernde Ordnung der gesamten deutschen Nation dar; die freiheitliche Demokratie und deren ökonomische Prosperität sollten und würden auf die Bevölkerung der sowjetischen Besatzungszone eine *»magnetische«* Wirkung ausüben, so daß bei möglichen freien Wahlen in Gesamtdeutschland das Einparteienregime der SED unterliegen würde. Neben der Ablehnung der nationalsozialistischen Ideologie und Herrschaftspraxis bildete der *Anti-Kommunismus* die zweite Gründungsdoktrin der neuen Republik.

Vorbehaltsrechte der Besatzungsmächte

Das Grundgesetz, das von den Militärgouverneuren genehmigt wurde, war nur eines der Gründungsdokumente der neuen Republik. Die Rückgabe politischer Verantwortung an die Deutschen blieb seitens der Westalliierten stets von der Vorsicht gesteuert, »daß es Deutschland nicht noch einmal ermöglicht werden dürfe, zu einer aggressiven Macht zu werden«, so das Schlußkommuniqué der Londoner Konferenz der Westalliierten und Benelux-Staaten im Juni 1948, in dem gleichzeitig die Gründung des Weststaates angekündigt wurde. Deshalb trat mit Bildung der neuen Bundesorgane das von den Militärgouverneuren erlassene *»Besatzungsstatut«* in Kraft. Die Besatzungsmächte, die ihre Kontrollbefugnisse nun durch »Hohe Kommissare« wahrnahmen, konnten jederzeit Maßnahmen verfügen, die sie sowohl für ihre eigene Sicherheit als auch für die Ruhe in Europa für notwendig hielten: also vor allem die Überwachung kriegswichtiger Produktionen, das Eintreiben der Reparationen (die 1949 ihr Höchstmaß erreichten), die Kontrolle des Außenhandels und der Devisenwirtschaft sowie die Verhinderung einer eigenmächtigen Außenpolitik. In einem dritten Geburtsschein, dem *»Ruhrstatut«*, wurde festgelegt, daß die »Bodenschätze der Ruhr in Zukunft nicht für Aggressionszwecke, sondern nur im Interesse des Friedens benutzt werden« und deshalb von einer Internationalen Ruhrbehörde verwaltet werden sollten. Bereits Ende November 1949 (Petersberger Abkommen) konnte die Bundesregierung selbst an dieser Kontrollbehörde mitwirken, während die Alliierten die Einstellung der Demontagen zusicherten sowie Konsular- und Handelsbeziehungen zu anderen Staaten zuließen.

Adenauers außenpolitisches Konzept

Der *erste Bundeskanzler, Konrad Adenauer,* hatte bereits im Oktober 1945 Ausgangslage und Standort des westlichen Teils Deutschlands folgendermaßen gesehen:

»In den von [Rußland] beherrschten Ländern herrschen schon jetzt ganz andere wirt-

»Die Politik Konrad Adenauers gab der Bundesrepublik 10 Jahre nach dem Kriege die Souveränität wieder.« *So lautet die Unterzeile zum Bild des ersten Bundeskanzlers. Zu ergänzen wäre, daß die weltpolitische Konfrontation der Blöcke im »Kalten Krieg« den raschen Souveränitätsgewinn erleichterte, wenn nicht gar erst möglich machte.*

BERLINER MORGENPOST

DONNERSTAG, 5. MAI 1955 15 Pf. AUSWÄRTS 20 PFENNIG

Ausgabe für Tempelhof, Mariendorf, Marienfelde, Lichtenrade und die angrenzenden Gebiete. Die Berliner Morgenpost erscheint täglich außer nach Sonn- und Feiertagen. Abonnementspreis bei Lieferung frei Haus monatlich 3.70 DM oder wöchentlich 85 Pf., auswärts bei Postbezug monatl. 3.16 DM zuzüglich 54 Pf. Zustellgeld. Bei unverschuldetem Ausfall der Lieferung kein Ersatzanspruch. Verlag. Redaktion.

Tempelhofer Anzeiger

58. Jahrgang — Nummer 104

Anzeigen u. Vertrieb: Ullstein A.G., Berlin-Tempelhof, Mariendorfer Damm 1-3, Tel. 75 02 31, Fernschreiber 028 3508. Abonnements- u. Anzeigenannahme im Verlagshaus u. in allen Morgenpost-Filialen, u. a. Tempelhof, Friedr.-With.-Str. 83, Tel. 75 18 28, Mariendorf, Mariendorfer Damm 68, Tel. 75 69 59, Lichtenrade, Prinzessinnenstr. 1, Tel. 70 88 40. Bankkonto: Berliner Bank AG., Dep.-K. 27. Postscheck: Berlin West 121.

Anderthalb Millionen Amerikaner wollen Europa besuchen

Bundesrepublik heute souverän

Um 12 Uhr mittags tritt der Deutschlandvertrag in Kraft
Feierliche Regierungserklärung des Bundeskanzlers

Von unserer Bonner Redaktion HOH. Bonn, 5. Mai

Die Bundesrepublik wird heute souverän. Mittags um 12 Uhr wird nach der Hinterlegung der britischen und der französischen Ratifikationsurkunden der Deutschlandvertrag in Kraft treten. Damit endet nach zehnjähriger Dauer das Besatzungsregime in Westdeutschland. Die Bundesrepublik erhält „die volle Macht eines souveränen Staates über ihre inneren und äußeren Angelegenheiten". In einer Proklamation an alle Deutschen wird Bundeskanzler Adenauer die politische Bedeutung dieses Tages würdigen. Wie gestern abend nach einer Sitzung des Bundeskabinetts verlautete, wird der Kanzler die Proklamation in Form einer Regierungserklärung vor dem Bundestag bekanntgeben. Sie wird voraussichtlich im Laufe des Tages von allen Rundfunksendern übertragen werden. In der Proklamation soll betont werden, daß für die Bundesrepublik die Rückgewinnung der Souveränität nur ein Tag der halben Freude sein kann, solange Deutschland nicht wiedervereinigt ist. Letztes politisches Ziel der Bundesregierung sei die Wiederherstellung der Einheit Deutschlands und ein endgültiger Friedensvertrag.

Für Berlin bringt das Deutschland-Abkommen, das heute in Kraft tritt, eine umfassende Garantieerklärung der USA, Großbritanniens und Frankreichs, die auch von den übrigen NATO-Staaten als verbindlich übernommen worden ist. Gleichzeitig geben die drei Westmächte ihrer Entschlossenheit Ausdruck, unserer Stadt das höchstmögliche Maß von Selbstregierung zu gewähren. In einer ergänzenden Erklärung verpflichtet sich die Bundesregierung, Berlin „als der vorgesehenen Hauptstadt eines wiedervereinigten Deutschlands" jede Hilfe zu gewähren.

Den Auftakt zur Wiederherstellung der Souveränität der Bundesrepublik bildet um zehn Uhr eine feierliche Schlußsitzung der alliierten Oberkommission unter Vorsitz des amerikanischen Oberkommissars Conant. Danach begeben sich die Oberkommissare Großbritanniens und Frankreichs, Sir Hoyer-Millar und François-Poncet, ins Bundeskanzleramt, um im Namen ihrer Regierungen die Ratifikationsurkunden zum Deutschland-Vertrag zu hinterlegen. Die USA und die Bundesrepublik hatten die Urkunden bereits am 20. April hinterlegt. Die Zeremonie soll so verlaufen, daß sie mit dem Glockenschlag zwölf endet. Die bisherigen Oberkommissare werden das Palais Schaumburg, das sie als höchste Repräsentanten von Besatzungsmächten betraten, als Botschafter verbündeter Nationen verlassen. (Siehe auch Leitartikel)

Saarklage wurde abgewiesen
Karlsruhe: Das Saarabkommen ist nicht verfassungswidrig

Deutsche Presse-Agentur/AP Karlsruhe, 5. Mai

Das Zustimmungsgesetz zum Saarabkommen ist nicht verfassungswidrig, entschied gestern in Karlsruhe der Erste Senat des Bundesverfassungsgerichtes unter Vorsitz von Präsident Dr. Wintrich. Damit lehnte das Gericht die von 174 Bundestagsabgeordneten eingereichte Normen-Kontrollklage gegen das deutsch-französische Saarstatut ab. Die 174 Bundestagsabgeordneten, 162 von der SPD, 7 von der FDP, 4 von dem BHE und ein Unabhängiger, hatten im März beim Gericht die Feststellung beantragt, daß das Saarabkommen mit dem Grundgesetz sachlich und förmlich unmittelbar an einer Neuordnung im Saargebiet nicht mit. Die Tatsache des Vertragsabschlusses bedeute auch nicht eine Anerkennung des von Frankreich im Saargebiet geschaffenen Zustandes.

Für die Bundestagsfraktion der CDU/CSU äußerte gestern Matthias Hoogen zu der Karlsruher Entscheidung, das oberste deutsche Gericht habe erneut zu erkennen gegeben, daß auf dem Gebiete der Außenpolitik Bundespräsident und Bundesregierung grundsätzlich allein zuständig sind. Man könne nur hoffen, daß für die SPD die sechs verlorenen Prozesse auf außenpolitischem Gebiet eine warnende Belehrung sein werden. Die SPD-Bundestagsfraktion will zu der

Neuer Vorstoß von PMF

Associated Press Paris, 5. Mai

Auf dem eintägigen außerordentlichen Kongreß der Radikalsozialistischen Partei Frankreichs hat der frühere Ministerpräsident Pierre Mendès-France gestern in Übereinstimmung mit dem Ehrenvorsitzenden der Partei, Edouard Herriot, die Delegierten aufgefordert, eine Partei der politischen Linken zu werden. PMF schlug die Ausarbeitung eines festen Parteiprogramms für die Parlamentswahlen des kommenden Jahres in diesem Sinne vor. Der Kommunismus und die Bildung einer Volksfront

DIE POLITIK KONRAD ADENAUERS gab der Bundesrepublik zehn Jahre nach dem Kriege die Souveränität wieder. Foto: Schirner

Differenzen um Wiener Öl
Österreichs Außenminister vermittelt zwischen den Großmächten

Associated Press

schaftliche und politische Grundsätze als in dem übrigen Teil Europas. Damit ist die Trennung in Osteuropa, das russische Gebiet, und Westeuropa eine Tatsache. In Westeuropa sind die führenden Großmächte England und Frankreich. Der nicht von Rußland besetzte Teil Deutschlands ist ein integrierender Teil Westeuropas. Wenn er krank bleibt, wird das von schwersten Folgen für ganz Westeuropa, auch für England und Frankreich sein. Es liegt im eigensten Interesse nicht nur des nicht von Rußland besetzten Teiles Deutschlands, sondern auch von England und Frankreich, Westeuropa unter ihrer Führung zusammenzuschließen, den nicht russisch besetzten Teil Deutschlands politisch und wirtschaftlich zu beruhigen und wieder gesund zu machen.«[32]

Beharrlich und geschickt hat Adenauer diese frühe Analyse, in der die USA noch nicht als Faktor europäischer Politik berücksichtigt wurden, zu seiner *außenpolitischen Strategie* umgesetzt: Die schrittweise wiedererlangten Rechte und Befugnisse der Bundesrepublik sollten nicht nur deren *Souveränität erweitern,* sondern gleichzeitig als *Beitrag für die Zusammenarbeit* der westeuropäischen und atlantischen Staaten dienen. Dadurch konnte den – westlichen – Nachbarn (vor allem Frankreich) die Furcht vor deutscher Stärke genommen und das westliche Lager insgesamt gefestigt werden, um aus einer Position *wirtschaftlicher und militärischer Stärke* schließlich die Sowjetunion zum Nachgeben in der »deutschen Frage« zu zwingen.

Erweiterte Souveränität der Bundesrepublik – verstärkte Integration Westeuropas

Die Verschärfung des »Kalten Krieges« durch die Kämpfe in Korea und die Sehnsucht der Völker Europas nach friedlicher Nachbarschaft begünstigten diese Doppelstrategie von Souveränitätsgewinn und Integrationsbeitrag. So wurden 1951 in der *Revision des Besatzungsstatuts* einerseits außenpolitische Hoheitsrechte (Errichtung eines Auswärtigen Amtes, selbständige diplomatische Beziehungen) eingeräumt und formell der Kriegszustand aufgehoben, während andererseits die Bundesregierung alle Auslandsschulden des Deutschen Reiches übernahm und sich bereit erklärte, die Verteidigungsanstrengungen des Westens durch eine verstärkte Zusammenarbeit in der Rohstoffversorgung zu unterstützen. So wurde im Juli 1952 die alliierte Kontrolle durch das *Ruhrstatut* zwar *aufgehoben,* aber die Bundesregierung übertrug gleichzeitig weitreichende Befugnisse an die supranationalen Organe der neugeschaffenen Europäischen Gemeinschaft für Kohle und Stahl, der Montan-Union (▷ S. 446 f.). So schränkten bereits im Mai 1952 im *Bonner Vertrag (Deutschlandvertrag)* die Westmächte ihre Sonderrechte auf ein Minimum (Notstandsbefugnisse, Truppenstationierung) ein; nur für Berlin und eine künftige Friedensregelung mit Gesamtdeutschland behielten sie ihre Rechte als Siegermächte. Die Bundesrepublik ihrerseits verpflichtete sich, deutsche Truppenkontingente in eine geplante *»Europäische Verteidigungsgemeinschaft«* (EVG, ▷ S. 448) einzubringen. Nachdem am 5. Mai 1955 alle drei westlichen Siegermächte ihr Besatzungsregime für beendet erklärt hatten, wurde (trotz weniger weiterbestehender alliierter Vorbehaltsrechte) die *Souveränität der Bundesrepublik proklamiert,* die am darauffolgenden Tag gleichberechtigtes Mitglied der NATO (▷ S. 377) wurde und ihre sämtlichen Streitkräfte dem Oberkommando der Paktorganisation unterstellte.

Umstrittene Neubewaffnung

Die *Neubewaffnung* der Bundesrepublik, die Adenauer nach Ausbruch des Korea-Krieges mit dem Hinweis auf die militärische Stärke der DDR den Westmächten als Beitrag zur Stärkung Westeuropas und für den Preis voller Souveränität angeboten hatte, stieß in der Bundesrepublik auf weitverbreiteten und erbitterten Widerstand. Die oppositionelle SPD und zahlreiche außerparlamentarische Protestgruppen befürchteten, daß durch *Westintegration* und *Wehrbeitrag* die Wege zur *Wiedervereinigung* endgültig blockiert würden. Diplomatische Noten-Offensiven seitens des Kreml in den Jahren 1952 (▷ S. 377 f.) und 1955, die den Beitritt der Bundesrepublik zur EVG bzw. zur NATO verhindern sollten, verliehen dieser Argumentation noch Nachdruck. Die junge Republik bestand ihre erste innere Zerreißprobe, weil die SPD (und auch die bis 1956 in der Regierung vertretene FDP) sich in die Rolle loyaler parlamentarischer Opposition fügten.

Das »Wirtschaftswunder«

Parallel zur außenpolitischen Statusverbesserung vollzog sich ein beispielloser *wirtschaftlicher Aufschwung.* Dessen wichtigste Schubkräfte lagen in der durch den Zweiten Weltkrieg bedingten großen Nachfrage nach Investitions- und

Lange Wellen des Nettosozialproduktes in Deutschland *1850–1977. (Nach: W. Abelshauser, Wirtschaftsgeschichte der Bundesrepublik Deutschland 1945–1980. Frankfurt a. M. 1983, S. 90)*

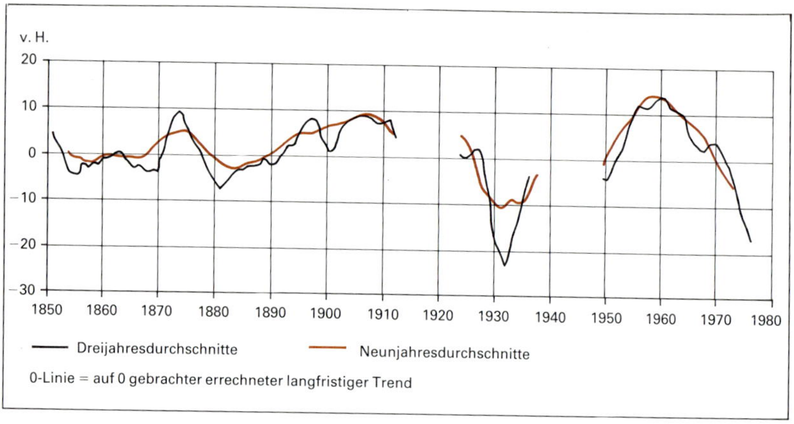

Konsumgütern; qualifizierte und billige Arbeitskräfte waren ausreichend vorhanden und wurden durch die massenhafte Abwanderung aus der DDR (bis zum Bau der Berliner Mauer 1961) verstärkt; Kriegszerstörungen und Demontagen boten die Chance, technisch neuartige und produktive Anlagen zu errichten; Arbeitslosigkeit (in den frühen fünfziger Jahren) und gemäßigte Lohnpolitik der Gewerkschaften führten zu niedrigen Arbeitskosten. Äußere Faktoren (Marshall-Plan und Korea-Boom) wirkten als zusätzliche Impulse und Verstärker. Eine liberale Wirtschafts- und Steuerpolitik, die der langjährige Wirtschaftsminister und spätere Bundeskanzler *Ludwig Erhard* unter dem Leitgedanken einer *»sozialen Marktwirtschaft«* betrieb, ermöglichte eine hohe Eigenfinanzierung unternehmerischer Initiativen und schuf gleichzeitig die Voraussetzungen für die Entwicklung eines »Wohlfahrtsstaates« zugunsten breiter Bevölkerungsschichten.

Kontroversen in der Forschung

Die Entstehungsgeschichte der Bundesrepublik wird in der historisch-politischen Forschung unterschiedlich gesehen.[33] Gegen Ende der sechziger Jahre als eine »Außerparlamentarische Opposition« (APO) und die studentische Protestbewegung (▷ S. 424, 428) viele Traditionen und Institutionen der Republik in Frage stellten, wurde in zahlreichen Studien die Alternative eines *»Dritten Weges«* bei der Genese der Bonner Demokratie untersucht. Die Pläne der Gruppen des deutschen Widerstandes und des Exils für die staatliche und gesellschaftliche Neuordnung Deutschlands nach dem Zusammenbruch der nationalsozialistischen Diktatur, verschiedene Landesverfassungen, die vor dem Grundgesetz in Kraft traten, oder die zahlreichen Entwürfe in der politischen Publizistik sowie vor allem auch die Programme der neu oder wieder entstehenden politischen Parteien wurden als Belege und Beweise für einen ausgeprägten *anti-kapitalistischen Konsens* großer Teile der politischen und intellektuellen Eliten gesehen. In den Anstrengungen »Antifaschistischer Ausschüsse« (Antifa) von Arbeitern im Ruhrgebiet, unmittelbar nach dem Zusammenbruch die Kontrolle über die Produktionsstätten und die Lokalverwaltungen zu erlangen, seien erste Ansätze zur praktischen Organisation basisdemokratischer Politik und sozialistischer Wirtschaft verwirklicht worden. Dieses Modell einer neuen Gesellschaftsordnung sei von den noch traditionell orientierten Gewerkschaftsfunktionären nicht entschlossen genug verfochten, von den alten Eigentümern und den alten Eliten bewußt blockiert und von den Besatzungsmächten, entgegen anderslautenden Beteuerungen, dann schließlich verboten worden. Die weitere Entwicklung der Bundesrepublik wird aus dieser Perspektive als die bewußt betriebene *Restauration* bzw. als ungebrochene *Kontinuität alter Besitz- und Machtstrukturen* beschrieben.[34] In verfassungspolitischer Hinsicht wird die Charakterisierung der Bundesrepublik im Grundgesetz als »demokratischer und sozialer Bundesstaat« (Art. 20,1 GG) als »Sozialstaatsgebot« bzw. sogar als Auftrag interpretiert, die politische und soziale Ordnung der Republik stärker basisdemokratisch und sozialistisch zu gestalten, ein Auftrag, dessen Verwirklichung immer wieder eingefordert werden müsse.[35]

Andere Forscher argumentieren dagegen, daß die wirtschaftliche und psychische Not im Chaos des »Zusammenbruchs« eine schnelle Hilfe mit den herkömmlichen Mitteln staatlicher Verwaltung, die sich auf allen Ebenen sehr schnell wieder organisieren konnte, verlangte. Die Interessen der Besatzungsmächte, die Strategien im Kalten Krieg sowie die Wünsche der meisten Deutschen hätten eigentlich keinen großen Spielraum für eine tiefgreifende Veränderung der Besitz- und Machtverhältnisse gelassen. Sogar die von den Besatzungsverwaltungen ins Auge gefaßten Reformen (z.B. des Bildungssystems oder des Berufsbeamtentums) seien dem *Diktat der schnellen Stabilisierung und des Wiederaufbaus* unterworfen worden. Sozialrevolutionäre Experimente mit sozialistischer Zielrichtung seien in den Augen der meisten Westdeutschen durch die Herrschaftspraktiken der Kommunisten in der Sowjetischen Besatzungszone diskreditiert worden. Die besondere Aufgabe und Leistung der politischen Elite nach 1945 sei *»Demokratiegründung«* (K. Niclauß) gewesen; die im Grundgesetz normierte Form der parlamentarisch-repräsentativen Konkurrenzdemokratie sowie die Entscheidung für die Konzeption der »Sozialen Marktwirtschaft« habe langfristig geeignete Voraussetzungen für wirtschaftliche Entwicklung und relative soziale Gerechtigkeit geschaffen.[36]

Soziale Lebensverhältnisse im Wandel

Der Aufbau einer leistungsfähigen Wirtschaftsstruktur, die den Bürgern ein Leben in Wohlstand und sozialer Sicherheit erlaubte, und der die Bundesrepublik nach den USA und Japan zur drittstärksten Wirtschaftsmacht der Welt aufsteigen ließ, war von einem tiefgreifenden *Wandel der Lebensverhältnisse* begleitet, der bereits durch die nationalsozialistische Herrschaftspraxis und den Weltkrieg eingeleitet worden war. So setzte sich der Prozeß der Verstädterung fort; der Gegensatz zwischen ländlichen und städtischen Lebensformen wurde vor allem durch den Ausbau eines dichten Verkehrs- und Kommunikationsnetzes immer stärker verwischt. Der Anteil der Erwerbstätigen, die im agrarischen oder güterproduzierenden Sektor arbeiteten, ging zurück, während der Dienstleistungsbereich sowohl in der Anzahl der Beschäftigten wie im Anteil der Wertschöpfung stark anstieg. Die Bedeutung der klassischen Grundstoff- und

Großindustrien wie Kohle, Stahl und Schiffsbau sowie der entsprechenden Industrieregionen (Ruhrgebiet, Saarland, norddeutsche Küste) ging zurück, während neue Hoch-Technologie-Produktionen (Elektronik, Autos) in ehemals stärker kleingewerblichen Regionen Süddeutschlands erfolgten. Dieser technische Wandel beschleunigte die *Auflösung traditioneller Sozialmilieus,* wie etwa der Industriearbeiterschaft oder der katholischen ländlichen Bevölkerung und lokkerte auch deren Bindung an bestimmte politische Parteien, die Gewerkschaften oder die Kirchen. Es entstand eine neue Mittelschicht von Angestellten innerhalb einer neuen *»Dienstklassengesellschaft«* (Ralf Dahrendorf)[37], in der die mehr »abstrakten« Aufgaben der Organisation, Planung, Distribution, Kommunikation etc. im Vordergrund standen. Diesen veränderten Qualifikationsniveaus entsprach auch der Wandel im Bildungssystem: Die Zeit, die ein Heranwachsender in Schule und Universität verbrachte, stieg ständig: die Anzahl der akademisch Ausgebildeten wuchs ununterbrochen; der Notwendigkeit eines »lebenslangen Lernens«, um sich auf einem rasch wandelnden Arbeitsmarkt behaupten zu können, wurde durch vielfältig institutionalisierte Bildungsangebote und Umschulungsmöglichkeiten Rechnung getragen.

Wandel der politischen Kultur

Dieser technische und soziale Wandel vollzog sich in einer Gesellschaft, deren *Elitenstruktur* sich ebenfalls veränderte, nachdem Nationalsozialismus und Weltkrieg die alten Eliten des Adels und der preußischen Hochbürokratie entmachtet hatten. Gründung und Aufbau der Bundesrepublik waren das Werk einer relativ kleinen und älteren politischen Elite, deren Mitglieder während der Weimarer Republik und dann im Exil oder der »inneren Emigration« Erfahrungen gewonnen und ihr politisches Weltbild geformt hatten. Sie praktizierten einen leicht *autoritären Politikstil,* da sie (wie z. B. Konrad Adenauer) an dem demokratischen Bewußtsein der Mehrheit ihrer Mitbürger zweifelten – durchaus zu Recht, wie alle Meinungsumfragen der damaligen Zeit bestätigten. In der zweiten Hälfte der sechziger Jahre meldete sich dann aber die Generation der Jüngeren zu Wort, die nur den politischen Erfahrungshorizont der Bonner Demokratie kannten, in der sie aufgewachsen und ausgebildet worden waren; sie forderten nun eine konsequente Verwirklichung radikal-demokratischer Ideale. Diese *studentische Protestbewegung* – die »68er Generation«, wie sie später genannt wurde – hat die politische Kultur der Bundesrepublik nachhaltig geprägt.

Im Vergleich zur Gründungs- und Aufbauphase der Republik erwiesen sich, deren Bürger nun nicht mehr so autoritätsgläubig und harmoniesüchtig, sondern akzeptierten gesellschaftliche Konflikte als notwendig und produktiv für den politischen Wandel; sie zeigten größere Toleranz gegenüber abweichenden Meinungen; das Interesse an Politik wuchs: die Parteien gewannen neue Mitglieder; Millionen von Menschen versuchten, durch Bürgerinitiativen Einfluß auf politische Entscheidungen zu nehmen.

Aktive Bürger

Dieser *aktiven Politisierung* der bundesrepublikanischen Gesellschaft entsprach auch die Tatsache, daß die Beamten, vor allem der höheren Ministerialbürokratie, sich nicht länger als kontroll- und kritikfreie Hoheitsträger verstanden, sondern sich in zunehmendem Maße als Anwalt der Interessen der Bürger sahen. In ähnlicher Weise handelten die hohen Militärs, die im Gegensatz zu anderen Phasen in der deutschen Geschichte, nie den Primat der Politik in Zweifel zogen, sondern sich bemühten, das vom Parlament gesetzte Konzept des »Staatsbürgers in Uniform« zu verwirklichen. Im Vergleich mit anderen westlichen Industriegesellschaften zeichnen sich die neuen Eliten der Bundesrepublik in Politik, Verwaltung, Wirtschaft und Kultur dadurch aus, daß sie kein einheitliches »Establishment« bilden, nicht durch exklusive Elite-Schulen und Elite-Universitäten ausgefiltert werden, sich nicht aus den Dynastien weniger »großer Familien« rekrutieren, sondern pluralistisch offen für alle sozialen Schichten sind und im politischen und kulturellen Föderalismus vielfältige Bewährungsfelder finden.

Wertewandel

Sozialwissenschaftler stellten in den 80er Jahren eine »stille Revolution« (Ronald Inglehart)[38], einen tiefgreifenden *Wertewandel,* in den westlichen Industriegesellschaften fest – in der Bundesrepublik sei er sogar am deutlichsten ausgeprägt. Die jüngere Generation, die im materiellem Überfluß aufgewachsen sei, folge nicht mehr den Wertemustern ihrer Eltern, wie etwa »Arbeit«, »Disziplin«, »Ordnung«, »Leistung«, »Besitz«; statt dieser Werte des »Habens« würde sie mehr die des »Seins« bevorzugen, was in solchen Vorstellungen wie »Solidarität«, »Nähe«, »Betroffenheit«, »Sensibilität«, »Empathie« und »Sympathie« seinen Niederschlag fände. Selbsterfahrung rangiere vor Unter- und Einordnung. Dem entsprach die Beobachtung, daß Eltern in zunehmendem Maße ihren Erziehungsstil änderten: statt starrer Autoritätskontrolle eine mehr argumentative Diskussionsbereitschaft; als Erziehungsziel gaben sie die Selbständigkeit und Selbstbewußtheit ihrer Kinder an. Übereinstimmend registrierten Soziologen in allen Ländern eine zunehmende *Individualisierung der Lebensstile,* weil den Menschen nun vielfältige Optionen offenstehen: von Konsumfreiheit, vermehrter Freizeit, erhöhtem Bildungsangebot, über Freizügigkeit und Reisemöglichkeiten bis hin zu politischen Wahlentscheidungen oder religiösen Glaubensformen.

»Neue Soziale Bewegungen«

Im Gegensatz zu den alten sozialen Bewegungen der politischen Parteien, Gewerkschaften und Interessenverbänden, die als große Organisationen die Macht- und Entscheidungsprozesse des Staates beeinflussen wollten, um so eine Verbesserung der materiellen Bedingungen ihrer sozialen Klientel durchzusetzen, wurden nun in *»Neuen Sozialen Bewegungen«* wie der Friedens-, der Umwelt- und der Frauenbewegung, universalistische Ziele propagiert und die Verwirklichung neuer sozialer Lebensformen gesucht. Die sozialen Klassen, wie sie im Laufe der Industrialisierung entstanden sind, lösen sich auf; die Parteien und Verbände, die sich als Formationen im politischen »Klassenkampf« gebildet haben, suchen neue Begründungen für ihre Organisation.

Die Lage der Frauen ändert sich

Am deutlichsten zeigte sich dieser umfassende Prozeß sozialen Wandels in den veränderten Lebensverhältnissen und Lebensläufen von Frauen. Bereits im nationalsozialistischen Regime und während des Krieges waren viele Frauen – im Gegensatz zur damaligen offiziellen Ideologie und Propaganda – zu Arbeiten und Pflichten außerhalb der Familie gedrängt worden. Evakuierung während des Krieges, Vertreibung und Flucht nach dem Krieg hatten Millionen von Frauen zu hoher Mobilität gezwungen. Wiederaufbau und Wirtschaftswunder waren ohne die Mitarbeit der Frauen in Familie und Beruf nicht zu leisten. In der Verfassung der neuen Republik wurde die *Gleichberechtigung* von Mann und Frau ausdrücklich festgehalten. Dennoch bestimmte in den beiden ersten Jahrzehnten der Geschichte der Bundesrepublik, die stark von Normen der Stabilität und Autorität geprägt waren, das klassische *Rollenmodell,* nach dem die Frau in erster Linie, wenn nicht gar ausschließlich, für Familie und Hausarbeit zuständig sei, das alltägliche Leben. Aber auch hier ließ sich Ende der 60er Jahre eine »stille Revolution« beobachten, und zwar als erstes im Bildungsbereich: Der Anteil der Mädchen und jungen Frauen, die weiterführende Schulen und Universitäten besuchten, wuchs ständig; mit steigender Qualifikation wurden auch die höheren Positionen in der Berufswelt beansprucht und teilweise auch erlangt, ohne daß jedoch eine faktische Gleichstellung mit den Männern im Hinblick auf Aufstiegsmöglichkeiten und Entlohnung erreicht wurde. Immer mehr Frauen wurden – zumindest in einer Phase ihres Lebenszyklus – berufstätig; die Frauen änderten erkennbar ihr Wahlverhalten (zugunsten der SPD und FDP); sie traten in die Parteien ein und forderten dort eine stärkere Berücksichtigung ihrer Interessen, bis hin zur Einführung einer Quotenregelung bei der Vergabe wichtiger Aufgaben. Besonders im Streit um die strafrechtliche Behandlung des Schwangerschaftsabbruches mobilisierte sich in den 70er Jahren das neue *Protestpotential* der jüngeren gebildeten Frauen aus höheren Berufs- und Einkommensschichten. Viele Aktivistinnen einer sich formierenden *Frauenbewegung* beteiligten sich auch in den zahlreichen Gruppierungen der gleichzeitig entstehenden Umwelt- und Friedensbewegung. Im Verbund dieser Neuen Sozialen Bewegungen wurde eine fundamentale Kritik der »Männerherrschaft« formuliert, indem das Patriarchat für Krieg, Unterdrückung und Ausbeutung sowie die Zerstörung der Umwelt in der bisherigen Menschheitsgeschichte verantwortlich gemacht wurde. Ihre politisch-organisatorische Anbindung fand die Frauenbewegung vor allem in der Partei DIE GRÜNEN. Im Laufe der Zeit entfaltete sich eine breite und bunte *Subkultur,* zu der eigene Verlage und Zeitschriften, Reiseunternehmen oder Frauencafes gehörten, aber auch Frauenhäuser, in denen Frauen mit ihren Kindern Zuflucht finden konnten; oft wurden diese Frauenhäuser dann von den Kommunen finanziert. Alle politischen Parteien umwarben die Frauen als wichtige Klientel; in allen Bundesländern wurden per Gesetz besondere Einrichtungen und Maßnahmen zur Frauenförderung und zur Gleichstellung von Frauen geschaffen; an den Universitäten wurden Professuren und Institute für Frauenforschung eingerichtet. Innerhalb der Frauenbewegung ist Anfang der 90er Jahre die Auffassung weit verbreitet, daß die Frauen sich nicht mehr länger nur auf Probleme des Zugangs in die privilegierte Männerwelt konzentrieren sollten, um sich dort dann innerhalb einer weiterbestehenden Organisationshierarchie und unter hartem Wettbewerbsdruck behaupten zu müssen, sondern daß sie ihrem eigenen Wertmu-

Die Frauenbewegung

Demonstration am Internationalen Frauentag in Frankfurt (8. März 1982) für die Emanzipation der Frauen.

ster einer nicht hierarchisch organisierten Entscheidungsfindung folgen müßten, um so den Charakter der Institutionen selbst und die sozio-ökonomischen Prioritäten in der gesamten Gesellschaft zu verändern, damit diese besser den Bedürfnissen von Frauen dienen könnten.

Die Bundesrepublik – ein Staat aus eigenem Recht

Als »Provisorium« gegründet und unter den Wiedervereinigungsauftrag gestellt, ist die Bundesrepublik zu einem völkerrechtlich souveränen und in den Westblock integrierten Staat geworden. Absorbiert und geblendet vom »Wirtschaftswunder«, wurde die politische und geistige Auseinandersetzung mit dem Nationalsozialismus mehr verdrängt als aufgenommen. Die Mehrheit der westdeutschen Bevölkerung stand am Anfang der neuen Demokratie sehr distanziert und skeptisch gegenüber, doch innerhalb einer Generation ließen demokratische Ordnung und freiheitliche Lebensformen, verbunden mit ökonomischer Effizienz und hohem Lebensstandard, der Bundesrepublik eine neue und *eigene Legitimität* zuwachsen. Im Gegensatz zur Weimarer Republik wurden die Normen und Organe der parlamentarischen Demokratie von den meisten Bürgern akzeptiert und in zunehmendem Maße mit Leben gefüllt (▷ S. 424 ff.). Das Bewußtsein von der eigenen Geschichte, der eigenen Leistung und der eigenen Legitimität lieferte dann in den achtziger Jahren Grundlage für vielfältige Bekundungen eines bundesrepublikanischen *»Verfassungspatriotismus«*, bei dem die Bürger sich nicht so sehr mit den Traditionen eines deutschen Nationalstaates identifizierten, sondern die Wertordnung des Grundgesetzes und die freiheitlich pluralistische Praxis des politischen Lebens in der Bonner Republik als Grund für einen verhaltenen politischen Stolz nahmen.

Innenpolitische Bewährungsproben

In verschiedenen *innenpolitischen Konflikten* wurden Institutionen und »politische Kultur« der zweiten deutschen Demokratie auf die Probe gestellt: Die umstrittene *Neubewaffnung* der Bundesrepublik Mitte der fünfziger Jahre wurde von der SPD-Opposition, nachdem sie in demokratischen Wahlen unterlegen war, hingenommen. Die vorwiegend von Studenten getragene *»Außerparlamentarische Opposition« (APO),* die Ende der sechziger Jahre ähnlich wie in anderen westlichen Industriestaaten eine radikal-sozialistische Veränderung des gesamten »bürgerlich-kapitalistischen Herrschaftsapparates« forderte, konnte ihre Ziele zwar nicht durchsetzen, brachte aber im kulturellen Leben vieles in Bewegung und stieß Reformen des Bildungssystems an. Der *»Machtwechsel«* 1969 zur sozialliberalen Koalition, die *Ost-Verträge* Anfang der siebziger Jahre sowie die Beschlüsse zur *»Nachrüstung«* (1982/83; ▷ S. 455) wurden von den im demokratischen Meinungskampf jeweils unterlegenen Parteien in loyaler Opposition akzeptiert. Ein wichtiger Faktor für die innergesellschaftliche Stabilität der Bundesrepublik bildete deren hohe wirtschaftliche Prosperität. Sie sollte durch eine verstärkte staatliche *»Globalsteuerung«* des Wirtschaftslebens (Stabilitätsgesetz 1967) gesichert werden. Eine über viele Jahre gleichbleibend hohe Arbeitslosigkeit (1988 über zwei Millionen Menschen) hat die politische Ordnung bisher nicht gefährdet. Auch die Versuche links- wie rechtsextremistischer Gruppen, durch terroristische Anschläge die Staatsgewalt lahmzulegen oder zu Gegenschlägen zu provozieren, blieben erfolglos.

Wiedervereinigung und Alleinvertretungsanspruch

Der Vorbehalt des »Provisoriums« war bald vergessen. Die Wiedervereinigung wurde immer schwieriger – nach dem Beitritt zur NATO war sie kaum noch denkbar. In der Präambel des Grundgesetzes heißt es,

> daß die Deutschen im Westen »auch für jene Deutsche gehandelt [haben], denen mitzuwirken versagt war. Das gesamte deutsche Volk bleibt aufgefordert, in freier Selbstbestimmung die Einheit und Freiheit Deutschlands zu vollenden«.

Seit Entstehung der Bundesrepublik verweigerten deren politische Vertreter der DDR-Regierung die Anerkennung mit der Begründung, diese sei nicht demokratisch legitimiert. Um den anderen deutschen Staat international zu isolieren, wurden die diplomatischen Beziehungen zu jedem Staat (ausgenommen die UdSSR), der die DDR völkerrechtlich anerkannte, abgebrochen (Hallstein-Doktrin, benannt nach dem damaligen Staatssekretär im Auswärtigen Amt). Diese westdeutsche Staatsdoktrin des *»Alleinvertretungsanspruches«* wurde von den Westmächten 1950 zwar ausdrücklich gebilligt und wiederholt bekräftigt, jedoch mit der wichtigen Einschränkung, daß »dies nicht die Anerkennung als de-jure-Regierung für ganz Deutschland bedeutet«. Die nicht immer eindeutigen sowjetischen Vorschläge (▷ S. 377 f.), einen neutralen gesamtdeutschen Staat wiederzuerrichten, wurden sowohl von der Bundesregierung wie von den Westmächten abgelehnt. Die geopolitische Bedeutung Westdeutschlands im Zentrum Europas und Adenauers diplomatisches Geschick legten bis Mitte der fünfziger Jahre die Westmächte auf eine weltpolitische Verhandlungsstrategie gegenüber der Sowjetunion fest, bei der die *Lösung der »deutschen*

Freie Wahlen statt direkter Verhandlungen, *wie die SED sie forderte. Plakat der 50er Jahre.*

Frage« (im Sinne einer »Eingemeindung« der DDR in den Westen) *Vorrang* vor allen anderen Problemen zwischen West und Ost (z.B. der Abrüstung) besaß. Dies änderte sich, als Chruschtschow Avancen für eine »friedliche Koexistenz« machte und Kennedy nach der Kuba-Krise seine »Strategie des Friedens« verfolgte (▷ S. 380, 383). Die zurückhaltende Politik der amerikanischen Regierung angesichts des Baus der Berliner »Mauer« ließ in Westdeutschland schockartig die Erkenntnis aufbrechen, daß die *Spaltung Deutschlands den Preis für den Frieden in Europa* bedeutete. Die Wiedervereinigung war nun nicht mehr die Voraussetzung für die Entspannung zwischen den Blöcken.

Vorsichtige Neuorientierung

Die veränderte Weltlage erlaubte und verlangte *neue Orientierungsversuche.* So verstärkte Außenminister Gerhard Schröder die Handelskontakte zu den Ostblockstaaten und ließ dort Handelsmissionen als Vorform diplomatischer Vertretungen errichten. In einer *»Friedensnote«* bot 1966 die Regierung Erhard allen osteuropäischen Regierungen Verhandlungen über Rüstungsbegrenzung, internationale Atomwaffenkontrolle und gegenseitigen Gewaltverzicht an. Die DDR wurde aber in dieser Note nicht erwähnt.

Ostverträge als Beitrag zum Frieden in Europa

Erst die 1969 gebildete sozialliberale Koalition unter Willy Brandt (SPD) und Walter Scheel (FDP) zog entschiedenere Konsequenzen aus der veränderten Weltlage. Eingepaßt in den Entspannungsdialog zwischen West und Ost sollten *Verträge mit den östlichen Nachbarn* die Befriedung Europas, wie sie durch die Westintegration zuwege gebracht worden war (▷ S. 377), nun auch nach Osten hin erweitern. Durch Gewaltverzicht und de-facto-Anerkennung konnte den Nationen Osteuropas die Furcht vor deutschem »Revanchismus und Militarismus« genommen werden. Die Gefahr, die in der Vergangenheit von einem Groß-Deutschland für das europäische Gleichgewicht ausgegangen war, konnte durch die völkerrechtlich gesicherte Hinnahme einer Zwei-Staaten-Lösung weitgehend als gebannt erscheinen. Indem der *Alleinvertretungsanspruch* der Bundesrepublik *aufgegeben* wurde (Art. 4 des Grundlagenvertrages mit der DDR), konnte ein *»geregeltes Nebeneinander«* (Willy Brandt) der beiden deutschen Staaten angestrebt werden, um den Kontakt zwischen den Menschen in beiden Teilen Deutschlands zu erleichtern. In den folgenden Jahren entwikkelte sich ein reger Reiseverkehr über die Grenze. Wie sehr die Hypotheken der Vergangenheit und die selbständigen Rechtskonstruktionen den Handlungsspielraum absteckten, belegt die Tatsache, daß (in den Verträgen selbst oder durch den »Brief zur deutschen Einheit«) die Bundesregierung erklärte, die *faktische Anerkennung des Status quo* dürfe eine spätere völkerrechtliche Regelung durch einen *Friedensvertrag für Gesamtdeutschland* nicht ausschließen. Die »nationale Frage« wurde so formal-juristisch offengehalten.

Kritik an der »neuen Ostpolitik«

Die Entscheidung für eine andere Politik gegenüber den osteuropäischen Staaten und der DDR stieß auf den erbitterten Widerstand der oppositionellen CDU/CSU. Sie sah die Bundesrepublik aus dem Lager des Westens in eine *undeutliche Zwischenzone der Neutralität* abdriften, die schließlich zu einer »Finnlandisierung« Mitteleuropas führen müsse. Eine Klage der CSU-Regierung des Freistaates Bayern vor dem Bundesverfassungsgericht, der Grundlagenvertrag mit der DDR sei verfassungswidrig, weil er die Teilung Deutschlands völkerrechtlich akzeptiere, wurde zwar abgewiesen. Das Gericht wiederholte aber die »Kernstaat«-These und betonte, daß alle Verfassungsorgane der Bundesrepublik weiterhin auf den im Grundgesetz festgelegten *Auftrag zur nationalen Selbstbestimmung und Wiedervereinigung* verpflichtet seien. Nach langen internen Auseinandersetzungen erklärte dann die Opposition, sie werde, falls ihr künftig die Regierungsverantwortung zufallen sollte, die Verträge als völkerrechtlich verbindlich ansehen und einhalten. Nach dem Regierungswechsel 1982 hat die CDU/CSU in der Koalition mit der FDP diese Zusage auch eingehalten.

Friede vor nationaler Selbstbestimmung

Indem die Bundesrepublik – inzwischen zu einer wirtschaftlichen Großmacht und politisch »mittleren Macht« (Waldemar Besson) aufgestiegen – das *Recht auf nationale Selbstbestimmung der Entspannung in Europa und der Welt unterordnete,* wurde sie einem Grunderfordernis der Politik im Atomzeitalter gerecht.[39] Sie nahm die Lösung der »deutschen Frage« von der weltpolitischen Tagesordnung und konnte so dazu beitragen, den seit 1945 im gespaltenen Europa entwickelten modus vivendi eines *»Kalten Friedens«* zu bewahren.

2. Die DDR 1949–1990: Blockintegration und Koexistenz

1949 Oktober	Gründung der Deutschen Demokratischen Republik
1953 17. Juni	Volksaufstand in der DDR
1954 März	UdSSR erklärt die DDR als souverän
1955 Mai	DDR Gründungsmitglied des Warschauer Paktes
1961 13. Aug.	Bau der Berliner »Mauer«
1971 Mai	Honecker löst Ulbricht in der Führung der SED ab
1987 Sept.	Besuch Honeckers in der Bundesrepublik
1989 9. Nov.	Öffnung der innerdeutschen Grenze

Die Doppelstrategie sowjetischer Deutschlandpolitik

In den machtpolitisch flexiblen Überlegungen der sowjetischen Führung unter Stalin, wie die Neuordnung Europas nach dem Zweiten Weltkrieg aussehen sollte, stellte ein *kommunistisch beherrschter deutscher Teilstaat* nur eine *Minimallösung* dar (▷ S. 358 f., 368 ff.). Sowohl vor als auch nach der Gründung der Deutschen Demokratischen Republik haben der Kreml und die SED-Regierung zunächst eine *Doppelstrategie* verfolgt. Unter Berufung auf die Potsdamer Beschlüsse wurde wiederholt – besonders intensiv 1952 und 1955 – die Errichtung eines neutralen und weitgehend entmilitarisierten gesamtdeutschen Staates in Aussicht gestellt. Dabei wurde indirekt auch die staatliche Existenz der DDR relativiert – und von der SED mit mißtrauisch sperriger Zurückhaltung hingenommen. Gleichzeitig wurden, ähnlich wie in den anderen Ländern des sowjetischen Machtblocks, Regierungssystem, Wirtschaftsstruktur und Gesellschaftsordnung der DDR mit rigoros-diktatorischen Methoden zu einem *sozialistischen Einparteienstaat* formiert. Die Industriebetriebe wurden verstaatlicht, die Bauern in Landwirtschaftliche Produktionsgenossenschaften (LPG) gezwungen, die Tätigkeit der Kirchen eingeschränkt, eine bewaffnete »Kasernierte Volkspolizei« aufgestellt und die Demarkationslinie zur Bundesrepublik durch Drahtverhau und Minenfelder hermetisch abgeriegelt. Viele Menschen flüchteten über Berlin (das wegen der Viermächte-Verwaltung noch zugänglich bleiben mußte) in den Westen: von 1948 bis 1961 fast drei Millionen.

Integration in den Ostblock

Parallel zu dieser *Sowjetisierung* wurde die DDR in den Ostblock integriert. Nachdem die Ostberliner Regierung 1950 im *Görlitzer Vertrag* mit Polen die *Oder-Neiße-Linie* als »Friedensgrenze« *anerkannt* hatte, war der Weg frei für die Aufnahme in den »Rat für Gegenseitige Wirtschaftshilfe« (RGW, ▷ S. 452 f.). Nach der Souveränitätserklärung durch die Sowjetunion 1954 wurde (nach dem Beitritt der Bundesrepublik zur NATO) im Mai 1955 die DDR als gleichberechtigtes Mitglied an der Gründung des Warschauer Paktes beteiligt. Die Ostberliner SED-Führung bemühte sich stets, so genau wie möglich den von Moskau vorgegebenen Kurs zu steuern und nicht, wie in anderen Ostblockländern, national- oder reformkommunistischen Bestrebungen nachzugeben. Die erstrebte Synchronisation ließ sich jedoch nicht immer erreichen. Als 1953 nach Stalins Tod in Moskau auf den »Neuen Kurs« umgeschaltet wurde, sträubte sich die SED-Führung unter dem Stalinisten *Walter Ulbricht,* eine vorsichtige Liberalisierung mitzuvollziehen, zumal gerade beschlossen worden war, den »planmäßigen Aufbau des Sozialismus« noch zu verstärken. Die UdSSR mußte wegen der beabsichtigten Förderung ihrer eigenen Konsumgüterindustrie die Kredite an die DDR drastisch drosseln und bestand außerdem darauf, daß die DDR weiter Reparationen leistete, Besatzungskosten abführte und zahlreiche andere vereinbarte Leistungen erbrachte. Das SED-Regime drohte unter diesen Belastungen zusammenzubrechen; entgegen Moskauer

Der Aufstand am 17. Juni 1953

Warnungen suchte Ulbricht den Ausweg in einer Erhöhung der Leistungsnormen und Lebensmittelpreise. Dagegen protestierten zahlreiche Arbeiter auf den Straßen (schon vorher hatten sie in einzelnen Betrieben ihrer Unzufriedenheit Luft verschafft); der *Normen-Streik* weitete sich – am 17. Juni 1953 – rasch zu

Voller Fortschrittspathos unter die Herrschaft der Sowjetunion. *Plakat der SED aus dem Jahre 1952.*

einem *allgemeinen Aufstand* aus, in dem der Ruf nach mehr Freiheit und der Wiedervereinigung immer lauter wurde. Sowjetische Truppen retteten das SED-Regime – und machten gleichzeitig zum erstenmal deutlich, daß die imperiale Stellung der Sowjetunion unangefochten im ganzen Ostblock zu gelten habe.

Ein zweites deutsches »Wirtschaftswunder«

Nach dem 17. Juni erließ der Kreml der DDR weitere Reparationslieferungen und gewährte hohe Kredite, die für den Ausbau der Konsumgüterindustrie bestimmt waren. Diese Maßnahmen wirkten als zusätzliche Impulse für einen *wirtschaftlichen Aufschwung* in der DDR, der angesichts der ungewöhnlich schwierigen Ausgangsbedingungen (hohe Reparationen, radikale Demontage, großer Arbeitskräftemangel usw.) ein zweites deutsches »Wirtschaftswunder« darstellt. Innerhalb des Wirtschaftsverbundes des Ostblocks wies die DDR stets die höchsten Leistungserfolge auf; nach der UdSSR war sie dessen zweitstärkste Wirtschaftsmacht; der Lebensstandard lag weit über dem der anderen RGW-Staaten; die relativ hohe Qualität der Industriegüter (u. a. bei Computern und optischen Erzeugnissen) eröffnete hervorragende Absatzchancen innerhalb der RGW; dies band jedoch die DDR an Wirtschaftssysteme (über 60 % des Außenhandels), die im internationalen Vergleich nicht sonderlich

Zur Geschichte der DDR

1949 Oktober	Gründung der Deutschen Demokratischen Republik (DDR)
1950	Aufnahme in den 1949 gegründeten »Rat für Gegenseitige Wirtschaftshilfe« (RGW) der Ostblock-Staaten
1951	Beginn des 1. Fünfjahresplans
1952	Demarkationslinie zur Bundesrepublik Deutschland wird abgeriegelt – die bisherigen fünf Länder der DDR werden aufgelöst und durch 15 Bezirke ersetzt
1952–1960	Zwangskollektivierung der Landwirtschaft
1953 17. Juni	Volksaufstand in der DDR; Massenstreiks und Demonstrationen in Ost-Berlin und anderen Städten werden von sowjetischen Truppen niedergeschlagen
1954 März	Die UdSSR erklärt die DDR für souverän
1955 Mai	Gründung des »Warschauer Paktes«; die DDR als gleichberechtigtes Mitglied beteiligt
1956	»Nationale Volksarmee« geschaffen, die auf vorhandene Verbände der militärisch ausgebildeten »Kasernierten Volkspolizei« zurückgreifen kann
1961 13. Aug.	Bau der Berliner »Mauer«
1963	»Neues ökonomisches System der Planung und Leitung« soll Produktivität steigern
1964	Freundschafts- und Beistandsvertrag mit der UdSSR, der ausdrücklich die Unantastbarkeit der Staatsgrenzen der DDR garantiert
1971 Mai	Rücktritt Walter Ulbrichts als Erster Sekretär des ZK der SED – Nachfolger Erich Honecker (1976 auch Vorsitzender des Staatsrates)
1973	Großbritannien und Frankreich nehmen diplomatische Beziehungen auf, die USA folgen 1974 – Beitritt zur UNO
1974	Errichtung »Ständiger Vertretungen« der beiden deutschen Staaten in Bonn und Ost-Berlin – in der Verfassung wird der Hinweis auf »die ganze deutsche Nation« getilgt
1983	In Dresden demonstrieren ca. 100.000 Menschen für den Frieden – Abbau von Selbstschußanlagen an der Grenze begonnen
1987	Schwere Auseinandersetzungen zwischen Volkspolizei und Jugendlichen in Berlin – Demonstration gegen die Mauer, für Freiheit und »Gorbatschow«
1988	Demonstrationen für Meinungsfreiheit

hoch entwickelt waren. Zur technologischen Innovation blieb man auf den West-Handel angewiesen (bei dem die Bundesrepublik die erste Stelle einnimmt). Durch Reformen der planwirtschaftlichen Methoden (1963 und 1968) sollte die Anpassungs- und Leistungsfähigkeit des Wirtschaftssystems gesteigert werden: Prämienanreize, größere Entscheidungsfreiheit der Betriebe, kostendeckende Preise, Technologie-Import gehörten ebenso dazu wie der Aufbau riesiger Industrie-Kombinate und die Spezialisierung der Landwirtschaft.

Junior-Partner der UdSSR

Geopolitische Lage, wirtschaftliche Stärke und politische Linientreue haben die DDR in die Rolle eines bevorzugten *Junior-Partners der Sowjetunion* in deren Imperium gebracht, was das Verhältnis zu den anderen Staaten in diesem spannungsreichen Hegemonialsystem nicht erleichtert hat. 1968 beteiligten sich Verbände der »Nationalen Volksarmee« am Einmarsch in die Tschechoslowakei; 1980/81 schloß die DDR die »Friedensgrenze« zu dem unruhigen Polen. Die wiederholte Kritik der SED an den Reformversuchen anderer Ostblockstaaten (so z.B. in Ungarn, der ČSSR oder Polen) mußte als Abwehrversuch gegen die befürchtete Gefahr einer inneren »Aufweichung« des eigenen Herrschaftssystems verstanden werden. In der offenen Ablehnung der Reformversuche Gorbatschows durch die SED-Führung wirkte diese Furcht vor Veränderung des Status quo noch nach; sie war aber gleichzeitig auch von dem Bewußtsein geprägt, die ökonomische Effizienz der DDR beweise, daß Reformen nicht nötig seien.

»Entspannung« und gleichzeitige »Abgrenzung«

Je stärker die DDR in den weltpolitischen Entspannungsprozeß der siebziger Jahre eingebunden wurde (so vor allem durch den Grundlagenvertrag mit der Bundesrepublik 1972), um so aggressiver betonte das SED-Regime die *»Abgrenzung«* zur »kapitalistischen« Bundesrepublik und leugnete jegliche »besonderen Beziehungen« zum anderen Teil der gemeinsamen deutschen Nation. In der Verfassung und dem SED-Parteiprogramm wurden alle Formulierungen gestrichen, die auf Wiedervereinigung und deutsche Nation verweisen. Schroff erinnerte die SED daran, daß das östliche Konzept der »friedlichen Koexistenz« den Gegensatz der Gesellschaftssysteme nicht aufhebe, sondern letztlich ein pragmatischer Imperativ des Atomzeitalters sei. Seit Anfang der achtziger Jahre wurde diese schroffe Ablehnung nicht mehr so betont. Vielmehr wurde, erleichtert durch die unsicheren Führungsstrukturen in der UdSSR nach dem Tode Breschnews, eine besondere »Verantwortungsgemeinschaft« beider deutscher Staaten für den Frieden in Europa herausgestellt, die eine »Politik des Dialogs« mit der Bundesrepublik verlange. 1983 wurde begonnen, die Selbstschußanlagen an der innerdeutschen Grenze abzubauen. Der bereits für 1984 geplante Besuch Erich Honeckers in der Bundesrepublik mußte auf Grund Moskauer Interventionen abgesagt werden; er fand dann 1987 statt und wurde von der DDR-Führung als Beweis der Selbständigkeit und entwickelter Eigenstaatlichkeit gesehen. Dies korrespondierte mit der westdeutschen Bereitschaft, die eigene bundesrepublikanische Staatlichkeit identitätsbildend im »Verfassungspatriotismus« zu erfassen.

Das Dilemma des SED-Regimes

Das SED-Regime sah sich einem tiefgreifenden Dilemma gegenüber: Auf der einen Seite war die DDR eine *hochentwickelte Industriegesellschaft* mit einer leistungsfähigen Wirtschaft und einem effektiven System sozialer Sicherung, eine »leistungsorientierte Laufbahngesellschaft« (Peter Christian Ludz).[40] Aber die jeder Industriegesellschaft eigentümliche Dynamik (Mobilität der Menschen, Pluralität der Meinungen und Methoden, innovative Neugier etc.) wurde durch den *monopolistischen Entscheidungsanspruch der SED* gebremst und blockiert. So blieben die Bürger der DDR von den Kommunikations- und Informationsmöglichkeiten, die für den Modernisierungsprozeß einer Industriegesellschaft notwendig sind, abgeschnitten. Staatsbürgerliche Mitwirkungsrechte wurden nur im Rahmen ideologischer Linientreue und gleichgerichteter »Massenorganisationen« geboten; der Schutz individueller Freiheitsrechte bis hin zum Recht auf politische Opposition wurde weder durch institutionelle Gewaltenteilung noch durch eine freie Publizistik gewährleistet. Eine Grenze, die nur unter Todesgefahr zu überwinden war und an der 200 Menschen ihr Leben verloren, trennte die Bürger der DDR vom anderen Teil Deutschlands, Europas und der Welt. Sie war der sinnfälligste Beweis für das tiefe Legitimitätsdefizit der DDR.

3. Die Einheit Deutschlands – Ende der »deutschen Frage«?

1989	
Mai	Proteste oppositioneller Gruppen gegen Fälschung der DDR-Kommunalwahlen
Aug./Sept.	Massenflucht von DDR-Bürgern über Ungarn, Polen und die Tschechoslowakei
9. November	Die DDR öffnet die Grenzen nach Westen
1990	
18. März	Erste freie Wahlen zur Volkskammer der DDR
1. Juli	Währungs-, Wirtschafts- und Sozialunion in ganz Deutschland
12. September	Zwei-Plus-Vier-Vertrag: Siegermächte des Zweiten Weltkrieges akzeptieren die deutsche Wiedervereinigung
3. Oktober	Tag der Deutschen Einheit: Beitritt der DDR zur Bundesrepublik Deutschland
14. Oktober	Landtagswahlen in den fünf neugebildeten Ländern der ehemaligen DDR
14. November	Deutsch-Polnischer Grenzvertrag: Unveränderbarkeit der Grenzen an Oder und Neiße vereinbart
2. Dezember	Wahlen zum ersten gesamtdeutschen Bundestag – Helmut Kohl Bundeskanzler in einer CDU/CSU/FDP-Koalitionsregierung

Wie eng die »deutsche Frage« mit den politischen Entwicklungen in der Welt und in Europa verknüpft war, zeigte sich Ende der achtziger Jahre: Als sich beide deutsche Gesellschaften in ihrer Eigenstaatlichkeit eingerichtet hatten und die meisten Deutschen in Ost und West die Wiedervereinigung gar nicht mehr als vordringliches Problem ansahen, geriet dieser Status quo innerhalb sehr kurzer Zeit in Bewegung – am Ende stand ein vereinigtes Deutschland mit ca. 80 Millionen Bürgern, schwierigen innenpolitischen Aufgaben und hohen außenpolitischen Erwartungen auf der weltpolitischen Bühne, deren Szenerie ebenfalls nachhaltig verändert worden war.

Weltpolitische Veränderungen

Verschiedene weltpolitische Faktoren hatten diesen Wandel möglich gemacht:
(1) Mit dem Ende des *»Kalten Krieges«* war die hegemoniale Herrschaft der Sowjetunion über die Länder Osteuropas zusammengebrochen bzw. sie wurde von Gorbatschow zurückgenommen, weil er in der imperialen Überdehnung eine der wesentlichen Ursachen für die Schwächung der UdSSR sah (▷ S. 404). Ohne Furcht vor militärischer Intervention von außen konnten die Bürger in diesen Staaten nun die ihnen bisher vorenthaltenen Menschenrechte einfordern.
(2) Sie wurden darin durch die erklärte »Philosophie« des *KSZE-Prozesses* bestärkt, in dem die Verwirklichung politischer und wirtschaftlicher Grundrechte in allen Unterzeichnerstaaten ebenso wichtig war, wie der Abbau internationaler Konfliktursachen durch vertrauensbildende Maßnahmen (▷ S. 393 ff., 457 ff.).
(3) Die *»Perestroika«-Politik* in der Sowjetunion bewies, daß die seit 1917 propagierte Doktrin von der Überlegenheit des kommunistischen Gesellschaftsmo-

dells aufgegeben werden mußte, so daß in der Konkurrenz der Systeme letztlich *Demokratie und Marktwirtschaft* den Sieg davontrugen.
(4) Das westliche Modell konnte seine magnetisch wirkende Konsumfreiheit ausstrahlen, weil die vielfältigen *Informations- und Kommunikationsmöglichkeiten* der modernen Massenmedien kaum noch durch politische Grenzen und verminte Todesstreifen blockiert werden können.
Diese allgemeineren Faktoren eines politischen Wandels hin zu einer *atlantisch-europäischen Politik-Konzeption* – Freiheit des Individuums in der Pluralität der Marktgesellschaft und demokratische Willensbildung – bedeuteten aber nicht, daß sich dieser Wandel naturwüchsig, ohne Widerstände und Verzögerungen durchsetzte. In der DDR klammerten sich die überwiegend alten Männer der SED-Führung an die Schalthebel ihrer Einparteienherrschaft. Mit orthodoxer Rechthaberei und in trügerischem Stolz auf die vermeintliche Überlegenheit der eigenen wirtschaftlich-technischen Leistungsfähigkeit kritisierten sie die seit Anfang der achtziger Jahre unternommenen *Reformversuche* in den anderen kommunistischen Staaten; auch Gorbatschows *Perestroika* sahen sie nur als Zeichen von Schwäche und Konzeptionslosigkeit. Mit der Angst der alten Kämpfer beharrten sie auf den alten Doktrinen und Parolen; die Anzeichen, daß in der Gesellschaft der DDR mit ihren zahlreichen Widersprüchen zwischen Propaganda und Realität langsam ein *Protestpotential* entstand, wurden nicht gesehen oder verdrängt. Entgegen allen offiziellen Hoffnungen von der Erziehung zum »neuen sozialistischen Menschenbild« hatte sich in der differenzierten Schichtengesellschaft der DDR keine einheitliche Bewußtseinslage entwickelt, vielmehr wirkte der »Faktor West«: Die Menschen orientierten sich in ihren Konsumwünschen und in ihren Vorstellungen von der »pursuit of happiness« an der unerreichbaren Fülle des Westens. Unter den Jugendlichen wuchs die Unruhe gegenüber der verordneten Langweiligkeit, der Umweltzerstörung, dem pathetischen Rüstungswillen und der alltäglichen Bevormundung. Unter dem schützenden Dach vor allem der evangelischen Kirche, die mit der Formel »Kirche im Sozialismus« ein bedingtes Arrangement wechselseitiger Anerkennung mit dem SED-Regime getroffen hatte, sammelten sich im Laufe der achtziger Jahre Anhänger der Bürgerrechtsbewegung, wie sie auch in anderen osteuropäischen Staaten (so vor allem in der ČSSR) zu beobachten waren, Verfechter des Friedengedankens, Umweltschützer und jugendliche Dissidenten.

Ruf nach Reformen

In der zweiten Hälfte der achtziger Jahre fanden sie immer häufiger den Mut, ihre Stimme des Protestes zu erheben und beispielsweise am 70. Todestag von Rosa Luxemburg mit dieser Sozialistin zu fordern, daß die Freiheit immer die des Andersdenkenden sei. Das Regime schlug meist hart zu, indem die Dissidenten mit Haftstrafen und Berufsverboten verfolgt oder aus dem Lande verwiesen (»ausgebürgert«) wurden. Die Unzufriedenheit mit den politischen und wirtschaftlichen Zuständen konnte so jedoch nicht beseitigt werden. Wie verbreitet das Mißtrauen der Bürger gegenüber Staat und Partei gewachsen war, zeigte sich bei den Kommunalwahlen im Mai 1989, als kirchlich organisierte Gruppen dazu aufriefen, den Wahlen fernzubleiben oder mit »Nein« gegen die

Einheitslisten zu stimmen; in verschiedenen Städten überwachten sie Abgabe und Auszählung der Stimmen. Das übliche offizielle Ergebnis von »98,85 %« stand in offensichtlichem Widerspruch zum tatsächlichen Wahlgeschehen; zahlreiche mutige Bürger erstatteten daraufhin Anzeige wegen Wahlbetrugs, ohne die Machthaber jedoch zum Einlenken bewegen zu können. Diese bekräftigten sogar noch ihren diktatorischen Machtanspruch, indem sie beispielsweise das Massaker an den Demokratie fordernden Studenten in Peking im Juni 1989 (▷ S. 489) nachdrücklich guthießen.

Dem aufgestauten Unwillen und Freiheitsdrang wurde ein Ausweg gebahnt, als Ungarn im Sommer 1989 seine Grenzen zu Österreich öffnete: innerhalb weniger Tage flohen Zehntausende DDR-Bürger in die Bundesrepublik. Andere suchten in den Botschaften der Bundesrepublik in Prag, Warschau und Ost-Berlin Zuflucht und konnten nach längeren Verhandlungen zwischen der Bundesregierung und der DDR-Führung ausreisen. Trotz verzweifelter Maßnahmen des SED-Regimes ließ sich die *Massenflucht* in den Westen nicht mehr aufhalten. Von Jahresbeginn bis Anfang November 1989 waren über 220.000 DDR-Bürger in die Bundesrepublik übergesiedelt. Während die Parteikader die pompösen Feiern zum 40. Gründungstag des »Ersten Arbeiter- und Bauernstaates auf deutschem Boden« inszenierten, flohen Hunderttausende aus diesem Staat. Andere dagegen blieben und demonstrierten auf den Straßen friedlich und gewaltlos gegen Unfreiheit und Unrecht, für politische und wirtschaftliche Reformen. Den Auftakt bildete jeden Montagabend das »Friedensgebet« in der Leipziger Nikolaikirche. Die Protestierer wurden zunächst noch niedergeknüppelt oder vom fast allgegenwärtigen Staatssicherheitsdienst (»Stasi«) bespitzelt und verhaftet. Bald aber verwandelten sich diese kleinen

Montagsdemonstration in Leipzig *am 23. Oktober 1989.*

Protestveranstaltungen zu mächtigen Demonstrationszügen, an denen sich dann Zehn- und Hunderttausende von DDR-Bürgern in Leipzig, Dresden, Plauen, Jena, Ost-Berlin und vielen anderen Städten gewaltfrei beteiligten. Höhepunkt dieser *gewaltfreien Revolution des Freiheitswillens* bildete eine Kundgebung auf dem Alexanderplatz in Ost-Berlin, an der über eine Million Menschen teilnahmen. Dem demokratisch nicht legitimierten Herrschaftsanspruch der SED wurde die Parole entgegengestellt: *»Wir sind das Volk!«* Das Regime mußte nachgeben: Am Abend des 9. November 1989 öffnete die DDR-Regierung die Grenzübergänge zur Bundesrepublik und nach West-Berlin. Zehntausende passierten die offenen Grenzübergänge; am darauffolgenden Wochenende besuchten schätzungsweise über zwei Millionen DDR-Bürger den westlichen Teil Deutschlands. Bis zum Jahresende erhöhte sich die Zahl der Übersiedler auf fast 345.000. Die Mauer – zugleich sichtbares Zeichen und Instrument der Teilung Deutschlands und der Spaltung Europas als Folge des Zweiten Weltkrieges – war letztlich gefallen.

Die Mauer fällt

Der schnelle Verfall der vorher für fast unüberwindbar gehaltenen Einparteiendiktatur war nicht mehr aufzuhalten: Erich Honecker wurde nach 18 Jahren abgelöst, die Regierung trat zurück, das SED-Politbüro, die bisherige Schaltstelle der Macht, wurde mit neuen Leuten besetzt, aber dann schließlich auch aufgelöst. Die Volkskammer, die aus den Scheinwahlen vom Mai hervorgegangen war, wählte Hans Modrow, der sich als SED-Bezirkssekretär in Dresden bereits früh für Reformen eingesetzt hatte, zum neuen Regierungschef. Um die mangelhafte Legitimität der politischen Entscheidungsgremien ein wenig zu verbessern, wurde ähnlich wie in Polen der *»Runde Tisch«* als Dialogform geschaffen, an dem einerseits die alten um die SED zusammengeschlossenen Blockparteien und andererseits zahlreiche neue Oppositionsgruppen teilnahmen. Zu letzteren zählten jene kleinen Initiativgruppen aus Intellektuellen und kirchlich orientierten Bürgern, die als Dissidenten schon früh und wiederholt mit der Staatsmacht in Konflikt geraten waren und denen es gelungen war, die Massendemonstrationen zu organisieren: so z.B. die »Initiative Frieden und Menschenrechte«, das »Neue Forum«, die Bürgerbewegung »Demokratie jetzt« oder der »Demokratische Aufbau« sowie die »Vereinigte Linke«. Daneben hatten sich im Herbst 1989 auch offizielle Parteien wie die SDP oder DIE GRÜNEN gebildet, oder es waren Zusammenschlüsse entstanden, die sich, wie die »Deutsche Soziale Union«, eng an die Parteien in der Bundesrepublik anlehnten. Die früher in der SED zusammengeschlossenen Blockparteien – CDU, die Liberalen, die Bauernpartei und die Nationaldemokraten – machten sich selbständig; die SED nannte sich nun »Partei des demokratischen Sozialismus« (PDS) und versuchte, mit neuen Leuten an ihrer Spitze den demokratischen Wettbewerb um Wählerstimmen zu bestehen.

Suche nach neuen Wegen

Die Streitfragen, die von diesen zahlreichen Gruppierungen am Runden Tisch und mit der Regierung Modrow erörtert wurden, kreisten vor allem um drei Probleme: (1) Wie könnte die verzweigte Macht der alten Kader in Staat, Wirtschaft, Militär und Wissenschaft gebrochen und die krakenhafte Verschlingung des Stasi in alle gesellschaftlichen Bereiche durchleuchtet werden? (2) Welche innere Ordnung und demokratische Legitimität sollte die neue DDR erhalten? (3) Wie sollte das Verhältnis zum anderen deutschen Staat aussehen?

Vor allem in der letzten Frage unterschieden sich die Konzeptionen sehr: Dem Streben nach Eigenständigkeit und dem Versuch eines »dritten Weges« zwischen Kapitalismus und Staatssozialismus (Neues Forum, Vereinigte Linke) stand die Absicht gegenüber, so schnell wie möglich der Bundesrepublik beizutreten (DSU, Grüne) oder eine langsame, geordnete und immer wieder revidierbare Annäherung der beiden deutschen Staaten über eine Konföderation zu einem neuen deutschen Bundesstaat zu suchen. Aber diese Diskussion geriet seit der Jahreswende 1989/90 immer stärker unter den Einfluß einer von der Bundesregierung und den westdeutschen Parteien betriebenen Politik und in den Sog der weiterhin stattfindenden Montagsdemonstrationen. Dort wurde die Protestformel »Wir sind das Volk« auf den mitgeführten Transparenten zunehmend durch die Forderung bzw. die Feststellung *»Wir sind ein Volk«* verdrängt oder es wurde die Zeile aus der (nicht mehr offiziell gesungenen) Nationalhymne der DDR gerufen: »Deutschland einig Vaterland«. Hatte Bundeskanzler Kohl noch Ende November 1989 einen Zehn-Punkte-Plan zur deutschen Einheit vorgelegt, der von einem langwierigen Prozeß der Annäherung zur Bildung einer Konföderation ausging und das endgültige Ziel eines Bundesstaates nach westdeutschem Muster in die Zukunft projizierte, so drängte die Bundesregierung bald auf schnellere Schritte zur deutschen Einheit.

»Wir sind ein Volk«

Diese Strategie wurde durch eine zügige *außenpolitische Absicherung* flankiert. Kohl gelang es, im Tausch gegen hohe Finanzleistungen (insgesamt 40 Mrd. DM über etliche Jahre verteilt) und die Reduzierung der Bundeswehr auf 370.000 Mann von Gorbatschow die Zusage zu erhalten, daß die Sowjetunion ihre Truppen innerhalb von drei Jahren aus der DDR abziehen werde, daß die Vereinigung allein eine Sache der Deutschen sei und der Kreml von seiner ursprünglichen Forderung absehe, das vereinigte Deutschland dürfe keinem Militärbündnis angehören. Auf der Grundlage dieser Abmachung einigten sich innerhalb von drei Monaten die Vertreter der vier Siegermächte und der beiden deutschen Staaten in den sogenannten *Zwei-Plus-Vier-Verhandlungen,* dem vereinigten Deutschland die volle Souveränität wiederzugeben und somit den Zweiten Weltkrieg endgültig zu beenden. An diesen Verhandlungen nahm zeitweise auch die Polnische Regierung teil, die eine – dann auch ausdrücklich formulierte – Garantie der bestehenden Westgrenze Polens gefordert hatte. Auf dieser Linie einer rascheren Vereinigungsstrategie lag auch die Weigerung der Bundesregierung, der DDR-Regierung, die durch Minister ohne Geschäftsbereich aus acht Oppositionsparteien zu einer »Regierung der nationalen Verantwortung« erweitert worden war, einen Kredit von 15 Mrd. DM zu gewähren, um die bedrohlicher werdende wirtschaftliche Situation dort zu verbessern. Täglich verließen tausende von Menschen ihre ehemalige Heimat und suchten in der Bundesrepublik Arbeit und Erfolg.

Ende des Zweiten Weltkrieges

Wege zur Einheit

Nachdem in Bonn und Moskau sowie in den anderen Hauptstädten die Weichen gestellt worden waren, überschlugen sich fast die Schritte zur Einheit: In ihrer letzten Sitzung verabschiedete die Volkskammer zwar noch den Entwurf einer Verfassung für einen deutschen Bundesstaat, dem aber dann keinerlei Bedeutung mehr zukam, denn sechs Tage später, am 18. März 1990, erhielt in den *ersten freien Wahlen* zur Volkskammer der DDR, bei denen die bundesrepublikanischen Parteien massiv mitgewirkt hatten, das Parteibündnis »Allianz für Deutschland«, das für einen raschen Beitritt der DDR zur Bundesrepublik eintrat, eine überwältigende Mehrheit. Die Bürger der DDR hatten pragmatisch für die westdeutsche Regierungspartei CDU/CSU und den Bundeskanzler votiert, weil diese am ehesten die Gewähr boten – und dies auch versprochen hatten –, die Einheit zu schaffen und Wohlstand zu bringen. Die Zirkel und Gruppen, die die friedliche Revolution in der DDR in Gang gesetzt hatten, konnten sich mit ihren Zweifeln und Überlegungen, mit ihrer Suche nach einem »dritten Weg« gegenüber der Wucht bundesrepublikanischer Parteien und Medien nicht behaupten. Vor allem in der westdeutschen Öffentlichkeit wurde heftig darüber diskutiert, ob die absehbare Vereinigung nach Art. 23 oder nach Art. 146 des Grundgesetzes erfolgen sollte. Art. 23 GG regelt den Beitritt zur Bundesrepublik, die in ihrer politischen, rechtlichen und wirtschaftlichen Ordnung intakt bleibt; die Kritiker lehnten dies als Anschluß und imperiale Übernahme ab. Art. 146 GG sieht dagegen im Falle einer Wiedervereinigung eine Neuordnung vor – eventuell mit einer neuen Verfassung und einer abschließenden Volksabstimmung, ein Weg, den die Bundesregierung mit dem Argument ablehnte, das Grundgesetz und die politischen Institutionen der Bundesrepublik hätten sich bewährt und sollten nicht den Unwägbarkeiten einer ausgedehnten Verfassungsdiskussion ausgesetzt werden; außerdem sei Eile geboten, weil die Abwanderung aus der DDR unvermindert anhalte. Am Ende setzte sich wiederum die politische Elite durch, die das Einigungswerk gemäß Art. 23 GG im Rahmen der bewährten Ordnung und mit rechtlich-administrativen Mitteln durchführen wollte.

Einheit durch Beitritt

Die neue Koalitionsregierung der DDR unter Ministerpräsident Lothar de Maizière (CDU), an der sich neben den Liberalen auch die SPD beteiligte, konnte angesichts der immer schlechter werdenden Wirtschaftslage den Bonner Vorschlag einer *Wirtschafts-, Währungs- und Sozialunion* gar nicht ablehnen oder nachhaltig verändern; einige »Nachbesserungen« wurden dann auch von der Bonner SPD über den Bundesrat eingebracht. Am 1. Juli 1990 trat der Staatsvertrag über die wirtschaftliche und sozialrechtliche Vereinigung der beiden Teile Deutschlands in Kraft. Die Umtauschrelationen – Renten und Löhne sowie Sparguthaben bis zu 4.000,- DM im Verhältnis 1:1, alle höheren Guthaben 2:1 – wurden von der Bundesbank und westdeutschen Wirtschaftsexperten als gefährlich kritisiert, weil sie eine Überbewertung der DDR-Wirtschaftskraft darstellten, wurden aber als der politische Preis für die deutsche Einheit durchgesetzt. In einer Sondersitzung beschloß am 23. August 1990 die Volkskammer den *Beitritt der DDR zur Bundesrepublik* zum 3. Oktober 1990. Die beiden Regierungen handelten einen umfangreichen Einigungsvertrag aus, der alle rechtlichen und administrativen Fragen, die mit der Vereinigung verbunden sind, rechtsstaatlich einwandfrei regeln soll. Besonders wichtig für die Zukunft waren recht offen formulierte Bestimmungen über die endgültige Regelung der Eigentumsrechte in der ehemaligen DDR; die 1945 bis 1949 in der ehemaligen Sowjetischen Besatzungszone vorgenommenen Enteignungen wurden von der Bundesregierung als nicht mehr revidierbar und »im Hinblick auf die historische Entwicklung zur Kenntnis genommen«. Einige brisante Fragen mußten offen bleiben, so beispielsweise die Regelung der strafgesetzlichen Bestimmungen beim Schwangerschaftsabbruch oder die Frage der künftigen deutschen Hauptstadt und des Regierungssitzes.[41] In der Nacht vom 2. auf den 3. Oktober, dem »Tag der deutschen Einheit«, wurde vor dem Reichstagsgebäude in Berlin die schwarz-rot-goldene Flagge gehißt und die Nationalhymne gesungen. Bewußt nüchtern, ohne Pomp und Gepränge, endete die Teilung Deutschlands und endete auch der Zweite Weltkrieg; es begann die offizielle Geschichte der neuen Bundesrepublik Deutschland.

Ein Staat – zwei Gesellschaften

Nüchternheit war auch die angemessene Haltung angesichts der Probleme des neuen Staates – eines Staates mit zwei Gesellschaften, zwei Geschichten. Aus der Wahl zum Bundestag am 2. Dezember 1990 ging die CDU als stärkste Partei hervor, und Helmut Kohl wurde zum ersten Bundeskanzler des vereinten Deutschland gewählt. Die Regierung sah sich gezwungen, ihre Einschätzung der Lage in den »fünf neuen Bundesländern« sowie die daraus abgeleiteten Maßnahmen und Finanzierungsvorschläge immer wieder zu ändern, was bei nachfolgenden Landtagswahlen zu großen Stimmenverlusten führte. Der Aufbau leistungsfähiger Infrastrukturen in Wirtschaft, Verwaltung und Justiz, Bildungssystem und Gesundheitswesen erforderte ein riesiges Finanzvolumen (für einen Zeitraum von 10 Jahren wurde ein Bedarf von jährlich 150–200 Mrd. DM errechnet) und stieß auf kaum geahnte Schwierigkeiten. In der DDR waren ca. 95 % des Eigentums in öffentlichem Besitz: »Volkseigene Betriebe« des Staates, Eigentum von Genossenschaften, Parteien, Gewerkschaften und der Jugendorganisation FDJ. Die über 8000 ehemaligen »Volkseigenen Betriebe« wurden einer Treuhandanstalt unterstellt, die über Sanierung, Privatisierung oder Stillegung der meistens nicht konkurrenzfähigen Betriebe zu entscheiden hatte; nur etwa 20 % wurden als wettbewerbstauglich eingeschätzt. Die rentablen Produktionskapazitäten und die Produktivität lagen weit unter den durch die offizielle Statistik der DDR suggerierten Werten: Zum Zeitpunkt der Wirtschafts- und Währungsunion betrug die Produktivität nur etwa 25 % des westdeutschen Niveaus. Heimische Produkte wurden durch westdeutsche Ware verdrängt: außerdem waren die früheren osteuropäischen Exportmärkte, die immerhin 40 % der Produktion aufnahmen, verlorengegangen. Der Verfall der Industrieproduktion innerhalb kürzester Zeit auf ca. 25–30 % war ein Indiz für die marode Lage; rasch ansteigende Arbeitslosigkeit (1,5 Mio. Erwerbstätige, d. h. 25 % aller arbeitenden Menschen in der ehemaligen DDR) war eine unvermeidliche Folge. Normen, Organisation und Stil rechtstaatlicher Verwaltung hatten im Filz der SED-Herrschaft keine Verwurzelung. Als besonders schwierig erwies sich das Problem der ungeklärten bzw. umstrittenen Eigentumsverhältnisse: Über die Hälfte des Bodens und der Gebäude in der ehemaligen DDR wurden in über einer Million Anträgen von ihren früheren Eigentümern zurückgefordert. Ohne Klärung dieser Frage war an Investitionen fremder Unternehmen überhaupt nicht zu denken. Die Menschen entluden ihre Frustrationen angesichts der wirtschaftlichen Unsicherheit und Not in politischen Protestaktionen, Streiks, Abwanderung und Selbstmord.

Lasten der Vergangenheit

Neben der wirtschaftlichen Misere lasteten die psychisch-politischen Hypotheken einer Vergangenheit voller Unfreiheit und Unaufrichtigkeit auf den Menschen. Das Spitzelsystem des Stasi hatte alle gesellschaftlichen Bereiche durchdrungen: 85.000 Mitarbeiter und 109.000 Informanten waren die Instrumente eines von Angst und Mißtrauen diktierten Überwachungssystems mit seinen fast sechs Millionen Akten über einzelne Bürger. Auch nach dem Bankrott des Regimes bestand die Gefahr, daß durch Enthüllungen gezielt Mißtrauen, Unsicherheit und Ängstlichkeit unter den Bewohnern der ehemaligen DDR gesät wurde. Unvorbereitet und ungeschützt dem harten Wettbewerb in der westlichen Gesellschaft ausgesetzt, zeigten manche von ihnen einen Minderwertigkeitskomplex, weil sie sich als Bittsteller sahen; andere sehnten sich nach der Behaglichkeit sozialistischer Betreuung zurück. Die mit der Vereinigung geschaffene wechselseitige Abhängigkeit nährte den Widerwillen auf beiden Seiten. In vielfältigen Formen (von wissenschaftlichen Essays über Meinungsumfragen bis hin zu Witzen) wurden die Bilder unterschiedlicher Mentalitäten projiziert: hier der begriffsstutzige, autoritätsgläubige, apathisch Fürsorge fordernde und gemütliche »Ossi« – dort der arrogante, rücksichtslose und hektisch agierende »Wessi«.

Die Lage der Frauen

Besondere Lernfähigkeit und Anpassungsleistungen wurden von den Frauen der ehemaligen DDR verlangt. Die meisten von ihnen waren berufstätig und dabei durch Einrichtungen zur Kinderbetreuung ein wenig entlastet; in vielen gesellschaftlichen Bereichen, wie etwa in der Wissenschaft und im Gesundheitswesen, aber auch in den Gewerkschaften und in der Politik, hatten die Frauen in der DDR ein höheres Maß an Gleichstellung erreicht. In der friedlichen Revolution im Herbst 1989 fanden sich Frauen in den vordersten Reihen der Demonstranten und viele wirkten in den zahlreichen Oppositionsgruppen am Runden Tisch mit. Der Zusammenbruch der alten Ordnung und die große wirtschaftliche Unsicherheit im Übergang von der Kommando- zur Wettbewerbswirtschaft traf die Frauen, die die Doppelbelastung von Erwerbstätigkeit und Hausfrauenrolle zu tragen hatten, besonders hart: So lag der Anteil der arbeitslosen Frauen weit über dem Durchschnitt.

Deutschland in Europa …

Die innergesellschaftlichen Probleme absorbierten fast alle politischen Energien, so daß die Frage nach dem außenpolitischen Status des vereinigten Deutschlands – der drittstärksten Wirtschaftsmacht in der Welt – zunächst ein wenig ausgeblendet blieb. Die Bundesregierung hatte von Beginn des Einigungsprozesses an stets betont, daß die deutsche Einigung keine Gefahr für die europäischen Nachbarn und den Weltfrieden bedeute: das neue Deutschland werde mit noch größerem Nachdruck die europäische Einigung vorantreiben, seine militärische Stärke weiter reduzieren und die Hilfe für die Dritte Welt nicht aufgeben. Die neu entstehenden demokratischen Staaten in Mittel- und Osteuropa zu stabilisieren und in die europäische Gemeinschaft zu integrieren, wurde als eine der wichtigsten Aufgaben künftiger deutscher Außenpolitik gesehen. Der Sowjetunion wurde besondere Unterstützung zugesagt, um bei dem schwierigen Prozeß des Übergangs von der Plan- zur Marktwirtschaft zu helfen und sie vor dem völligen Kollaps zu bewahren. Bestimmungen im Grundgesetz und ein ausgeprägtes »postnationales« Bewußtsein der Bürger der Bundesrepublik bieten Grundlage und Gewähr, daß die Politik der supranationalen Einbindung, die 40 Jahre lang das außenpolitische Profil der Bundesrepublik geprägt und die Konfliktträchtigkeit der »deutschen Frage« nach 1945 entschärft hat, auch in Zukunft fortgesetzt wird.

... und in der Weltpolitik

Aufgrund der historisch begründbaren Einsicht, daß das »Problem Deutschland« nicht so sehr eine Funktion der Größe, sondern vielmehr als Folge unberechenbarer Politik entstanden war, bemühte sich die Bundesregierung durch eine betont zurückhaltende Diplomatie, das in 40 Jahren gewonnene Profil der Berechenbarkeit und Verläßlichkeit nicht zu verlieren. Eine erste Bewährungsprobe stellte der Golf-Krieg 1990/91 dar, als die Bundesregierung – dabei auf

Asylbewerber und Asylberechtigte 1953 - 1990

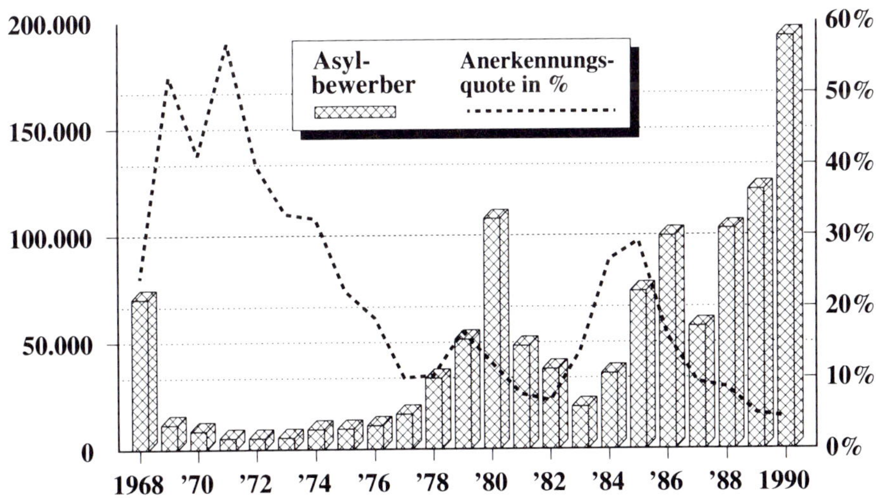

Hinweis : Die Anerkennungsquote ist der Anteil der innerhalb eines Jahres bearbeiteten Asylanträge, der positiv entschieden worden ist.

Quelle: BMI

eine breite Öffentlichkeit gestützt – den deutschen Beitrag im Kampf gegen den Irak weitgehend auf beträchtliche finanzielle Hilfe konzentrierte, eine Beteiligung deutscher Streitkräfte, die von der Verfassung auch verboten war, jedoch ablehnte – eine Haltung, die von den Meinungsmachern in einigen Ländern als »Feigheit« und mangelnde Verantwortungsbereitschaft für den Weltfrieden angeprangert wurde. Die neue Bundesrepublik sollte als »Großmacht« eine ungewohnte weltpolitische Rolle übernehmen: der Vorschlag, Japan und Deutschland einen ständigen Sitz im Sicherheitsrat der Vereinten Nationen zu geben, beleuchtete eine historische Bilanz 45 Jahre nach Ende des Zweiten Weltkrieges.

Eine der größten Herausforderungen an die neue Bundesrepublik Deutschland werden die Millionen von Übersiedlern, Arbeitsemigranten, Flüchtlingen und Asylbewerbern sein, die im zukünftigen Zeitalter einer neuen Völkerwanderung von Ost- und Südosteuropa, aus dem Mittleren Osten, aber auch aus Afrika und Asien in die entwickelten und prosperierenden Industriegesellschaften der westlichen Hemisphäre einströmen werden – es sei denn, es gelänge mit westlicher Hilfe in den Heimatregionen menschenwürdige Lebensbedingungen zu schaffen.

II. Regionale Integration im Bannkreis hegemonialer Einflußzonen

Der Zweite Weltkrieg hatte in Mitteleuropa ein machtpolitisches Vakuum zurückgelassen, das die neuen Weltmächte rasch beseitigten, indem sie die Territorien unter ihrer Kontrolle zu unverletzlichen Sphären ihrer eigenen nationalen Sicherheit erklärten. Durch diese Teilung wurden die Staaten Europas, die über Jahrhunderte durch eine gemeinsame Geschichte verbunden gewesen waren, in zwei »Blöcke« mit unterschiedlichen Wertordnungen, Staatsformen, Wirtschaftssystemen und kulturellen Lebensweisen auseinandergerissen. Die Integration dieser Staaten und Völker in neuartige politische, wirtschaftliche und militärische Organisationen diente zum einen als Beitrag zur Abwehr eines gemeinsamen Gegners in Gestalt des anderen »Blockes« und erwuchs zum anderen aus dem Interesse an geordneten und produktiven Beziehungen zu den jeweiligen Nachbarn. Die beiden neuen deutschen Staaten spielten dabei in mehrfacher Hinsicht eine Sonderrolle.

1. Formen und Grenzen der Einigung Westeuropas

Für die »Vereinigten Staaten von Europa«

Angesichts der Trümmer Europas zeichnete im September 1946 *Winston Churchill* in einer Rede in Zürich den »irregeleiteten Völkern dieses unruhigen und machtvollen Kontinents« einen Weg in die Zukunft vor. Die Zeugen der Nemesis nationalstaatlicher Hybris sollten sich zu einem »weiter gespannten Patriotismus« aufschwingen: »Wir müssen so etwas wie die Vereinigten Staaten von Europa schaffen.«[42] Die Vision einer Europäischen Staatenunion war bereits nach dem Ersten Weltkrieg von einigen Politikern und Publizisten entworfen worden. Viele Gruppen des Widerstandes gegen das nationalsozialistische Gewaltregime sahen auch in einem zukünftig vereinigten Europa Sinn und Ziel ihres Kampfes. Nach Kriegsende erhielt diese Idee in zahlreichen Vereinigungen und Kongressen, durch Zeitschriften und Bücher große Resonanz; Parteien und Regierungen griffen die Gedanken der *»Europäischen Bewegung«* auf.

Die Forderung nach einer politischen und wirtschaftlichen Integration Europas ergab sich aus sehr verschiedenen Motiven. Die selbstmörderischen Konflikte nationalstaatlicher Hegemoniekonkurrenz, wie sie in zwei Weltkriegen zutage getreten waren, mußten vermieden werden. Das bisher so gefährliche Machtpotential Deutschlands ließ sich durch geregelte und institutionalisierte Zusammenarbeit am ehesten nutzen und kontrollieren – eine Überlegung, die vor allem in Paris angestellt wurde. In Bonn sah man in der Mitwirkung in den europäischen Organen die Chance wachsender Gleichberechtigung.

Europa als »Dritte Kraft«?

Viele Europäer hofften, daß durch den Zusammenschluß Europas dieses als *»Dritte Kraft«* zwischen den beiden Weltmächten aufgebaut werden könnte, um so die sich abzeichnende Spaltung der Welt in feindliche Blöcke vielleicht zu verhindern. Die amerikanische Regierung unterstützte die Einigungsbewegung, weil durch gemeinsame Anstrengungen die geschwächten Staaten Westeuropas vor dem Zusammenbruch bewahrt und die Gefahr kommunistischer Machtübernahme gebannt werden konnten. Der »Kalte Krieg« verstärkte in Westeuropa die Furcht vor einer Ausweitung des sowjetischen Machtbereichs; man sah sich auf den Schutz der USA angewiesen. Die Formierung der »Atlantischen Allianz« und deren Verfestigung durch den Korea-Krieg drängten die Vorstellung von Europa als einer »Dritten Kraft« immer mehr in den Hintergrund. Es blieb nur die Perspektive einer Einigung Westeuropas unter der Vormundschaft der USA.

Bundesstaat oder Staatenbund?

Zwei Grundkonzeptionen beherrschten die Diskussion über Weg und Form der europäischen Einigung: Die »Föderalisten« wollten die Vereinigten Staaten von Europa als einen *Bundesstaat* (etwa ähnlich den USA oder der Bundesrepublik) errichten; die Befugnisse der einzelnen nationalstaatlichen Parlamente, Regierungen und Gerichte sollten schrittweise an entsprechende supranationale Organe übertragen und durch demokratische Willensbildung legitimiert werden. Dagegen stand das Konzept eines europäischen *Staatenbundes,* bei dem hauptsächlich die Regierungen der Einzelstaaten an der Lösung gemeinsamer Probleme zusammenarbeiten sollten, ohne daß bei diesem »kooperativen Unionismus« nationalstaatliche Kompetenzen grundsätzlich aufgegeben wurden.

Der Europarat

Als nach langen Verhandlungen im Mai 1949 zehn europäische Staaten in London den *Europarat* gründeten, schienen die Hoffnungen auf eine supranationale Integration noch nicht enttäuscht zu sein. Es wurde ein ständiges Generalsekretariat in Straßburg errichtet; ein Komitee der Außenminister sollte – jedoch nur einstimmig – Entscheidungen treffen können; und eine Beratende Versamm-

Stationen der europäischen Integration

1948	Errichtung der »Organization for European Economic Cooperation« im Rahmen des Marschall-Plans
1949	Gründung des Europarats, dem zunächst 10, heute 26 europäische Staaten angehören
1950	Schuman-Plan: Bildung einer deutsch-französischen Montan-Union als erster Schritt zur wirtschaftlichen Integration Europas
1951	Frankreich, die Bundesrepublik Deutschland, Italien und die Beneluxländer schließen sich zur »Europäischen Gemeinschaft für Kohle und Stahl« (EGKS), genannt »Montan-Union«, zusammen
1954	Plan einer »Europäischen Verteidigungsgemeinschaft« (EVG) scheitert am Widerstand der französischen Nationalversammlung
1955	Beitritt der Bundesrepublik zur NATO
1957	Römische Verträge: Die Staaten der Montan-Union gründen die »Europäische Wirtschaftsgemeinschaft« (EWG) und »Europäische Atomgemeinschaft« (Euratom)
1967	EGKS, EWG und Euratom werden in der »Europäischen Gemeinschaft« (EG) vereinigt
1973	Beitritt Großbritanniens, Irlands und Dänemarks zur EG
1979	Erste Direktwahl zum Europäischen Parlament
1981	Beitritt Griechenlands zur EG
1986	Beitritt Spaniens und Portugals zur EG
1987	»Einheitliche Europäische Akte« in Kraft: bis 1993 soll ein europäischer Binnenmarkt ohne Grenzen für Waren, Dienstleistungen, Kapital und Personen geschaffen werden
1991	Vereinbarung von Maastricht: Schaffung einer Währungsunion bis 1999 – Abmachungen zur Sozialunion und politischen Zusammenarbeit bleiben unbestimmt

lung aus Mitgliedern der verschiedenen Nationalparlamente stellte eine Art westeuropäisches Gesamtparlament dar. Die Wirkungsmöglichkeiten des Europarates waren von vornherein beschränkt, da die wirtschaftliche und militärische Zusammenarbeit im Rahmen des Marshall-Planes und der NATO ausdrücklich aus seiner Kompetenz ausgegrenzt worden war. Im November 1990 wurde Ungarn als erstes Land des ehemals kommunistischen Ostblocks in den Europarat aufgenommen.

Widerstände gegen supranationale Kompetenzen

Alle Versuche, dem Europarat allmählich weitere Befugnisse mit dem Ziel zuzuweisen, supranationale Organe zu entwickeln, scheiterten am entschiedenen Widerstand der britischen Labour-Regierung sowie der sozialistischen Parteien in Skandinavien. Angesichts der zunehmenden Wahlerfolge bürgerlich-konservativer Parteien in den meisten Mitgliedsländern befürchteten sie, die Wirtschaft eines europäischen Bundesstaates würde nicht nach sozialen Prinzipien geordnet werden. Wegen dieser Verweigerung weiterer Kompetenzen, die von anderen Regierungen stillschweigend mitbetrieben wurde, konzentrierte sich die Arbeit des Europarates immer stärker auf das Forum der Beratenden Versammlung. In zahlreichen, von den Nationalparlamenten zu ratifizierenden *Konventionen* – 1950 wurde als erstes die zum Schutz der *Menschenrechte* und der *Grundfreiheiten* verabschiedet, der bis heute mehr als hundert weitere folgten – hat die Versammlung europäisches Recht geschaffen, das von einem *Europäischen Gerichtshof* auch gegenüber den Einzelstaaten durchgesetzt werden kann. So wurde ein Wertekanon entwickelt, in dem eine europäische

Identität sichtbar geworden ist, zu der sich durch ihre Mitgliedschaft im Europarat auch verschiedene Staaten bekennen können, die, wie z. B. Schweden, Österreich oder die Schweiz, nicht in die Blockorganisation des Ost-West-Gegensatzes eingebunden sind.

Der Schuman-Plan

Weil der Weg zum Europäischen Bundesstaat sich als blockiert erwies, schlug im Mai 1950 der französische Außenminister *Robert Schuman* vor, »an einem begrenzten, doch entscheidenden Punkt sofort zur Tat zu schreiten«.[43] Die gesamte französische und deutsche Kohle- und Stahlproduktion sollte einer gemeinsamen Obersten Behörde unterstellt werden, deren Entscheidungen für die Mitgliedsländer bindend seien; die anderen Staaten Europas könnten dieser *»Montan-Union«* ebenfalls beitreten.

»Solange Europa nicht vereint war, haben wir Krieg gehabt. Europa wird nicht mit einem Schlag und auch nicht durch eine Konstruktion des Ganzen gebildet werden; es wird durch konkrete Verwirklichungen gebildet, die zunächst eine Solidarität der Tatsachen schaffen ... Die Solidarität der Produktion wird dartun, daß jeder Krieg zwischen Frankreich und Deutschland nicht nur undenkbar, sondern materiell unmöglich wird.«[44]

Durch wirtschaftliche Zusammenarbeit zur politischen Union

Schuman und *Jean Monnet,* Chef der Planungsabteilung und Initiator des Planes, hofften, durch die supranationale Zusammenarbeit in einem Schlüsselbereich der Wirtschaft allmählich auch die *gesamte Wirtschaft* einer Obersten Behörde unterstellen zu können. Solch ein großräumiger Wirtschaftsverbund würde die Wettbewerbsfähigkeit Europas erhöhen; schließlich könnte aus den guten Erfahrungen in der »Solidarität der Produktion« auch eine *politische Union* erwachsen. Dieses als *»Funktionalismus«* gekennzeichnete Konzept, das von einem Primat der Wirtschaft und der »Sachzwänge« ausging, sollte alle weiteren Phasen der europäischen Integration leiten. Ihm lag jedoch auch das spezifisch französische Kalkül zugrunde, daß die Gefahr einer wirtschaftlichen Vormachtstellung der Bundesrepublik nur durch deren Einbindung in gemeinsame Kontrollorgane gebannt werden könne. Auch wenn die britische Regierung sich an der Montan-Union nicht beteiligen wolle, würde der neue Zusammenschluß dennoch die Position Westeuropas gegenüber den USA stärken.

Die Montan-Union

Die Londoner Regierung blieb bei ihrer Ablehnung jeglicher supranationaler Lösung. Gemäß dem Schuman-Plan gründeten am 8. April 1951 Belgien, die Bundesrepublik Deutschland, Frankreich, Italien, Luxemburg und die Niederlande die *Europäische Gemeinschaft für Kohle und Stahl (EGKS).* Diese Montan-Union bestand aus einer »Hohen Behörde«, die für ihre vertraglich festgelegten Aufgaben das alleinige Entscheidungsrecht besaß und deren Mitglieder an Weisungen ihrer jeweiligen Nationalregierung nicht gebunden waren. Mit einer Parlamentarischen Versammlung, einem Ministerrat und einem Gerichtshof waren bereits Grundformen einer gewaltenteiligen Beratungs- und Entscheidungsstruktur für eine künftige politische Union vorgezeichnet. Rasche Erfolge – durch den Boom des Korea-Krieges noch verstärkt – bestätigten die Hoffnungen der Gründer. Innerhalb des neuen »gemeinsamen Marktes« fielen die Zoll- und Handelsschranken, der Güterverkehr schnellte in die Höhe, und

Produktion wie Produktivität wuchsen rascher als in Großbritannien und den USA. Dazu kamen politische Nebenwirkungen, wie die Auflösung der Ruhrbehörde und die reibungslose Rückgliederung des Saargebietes in die Bundesrepublik 1955.

Die »Europäische Verteidigungsgemeinschaft« kommt nicht zustande

Eine eigenständige *»Europäische Verteidigungsgemeinschaft« (EVG)* gelang dagegen nicht. Zwar hatten 1952 die Regierungen der »Sechs« den Vertrag über die Gründung der EVG unterzeichnet, und in der Folgezeit war er nach teilweise erbitterten innenpolitischen Kontroversen (so vor allem in der Bundesrepublik) von fünf Parlamenten ratifiziert worden, doch eine Mehrheit der französischen Nationalversammlung verweigerte – die Marseillaise singend – Ende August 1954 ihre Zustimmung. Die französischen Nationalisten wollten auf militärischem Gebiet keinen Souveränitätsverzicht zugunsten supranationaler Organe (in denen entgegen ursprünglichen Plänen die Westdeutschen nun doch gleichberechtigt mitwirken konnten); die Kommunisten wollten die militärische Integration Westeuropas grundsätzlich verhindern; der starke Druck der amerikanischen Regierung, den Vertrag zu ratifizieren, ließ auch bei Politikern anderer Parteien den Widerstand gegen solch eine Einmischung wachsen, zumal die sowjetische Regierung durch diplomatische Entspannungsoffensiven (neutralisiertes Deutschland) und die Aussicht auf eine glimpfliche Friedensregelung in Indochina dafür warb, keine »harte« Militärpolitik gegen den Ostblock zu betreiben. Nach dem Scheitern der EVG – Adenauer sprach von einer »Tragödie« – wurde dann 1955 mit dem NATO-Beitritt der Bundesrepublik doch noch der für unverzichtbar gehaltene Verteidigungsbeitrag Westdeutschlands gesichert.

Entwicklung der Europäischen Gemeinschaft

Der wirtschaftliche Erfolg des gemeinsamen Marktes für Kohle und Stahl zeigte – gemäß den »funktionalistischen« Erwartungen – rasch seine Wirkung. Am 25. März 1957 gründeten die sechs Mitgliedsstaaten der Montan-Union in Rom die *Europäische Wirtschaftsgemeinschaft (EWG)* und die *Europäische Atomgemeinschaft (Euratom).* Die Aufnahme weiterer Mitglieder (vor allem Großbritanniens) und die Entwicklung supranationaler Organe scheiterte jedoch am Widerstand des französischen Staatspräsidenten General *Charles de Gaulle.* Vom Primat nationalstaatlicher Souveränität überzeugt, wollte er ein »Europa der Vaterländer« unter französischer Führung und auf der Grundlage einer intensiven Zusammenarbeit zwischen Paris und Bonn (Deutsch-Französischer Freundschaftsvertrag 1963) errichten. 1967 wurden die drei Gemeinschaften EGKS, EWG und Euratom in der *Europäischen Gemeinschaft (EG)* zusammengefaßt, die durch den Beitritt Großbritanniens, Dänemarks und Irlands 1973 und Griechenlands 1981 erweitert wurde; Spanien und Portugal wurden 1986 in die Gemeinschaft aufgenommen; die Türkei beantragte 1987 die Vollmitgliedschaft in der EG, mit der sie bereits durch einen Assoziationsvertrag verbunden war. Weil die wirtschaftliche Zusammenarbeit stets als Motor für die politische Integration eingesetzt worden ist, wird durch die *»Einheitliche Europäische Akte«,* die 1987 in Kraft getreten ist und bis 1993 verwirklicht sein soll, ein großer Binnenmarkt für Personen, Kapital, Güter und Dienstleistungen bestimmt.

Im September 1962 in Bonn: *Begeisterung für zwei charismatische Politiker, die, von ihrer persönlichen historischen Erfahrung geleitet, die französisch-deutsche Aussöhnung betrieben. Die Begeisterung für die Idee eines europäischen Bundesstaates teilte de Gaulle, der vom »Europa der Vaterländer« sprach, nicht.*

Gemäß der funktionalistischen Strategie sollen sich dadurch allmählich auch die Bildungssysteme, Rechtsordnungen, Formen der sozialen Sicherung in den Mitgliedsländern verändern und sich die Lebenschancen der Menschen in der Gemeinschaft angleichen. Gleichzeitig sollen die supranationalen Institutionen der EG, die Europäische Kommission und das Europäische Parlament, gestärkt werden.

Organe und Kompetenzen

Im Gegensatz zur Hohen Behörde der Montan-Union besaß die neue *Europäische Kommission* in Brüssel weniger Entscheidungsbefugnisse, obwohl ihr seit 1977 eigene Einnahmen zur Verfügung stehen. Die größten Kompetenzen haben sich beim *Ministerrat* als dem eigentlich gesetzgebenden Organ konzentriert, der sich jeweils aus den nationalen Fachministern zusammensetzt und dessen Entscheidungen alle Mitgliedsstaaten binden. Zwar sehen die Verträge qualifizierte Mehrheitsentscheidungen vor, aber eine französische Obstruktionspolitik des »leeren Stuhls« erzwang 1966 den »Luxemburger Kompromiß«: Wenn ein Mitgliedsstaat der Auffassung war, seine »vitalen Interessen« stünden auf dem Spiele, verzichteten die anderen auf den Mehrheitsentscheid. Nachdem *Giscard d'Estaing* französischer Staatspräsident geworden war, erklärten 1974 die Regierungschefs, man wolle in Zukunft nicht auf der Einstimmigkeit in allen Fällen beharren – eine Absichtserklärung, die mehrmals wiederholt werden mußte, weil das Mehrheitsprinzip kaum praktiziert wurde. Außerdem sollten die Regierungschefs sich dreimal jährlich zu einem *Europäischen Rat* treffen. Die Abgeordneten des *Europäischen Parlaments* in Straßburg wurden zunächst von den nationalen Volksvertretungen entsandt, 1979 zum erstenmal direkt gewählt. Auch dadurch konnte das Parlament seine Kompetenzen nicht erweitern: Es kann Empfehlungen verabschieden, die Kommission zum Rücktritt zwingen und den EG-Haushalt insgesamt ablehnen (so für die Haushaltsjahre 1980 und 1986 geschehen) oder annehmen.

Erfolge der EG

Schneller als geplant konnte durch schrittweisen Abbau der Binnenzölle und Handelskontingente ein großer gemeinsamer Binnenmarkt geschaffen werden, in dem sich heute fast 60 % des gesamten Handels der EG-Mitglieder abspielt. Auch die Außenzölle für Industriegüter (nicht für Agrarprodukte) wurden gemeinschaftlich gesenkt, was Import wie Export steigerte; 1965 lagen zum erstenmal die Exporte aus der EG höher als die der USA. Innerhalb von elf Jahren (1958 bis 1969) stieg das Bruttosozialprodukt um real 80 %. Mit über einem Viertel aller Weltexporte ist die EG die bei weitem größte Handelsgruppe der Welt; insgesamt gesehen bildet sie nach den USA das zweitgrößte Wirtschaftspotential der Welt.

Die EFTA

Vom Beispiel der EWG angeregt, gründeten 1960 Großbritannien, Dänemark und Norwegen sowie die neutralen Staaten Österreich, Schweden und die Schweiz eine *Europäische Freihandelszone* (EFTA = European Free Trade Association), in der zwar die Binnenzölle abgeschafft, die Außenzölle jedoch weiterhin von den einzelnen Regierungen festgesetzt werden. Mit Beginn des Jahres 1984

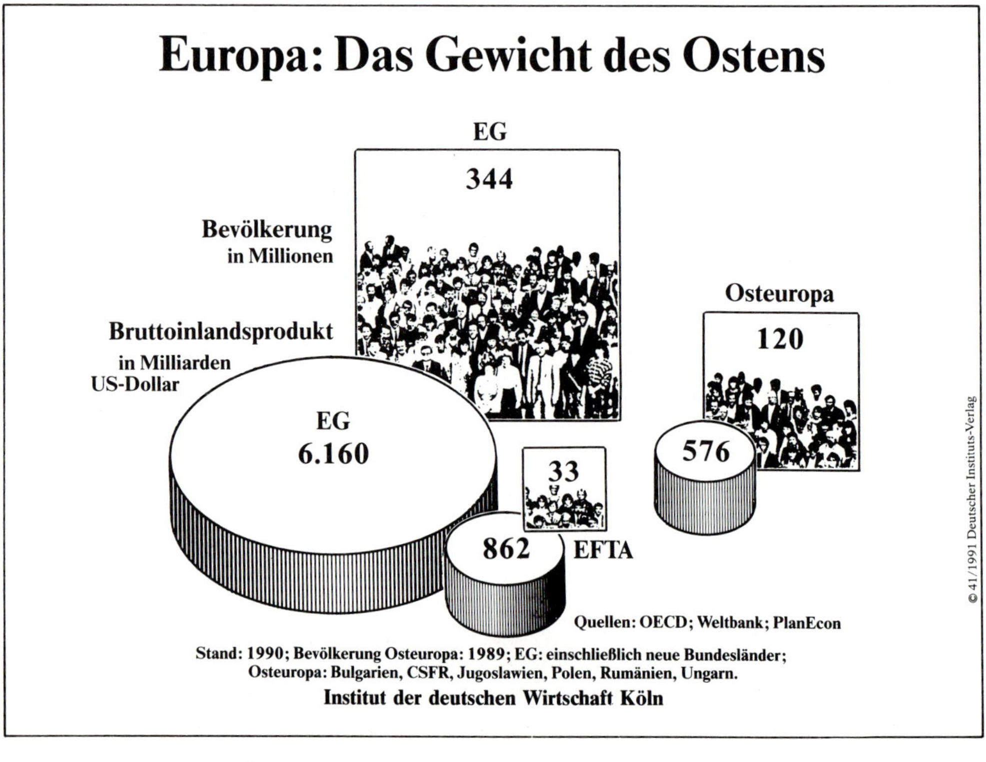

fielen alle Zölle (einige Agrarprodukte ausgenommen) zwischen den zehn EG-Staaten, den EFTA-Mitgliedern und Finnland. Von 1993 an sollen EG und EFTA in einem Europäischen Wirtschaftsraum (EWR) zu einem gemeinsamen Markt zusammengefaßt werden, in dem dann nahezu 380 Millionen Menschen leben. Die Länder Ost- und Südosteuropas sollen auf ihrem schwierigen Weg in die Marktwirtschaft zwar die Unterstützung der EG erfahren, können jedoch noch nicht Mitglied werden, da erst nach 1993 über den möglichen Beitritt weiterer Staaten beschlossen werden soll.

Unerreichte Ziele

Das in den Verträgen von Rom festgelegte Ziel einer »gemeinsamen Wirtschaftspolitik« verlangte von den Mitgliedsstaaten, ihre Konjunktur-, Währungs-, Steuer-, Außenhandels- und Strukturpolitik zu koordinieren. Dieses Ziel wurde zwar immer wieder bekräftigt, konnte jedoch nur in Ansätzen verwirklicht werden: 1973 wurde die sogenannte *»Währungsschlange«* eingeführt d. h., die Wechselkurse der Mitgliedsstaaten sollten nur noch um max. 2,25 % voneinander abweichen. 1979 trat das neue *Europäische Währungssystem* (EWS) in Kraft, das über eine eigene gemeinsame Währungseinheit, die ECU (European Currency Unit), verfügt und durch einen gemeinsamen Währungsfonds gestützt wird. Aber die wiederholten Versuche, gemäß der funktionalistischen Strategie eine *Europäische Politische Gemeinschaft* (EPG) bzw. eine *Europäische Politische Zusammenarbeit* (EPZ) zu institutionalisieren, haben noch nicht zu geregelten Verfahren und Organen geführt. Im Abkommen von Maastricht (Dezember 1991) beugten sich die meisten EG-Partner der Bereitschaft und dem Druck der deutschen Bundesregierung, bis spätestens 1999 eine effektive Wirtschafts- und Währungsunion (WWU) zu schaffen, entzogen sich aber in unbestimmten Kompromißformeln der Verpflichtung, in gleicher Weise sowohl die Sozialpolitik als auch die allgemeine politische Zusammenarbeit (z. B. in der Außenpolitik) zu integrieren.

Interessenkonflikte

Die scharfen Rezessionen der Weltwirtschaft nach 1973/74 und 1978/79 ließen häufig die nationalen Interessen wieder durchbrechen: So subventionierten einige Regierungen vertragswidrig die nationale Stahlindustrie; in Fragen der Energieversorgung, der Weitergabe von Atomtechnologie, des Osthandels und der Umweltpolitik fand man keine gemeinsame Linie. Die Subvention riesiger Agrarüberschüsse (die fast 65 % des Gesamtbudgets der EG beansprucht) blieb ebenso umstritten wie die Frage, für wen die Gemeinschaft ein Zuschußgeschäft oder ein Gewinn sei. Die Gipfeltreffen sind vom Streit über die Finanzierung des EG-Haushaltes beherrscht gewesen.

Historische Würdigung

Falls der mit der Europäischen Akte von 1987 begonnene Schritt zu weiterer Integration nicht zum Erfolg führen sollte, scheint der kritische Punkt erreicht zu sein, an dem nicht mehr die Methoden und Ziele weiterer Integration zur Debatte stehen, sondern das bisher Erreichte nur unter großen Mühen erhalten werden kann. Diese Entscheidung wird durch die wirtschaftlichen und sozialen Probleme der Länder Osteuropas verschärft, die auf die Hilfe der EG angewiesen sind und die (wie die skandinavischen Staaten oder Österreich und die Türkei) der EG beitreten möchten. Es besteht die Gefahr, daß solch eine Auswei-

tung die erreichte Integration und Leistungsfähigkeit der Gemeinschaft auflöst. Aber trotz aller Reibungen und unerfüllten Hoffnungen stellt die westeuropäische Gemeinschaft ein historisch einmaliges Modell internationaler Zusammenarbeit dar, denn die EG-Organe treffen Entscheidungen, die ohne die Sperre nationalstaatlicher Souveränität unmittelbar geltendes Recht in den Mitgliedsstaaten sind.
Im Golfkrieg 1990/91 und während des Bürgerkrieges in Jugoslawien wurde deutlich, wie *politisch zerrissen und ohnmächtig* die EG in der Weltpolitik reagierte. Unterschiedliche Interessen und Strategien ließen keine eindeutige und einheitliche Politik entstehen. Die konzeptionelle Unsicherheit wurde auch durch die neue Größe des vereinten Deutschland sowie den Rückzug der USA aus Europa und die veränderte Rolle der NATO nach Ende des Kalten Krieges verstärkt. So wurde die Diskussion über ein eigenes *europäisches Sicherheitssystem,* wie sie Anfang der 50er Jahre geführt worden war (▷ S. 444 ff.), neu eröffnet.

2. Nationalstaat und »sozialistische Solidarität«

1949	Gründung des Rats für Gegenseitige Wirtschaftshilfe (RGW)
1959	RGW-Statut (1962 teilweise revidiert) regelt »internationale sozialistische Arbeitsteilung«
1971	»Komplexprogramm«: 20-Jahres-Plan zur koordinierten wirtschaftlichen Entwicklung der Mitgliedsländer des RGW
1985	Zweites »Komplexprogramm«: bis zum Jahre 2000 soll die technologische Unabhängigkeit vom Westen erreicht sein
1991	Die Mitgliedstaaten lösen den RGW auf

Gründung des RGW

Gleichzeitig mit der Besetzung und der abgestuften Sowjetisierung band der Kreml die von ihm beherrschten Staaten Osteuropas durch ein engmaschiges Netz bilateraler Verträge über »Freundschaft, Zusammenarbeit und gegenseitigen Beistand« an die UdSSR. Diese Abkommen waren einseitig an den Interessen der Sowjetunion ausgerichtet. Wirtschaftliche Engpässe und Krisen in den verschiedenen Volksdemokratien zwangen jedoch Moskau, wiederholt mit kurzfristigen Hilfeleistungen einzugreifen, wodurch die sowjetischen Planungen zunehmend gestört wurden. Um eine bessere wirtschaftliche Koordination im ganzen Ostblock zu gewährleisten, wurde im Januar 1949 der *Rat für Gegenseitige Wirtschaftshilfe* (RGW bzw. COMECON = Council for Mutual Economic Cooperation) gegründet, dem neben der UdSSR auch Polen, Ungarn, die Tschechoslowakei, Bulgarien, Rumänien und Albanien (1962 wegen seines prochinesischen Kurses ausgeschlossen) angehörten; 1950 wurden die DDR, 1962 die Mongolei und Kuba, 1978 Nordvietnam aufgenommen. Einige andere Staaten wie Finnland, der Irak oder Nicaragua sind durch Kooperationsverträge verbunden.

Dominanz der UdSSR

Der RGW sollte die Planungen der einzelnen Volkswirtschaften mit der sowjetischen abstimmen und untereinander koordinieren; die Rohstoffe und Industrien der einzelnen Länder sollten nach einem übergreifenden Koordinationsplan entwickelt werden; gemeinsame Fonds und Unternehmen sollten industrielle Großprojekte und neue Rohstoffquellen erschließen helfen. Zwar galt offiziell das Prinzip der Gleichberechtigung, in der Praxis jedoch beherrschte die wirtschaftlich und militärisch übermächtige Sowjetunion den RGW: 1950 gingen 67 % der bulgarischen Exporte in die UdSSR, für Rumänien lag dieser Prozentsatz bei 55, für die DDR bei 44. Den sowjetischen Wirtschaftsfunktionären gelang es, durch systematische Überbewertung des Rubels die Preise für Importe aus den Volksdemokratien zu drücken, gleichzeitig aber ihre eigenen Exporte (vor allem Erdöl) zu verteuern. Weil die UdSSR nahezu 70 % des gesamten Sozialproduktes im RGW produzierte, verstärkte jegliche Form von Integration die sowjetische Dominanz. In der Hochphase des »Kalten Krieges« diente der RGW in erster Linie den Rüstungszwecken und der Hegemoniepolitik der Sowjetunion. Die sowjetische Führung nach Stalin wollte aus wohlverstandenem Eigeninteresse einerseits den Mitgliedsländern größere Selbständigkeit einräumen, ohne daß aber andererseits der Hegemonieanspruch in Frage gestellt werden durfte. So wurde eine ideologische Lockerung – alle kommunistischen Parteien seien »unabhängig und gleichberechtigt« (Moskauer Erklärung vom Dez. 1960) – mit einer verstärkten wirtschaftlichen Integration gekoppelt. Eine *»sozialistische Arbeitsteilung«* zwischen den Mitgliedsländern sollte den Wirtschaftsverbund insgesamt stärken, so daß am Ende den Organen des RGW weitreichende Planungskompetenzen übertragen werden könnten. Dem widersetzten sich die Länder, die vorwiegend Rohstoffe liefern sollten und deshalb eine Benachteiligung gegenüber den Industriestaaten, DDR und Tschechoslowakei, befürchteten – allen voran Rumänien, das entgegen der vorgesehenen Arbeitsteilung eine forcierte Industrialisierung betrieb, die es durch Kredite aus dem Westen zu finanzieren versuchte. Geschickt benutzten Rumänien und Bulgarien den Konflikt zwischen Moskau und Peking, um sich eigene Manövrierräume zu öffnen. Trotz eines »Komplexprogramms« (1971), das die Entwicklung der nationalen Wirtschaftsstrukturen für 20 Jahre aufeinander abstimmen sollte, blieb der RGW auf die Koordination der nationalen Wirtschaftspläne und des Außenhandels beschränkt.

Interessengegensätze

Kein gemeinsamer Markt – keine supranationalen Organe

Von einem ungebrochenen nationalen Egoismus geleitet und um die Modernisierung der eigenen Wirtschaft bemüht, suchten die Länder Osteuropas Anfang der siebziger Jahre, als die Entspannungspolitik die Klammer um den Block ein wenig lockerte, die Technologien, Kredite und Märkte des Westens. Wegen des strukturellen Leistungsgefälles (billige Rohstoffe gegen teure Industrieprodukte) und weil zwei Rezessionen die Aufnahmefähigkeit der westlichen Märkte verringert hatten, mußten sich die Ostblockstaaten, vor allem Polen und Rumänien, hoch verschulden. Wie stark die zentrifugalen Kräfte des niemals gebrochenem kulturellen, politischen und auch ökonomischen Nationalismus waren, zeigte sich, als 1989/90 der revolutionäre Wandel zu Demokratie und Marktwirtschaft alle diese Staaten erfaßte: Innerhalb weniger Monate zerbrach der RGW und wurde dann auch im Juni 1991 offiziell aufgelöst, obwohl die betroffenen Länder dabei nur schwer ersetzbare Exportmärkte verloren.

III. Europa als Zone der Weltpolitik: Konfrontation und Sicherung des Status quo

Die Weltmächte und Europa

Seit Ende des Zweiten Weltkrieges hatten beide Weltmächte die Steuerung europäischer Politik als Beweis und Bewährung ihres weltpolitischen Anspruchs aufgefaßt. Wegen ihrer geostrategischen Lage und durch die straffe, wiederholt mit Waffengewalt durchgesetzte Hegemonie hatte die Kontinentalmacht UdSSR in Europa eine eindeutige Vormachtstellung errungen. Die USA dagegen konnten nur als ferne Schutz- und Führungsmacht einer heterogenen Allianz selbstbewußter und wirtschaftlich unabhängiger Staaten auftreten.

1. Rüstung und Rüstungskontrolle

1973 Okt.	Beginn der Wiener Verhandlungen über Truppenabbau in Europa (MBFR)
1975 Aug.	Unterzeichnung der Schlußakte der »Konferenz für Sicherheit und Zusammenarbeit in Europa« (KSZE) in Helsinki
1979 Dez.	NATO-Doppelbeschluß
1983 Dez.	Beginn der Stationierung amerikanischer Mittelstreckenwaffen in Westeuropa
1986 Sept.	»Konferenz für vertrauens- und sicherheitsbildende Maßnahmen in Europa« (KVAE) in Stockholm beschließt gegenseitige Ankündigung und Beobachtung von Manövern
1987 Dez.	Amerikanisch-sowjetisches Abkommen über den Abbau aller atomaren Mittelstreckenwaffen
1990 Juli	Neue NATO-Strategie: kein Ersteinsatz von Atomwaffen
Nov.	Pariser Vertrag zwischen NATO und Warschauer Pakt über Abrüstung konventioneller Waffen in Europa
1991 Juli	Auflösung des Warschauer Paktes

In den europäischen Staaten zu beiden Seiten des »Eisernen Vorhanges« wurden seit Beginn des »Kalten Krieges« Truppen und Waffen in einer Menge und mit einer Vernichtungskraft stationiert wie niemals zuvor in der Geschichte. Während das *»globalstrategische« Gleichgewicht* der Abschreckung zwischen den Supermächten durch Abkommen über Rüstungskontrollen (SALT I und SALT II) einigermaßen begrenzt und stabil gehalten werden konnte, wurde im sogenannten *»eurostrategischen« Bereich* fortwährend ein riesiges Arsenal »konventioneller« Waffensysteme und »taktischer« Atomwaffen mit kurzen und mittleren Reichweiten angehäuft.

Atomwaffen in Europa

Seit Anfang 1955 verfügten die amerikanischen Streitkräfte in Deutschland über Atomwaffen mit kurzer Reichweite. In westeuropäischen Militärstäben wurde darauf gedrängt, daß die US-Führung schon sehr früh nach Ausbruch eines Konfliktes Nuklearwaffen gegen den mit konventionellen Waffen überlegenen Warschauer Pakt einsetzen sollte, um so Westeuropa nicht zum Kriegsschauplatz werden zu lassen. Die sowjetischen Militärplaner ihrerseits wollten durch atomare Gegenrüstung diese nuklearen Angriffssysteme der NATO präventiv ausschalten können. Beide Seiten erhöhten fortgesetzt Beweglichkeit, Zielgenauigkeit und Reichweite ihrer Waffensysteme. Seit Mitte der siebziger Jahre sahen westliche Militärs und Politiker, so vor allem Bundeskanzler Helmut Schmidt, das militärische Gleichgewicht in Europa durch neue sowjetische Mittelstreckenraketen vom Typ SS 20 und »Backfire«-Bomber aus der Balance gebracht.

Der NATO-Doppelbeschluß

Deshalb faßten im Dezember 1979 die NATO-Staaten den sogenannten *»Doppelbeschluß«:* (1) Der Sowjetunion wurden Verhandlungen über eine Begrenzung und Verringerung der Mittelstreckenwaffen in Europa angeboten; (2) falls keine Vereinbarungen erzielt werden könnten, würden Ende 1983 die USA damit beginnen, in Großbritannien, den Niederlanden, Belgien, der Bundesrepublik und in Italien insgesamt 572 Cruise Missiles (Marschflugkörper) und Raketen vom Typ Pershing II zu stationieren.

Erst nach intensiven Vermittlungen der deutschen und französischen Regierung begannen in November 1981 in Genf Gespräche zwischen Vertretern der USA und der Sowjetunion über eine Begrenzung der eurostrategischen Waffen (INF = Intermediate Range Nuclear Forces). Trotz »Fortschritten in nahezu allen Streitpunkten« (so der amerikanische Unterhändler Paul Nitze) konnte bis zu dem im Doppelbeschluß genannten Zeitpunkt – Ende 1983 – keine Einigung erzielt werden. Die sowjetische Führung zeigte sich letztlich nicht bereit, das Übergewicht in der eurostrategischen Zone durch Abrüstung aufzugeben. Die Reagan-Administration und die Regierungen der westeuropäischen NATO-Staaten waren davon überzeugt, die Übermacht der Sowjetunion in Europa nur durch Nachrüstung ausgleichen zu können. Dies sollte den ernsthaften Verteidigungs- und Abschreckungswillen der atlantischen Allianz unter Beweis stellen und verhindern, daß es der Sowjetunion dank ihres militärischen Übergewichts gelingen könnte, Mittel- und Westeuropa von den USA »abzukoppeln« und zu politischem Wohlverhalten zu zwingen (die These von der sogenannten »Finnlandisierung«). Ende 1983/ Anfang 1984 wurden die ersten amerikanischen Raketenstellungen in Westeuropa aufgebaut. Wenige Wochen später wurden dann in der DDR und der ČSSR neue Raketen mit einer Reichweite von 500 km und 900 km stationiert.

Die »Friedensbewegung«

Aus der Befürchtung, daß ein Atomkrieg auf europäischem Boden wahrscheinlicher geworden sei, ergaben sich Argumente und Anklagen einer »Friedensbewegung«, in der in den USA und Westeuropa jeweils Hunderttauende, meist gewaltlos, gegen die Nachrüstung und die Gefahr eines Atomkrieges protestierten. In der Bundesrepublik kam es zu den größten Massendemonstrationen ihrer Geschichte. Die Frage, wie der Frieden in Europa und in der Welt zu erhalten sei und ob die Menschheit zwangsläufig ihrem Ende in einer atomaren Katastrophe entgegentaumele, beherrschte die Diskussionen in Parlamenten und Parteien, bei Bischofssynoden, in Universitäten und Schulen. Häufig wurde empfohlen, die westliche Seite solle durch begrenzte einseitige Vorleistungen die Konzessionsbereitschaft des Kreml auf die Probe stellen und eine Abrüstungsspirale in Gang setzen. Gelegentlich wurde gefordert, Mitteleuropa als »atomwaffenfreie Zone« aus den Spannungen eines neuen »Kalten Krieges« herauszuhalten.

Ein Diktat der Vernunft – und seine Folgen

Die Veränderung der Lage in Europa wurde jedoch vom Interessenkalkül der beiden Supermächte bestimmt. Am Ende jahrelanger zäher Detailerörterungen und spektakulärer »Gipfeltreffen« erreichten sie 1987 im Washingtoner Vertrag die gegenseitig kontrollierte Verschrottung der Kurz- und Mittelstreckenraketen in Europa. Der sowjetischen Führung unter Gorbatschow brachte diese Vereinbarung die gewünschte Reduzierung der atomaren Präsenz der USA in Europa. Unter den westeuropäischen NATO-Verbündeten entbrannte eine heftige Diskussion über die möglichen Folgen dieses Arrangements der Supermächte: Es wurde der isolationistische Rückzug der USA aus ihrer Schutzgarantie für Westeuropa befürchtet und die lückenlose Eskalationsspirale in der Strategie der »flexible response« (▷ S. 385) als nicht mehr durchführbar angesehen. Umstritten war auch die Frage, ob nicht eine völlige Beseitigung aller Atomwaffen in Europa, also auch derjenigen unter 500 km Reichweite, angestrebt werden sollte.

Truppenabbau

Durch die »Denuklearisierung« wurde die konventionelle Rüstung und das Ungleichgewicht zugunsten der Sowjetunion in diesem Bereich in den Brennpunkt der Auseinandersetzungen sowohl in der NATO wie in den Verhandlungen mit dem Warschauer Pakt gerückt. Für den Bereich der *konventionellen Rüstung* wurden seit Oktober 1973 in Wien Verhandlungen zwischen zwölf NATO-Staaten und dem Warschauer Pakt über eine *»beiderseitige und ausgewogene« Truppenverminderung* der Militärblöcke in Mitteleuropa (MBFR = Mutual and Balanced Force Reductions) geführt. Der Warschauer Pakt behauptete stets, in den verschiedenen Rüstungsbereichen sei ein Gleichgewicht vorhanden, das man nun auf beiden Seiten gleichmäßig abbauen könnte. Die NATO bestritt dagegen ein ausgewogenes Kräfteverhältnis und wollte ein Gleichgewicht erst einmal herstellen. Auch wurde befürchtet, daß bei einem vereinbarten Truppenabbau im Westen tatsächlich Divisionen aufgelöst und US-Truppen abgezogen werden müßten, während im Osten die Truppen nur in den nichteuropäischen Teil der UdSSR verlagert werden könnten.

2. KSZE: Status quo – Horizont neuer Kooperation

Vorbeugende Konfliktentschärfung

Gerade in Europa lag es nahe, die Suche nach Entspannung zwischen den hochgerüsteten Lagern nicht nur auf militärische Fragen zu beschränken, sondern auch Methoden einer vorbeugenden Entschärfung von Konflikten zu entwickeln. Am 1. August 1975 unterzeichneten in Helsinki die Staats- und Regierungschefs von 33 Staaten aus Ost- und Westeuropa sowie den USA und Kanada die Schlußakte der *»Konferenz über Sicherheit und Zusammenarbeit in Europa« (KSZE)*. Die Abmachungen umfassen drei Bereiche, die sogenannten *»drei Körbe«*: (1) *Verhaltensregeln* für die Beziehungen zwischen den Staaten in Europa (Gleichberechtigung, Gewaltverzicht, Unverletzlichkeit bestehender Grenzen, Nichteinmischung) und Richtlinien für *»vertrauensbildende Maßnahmen«*, wie die vorherige Ankündigung größerer militärischer Manöver, Austausch von Manöverbeobachtern, Bereitschaft zu Abrüstungsverhandlungen etc., (2) Maßnahmen und Leitregeln für eine *engere Zusammenarbeit* in Wirtschaft, Wissenschaft, Technik und Umweltschutz und (3) die Verpflichtung, im Geiste der Menschenrechte *»humanitäre Fragen«* (Zusammenführung von Familien, Reiseerleichterungen) zu lösen und den kulturellen Austausch zu fördern, um so die Freiheit und Freizügigkeit von »Menschen und Meinungen« zu verbessern. Auf zahlreichen »Folgekonferenzen« wurde versucht, diese Regelungen für die drei unterschiedlichen Schwerpunkte Abrüstung, Wirtschaft und Menschenrechte zu überprüfen und zu verbessern.

Der Kompromiß der KSZE

Die Vereinbarungen der KSZE enthielten einen Kompromiß: Die Sowjetunion und die Staaten ihrer Hegemoniezone sahen ihren seit 1945 entstandenen *territorialen Besitzstand* von den westlichen Staaten *völkerrechtlich garantiert* (die Bundesrepublik hatte mit den Ostverträgen dazu die Weichen gestellt); außerdem konnte die zugesicherte wirtschaftliche und technische Zusammenarbeit mit den westlichen Ländern Innovation und Wachstum der östlichen Wirtschaftssysteme befördern. Die westlichen Vertragspartner dagegen konnten die *gemeinsame Verpflichtung auf die Menschenrechte* als Rechtfertigung nehmen, eine Liberalisierung der innerstaatlichen Ordnung in den Volksdemokratien anzumahnen und sich zum Fürsprecher der dortigen Dissidenten zu machen.

Auf der KSZE-Folgekonferenz in Madrid (1980–1983) wurde vereinbart, eine *»Konferenz für vertrauens- und sicherheitsbildende Maßnahmen und Abrüstung in Europa« (KVAE)* einzuberufen. Nach über zweijährigen Verhandlungen wurde dann 1986 in der *Akte von Stockholm* die Anmeldung und Beobachtung von Manövern vom Atlantik bis zum Ural geregelt, um militärische Maßnahmen durchsichtiger zu machen und Bedrohungsängste abzubauen. 1987 wurden in Wien Verhandlungen über eine *»Konferenz über konventionelle Rüstung in Europa"* (KRK) aufgenommen, die jene MBFR-Verhandlungen, die sich über 15 Jahre ergebnislos hingezogen hatten, fortsetzen sollte. Im Dezember 1988 kündigte der sowjetische Staatschef Gorbatschow einen einseitigen Rüstungsabbau und den Rückzug sowjetischer Truppen aus der DDR, der Tschechoslowakei und Ungarn an. Im November 1990 unterzeichneten dann die 22 Mitgliedstaaten

von NATO und Warschauer Pakt in Paris einen Vertrag, der bestimmte Höchstgrenzen für die konventionellen Waffen beider Bündnissysteme festsetzte; die Sowjetunion mußte mehr als ein Drittel ihrer entsprechenden Rüstung verschrotten.
Die der KSZE zugrundeliegende Konzeption, nämlich einerseits den Status quo nationalstaatlicher Souveränität zu gewährleisten und andererseits in der gemeinsamen Verpflichtung auf die Menschenrechte innere Reformen in einigen dieser Staaten kritisch anzumahnen, schuf eine wichtige Voraussetzung für den politischen Wandel in der Sowjetunion und den kommunistischen Staaten Osteuropas. Die Dissidenten beriefen sich auf die Menschenrechtsprinzipien. Die vertrauensbildenden Maßnahmen wirkten im beabsichtigten Sinne und erleichterten Gorbatschows Abrüstungspolitik. Während des deutschen Einigungsprozesses konnte der Verweis auf die Bindungskräfte der KSZE aufkommende Befürchtungen über eine neue deutsche Gefahr in Europa entschärfen. So lag es nahe, die Institutionen der KSZE auszubauen und zu stärken: ein »Konfliktverhütungszentrum« soll ein effizientes Krisenmanagement gewährleisten, andere Organisationen sollen der wirtschaftlichen Kooperation, dem Umweltschutz oder der Durchführung von freien Wahlen dienen. In der *Charta von Paris für ein neues Europa,* die auf der dortigen Gipfelkonferenz im November 1990 von allen 34 KSZE-Staaten angenommen wurde, verpflichten sich diese, zur Verwirklichung der Menschenrechte, Festigung der Demokratie, Aufbau einer sozial orientierten Marktwirtschaft sowie zur Sicherung des Friedens zusammenzuarbeiten.

C. Nord und Süd – Ungleiche Lebenschancen in der Welt

Globale Asymmetrie der Schätze und Chancen

Die Weltlage wurde nicht nur vom Ost-West-Gegensatz beherrscht. Eine zweite Konfliktdimension hat sich herausgebildet: das sogenannte *»Nord-Süd-Gefälle«*. Die Schätze und Chancen der Welt sind regional sehr ungleich verteilt und werden ungleich genutzt. Zum »Norden« zählen die reichen Industriestaaten Nordamerikas, Europas (einschließlich der UdSSR) sowie Japan, Australien und Neuseeland; hier lebt ein Viertel der Weltbevölkerung, das aber über 80 % des Welteinkommens verfügt, 88 % der gesamten Industrieproduktion erbringt, fast 80 % des Welthandels tätigt, 81 % der Rüstungsausgaben sowie 98 % der Ausgaben für wissenschaftliche Forschung und technische Innovation in der Welt aufbringt. Dieses Viertel der Weltbevölkerung verwendet 87 % der gesamten Energie, 78 % des Kunstdüngers sowie jeweils 94 % des in der Welt produzierten Aluminiums und Kupfers. Dagegen müssen im armen »Süden«, in Afrika, Asien und Lateinamerika, über 1,1 Milliarden Menschen in absoluter Armut leben, d. h., sie können ihre wichtigsten Lebensbedürfnisse wie Ernährung, Gesundheit und Wohnung nur unzureichend befriedigen; 600 Millionen Menschen (das ist mehr als die Einwohnerschaft von Nordamerika und Westeuropa) bleiben ständig vom Hungertode bedroht; heute sterben jährlich 50 Millionen Menschen an den Folgen von Unterernährung – ein Drittel davon Kinder. Die durchschnittliche Lebenserwartung liegt 25 Jahre niedriger als in den Industriestaaten. Berechnungen verschiedener internationaler Organisationen lassen auch in der Zukunft keinen Abbau dieser globalen Asymmetrie erwarten – vielmehr ist eine Vergrößerung der Kluft zu befürchten.

Die drei Welten

Der Globus ist in mehrere Welten geteilt:

- *»Erste Welt«:* 20 westliche Industriestaaten mit überwiegend privatkapitalistisch-marktwirtschaftlichem Wirtschaftssystem in Europa, Nordamerika, Asien (Japan) und Ozeanien; hier leben 0,75 Milliarden Menschen (17 % der Weltbevölkerung); sie verfügen über den größten Reichtum der Erde.
- *»Zweite Welt«:* sieben in unterschiedlichem Grade industrialisierte RGW-Länder in Mittel- und Osteuropa mit einer kommunistischen Staats- und Wirtschaftsordnung (bis 1990/91); etwa 0,44 Milliarden Menschen (10 %).
- *»Dritte Welt«:* ca. 130 *»Entwicklungsländer«* in Afrika (außer Republik Südafrika), Asien (mit China) und Lateinamerika mit etwa 3,2 Milliarden Menschen (71 %).

Politiker der *»Dritten Welt«* verstehen diesen Begriff als Erkennungssignal, um die gemeinsame geschichtliche Erfahrung der Abhängigkeit von imperialistischen Mächten zu beschwören und eine geschlossene Interessenfront gegen die reichen Industrieländer zu formieren. Vor allem die UN soll dafür eine geeignete Arena bieten. Doch innerhalb der »Dritten Welt« sind Unterschiede entstanden, die auch unterschiedliche Interessenstrategien zur Folge haben: (1) Länder, die *Erdöl* oder andere wichtige *Rohstoffe* besitzen und auf dieser Grund-

Differenzen in der »Dritten Welt«

lage in absehbarer Zeit eine leistungsfähige Industriewirtschaft (z. B. Petrochemie) aufbauen könnten und dazu vor allem technologisches Know-how benötigen; dazu zählen in erster Linie die Staaten der OPEC (Organization of Petroleum Exporting Countries). (2) Länder, die einzelne Teilindustrien aufbauen konnten und durch den Export weniger Arten von Fertigwaren (z. B. Textilien, optische Geräte, Spielzeug, in letzter Zeit auch Schiffsbau oder Produktion von Massenstahl) versuchen, eine umfassende Industrialisierung in Gang zu setzen. Zu diesen etwa 20 *»Schwellenländern«*, so genannt, weil sie wahrscheinlich bald die Schwelle zur vollen Industrialisierung überschreiten werden (englisch: NIC's = Newly Industrialized Countries), gehören u. a. Südkorea, Taiwan, Mexiko, Brasilien, Spanien und Israel; sie suchen in erster Linie finanzielle Investitionshilfen und fordern den unbeschränkten Zugang zu den Märkten der Industrieländer. (3) Länder – vor allem in Schwarzafrika und auf dem indischen Subkontinent –, die über keine oder nur wenige Rohstoffe verfügen, den Preissteigerungen für Nahrungsmittel, Energie und Fertigwaren auf dem Weltmarkt nichts entgegenzusetzen haben und ihre Bevölkerung oft nicht ausreichend ernähren können; sie werden gemäß einer UNO-Definition als *»Vierte Welt«* bezeichnet. (Die UNO zählt dazu etwa 40 Staaten mit einer Gesamtbevölkerung von mehr als 300 Millionen Menschen.)

Das Flüchtlingshochkommissariat der UNO registrierte 1990 weltweit rund *15 Millionen Menschen auf der Flucht* vor Krieg oder politischer Verfolgung. Hinzu kamen ebenso viele Menschen, die ihre Heimat aufgrund von Armut, Hunger oder Umweltschäden verließen. 90 % der Flüchtlinge stammten aus Ländern der sogenannten »Dritten Welt« und fanden in anderen Entwicklungsländern Zuflucht. Bis zum Jahr 2000 werden nach einer Schätzung der UNO bis zu 25 Millionen Menschen aus den osteuropäischen Staaten nach Westeuropa übersiedeln.

I. Der lange Weg zur Selbstbestimmung

1. Die Entstehung der »Dritten Welt«: Entkolonialisierung und Modernisierung

Im Gefolge des Zweiten Weltkriegs verloren die alten kolonialen Großmächte Frankreich und Großbritannien ebenso wie die Niederlande und Portugal die Kontrolle über ihre Kolonialgebiete. Militärisch und ökonomisch geschwächt, von der antikolonialistischen Programmatik der beiden neuen Weltmächte und der Vereinten Nationen in die Defensive gedrängt, mußten sie die beherrschten Völker – gelegentlich nach zähen und erbitterten Kriegen (Indochina 1946–1954, Algerien 1954–1962, Angola 1962–1974) – in die Unabhängigkeit entlassen.

Die »Blockfreien«

Für die über hundert »neuen Nationen« bedeutete die Proklamation der Unabhängigkeit nur den ersten Schritt zur Selbstbestimmung. Häufig versuchten die

	Entkolonisierung und Entstehung der „Dritten Welt“
1945	Gründung der Arabischen Liga
1947	Unabhängigkeit Indiens und Pakistans
1948	Gründung des Staates Israel
1949	Proklamierung der Volksrepublik China
1954	In Indochina werden Vietnam, Laos und Kambodscha unabhängig
1955	Asiatisch-afrikanische Konferenz von Bandung
1960	Das »Jahr Afrikas«: 17 afrikanische Staaten werden unabhängig – UN-Resolution gegen Kolonialismus
1962	Algerien nach achtjährigem Krieg unabhängig
1964	Erste UN-Welthandelskonferenz (UNCTAD) in Genf
1973	Beginn des Öl-Boykotts durch die OPEC
1974	UN-Erklärung zur »Neuen Weltwirtschaftsordnung«
1975	Mosambik und Angola nach mehr als zehnjährigem Kampf gegen Portugal unabhängig Abkommen von Lomé – 1979, 1985 und 1989 erweitert
1979	»Islamische Revolution« im Iran
1980	Simbabwe (Rhodesien) unabhängig
1990	Als letztes afrikanisches Land wird Namibia unabhängig

ehemaligen Kolonialmächte, ihre früheren Besitzungen weiterhin in wirtschaftlicher Abhängigkeit zu halten; die neuen Staaten klagten, daß dadurch die nun aufgehobene direkte Kolonialherrschaft durch einen indirekten *»Neokolonialismus«* ersetzt worden sei, ein Vorwurf, der vor allem auch gegen die USA und andere wirtschaftlich starke Industrieländer gerichtet wurde. Als die beiden Weltmächte Anfang der fünziger Jahre die Frontlinien ihrer Rivalität weltweit absteckten und – so zumindest die USA – den Globus mit einen Netz von Allianzen und militärischen Stützpunkten überzogen (▷ S. 378 f.), versuchten sie die jungen Staaten Afrikas und Asiens durch Wirtschafts- und Militärhilfe sowie den Export der eigenen Wert-Ideologie in ihr Lager zu ziehen, ohne sie jedoch als gleichberechtigte Partner anzuerkennen. Politisch unsicher, militärisch schwach und wirtschaftlich unentwickelt, wollten viele dieser Länder sich gemeinsam als »Dritte Welt« behaupten. So formulierten 1955 auf einer *Konferenz in Bandung* die Vertreter von 29 Staaten Afrikas und Asiens (die Volksrepublik China einbegriffen) erste Grundsätze einer Politik der *»friedlichen Koexistenz«* der neuen Nationen. Auf Initiative des indischen Ministerpräsidenten Pandit Nehru, des jugoslawischen Staatspräsidenten Tito und des Staatspräsidenten Gamal Abd el Nasser von Ägypten entstand die *»Bewegung der Blockfreien«*, die 1961 zu ihrer ersten Konferenz in Belgrad zusammentrat; mittlerweile gehören ihr mehr als 100 Staaten und »Befreiungsbewegungen« an, die zwei Drittel der gesamten Weltbevölkerung umfassen. Innerhalb der Vereinten Nationen treten sie häufig geschlossen auf. Die Blockfreien haben stets den Kampf gegen »Kolonialismus, Neokolonialismus und Rassismus« propagiert und die Auflösung aller Militärbündnisse gefordert. Lange Zeit blieb die Handlungsfähigkeit dieses lockeren Zusammenschlusses beeinträchtigt, weil einige Mitglieder (vor allem das kommunistische Kuba) versuchten, die Blockfreien für die Interessen der Sowjetunion als ihrem »natürlichen Verbündeten« einzuspannen. Auf der Gipfelkonferenz in Neu-Delhi (1983) wurde aber von der Mehrheit das Prinzip der Bündnisfreiheit erneut bekräftigt, da angesichts der Zuspitzung des Ost-West-Gegensatzes nur so die Interessen der »Dritten Welt« überzeugend vertreten werden könnten. Daß die Blockfreien jedoch keine feste Solidargemeinschaft bilden, ist daraus zu ersehen, daß die einkommensstarken OPEC-Staaten es bisher ablehnten, die ärmeren Entwicklungsländer bevorzugt zu unterstützen.

UNCTAD und die »Gruppe der 77«

Um ihre Verhandlungsposition durch geschlossenes Auftreten gegenüber den Industrieländern zu stärken, stellten 1964 auf der ersten *Welthandelskonferenz* der UN in Genf, der UNCTAD (United Nations Conference for Trade and Development), 77 Entwicklungsländer gemeinsam ihre Forderungen auf. Inzwischen gehören fast 130 Staaten, darunter auch einige OPEC-Länder, zu dieser *»Gruppe der 77«*, die als die Interessenvertretung der »Dritten Welt«, vor allem in wirtschaftlichen Fragen auftritt: Die UNCTAD soll als Welthandelsorganisation die Beziehungen zwischen Industrie- und Entwicklungsländern nicht nur zweiseitigen Abmachungen überlassen, sondern weltweit verbindlich regeln.

Der lange Weg zur Selbstbestimmung konnte durch nationalstaatliche Souveränität und kollektive Interessenorganisation allein nicht bewältigt werden. Vor allem vier Probleme mußten gelöst werden:

Keine nationale Identität

(1) Viele der neuen Staaten waren künstliche Gebilde. Ihre Grenzen umschlossen zahlreiche sehr unterschiedliche Stämme, Sprachen und Religionsgemeinschaften. Eine nationale Identität konnte nur sehr langsam entstehen. Die innenpolitische Chronik wurde von Putschen, Sezessionen, Rebellionen und Repression beherrscht: Zwischen 1946 und 1979 fanden ca. 350 Staatsstreiche und Putschversuche in 71 Ländern der »Dritten Welt« statt. Besonders opferreiche Bürgerkriege wurden 1960 bis 1965 in Belgisch-Kongo/Zaire, 1966 bis 1970 in Nigeria/Biafra (mit einer Million Opfern), 1955 bis 1972 im Sudan, 1970/71 in Pakistan/Bangla Desh, von 1966 bis 1990 im Tschad, in Äthiopien (1961–1991), Angola (1975–1991) und seit 1983 in Sri Lanka ausgetragen.

Der »schwache Staat«

(2) Häufig fehlte es an einer leistungsfähigen *Infrastruktur.* Stammesdenken sowie überkommene Besitz- und Machtverhältnisse blockierten den Aufbau einer effizienten Verwaltung. Korruption, Erpressung, Selbstjustiz und Ausbeutung wurden auch in den neuen Nationen praktiziert. Der »schwache Staat« (Gunnar Myrdal) wurde zum Erkennungsmal vieler Entwicklungsländer.

Autoritäre Regime

(3) Politische Willensbildung und Legitimation sollten zunächst nach den *demokratischen Modellen* von Westminster oder Paris oder nach dem amerikanischen Beispiel erfolgen. Weil die sozialen Voraussetzungen für eine lebensfähige pluralistische Demokratie (große Informations- und Kommunikationsmöglichkeiten, hoher Bildungsstand, relativ gleiche ökonomische Chancen, keine unversöhnlichen Konfessions- und Werthaltungen etc.) meist nicht vorhanden waren, errichteten *Einheitsparteien und Militärregime* ihre teils wohlwollend autoritäre, teils offen repressive Herrschaft. Die Militärs traten oft mit dem Anspruch auf, das effektivste und zu nationaler Geschlossenheit diszipli-

nierende Staatsorgan zu sein. Eine *»Entwicklungsdiktatur«* sei für eine Übergangsphase unvermeidlich. Als weitere Legitimationsformel wurde von den Partei- wie Militärregimen häufig eine jeweils besondere Spielart von »Sozialismus« (afrikanischer, arabischer, indischer, islamischer Art) propagiert, um so das »westliche« Gleichheitsideal mit den Traditionen der vorkolonialen Gesellschaft zu verbinden.

Kampf gegen die Armut

(4) Allen Bürgern der neuen Staaten sollte ein menschenwürdiges Leben ohne Armut und Hunger ermöglicht werden. Deshalb wurde »Entwicklung« häufig als Steigerung der *wirtschaftlichen Wettbewerbsfähigkeit* und als Verbesserung des *Lebensstandards* der schnell wachsenden Bevölkerung verstanden. Als Modell für das wirtschaftliche System galten lange Zeit in vielen neuen Staaten Technik und Massenkonsum der westlich-kapitalistischen Industriegesellschaft.

Um diese Ziele zu erreichen, so glaubten die Eliten der Entwicklungsländer wie Politiker und Wissenschaftler in den westlichen Industriestaaten, müßten nahezu alle gewohnten Normen, Institutionen und Lebensformen sich »modernisieren«. Solch ein sozialer Wandel ließ sich nicht kurzfristig durch Parteiprogramme oder Regierungsdekrete bewerkstelligen. Jedes Entwick-

Sozialformen	traditional	modern
Alphabetismus	gering	hoch
Berufe	einfach, stabil	differenziert, wechselnd
Einkommen	niedriger Durchschnitt; große Unterschiede	hoher Durchschnitt; tendenzielle Angleichung
Familie	Großfamilie	Kernfamilie
Herrschaft	lokal, persönlich direkt	zentralisiert, anonym indirekt, bürokratisch
Siedlungsweise	ländlich	städtisch
Politische Partizipation	niedrig, gefühlsbetont	hoch, interessenorientiert
Kommunikation	personal	Medien
Rekrutierung für höhere Posten	nicht öffentlich; nach Gruppenzugehörigkeit	öffentlich: nach Leistung
Produktivität	niedrig	hoch
Recht	religiös beeinflußt, fallgebundene Normen	weltlich, abstrakt; formelle Verträge
Sozialstruktur	stabile lokale Gruppe, wenige Unterschiede im Berufsleben	hohe Mobilität; Schichtung basiert auf Berufsleistung
Anwendung technologischer Innovationen	gering	hoch
Wirtschaftsgrundlage	agrarische Subsistenzweise	industrielle Technologie

(Nach: W. Geiger/H. C. F. Mansilla: Unterentwicklung. Theorien und Strategien zu ihrer Überwindung. Frankfurt a. M. 1983, S. 77; und H.-U. Wehler: Modernisierungstheorie und Geschichte, Göttingen 1975, S. 14f.)

Weltweite Freihandelsregionen. *Mitglieder von: NAFTA (North American Free Trade Area): USA, Kanada, Mexiko; MERCOSUR: Argentinien, Brasilien, Paraquay, Uruquay; ANDENPAKT: Peru, Ecuador, Kolumbien, Bolivien, Venezuela; AFTA (Asean Free Trade Area): Malaysia, Singapur, Indonesien, Philippinen, Thailand, Brunei; APEC (Asean Pacific Economic Cooperation): AFTA sowie Australien, Japan, Kanada, USA, Südkorea, Neuseeland, China, Taiwan, Hongkong.*

Integrationsräume der Welt

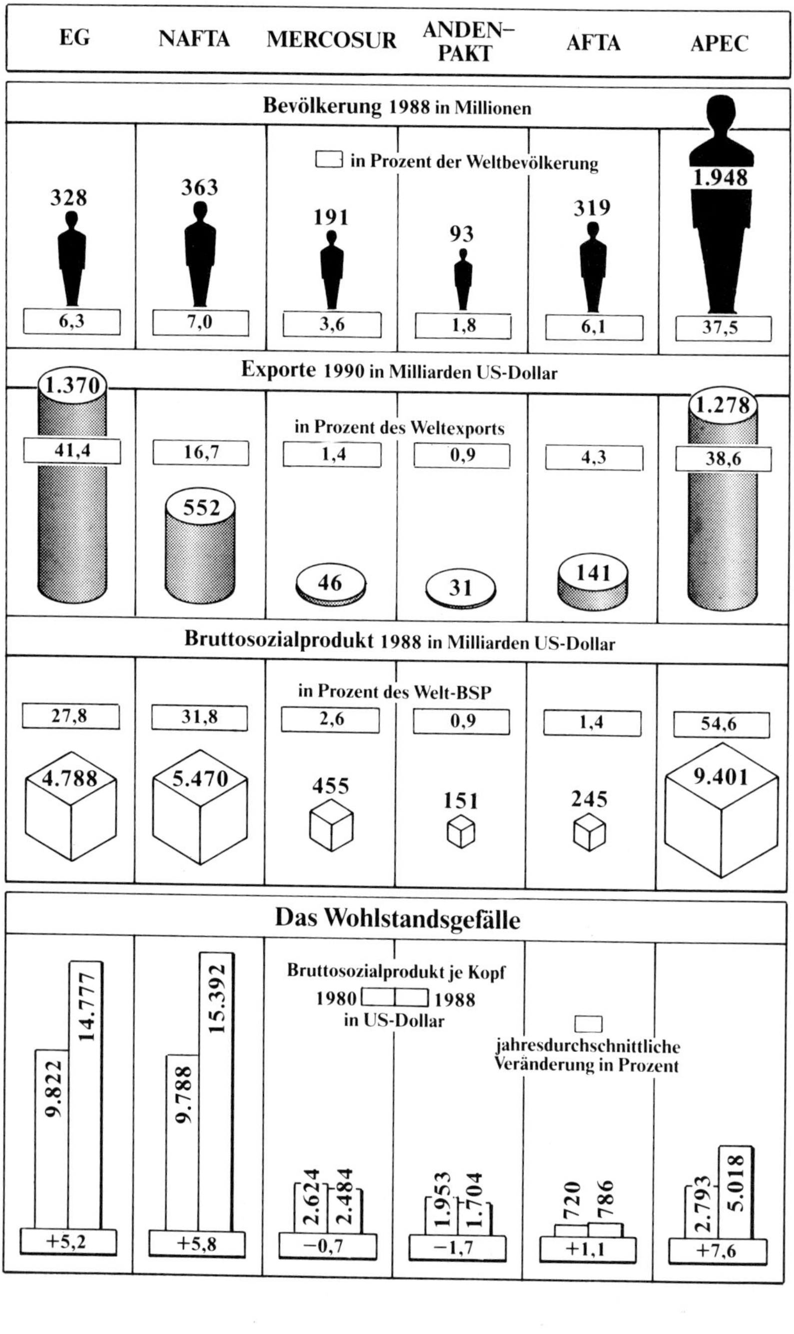

Informationsdienst der deutschen Wirtschaft (iwd), 9.1.1992

lungsland ist durch eine jeweils spezifische Mischung von »modernen« und »traditionalen« Institutionen und Verhaltensweisen geprägt.

Die Gefahr des Identitätsverlustes

Für die Länder der »Dritten Welt« besteht die Gefahr, daß sie die Aufhol- und Nachahmungsstrategie nicht erfolgreich bestehen werden und sogar noch mit dem Verlust der eigenen kulturellen Identität bezahlen müssen. Deshalb haben einige Führergestalten voller Stolz auf die eigene Geschichte und im Bewußtsein der neuen Selbständigkeit wiederholt die »völlige geistige Befreiung des ›Kolonisierten‹« (Sékou Touré) gefordert; sie kritisierten die »Verwestlichung« der einheimischen Gesellschaft und priesen wieder die Würde der Armut.

2. Entwicklung aus eigener/fremder Kraft

Merkmale der »Unterentwicklung«

Typische Merkmale des *»Unterentwickeltseins«* kennzeichnen die wirtschaftliche und soziale Ausgangslage eines »Entwicklungslandes«: (1) ein sehr niedriges Pro-Kopf-Einkommen; (2) Kapitalmangel: geringe Sparquote und geringe Investitionen; (3) geringe Arbeitsproduktivität; (4) mangelndes technisches und organisatorisches Wissen; (5) die meisten Erwerbstätigen (bis zu 80 %) sind in der Landwirtschaft tätig; (6) hohe Analphabetenquote (etwa ein Drittel bis zur Hälfte der Bürger eines Landes) und unzureichend qualifizierte Arbeitskräfte; (7) hohe Arbeitslosigkeit und Unterbeschäftigung (rd. 34 % aller arbeitsfähigen Menschen in der Dritten Welt); (8) kein geschlossener Wirtschaftskreislauf: Konsum- und Investitionsgüterindustrien fehlen oder sind nur schwach ausgebaut; (9) geringer Anteil am Welthandel: Export weniger (manchmal nur einem) agrarischer oder mineralischer Rohstoffe; (10) quantitativ und qualitativ unzureichende Ernährung eines großen Teils der Bevölkerung; (11) erheblich geringere Lebenserwartung als in den westlichen Industriestaaten.

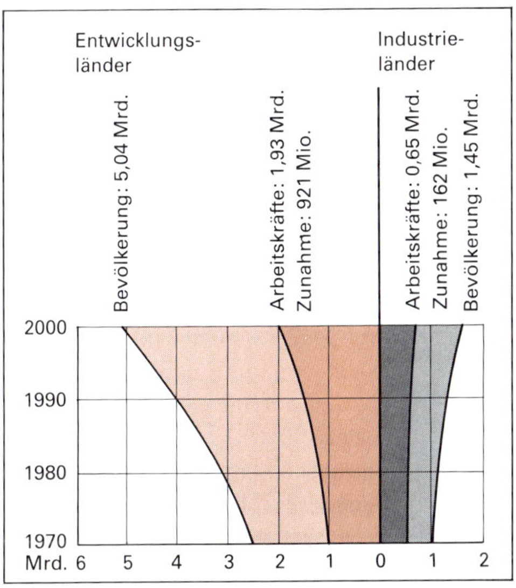

Die »Bevölkerungsexplosion«

Diese Faktoren bedingen sich meist wechselseitig und können einen »Teufelskreis der Armut« ergeben, der nur sehr schwer zu durchbrechen ist. Die schwierigsten Probleme für die innere wirtschaftliche Entwicklung liegen im rapiden Bevölkerungswachstum sowie in der geringen Produktivität und Produktion der Landwirtschaft. Die Weltbevölkerung wächst alle fünf Tage um eine Million Menschen, über 90 % davon in der »Dritten

Welt«. Die hohe Geburtenrate wird durch ökonomische Überlegungen (billige Arbeitskräfte, Alterssicherung), religiöse Vorschriften, niedrige soziale Stellung und mangelhafte Bildung der Frauen usw. verursacht. Am schnellsten wächst die Bevölkerung in den von Slums umwucherten Millionenstädten der Dritten Welt. In einigen Staaten, wie z.B. der Volksrepublik China, sollen Verbote, Strafen und Benachteiligungen kleine Familien erzwingen. Sowohl die demographische Geschichte der Industrieländer als auch Beobachtungen in verschiedenen Entwicklungsländern deuten darauf hin, daß die Kinderzahlen sinken, wenn ein bestimmtes Einkommens- und Bildungsniveau sowie ein System der sozialen Sicherung für Krankheit und Alter gewährleistet sind.

Ernährungskrise

In den meisten Ländern (vor allem Afrikas) kann die Nahrungsmittelerzeugung mit dem Zuwachs der Bevölkerung nicht mehr Schritt halten. Die immer weiter auseinanderklaffende *Lücke zwischen Eigenproduktion und Nachfrage* wird größtenteils durch Einfuhren geschlossen, welche die ohnehin schon schwache Finanzkraft der Entwicklungsländer noch weiter belasten. Oft werden sie auch dazu verwandt, die Preise für Nahrungsmittel auf dem Binnenmarkt (vor allem für die städtischen Massen) niedrig zu halten, so daß für die einheimischen Bauern kein Anreiz besteht, über ihren eigenen Bedarf hinaus *für den Markt* zu produzieren.

Selbstversorgung ist möglich

Der Ausweg aus der Nahrungskrise der meisten Entwicklungsländer liegt in einer *intensiven und gleichzeitig schonenderen Nutzung* der bereits kultivierten Flächen. Das ist technisch durchaus möglich, weil meistens günstige klimatische Bedingungen herrschen und vor allem zahlreiche Arbeitskräfte zur Verfügung stehen. Doch die *ungleiche Verteilung* des agrarisch nutzbaren Bodens macht diese Möglichkeit größtenteils zunichte. Nach einer Studie der Weltbank (1980) kontrollierten in 83 untersuchten Entwicklungsländern etwas mehr als 3 % der Landbesitzer fast 80 % des bebauten Landes. Besonders kraß sind diese Unterschiede in Lateinamerika und auf dem indischen Subkontinent. Das große Heer der Kleinbauern, Pächter und Tagelöhner kann sich oft kaum selbst ernähren, geschweige denn für den Markt produzieren; auf der Suche nach Arbeit und Brot wandern Millionen von ihnen in die auswuchernden Elendsviertel der städtischen Ballungsräume ab. Die Landflucht erhöht die Gefahr fortschreitender Bodenerosion. Im Laufe der Geschichte hat der Mensch durch seine Eingriffe in seine natürliche Umwelt ca. 12 Millionen Quadratkilometer land- und viehwirtschaftlich nutzbarer Böden zur Wüste werden lassen – das entspricht ungefähr 40 % der Landfläche Afrikas. Zur Zeit sind weitere 23 % der Erdoberfläche – und das heißt der Lebensraum von etwa 140 Millionen Menschen – von der Verödung durch Menschenhand akut bedroht.

Die erste Strategie: Industrialisierung

Viele Regierungen der Dritten Welt haben die Sicherung und Verbesserung ihres nationalen landwirtschaftlichen Produktionspotentials vernachlässigt – und tun es auch heute noch. Denn die rasche, durch konzentrierten Kapitaleinsatz auf einige Schlüsselbereiche (Schwerindustrie) beschränkte Industrialisierung sollte wirtschaftliches Wachstum in Gang setzen, das in kurzer Zeit mit einem Schneeballeffekt auch alle anderen Wirtschaftssektoren (Konsum- und Investitionsgüter, Dienstleistungen, Landwirtschaft) und Gesellschaftsbereiche

(Bildung, Gesundheit, Kommunikation) erfassen würde, um letztlich einen hohen Lebensstandard mit Massenkonsum zu erreichen. Im Rahmen der UNO haben die Länder der Dritten Welt (erstmals 1961) jeweils Strategien und globale Meßdaten für bisher drei Entwicklungsdekaden vorgezeichnet, die sich weitgehend am Zielmodell des wirtschaftlichen Wachstums durch forcierte Industrialisierung orientierten. Als Fernziel ist für das Jahr 2000 ein Anteil der Entwicklungsländer an der Weltindustrieproduktion von 25% angepeilt worden.

Zu wenig Kapital – zu viel Arbeitskräfte

Während im 19. Jahrhundert der fließende Übergang von handwerklichen zu industriellen Produktionsverfahren mit relativ wenig Kapital und vielen Arbeitskräften geleistet werden konnte, müssen heute die Länder, die eine konkurrenzfähige Industriewirtschaft aufbauen wollen, in relativ kurzer Zeit das gesamte Paket rationalisierter und komplizierter Großtechnologie übernehmen, die in der Regel nur wenige Arbeitsplätze erfordert. Im Vergleich zur Industrialisierung in Europa muß heute schätzungsweise 70mal mehr Kapital aufgewandt werden, um einen Arbeitsplatz zu schaffen.

Die Armen blieben arm

Seit Anfang der siebziger Jahre mehrten sich die Anzeichen, daß trotz relativ hoher Wachstumsraten des Bruttosozialprodukts und der Industrieproduktion in den Entwicklungsländern diese nicht in dem erhofften Tempo die Umwandlung zur Industriegesellschaft erreichten. So trat der in der europäischen Industrialisierung beobachtete »Durchsickereffekt«, d.h. die Verbesserung des Lebensstandards der großen Masse der Bevölkerung, nicht ein. Immer stärker setzte sich die Erkenntnis durch, daß es ein allgemeingültiges Entwicklungsmodell für alle Regionen und Kulturen der Welt, etwa nach dem Muster der europäisch-atlantischen Modernisierung, nicht gibt.

Am Rande von Niamey, *der Hauptstadt von Niger.*

Die zweite Strategie: »Grundbedürfnisse« und »Self-Reliance«

1974 veröffentlichte eine Gruppe von Wissenschaftlern und UNO-Experten die *»Erklärung von Cocoyoc«.* Ausgangspunkt jeder Entwicklungsstrategie müßten die *materiellen und ideellen »Grundbedürfnisse«* der Menschen sein: ausreichende Ernährung und Kleidung; sauberes Wasser und menschenwürdige Behausung; Gesundheit und Bildung; die Chance, in der Arbeit Selbstverwirklichung zu finden; sowie das Recht auf Meinungsfreiheit und politische Mitbestimmung. Statt die reichen Länder des »Nordens« durch forcierte Industrialisierung einzuholen, sollte nun in einer *»Entwicklung von unten«,* die meist Entwicklung auf dem und vom Lande her bedeutete, die Produktivität der Armen freigesetzt und gefördert werden.[45] In Aktionsprogrammen der Entwicklungsländer wurde nun häufiger der Begriff der *»Self-Reliance«* verwandt. Dieses Programmwort soll sowohl die selbstbewußte Unabhängigkeit von fremder Hilfe, fremder Technologie, fremdem Machtdiktat und fremden Lebensformen bezeichnen als auch die Bereitschaft zu selbstgenügsamer Einschränkung bekunden.

Die Rolle der Frauen

Für eine Entwicklungsstrategie, die die konkreten Lebensbedingungen der weithin auf dem Lande lebenden Masse der Bevölkerung verbessern will, spielen die Frauen in den Entwicklungsländern wahrscheinlich die entscheidende Rolle. Von ihnen hängt es in erster Linie ab, ob die umfassenden Programme zur Familienplanung und Geburtenkontrolle auch tatsächlich durchgeführt werden; in diesen weithin noch traditionalen Gesellschaften sind die Frauen am besten imstande, Ernährung, Gesundheit und Erziehung der Kinder zu verbessern. In Afrika werden 60 bis 80 % der Nahrungsmittel von Frauen erwirtschaftet. Sie stellen 80 % der landwirtschaftlichen Arbeitskräfte, aber auch in der anderen vorindustriellen Produktionszweigen (Textilien, Töpferei) sind Frauen vorherrschend. Viele Entwicklungsprojekte zielen deshalb verstärkt auf eine bessere Ausbildung der Mädchen und Frauen: Sie werden angeleitet, sich in eigenen Gewerkschaften zu organisieren, Genossenschaften zu gründen oder gemeinsam Kredite zur Finanzierung neuer landwirtschaftlicher Projekte

Schulbildung von Frauen und Kindersterblichkeit, 1985

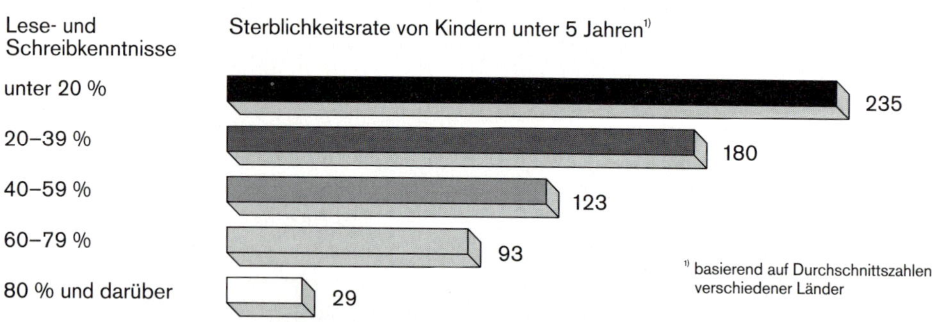

nach: Margaret Snyder, Women: The Key to Ending Hunger, The Hunger Project Papers, 8, New York 1990, S. 10

aufzunehmen. Diese notwendige Mobilisierung der Milliarden von Frauen in der Dritten Welt ist ein mühsamer Prozeß, bei dem immer wieder die traditionellen Rollenmuster sowohl bei den Frauen selbst als auch vor allem bei den Männern überwunden werden müssen. Obwohl die Frauen zwei Drittel der Arbeitslast tragen, erhalten sie laut UNO-Erhebungen nur ein Zehntel des Einkommens und besitzen weniger als ein Hundertstel des Eigentums.

Entwicklungshilfe

Schon in der ersten Phase der Dekolonisation nach dem Zweiten Weltkrieg wurde deutlich, daß der lange Weg zur Selbstbestimmung der vielen neuen Staaten ohne fremde Hilfe nicht zu gehen sei. Angeführt vom Beispiel der USA, die 1949/50 ein Hilfsprogramm für die »unterentwickelten« Länder auflegten, bemühten sich die in der OECD (Organization for Economic Cooperation and Development) zusammengeschlossenen westlichen Industriestaaten, durch *Kapitalhilfe* (günstige Kredite oder Schuldenerlaß) und *technische Zusammenarbeit* (Entsendung von Experten und Ausrüstung) zu helfen. Die meisten von ihnen versprachen, ihre öffentliche Entwicklungshilfe (im Unterschied zu den Leistungen privater Organisationen wie den Kirchen und den Investitionen privater Kapitalgeber) auf den von den Vereinten Nationen empfohlenen *Richtwert von 0,7 % des nationalen Bruttosozialprodukts* zu bringen, ohne sich jedoch verbindlich auf einen Zeitpunkt festzulegen.

Vor allem in der Hochphase des »Kalten Krieges« wurde die Entwicklungshilfe vornehmlich eingesetzt, um zu verhindern, daß die neuen unabhängigen Staaten in das Lager des weltpolitischen Rivalen abdrifteten. Neben der Behebung akuter Notstände in den Entwicklungsländern sollten eine exportorientierte Industrialisierung gefördert und die Integration in das von den OECD-Staaten dominierte Welthandelssystem beschleunigt werden. In letzter Zeit werden Kapitalhilfe und technische Zusammenarbeit verstärkt nach Konzepten der »Grundbedürfnisse« und für eine »Entwicklung vom Lande aus« eingesetzt. Weil aber die Entwicklungshilfe größtenteils durch die Hände der einheimischen Eliten geht, werden die Besitzverhältnisse und Unrechtstrukturen oft noch zementiert.

3. Auf der Suche nach einer neuen Weltwirtschaftsordnung

Das globale Wohlstandsgefälle blieb

Trotz intensiver Anstrengungen der Entwicklungsländer, ihre wirtschaftliche Leistungsfähigkeit zu steigern, und trotz der Hilfe aus den Industrieländern konnte das Wohlstandsgefälle in der Welt nicht abgebaut werden – zwischen den reichsten und ärmsten Ländern hat es sich sogar noch verstärkt. Der Unterschied im Pro-Kopf-Einkommen zwischen der »Dritten Welt« und den westlichen Industrieländern hat sich seit 1967 von 1 : 15 auf 1 :20 (1990) vergrößert.

Ungünstige Ausgangslage: Rohstoffe statt Technologie

Die Entwicklungsstrategie, sich durch Industrialisierung und Exportorientierung in den *Kreislauf einer arbeitsteiligen Weltwirtschaft einzupassen* und von deren Wachstumsdynamik mitgezogen zu werden, hat nur bei einigen wenigen NICs (Newly Industrialized Countries) zum Erfolg geführt. Bei den anderen wuchsen die Vorbehalte, sich den Mechanismen des gegenwärtigen Weltwirtschafts-

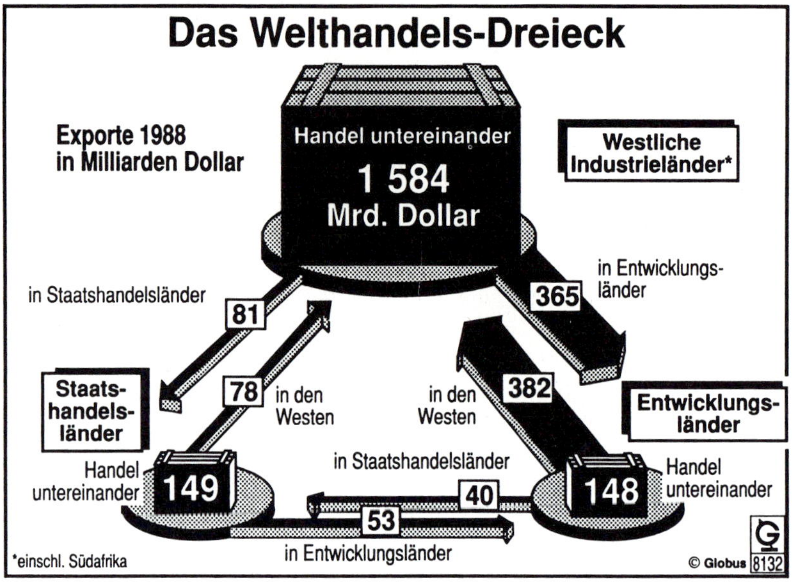

systems auszusetzen, das von den kapitalistisch-marktwirtschaftlichen Industrieländern dominiert wird. Im gegenwärtigen System der internationalen Arbeitsteilung liefern die Entwicklungsländer überwiegend mineralische und agrarische Rohstoffe (70 % ihrer Exporte), die Staaten der nördlichen Hemisphäre produzieren kapitalintensive Fertigwaren und komplexe Technologien (75 % Exportanteil, in der Bundesrepublik 90 %). Nur wenige Entwicklungsländer besitzen bei einzelnen *Rohstoffen* mehr als 10 % der Weltvorräte. Bisher sind – mit Ausnahme von Erdöl – alle Versuche gescheitert, Rohstoffkartelle durchzusetzen. Die Preise und Erlöse für Rohstoffe schwanken sehr stark, seit Ende der siebziger Jahre sind sie für viele Rohstoffe stark gefallen.

Protektionismus der Industriestaaten

Um die Konkurrenz aus »Billig-Lohn-Ländern« auszuschalten, greifen die Regierungen vieler Industrieländer zu *protektionistischen Maßnahmen* (Einfuhrzölle, nichttarifäre Handelshemmnisse wie Mengenbegrenzung, Subvention für die heimische Industrie, TÜV-Auflagen, Veterinärvorschriften etc.). Der Anteil des Welthandels, der nach den im GATT vereinbarten Regeln eines freien Warenverkehrs abgewickelt wird, sank bis Mitte der achtziger Jahre auf 40 % des gesamten Welthandelsvolumens, während er in den siebziger Jahren noch 60 % betragen hatte. Die Entwicklungsländer könnten ihre Devisenerlöse jährlich um einen Betrag steigern, der weit über der Entwicklungshilfe aller OECD-Staaten liegt, falls die Industrieländer sämtliche Zoll- und Handelsschranken abbauen würden.

Die Schuldenkrise

Um die Modernisierung ihrer Wirtschaft zu finanzieren, hatten in den siebziger Jahren viele Entwicklungsländer hohe Kredite aufgenommen. Die drastische Erhöhung des Ölpreises durch die OPEC verzehnfachte die Energiekosten

Öffentliche Entwicklungshilfe (Quelle: OECD)						
	in Mrd. US-Dollar			in % des BSP		
Gebergruppen	1970	1980	1986	1970	1980	1986
OECD-Länder	6,9	27,3	36,7	0,34	0,37	0,35
OPEC-Länder	0,4	9,6	4,6	–	1,84	0,95
RGW-Staaten	1,0	2,6	4,6	0,14	0,18	0,29
insgesamt	8,3	39,6	45,9			

Auslandschulden der Entwicklungsländer (Quelle: Internationaler Währungsfonds)							
	1977	1980	1983	1986	1987	1988	1990
Gesamtschulden in Mrd. US-Dollar	334	570	897	1099	1195	1229	1341
Schuldendienst in % der Exporterlöse	15,0	17,3	17,8	21,9	19,1	19,2	21,1

der ölimportierenden Entwicklungsländer. Daneben trieben niedrige Rohstoffpreise, Kapitalflucht aus den Nehmerländern selbst, der Verfall des Dollars und hohe Zinsen in den USA die Entwicklungsländer in eine Verschuldungskrise. Weil überwiegend private Bankkredite zu »harten« Bedingungen (kurze Laufzeiten und variable Zinssätze) aufgenommen worden waren, verringerten sich die Chancen, eine langfristig geplante und von den konjunkturellen Verwerfungen des Weltmarktes unabhängige Wirtschaftsentwicklung zu erreichen. Komplizierte Vereinbarungen über Schuldenerlaß und Umschuldungen, die Anfang der 90er Jahre getroffen wurden, verlangten von den meisten Schuldnerländern, ihre Wirtschafts- und Sozialpolitik der Kontrolle des Internationalen Währungsfonds (IWF) zu unterwerfen. Die verfügten Sparmaßnahmen bedeuten für die ärmeren Bevölkerungsschichten weitere Belastungen und gefährden den inneren Frieden dieser Länder.

Das Programm der »Neuen Weltwirtschaftsordnung«

Im Mai 1974 verabschiedete die Generalversammlung der Vereinten Nationen – gegen die Stimmen fast aller westlichen Industriestaaten – eine *»Erklärung über die Errichtung einer neuen Weltwirtschaftsordnung«*; im Dezember desselben Jahres wurde eine *»Charta der wirtschaftlichen Rechte und Pflichten der Staaten«* proklamiert.[46] Im Rahmen der UNCTAD versuchen seitdem die Entwicklungsländer, ihre Forderungen durchzusetzen: (1) Nationalstaatliche Souveränität begründe das Recht jedes einzelnen Entwicklungslandes, seine Wirtschafts- und Gesellschaftsordnung selbst zu bestimmen, allein über seine Bodenschätze zu verfügen und ausländische Unternehmen zu enteignen. (2) Zwischen den Import- und Exportpreisen der Entwicklungsländer müßten »faire und gerechte Relationen« hergestellt werden, was durch Rohstoffabkommen, Erzeugerkartelle und die Koppelung der Rohstoffpreise an Preisindizes für Fertigwaren zu erreichen sei. (3) Die Industrialisierung in der »Dritten Welt« müsse durch Kapital- und Technologietransfer zu vergünstigten Bedingungen aus den reichen Ländern vorangetrieben werden. (4) Die Industrieländer sollten ihre protektionistischen Maßnahmen aufheben und Vorzugsbedingungen für den Absatz von Produkten aus der Dritten Welt einräumen. (5) Im Rahmen des Weltwährungssystems müßten durch stärkere Mitsprache der Entwicklungsländer in den internationalen Gremien (z.B. des Weltwährungsfonds), durch Sonderkredite, Schuldenerlaß u.ä. deren finanzielle Bedürfnisse stärker berücksichtigt werden. (6) Die transnationalen Konzerne sollten einem international verbindlichen Verhaltenskodex unterworfen und ihre Tätigkeit im jeweiligen Entwicklungsland strenger kontrolliert werden. (7) Die Industrieländer müßten ihre öffentliche Entwicklungshilfe auch tatsächlich auf die Zielmarke von 0,7 % des Bruttosozialprodukts hochschrauben und ohne irgendwelche Auflagen den UN-Organisationen zur Verfügung stellen. (8) Den besonders armen Ländern, die von Nahrungs- und Energiekrise hart getroffen sind, müßte durch Sonderprogramme geholfen werden. (9) Die Zusammenarbeit zwischen den Entwicklungsländern untereinander (Süd-Süd-Beziehungen) müßten verstärkt und durch UN-Organisationen gefördert werden.

Nord-Süd-Kooperation: der Vertrag von Lomé

Einige Elemente einer neuen Regelung der internationalen Wirtschaftsbeziehungen werden bereits praktiziert: 1975 schloß die EG mit 46 Staaten aus Afrika, der Karibik und dem Pazifik (den sogenannten AKP-Staaten) das *Abkommen von Lomé,* das mehrmals erweitert und modifiziert wurde und dem mittlerweile fast 70 Entwicklungsländer beigetreten sind. Die europäischen Vertragspartner verpflichteten sich, fast allen Erzeugnissen der AKP-Staaten freien Zugang zum EG-Markt zu gewähren, die Exporterlöse für bestimmte agrarische und mineralische Rohstoffe zu stabilisieren sowie besonders günstige und langfristig planbare Hilfeleistungen zu garantieren. Trotzdem sank zwischen 1975 und 1989 der Anteil der Importe aus AKP-Staaten in die EG von 8 % auf 3,8 %; keiner dieser Staaten schaffte den Aufstieg zum sogenannten »Schwellenland«. Die für 1993 geplante Einrichtung des Europäischen Binnenmarktes und die besondere Unterstützung der osteuropäischen Länder durch die EG wird den Zugang der AKP-Staaten – wie aller Länder der »Dritten Welt« – zu diesem Wirtschaftsraum noch erschweren.

Das neue Seerecht

Die Suche nach einer »Neuen Weltwirtschaftsordnung« (NWWO) erfaßte auch die Weltmeere, die 1970 von den Vereinten Nationen zum *»gemeinsamen Erbe der Menschheit«* erklärt worden waren. Heute werden etwa 95 % des Welthandels über See abgewickelt. Im Meer liegt die letzte noch nicht erschlossene und wahrscheinlich größte Ressourcenquelle der Menschheit. Im April 1982 wurde im Rahmen der UN nach neunjährigen Verhandlungen und gegen große Vorbehalte der meisten Industrieländer eine neue Seerechtskonvention verabschiedet. Das neue Seerecht betont die nationalstaatliche Verfügungsgewalt der Küstenstaaten. Die Hoheitsgewässer (Küstenmeere) werden von drei auf zwölf Seemeilen erweitert, was dazu führen kann, daß über 120 Meerengen nur unter erschwerten Bedingungen passierbar wären. Eine »Wirtschaftszone«, in der der Küstenstaat das Recht auf Ausbeutung der Meeresschätze besitzt, soll nun bis

200 Seemeilen ins Meer hinausreichen. Für die offene See soll eine neu zu errichtende »Internationale Meeresboden-Behörde« die Bodenschätze abbauen, verarbeiten und vermarkten.

Recht auf Teilhabe gefordert

Die Vertreter der »Dritten Welt« wie auch zahlreiche Politiker und Wissenschaftler in den westlichen Industriestaaten betonen, daß es bei der NWWO nicht darum gehe, den Wohlstand der reichen Länder parasitär abzuschöpfen, sondern durch die *automatische und somit berechenbare* Übertragung von Kapital und Technologie sollten die Entwicklungsländer am Zuwachs des Reichtums in den Industrieländern teilhaben. Wie innerhalb der Wohlfahrtsstaaten des »Nordens« die Mechanismen der Marktwirtschaft nach sozialen Prinzipien kontrolliert würden, um durch vielfältige gesetzliche Eingriffe Einkommen und soziale Lebenschancen umzuverteilen, und wie dort eine menschenwürdige Existenz als einklagbarer Rechtsanspruch gelte, so müßten auch die armen Länder der Welt – vor allem wegen ihrer früheren kolonialen Ausbeutung – einen von internationalen Organisationen geregelten Anspruch auf automatischen Vermögenstransfer erhalten; dieser sollte nach der wirtschaftlichen Leistungsfähigkeit der reichen Länder (z. B. eine Entwicklungssteuer je nach dem Bruttosozialprodukt oder den Verteidigungsausgaben) bemessen werden. Statt Gleichbehandlung, wie sie ein liberales Marktmodell der Weltwirtschaft verlange, müßten die Entwicklungsländer in einer neuen *»sozialen Welt-Marktwirtschaft«* gezielte Bevorzugung genießen.

Kritik und Befürchtungen

Regierungen, Parteien und Interessenverbände (Unternehmer wie Gewerkschaften) in den Industriestaaten begegnen diesen offensiven Forderungen der Entwicklungsländer mit Skepsis und Verweigerung. Sie kritisieren den *globalen Dirigismus* (Rohstoff-Fonds, Meeresbehörde), der letztlich nur zu einer internationalen Super- Bürokratie führe. In den Industriestaaten würden Inflation und Arbeitslosigkeit steigen. Andere Kritiker sehen in der »Neuen Weltwirtschaftsordnung« die *Fortsetzung einer falschen Entwicklungsstrategie,* die durch den Aufbau industrieller Produktionskapazitäten für den Weltmarkt die wirtschaftliche Schwäche und Abhängigkeit der Entwicklungsländer überwinden wolle. Die »Grundbedürfnisse« der großen Masse der Armen, die nur durch eine »Entwicklung vom Lande aus« befriedigt werden könnten, blieben unberücksichtigt. Durch Rohstofförderung und Industrialisierung werde die Arbeitslosigkeit als das schwerwiegendste wirtschaftliche Problem der Entwicklungsländer nicht abgebaut; für die über 300 Mio. Arbeitslosen der Dritten Welt würden durch eine Industrialisierung nur etwa 8 Mio. Arbeitsplätze geschaffen werden. Rohstoffkartelle und die Parzellierung der Weltmeere benachteiligten die ärmsten Entwicklungsländer, die weder über Rohstoffe noch über Zugangsmöglichkeiten zum Seeverkehr und damit zum Welthandel verfügten.

Die Bilanz, die Anfang der 90er Jahre UNO-Agenturen und unabhängige Wissenschaftler über drei Jahrzehnte multilateraler Entwicklungspolitik aufstellten, fiel *sehr ernüchternd* aus: Die einzelnen Indikatoren für Entwicklung hatten sich in den meisten Ländern der Dritten Welt nicht verbessert, in mehreren sogar verschlechtert. Die *Kluft* zwischen den reichen und produktiven Industrieländern und den armen Ländern des Südens war größer geworden. Die weitreichenden Pläne zum Aufbau einer Neuen Weltwirtschaftsordnung mit kompensatorischem Ressourcentransfer an die Länder der »Dritten Welt« war gescheitert. Die riesigen *Schuldenlasten* erdrückten jegliche Initiative zu einer Politik der »Self Reliance«. Der Pessimismus im Blick auf die Zukunft wurde noch durch die Befürchtung verstärkt, daß der geplante Europäische Wirtschaftsraum durch *protektionistische Maßnahmen,* die auch in der Vergangenheit rücksichtslos praktiziert worden seien, zur »Festung Europa« ausgebaut würde und so eine unverzichtbare Methode der Entwicklungspolitik, nämlich »Handel statt Hilfe«, im Keime ersticken könnte. Viele Sprecher der Entwicklungsländer sind sehr skeptisch, ob die »Friedensdividende«, die sich aus dem Abbau des Ost-West-Gegensatzes ergibt, auch nur zu geringen Anteilen den armen Ländern in der Welt zukommen werde. So legte 1990 die sogenannte *»Süd-Kommission«,* die von der Gipfelkonferenz der Blockfreien ausschließlich aus Mitgliedern aus Entwicklungsländern unter dem ehemaligen Staatspräsidenten von Tansania, Nyerere, gebildet worden war, ihren Bericht vor, in dem sie den Zwang zu einer verstärkten *Süd-Süd-Kooperation* der Entwicklungsländer untereinander herausstellte, da die Bedeutung von Rohstoffen für die industrielle Produktion in den reichen Ländern geschwunden und dementsprechend auch die Handelsbeziehungen zwischen Süd und Nord zurückgegangen seien.

II. Macht und Ohnmacht der »Dritten Welt« – Interdependenz, Instabilität und Intervention

Das Störpotential der »Dritten Welt«

Das gegenwärtige System der internationalen Arbeitsteilung ist durch ungleiche Potentiale und Chancen gekennzeichnet und schafft gleichzeitig wechselseitige Abhängigkeit zwischen den Regionen und Staaten. Im »Raumschiff Erde« beeinflussen sie alle die ökologischen Überlebenschancen der gesamten Menschheit. Macht und Ohnmacht der »Dritten Welt« sind kaum genau zu taxieren. Die Länder des »Südens« können das internationale Wirtschaftssystem durch Drosselung der Rohstoffversorgung, Raubbau der Ressourcen und Umweltzerstörung, Verweigerung der Schuldenzahlung, Enteignung transnationaler Unternehmen, rigiden Protektionismus, Sperrung der Verkehrswege, unkontrollierte Atomkraft, Begünstigung terroristischer Gruppen usw. empfindlich schädigen. Doch Verhandlungsmacht und Drohpotential der »Dritten Welt« sind begrenzt. Den meisten Entwicklungsländern fehlen immer noch die technisch-wissenschaftlichen und organisatorischen Voraussetzungen (z.B. effektive Bürokratien), um die Aufgaben der Zukunft aus eigener Kraft zu bewältigen.

Kriege und Rüstung

Mehr als 150 Kriege und Bürgerkriege wurden in der »Dritten Welt« seit 1945 ausgetragen und boten Nachbarstaaten wie Weltmächten häufig Anlaß zur Intervention. Vor allem in den 70er Jahren erfaßte ein hektisches Rüstungsfie-

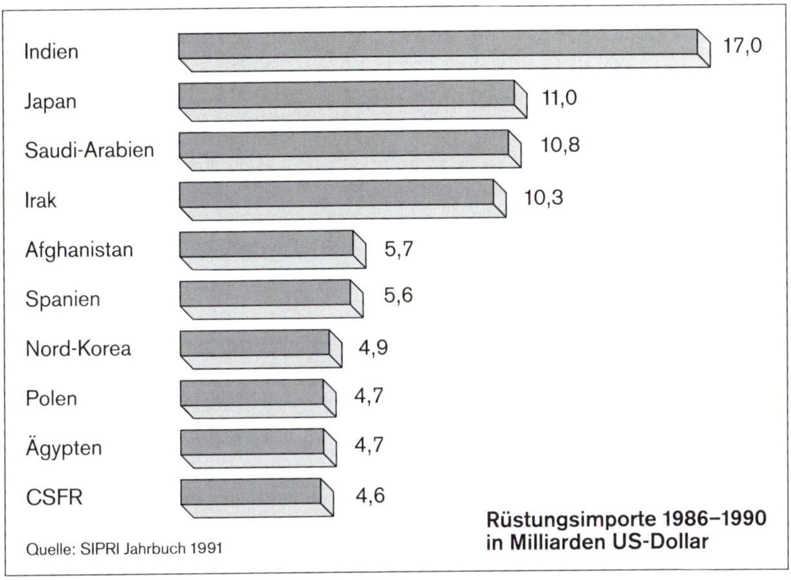

ber die »Dritte Welt«. Die Entwicklungsländer haben ihre Militärausgaben zwischen 1960 und 1986 real um das Sechsfache gesteigert. Insgesamt geben sie viermal soviel für Rüstung aus, wie sie an ausländischer Hilfe erhalten. Nach der Auflösung der Ost-West-Spannungen, die ja auch stark auf die Dritte Welt ausgestrahlt hatten, gingen Anfang der 90er Jahre die Rüstungsimporte der Entwicklungsländer zurück.

1. Naher und Mittlerer Osten – Islamische Renaissance, Jagd nach Ressourcen und die Kosten der Modernität

Diese gefährlichste Krisenzone der Weltpolitik ist seit dem Zweiten Weltkrieg von zahlreichen Staatsstreichen, Bürgerkriegen und Kriegen erschüttert worden. Im Nahen und Mittleren Osten wurde das größte und modernste Waffenarsenal außerhalb Europas angehäuft. Als *geostrategisches Scharnier* zwischen drei Kontinenten und wegen ihrer reichen *Erdölvorkommen* (zwei Drittel der bisher bekannten Weltvorräte), von denen die westlichen Industriestaaten in hohem Maße abhängig sind, ist diese Region zum Streitobjekt und Operationsfeld der Supermächte geworden. Die Feindschaft zwischen dem Staat Israel und seiner arabischen Umwelt – der »Nahost-Konflikt« im engeren Sinne – hat die Region fortwährend in Unruhe versetzt und den Weltmächten wiederholt Anlaß zur Intervention geboten.

Zionistischer gegen arabischen Nationalismus

Der Ende des 19. Jahrhunderts von den »Zionisten« als Reaktion auf den Antisemitismus in Europa entworfene Plan eines *jüdischen Nationalstaates in Palästina* war unter dem Druck der Hunderttausende, die der nationalsozialistischen Vernichtungsmaschinerie entkommen konnten, mit der Gründung des Staates

Der israelisch-arabische Konflikt

1947	*UN-Vollversammlung* beschließt die *Teilung Palästinas* in einen jüdischen und einen arabischen Staat
1948	14. Mai – *Proklamation des Staates Israel* durch den jüdischen Nationalrat in Palästina – *Krieg* zwischen Israel und den arabischen Nachbarstaaten – Gebietsvergrößerung und Eroberung der Neustadt von Jerusalem durch Israel – ca. 800000 arabische Flüchtlinge
1956	Oktober/November – *Suez-Krieg* – Nachdem der ägyptische Staatspräsident *Gamal Abd el Nasser* die britisch-französische Suez-Kanal-Gesellschaft verstaatlicht hat, eröffnen die Israelis einen mit Großbritannien und Frankreich koordinierten *Präventivschlag gegen Ägypten.* Nach sowjetischer Raketendrohung müssen sich die Israelis aus der Sinai-Halbinsel wieder zurückziehen. Die US-Regierung erzwingt die *Einstellung der französisch-britischen Luftangriffe* auf Städte in der Kanalzone. UN-Truppen sollen die 1950 von Nasser für die israelische Schiffahrt geschlossene Meerenge von Tiran wieder offen halten
1964	*Gründung der PLO* (Palestinian Liberation Organization), in der sich die verschiedenen Freischärlergruppen zusammenschließen – vollständige Befreiung Palästinas mit militärischen Mitteln und keinerlei Anerkennung des politischen Existenzrechts der Juden (Palästinensische Nationalcharta 1968)
1967	Juni – *Sechs-Tage-Krieg* – Nasser erzwingt den Abzug der UN-Truppen und schließt die Straße von Tiran – Mobilmachung unter einem gemeinsamen ägyptisch-jordanisch-syrischen Oberkommando – Israelis zerstören mit einem Präventivschlag arabische Luftwaffen am Boden, erobern den Gaza-Streifen, die Sinai-Halbinsel, das jordanische Westufer des Jordans, die Altstadt von Jerusalem und die syrischen Golan-Höhen (insgesamt 1,6 Mio. Flüchtlinge) – *UN-Resolution Nr. 242,* in der Israel zum Rückzug »aus besetzten Gebieten« und arabische Staaten zur Anerkennung des Staates Israel aufgefordert werden
1973	Oktober – *Yom-Kippur-Krieg* – ägyptisch-syrischer Überraschungsangriff während des jüdischen Versöhnungsfestes: ägyptische Truppen dringen in die Sinai-Halbinsel vor – israelische Gegenoffensive wird durch sowjetische Interventionsdrohung und Druck der USA gestoppt – Waffenruhe von UN-Truppen überwacht – *arabische Ölförderländer verfügen Preiserhöhung und Lieferstopp,* um die Unterstützung der westlichen Staaten für Israel zu unterbinden – *neue UN-Resolution* bestätigt »die unveräußerlichen Rechte des palästinensischen Volkes« und fordert die Errichtung eines palästinensischen Staates
1977	Besuch des ägyptischen Staatspräsidenten *Anwar as Sadat in Jerusalem,* um seine Bereitschaft zu Friedensverhandlungen zu beweisen – Gegenbesuch des israelischen Ministerpräsidenten *Menachem Begin in Kairo*
1978	*Rahmenabkommen* von *Camp David* (USA) zwischen Israel und Ägypten: Rückzug der israelischen Truppen aus dem Sinai, *»volle Autonomie«* für die Palästinenser – Ägypten aus der Arabischen Liga suspendiert
1979	Unterzeichnung des *ägyptisch-israelischen Friedensvertrages* in Washington
1980	Zahlreiche israelische Wehr-Siedlungen in den besetzten Gebieten – das israelische Parlament erklärt Jerusalem zur »ewigen Hauptstadt Israels«
1981	Annexion der Golan-Höhen durch Israel – Zerstörung des irakischen Atomreaktors durch israelische Luftwaffe
1982	Israelische Invasion des Libanon: Zerschlagung der von Syrien unterstützten PLO-Verbände – auf amerikanische Initiative Entsendung einer multinationalen Friedenstruppe, in der neben Franzosen und Italienern die USA das größte Kontingent stellen – *Charta von Fes«:* bedingte und indirekte Anerkennung des Staates Israel durch arabische Staaten
seit 1987	*»Intifada«:* Unruhen in den von Israel besetzten Gebieten und unter der arabischen Bevölkerung Israels werden hart niedergeschlagen, ohne Befriedung zu bringen
1988	Proklamation eines palästinensischen Staates und bedingte Anerkennung des Existenzrechts des Staates Israel durch die PLO
1990/91	Im *Golf-Krieg* griff der Irak Israel mit Raketen an, nachdem der irakische Diktator Saddam Hussein versucht hatte, das Palästina-Problem mit seiner Aggression gegen Israel zu verbinden. Die PLO unterstützte die Politik Saddam Husseins, wie dies auch König Hussein von Jordanien tat
1991	*Nah-Ost-Konferenz* in Madrid, auf der zum ersten Mal alle am Konflikt beteiligten Gegner zusammenkommen; Auftakt zu dem von den USA erzwungenen Versuch, Verhandlungen in Gang zu setzen

Israel 1948 verwirklicht worden, ohne daß aber die Rechte und Interessen der einheimischen Araber hinreichend berücksichtigt wurden. In vier erbitterten Kriegen, gegen zahllose Terrorakte und mit massiven, gelegentlich unverhältnismäßigen Vergeltungsschlägen verteidigten und vergrößerten die Israelis ihren Wehrstaat, der auf einer *national-religiösen Staatsdoktrin* beruht; gegenüber dem gleichermaßen religiös verstärkten arabischen Nationalismus, der wegen seiner enttäuschten Hoffnungen antiwestlich gerichtet war, erlaubt sie kaum einen Kompromiß. Um so unerbittlicher kämpfte die »Palestinian Liberation Organization« (PLO); sie dehnte ihre terroristischen Aktivitäten gelegentlich auch auf das Ausland aus (Flugzeugentführungen, Anschlag auf die israelische Olympiamannschaft 1972 in München). Die arabischen Regierungen propagierten zwar auch den »totalen Kampf« gegen Israel, taten dies jedoch häufig, um von innenpolitischen Schwierigkeiten abzulenken. Versuche der PLO, die großen palästinensischen Flüchtlingslager in den arabischen Ländern zur Ausgangsbasis eines eigenen Staats im Staat zu machen, wurden 1970 in Jordanien von der dortigen Regierung und 1982 im Libanon durch die Israelis blutig vereitelt.

Sadat erkennt Israel an

Bestimmender Staat im arabischen Lager und Hauptgegner Israels war *Ägypten.* Nach dem militärischen Erfolg des Yom-Kippur-Krieges im Oktober 1973 konnte der ägyptische Staatspräsident *Anwar as Sadat* es wagen, darin von dem neuen Verbündeten USA unter Jimmy Carter bestärkt, den Ausgleich mit Israel zu suchen. Die im *ägyptisch-israelischen Friedensvertrag* von 1979 vorgesehenen Verfahren zur Regelung des wichtigsten Problems, der *Autonomie der Palästinenser,* haben bisher noch zu keiner Lösung geführt. Die völlige Isolierung Ägyptens innerhalb der arabischen Welt konnte von *Hosni Mubarak,* dem Nachfolger des im Oktober 1981 von religiösen Fanatikern ermordeten Sadat, allmählich überwunden werden, zumal im Juni 1982 in der *»Charta von Fes«* zwanzig arabische Staats- und Regierungschefs auf Initiative Saudi-Arabiens acht Punkte für eine Friedensregelung im Nahen Osten vorlegten, die indirekt auch die Anerkennung des Existenzrechtes des Staates Israel in den Grenzen vor 1967 einschloß. Nachdem König Hussein von Jordanien die von Israel besetzten Gebiete auf dem Westufer des Jordans praktisch aus dem Staatsgebiet Jordaniens ausgeglieder hatte, proklamierte 1988 die PLO ihren eigenen Staat; nachdem sie auch das Existenzrecht Israels anerkannt hatte, nahm die US-Regierung offizielle Kontakte zur PLO auf. In Israel konnten sich dagegen die Befürworter einer entgegenkommenden Verhandlungsdiplomatie nicht durchsetzen.

Die Zerrissenheit der arabischen Welt

In vielen arabischen Staaten (so z.B. Ägypten, Syrien, Algerien, Irak, Libyen, Südjemen) haben seit der Unabhängigkeit nationalistische Militärs die Macht ergriffen und mit Hilfe von Einheitspartei, Propagandamaschinerie und Geheimpolizei *bonapartistische Regime* errichtet. Sie propagierten häufig einen *»arabischen Sozialismus«* mit ehrgeizigen Reformprogrammen (Bodenreform, Industrialisierung, Säkularisierung der islamischen Traditionen). Die hohen ökonomischen Erwartungen der mobilisierten und stetig wachsenden städtischen Bevölkerung konnten jedoch nicht erfüllt werden; der aufflammende Protest wurde gewaltsam unterdrückt. Mehrfach wurde versucht, unter der Parole eines *panarabischen Nationalismus* verschiedene Länder durch Vereinbarungen oder durch Konspiration und militärischen Druck zu vereinigen (so z. B. Ägypten, Syrien und Südjemen; Irak und Jordanien; Libyen und Ägypten; Ägypten und der Sudan); alle diese Versuche sind gescheitert und haben das bestehende Mißtrauen oft nur noch vertieft.

Diesen radikalen nationalistischen Revolutionsregimen stehen *konservativ-feudale Monarchien* gegenüber, wie etwa Saudi-Arabien und die Scheichtümer am Persischen Golf, die eine Säkularisierung der islamischen Traditionen und die Auflösung der vorhandenen Herrschaftshierarchien verhindern wollen. Gleichzeitig versuchen sie, mit Hilfe ihres Ölreichtums einen modernen »Wohlfahrtsstaat« westlicher Prägung aufzubauen. Innergesellschaftliche Spannungen sind bei solch einer Strategie der *gespaltenen Modernisierung* wahrscheinlich kaum zu vermeiden.

Die »Islamische Revolution«

Die »Islamische Revolution« im Iran 1979 hat das innere Konfliktpotential der arabisch-islamischen Welt verschärft. Im Iran hatte der autokratische *Schah Reza Pahlevi* versucht, mit Hilfe der Öleinnahmen das Land in kürzester Zeit durch eine »Revolution von oben« in eine moderne Industriegesellschaft zu verwandeln. Zwar wuchsen Bruttosoziaprodukt und Industriepotential rapide, doch kam dies nicht der Mehrheit der noch vorwiegend auf dem Lande lebenden Bevölkerung zugute. Die *»Weiße Revolution«* (Bodenreform, Alphabetisierung, Frauenemanzipation) scheiterte sowohl an der Obstruktion der Großgrundbesitzer und der Korruption staatlicher Stellen als auch am Widerstand schiitischer Mullahs, die eine Auflösung der islamischen Wertordnung nicht hinnehmen wollten. Ungleiche Einkommensverteilung, Massenarmut, Arbeitslosigkeit und hohe Inflation ließen eine militante Opposition gegen das Regime des Schahs entstehen, die dieser weder durch harte Repression und Kriegsrecht unterdrücken noch durch Konzessionen an die Mullahs entkräften konnte. Von dem greisen *Ayatollah Khomeiny* aus dessen Pariser Exil gesteuert, stürzte die von deklassierten städtischen Unterschichten und Studenten getragene »Islamische Revolution« im Januar/Februar 1979 das Regime des Schahs; Parlament, Verwaltung und Armee lösten sich auf. Am 1. April 1979 proklamierte der zurückgekehrte Khomeiny die *Islamische Republik Iran.* Mit blutigem Terror wurden vermeintliche Feinde der neuen politisch-religiösen Ordnung verfolgt, in der ausschließlich die (keineswegs eindeutigen) Vorschriften des Korans bestimmend sein sollen. Durch eine fanatisch betriebene »Islamisierung« des gesamten öffentlichen und privaten Lebens (Recht, Wirtschaftssystem, Medien, Stellung der Frauen usw.) sollen die »teuflischen« Einflüsse der westlichen Zivilisation getilgt werden. Anfang November 1979 besetzten studentische Revolutionskomitees die US-Botschaft in Teheran und nahmen fast 70 Geiseln gefangen, um von der amerikanischen Regierung die Auslieferung des Schahs zu erpressen – jedoch ohne Erfolg. Nach vergeblichen Appellen des UN-Sicherheitsrates, westlichem Wirtschaftsboykott und einem gescheiterten

Versuch der Amerikaner, die Geiseln mit militärischer Gewalt zu befreien, mußte die Carter-Administration Konzessionen machen, damit im Januar 1981 die Geiseln freigelassen wurden.

Unruhe in der islamischen Welt

Konspirative Zirkel fanatischer Sektierer trugen die explosiven Ideen der »Islamischen Revolution« sowohl in die nationalistischen Militärdiktaturen als auch in die traditionellen Monarchien der arabischen Welt und zwangen diese oft zu innenpolitischen Zugeständnissen (z. B. Wiedereinführung islamischen Rechts) und außenpolitischer Frontbildung: 1981 schlossen sich Saudi-Arabien und fünf Golf- Staaten zum »Golf-Rat« zusammen.

Der Krieg zwischen Irak und Iran

Im September 1980 eröffnete der *Irak* den Krieg gegen den *Iran.* Saddam Hussein, der diktatorische Staatschef des Irak, wollte sowohl eine für sein Land ungünstige Grenzregelung ölhaltiger Territorien im Schatt-el-Arab revidieren als auch die Herrschaft Khomeinys im Iran erschüttern, um ein Übergreifen der »Islamischen Revolution« auf die große schiitische Minderheit im Irak (ca. 45 %) zu verhindern. In diesem Golf-Krieg, an dem sich indirekt auch die anderen Konfliktparteien des Nahen und Mittleren Ostens zu beteiligen schienen, wurde mit großer Erbitterung (Kinder als Soldaten) und international wirksamen Pressionen (Angriffe auf neutrale Tanker) gekämpft. Khomeiny erklärte die bedingungslose Niederlage des »gottlosen« Regimes in Bagdad zum Kriegsziel, denn der Sturz Saddam Husseins würde zugleich die Überlegenheit der religiös-fundamentalistischen Ideologie bedeuten. Im Juli 1988 erklärte sich jedoch die Teheraner Regierung plötzlich zu Waffenstillstandsverhandlungen im Rahmen der UN bereit.

Zunehmende Aktivität der Supermächte

Die Supermächte haben ihre Präsenz in dieser Region zunehmend verstärkt, ohne daß die kriegerischen Konflikte hauptsächlich vom Ost-West-Gegensatz bestimmt gewesen wären. Während die verschiedenen US-Regierungen vor und nach Gründung des Staates Israel diesen stützten und schützten, nahm der Kreml seit Mitte der 50er Jahre für die arabische Seite Partei. Die Regierung in Washington unterband das spätkolonialistische Suez-Abenteuer Großbritanniens und Frankreichs, weil dadurch der Versuch einer Anbindung der Region an den Westen (Bagdad-Pakt 1955) gestört worden wäre. Lange Zeit wurde der Einfluß der USA im Nahen Osten durch die antiwestliche Haltung Nassers blockiert. Im Yom-Kippur-Krieg 1973 konnten beide Supermächte eine drohende *unmittelbare Konfrontation* noch einmal *vermeiden* (▷ S. 476). Der Seitenwechsel Ägyptens unter Sadat bestärkte Washington in dem Bemühen, die Region unter eine *»pax americana«* zu stellen, die erstens durch die ägyptisch-israelische Verständigung und zweitens durch den Iran, der mittels Militärhilfe zur regionalen Vormacht im Mittleren Osten aufgebaut wurde, zustande gebracht werden sollte. Nachdem der Ölschock die *Gefährdung der westlichen Energieversorgung* bewußt gemacht hatte, erklärte 1975 die amerikanische Regierung, sie werde die Ölressourcen der »freien Welt« notfalls durch militärische Mittel sichern – eine Absicht, die später mehrmals wiederholt und verwirklicht wurde: Nach Ausbruch des Krieges zwischen Irak und Iran (1980) erhöhte Präsident Reagan die Zahl der Kriegsschiffe der US-Navy im Persischen Golf, die

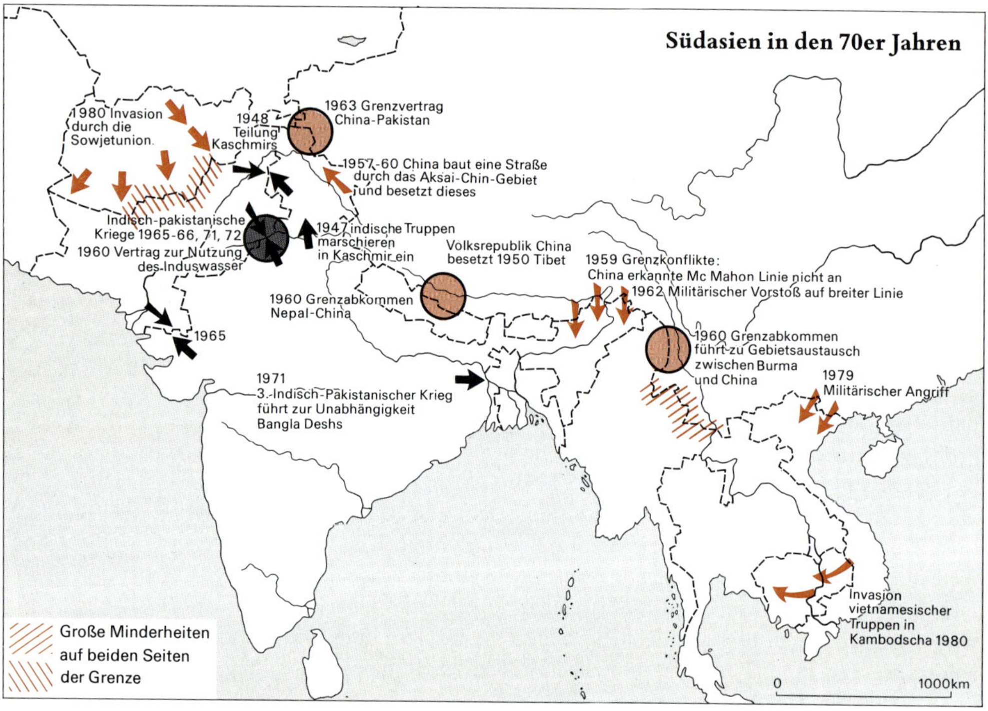

kuwaitischen Tankern (unter amerikanischer Flagge) Geleitschutz boten und wiederholt in Gefechte verwickelt wurden. Der Kreml versuchte, sich durch Militär- und Wirtschaftshilfe an die radikaleren arabischen Regime (Syrien, Irak und Südjemen) ein Mitspracherecht zu sichern.

Verschärfte Rivalität seit 1979

Im Jahre 1979 veränderte und verschärfte sich die Rivalität der Supermächte im Nahen Osten: Durch den Zusammenbruch des Iran und die sowjetische Invasion Afghanistans schien die Sowjetunion ungehindert in die Golf-Region vordringen zu können. Gleichzeitig stagnierten nach der Unterzeichnung des ägyptisch-israelischen Friedensvertrages die amerikanischen Bemühungen um eine Lösung des israelisch-arabischen Konfliktes. Ägypten war als wichtiger Partner dieses Entspannungsprozesses im arabischen Lager völlig isoliert; Jordanien (selbstverständlich auch die PLO) verweigerte seine im Vertrag vorgesehene Mitwirkung bei der Regelung der Autonomie für die Palästinenser; und Israel erschwerte durch seine Annexionsbeschlüsse und Militäroperationen Verhandlungslösungen. Die 1980 neu etablierte US-Regierung unter Präsident Reagan, die für die USA wieder eine globale Vormachtrolle erringen wollte, glaubte, auch im Nahen Osten der Sowjetunion und deren regionaler Speerspitze, Syrien, demonstrativ entgegentreten zu müssen: Militärstützpunkte und Landerechte wurden gesichert sowie die Stärke der US-Navy im Indischen Ozean erhöht; im ersten Golf-Krieg zwischen Irak und Iran sollten amerikanische Kriegsschiffe den freien Öltransport sichern; in einem »strategischen Konsens« mit Israel wurde die Identität der militärpolitischen Ziele beider Länder herausgestellt. Den Bürgerkrieg, der zwischen den Milizen der verschiedenen Religionsgruppen und Stämme im Libanon ausgetragen wurde und an dem Israel und Syrien sich offen beteiligten, wollte die Reagan-Administration durch Entsendung eines großen US-Kontingentes innerhalb einer multinationalen Friedenstruppe (zugunsten der offiziellen libanesischen Regierung, die sich mit Israel arrangieren mußte) schlichten – ohne Erfolg. Statt dessen wuchs die antiamerikanische Verbitterung im arabischen Lager. Verschiedene diplomatische Vorstöße der US-Regierung, durch eine internationale Nahost-Konferenz den israelisch-arabischen Konflikt zu entschärfen oder gar zu lösen, blieben zum Scheitern verurteilt.

Der zweite Golf-Krieg

Wie explosiv das Konfliktpotential in der Region ist, zeigte sich schlaglichtartig, als am 2. August 1990 Truppen des Iraks in Kuwait einfielen und dieses Land annektiert und geplündert und seine Bevölkerung brutal terrorisiert wurde; alle Europäer und Amerikaner wurden als Geiseln gefangengenommen. Die Aufforderung des Sicherheitsrates der UN, die auch von der Sowjetunion und der Volksrepublik China unterstützt wurde, die Truppen sofort und bedingungslos abzuziehen, wurde nicht erfüllt; daraufhin verhängte der Sicherheitsrat ein striktes Handelsembargo. US-Präsident Bush sandte amerikanische Truppen zum Schutze Saudi-Arabiens an den Golf; sie bildeten den Anfang einer multinationalen Streitmacht aus insgesamt 28 Staaten und etwa einer halben Million Soldaten. Ohne die langfristig möglichen Auswirkungen des Embargos abzuwarten, suchte Präsident Bush offensichtlich eine demonstrative militärische Lösung des Konfliktes, der unvermeidbar erschien, nachdem der irakische Diktator Saddam Hussein ein Ultimatum der UNO, aus Kuwait abzuziehen, nicht erfüllt hatte. In einem 42 Tage dauernden und für die Iraker verlustreichen Krieg, bei dem diese die Ölquellen Kuwaits in Brand setzten und eine Umwelt-Katastrophe unabsehbaren Ausmaßes einleiteten, wurde zwar Kuwait befreit, die Truppen und das diktatorische Regime Saddam Husseins aber nicht zerschlagen.

In der Öffentlichkeit der USA wurde der Sieg im Golf-Krieg, dessen finanzielle Lasten zum größten Teil von anderen Ländern getragen wurden, in überschwenglicher Form als Beweis für amerikanische Unbeirrbarkeit und Tüchtigkeit gefeiert. Präsident Bush erklärte, das Trauma von Vietnam sei nun überwunden.

Der Sieg auf dem Schlachtfeld brachte aber noch nicht die Lösung der zahlreichen Probleme der Region. Bemühungen der Washingtoner Diplomatie, nun endlich eine Verhandlungslösung der Palästina-Frage in Gang zu bringen, stießen auf den zähen Widerstand sowohl der israelischen Regierung als auch der arabischen Staaten. Wie begrenzt die Interventionsmöglichkeiten fremder Mächte in der Region sind, zeigte sich auch in der Tatsache, daß die amerikanische Regierung, die vorher zum Sturz Saddam Husseins aufgerufen hatte, nicht eingriff, als im Norden des Iraks die Jahrzehnte lang unterdrückten Kurden und im Süden die ebenfalls unterdrückten Schiiten gegen das Regime in Bagdad auf-

standen; unter den Augen der amerikanischen Soldaten wurden diese Aufstände von den restlichen Truppen des immer noch kommandierenden Diktators blutig niedergeschlagen. Die politische Führung der USA steht einem fast unlösbaren Dilemma gegenüber: die amerikanische Präsenz scheint notwendig zu sein, um die zahllosen ethnischen und religiösen Konflikte, Bürgerkriege und Stammeskämpfe so weit einzudämmen, daß sich aus ihnen kein neuer Weltkrieg ergeben kann; aber gleichzeitig ist die amerikanische Diplomatie mit der Aufgabe überfordert, die zahlreichen innergesellschaftlichen Ursachen für das explosive Konfliktpotential in dieser Region zu beseitigen.
Dem zähen Bemühen der amerikanischen Diplomatie gelang es schließlich doch, alle am Konflikt beteiligten Parteien zum ersten Mal im November 1991 auf der Nah-Ost-Konferenz in Madrid zusammenzuführen. Die Palästinenser wurden durch palästinensische Mitglieder der jordanischen Delegation vertreten. Vor allem die Vertreter Israels und Syriens gebärdeten sich unnachgiebig und von Haß erfüllt. Es wurde deutlich, daß es des massiven und unablässigen Drucks der USA bedarf, um den mit der Madrider Konferenz diplomatisch-formell eingeleiteten Prozeß langwieriger Verhandlungen vielleicht doch erfolgreich abzuschließen.

Die Lage auf dem indischen Subkontinent

Auf dem indischen Subkontinent hatte der unüberbrückbare Gegensatz zwischen *Hindus* und *Moslems* dazu geführt, daß nach blutigen Kämpfen 1947 zwei Staaten, *Indien* und *Pakistan,* von Großbritannien in die Unabhängigkeit entlassen wurden. Der Streit um das vorwiegend von Moslems bewohnte *Kaschmir* wurde trotz offizieller diplomatischer Beilegung wiederholt mit militärischer Gewalt ausgetragen; 1971 wurde mit indischer Hilfe der Ost-Teil Pakistans als selbständiger Staat *Bangla Desh* errichtet. Seit Ende der achtziger Jahre wurde der Kaschmir-Konflikt nicht mehr allein zwischen Indien und Pakistan ausgetragen, sondern eine wachsende separatistische Bewegung unter den Moslems betrieb die gewaltsame Loslösung aus dem indischen Bundesstaat.
Als nach der sowjetischen Invasion Afghanistans die USA Waffen an Pakistan lieferten, wuchsen wieder die Spannungen zwischen beiden Staaten. Das Mißtrauen reicht so tief, daß Pakistan dem Rivalen Indien (erste Atombombenexplosion 1974) auf dem kostspieligen Weg einer eigenen Atomindustrie und *Atomrüstung* gefolgt ist. Im April 1990 kam es an der Grenze zu militärischen Auseinandersetzungen; Tausende von Menschen verloren in blutigen Kämpfen zwischen verfeindeten Religionen und Stämmen ihr Leben. Die immer wieder von Sezessionen bedrohte sowie von Attentaten, Bürgerkriegen und Hungerrevolten zerrissene Republik Indien mußte im Grenzkrieg mit der Volksrepublik China 1962 eine Niederlage hinnehmen. Die führende Rolle in der *Bewegung der Blockfreien* ging verloren, weil die indische Regierung in der Auseinandersetzung mit China und Pakistan sich zunächst an den Westen anlehnte und seit Anfang der 70er Jahre eine enge Zusammenarbeit mit der Sowjetunion praktizierte. Trotzdem spielte Indien die Rolle einer *regionalen Großmacht* in Mittelasien. Auf den Malediven halfen 1988/89 indische Einheiten einen Putsch gegen die Regierung niederzuschlagen. 1987 entsandte Indien auf Bitten der Regierung von Sri Lanka

Truppen in diesen Inselstaat, um in dem blutigen Bürgerkrieg zwischen hinduistischen Tamilen und der Mehrheit der buddhistischen Singhalesen zu intervenieren. Aus Furcht vor dem Hegemoniestreben Indiens drängte die Regierung in Colombo nach drei Jahren auf den Abzug der mehr als 60 000 indischen Soldaten, ohne daß der Bürgerkrieg ein Ende gefunden hatte. Ein Beweis für die innenpolitische Unsicherheit und die außenpolitische Ansprüche Indiens liegt in der Tatsache, daß es neben dem Irak in den 80er Jahren der größte Importeur von Rüstungsgütern in der Welt gewesen ist.

2. Afrika – Zweite Stufe der Befreiung und Kampf um Brückenköpfe

Die Abhängigkeit blieb

Nachdem Anfang der 60er Jahre die meisten der neuen Staaten Afrikas oft unvorbereitet von den Kolonialmächten in die Unabhängigkeit »verstoßen« worden waren, gelang es ihnen in den folgenden zwei Jahrzehnten meist nicht, auch die zweite Stufe der Befreiung zu erreichen, d. h. sich aus wirtschaftlicher Abhängigkeit von den westlichen Industriestaaten zu lösen, eine integrierende nationale Identität zu entwickeln und eine ebenso stabile wie pluralistische Staatsstruktur zu errichten. Bewaffnete Befreiungsbewegungen in Angola und Mosambik wurden in ihrem jahrelangen erbitterten Guerillakampf gegen die portugiesische Kolonialherrschaft von der UdSSR mit Waffen und mit kubanischen Soldaten erfolgreich unterstützt. Putschende Militärs »rechtfertigten« ihren Staatsstreich oft durch einen außenpolitischen Schwenk; so konnte die Sowjetunion im Süd-Jemen, in Äthiopien und zeitweise auch in Somalia (1969–1977) Fuß fassen. Im August 1981 schlossen Libyen, Süd-Jemen und Äthiopien (das seit 1977 mit Somalia um das Ogaden-Gebiet kämpft) einen gegenseitigen Beistandspakt, der die Position der mit allen drei Regierungen eng verbündeten UdSSR noch weiter stärkte.

Der Kampf um Brückenköpfe hat die Konflikte in Schwarzafrika »internationalisiert«. In dem seit 1966 tobenden Bürgerkrieg im Tschad, einem der 25 ärmsten Länder der Welt, haben wiederholt libysche und französische Truppen eingegriffen; die US-Regierung hat 1983 eine militärische Soforthilfe von 25 Mio. Dollar gewährt sowie Militärberater und Frühwarn-Flugzeuge entsandt; in den folgenden Jahren wurde diese Unterstützung noch massiv verstärkt, um den Einfluß Libyens zurückzudrängen. Wichtigste Stützpunkte amerikanischer Einflußnahme in Afrika südlich der Sahara sind Zaire und Liberia. Über die Hälfte der insgesamt 54 Staaten Afrikas hat Militärabkommen mit Staaten außerhalb der Region abgeschlossen. Die UdSSR versuchte, fast ausschließlich durch Waffenlieferungen und Militärhilfe Verbündete und Freunde zu gewinnen. Doch trotz der häufig als »sozialistisch« deklarierten Programmatik vieler Einparteienregime und Militärdiktaturen mußten die Machthaber häufig erkennen, daß die großen wirtschaftlichen Schwierigkeiten ohne die Hilfe des Westens nicht zu bewältigen sind. So haben in den 80er Jahren mehrere Staaten Schwarzafrikas, die sich zuvor auf die (Militär-)Hilfe des Kreml gestützt hatten (so z.B. Angola, Mosambik, Guinea-Bissau, Benin), vorsichtig die Annäherung an den Westen (z.B. durch Beitritt zum Lomé-Abkommen mit der EG) gesucht. Das Ende des Kalten Krieges sowie der wirtschaftliche und politische Verfall der Sowjetunion zwang die Regierungen noch stärker, sich auf die veränderten Machtverhältnisse in der Welt umzustellen.

Spannungen im südlichen Afrika

Im südlichen Afrika haben Minderheitenregime weißer Siedler ihre Herrschaft am längsten behauptet. In *Rhodesien* zwangen Guerilla-Widerstand, der Boykott der umliegenden schwarzafrikanischen »Frontstaaten« sowie der ökonomische Druck westlicher Regierungen die Machthaber in Salisbury, 1980 eine parlamentarische Regierungsform einzuführen, die das Übergewicht der schwarzen Bevölkerungsmehrheit zum Tragen kommen läßt; der neue Staat nannte sich *Simbabwe.* Die kleine weiße Siedlerschicht (ca. 17%) der *Republik Südafrika* konnte lange Zeit ihre durch strikte »Apartheid«, Konzentration der schwarzen Bevölkerung in wirtschaftlich meist wenig entwickelten Gebieten, sogenannten »Homelands«, und polizeistaatliche Repression abgesicherte Herrschaft halten. Trotz zahlreicher internationaler Proteste und begrenzter Wirtschaftssanktionen (z.B. der USA und der EG) sowie anhaltender Unruhen und Streiks der schwarzen Bevölkerungsmehrheit verschärfte das weiße Minderheitenregime seine Herrschaftskontrolle durch Verlängerung des Ausnahmezustandes und massive Behinderung ausländischer Journalisten. Doch der innenpolitische Druck, der immer wieder in Streiks und blutigen Unruhen aufbrach, ließ sich auf die Dauer nicht einkapseln. Der im August 1989 ins Amt gekommene Staatspräsident *Willem de Klerk* setzte eine vorsichtige Reformgesetzgebung in Gang, die die Aufhebung der Apartheid zum Ziel hatte (Oktober 1990). Der Führer des *Afrikanischen Nationalkongresses* (ANC), *Nelson Mandela*, wurde nach 28 Jahren aus der Haft entlassen und das Verbot des ANC aufgehoben. Beide Seiten verpflichteten sich, eine gewaltfreie Lösung der Gegensätze zu suchen. Dies verhinderte jedoch nicht, daß es in den Wohngebieten der schwarzen Bevölkerung immer wieder zu blutigen Auseinandersetzungen zwischen rivalisierenden Gruppen kam.

Auch weigerte sich die Regierung in Pretoria lange, das seit 1920 von ihr als Mandatsträger des Völkerbundes bzw. der UNO verwaltete ehemalige deutsche Schutzgebiet von *Namibia* in die Unabhängigkeit zu entlassen und eine echte demokratische Mehrparteiendemokratie einzuführen. Um den Guerilla-Widerstand der Befreiungsbewegungen für Namibia und Südafrika zu brechen, die oft vom Gebiet der »Frontstaaten« aus operierten, stießen südafrikanische Truppen wiederholt in die Anrainerstaaten vor. Die wirtschaftliche Überlegenheit der Republik Südafrika und die Absicht, regionale Konflikte nicht außer Kontrolle bzw. unter das Diktat der Supermächte geraten zu lassen, führten im Frühjahr 1984 zu Vereinbarungen zwischen der Republik Südafrika einerseits und Mosambik sowie Angola andererseits, in denen gegenseitige Truppenentflechtung, Unterbindung der Guerilla-Aktivitäten und intensiver Wirtschaftsverkehr vorgesehen waren. Während die Regierungen der beiden »Frontstaaten« sich offenkundig bemühten, die Verträge zu erfüllen, hat Südafrika sie nicht einge-

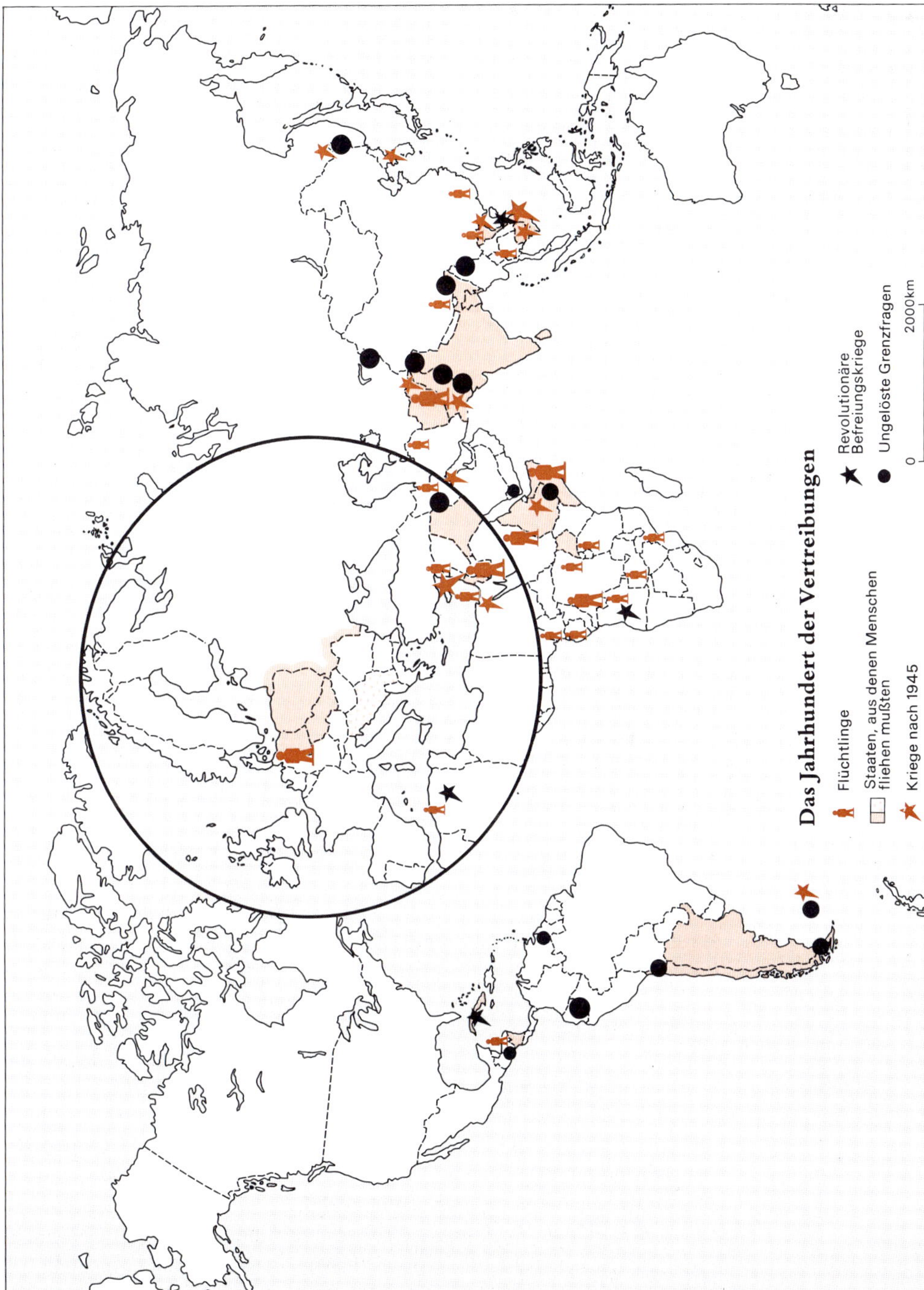
Das Jahrhundert der Vertreibungen
Flüchtlinge
Staaten, aus denen Menschen fliehen mußten
Kriege nach 1945
Revolutionäre Befreiungskriege
Ungelöste Grenzfragen
0
2000km

halten, sondern seine bewaffneten Übergriffe wie auch die Unterstützung sympathisierender Bürgerkriegsarmeen fortgesetzt. Ende 1988 wurde im „Protokoll von Brazzaville“ von Südafrika, Angola, Kuba (ca. 50 000 kubanische Soldaten kämpften in Angola) und den USA (die ihrerseits die Rebellen unterstützten) festgelegt, den Bürgerkrieg in Angola zu beenden und in Namibia eine verfassunggebende Versammlung zu wählen. Aus diesen Wahlen ging die Unabhängigkeitsbewegung SWAPO als klarer Sieger hervor; im März 1990 erhielt das Land, das über 100 Jahre unter fremder Herrschaft stand, seine Unabhängigkeit.

3. Lateinamerika – Neuer Krisenherd der Weltpolitik?

Herrschaftsstrukturen verhindern Entwicklung

Die Länder Lateinamerikas sind in der Regel *stärker industrialisiert* als die Staaten Asiens und Afrikas. Trotz hoher Wachstumsstatistiken wurde die *Massenarmut* nicht beseitigt. Das ökonomische Potential zur Erfüllung einer Grundbedürfnisstrategie wäre vorhanden, doch das soziale Machtkartell zwischen konservativen Großgrundbesitzern und dem liberalen städtischen Großbürgertum hat tiefgreifende Reformen bisher verhindert. Seit Mitte der 70er Jahre hat die katholische Kirche verstärkt gegen die fortbestehende soziale Ungerechtigkeit und die Verletzung der Menschenrechte durch politische Unterdrückung protestiert. In den meisten Staaten des Kontinents hatte in den 60er und 70er Jahren das Militär, das sich als technokratischer Ordnungsfaktor versteht, die Macht ergriffen. Seit Beginn der 80er Jahre sind viele Länder Süd- und Mittelamerikas wieder zu demokratischen Verfahren zurückgekehrt, so beispielsweise Peru, Argentinien (nach dem verlorenen Krieg gegen Großbritannien um die Falkland-Inseln 1982), Uruguay, Brasilien oder El Salvador. Viele dieser neuen Demokratien bleiben jedoch durch den Machtanspruch der Militärs weiterhin gefährdet. Trotz hoher politischer Instabilität, die sich in zahlreichen Staatsstreichen zeigt, waren militärische Konflikte zwischen den Staaten Lateinamerikas vergleichsweise selten. Durch verschiedene *regionale Zusammenschlüsse* (z.B. Anden-Pakt 1966, Sistemo Económico Latinoamericano/SELA 1975, Gemeinsamer Markt der Südspitze 1991) wurde eine zusammenhängende Wirtschaftsregion angestrebt, um im Sinne einer kollektiven »Self-Reliance« größere Unabhängigkeit von den hegemonialen USA zu erlangen. Aber die hohe Verschuldung vieler lateinamerikanischer Staaten erschwert dies sehr.

Konfrontation in der Karibik

Schon seit dem 19. Jahrhundert (Monroe-Doktrin 1823, ▷ S. 90) haben die USA Mittelamerika als ihre unantastbare Sicherheits- und Einflußzone beansprucht, in der auch die offene Einmischung in innere Angelegenheiten anderer Staaten praktiziert wurde (nach dem Zweiten Weltkrieg 1954 in Guatemala, 1958 in der Dominikanischen Republik oder in Südamerika 1973/74 in Chile). Das kommunistische *Kuba brach diese Hegemonialdoktrin,* indem es die Sowjetunion in diese Zone hineinholte. Nach der revolutionären Machtergreifung überwiegend linksgerichteter Gruppen 1979 in *Nicaragua* war aus der Sicht der Regierung in Washington die Gefahr gewachsen, daß der Kreml sich die sozialen Konflikte in den Ländern der Region für seine globale Konfrontation mit den USA zunutze macht. In Krisenzeiten kämen 50 % des amerikanischen Nachschubs für die NATO aus Häfen im Golf von Mexiko; 54 % der ausländischen Frachten und 45 % des Rohöls für die USA passieren über die Seewege der Karibik. Um das kubanisch-sowjetische Vordringen zu unterbinden, besetzten im Oktober 1983 US-Truppen für einige Wochen die Inselrepublik *Grenada,* in der sie militärische Einrichtungen zerstörten und die Wahl einer neuen Regierung überwachten. Die Reagan-Administration unterstützte mit massiver Finanz- und Militärhilfe sowie illegalen Waffengeschäften nicaraguanische Rebellen, die vorwiegend vom nördlichen Nachbarstaat Honduras aus gegen die linksgerichtete Regierung in Managua kämpften; durch ein Handelsembargo der USA wurde die Instabilität in diesem Land noch verschärft. Mehrere mittel- und südamerikanische Staaten (nach dem Ort der ersten Zusammenkunft *»Contadora-Gruppe«* genannt) versuchten, eine diplomatische Lösung des Konfliktes zu erreichen, und zwar durch freie Wahlen, den Abzug aller ausländischen Militärberater, Beendigung der amerikanischen Unterstützung für die Rebellen sowie Abrüstungsverhandlungen zwischen allen Staaten in der Konfliktregion. Im Februar 1990 konnte sich dann in den ersten freien Wahlen eine heterogene Parteienallianz gegen die bisherigen Machthaber der Sandinisten durchsetzen, die aber ihrerseits noch lange die Kontrolle über die Streitkräfte behielten. Neben der Unterstützung für pro-amerikanische Regime (ungeachtet deren mangelnder demokratischer Legitimation) hat in letzter Zeit die US-Regierung versucht, mit Hilfe bilateraler Handelsverträge eine Freihandelszone von Alaska bis Feuerland zu schaffen und eine Art *Marshall-Plan für Lateinamerika* in Gang zu setzen, um durch wirtschaftliche Stabilität den sozial-revolutionären Bewegungen den Boden zu entziehen. Die Neigung oder Notwendigkeit zur Intervention schlägt aber immer wieder durch: Der von der US-Regierung als vordringliche Aufgabe erklärte Kampf gegen Drogenhandel erfaßt in besonderer Weise einige lateinamerikanische Länder, so vor allem Kolumbien, das von einer skrupellosen Drogen-Mafia terrorisiert wird. Im Januar 1990 landeten amerikanische Truppen in Panama und nahmen den diktatorischen Staatspräsidenten des Landes, Antonio Noriega, gefangen, um ihn in den USA wegen Drogen-Verbrechen vor Gericht stellen zu können.

4. China – Neuer Machtfaktor in der Weltpolitik?

»Pazifischer Akkord« und Kampf um Hegemonie

Die Volksrepublik China hat sich seit ihrer Gründung als Teil und Vorkämpferin der »Dritten Welt« verstanden. Der ideologische und machtpolitische Kampf mit dem Kreml um die Führungsrolle im Weltkommunismus (▷ S. 408 f.) war auch ein Kampf um Einfluß in der »Dritten Welt«. Der seit Anfang der 70er Jahre von Peking und Washington angestrebte »Pazifische Akkord« zwischen den USA, China und Japan, in dem eine antihegemonistische Front gegen die UdSSR aufgebaut werden sollte (▷ S. 388 f.), hat zwar die Volksrepublik in den Kreis der Großmächte geführt und das weltpolitische

US-Präsident Nixon trifft Mao Zedong in Peking. *Februar 1972. In ihrer Begleitung befinden sich Zhou Enlai und Henry Kissinger.*

Kräfteparallelogramm verändert, gleichzeitig wuchs jedoch auch unter den Ländern Ostasiens die Furcht vor einer möglichen *Hegemonie der Atom-Macht China.* In *Indochina* kämpfen das kommunistische und von Moskau massiv unterstützte Vietnam gegen das ebenfalls kommunistische China um die Vorherrschaft in dieser Region; Hauptkriegsschauplatz war das von Vietnam besetzte Kambodscha, in dem nach fast 20 Jahren 1991 ein Waffenstillstand geschlossen wurde.

Der chinesische Weg als Vorbild?

Das von *Mao Zedong* geprägte Gesellschafts- und Wirtschaftssystem des mit über einer Milliarde Menschen bevölkerungsreichsten Landes der Erde wurde lange Zeit von vielen Staaten der »Dritten Welt« als Modell für die eigene Entwicklung angesehen, nämlich die große Masse der *ländlichen Bevölkerung* zum Träger und Ziel einer *revolutionären Mobilisierung* zu machen. Weil jedoch in den meisten Fällen die spezifischen Voraussetzungen Chinas (reiche natürliche Ressourcen, hoher Alphabetisierungsgrad, ausgeprägtes historisches Bewußtsein, national-kulturelle Identität) nicht in gleicher Weise vorhanden waren, konnte das chinesische Beispiel letztlich nicht als Vorbild dienen. Die hohen Verluste an Menschenleben (27 Millionen) und Ressourcen, die der gewaltsam forcierte und erfolglose Industrialisierungsschub des *»Großen Sprungs nach vorne«* (1958–1962) kostete, ließen Zweifel am Modellcharakter des chinesischen Entwicklungsweges entstehen, die durch Maos ebenfalls erfolgloses Kalkül, durch eine *»Große Proletarische Kulturrevolution«* (1965–1969) den Machtzuwachs der verschiedenen Funktionseliten zu vereiteln, verstärkt wurden. Nach dem Tode Maos (9. September 1976), der stets an die mobilisierende Kraft der »permanenten Revolution« geglaubt hatte, konnte sich in zähen internen Machtkämpfen der pragmatische Technokrat *Deng Xiaoping* durchsetzen, der die noch relativ geringe Ausnutzung der wirtschaftlichen Potentiale seines Landes mit Hilfe von Technologie und Kapital der westlichen Industriestaaten erhöhen wollte. Zur Mobilisierung der wirtschaftlichen Eigeninitiative der

Chinesen wurden marktwirtschaftliche Elemente vor allem in der Landwirtschaft und im Dienstleistungsbereich zugelassen. In den großen Städten demonstrierten Studenten für eine weitergehende Liberalisierung nicht nur des Wirtschaftssystems, sondern vor allem auch der politischen Ordnung. Diese Proteste wurden schnell und hart unterdrückt. Im Juni 1989 richtete die Armee unter den Tausenden von Studenten, die sich auf dem Platz des Himmlischen Friedens in Peking zu friedlicher Demonstration versammelt hatten, ein Massaker an. Die kommunistische Partei- und Staatsführung bremste zunehmend die eingeleiteten Wirtschaftsreformen und kehrte zu einem orthodox-repressiven Kurs in der Innenpolitik zurück: es wurden nun wieder Kampagnen gegen alle »westlichen, bürgerlich-liberalen Einflüsse« geführt. Mit Blick auf die Umwälzungen in den ehemals kommunistischen Ländern Osteuropas und der Sowjetunion wurde verkündet, daß die chinesische KP an ihrem Führungsanspruch und Machtmonopol festhalte. Der Rückgriff auf politisch-ideologische Repression vermag jedoch nicht das *Dilemma* der anfangs von ihren Verfechtern so gepriesenen »zweiten chinesischen Revolution« zu beseitigen: Kann bei der Dynamik, die durch technologische *Mobilisierung* und wirtschaftspolitische *Liberalisierung* freigesetzt wird, das *Herrschaftsmonopol der Kommunistischen Partei* unangetastet bleiben?

Der pazifische Raum – Horizont der Zukunft?

Politiker, Wissenschaftler und Wirtschaftsmanager sehen in zunehmendem Maße den pazifischen Raum als die Weltregion, in der in Zukunft Wirtschaft, Technik und Wissenschaft die deutlichsten Fortschritte erzielen würden; die Erfolge Japans als neuer wirtschaftlicher Supermacht, aber auch der »Schwellenländer« Taiwan, Hongkong, Singapur und Südkorea seien dafür deutliche Anzeichen. Das »atlantische Zeitalter« werde ausklingen. In den letzten Jahren wird von Regierungs- und Wirtschaftskreisen der USA, die auch eine pazifische Macht sind, die Hinwendung zu dieser Weltregion verstärkt betrieben.

Schlußbemerkung: Geschichte und Verantwortung

Wie in keiner Epoche der Menschheitsgeschichte zuvor ist heute vermutlich die Zukunft zum Problem geworden. Der Vorstoß in die Geheimnisse des Atoms brachte die Gefahr des nuklearen Selbstmords der Menschheit. Kritische Mahner befürchten, daß die technisch-wissenschaftlichen Fähigkeiten der Menschen (von der Atomkraft über die Raumfahrt bis zur Gen-Kombination) ethisch nicht mehr bewältigt und somit einem menschenwürdigen Leben dienstbar gemacht werden könnten. Es müßten neue Werte für neue Probleme gesucht werden. Die Herausforderungen der Zukunft werden – in UN-Resolutionen wie in wissenschaftlichen Studien – einigermaßen deutlich genannt: erstens die Zerstörung der Lebensgrundlagen gegenwärtiger und zukünftiger Generationen durch Krieg und Umweltvernichtung aufzuhalten und, zweitens, Armut und Unterdrückung in der Welt zu beseitigen, um die Menschenrechte zu verwirklichen. Überleben und »gutes Leben« sind die Ziele. Wie diese zu erreichen sind, war und ist umstritten. Historische Beobachtung liefert dafür keine Rezepte, sondern höchstens Wegmarken. Sie läßt vielleicht die Paradoxie der unerwarteten Folgen menschlicher Entscheidungen erkennen. Die Beschäftigung mit der Geschichte vermag vielleicht den Blick dafür zu schulen, daß und wie in der Vergangenheit die Verantwortung für die Zukunft begriffen und angenommen wurde. Sie vermag vielleicht auch gegenwärtige Generationen dazu zu erziehen, ihre Verantwortung für das Leben zukünftiger Generationen anzunehmen.

Handreichungen für den Schüler

Zum methodischen Umgang mit dem Grundriß der Geschichte

I. Noch einmal ein Dialog

Fähigkeiten und Fertigkeiten

Wenn Sie, liebe Schülerinnen und Schüler, den 2. Band des »*Grundrisses*« zur Hand nehmen und auf diesen neuerlichen Versuch stoßen, mit Ihnen in einen Gedankenaustausch einzutreten, so haben Sie schon ein Jahr auf der gymnasialen Oberstufe hinter sich gebracht. In dieser Zeit hatten Sie womöglich Gelegenheit, das, was wir Ihnen im kleinen Methodenratgeber des 1. Bandes (▷ S. 322 – S. 333) an Vorschlägen für oberstufengerechte Arbeitsweisen im Fach Geschichte nahebringen wollten, mit praktischen Erfahrungen zu füllen. Sicherlich kann man nicht alles, was wir Ihnen vorgestellt hatten, in einem Jahr in die Tat umsetzen. Schließlich umfaßt die Oberstufe ja drei Jahre. Manches von dem Erwähnten wird also für Sie bis jetzt noch Theorie sein. Darum wollen wir, wenn auch in einer anderen Form, das Grundsätzliche noch einmal kurz aufgreifen. Messen Sie es an Ihren eigenen Erfahrungen; überprüfen Sie zunächst, ob die folgende tabellarische Zusammenstellung ungefähr Ihrer Unterrichtsrealität entspricht.

Fähigkeiten und Fertigkeiten, die Sie erwerben und besitzen sollten:	
Erkennen von Zusammenhängen Entwickeln von Problembewußtsein Sprachliche Kompetenz Fähigkeit zur logischen Verknüpfung	1
Sinnvolles Lernen Sinnvolles Vertiefen und Wiederholen	2
Entwickeln von räumlichen Vorstellungen	3
Beherrschen der Methoden der Quelleninterpretation	4
Beherrschen der Methoden der Problemdarstellung	5
Umgang mit Begriffen	6
Kenntnis von Spielregeln, um Fähigkeiten und Fertigkeiten bestmöglich zu nutzen.	7

Methodengerechte Erfüllung von Aufgaben und Tätigkeiten	*Zuweisung der dafür vorherrschend notwendigen Fähigkeiten und Fertigkeiten*					
Impulse gebende Teilnahme an Unterrichtsgesprächen	1	6				
Teilnahme an Diskussionen	1	6				
Leitung von Diskussionen	1	6	7			
Verfolgen und Aufnehmen eines Vortrags	2	6				
Ausarbeiten und Vortragen eines Referats	1	3	4	5	6	7
Bearbeiten von Klassenarbeiten und Prüfungsklausuren	1	2	3	4	5	6
Standhalten in einem Prüfungsgespräch	1	2	4	5	6	7
Bearbeiten von Hausaufgaben	2	3	4	5	6	

Das Fach Geschichte verlangt auf der Oberstufe ein vielfältiges Zusammenspiel von unterrichtlich vorgegebener und von selbständiger Arbeit. Die Selbsttätigkeit kann zum einen aus dem aktuellen Unterricht erwachsen, zum andern kann sie davon unabhängig aus dem eigenen Interesse kommen. In beiden Fällen können Sie zum »Grundriß« greifen. Doch ist es wichtig zu wissen, daß er sich nicht als ein in methodischer oder inhaltlicher Hinsicht den Unterrichtsverlauf spiegelndes Werk versteht. Er ist vielmehr ein *Lehr- und Studienbuch,* das Überblicke bieten, Zusammenhänge herstellen, Einblicke in Probleme ermöglichen will: Sie haben es also mit einer Geschichtsdarstellung zu tun. Sie kann den historischen Kontext für die themengebundene Arbeit an Quellenmaterialien bieten und zugleich ein Testrahmen für die Ergebnisse Ihrer Quellenarbeit sein. Nützlich ist der »Grundriß« darüber hinaus zur Vorbereitung auf Unterrichtsgespräche, auf Referate (▷ Bd. 1, S. 327 ff.) und auf Prüfungen (▷ S. 494 ff.); nicht zuletzt können Sie mit seiner Hilfe Grundkenntnisse auffrischen.

Geschichtsdarstellung und Orientierungsfragen

Beim Arbeiten mit dem »Grundriß« werden Sie darum eine Vielfalt von Fragen an ihn stellen. Diese können ebenso knappe, gezielte Orientierungsfragen sein wie vielschichtige Problemfragen. Für die orientierende Fragestellung soll Ihnen die folgende Tabelle nochmals die formalen Hilfsmittel des Buches in Erinnerung rufen.

Es dienen

Merk- und Orientierungsdaten (braun umrandeter Kasten) sowie *Zeittafeln* (schwarz umrandeter Kasten)	der *Orientierung in der Zeit.*
Begriffs- und Sachregister sowie *Marginalien* und kursive *Hervorhebungen* innerhalb der Texte	der kurzen und übersichtlichen *Sachinformation.*
die *Kapitelüberschriften* im *Inhaltsverzeichnis*	dem *Überblick über* die im Buch behandelten *Themen.*
die kurzen Angaben zu *Lebensdaten* und sozialer *Stellung* im *Personenregister*	der *Minimalinformation über* historische *Persönlichkeiten.*
Karten	der *Orientierung im Raum.*
kommentierte *Literaturempfehlungen*	der *Information über* verfügbare, *weiterführende Literatur* zu einem bestimmten Thema.

Geschichtsdarstellung und Problemfragen

Will man sich mit Hilfe des »Grundrisses« zu vielschichtigen Problemstellungen Zugang verschaffen, so schließen Kenntnis und Anwendung der rein formalen Hilfsmittel allein die Darstellung und ihre Inhalte nicht auf; denn es wird im allgemeinen zu wenig bedacht, daß man sich eine *Geschichtsdarstellung* als ein *Arbeitsmittel* eigener Art nicht einfach beim Durchlesen aneignen kann, sondern daß man sich ihre Inhalte *erarbeiten* muß. Dazu gehört zunächst ein formal richtiges *Vorgehen* beim Lesen, das der Textgattung einer Geschichtsdarstellung angemessen ist: Nach einem ersten Einlesen sollten Sie den Text mit

Bleistift und Notizpapier durcharbeiten. Unterstreichungen, Randbemerkungen oder Vermerke auf dem Notizblatt helfen, die Geschichtsdarstellung nach eigenen Bedürfnissen zu strukturieren und ihr Antworten auf eigene Fragen abzugewinnen.

Aber warum diese Schritte? Warum gibt eine Geschichtsdarstellung nicht auf den ersten Blick gleich die gesuchte Antwort? Weil es für Historiker unterschiedliche Möglichkeiten gibt, Geschichte darzustellen, und weil Ihre Fragestellungen nicht immer mit der Darstellungsabsicht des Lehrbuchverfassers zusammenstimmen können.

Möglichkeiten der Geschichtsdarstellung

Da eine Geschichtsdarstellung vom behandelten Thema mit beeinflußt wird, gehen wir am besten von Beispielen aus:

Wenn man sich mit einem Ereignis von kürzerer Dauer beschäftigt – etwa mit der großen Französischen Revolution oder mit der Weimarer Republik –, dann liegt es für Lehrbuchverfasser wie für Sie als Schüler nahe, als Darstellungsprinzip die *chronologische Abfolge der Ereignisse* zu wählen. Und da vielen der Ereignisse eine Signalwirkung für die *Probleme* und *Zusammenhänge* der genannten Themen zukommt, kommen auch sie bei einer ereignisgeschichtlichen Darstellung nicht zu kurz.

Ein anderes Vorgehen empfiehlt sich, wenn ein Vorgang von langer Dauer bearbeitet wird wie z.B. der Prozeß der Industrialisierung, der in unterschiedlichen Ländern zu unterschiedlicher Zeit begann und auch nicht in jedem Land völlig gleich verlief. Trotzdem sind bestimmte allgemeingültige Kriterien überall gleichermaßen anzutreffen, denken Sie etwa nur an die Rolle der Produktionsfaktoren Boden, Kapital und Arbeit. Eine für diesen Fall geeignete Darstellungsweise wäre das Anlegen eines systematisierten *Längsschnitts,* in dem das Thema der Industrialisierung in seiner Entfaltung bei der Ausbildung der Industrienationen vom späten 18. bis frühen 20. Jahrhundert aufgezeigt wird. Aus dem Vergleich dieser unterschiedlichen Ausprägungen erkennt man dann die allgemeingültigen Kriterien, die Strukturen des Industrialisierungsprozesses. Auf sie stößt man auch über das *exemplarische Verfahren,* bei dem der Verlauf der Industrialisierung an einem Land, in dem er sich am vollkommensten aufzeigen läßt, beispielhaft dargestellt wird. Dieses Vorgehen läßt sich weiter ausbauen, indem von dem exemplarischen Fall ein *Brückenschlag* zu einem merklich variierenden Beispiel vorgenommen wird. Durch diese Gegenüberstellung oder den *Vergleich* werden die Strukturen des Industrialisierungsprozesses noch besser einsichtig gemacht.

Schließlich bietet sich auch der umgekehrte Weg an, das Ausgehen von den dargestellten *Strukturmerkmalen* des Industrialisierungsprozesses. Dieses Vorgehen ermöglicht es, die gewonnenen Einsichten dann vielfältig anzuwenden, so etwa um ein Fallbeispiel zu analysieren oder um eine bestimmte vorgegebene Situation auf ihren Zusammenhang mit der Industrialisierung hin zu überprüfen oder um eine historische Situation zu rekonstruieren.

Trotz dieser vielen Möglichkeiten mag es vielleicht doch beim einen oder anderen von Ihnen der Fall sein, daß er fragt, was zu tun sei, wenn Ihre Fragestellung und die Art der Geschichtsdarstellung gerade nicht zusammenpassen – Sie z.B. sehr spezielle Ereignisse brauchen und suchen und die Darstellung im »Grundriß« an dieser Stelle gerade auf die Strukturen Wert legt oder umgekehrt. In einer solchen Situation bieten Ihnen die Literaturempfehlungen den Schlüssel zum weiterführenden selbständigen Arbeiten. Dort finden Sie dann Titel von Werken, die sich schwerpunktmäßig mit einem speziellen Problem oder historischen Ereignis so tiefgehend beschäftigen, wie dies in einem Grundriß der Geschichte nicht möglich ist.

II. Die Prüfung

Wie in Band 1 wollen wir auch in diesem Methodenratgeber über das Arbeiten mit dem »Grundriß« hinaus eine Handreichung zu einer für Sie besonders wichtigen typischen Arbeitsform der Oberstufe bieten. Wir meinen, daß nun, da das Abitur näher rückt, die sinnvolle Vorbereitung und erfolgreiche Bewältigung von Prüfungen für Sie besonders aktuell sein könnten. Klassenarbeiten und mündliche Prüfungen, die während des Schuljahres anfallen, wollen wir dazu rechnen, zumal sie auch der Einübung für das Abitur dienen.

Idealplan eines Prüfungsverlaufs

Alle Prüfungen sind letztlich nach einem Grundschema angelegt, und sie stellen innerhalb der Phasen dieses Schemas an Sie ganz bestimmte Anforderungen, die sich teils auf Kenntnisse beziehen, teils auf Fähigkeiten und Fertigkeiten. Das Schaubild soll die Prüfungsphasen verdeutlichen helfen:

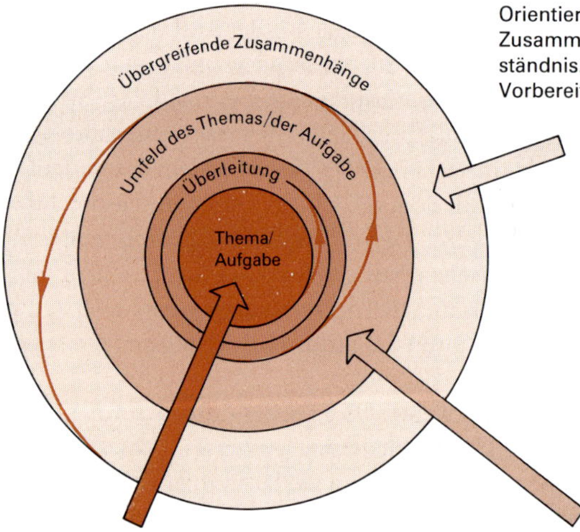

Orientierungswissen, Erkennen von Zusammenhängen, Problemverständnis.
Vorbereitung: **Grundriß** (generell)

Vorwiegend text-/materialgebundenes Arbeiten.
Vorbereitungsschwerpunkt: vorgegebenes Kursmaterial.

Überwiegend Problemverständnis und Zusammenhangswissen.
Vorbereitung: **Grundriß** (die auf Kursthemen abgestimmten Kapitel)

Vorschlag einer Prüfungsaufgabe: Quelle und Fragenkatalog

Aus der Rede, mit der Robespierre am 3.12. 1792 in die Debatte um die Anklage Ludwigs XVI. eingriff:

»Ohne es zu merken, hat sich die Versammlung weit von der eigentlichen Fragestellung abbringen lassen. Hier ist kein Prozeß zu führen. Ludwig ist kein Angeklagter, ihr seid keine Richter. Ihr seid und ihr könnt nichts anderes sein als Staatsmänner und Repräsentanten der Nation. Ihr habt keinen Spruch für oder gegen einen Mann abzugeben, sondern ihr habt eine Maßnahme zugunsten des Gemeinwohls zu treffen, eine Entscheidung zu fällen, die für die Nation von grundlegender Bedeutung ist...

In der Tat, wenn Ludwig noch Gegenstand eines Prozesses sein kann, dann kann er auch freigesprochen werden. Er kann unschuldig sein. Was sage ich da! Er gilt solange als unschuldig, bis daß man ihn verurteilt hat. Aber wenn man Ludwig für unschuldig hält, was wird dann aus der Revolution? Ist ihre Sache dann nicht unsicher und zweifelhaft? Wenn Ludwig unschuldig ist, dann werden aus den Verteidigern der Freiheit Verleumder, und dann sind die Rebellen auch nicht länger Freunde der Wahrheit und der unterdrückten Unschuld. Dann sieht man auf einmal in den Erklärungen der ausländischen Höfe nur noch berechtigte Kritik an der herrschsüchtigen Partei. Selbst die Haft, die man bis jetzt über Ludwig verhängt hat, wird dann als gemeine Schikane abgetan. Den Patrioten überall im französischen Reich wird man die Schuld zuschieben, und in dem großen Prozeß, der vor dem Tribunal der Natur zwischen der Freiheit und der Tyrannei, dem Verbrechen und der Tugend verhandelt wird, entscheidet man dann endlich zugunsten von Verbrechen und Tyrannei ...

Zu welcher Strafe sollen wir denn Ludwig überhaupt verurteilen? Die Todesstrafe ist zu grausam. Nein, sagt ein anderer, das Leben ist noch viel grausamer; ich verlange, daß man ihn am Leben läßt. Advokaten des Königs, wollt ihr aus Mitleid oder aus Grausamkeit verhindern, daß man ihn für seine Verbrechen bestraft? Ich persönlich verabscheue die Todesstrafe, von der eure Gesetze so reichlich Gebrauch machen. Für Ludwig empfinde ich weder Liebe noch Haß. Ich hasse nur seine Untaten ... Was aber ist mit euch? ... Ihr verlangt den von der Todesstrafe auszunehmen, für den allein man sie zu Recht fordern kann.

Nie zwingt uns die öffentliche Sicherheit und Ordnung dazu, sie bei gewöhnlichen Verbrechen anzuwenden. Denn immer verfügt die Gesellschaft über andere Mittel, die den Schuldigen daran hindern, ihr zu schaden. Aber ein entthronter König mitten in einer Revolution, die es durch Gesetze erst zu vollenden gilt, ein König, dessen bloßer Namen die Schrecken des Krieges über ein gemartertes Volk heraufbeschwört, ein solcher König kann lebend, ganz gleich, ob er im Gefängnis steckt oder ins Exil geschickt wurde, nicht ohne Einfluß auf das Glück des Volkes bleiben.

Und wenn wir von den üblichen Gesetzen absehen und diese fürchterliche Ausnahmeregelung geltend machen, zu der sich die Rechtssprechung bekennt, dann ist hierfür allein die Schwere seiner Verbrechen ausschlaggebend. Nur ungern bringe ich diese bittere Wahrheit zu Gehör, aber eher soll Ludwig des Todes sein als hunderttausend tugendsame Bürger. Ludwig muß sterben, weil das Vaterland leben soll ...«

Fragen:

1. Vollziehen Sie den Gedankengang Robespierres nach.
2. Nehmen Sie zur Argumentationsweise Robespierres Stellung.
3. Welche Phase der Französischen Revolution markiert der Prozeß gegen Ludwig XVI.?
4. Erläutern Sie die Vorgänge, auf die sich Robespierre beruft.
5. Welcher Zusammenhang besteht zwischen dem Gedankengut der Französischen Revolution und der Expansion Frankreichs bis 1815?
6. Vergleichen Sie die Französische Revolution bis zur Verabschiedung der Verfassung von 1791 mit der 48er Revolution im Deutschen Bund.

Im folgenden wollen wir versuchen, unter den Aspekten, die das Schaubild aufzeigt, das Beispiel (▷ S. 495) einer Prüfungsarbeit zu betrachten.

Der Kernbereich der Prüfung

Schriftliche wie mündliche Prüfung gehen von einem gestellten *Thema* aus, d. h. in den meisten Fällen wird Ihnen ein Text – Auszug aus einer Quelle oder aus der Sekundärliteratur – vorgelegt. In unserem Beispiel ist es der Auszug aus einer Rede Robespierres. Denkbar wäre auch eine *Kombination verschiedener Materialien,* etwa Textquelle und zusätzlich Bildquellen, Statistiken oder Diagramme. Seltener wird eine *umfassende Frage* ohne Bezug auf Arbeitsmaterialien als Prüfungsaufgabe gestellt. Die Behandlung des Prüfungsthemas nimmt einen relativ großen Teil der schriftlichen oder mündlichen Prüfungszeit ein. Dabei haben Sie während der mündlichen Prüfung die große Chance, deren Verlauf durch *selbständiges Argumentieren* stark zu beeinflussen. Dies um so mehr, da die *Prüfungsaufgabe* in jedem Falle *aus einem Spezialgebiet* gewählt ist, das Sie bei der Bearbeitung der Kursthemen kennengelernt haben – in unserem Beispiel ist die Aufgabe dem Kursthema der großen Revolutionen entnommen. Sie werden sich also bemühen, zunächst möglichst *textnah* oder *materialnah zu arbeiten* und – in unserem Beispiel – versuchen, die Fragen 1 und 2 zu beantworten. Dies soll aber nicht heißen, daß Sie sich nicht auch bemühen werden, aus der Prüfungsvorbereitung erworbenes vertieftes Wissen in diese materialbezogene Prüfungsphase einzubringen, was immer möglich ist.

Das historische Umfeld

Sich die *Hauptlinien geschichtlicher Entwicklung* anzueignen, die eine Vergegenwärtigung historischer Zusammenhänge ermöglichen, ist – anhand des »Grundrisses« – die sinnvolle Vorbereitung für die zweite Phase der Prüfung, die sich mit dem historischen Umfeld des Themas befaßt. Den *Schritt vom Kernbereich zum historischen Umfeld* muß man erfahrungsgemäß bei der schriftlichen Prüfung etwas schneller tun als bei der mündlichen: In unserem Beispiel führt die Frage 3 von der textbezogenen Arbeit allmählich weg, und die Frage 4 ist schon im historischen Umfeld des Ausgangsthemas verankert. In der mündlichen Prüfung geschieht das Überleiten im Idealfall an der Stelle, wo Sie Ihre selbständigen Darlegungen zum eigentlichen Thema beendet haben und das Prüfungsgespräch im engeren Sinne beginnt.

Da die Kursthemen, aus denen Prüfungsaufgaben gewählt werden, nicht unbegrenzt sind und in den einzelnen Bundesländern über die Wichtigkeit bestimmter Themen durchaus Konsens besteht, enthält der »Grundriß« für fast alle denkbar möglichen Schwerpunktthemen umfassende Kapitel. Sie bieten das notwendige *Problemverständnis* und das *Zusammenhangswissen* für das Umfeld des Prüfungsthemas.

Orientierung und übergreifende Zusammenhänge

Je mehr Sie sich in der Prüfung profilieren möchten, desto wichtiger ist es für Sie, auch noch in der dritten möglichen Phase einer Prüfung Ihr Können unter Beweis zu stellen: im Vordringen in den Bereich der übergreifenden Zusammenhänge, wo es darum geht, das eigentliche *Schwerpunktthema in einen größeren historischen Kontext* zu *stellen.* In der schriftlichen Prüfung können dafür im Aufgabenkatalog Fragen vorgesehen sein, die etwa so formuliert sind wie die hier angegebenen Beispiele 5 und 6.

In der mündlichen Prüfung geschieht das Sich-Entfernen vom Kursthema meist schrittweise im Laufe des Gesprächs. Da Sie zwar mit dieser Phase rechnen müssen, aber nicht wissen können, in welche Richtung die Fragestellung zielen wird, ist für Sie zur Vorbereitung auf eine gute Prüfung ein möglichst umfassendes historisches Grundwissen und eine möglichst vielseitige *Einsicht in übergreifende historische Zusammenhänge* von größtem Nutzen.

Die Schritte der Prüfungsvorbereitung

Entsprechend den Phasen der Prüfung empfiehlt es sich, in der Anordnung der Vorbereitungsschritte für die Prüfung von innen nach außen zu gehen. Das heißt, man kann mit einer eher monographischen Darstellung des Kursthemas beginnen, dieses sodann mit Hilfe des »Grundrisses« in einen größeren Zusammenhang, das historische Umfeld, stellen und schließlich von da aus weiterführende Brückenschläge in den Bereich der übergreifenden Zusammenhänge wagen.

Nochmals: Fähigkeiten und Fertigkeiten

Neben dem Nachweis von Kenntnissen, auf deren Vertiefung die Prüfungsvorbereitung abzielt, müssen Sie in der Prüfung aber auch die im grundsätzlichen schon erwähnten Fähigkeiten und Fertigkeiten in einer der jeweiligen Aufgabenstellung angepaßten Form unter Beweis stellen. In jeder Phase der Prüfung werden dies andere sein. In unserem Beispiel sollen Sie bei der Bearbeitung der *Frage 1* die Fähigkeiten nachweisen, einen *Text* zu *verstehen,* und die *sprachliche Fertigkeit* zu besitzen, das Erkannte wiederzugeben. In *Frage 2* wird erwartet, daß Sie sich kritisch mit der Argumentation eines anderen auseinandersetzen und – um selbst *Argumente* zu haben – in anderem Zusammenhang Gelerntes selbständig und sinnvoll zur kritischen Überprüfung anwenden. *Frage 3* verlangt mit der *Einordnung* des Prozesses in den Revolutionsverlauf eine einfache Wiedergabe von Sachverhalten. Die Anforderungen von *Frage 4* sind, je nachdem, wie weit Sie die Ursachen der Vorgänge zurückverfolgen, sehr unterschiedlich. Geben Sie sich mit einer kurzschrittigen Beantwortung zufrieden, genügt es, wenn Sie die einschlägigen Vorgänge seit 1789/90 (▷ S. 25 ff.) zuzüglich eventueller Informationen aus Kursmaterialien berücksichtigen. Haben Sie Ihre Prüfungsvorbereitung vertiefter angelegt, werden Sie über das Orientierungswissen hinaus auf historische Zusammenhänge eingehen und erläutern, wie die sogenannten Untaten Ludwigs auf dem Hintergrund der Entstehung einer revolutionären Situation in Frankreich (▷ S. 12 ff.) zu deuten sind. Haben Sie Ihre Vorbereitung noch tiefschürfender angelegt und haben über das Ancien régime hinaus auf die im Absolutismus angelegten Voraussetzungen (▷ Bd. 1, S. 291 ff.) zurückgegriffen, dann beweisen Sie, daß Sie auch komplexe Sachverhalte aufzuarbeiten und darzustellen vermögen.

Kenntnisse und Einsichten in immer neuen Zusammenhängen zu verarbeiten, verlangt von Ihnen die *Frage 5:* Die Kenntnisse über die Krise der konstitutionellen Monarchie (▷ S. 25 ff.), die Herrschaft des Nationalkonvents (▷ S. 32 ff.), Carnots militärische Maßnahmen (▷ S. 36), die Expansionspolitik des Direktoriums (▷ S. 43 ff.) und schließlich Napoleons Eroberungspolitik (▷ S. 43 ff.) müssen von Ihnen unter den durch die Frage vorgegebenen Aspekten kombiniert werden.

Das selbständige Umgehen mit Erlerntem muß bei der *Frage 6* endlich so weit gediehen sein, daß Sie in der vergleichenden Überprüfung der Vorgänge von 1792 (▷ S. 21 ff.) und 1848 (▷ S. 110 ff.) nicht nur vordergründig Machtfaktoren und Ereignisse einander gegenüberstellen, sondern sie auch auf ihre durch Raum und Zeit sowie historische Sonderentwicklung bedingten Eigenheiten hin überprüfen können.

Die Prüfungssituation

Noch einige Hinweise zum Schluß: Was Sie sich an Wissen, an Fähigkeiten und Fertigkeiten angeeignet haben, könnten Sie wiederum entwerten, wenn Sie nicht einige *Empfehlungen* beachten, die Ihnen helfen, das, was Sie wissen und können, auch bestmöglich einzusetzen:

- Bedienen Sie sich bei der schriftlichen Arbeit einer sauberen äußeren Form.
- Vermeiden Sie sprachliche Verstöße (Rechtschreibung, Zeichensetzung).
- Strukturieren Sie mit Hilfe deutlicher Abschnitte und – wenn nötig – zusätzlicher Hervorhebungen das, was Sie zu den einzelnen Aufgaben schreiben.
- Versuchen Sie, in der mündlichen Prüfung das, was Sie sich in der Vorbereitungszeit zusammengestellt haben, entsprechend den Leitfragen klar zu strukturieren und so vorzutragen, daß diese Strukturierung erkennbar wird.
- Bedienen Sie sich der notwendigen Fachbegriffe.
- Der Anfang jeder mündlichen Prüfung »gehört Ihnen«, d. h., Sie können das, was Sie sich zurechtgelegt haben, vortragen und dadurch den weiteren Gang der Prüfung nicht unwesentlich beeinflussen.
- Reagieren Sie auf Zwischenfragen möglichst rasch, ohne sich aber aus Ihrem Konzept bringen zu lassen.
- Versuchen Sie, dann, wenn Sie Ihren selbständigen Part in der Prüfung abgeschlossen haben und das eigentliche Prüfungsgespräch beginnt, wendig und rasch zu reagieren. Die beste Vorübung dafür ist die ständige und konzentrierte Mitarbeit im Unterrichtsgespräch des Schulalltags.
- Vermeiden Sie jede Form von Geschwätzigkeit und unangemessener Ausdrucksweise.

III. Bilder beginnen zu sprechen

Methoden der Bildauswertung

Überflutet von der Fülle optischer Eindrücke wie die Menschen zu keiner Zeit zuvor, fällt es uns allen schwer, Bilder mit jener Genauigkeit zu betrachten, die notwendig ist, damit sie uns – in unserem Falle im historisch-politischen Bereich – zu erzählen beginnen. Dies erfordert ein konzentriertes Hinsehen und ein methodisches Vorgehen bei der Entschlüsselung. Sie gechieht in drei Schritten, die selten nacheinander, sondern meist in Wechselwirkung getan werden. Das folgende Schaubild (▷ S. 499) soll Ihnen in knappster Form am Beispiel des Eisenwalzwerks von A. Menzel (▷ Tafel 7) die Schritte der Interpretation und ihr Zusammenspiel anschaulich machen.

Eine Hilfe bei der Bearbeitung von historischen Bildern kann es für Sie sein, wenn Sie schon von vornherein wissen, welcher Art der Thematik eine bildli-

	I. LESEN DES BILDES	II. DEUTEN DER BILDELEMENTE	III. ZUSATZ INFORMATIONEN
	folgende Gruppierungen sind zu berücksichtigen → / sind zu verzahnen →		über die Biographie des Künstlers – die Entstehung des Bildes – das allgemeinhistorische Umfeld – das kunsthistorische Umfeld (können helfen →)
Vordergrund: – links	Arbeiter mit Roheisenblock	Ablauf des Arbeitsprozesses	*Menzel* – thematisiert als erster den industriellen Arbeitsprozeß – arbeitete nach einem Vorbild (Herstellung von Eisenbahnschienen in Königshütte in Schlesien) – beschäftigte sich damit zwischen 1869 und 1875 (→ Gründerjahre) – beobachtete und erzählte malend das Gesehene (→ malerischer Realismus) – beschäftigte sich bereits mit dem Impressionismus (→ Licht-Farb-Effekte)
– Mitte	Arbeitergruppe am funkensprühenden Eisen	Schweregrad der Arbeit relativ geringer Mechanisierungsgrad mangelnder Unfallschutz trotz großer Gefährlichkeit	
Mittelgrund:	Arbeitergruppe am noch rotglühenden Eisen		
Bildtiefe:	Wiederkehr der Arbeitsvorgänge Konstruktion und Ausstattung der Werkhalle	Art der technischen Ausstattung Konstruktionsweise der Halle	
Vordergrund: rechts	Gruppe der essenden Arbeiter Frau mit Korb	Kurze Pausen bei langer Arbeitszeit keine sozialen Einrichtungen (Kantinen, Waschräume)	*Malerischer Realismus und Impressionismus* schließen soziale Anklage als Darstellungsabsicht aus. Das Bild dokumentiert die schon voll entwickelte *Industrie.*
Mittelgrund: – links	Gruppe der sich waschenden Abeiter	Familienangehörige bringen das Essen an den Arbeitsplatz	
– rechts	Meister mit Arbeiter im Gespräch	Meister als Interessenvertreter des Unternehmers	*Die Situation der Arbeiter:* ▷ Grundriß S. 148 f.
– ganz hinten	Meister, alles überwachend	Aufseherfunktion, die gegen die früheren Arbeitskollegen ausgenützt wird	*Die Situation der Unternehmer:* ▷ Grundriß S. 150

Das Bild ist ein Zeugnis für die industrielle Arbeitswelt im Deutschen Reich des späteren 19. Jahrhunderts (= historisch/politische Betrachtungsweise). Da der Maler zu den Vertretern des Realismus und Frühimpressionismus gehört, bleibt die Darstellung – abgesehen von kompositorischen Überlegungen – sowohl von anklagender Überzeichnung als auch beschönigender Stilisierung frei (= Erkenntnis aufgrund der kunsthistorischen Betrachtungsweise), so daß der Quellenwert recht hoch angesetzt werden kann.

che Darstellung zugeordnet werden kann. Die nachstehende Zusammenstellung weist Kriterien aus, die zu einer Gruppierung der Bilder nach ihrer Aussage führen.

Darstellungen

- *des Menschen* als Individuum um seiner selbst willen (Tafel 4) – als Vertreter einer politischen und/oder sozialen Stellung (Tafel 7) – als Träger einer religiösen oder politischen Idee (Tafel 12);
- *des Alltags/Milieus sozialer Schichten:* des Kriegerstandes (Tafel 17) – des Adels (Tafel 18) – des Bürgertums (Tafel 19) – des Kleinbürgertums (Tafel 19: Kleinbürgerfamilie) – der Unterschichten (Tafel 20);
- *eines Programms:* politisch im engeren Sinne (Tafeln 9, 10 und 11 allegorisch, 12, 30) – ideologisch im engeren Sinne (Tafeln 25, 26) – sozialkritisch (Tafel 20);
- *der Auseinandersetzung mit Zeitströmungen,* verwirklicht mit Mitteln der gegenständlichen Kunst (Tafeln 1, 2, 32) – mit nichtrealistischen Kunstmitteln (Tafeln 21, 22, 23, 29–31);
- *des Verhältnisses verschiedener Kulturen* zur europäischen Zivilisation (Tafeln 13–16);
- *als Dokumentationen* (Tafeln 5: Harkortsche Fabrik, 6 und 7);

IV. Das Arbeiten mit dem historischen Foto

Neue Bildtechnik, neue Bildinhalte

Mit der ersten Hälfte des 19. Jahrhunderts beginnt für den Historiker eine neue Gattung von Bildern zunehmend an Bedeutung zu gewinnen. Sie verlangt z.T. eine andere, z.T. eine zumindest gegenüber dem historischen Bild als der individuellen Schöpfung eines einzelnen variierte Methode der Auswertung. Seit der Jahrhundertmitte wurden verschiedene Möglichkeiten entwickelt, um mit Hilfe eines chemisch-technischen Vorgangs Bilder »herzustellen«. Es begann eine Epoche, die man auch als »optisches Zeitalter« bezeichnet hat. Die Fotografie eröffnete neue Möglichkeiten, der Nachwelt *Bilddokumente* zu überliefern. Aus Zeitschriften, die sich ausschließlich mit diesem Thema beschäftigten und schon in den 40er Jahren des 19. Jahrhunderts in großer Zahl im Handel waren, wissen wir zum einen, daß man die Produkte der Fotografie für vollkommen verläßliche Zeugnisse hielt – wie dies auch heute häufig noch der Fall ist: Man meinte, »einen getreuen Reflex« der eigenen Zeit vor sich zu haben. Zum andern erfahren wir aus diesen Zeitschriften, welche *Themen* die Fotografen sich stellten – auch davon gilt das meiste noch heute: Den Vorrang hatte das Bildnis Prominenter, es folgten Landschaftsreproduktionen, Bilder zur Technik und Industrie, Ansichten von Städten und dem Leben ihrer Bewohner, politische Tagesereignisse, Katastrophen und Kriege. Dieser Themenkatalog zeigt, daß die Zeitgenossen die Fotografie damals wie heute zu Wiedergaben der eigenen Welt und Umwelt nützten, und so dann *Zeitdokumente* entstanden.

Die Fotografie, eine Reproduktionsmöglichkeit

Ein Blick in den »Grundriß« zeigt noch eine weitere wichtige Funktion der Fotografie: Ohne ihr rationelles Reproduktionsverfahren wäre es unmöglich, einem breiten Publikum Kunstwerke und Bilddokumente vorzustellen, die z.T. in den entlegensten Sammlungen verwahrt sind. Allerdings darf der Betrachter über der Schönheit der Reproduktion nicht vergessen, daß in den meisten Fällen das Original ein anderes Format hat, in einer bestimmten Umgebung steht und über die Art seiner Entstehung und über sein Schicksal Aufschlüsse geben kann, die die Wiedergabe nicht zeigt.

Zu der Gruppe der Zeitdokumente gehören die folgenden Abbildungen von Fotos, die als Vertreter der wichtigsten *Gattungen von fotografischen Zeugnissen der Vergangenheit* stehen sollen:

Das Repräsentationsfoto

Von Franz Hanfstaengl, einem zu seiner Zeit sehr geschätzten Prominentenfotografen, stammt das Bild (1) der Kaiserin Elisabeth von Österreich. Es entstand in den 50er Jahren des 19. Jahrhunderts. »Liest« man dieses Repräsentationsfoto in der Weise wie die Darstellungen Karls des Kahlen und Ludwigs XIV. (▷ Bd. 1, Tafeln 8 u. 17), erkennt man rasch, daß sich Hanfstaengl bei der Komposition dieses Motivs an den traditionellen *Herrscherdarstellungen* der bildenden Kunst orientiert hat. Jedoch fehlen die Herrschaftszeichen (Insignien), was dem Zeitgeschmack entspricht: Es ist bei fast allen Bildern dieser Art im 19. Jahrhundert eine deutliche *Verbürgerlichung* der Dargestellten festzustellen.

Das Porträt

Neben dem Repräsentationsbild steht jene Porträtkunst in der Fotografie, die ausschließlich den Menschen sehen will, eine Haltung, die ebenfalls aus der bildenden Kunst übernommen wurde. Sobald es sich aber bei dem Dargestellten wie hier im Falle Einsteins (2) um eine prominente Persönlichkeit handelt, bleibt es nicht aus, daß der Betrachter den Menschen in die kulturellen und politischen Bezüge seiner Zeit hineinstellt, und so wird auch dieses *private Porträt* zum Zeitdokument.

Das Gruppenbild

Nur wenig jünger als das Foto der Kaiserin ist das Gruppenbild des Frankfurter Fürstentags (3) aus dem Jahre 1863. Hier zeigt sich – schon voll ausgebildet – ein Typus, wie er bis heute fast unverändert gehandhabt wird: Nach den Spielregeln des Gruppenbildes wurde dieses Foto sämtlicher am Fürstentag vertretenen Diplomaten und Militärs aus den Staaten des Deutschen Bundes gestellt. Diese Darstellungsweise gehört bis zum heutigen Tage zum festen *Bestand des politischen Alltags* bei Kabinettsbildungen ebenso wie bei Staatsbesuchen. Der Aussagewert ist relativ gering.

Die Momentfotografie

Größer ist der Aussagewert bei der Momentaufnahme, der Form, in der überwiegend *aktuelle (politische) Tagesereignisse* festgehalten werden. Die ältesten Aufnahmen dieser Art stammen aus der Mitte des vorigen Jahrhunderts. Die Technik hat sich bis heute erhalten und weiter vervollkommnet. Das Bild (4) vom Sturm auf das Winterpalais (6./7.11.1917) erhellt schlaglichtartig die revolutionäre Situation dieser Tage in Petersburg. Selbst der anschaulichste Bericht würde gegenüber dem optischen Eindruck zurückfallen. Allerdings muß man bei der Interpretation einer solchen Bildquelle (▷ z.B. auch die Fotos S. 239, 275, 401) beachten, daß die Momentaufnahme einen Hoch- oder Tiefpunkt in

1

2

3

4

5

6

einer Vorgangsfolge festhält; er kann repräsentativ für den gesamten Vorgang sein, er kann aber auch nur episodenhaften Charakter haben, und nun, wenn die Momentaufnahme isoliert vorliegt, einen falschen Gesamteindruck suggerieren. Im 20. Jahrhundert wird es mit zunehmender Vervollkommnung der fotografischen Technik möglich, immer näher an das Objekt heranzugehen, der Fotgraf steht *mitten im Ereignis* drin, z. B. mitten in sich drängenden Menschenmassen (▷ z. B. auch die Fotos S. 293, 373, 449). Um den Eindruck der Unmittelbarkeit hervorzurufen, muß er jedoch Kompositionsfehler des Bildes in Kauf nehmen, etwa Personen, die nur halb im Bild sind. Durch die große Nähe zum Ereignis und zum Objekt ist es möglich, Einzelheiten wie z. B. die unterschiedliche Mimik von Sieger und Verlierer zu Beginn der Großen Koalition in der Bundesrepublik (5) festzuhalten. Derartiges würde bei einem gestellten Foto kaum offenbar oder wäre bei größerer Entfernung des Fotografen von den Personen nicht mehr wahrnehmbar. Als Zeitdokument birgt der *Schnappschuß* jedoch die Gefahr in sich, daß allzu leicht subjektive und personenbezogene Urteile entstehen können.

Der »historische Augenblick«

Von allen Kriterien für die Bewertung des historischen Fotos als Bilddokument ist der sogenannte »historische Augenblick« das bedeutendste und zugleich das schwierigste. So gab das Foto von der Erstürmung des Winterpalais in Petersburg für die Zeitgenossen auf Grund seiner Aktualität einen »historischen Augenblick« wieder. Für den Betrachter späterer Zeit tut es dies auch, aber nur dann, wenn er aus seinem Vorwissen schöpfen kann. Er braucht dieses Vorwissen zur Beurteilung des Bildes, denn von seinem Inhalt her scheint es eigentlich nichts weiter als die Wiedergabe einer Straßenkampfszene zu sein, und nichts darauf weist eindeutig auf Ort, Zeit und vor allem die Tragweite des Geschehens hin. Die Deutung von Fotos, die »historische Augenblicke« festhalten, setzt also voraus, daß, unabhängig vom Alter des Bildes – mit Ausnahme der aktuellen Aufnahme, aber Aktualität ist kurzlebig – der Betrachter einen an sich beliebigen Einzelvorgang in den großen Zusammenhang von Ereignissen einordnet und diesem Einzelvorgang darin seinen repräsentativen Stellenwert als »historischem Augenblick« gibt (▷ z. B. auch die Fotos S. 362, 381, 397, 488).

Der Aussagewert des historischen Fotos

Außer dieser beachtlichen Hürde bei der Deutung von Fotos gibt es noch zusätzliche Momente, die ihren Quellenwert z.T. in Frage stellen; folgende kleine Episode mag dies erhellen: Am 25.5.1861 veranstaltete der Berliner Schafzüchterverband eine Zuchtschau, dabei war das preußische Königspaar anwesend. Das Foto, das dieses Ereignis in der Form eines Gruppenbildes festhält und auf dem abgebildet zu sein jedem Verbandsmitglied äußerst wichtig war, ist in Wirklichkeit so nie aufgenommen worden. Es ist ein Klebebild, durch Aneinanderreihen von Einzelfotos entstanden, so daß für den Betrachter der geschlossene Eindruck des Gruppenbildes entstehen muß. In Wahrheit jedoch handelt es sich um eine *Fotomontage.* Dieses Verfahren läßt sich auch auf politisch bzw. historisch bedeutsame Vorgänge anwenden. Der Betrachter rechnet aber nicht eigentlich mit solchen Kunstgriffen, sondern er erwartet, daß das Foto, das ja aus einem mechanischen Vorgang hervorgeht, authentisch ist. Er vergißt dabei aber, daß der Fotograf außer der Montage auch noch die Möglichkeit hat, Zeitpunkt und Auswahl des Motivs nach seinen subjektiven Erwägungen zu bestimmen. Welche Haltung gegenüber Adenauer mag der Fotograf gehabt und welches Ziel mag er verfolgt haben, als er den Altbundeskanzler beim Verlassen des Bundestages (6) nach seiner Ablösung gerade in diesem Augenblick fotografierte, als er mit dem Portier allein im Bild war? Eine Sekunde später wäre die Aufnahme ganz anders ausgefallen, denn beim aufmerksamen Betrachten merkt man, daß eine Begleitung im Hintergrund nachkommt. Anders liegen die Verhältnisse, wenn die Fotomontage als zeitkritisches Kunstwerk eingesetzt und beim Betrachter die Vorstellung des Authentischen durch Kombination von Ungereimtheiten bewußt zerstört wird (▷ Tafel 30).

Wer sich eingehender mit dem historischen Foto beschäftigen möchte, wird weitere Anregungen in dem Buch von Ursula Peters finden: Stilgeschichte der Fotografie in Deutschland 1839–1900, in: Du Mont Dokumente Foto, Köln 1979.

Historisch-politische Grundbegriffe

Demokratie: Wörtlich übersetzt bedeutet D. Volksherrschaft, mit den Worten Abraham Lincolns: »government of the people, by the people, for the people«. In der Antike bezeichnet D. noch keineswegs eine ideale Herrschaft, erst unter dem Einfluß der amerikanischen und französichen Revolution wird der Begriff »Demokratie« zu einem positiven Tendenzbegriff: Die Demokratisierung soll einen demokratischen Verfassungsstaat verwirklichen, der sich durch die Volkssouveränität von der Monarchie, durch Gleichheitsforderungen von der ständischen Gesellschaft, durch Gewaltenteilung, Rechtsstaatlichkeit und Minderheitenschutz vom Absolutismus als Herrschaftsformen unterscheidet. D. bezeichnet seit dem 18. Jh. aber nicht nur die Struktur und den Zustand des modernen Verfassungsstaates, sondern auch die Art und Weise einer Willensbildung, die in der Beteiligung einer möglichst großen Zahl von Staatsbürgern an der staatlichen Zielbestimmung den entscheidenden Geltungsgrund (»Legitimation«) eines freiheitlichen Gemeinwesens anerkennt. Politische Beteiligung erfolgt durch Wahlen und hat ungehinderte Information (Pressefreiheit), Versammlungs- und Vereinigungsfreiheit sowie die völlige Meinungsfreiheit zur Voraussetzung. Grundrechte sollen dabei nicht nur durch die D. ermöglicht, sondern stets auch vor verfassungswidrigen Mehrheitsentscheidungen geschützt werden. Die Verfassung einer D. nennt deshalb nicht nur Staatsziele, die sich häufig an den Menschenrechten orientieren, sondern auch verfassungsmäßige Grenzen politischen und staatlichen Handelns, die in der Regel von einer unabhängigen Institution wie einem Verfassungsgericht geschützt werden sollen.

In der modernen D. sollen sich die Vorstellungen der Bürger mit Hilfe von Parteien und unter dem Einfluß von Medien, vor allem Presse, Rundfunk und Fernsehen, möglichst ungehindert entfalten können. Verbände sollen Interessen fördern. Als Problem wird jedoch empfunden, daß einzelne Gruppen ihre Interessen durch Parteien, Interessengruppen und Medien besonders wirksam durchsetzen wollen oder können. Deshalb wird immer entschiedener gefordert, nicht durch Mehrheitsentscheidungen die pluralistische, toleranzbewußte und sich am Begriff der Menschenwürde orientierende Struktur des freiheitlichen Verfassungsstaates zu verletzen oder in Frage zu stellen. (Steinbach)

Dritter Stand bezeichnet einen Teil der mittelalterlichen Gesellschaft Europas. Er ist unterschiedlich sozial zusammengesetzt und verfügt über höchst verschiedenartige politische Rechte. In den meisten Territorien steht er neben dem Ersten und Zweiten Stand – es sind die Geburtsstände des Klerus und Adels – und umfaßt als weiteren »Mitgestalter des Staates« die (nichtprivilegierten) Bauern. Zu ihm wird jedoch seit dem späten Mittelalter in rechtlicher und sozialer Hinsicht oftmals allein das Bürgertum gerechnet. Am Ende des 18. Jh.s zeigt sich im revolutionären Frankreich eine bedeutsame inhaltliche Ausweitung. Der gesamte nichtklerikale und nichtadelige Teil der Gesellschaft wird als D.St. angesehen (98%): das Bürgertum in allen seinen sozialen und ökonomischen Abstufungen, die städtische Arbeiterschaft in ihrer ganzen Breite und die ländliche Bevölkerung unter Einschluß der Tagelöhner. Der berühmteste Propagandist dieses D.St., der Abbé Sieyès, definierte ihn revolutionär als »vollständige Nation«. Deren »Repräsentanten« seien nunmehr legitimiert, politische Entscheidungen zu treffen. Damit war eine vom Monarchen unabhängige Souveränität entstanden. In den meisten europäischen Staaten des 19. Jh.s findet diese Ausweitung nicht in demselben Umfang statt. Die am stärksten verbreitete traditionelle Dreigliederung Adel – Klerus – Stadtpatriziat wurde vielmehr vielerorts von der neuen Adel – Bürgertum – Bauerntum abgelöst. Im Verlauf des 19. Jh.s bildete sich in Europa neben dem D.St. ein separater »Arbeiterstand« als »Vierter Stand« aus, ohne daß damit ein entsprechender politischer Status verknüpft war. Im weiteren Verlauf des Kampfes um einen bürgerlich- liberalen Verfassungsstaat mußte es um die Beseitigung jeglicher ständischer Vorrechte gehen. Im Deutschen Reich verschwanden sie erst 1919. (Sösemann)

Eigentum: In erster Linie ein Rechtsbegriff, der die freie Verfügung des Eigentümers über bewegliche oder unbewegliche Objekte (z. B. Werkzeuge, Gebäude, Land), aber auch abstrakte Anspruchstitel (z. B. Patent- und Urheberrechte oder Rentenanwartschaften) bezeichnet. In allen Rechtsordnungen finden sich Bestimmungen, die die Rechte, Pflichten und Begrenzungen des E.rechtes regeln. Diese Verfügungsgewalt braucht nicht auf einen Eigentümer allein beschränkt zu sein, sondern kann mehreren Personen oder Personengruppen zugeschrieben werden: z.B. Allmende, Genossenschaft oder Aktiengesellschaft. In vielen Kulturen spielt der besondere Charakter des E.objektes eine wichtige Rolle bei der Bestimmung des E.rechtes; so werden knappe Ressourcen, wie z.B. Ackerland, nur als Kollektiveigentum und für bestimmte Nutzungsformen zugelassen. Im Römischen Recht, das die europäische Kultur und dadurch auch die moderne Weltgesellschaft geprägt hat, ist dagegen die direkte und absolute Verfügungsgewalt (»dominium«) des Eigentümers über die Sachen, wozu auch Tiere und Sklaven zählten, verankert worden. Für die Entstehung von E. werden zwei typische Formen angenommen: durch Übertragung (Tausch bzw. Kauf, Vererbung, Schenkung) oder durch Arbeit, d.h. die Umsetzung der Energien und Fähigkeiten eines Menschen in wertschaffende Produktion. Besonders die Theoretiker der frühbürgerlichen Gesellschaft, wie etwa John Locke, oder die Verfasser der Unabhängigkeitserklärung der USA, haben darauf das Recht eines jeden Menschen auf E. als unveräußerliches Naturrecht gegründet. Auch Karl Marx ging in seiner Kritik, daß im Privatkapitalismus der Arbeiter des von ihm produzierten Mehrwertes beraubt und in seiner ganzen menschlichen Natur entfremdet werde, von dieser Perspektive aus. Alle sozialistischen Gesellschaftstheorien (Rousseau, Proudhon, Marx) verfechten die These, daß Privateigentum an gesellschaftlich notwendigen Produktionsmitteln Diebstahl gegenüber allen Produzierenden sei. In der liberalen Gesellschaftstheorie und politischen Anthropologie wird dagegen das Private. als unabdingbare Konkretisierung und als Beweis persönlicher Freiheit verstanden. In asketischen Lehren, z.B. den Armutsregeln in mönchischen Orden, wird wiederum die E.losigkeit als höchste Stufe menschlicher Freiheit, nämlich als Loslösung von der Gier des »Habens«, gewertet. Im Grundgesetz der Bundesrepublik Deutschland (Art. 14 GG) wird das Recht auf Private garantiert, gleichzeitig aber auch bestimmt: »Eigentum verpflichtet. Sein Gebrauch soll dem Wohle der Allgemeinheit dienen.« Aus dieser »Sozialbindung« des E. wird dann unter anderem auch die Möglichkeit der Enteignung mit Entschädigung gefolgert (Art. 14,3 und 15 GG). Zahlreiche Bestimmungen in den Rechtsordnungen aller Industriestaaten schränken das absolute Verfügungsrecht der Eigentümer ein, so z.B. im Mietrecht, im Raumordnungs- und Baurecht, vor allem aber im Arbeits- und Wirtschaftsrecht. Diese vielfältigen Begrenzungen lassen einen fundamentalen Bedeutungswandel des E.begriffes erkennen: vom laissez-faire-Liberalismus zur Entwicklung des modernen Sozialstaates. (Hufnagel)

Emanzipation: zählt zu den wichtigsten sozialpolitischen Leitbegriffen unserer Zeit und wird dabei vorrangig im Sinne einer »E. der Frau« verstanden. Vor dem Hintergrund der lebhaften öffentlichen Diskussion über diese Frage (»Frauenbeauftragte«, Anti-Diskriminierungsgesetzgebung) ist die zunehmende inhaltliche Einengung des Begriffs im populären Sprachgebrauch verständlich. Das antike römische Recht bezeichnete die Entlassung einer Person aus der auctoritas des Hausherrn als E. Die begriffliche Ausweitung von Emanzipation in der Neuzeit ließ es zu, daß schließlich jede Befreiung aus entrechtenden und damit auch aus entwürdigenden sozialen Abhängigkeiten als Emanzipation verstanden werden konnte. In den Diskussionen über den Begriff »Gleichheit« in den deutschen Staaten nach der Französischen Revolution wurde von den Führern aus nichtbürgerlichen Schichten ein enger inhaltlicher Zusammenhang von politischer Gleichheit und sozialer Emanzipation hergestellt. Zukünftig einten die Gleichheits- und Emanzipationsforderungen die demokratischen Bewegungen (»Deutsche Brüder! Fahrt fort in Eurem Streben nach sozialer Emanzipation, nach Gleichheit an allen Gütern«) und leiteten in der zweiten Hälfte des 19. Jhds. zu einer neuen Epoche sozialökonomischer Konflikte über, nämlich der des Ringens um die gesetzliche Regelung und Festschreibung der seit langem angemeldeten Ansprüche auf eine umfassendere politische und soziale Gleichstellung aller Mitglieder einer Gesellschaft. (Sösemann)

Faschismus/Nationalsozialismus/Totalitarismus: Der Begriff »Faschismus« leitet sich von dem Symbol der italienischen Faschisten, dem Rutenbündel (fasces) ab und dient bald zur Kennzeichnung des Programms von Benito Mussolini und aller europäischen Bewegungen, die von seiner Lehre und Methode politischer Auseinandersetzung beeinflußt werden. Deshalb wird in der Weimarer Republik auch Hitlers NSDAP als »faschistische« Bewegung bezeichnet und bekämpft. Die Gegner der faschistischen Gruppen nennen sich, ungeachtet aller politischen Unterschiede, »Antifaschisten«. In der Auseinandersetzung mit autoritären Bewegungen, die in der Zwischenkriegszeit in vielen Staaten Europas entstehen, wird der Begriff F. auf die Bestrebungen von Parteien und Gruppen übertragen, die antiparlamentarisch, antiliberal, antimarxistisch, antikirchlich und extrem nationalistisch sind, in der Regel von einem »Führer« geprägt werden, die Herrschaft einer Partei verwirklichen, zentralistische Verfassungs- und Verwaltungsvorstellungen hegen und die Grundsätze der freiheitlichen Demokratie und des

liberalen, rechtsstaatlichen Verfassungsstaates verneinen. Nach Hitlers Machtergreifung werden jedoch wichtige Unterschiede zwischen dem allgemeinen europäischen Faschismus und dem Nationalsozialismus deutlich.
Als besonderes Merkmal des NS. gilt die rücksichtslose Ausschaltung der Opposition und die rasche Gleichschaltung von Verwaltung, Rechtsprechung, Pressewesen und Kultur, vor allem aber der zielbewußt verwirklichte Antisemitismus, der sich von der Verfolgung und Entrechtung der deutschen Juden bis zur »Endlösung der europäischen Judenfrage« in den großen Vernichtungslagern des Ostens wie Auschwitz steigert. Außenpolitisch zeichnen sich F. und NS. durch ihren Expansionswillen, innenpolitisch durch ihre Absicht aus, jede oppositionelle Regung im Keim zu ersticken. Beide Bewegungen beanspruchen einen weitgehenden weltanschaulichen Führungsanspruch. Sie regieren zentralistisch, verbieten freie Verbände und Parteien, gründen Einheitsorganisationen, die das gesamte soziale, kulturelle und wirtschaftliche Leben entscheidend beeinflussen sollen, kontrollieren die Medien ebenso wie die Forschung und beeinflussen zunehmend auch die alltäglichen Lebensverhältnisse.
Häufig wird die Regierung Hitlers als »totale Herrschaft« bezeichnet, die durch Polizei gesichert wird und sich zur totalen Diktatur entwickelt. Totalitarismus ist das Kennzeichen eines Regimes, in dem der einzelne staatlicher Gewalt völlig ausgeliefert wird. Nach 1945 wird der Begriff daher angewandt, um Diktaturen unterschiedlichen Typs, das Regime Stalins ebenso wie das Hitlers, zu bezeichnen, deren Gemeinsamkeit in dem Willen gesehen wird, jegliche Entfaltung des Individuums zu unterbinden, die Gewaltenteilung zu beseitigen, den Schutz des Rechtsstaates aufzuheben und die Menschenrechte zu verleugnen. Totalitäre Staatsformen rechtfertigen sich selbst durch angebliche »historische Aufgaben« – sie beanspruchen, die politischen und sozialen Verhältnisse so umzugestalten, daß gesellschaftliche Entwicklung und politischer Wandel endgültig ihren Endpunkt erreichen. Aus der Kritik an dieser Vorstellung entsteht das Konzept der »offenen Gesellschaft«, die antitotalitäre Prinzipien – Offenheit, Konfliktfreude und geistige Freiheit – verwirklichen will. (Steinbach)

Friede. Seinem ursprünglichen Sinne nach ist dieser Begriff im Bedeutungsfeld sittlich positiv bewerteter Phänomene wie Liebe und Freundschaft angesiedelt. Er bezeichnet zunächst ganz allgemein einen Zustand, in dem die Vertreter unterschiedlicher Interessen, ob nun einzelne Individuen, Gruppen, Partein oder Staaten, ihre Gegensätze ohne Gewalt austragen. Die innergesellschaftlichen Konflikte sollen durch das Verbot eigenmächtiger Selbsthilfe und durch das Gewaltmonopol des Staates sowie der von ihm durchgesetzten Rechtsordnung befriedet werden. Die Beziehungen zwischen den Staaten sollen durch das Völkerrecht und im Rahmen internationaler Organisationen (Völkerbund, Vereinte Nationen) friedlich geregelt werden. Dabei ergibt sich das Dilemma, daß das Völkerrecht einerseits die Souveränität eines jeden Nationalstaates anerkennt und schützt, gleichzeitig aber eine eigenmächtige oder gar absolute Ausübung dieser nationalstaatlichen Souveränität einzugrenzen versucht. So wurde nach dem Ersten Weltkrieg das zuvor als absolut verstandene Recht eines Staates, Krieg zu führen, durch das Verbot von Angriffskriegen eingeschränkt. Die unbegrenzte Vernichtungsgewalt der Atomwaffen hat die Supermächte USA und Sowjetunion veranlaßt, durch vertraglich geregelte Abrüstung und Rüstungskontrolle die Gefahr eines alles vernichtenden Dritten Weltkrieges zu verringern. Im Rahmen der UNO haben sich viele Staaten der Welt verpflichtet, im Kriegsfalle auf den Einsatz bestimmter Waffen (z. B. nukleare, chemische und biologische) zu verzichten. Diese Vereinbarungen und Regelungen haben jedoch nicht verhindert, daß immer wieder Bürgerkriege und regionale Kriege (so vor allem im Nahen Osten und in Ostasien) ausbrechen. Solange die UNO als friedenssichernde Organisation der internationalen Rechtsgemeinschaft über keine wirksame Sanktionsgewalt verfügt, wird dem nicht vorzubeugen sein.
Von Philosophen und Gesellschaftswissenschaftlern ist die F.sicherung oft als wichtigste Aufgabe der Politik begründet worden, so z.B. von Thomas Hobbes und Immanuel Kant. In der Gegenwart vertreten vor allem viele Anhänger der F.bewegung die Auffassung, der gegenseitige Verzicht auf das Mittel der Gewalt, der Zustand des Nicht-Krieges, reiche nicht aus: In diesem »negativen Frieden« würden erstens weiterhin unermeßliche Ressourcen für Aufrüstung und Verteidigung verwandt, und zweitens würden für die eigentlichen Ursachen für die Konflikte, wie Hunger, Ausbeutung und Ungerechtigkeit, nicht beseitigt. Durch weltweite Entwicklungspolitik müßten – und könnten – die Lebensbedingungen aller Menschen so gleich und gerecht gestaltet werden, daß in diesem Zustand des »positiven Friedens« kein Grund mehr für Konflikte und Kriege entstehen könnte. (Hufnagel)

Gleichheit wurde in dem politischen Fanal der revolutionären Trias »liberté, fraternité, égalité« im

Europa des 19. Jhds. zum populären Kampf- und Verbrüderungsbegriff, ohne jedoch die Wirkung der Losung »Freiheit« erlangen zu können. In den theoretisch oder politisch-praktisch verstandenen Diskussionen spielte die Verbindung zur revolutionären französischen Tradition eine größere Rolle. Das Bürgertum hat zur inhaltlichen Verbreitung und Uminterpretation des Begriffs am stärksten beigetragen. In den Wahlrechtsforderungen von 1848/49 erlebte die Forderung nach G. in Deutschland ihren Höhepunkt, aber auch den Beginn ihrer Aushöhlung und negativen Akzentuierung, die »materialistisch-communistische Gleichheit, welche alle natürlichen Unterschiede in den geistigen und physischen Fähigkeiten aufheben« wolle. Damit wurde das bereits in vorrevolutionärer Zeit verbreitete naturrechtliche Verständnis von G. aufgegeben, nach dem alle Menschen im Hinblick auf ihre natürliche, gesellschaftliche und politische Situation als gleich anzusehen waren. Die emanzipatorische Funktion des Leitbegriffs ergibt sich aus der Anschauung: Gleich sind alle Menschen, die in gleicher Weise und in demselben Umfang frei sind. Die sich selbstverwaltenden mittelalterlichen Stadtbürger hatten diesen Grundsatz am frühesten verfassungsrechtlich durchsetzen können. In der Neuzeit entwickelte sich der naturrechtliche Begriff G. zunehmend in Richtung auf ein doppeltes Verständnis. Er trat erstmals während der Französischen Revolution klar hervor, nämlich in der Vorstellung einer egalitär-sozialkritischen und demokratisch-republikanischen Gesellschafts- bzw. Verfassungsform. Damit sind die revolutionären und die reformerischen Möglichkeiten der Versuche bezeichnet, Ungleichheiten in einer Gesellschaft zu beseitigen. Die radikalen Varianten (Jakobiner) gingen über die juristisch-verfassungsrechtliche »Gleichstellung« (Tocqueville) aller Staatsbürger hinaus und zielten auch auf mehr als eine »Gleichberechtigung« aller Staatsbürger; sie stützten sich auf Rousseau und bereiteten mit ihren Ideen die »Nivellierung« der bürgerlichen Gesellschaft und den Zentralismus einer »Massengesellschaft« vor. In den Augen ihrer Kritiker wurde G. zum »Gleichheitsfieber« oder sogar »Wahn« und »Brei«, ja zur Gefahr für Freiheit und Kultur. Der freiheitlich-demokratische Rechtsstaat versucht, die aus den Freiheits- und G.prinzipien sich oftmals ergebenen Konflikte in der Praxis auszugleichen. (Sösemann)

Imperialismus (lat. imperium = Herrschaft, Herrschaftsgebiet) bezeichnet die Ausdehnungspolitik eines Staates mit dem Ziel, jenseits seiner Grenzen von ihm politisch oder wirtschaftlich abhängige Gebiete zu erwerben und sie möglichst in einem Reich (»Empire«) zusammenzufassen. Solche Reichsbildungen sind besonders seit den überseeischen Entdeckungsfahrten des 15. und 16. Jh.s ein charakteristisches Merkmal des europäischen Staatensystems. Ungeachtet des Zerfalls des älteren britischen und des spanischen Kolonialreichs in Amerika um die Wende vom 18. zum 19. Jh. setzte sich die europäische Expansion auch im 19. Jh. fort. Gegen Ende des Jahrhunderts wurde die territoriale Ausdehnung und »informelle« Kontrolle von überseeischen Gebieten nicht nur für traditionelle Kolonialmächte wie Großbritannien, Frankreich oder Rußland, sondern auch für Staaten ohne koloniale Erfahrung wie Italien, Belgien, das Deutsche Reich, die USA und Japan zu einer außenpolitischen Maxime. Besonders nach 1880 setzte ein allgemeiner Wettlauf um die Aufteilung der Erde ein. Kolonialpolitik, Kolonien und Einflußsphären wurden Schlüsselbegriffe der Epoche. Kolonialismus ist eine Form von I., die auf die direkte und formelle politische Kontrolle von Gebieten in Übersee zielt. (Alter)

Kapitalismus bezeichnet ein Wirtschafts- und Gesellschaftssystem, in dem das Kapital (Eigentum an Produktionsmitteln) des Unternehmers und die Arbeitskraft der Arbeiter und Angestellten die Grundlage der Produktion und der Entlohnung, der Eigentumsbildung und des Wachstums darstellen. Arbeitsteilung, Handel und Verkauf hergestellter Waren auf dem Markt ermöglichen den Besitzern des Kapitals, die Arbeitskraft kaufen und die Herstellung und den Absatz von Gütern auf dem Markt organisieren, einen Gewinn an dem Arbeiter/Angestellte zu einem geringeren Teil partizipieren. In der Regel wird daher der Begriff K. kritisch vor allem in der sozialistischen Theorie gegen die Eigentümergesellschaft (»bürgerliche Gesellschaft«) gewandt und soll die Beziehungen zwischen »Lohnarbeit und Kapital« als ein »Ausbeutungsverhältnis« bezeichnen.

Nach Karl Marx ist K. die sich aus dem Feudalismus entwickelnde Gesellschaftsordnung, die durch Städte bzw. Bürger als die Träger des Handelskapitals auf der einen, durch die Zunahme des Fabrikwesens bzw. der Arbeiterschaft (»Proletariat«) auf der anderen Seite charakterisiert ist. Infolge ungleicher Tauschbeziehungen zwischen Kapital und Arbeit nimmt nach Marx die gesellschaftliche Ungleichheit zu. Dadurch verschärften sich soziale Spannungen (»Klassenkampf«) und führten zu einer Krise der »bürgerlichen Gesellschaft«, die aus ihren eigenen Widersprüchen eine revolutionäre Situation entstehen lasse, aus der der Sozialismus als nachkapitalistische Gesellschaftsordnung hervorgehe. Gegen diese

Vorstellung wandte sich der Sozialdemokrat Eduard Bernstein, indem er versuchte, vor allem die »Verelendungstheorie« von Marx kritisch zu revidieren. Die Theorie von Marx wurde von Lenin weiterentwickelt, der als wichtiges Kennzeichen des »Hochkapitalismus« die Entstehung imperialistischer Gegensätze ansah, die zu Kriegen zwischen den »kapitalistischen Staaten« führen und auf diese Weise eine revolutionäre Situation hervorbringen würden. Für Lenin glat der K. als nicht reform- und entwicklungsfähig; er müsse deshalb seinen eigenen Untergang erzeugen.

Im Unterschied zu Marx und Lenin haben »bürgerliche« Sozialtheoretiker wie Max Weber und Werner Sombart als Kennzeichen des K. den Wunsch des wirtschaftenden Subjekts bezeichnet, Gewinn zu machen (»Profit«) und die Bedingungen zur »Profitmaximierung« durch eine rationale Produktion (Technik und Management) für die Bedürfnisse des Marktes (Verkehrswirtschaft) zu verbessern. Weber erblickte in der Ausweitung des »Erwerbsprinzips« ein Kennzeichen des »kapitalistischen Geistes«. Weber wie auch Joseph Schumpeter gingen davon aus, daß der K. keineswegs seinen eigenen Untergang bewirke, sondern sich durch eine zunehmend wirksame Fähigkeit zu rationaler Planung wirtschaftlicher Prozesse auszeichne (»Selbststeuerung«) und so krisenhafte Entwicklungen aus eigener Kraft korrigieren könne.

Gemeinsam ist allen Theoretikern des K., daß sie die Fähigkeit des K. unterschätzten, sich den Wandlungen in Wirtschaft und Gesellschaft anzupassen und gesellschaftliche Ungleichheit durch sozialpolitische Eingriffe zu mindern. Denn mit zunehmender Arbeitsteilung nahm die »Ausbeutung« keineswegs zu, sondern es vergrößerte sich der politische Spielraum zur Umverteilung und Gestaltung einer Ordnung, die im Eigentum an Produktionsmitteln nicht nur das Recht zur persönlichen Entfaltung durch Bereicherung, sondern auch eine soziale Verpflichtung sieht. Durch soziale Reformen wird der nach Marx unaufhaltsame Trend zur Verelendung des Proletariats aufgehalten (»Sozialstaat«) – der »Wohlfahrtsstaat« greift aktiv in die Umverteilung des Einkommenszuwachses ein und schafft durch eine Verbesserung der sozialen Infrastruktur die Voraussetzung für Daseinsvorsorge, staatliche Leistungsverwaltung, soziale Mobilität und zunehmende Chancengleichheit (»soziale Marktwirtschaft»). Durch wirtschaftspolitische Maßnahmen – etwa durch gezielte Konjunkturpolitik – werden soziale Krisen wirksam und nachhaltig bewältigt. Staatliche Institutionen verbinden sich dabei allerdings immer enger mit wirtschaftlichen Prozessen und Institutionen (»Organisierter Kapitalismus«). Dies fördert auch Versuche von Interessengruppen, die politische Willensbildung und damit auch die Feststellung staatlicher Ziele zu beeinflussen (»Korporatismus«). (Steinbach)

Klasse/Klassengesellschaft: Im Gegensatz zum »Stand« in einer traditionalen Abstammungsgesellschaft, in der Privilegien und gesellschaftliche Macht aus Herkommen, Erziehung, ständischer Zugehörigkeit und Grundbesitz erwachsen, sind nach Max Weber bei der »Klasse« die unterschiedlichen Chancen der Individuen ausschlaggebend, sich auf anonymen Märkten mit Gütern und Leistungen (z.B. Berufsqualifikation, Gesundheitsdienste) zu versorgen. Aus seinen Untersuchungen der entstehenden Industriegesellschaft im 19. Jh. schloß Karl Marx, daß es für die Ungleichheit der sozialen Lebenslagen nur eine einzige Ursache gäbe: die private Verfügungsgewalt über wirtschaftliche Produktionsmittel. In der kapitalistischen Gesellschaft stünden sich letztlich nur zwei K. mit unvereinbaren Interessen gegenüber: auf der einen Seite die Besitzer der Produktionsmittel, die Kapitalisten, auf der anderen Seite die Proletarier. Diese verfügten nur über ihre Arbeitskraft, die sie zwar formell frei, aber faktisch doch für einen Lohn und unter Bedingungen verkaufen müßten, die von den Kapitalisten bestimmt würden. Das sei ungerecht, denn der gezahlte Lohn sei geringer als der Wert, der beim Verkauf der Waren erzielt werde. Dieser »Mehrwert« werde aber allein von den Kapitalisten abgeschöpft, um damit neue, nur ihnen gehörende Produktionsmittel zu erwerben. In der bürgerlich-kapitalistischen Gesellschaft würden Recht und staatliche Macht nur nach den Interessen der Besitzenden ausgeübt. Bildung, Kultur und Religion würden letztlich nur zur Sicherheit der Macht der Kapitalisten eingesetzt. Nur durch einen revolutionären Umsturz könne das Proletariat das Privateigentum an Produktionsmitteln beseitigen und eine Gesellschaft errichten, in der die Gleichheit aller Menschen vollkommen verwirklicht werde. – Gegen das Marxsche Modell der K.gesellschaft wird eingewandt, daß durch neue Rechtsformen (Aktiengesellschaft) und neue Betriebsformen (bezahlte Manager) die Bedeutung des Privateigentums an Produktionsmitteln geschwunden sei. Durch Bildung, Berufsqualifikation, gestiegene Freizügigkeit sowie größere Freizeit und Konsummöglichkeit hätten sich auch in der Arbeiterschaft sehr unterschiedliche Lebensstile entwickelt, so daß eine Differenzierung, wenn nicht gar Auflösung der Arbeiterk. zu beobachten sei. Im Rahmen des modernen Sozialstaates habe sich ein kollektiver sozialer Aufstieg der Arbeiterschaft vollzogen, so daß die vorhergesagte Verelendung des Proletariats auch nicht eingetreten sei. Auch in sozialistischen Staaten, in denen das Privateigentum an Produktionsmitteln abgeschafft worden sei, gebe es noch vielfältige Formen sozialer Ungleichheit und politischer Konflikte. (Hufnagel)

Kommunismus/Sozialismus: Entwurf einer Wirtschafts- und Gesellschaftsordnung, welche das Privateigentum an den Produktionsmitteln abgeschafft hat. Die Überführung des Privateigentums in Gemeineigentum wird danach die Ausbeutung von Menschen durch Menschen beenden und folglich auch die ökonomisch bedingte Herrschaft von Menschen über Menschen. Bis ins 20. Jh. wurde der Begriff Kommunismus oft gleichgesetzt mit Sozialismus. Im marxistisch-leninistischen Verständnis ist K. die höchste Stufe des S. und damit die Endstufe der Menschheitsentwicklung: Die sozialistische geht in die kommunistische Gesellschaft über. Nach der Oktoberrevolution in Rußland (1917) trennte sich der radikale russische Kommunismus vom reformerischen, demokratischen Sozialismus, wie er vor allem von den sozialistischen und sozialdemokratischen Parteien West- und Mitteleuropas vertreten wird. Im allgemeinen Sprachgebrauch bezeichnet K. heute das politische System, das in der Sowjetunion nach 1917 und in den ostmitteleuropäischen, südosteuropäischen und einigen anderen Ländern nach 1945 errichtet wurde. (Alter)

Konservatismus: Der Konservatismus – im Lateinischen bedeutet conservare bewahren und erhalten – strebt nach der Erhaltung sozialer und politischer Verhältnisse. Er orientiert sich an Traditionen und überkommenen Strukturen, Institutionen und Werten; deshalb will er im sozialen Wandel zumindest die Verlangsamung sozialen, politischen und wirtschaftlichen »Fortschritts« erreichen. So betrachtet, ist der K. eine Weltsicht, die politische Bedeutung erhält. Konservative politische Denker reagieren zunächst – wie Edmund Burke – auf revolutionäre Entwicklungen oder – wie Friedrich J. Stahl – auf liberale Forderungen. Konservative Parteien entstehen, um zurückhaltende Reaktionen auf soziale und politische Veränderungswünsche anderer politischer Bewegungen durchzusetzen. Im Unterschied zum deutschen K., der staatsorientiert ist, zeichnet sich der angelsächsische K. durch die Absicht aus, die Notwendigkeit sozialer und politischer Entwicklungen anzuerkennen und Reformen zu bejahen. In der Weimarer Republik bekennen sich Konservative schließlich zur Absicht, grundlegende Veränderungen rückgängig zu machen. Diese Zielvorstellung wird als »reaktionär« bezeichnet. Nach dem Untergang des deutschen Kaiserreiches kann sich der K. nicht mit dem Gedanken der pluralistischen Demokratie aussöhnen. In vorindustriellen Wertvorstellungen verhaftet, wird sowohl der Liberalismus als auch der demokratische Sozialismus als Gegensatz des K. begriffen. Deshalb erliegen viele Konservative dem Nationalsozialismus, werden später aber in der deutschen Widerstandsbewegung zu einem seiner schärfsten Kritiker. Denn die Zusammenarbeit konservativer Parteien empfinden manche Konservative als verhängnisvolle »Verzweiflungstat« und entwickeln unter dem Eindruck ihres politischen Versagens ein positives Verhältnis zum freiheitlichen Verfassungsstaat. Innerhalb kurzer Zeit werden sie in die neu entstehenden Parteien integriert, die sich als Volksparteien begreifen und die engen Grenzen konservativer weltanschaulicher Orientierung überwinden. (Steinbach)

Konstitutionalismus ▷ Parlamentarismus

Liberalismus: Liberale Bewegungen orientieren sich an der individuellen Freiheit der Staatsbürger und wollen sie gegen die Macht des Staates dauerhaft sichern. Sie bekennen sich zu Menschen- und Bürgerrechten und wollen politische Herrschaft begrenzen durch Verfassungsbestimmungen, durch Mitwirkung der Bürger an der politischen Willensbildung und durch Bildung und Aufklärung aller. Wirtschaftlich bekennen sie sich zum Wettbewerb und schreiben dem Staat die Aufgabe zu, freie Marktbeziehungen zu garantieren. Im 19. Jh. verbindet sich der L. mit dem Fortschrittsgedanken und wird zur wichtigsten Bewegung des Bürgertums. Die Entwicklung des freien Verfassungsstaates und der Marktwirtschaft ist deshalb besonders eng mit dem Wirken liberaler Parteien und Fraktionen verbunden, die sich durch ihr Ziel charakterisieren lassen, sozialen Wandel zu ermöglichen, um politische Krisen, die als Bedrohung der Freiheit empfunden werden, zu bewältigen. Die Geschichte des deutschen L. ist durch viele Aufspaltungen der liberalen Parteien gekennzeichnet. Ende des 19. Jh. verliert der L. zunehmend die Kraft, politische, wirtschaftliche und soziale Entwicklungen gegen staatliche Einflüsse, aber auch gegen konservative und sozialdemokratische Bewegungen verteidigen zu können. Viele liberale Grundvorstellungen beeinflussen die Ziele konkurrierender Parteien. Heute versteht sich die Freie Demokratische Partei als deutsche Partei des L. (Steinbach)

Militarismus: das Vorherrschen bzw. Übergewicht des Militärs und militärisch-kriegerischer Denkweisen und Wertvorstellungen in Staat, Gesellschaft und Politik. Der Begriff entstand als politisches Kampfwort gegen Entwicklungen in Frankreich und Preußen seit Mitte des 19. Jh.s. Kennzeichen des deutschen M. nach 1871 waren u. a. die Erziehung zur Disziplin und zum blindem Gehorsam in den Schulen, die herausgehobene gesellschaftliche Stellung des Offiziers (»Reserveleutnant«), überzeichnete Feindbilder (»Erbfeind« Frankreich), hohe Rüstungsausgaben (Flottenbau), demonstratives Tragen von Uniformen und Orden in der Öffentlichkeit. Bismarck trat z. B. im Reichstag häufig in Uniform auf. Das Gegenbild zum M. ist die zivile, demokratische Gesellschaft, die zwar nicht auf eine Armee und die Vorsorge für den Verteidigungsfall verzichtet, aber das Militär auf seine spezifischen Aufgaben beschränkt. (Alter)

Minderheiten (Minoritäten): Damit werden Bevölkerungsgruppen bezeichnet, die sich von der Mehrheit durch bestimmte Merkmale wie Sprache, Herkunft, Religion, Hautfarbe oder soziale Funktion unterscheiden. In der Umgangssprache werden auch solche Gruppen M. genannt, die sich benachteiligt fühlen oder benachteiligt sind. So kann die Rede sein von den M. der Frauen, »Ausländer«, Obdachlosen oder Behinderten. Die soziale Stellung der M. bzw. der Grad ihrer politischen und sozialen Ausgrenzung wird mithin bestimmt von den Werten und Verhaltensweisen, dem Verständnis und der Toleranz der dominierenden Mehrheit. Reagiert die Mehrheit mit Intoleranz auf M. und deren Anliegen, führt dies zu Feindseligkeit, wirtschaftlicher und politischer Diskriminierung, gewaltsamen Assimilierungsversuchen und im extremen Fall sogar zur physischen Ausrottung von M. (Genozid, Völkermord). Ein furchtbares Beispiel dafür aus der jüngsten Vergangenheit ist die Verfolgung und Vernichtung der Juden und Sinti im nationalsozialistischen Deutschland. Im Völkerrecht wird der Begriff der M. mit dem Aufkommen des Nationalstaatsgedankens im 19. Jh. geläufig. Die Befürworter des Nationalstaates gehen von der Nation aus, die ethnisch, sprachlich, kulturell homogen ist. Diese angestrebte Homogenität war in der historischen Wirklichkeit jedoch immer eine Fiktion, die gefährliche Konflikte verursachte. In jeder Nation leben Gruppen, die durch ihre Herkunft, Religion oder Lebensgewohnheiten anders sind als die Bevölkerungsmehrheit. Seit dem frühen 19. Jh. standen daher in vielen Nationalstaaten Europas ethnische M. im Spannungsfeld zwischen Autonomieforderung und Unterdrückungspolitik. Heute tritt immer stärker ins Bewußtsein, daß M.-probleme nicht mit Gewalt, sondern nur politisch im Geiste der Verständigung und gegenseitiger Kompromißbereitschaft gelöst werden können. (Alter)

Moderne/Modernisierung: Der dem Französischen entlehnte Begriff »modern« ist in der deutschen Sprache zum ersten Mal für den Anfang des 18. Jh.s bezeugt. Er bedeutet »neu, neuartig« und soll die Gegenwart gegenüber der überholten »traditionalen« Gesellschaft abgrenzen. Züge moderner Mentalität wurden in den vom Bürgertum und Marktbeziehungen geprägten Städten entfaltet; sie zeigten sich zum ersten Mal in der Renaissance-Kultur und wurden dann von den Denkern der europäischen Aufklärung systematisiert: Der »moderne« Mensch ist von dem Bewußtsein durchdrungen, in einer völlig neuartigen Zeit zu leben, die mit den vorausgegangenen Epochen der Menschheitsgeschichte kaum vergleichbar sei.
Als vernunftbegabtes Individuum fühlt er sich für sich selbst verantwortlich; nur im Zweifel an den überkommenen Lehren könne er seine Verstandesfähigkeit erproben. Nur mittels einer rastlosen »vita activa« könne er zur Selbstverwirklichung in einer rein an diesseitigen Werten orientierten Gesellschaft gelangen. Die vielfältigen technischen, wirtschaftlichen, politischen und religiösen Veränderungen, deren Zeuge er ist, lassen die Überzeugung entstehen, daß alles veränderbar und somit auch alles – die Natur wie die Gesellschaft – machbar und berechenbar wäre. Als wichtigste Instrumente dieser auf aktive Veränderung drängenden Weltsicht wurden die neuen (Natur-)Wissenschaften und die Technik verstanden. Bei der wissenschaftlichen Erkenntnisarbeit wird zwischen dem forschenden Subjekt und dem zu erkennenden Objekt unterschieden. In den sozialen Beziehungen wird der Bereich der »Öffentlichkeit« gegenüber einer (rechtlich geschützten) Privatsphäre abgegrenzt. Die vielen sozialen Rollen des Individuums werden nicht mit der »Person« gleichgesetzt, wodurch »Emphatie« möglich wird, d. h. die Fähigkeit, sich so in den anderen Menschen und dessen Empfindungen und Interessen hineinzuversetzen, daß man eine gegebene Situation von ihm her beurteilen kann. Dieses rationale Verstehen erleichtert gleichzeitig auch den berechnenden Umgang der Menschen untereinander; soziale Beziehungen werden nach dem Kalkül von Zweck und Mittel beurteilt, sie müssen sich »lohnen«. Verträge ersetzen Vertrauen, und alle Lebensbereiche werden »verrechtlicht«. So läßt sich sehr allgemein die moderne Gesellschaft durch die miteinander

verschränkten Prozesse der Urbanisierung, Verwissenschaftlichung, Industrialisierung und Bürokratisierung kennzeichnen. – »Modernisierung« wird als zusammenfassender Oberbegriff für diese Form sozialen Wandels verwendet. Die Ablösung und Zerstörung traditionaler Lebensformen und Denkweisen kann von den einzelnen Mitgliedern einer traditionalen Gesellschaft als »Entwurzelung« erfahren werden; von ihnen wird ein hohes Maß an physischer, sozialer und psychischer Mobilität verlangt, z.B. Abwanderung in die Stadt, Erlernen eines neuen Berufes, Gewinn oder Verlust sozialen Ansehens, Ersatz für religiöse Sinnmuster etc. Als politisches Programm bedeutet »Modernisierung« meist einen Katalog positiv verstandener Ziele für die »Entwicklungsländer«: effiziente Bürokratie, berechenbares Rechtssystem, leistungsfähige Infrastruktur besonders im Kommunikations- und Verkehrswesen, umfassendes Bildungssystem, aufnahmefähiger Binnenmarkt etc. Kritisch wird gegen dieses Konzept eingewandt, daß dadurch den Ländern der Dritten Welt der »europäische Weg« als einzige und notwendige Form von Entwicklung aufgezwungen werde. (Hufnagel)

Nation: Der Begriff leitet sich von lat. nasci = geboren werden ab. Er bezeichnet eine Gemeinschaft von Menschen (z.B. ein »Volk«), die sich aufgrund vielfältiger Beziehungen sprachlicher, kultureller, religiöser und politischer Art ihrer Zusammengehörigkeit und besonderen Interessen bewußt sind. Diese Menschen teilen ein mehr oder weniger identisches »Nationalbewußtsein«. Die Angehörigen einer N. sind überzeugt von ihrem Anders- und Besonderssein im Vergleich zu anderen N.en. Die Sprecher der N. fordern für sie politische Selbstbestimmung oder haben diese im Rahmen eines Nationalstaats bereits verwirklicht. Die Interessen der N. werden unter Hintanstellung anderer Bindungen (Klasse, Konfession, Sippe) zum Maßstab des politischen Denkens und Handelns. Die moderne N. entsteht in Frankreich in der Revolution von 1789: Die Bürger der Republik, die sich zu den politischen Idealen und Grundsätzen der Revolution bekennen, bilden die souveräne französische N., eine soziale und politische Gemeinschaft rechtsgleicher Bürger. Die mündige N., nicht mehr Geblütsrecht oder Gottesgnadentum des Monarchen, legitimiert durch ihre gewählten Vertreter von nun an politische Macht und Herrschaftsausübung. In Deutschland, Italien und anderen Teilen Europas verfügte die N. im frühen 19. Jh. noch nicht über den eigenen nationalen Staat. Erst im Laufe des 19. Jh.s und frühen 20. Jh.s überwinden »Nationalbewegungen« die Aufsplitterung der N. in Einzelstaaten (Italiener, Deutsche) bzw. lösen sie aus ihrer Einbindung in multinationale Reiche durch die Schaffung von unabhängigen Nationalstaaten (Finnen, Polen, Tschechen, Slowaken, Iren). (Alter)

Nationalsozialismus ▷ Faschismus

Öffentlichkeit tritt im Zusammenhang mit der Aufklärung als wichtigster Faktor des politischen und gesellschaftlichen Lebens hervor (»Publikum«). Die enge Verbindung mit dem älteren »öffentlich« (lat. »publicus«) weist auf Bedeutungsveränderungen im Bereich »öffentlich« und »privat« hin. In der Antike beschrieb »publicus« sowohl die zum Staat als auch die zur ganzen Bevölkerung gehörigen Angelegenheiten. Die neuzeitliche Konfrontation von Staat und Gesellschaft, Fürst und Untertan fehlt hier so gut wie völlig. Im mittelalterlichen Gerichtswesen sollte die institutionell garantierte Ö. für jedermann ein gerechtes Urteil im (weltlichen) Verfahren sichern. Der reglementierende, umfassende Fürsorgeanspruch des Fürstenstaats konnte »öffentlich« mit »staatlich« gleichsetzen.
In den Kaffeehausgesellschaften Englands, in den französischen Salons und in den gelehrten Tischgesellschaften Deutschlands bildeten sich seit dem ausgehenden 17. Jh. neue Formen der Ö. aus. Sie hatten zwar einen starken ästhetischen Bezug, doch entwickelte sich dort auf der moralisch-rationalen Grundlage des Gesprächs alsbald ein politischer Wert. Die politischen Themen erreichten das gebildete Publikum mit Hilfe spezieller Kommunikationsmittel: Flugschriften, Zeitungen, Ausstellungen, Theater, Bibliotheken und für die Ö. verfaßte Korrespondenzen. Dadurch sollten nicht nur Informationen weitergegeben, sondern auch Reflektionen angeregt und kritische Resonanz erzeugt werden. Eine mündig werdende »bürgerliche Ö.« gewann den Rang eines sozialen Schichtenbegriffs. Er stand im starken Kontrast zum höfischen Verständnis von Regierung und öffentlichen Belangen. Der Fürst suchte das politische Mitsprache verlangende Bürgertum von der Teilhabe am öffentlichen Leben auszuschließen und öffentliches »Raisonnement« zu unterbinden.
Seit der Französischen Revolution wuchs der Anspruch des politisch diskutierenden Teils der Ö., staatliche Autorität habe sich in der Ö. zu legitimieren, sich der Diskussion in einem nichthöfischen, in einem geistigen und sozialen Raum der öffentlichen Diskussion zu stellen. Für das liberale Bürgertum wurde Ö. im 19. Jh. zum Kontrollorgan gegenüber der Regierung, zur Formel, in der sich das Volk mit

seinem politischen Programm (Konstitutionalismus) wiederfinden konnte: Ö. der Beratungen (Parlamente, Landstände, Gerichte), der Finanz- und Rechnungslegung und der Kommunikation (Informations-, Meinungs- und Pressefreiheit), Entfaltung der »öffentlichen Meinung«. In der Restaurationszeit konnte deshalb »öffentlich« mit »oppositionell« gleichgesetzt werden. Im neuzeitlichen Verfassungsstaat trägt Ö. erheblich dazu bei, Freiheit und Rechtsstaatlichkeit zu sichern. Im Zeitalter der Massenmedien (»artikulierte Ö.«) versuchen Regierung, Parteien, Verbände und Wirtschaftsunternehmen über Presse, Radio und Fernsehen die Ö. auch mit den Methoden der Propaganda, Öffentlichkeitsarbeit und Werbung in ihrem Sinn zu beeinflussen. (Sösemann)

Parlamentarismus/Konstitutionalismus: In einem parlamentarischen Regierungssystem ist das Parlament Repräsentant des Volkes und Garant der Gewaltenteilung. Aus der gewählten Volksvertretung geht die Regierung hervor, die nach der Ernennung des Kabinetts – des Regierungschefs und seiner Minister – die Kontrolle der Exekutive ausübt und in entscheidender Weise an der Gesetzgebung beteiligt ist. »Parlamentum« bedeutet im Spätmittelalter zunächst das Verhandlungsgespräch. Später werden französische Gerichtshöfe als »Parlement« bezeichnet. Entscheidend ist jedoch, daß sich die Vertreter englischer Städte, Flecken und Universitäten, die das »House of Commons« bilden, als Angehörige eines »Parliaments« empfinden und sich als Widerpart des Königs und seiner Verwaltung verstehen.

Bildeten sich in England bereits im 17. Jh. Ansätze eines parlamentarischen Regierungssystems aus, so galt als frühe Form des deutschen P. zunächst der Konstitutionalismus. Mit diesem Begriff wird das Nebeneinander von monarchischem Prinzip und Volkssouveränität bezeichnet: Aus Wahlen geht eine Volksvertretung hervor, die noch nicht das Recht hat, die Regierung zu bestimmen oder abzuwählen. Die Exekutive bleibt im konstitutionellen System weitgehend vom Vertrauen des Monarchen abhängig, der auch den militärischen Oberbefehl wahrnimmt. Die gewählten Abgeordneten üben gemeinsam mit dem Monarchen, der freiwillig seine monarchische Souveränität (Gottesgnadentum) durch eine Verfassung (Konstitution) begrenzt hat, das Gesetzgebungsrecht aus. Durch ihr Haushaltsbewilligungsrecht können sie jedoch Einfluß auf die Regierung nehmen.

Im 19. Jh. geben sich einige europäische Staaten eine parlamentarische Regierungsform. Als vorbildlich gilt die belgische Verfassung von 1831. Im 20. Jh. entstehen nach dem Ersten Weltkrieg in ganz Europa Staaten mit parlamentarischen Regierungssystemen, die allerdings zunehmend durch autoritäre und diktatorische Regierungsformen ersetzt werden. Mit dem Ermächtigungsgesetz vom 23.3.1933 verzichtet schließlich der Deutsche Reichstag zugunsten Hitlers auf sein Gesetzgebungsrecht. Damit endet die erste deutsche parlamentarische Demokratie. Nach 1945 entsteht mit der Bundesrepublik Deutschland ein neues parlamentarisches System, in dem der Bundeskanzler eine besonders starke Stellung hat: Er kann nur abgewählt werden, wenn der Bundestag die Kraft hat, einen neuen Kanzler zu bestimmen. Das Gegeneinander von Parlament und Regierung wird überdies zunehmend durch die Kontrollfunktionen der Opposition ersetzt, die gegenüber der Regierung wahrgenommen werden, weil die Regierungsmehrheit der Abgeordneten im modernen parlamentarischen System die Regierungsarbeit zu unterstützen und die Regierungspolitik zu verteidigen hat. (Steinbach)

Partizipation/Wahlrecht. Wörtlich übersetzt, bedeutet P. Beteiligung oder Teilnahme. Die umfassende Demokratisierung der Gesellschaft ist seit der Französischen Revolution ein unaufhaltsam erscheinender Prozeß, der Ausdruck der »Fundamentalpolitisierung« ist und durch die wachsende Partizipation immer größerer Bevölkerungsgruppen an der Willensbildung charakterisiert werden kann. Die Ausbreitung der Presse, die Bildung von Vereinen und die Ausdehnung der Parteien sind ebenso wie die Demokratisierung von Verfassungsstrukturen entscheidende Voraussetzungen wirksamer politischer Beteiligung. P. soll Staat und Gesellschaft wie ein »Scharnier« miteinander verbinden. Seit dem frühen 19. Jh. beeinflußt die Teilnahme der Bürger zunächst die politische Selbstverwaltung in Städten und Gemeinden. Bald wird aber die Frage wichtig, ob und wie die Volkssouveränität neben dem monarchischen Prinzip als Voraussetzung politischer Legitimation anerkannt werden kann (»Konstitutionalismus«). Deshalb wird das Wahlrecht und seine Ausweitung zum entscheidenden Problem politischer P. im 19. Jh. In England wird das Wahlrecht seit 1932 mehrfach reformiert. In Frankreich erhalten zur gleichen Zeit vor allem Angehörige des Besitz- und Bildungsbürgertums das Wahlrecht, während es unteren Schichten vorenthalten wird. Als geradezu revolutionär gilt die Einführung des allgemeinen, gleichen, geheimen und direkten Männerwahlrechts im Deutschen Reich 1867 und 1871. Es sprach dem Kandidaten einer Partei einen Reichstagssitz zu, der in seinem Stimmkreis die absolute Mehrheit, häufig als Ergebnis einer Stichwahl, erhalten hatte, und als sehr demokratisch geltende bestand neben dem Dreiklassenwahlrecht, das zur gleichen Zeit in den deutschen Einzelstaaten der Wahl von Landtagen und Kommunalvertretungen diente. Obwohl das Dreiklassenwahlrecht stets umstritten und das moderne Reichstagswahlrecht lange Zeit durch einen Staatsstreich bedroht war, ermöglichte es eine bemerkenswerte demokratische Willensbildung, wenn es auch durch die Urbanisierung und Industrialisierung zur Verzerrung des Stimmgewichts einzelner Wahlkreise kam. Allerdings waren die Frauen in der Regel von der Stimmabgabe ausgeschlossen und konnten nur selten in politischen Parteien mitarbeiten. Das Frauenwahlrecht wurde erstmals 1894 in Neuseeland eingeführt. In Europa wurde es erst nach dem Ersten Weltkrieg, in Deutschland 1919 mit der Weimarer Verfassung durchgesetzt.

P. bedeutet auch im 20. Jh. das Ringen um das der Volkssouveränität gemäße Wahlrecht. Dem Prinzip des Verhältniswahlrechts der Weimarer Verfassung zufolge sollte der Anteil der Abgeordnetenmandate dem Anteil der auf Parteilisten entfallenen Stimmen entsprechen. Dabei wurden auch Splitterparteien berücksichtigt, so daß die parlamentarische Mehrheitsbildung nach 1919 sehr erschwert war. Außer Wahlen sah die Weimarer Verfassung auch Volksbefragungen und Volksabstimmungen vor. Neben einer repräsentativen gab es so auch eine plebiszitäre Komponente politischer Willensbildung, die nach 1933 Hitler zur Legitimierung seiner Herrschaft einsetzen konnte.

In der Bundesrepublik Deutschland gilt ein personalisiertes Verhältniswahlrecht. Die Hälfte der Bundestagsabgeordneten wird in Wahlkreisen direkt mit relativer Stimmenmehrheit gewählt, während die andere Hälfte nach dem Verhältniswahlrecht bestimmt wird und über Parteilisten in den Bundestag gelangt. In der DDR galt ein Blockwahlrecht, dem zufolge schon vor den Wahlen, die in der Regel nicht geheim waren, die Zusammensetzung der »Volkskammer« festgelegt worden war.

Schließlich wurde und wird P. nicht nur durch Wahlrechtseinandersetzungen, sondern vor allem auch durch die Ausweitung der Mitbestimmung in den Betrieben und durch die Demokratisierung gesellschaftlicher Bereiche bestimmt. P. gilt als Begleiterscheinung einer möglichst umfassenden Demokratisierung und Emanzipation. (Steinbach)

Reform ▷ Revolution

Republik: Als Republik wird jede Staatsform bezeichnet, die keine Monarchie ist. In der Antike bezeichnet res publica den Dienst für die gemeinsame Sache, für das »Gemeinwesen«. In der frühen Neuzeit wird der Begriff Republik verwendet, um eine Staatsform zu bezeichnen, in der viele herrschen. Diese Vorstellung wird seit dem späten 18. Jh. mit dem Begriff Demokratie verbunden. In Deutschland wird der Begriff Republik häufig verwendet, um den Gegensatz zum monarchischen Obrigkeitsstaat auszudrücken. Das Grundgesetz der Bundesrepublik Deutschland will jede Allein- und Willkürherrschaft unterbinden und steht deshalb in einer republikanischen Tradition, die erstmals in der Weimarer Verfassung ihren Ausdruck gefunden hat. Zugleich wird aber deutlich, daß der Begriff der Republik mit den Begriffen Demokratie und Rechtsstaat eine enge Verbindung eingeht.

(Steinbach)

Revolution/Reform sind als Begriffe der politischen, staatsrechtlichen und sozialen Auseinandersetzung neuzeitlich; die ihrem Gebrauch zugrundeliegenden Erfahrungen reichen bis in die Antike zurück (»rebellio«, »discordia«, »reformatio«). Mit dem Begriffspaar wurde in der Neuzeit zumeist versucht, komplexe politische, gesellschaftliche, wirtschaftliche und kulturelle Entwicklungen darzustellen und zu beurteilen. Damit sind sowohl tiefgreifende kurzfristige, zumeist gewaltsame Akte gemeint als auch langfristige strukturelle Veränderungen (»permanente Revolution«, »Reformprozeß«). Die leitenden Gesichtspunkte der Bewertung sind dabei die Motive, die Konzepte und die beabsichtigten oder auch unbeabsichtigten Folgen der Revolutionäre und Reformer für Staat und Gesellschaft. Die wiederholt vorgenommenen Versuche, das Begriffspaar zu definieren, bleiben wegen der Vielfalt der unterschiedlichen Erscheinungsformen unbefriedigend. Denn zu verschiedenartigen Bereichen und Themen sind Überlegungen anzustellen: über die soziale Herkunft und politische Bedeutung der beteiligten Gruppen, über die Anwendung von Gewalt, über den Umfang und die Ziele der beabsichtigten Eingriffe, über das Ausmaß von Kontinuität in Politik, Wirtschaft und Gesellschaft, über den Grad der Übereinstimmung des Konzepts mit der Überzeugung größerer meinungsbildender Gruppen. Die Interpretation begrenzter historischer Themen vermag die vielfältigen Beziehungen zwischen den Phänomenen »Revolution«, »Reform«, »Gegenrevolution«, »Revolte«, »Revolution von oben«, »industrielle Revolution«, »Kulturrevolution«, »konservative Revolution« oder der sog. »gescheiterten Revolution« aufzuzeigen und vor vorschnellen Analogien zu bewahren. Die Anwendung marxistischer Revolutionstheorien (Lenin) oder die Sammlung äußerlicher Einzelheiten (C. Brinton) zeigen das Dilemma einer zu eng angelegten Revolutionsforschung. Sie führen nicht zu einer Theorie der Modernisierung oder Systemveränderung, sondern zu einem starren Modell. Dieses Vorgehen reduziert »Reform« zu einem Komplementärbegriff, der im Sinn von »nicht-revolutionär« und damit als »konservativ« mißverstanden wird. Ein Ausweg aus dem skizzierten Dilemma könnte darin liegen, die europäische Geschichte seit dem Ancien régime als »Revolutionszeitalter« zu untersuchen (Tocqueville, Jacob Burckhardt). Dabei hätte sich der Blick auf die Erscheinungen zu konzentrieren, die Modernisierungsbestrebungen in Staat, Wirtschaft und Gesellschaft förderten oder hemmten. Das Begriffspaar ließe sich dann weniger in einer antinomischen Gegenüberstellung als vielmehr in der interpretierenden Konfrontation ihrer jeweiligen Gesamtkonzepte erfassen. Dadurch könnte auch das Verständnis für die im 18. und 19. Jh. weit verbreitete zeitgenössische Ansicht wachsen, Reformen stellten durchweg Revolutionen dar (»la belle révolution«; »eine Revolution im guten Sinn« (Hardenberg)). In der Auseinandersetzung mit der Metternichschen Politik gewinnt der Reformbegriff schärfere, entschiedenere Konturen, da er nunmehr den Begriffen »Reaktion« und »Restauration« gegenübertritt.

(Sösemann)

Sozialismus. Der Begriff S. bezeichnet den Gegensatz zum Kapitalismus und beschreibt eine Wirtschafts- und Gesellschaftsordnung, in der an die Stelle des Privateigentums an Produktionsmitteln das Genossenschafts- oder Staatseigentum tritt. Genossenschaftliche Produktion sollte an die Stelle privater Aneignung des »Mehrwerts« treten und so fremdbestimmte »Ausbeutung« und die Zunahme des Privateigentums an Produktionsmitteln werde letztlich die Herrschaft des Menschen über den Menschen abgeschafft. Das Verhältnis zwischen »Kapital und Arbeit« (»Produktionsverhältnisse«) soll durch die Einschränkung privater Verfügungsgewalt über Menschen und Sachen neu gestaltet und die gesellschaftlich bedingte »Selbstentfremdung« des Menschen aufgehoben werden.

Obwohl der Begriff S. erst seit den 30er Jahren des 19. Jh.s gebräuchlich wird und bald das Programm sozialistischer Bewegungen bezeichnet, gibt es seit der Antike eine lange utopische Tradition genossenschaftlicher Gesellschafts- und Lebensentwürfe, die im Privateigentum die Ursache von Fehlentwicklungen des menschlichen Zusammenlebens erblicken. Auch radikale christliche Sekten und sozialutopische Bewegungen wie die Leveller haben sich für die Durchsetzung gleicher Lebensverhältnisse, gleichen politischen Einflusses in staatlichen Institutionen und gleicher Rechte aller Menschen eingesetzt. Sozialisten sehen in der geschichtlichen Entwicklung einen Prozeß, der die Emanzipation des Menschen von der Natur, der Gesellschaft und dem Staat verwirklicht und mit der Abhängigkeit auch die Voraussetzung von Herrschaft und Unterdrückung beseitigt. Weil Sozialisten beanspruchen, Theorie und Praxis miteinander zu verbinden, werden allgemeine sozialphilosophische Vorstellungen bald zu politischen Programmen, die verwirklicht werden sollen. Die sozialistischen Ziele sollen durch Produktionsgenossenschaften, aber auch durch politische Konflikte (Klassenkämpfe) oder Revolutionen befördert werden. Dabei wandten sich die Anhänger des S. vor allem gegen Vertreter der alten Mächte (Feudalismus) und gegen das Bürgertum (Bourgeoisie), das sie nach der Revolution von 1848 für deren Scheitern verantwortlich machten, weil es mit den »Feudalkräften« einen Kompromiß geschlossen hatte. Die Anhänger des S. glauben, die historische Aufgabe des Liberalismus vollenden zu müssen. Mit der Einführung des demokratischen Wahlrechts verbinden sie die Hoffnung, sich des Staates bemächtigen und so die gesellschaftlichen Verhältnisse verändern zu können. Ferdinand Lassalle sieht im Staat nicht allein ein Herrschafts- und Unterdrückungsinstrument, sondern eine Möglichkeit, gesellschaftliche Veränderungsprozesse zu beeinflussen. Dies unterscheidet ihn von Anarchisten, die jede Herrschaft und damit den Staat ablehnen und in der gesellschaftlichen Selbstbefreiung die Voraussetzung für die Entfaltung des Menschen sehen. Seit der Mitte des 19. Jh.s gliedert sich der S. in viele Richtungen. Während die einen als Sozialdemokraten Demokratie und Sozialismus verbinden wollen und in der gesellschaftlichen Entwicklung die Voraussetzungen gewaltfreier Evolution und Reform sehen, betonen andere, nur durch Revolutionen ließe sich die bürgerliche Gesellschaft stürzen. Sie sehen ihr Vorbild in der Pariser Kommune von 1871, die das Rätesystem verwirklichen wollte.

Zu den wichtigsten Vertretern des sozialistischen Denkens werden K. Marx und F. Engels. Beide analysieren die »bürgerlich-kapitalistische Gesellschaft« und sind davon überzeugt, daß der Kapitalismus an seinen eigenen Widersprüchen scheitern werde. Der Sozialdemokrat Eduard Bernstein bezweifelt, daß entscheidende Grundannahmen des S. – etwa die wachsende Verelendung der Lohnabhängigen und die Auflösung des Mittelstands im Zuge ökonomischer Konzentration – mit der Wirklichkeit übereinstimmen und revidiert infolgedessen sozialistische Positionen (»Revisionismus«). Er wird deshalb von anderen Sozialisten – unter ihnen Rosa Luxemburg – heftig angegriffen, weil sie ihm vorwerfen, die Gegensätze zwischen Proletariat und Bürgertum verwischt zu haben. Immer deutlicher treten sich sozialistische Grundrichtungen gegenüber: Der Reformismus setzt auf die gewaltfreie Veränderung, während der Radikalismus sich auf die revolutionäre Zerstörung der kapitalistischen Gesellschaft konzentriert. Wortführer dieser radikalen Richtung wird W. I. Lenin, der durch die Diktatur des Proletariats sozialistische Verhältnisse durchsetzen und so die Voraussetzungen für den Kommunismus schaffen wollte, in dem nach völliger Abschaffung von Macht und Herrschaft die Freiheit herrschen sollte. Diese Revolution sollte der Befreiung der Unterdrückten in aller Welt dienen (»Internationalismus«). Als »Avantgarde« der Revolution bezeichnete Lenin, der an marxistische Vorstellungen anknüpfte und sie zum Bolschewismus (Marxismus-Leninismus) weiterentwickelte, seine Partei, die zentralistisch geführt wurde. Nach seinem Tod gab Stalin vor, den Sozialismus in einem Land verwirklichen zu können. Die Sowjetunion galt ihm als Vaterland aller Sozialisten, in dem eine kommunistische Ordnung ohne Rücksicht auf mögliche Opfer und Entbehrungen durchgesetzt wurde. Die Sowjetunion bekannte sich zur Planwirtschaft und beanspruchte die Führung des internationalen Proletariats, das von der kapitalistischen Ausbeutung befreit werden sollte. Die sowjetische Gesellschaft wurde gewaltsam unterdrückt und durch Terror eingeschüchtert.

Im Zusammenhang mit der Entkolonisierung entstanden sozialistische »Befreiungsbewegungen«, die nationale Befreiungsbestrebungen mit sozialistischen Grundüberzeugungen verbanden. Ihr theoretischer Wortführer war der chinesische Kommunist Mao Zedong (Maoismus), der den »antiimperialistischen nationalen Befreiungskampf« als Voraussetzung für die Abschaffung des Kapitalismus bezeichnete. Er deutete so die Möglichkeit eines Entwicklungsweges an, der unabhängig von den Erfahrungen der Industriestaaten verwirklicht werden sollte. Neben den sozialistischen Bewegungen, die sich am Endziel einer kommunistischen Gesellschaftsordnung orientieren, entwickelte sich seit dem 19. Jh. eine demokratische Richtung des Sozialismus. Sozialdemokratische Ziele verbinden die Freiheitsvorstellungen des politischen Liberalismus mit dem Anspruch, die sozialen Lebensverhältnisse durch politische Eingriffe zu sichern. In vielen Staaten werden sozialdemokratische Parteien an der Regierung beteiligt und können so ihre reformpolitischen Ziele umsetzen. Marxistisch-leninistische und stalinistische Vorstellungen des S. scheitern Ende der achtziger Jahre in vielen Staaten des »real existierenden Sozialismus«, deren planwirtschaftliche Ordnung zunehmend durch marktwirtschaftliche Elemente ersetzt werden soll. (Steinbach)

Sozialstaat/Wohlfahrtsstaat. In den demokratischen Revolutionen des 18. und 19. Jh.s wurde der moderne Verfassungsstaat angestrebt, in dem alle Bürger in ihren Freiheitsrechten vor der Willkür der Staatsgewalt geschützt und gleich behandelt werden sollten. Die Garantie bürgerlicher Rechtsgleichheit war die Hauptaufgabe des neuen Rechtsstaates. Die sozialen Auswirkungen der Industriellen Revolution – Ausbeutung und Verelendung der Arbeiter und ihrer Familien – und der Druck der Arbeiterbewegung veranlaßten die Inhaber der staatlichen Macht, die Rolle des vermeintlich neutralen »Nachtwächterstaates« aufzugeben und regulierend in das wirtschaftliche Geschehen einzugreifen. Zuerst in Deutschland unter Bismarck, dann im 20. Jh. in allen Industriestaaten wurde eine umfassende Sozialgesetzgebung in Gang gebracht, die alle Bürger vor materieller Not (Krankheit, Invalidität, Arbeitslosigkeit) sowie vor ungerechter Behandlung und Ausbeutung im Arbeitsleben (Arbeitsschutz, Kündigungsschutz, Mitbestimmung) schützen soll. So wurde durch den modernen »Interventionsstaat« das Konfliktpotential in den Industriegesellschaften entschärft. Im Gegensatz zum kommunistischen Modell wird im westlichen Sozialstaat das privatkapitalistische Eigentum nicht abgeschafft, sondern durch gesetzliche Bestimmungen soll eine gerechtere Verteilung des erarbeiteten Mehrwerts gewährleistet und die Bildung von Eigentum in allen sozialen Schichten erleichtert werden. So ist der S. in seinem Ansatz reaktiv, reformistisch und kompensatorisch. Im Laufe der Zeit hat er sich immer stärker zum »Wohlfahrtsstaat« entwickelt (der Begriff wurde zum ersten Mal 1932 in Deutschland in verächtlicher und gegen die Weimarer Republik gerichteter Absicht verwandt). Die »pursuit of happiness« kennt keine prinzipiellen Grenzen, und in der modernen Massendemokratie können die Wünsche der Bürger über die parlamentarische Gesetzgebung schnell zu rechtlichen Ansprüchen verfestigt werden; in einer arbeitsteiligen und heterogenen Industriegesellschaft lassen sich beim Vergleich mit anderen Gruppen immer relative Ungleichheiten feststellen, die dann durch staatliche Leistungen ausgeglichen werden sollen. So beansprucht der moderne S.- und W. einen großen Anteil des Sozialprodukts (in den westlichen Industriestaaten durchschnittlich fast 30%); in den skandinavischen Ländern, in denen das universelle Leistungsprinzip am weitesten verwirklicht ist, sind etwa 40% der Bevölkerung als Patienten, Klienten oder Rentner von sozialstaatlichen Diensten abhängig.

In den letzten Jahren hat sich die Kritik am W. verstärkt: Er bevormunde den einzelnen Bürger und lasse jegliche persönliche Initiative und Verantwortungsbereitschaft absterben; die dirigistische Bürokratie sei zu einem Wasserkopf angeschwollen und die Kosten seien nicht mehr zu finanzieren. Als Gegenmodell wird der »minimal state« empfohlen, der sich aus dem Wirtschaftssystem zurückziehen und sich nur auf die beiden klassischen Aufgaben innerer Frieden und äußere Sicherheit konzentrieren müsse. (Hufnagel)

Terror: Der Begriff bezeichnet zunächst willkürlich verbreiteten »Schrecken« gegenüber einzelnen und Gruppen, die durch Angst vor den Folgen des T. – Enteignung, Vertreibung, Haft, Mißhandlung, Folter, Tod – eingeschüchtert und gelähmt werden sollen. T. ist wichtiges Merkmal der Gewaltherrschaft und wird erst seit dem Ende des 18. Jh.s zum Kennzeichen von Herrschern und machtbewußten Gruppen, die gezielt politische Verhältnisse verändern wollen und sich dabei auch zur Ausübung von Gewalt bekennen. Die Vorstellung des T. wird im 19. Jh. entscheidend durch die terroristische Phase der Französischen Revolution, im 20. Jh. durch die bolschewistische Revolution von 1917 und das Herrschaftssystem Stalins, aber auch durch das nationalsozialistische »Dritte Reich« geprägt, das immer wieder als Unrechts- und Schreckensstaat bezeichnet worden ist. Nach 1945 wurde der Terrorismus zum Kennzeichen von Befreiungsbewegungen und Minderheiten, die durch Anschläge auf ihre Ziele aufmerksam machen und öffentliche Unterstützung finden wollten. Seit den 60er Jahren übernahmen kleine Gruppen Methoden des Guerilla-Kampfes und verübten Bombenanschläge, Morde an häufig willkürlich ausgesuchten Opfern oder Erpressungsversuche, um zu beweisen, daß der Staat handlungsunfähig werden konnte. Manche erhofften sich auch, staatliche Institutionen herausfordern und zu rechtswidrigem Verhalten veranlassen zu können. Terror sollte die Grundlagen des Rechtsstaates erschüttern und die Vertreter des Staates demaskieren. (Steinbach)

Totalitarismus ▷ Faschismus

Verfassungsstaat/Rechtsstaat: Im modernen Verfassungsstaat soll durch die Festlegung von Kompetenzen und Verfahren die Willkür staatlichen Machtgebrauchs eingeschränkt werden. Zunächst forderten die Stände vom Monarchen die ausdrückliche Bestätigung ihrer angestammten Rechte. Später forderte das Bürgertum, das wirtschaftlich immer stärker wurde, unbedingte Rechtsgleichheit, um überkommene ständische Privilegien zu beseitigen. Die größere Berechenbarkeit, wie sie durch die verfassungsstaatliche Regulierung der Herrschaftspraxis gewährleistet wurde, war eine der wesentlichen Voraussetzungen für die Entwicklung der kapitalistischen Industriewirtschaft. Der Rechts- und Verfassungsstaat war zunächst keineswegs notwendig an demokratische Legitimitätsprozesse gebunden, so z. B. die konstitutionelle Monarchie oder andere Formen eines Obrigkeitsstaates, in dem die Herrschaftsgewalt in ihrer Ausübung eingeschränkt und durch eine Verfassung geregelt wurde. Im modernen demokratischen Rechtsstaat, der auf der Idee der »Volkssouveränität« beruht, wirkt allein die demokratische Willensbildung legitimitätsstiftend. Die Freiheitsrechte des Individuums sollen durch einen ausdrücklichen Kanon von »Grundrechten« (Bill of Rights) geschützt werden, in dem Glaubens-, Rede-, Versammlungs- und Vertragsfreiheit ebenso festgelegt werden wie der Schutz des Eigentums, der Privatsphäre und der Menschenwürde. Staatliche Gesetze und Maßnahmen müssen den in der Verfassung niedergelegten Zielen und Regeln entsprechen. Durch Gewaltenteilung zwischen Legislative, Exekutive und Judikative soll einer einseitigen Machtkonzentration Einhalt geboten werden. Die Gesetze gelten grundsätzlich für alle Staatsbürger; sie legen im vorhinein und eindeutig fest, was als Verbrechen gilt und mit welcher Strafe dieses geahndet werden darf. Jeder Bürger kann die Gerichte anrufen und ist dort, wie auch bei Wahlen und anderen Formen der politischen Mitbestimmung, gleichberechtigt. Die im Grundgesetz der Bundesrepublik Deutschland enthaltene Bestimmung, diese sei ein »sozialer Rechtsstaat«, soll die Aufgabe bezeichnen, die tatsächliche Ungleichheit der Lebenschancen und Machtressourcen durch staatliche Eingriffe zu korrigieren, um die in der Verfassung garantierte Gleichberechtigung nicht nur formell zu verkünden, sondern auch praktisch zu gewährleisten. (Hufnagel)

Wahlrecht ▷ Partizipation/Wahlrecht

Wohlfahrtsstaat ▷ Sozialstaat/Wohfahrtsstaat

Literaturempfehlungen

Die Epoche der Revolution, der Reformen und der Restauration 1774–1830

Die Französische Revolution

P. Fischer, (Hg.), Reden der Französischen Revolution (dtv 6029) – eine thematisch breit eingeleitete Auswahl.
G. Pernoud u. a. (Hg.), Die Französische Revolution in Augenzeugenberichten (dtv 2702) – eine gute Zusammenstellung verschiedenartiger Quellentexte.
K. Griewank, Die Französische Revolution, 1789 bis 1799 (Böhlau) ⁶1975 – eine knappe, verständlich geschriebene Einführung.
F. Furet u. a., Die Französische Revolution (Fischer Tb. 7371) 1989.
Schulin, Ernst: Die Französische Revolution (C. H. Beck) 1989 – eine klar gegliederte und perspektivenreiche Überblicksdarstellung.
L. Bergeron u. a., Das Zeitalter der europäischen Revolution, 1780–1848 (Fischer-Weltgeschichte 26) – eine anspruchsvolle Gesamtdarstellung.
E. Hinrichs: Ancien Regime und Revolution (Suhrkamp, Frankfurt a. M.) 1989 – Gesamtdarstellung, die sich um eine stärker strukturelle Sicht und die Ursachen der Entwicklungen bemüht.
Darnton, Robert: Literaten im Untergrund. Lesen, Schreiben und Publizieren im vorrevolutionären Frankreich (Fischer-Wissenschaft Tb. 7412) 1989 – einzelne Beiträge zur Geschichte der Ideen, Mentalitäten und Presse.
G. Lefebvre, 1789. Das Jahr der Revolution (dtv 4491) – eine lebendige Schilderung der Ursachen und der ersten Phasen der Revolution.
A. de Tocqueville, Der alte Staat und die Revolution (dtv 2204) – eine geistreiche Auseinandersetzung mit den politischen, gesellschaftlichen und mentalen Folgen des revolutionären Umbruchs.

Europa im Zeitalter Napoleons

P. Berglar, Wilhelm von Humboldt (Rowohlts Monographien 161) – eine gut geschriebene und mit zahlreichen Text- und Bilddokumenten ausgestattete Biographie.
M. Braubach, Von der Französischen Revolution bis zum Wiener Kongreß (Gebhardt, Handbuch der deutschen Geschichte, 14, dtv 4214) – die deutsche Geschichte steht im Mittelpunkt dieser übersichtlich gegliederten Darstellung.
A. Maurois, Napoleon (Rowohlts Monographien 112) – eine anschaulich erzählende Biographie.
H. Rössler, Reichsfreiherr vom Stein (Persönlichkeit und Geschichte, Muster-Schmidt) ²1964 – eine knappe Einführung in Leben und Werk.
H. Berding u. a. (Hg.): Deutschland und Frankreich im Zeitalter der Französischen Revolution (Suhrkamp, Frankfurt a. M.) 1989 – die einzelnen Beiträge behandeln die vielschichtigen und spannungsreichen Beziehungen zwischen Frankreich und seinen so unterschiedlich »betroffenen« deutschen Nachbarstaaten.
W. von Hippel (Hg.), Freiheit, Gleichheit, Brüderlichkeit. Die Französische Revolution im deutschen Urteil (dtv 2960) – eine breite, gut kommentierte Auswahl, die die wichtigsten Urteile und Ansichten erfaßt.

Europäische Friedensordnung und Restauration

H. Spiel, (Hg.), Der Wiener Kongreß in Augenzeugenberichten (dtv 1326) – eine Quellenzusammenstellung, in der ein besonderes Interesse dem gesellschaftlichen Leben und dem Ablauf der diplomatischen Aktionen gilt.
F. Hartau, Clemens Fürst von Metternich (Rowohlts Monographien 250) – eine in Text und Bild reich dokumentierte Biographie.
Th. Schieder, Vom Deutschen Bund zum Deutschen Reich (Gebhardt, Handbuch der deutschen Geschichte 15, dtv 4215) – eine wissenschaftliche Überblicksdarstellung zur deutschen Geschichte.
P. Burg, Der Wiener Kongreß. Der Deutsche Bund im europäischen Staatensystem; *W. Hardtwig,* Vormärz. Der monarchische Staat und das Bürgertum; *H. Schulze,* Der Weg zum Nationalstaat. Soziale Kräfte und nationale Bewegung (alle in: Deutsche Geschichte der neuesten Zeit, Bde. 4501, 4502, 4503, dtv) 1987 ff. – gut erläuterte, sprachlich verständlich formulierte Einführungen mit jeweils einer Skizze des Forschungsstandes, Quellen- und Literaturhinweisen.

Revolutionen und Reformen in Europa 1830–1848/49

L. Bergeron u. a., Das Zeitalter der europäischen Revolution 1780–1848 (Fischer WG 26) – anregende und anspruchsvolle Problemübersicht.
E. Weis, Der Durchbruch des Bürgertums 1776– 1847 (Propyläen Geschichte Europas im Ullstein TB Bd. 4) – glänzend geschriebene Gesamtdarstellung.
H. Lutz, Zwischen Habsburg und Preußen. Deutschland 1815–1866 (Siedler) – eine umfassende, ausgewogene und glänzend geschriebene Darstellung.
M. Botzenhart, Reform, Restauration, Krise – Deutschland 1789–1847 (edition suhrkamp 1252) – eher politikgeschichtlich orientierte Darstellung.
W. Siemann, Die deutsche Revolution von 1848/49 (edition suhrkamp 1226) – gültige Gesamtdarstellung der Revolutionszeit.
D. Grimm, Deutsche Verfassungsgeschichte 1776–1866 (edition suhrkamp 1271) – sozialgeschichtlich orientierte Darstellung des modernen Verfassungsstaates bis zur Auflösung des Deutschen Bundes.
Th. Schieder, Vom Deutschen Bund zum Deutschen Reich (dtv 4215) – wissenschaftlich übersichtliche Darstellung mit vielen weiterführenden Literaturhinweisen.
Th. Schieder, Staatensystem als Vormacht der Welt 1848–1918 (Propyläen Geschichte Europas im Ullstein Tb Bd. 5) – Geschichte des 19. Jahrhunderts als Geschichte von Nationalstaaten.

R. Rürup, Deutschland im 19. Jahrhundert (Vandenhoeck Tb) – gesellschaftsgeschichtliche Darstellung.
Th. Nipperdey, Deutsche Geschichte 1800 – 1866. Bürgerwelt und starker Staat (C. H. Beck) – eine Synthese von Kultur, Sozial- und Politikgeschichte.
H.-U. Wehler, Deutsche Gesellschaftsgeschichte, Bd. 2: Von der Reformära bis zur industriellen und politischen »Deutschen Doppelrevolution« 1815 – 1845/49 (C. H. Beck) – eine theoretisch anspruchsvolle Darstellung, die vor allem die Werke von Craig und Nipperdey ergänzt.
G. A. Craig, Geschichte Europas 1815 – 1980. Vom Wiener Kongreß bis zur Gegenwart (C. H. Beck) – souverän geschriebene Darstellung.

Industrielle Revolution und soziale Frage

Die Industrialisierung Europas

R. Braun u. a. (Hg.), Industrielle Revolution. Wirtschaftliche Aspekte (Kiepenheuer & Witsch) 1972 – Aufsatzsammlung zu zentralen Problemen der industriellen Revolution.
D. S. Landes, Der entfesselte Prometheus. Technologischer Wandel in Westeuropa von 1750 bis zur Gegenwart (Kiepenheuer & Witsch) 1973 – breite vergleichende Darstellung mit einer Fülle von Informationen über wirtschaftliche und technische Entwicklungen.
E. J. Hobsbawm, Industrie und Empire. Britische Wirtschaftsgeschichte seit 1750 (Suhrkamp, es 315/ 316) 1969 – plastische Darstellung der entscheidenden Entwicklungen und sozialen Veränderungen.
H. Aubin u. W. Zorn (Hg.), Handbuch der deutschen Wirtschafts- und Sozialgeschichte, Bd. 2 (E. Klett Verl.) 1976 – umfassend, mit reicher Bibliographie.
H. Kiesewetter, Industrielle Revolution in Deutschland 1815 - 1914 (Suhrkamp, es. N.F. 539) 1989 – beschreibt Bedingungen und Verlauf der deutschen Industrialisierung.
V. Hentschel, Deutsche Wirtschafts- und Sozialpolitik 1815 – 1945 (Athenäum/Droste) 1980 – knappe Skizze der Probleme und Aufgaben.
J. Reulecke (Hg.), Die deutsche Stadt im Industriezeitalter (P. Hammer Verl.) 1978 – behandelt Probleme der Urbanisierung.
P. Marschalck, Bevölkerungsgeschichte Deutschlands im 19. und 20. Jahrhundert (Suhrkamp, es N. F. 244) 1984 – diskutiert die deutsche Entwicklung in größerem Zusammenhang.

Soziale Frage

R. Braun u. a. (Hg.), Gesellschaft in der industriellen Revolution (Kiepenheuer & Witsch) 1973 – wichtige Aufsatzsammlung über Arbeiter, Bevölkerung, Urbanisierung und Lebensstandard.
W. Fischer, Armut in der Geschichte (Kl. Vandenhoeck-R. 1476) 1982 – knappe Erörterung des Pauperismusproblems.
W. Fischer u. G. Bajor (Hg.), Die Soziale Frage. Neuere Studien zur Lage der Fabrikarbeiter in der Frühphase der Industrialisierung (K. F. Koehler) 1967 – über die Lage der Arbeiter in verschiedenen Ländern.
J. Kocka (Hg.), Europäische Arbeiterbewegungen im 19. Jahrhundert (Kl. Vandenhoeck-R. 1494) 1983 – Studien über Deutschland, England, Österreich und Frankreich.
R. Friedenthal, Karl Marx. Sein Leben und seine Zeit (Piper) 1981 – gut geschriebene Biographie und zugleich Entstehungsgeschichte seiner Werke.
B. Beuys, Familienleben in Deutschland. Neue Bilder aus der deutschen Vergangenheit (Rowohlt) 1980 – mit interessanten Kapiteln über die Familie im 19. Jahrhundert.

Die Epoche des Nationalismus und des Imperialismus 1849 – 1918

Gesamtdarstellungen

W. Bußmann (Hg.), Europa von der Französischen Revolution zu den nationalstaatlichen Bewegungen des 19. Jahrhunderts;
Th. Schieder (Hg.), Europa im Zeitalter der Nationalstaaten und europäische Weltpolitik bis zum Ersten Weltkrieg (Handbuch der europäischen Geschichte 5 u. 6) 1981 u. 1968 – umfassende Darstellungen gesamteuropäischer und nationalstaatlicher Entwicklungen.
G. A. Craig, Geschichte Europas 1815 – 1980. Vom Wiener Kongreß bis zur Gegenwart (C. H. Beck) 1983 – gut erzählt und mit interessanten Abbildungen.
P. Alter, Nationalismus (Suhrkamp, es N. F. 250) 1985 – beschreibt die Erscheinungsformen von Nationalismus.

Die Politik der europäischen Mächte im Zeitalter nationalstaatlicher Einigungen

Th. Schieder, Staatensystem als Vormacht der Welt 1848 – 1918 (Ullstein 4775) – anschaulichste Darstellung der Geschichte Europas in dieser Zeit.
L. Gall, Europa auf dem Weg in die Moderne 1850 – 1918 (R. Oldenbourg) 1984 – knappe Darstellung mit Bericht über Schwerpunkte und Probleme der Forschung.
L. Gall, Bismarck. Der weiße Revolutionär (Propyläen), 1980 – neueste Interpretation seines Lebens und Werkes.
M. Stürmer, Das ruhelose Reich. Deutschland 1866 – 1918 (Severin & Siedler) 1983 – verständlich geschriebener und illustrierter Überblick.
E. Deuerlein (Hg.), Die Gründung des Deutschen Reiches 1870/71 in Augenzeugenberichten (dtv 1262) – nützliche Zusammenstellung wichtiger Quellen.
K. Kluxen, Geschichte und Problematik des Parlamentarismus (Suhrkamp, es N. F. 243) 1983 – anregender Essay mit Schwerpunkt auf England und Deutschland.

Kultur und Gesellschaft im Nationalstaat

E. J. Hobsbawm, Die Blütezeit des Kapitals (Fischer Tb. 6404) – weitgespannte Kulturgeschichte der Jahre 1848 bis 1875.
B. Tuchman, Der stolze Turm. Ein Portrait der Welt vor dem Ersten Weltkrieg 1890 – 1914 (Knaur Tb. 3671) – Entwicklungen der europäischen Kultur und Gesellschaft um die Jahrhundertwende.
C. E. Schorske, Wien. Geist und Gesellschaft im Fin de Siècle (S. Fischer) 1982 – analysiert die kulturelle Ausstrahlung der österreichisch-ungarischen Hauptstadt.

B. Martin/E. Schulin (Hg.), Die Juden als Minderheit in der Geschichte (dtv 1745) – Essays über die Geschichte der Juden in Europa.
H. Grebing, Geschichte der deutschen Arbeiterbewegung. Ein Überblick (dtv 647) 1976 – gut zur ersten Information.
R. Nave-Herz, Die Geschichte der Frauenbewegung in Deutschland (Schlüterische Verlagsanstalt) 1989 – kurze Darstellung von den Anfängen bis zur Gegenwart.

Das Zeitalter des klassischen Imperialismus

G. Palmade (Hg.), Das bürgerliche Zeitalter; *W. J. Mommsen,* Das Zeitalter des Imperialismus (Fischer WG 27 u. 28) – gute Überblicke, die auch wirtschaftliche und soziale Entwicklungen berücksichtigen.
D. K. Fieldhouse, Die Kolonialreiche seit dem 18. Jahrhundert (Fischer WG 29) – ausgezeichnet geeignet zur ersten Information.
W. P. Adams (Hg.), Die Vereinigten Staaten von Amerika; *C. Goehrke u. a.* (Hg.), Rußland; *J. W. Hall,* Das Japanische Kaiserreich (Fischer WG 30, 31, 20) – hervorragende Überblicke über die Geschichte dieser Staaten.

Der Erste Weltkrieg

W. Schieder (Hg.), Erster Weltkrieg. Ursachen, Entstehung, Kriegsziele (Kiepenheuer & Witsch) 1969 – dokumentiert die Kontroversen der Forschung.
H. Herzfeld, Der Erste Weltkrieg (dtv 4001) – informativer Überblick.

Von Weltkrieg zu Weltkrieg – Europa in der Krise 1918–1945

Gesamtdarstellungen

R. A. C. Parker, Das Zwanzigste Jahrhundert 1981–1945 (Fischer WG 34) – anregende und umfassende Gesamtübersicht.
K. D. Bracher, Die Krise Europas 1917–1975 (Propyläen Geschichte Europas im Ullstein Tb Bd. 6) – glänzend strukturierte Gesamtanalyse unter vergleichender Perspektive.
D. H. Aldcroft, Die Zwanziger Jahre (dtv 4123) – wirtschaftshistorische Untersuchung der Weltwirtschaft.
Ch. P. Kindleberger, Die Weltwirtschaftskrise (dtv 4124) – anspruchsvolle Darstellung weltwirtschaftlicher Probleme zwischen 1929 und 1939.

Europa und die Welt nach 1918

H. Heiber, Die Republik von Weimar (dtv 4003) – engagierte, lebhaft geschriebene Darstellung.
K. D. Erdmann, Die Weimarer Republik (dtv 4219) – wissenschaftlich zuverlässige Übersicht mit weiterführenden Literaturhinweisen.
H. Graml, Europa zwischen den Kriegen (dtv 4005) – zuverlässiges Gesamtbild der internationalen Beziehungen bis zum Ausbruch des Zweiten Weltkrieges.
K. D. Bracher u. a. (Hg.), Die Weimarer Republik 1918–1933: Politik, Wirtschaft, Gesellschaft (Droste) 1987 – eine vielfältige und aspektreiche Aufsatzsammlung.
K. D. Bracher u. a., (Hg.), Die Weimarer Republik 1918–1933 (Schriftenreihe der Bundeszentrale für politische Bildung 251) – beste Einführung in die breite historische Forschung.
D. J. K. Peukert, Die Weimarer Republik. Krisenjahre der klassischen Moderne (edition suhrkamp 1282) – eine anspruchsvolle, anregende Neubewertung.
G. Jasper, Die gescheiterte Zähmung: Wege zur Machtergreifung Hitlers 1930–1934 Edition suhrkamp 1270) – anregend und voller Perspektiven historischer Deutung.
E. Angermann, Die Vereinigten Staaten von Amerika seit 1917 (dtv 4007) – Darstellung der amerikanischen Geschichte, die innen- und außenpolitische Themen gleichermaßen berücksichtigt.
E. Nolte, Die faschistischen Bewegungen (dtv 4004) – Darstellung der Krise des liberalen Systems in Europa.

Zur Geschichte der Sowjetunion

M. Hildermeier, Die Russische Revolution 1905–1921 (edition suhrkamp 1534) – eine überzeugende Darstellung des gesamten Revolutionsprozesses.
K.-H. Ruffmann, Sowjetrußland 1917–1977. Struktur und Entfaltung einer Weltmacht (dtv 4008) – ereignisgeschichtlich orientierte Gesamtdarstellung.

Die Welt im Zeichen nationalsozialistischer Herausforderung 1933–1945

K. D. Erdmann, Deutschland unter der Herrschaft des Nationalsozialismus (dtv 4220) – ausgewogene Darstellung.
K. D. Erdmann, Der Zweite Weltkrieg (dtv 4221) – zuverlässiger Gesamtüberblick mit weiterführenden Hinweisen.
M.-L. Recker, Die Außenpolitik des Dritten Reiches (Enzyklopädie Deutscher Geschichte 8) – sehr übersichtliche Gesamtdarstellung.
S. Haffner, Anmerkungen zu Hitler (Fischer Tb 3489) – anregend-herausfordernde Bewertung der Person Hitlers und ihrer Stellung in der deutschen Geschichte.
J. C. Fest, Hitler (Ullstein Tb 3273/4) – glänzend geschriebene Lebensbeschreibung.
H. Rothfels, Deutsche Opposition gegen Hitler (Fischer Tb 1989) – grundlegende Gesamtwürdigung des Kampfs gegen Hitler.
K. D. Bracher, Die deutsche Diktatur (Ullstein Tb 35002) – umfassende und ausgewogene, weiterführende Darstellung.
K. D. Bracher u. a. (Hg.), Nationalsozialistische Diktatur 1933–1945: Eine Bilanz (Droste) – eine Zusammenstellung unterschiedlicher Positionen der Forschung und Deutung.
J. Schmädeke/P. Steinbach (Hg.), Der Widerstand gegen den Nationalsozialismus. Die deutsche Gesellschaft und der Widerstand gegen Hitler (serie piper 685) – Zusammenfassung von grundlegenden Arbeiten über den Widerstand in seiner Breite und Vielfalt.
H.-U. Thamer, Verführung und Gewalt. Deutschland 1933–1945 (Siedler) 1986 – eine gut geschriebene Gesamtdarstellung.

Die Weltgesellschaft im Atomzeitalter

Die Weltgesellschaft nach 1945

H. Wassmund, Grundzüge der Weltpolitik, Daten und Tendenzen von 1945 bis zur Gegenwart (Beck'sche Schwarze R. 248) ^{2}1985 – wichtigste Ereignisse, Probleme und Erklärungsmodelle; synoptische Chronologie der drei Welten.
C. F. v. Weizsäcker, Wege in der Gefahr. Eine Studie über

Wirtschaft, Gesellschaft und Kriegsverhütung (dtv 1452) 1979 – Analyse der wichtigsten Problemkreise, Reflexion über deren Ursachen und Plädoyer für eine »Weltinnenpolitik«.
K. Kaiser/H. P. Schwarz (Hg.), Weltpolitik. Strukturen – Akteure – Perspektiven (Schriftenreihe der Bundeszentrale für politische Bildung, Bd. 217) ²1987 – über 40 Autoren analysieren die wichtigsten Problemkomplexe der »Weltstaatengesellschaft«, erkunden Lösungsmöglichkeiten des Ost-West-Konfliktes und beschreiben die inneren Strukturen der Bündnissysteme sowie die Konfliktzonen in der Weltpolitik.
W. Woycke (Hg.), Handwörterbuch Internationale Politik (Bundeszentrale für politische Bildung) ⁴1990 – Artikel über Theorien und Geschichte der internationalen Beziehungen, Organisationen der internationalen Zusammenarbeit, Wirtschaftsbeziehungen, Probleme und Konflikte in den siebziger und achtziger Jahren.
P. J. Opitz (Hg.), Weltprobleme (Bundeszentrale für politische Bildung) ³1990 – in 13 Kapiteln werden die dringlichsten Problemzonen der Weltgesellschaft von verschiedenen Autoren analysiert: Zerstörung der Umwelt, Armut und soziale Ungerechtigkeit, Rüstung und Krieg, Flüchtlinge und Verletzung der Menschenrechte; durchgängig Bemühen der Autoren erkennbar, pragmatische Lösungsmöglichkeiten vorzuschlagen.

Ost-West-Konflikt

W. Loth, Die Teilung der Welt. Geschichte des Kalten Krieges 1941–1955 (dtv 4012) ⁷1989 – auf dem neuesten Forschungsstand; eingehende Schilderung der Ereignisse, Entscheidungen und Motive; kritisch gegenüber US-Regierung und West-Europäern.
W. Link, Der Ost-West-Konflikt. Die Organisation der internationalen Beziehungen im 20. Jahrhundert (Urban TB 329) ²1988 – politikwissenschaftliche Konflikttheorie als Muster für die Beschreibung der verschiedenen Phasen und Formen des Ost-West-Gegensatzes seit 1917; zeigt, wie bewußt Weltmächte den Konflikt bisher unter Kontrolle gehalten haben.
E. Nolte, Deutschland und der Kalte Krieg (Klett-Cotta) ²1988 – sehr lesbare, ausgreifende Darstellung, die sowohl die ideologischen Ursachen hervorhebt als auch die globale Konfrontation deutlich macht; umstrittene Kernthese: Deutschland als wichtigste Ursache und Objekt des »Kalten Krieges«.
O. Buchbender/H. Bühl/H. Quaden (Hg.), Wörterbuch zur Sicherheitspolitik (Mittler) ³1988 – über 500 lexikalische Stichworte, Tabellen, Schaubilder, Karten geben eine Einführung in die wichtigsten Aspekte der gegenwärtigen Rüstungs- und Friedensproblematik.
E.-O. Czempiel/C.-C. Schweitzer, Weltpolitik der USA nach 1945. Einführung und Dokumente (Schriftenreihe der Bundeszentrale für politische Bildung, Bd. 210) ³1989 – anhand von 72 Dokumenten, viele davon zum ersten Mal in deutscher Sprache, wird vor allem das Verhältnis der USA zur Sowjetunion bis 1988 dargestellt.
G. Simon (Hg.), Weltmacht Sowjetunion. Umbrüche – Kontinuitäten – Perspektiven (Verlag Wissenschaft und Politik) 1987 – Vertreter unterschiedlicher wissenschaftlicher Disziplinen untersuchen die Chancen tiefgreifender Veränderungen, wie sie Gorbatschow anstrebte.
J. Grotzky, Herausforderung Sowjetunion. Eine Weltmacht sucht ihren Weg (Piper) 1991 – anschauliche und informationsreiche Beschreibung des Zustands der Sowjetunion vor ihrem Zerfall, ihrer historischen Wurzeln, der Strategien und Probleme des Wandels seit 1985 sowie der konkreten Lebenssituation der Menschen durch einen Journalisten; Einzelanalysen aller Teilrepubliken und der wichtigsten Nationalitäten.
Bundesinstitut für ostwissenschaftliche und internationale Studien (Hg.), Sowjetunion 1990/91. Krise – Zerfall – Neuorientierung (Hanser) 1991 – Spezialisten analysieren alle Aspekte des Umbruchs in der UdSSR und arbeiten die Strukturen heraus, die auch in der Zukunft wichtig sein werden – reichhaltiges statistisches Material.
T. G. Ash, „Ein Jahrhundert wird abgewählt". Aus den Zentren Mitteleuropas 1980–1990 (Hanser) 1990 – als teilnehmender Beobachter hat der britische Historiker und Publizist schon sehr früh die Anzeichen des sozialen und politischen Wandels in den Ländern des ehemaligen „Ostblocks" bemerkt und sehr nuanciert protokolliert.

Europa, Bundesrepublik Deutschland und DDR

W. Benz/H. Graml (Hg.), Europa nach dem Zweiten Weltkrieg 1945–1982 (Fischer WG 35) 1983 – verzahnte Darstellung übergreifender Entwicklungen (Integration in West- und Ost-Europa, Stellung im Kalten Krieg, Rüstung) mit den Verhältnissen in den einzelnen Staaten.
C. Gasteyger, Europa zwischen Spaltung und Einigung 1945–1990 (Schriftenreihe der Bundeszentrale für politische Bildung, Bd. 285) 1990 – chronologisch geordnete Sammlung und Erläuterung der wichtigsten Dokumente zur Politikgeschichte auf beiden Seiten des Eisernen Vorhanges, die zeigt wie trotz der vom Ost-West-Konflikt diktierten Spaltung des Kontinents ein Bewußtsein der historisch-kulturellen Einheit fortdauerte, auf dem die Kooperations- und Befriedigungsformen des KSZe aufbauen konnten.
A. Hillgruber, Deutsche Geschichte 1945–1986. Die »deutsche Frage« in der Weltpolitik (UTB 360) ⁷1989 – präzise Darstellung und pointiertes Urteil; Konzentration auf die politischen Entscheidungsprozesse, während wirtschaftliche und kulturelle Aspekte zurücktreten.
K. Kaiser, Deutschlands Vereinigung. Die internationalen Aspekte. Mit den wichtigsten Dokumenten, bearb. von Klaus Becher (Bastei-Lübbe Taschenbuch 65088) 1991 – Darstellung der außenpolitischen Bedingungen und Entscheidungen liefert Grundlage für eine weit in die Zukunft reichende Beschreibung der weltpolitischen Rolle des neuen Deutschland.
D. Thränhardt, Geschichte der Bundesrepublik Deutschland (edition suhrkamp 1267) 1986 – knappe Darstellung, die sich auf Entwicklung und Krisen der Gesellschaftsstruktur konzentriert.
A. Grosser, Das Deutschland im Westen. Eine Bilanz nach 40 Jahren (dtv 10948) 1988 – Skizze der Entstehungsgeschichte der Republik; kritische Würdigung von Verfassungsordnung, Parteiensystem, Sozialstruktur, Machtverhältnissen und politischer Kultur; Verhältnis zu Supermächten, europäischen Nachbarn und Stellung in der Welt.
R. Steininger (Hg.), Deutsche Geschichte 1045–1961. Darstellung und Dokumente in 2 Bänden (Fischer Taschenbuch 4315, 4316) 1983 – politikgeschichtlich orientierte Studie, bei der Ursachen und Wirkungen der deutschen Teilung im Brennpunkt – deutliche Kritik an der Deutschlandpolitik Adenauers und der Westmächte – einige Dokumente zum ersten Mal veröffentlicht.
I. Wilharm (Hg.), Deutsche Geschichte 1962–1983. Dokumente in 2 Bänden (Fischer Taschenbuch 4317, 4318) 1985 – Fortsetzung der Darstellung Steiningers, doch weitaus stärkere Berücksichtigung sozial- und ideologiegeschichtlicher Aspekte, besonders der „unruhigen" Jahre nach 1968.

W. Benz (Hg.), Die Bundesrepublik Deutschland. Geschichte in vier Bänden (Fischer Tb 4424) ^{2}1991. Spezialisten untersuchen Politik, Gesellschaft, Kultur und Wirtschaft; eingehende Schilderung fast aller Aspekte der Republik (z.B. Unterhaltungsmusik, Sprache, Wohnen oder Situation der Frauen).
K. Voy/W. Poster/C. Thomasberger (Hg.), Beiträge zur Wirtschafts- und Gesellschaftsgeschichte der Bundesrepublik Deutschland 1949 – 1989. Bd. 1: Marktwirtschaft und politische Regulierung; Bd. 2: Gesellschaftliche Transformationsprozesse und materielle Lebensweise (Metropolis Verlag für Ökonomie. Gesellschaft und Politik) 1991 – thematische breit angelegte Darstellung der ökonomischen und gesellschaftlichen Entwicklung der Bundesrepublik: „Lebensmodell des Westens", das sich in der Konkurrenz der Systeme durchgesetzt hat, eingehend und zusammenhängend beschrieben – kritische Aspekte (Ökologie, soziale Ungleichheiten, Frauen) nicht übersehen.
B. Schäfers, Gesellschaftlicher Wandel in Deutschland. Ein Studienbuch zur Sozialstruktur und Sozialgeschichte der Bundesrepublik (dtv-enke 4268) ^{5}1990 – Materialien und knappe Interpretationen zu Geschichte, Struktur, Verfassung und sozialen Problemen der bundesrepublikanischen Gesellschaft.
H. Glaser, Kleine Kulturgeschichte der Bundesrepublik Deutschland 1945 – 1989 (Bundeszentrale für politische Bildung) ^{2}1991 – Zusammenfassung eines dreibändigen Standardwerkes: detailliert und lebendig werden alle Aspekte eines weiten „Kultur"-Begriffes beleuchtet, d.h. auch der politische Diskurs, wissenschaftliche Forschung und alltägliche Lebensformen; zeigt, wie die Autonomie der kulturellen Sphäre immer wieder erhalten werden konnte und so die Entwicklung der Republik belebt hat – kritisches Bedauern, daß trotz großer Kreativität die „Trauerarbeit" über die Schuld des nationalsozialistischen Deutschland unterblieben sei.
H. Weber, DDR – Grundriß der Geschichte. Die abgeschlossene Geschichte der DDR 1945 – 1990 (Fackelträger) 1990 – knappe und klare politische Geschichte, bei der Machterringung und Herschaftssicherung der SED im Zentrum: zeigt deutlich den inneren Widerspruch der DDR als „sozialistischer Leistungs- und Konsumgesellschaft", die wegen fehlender demokratischer und rechtsstaatlicher Strukturen, die innergesellschaftliche Opposition nicht integrieren konnte.
W. Weidenfeld/H. Zimmermann (Hg.), Deutschland-Handbuch. Eine doppelte Bilanz 1945 – 1989 (Schriftenreihe der Bundeszentrale für politische Bildung, Bd. 275) 1989 – in jeweils parallelen Analysen werden alle wesentlichen Elemente in Geschichte, Politik, Ökonomie, Kultur und Sozialstruktur der beiden deutschen Staaten bis Ende der achtziger Jahre untersucht: vielfältige Hinweise auf Veränderungen, die dann auch tatsächlich eingetreten sind; ausführliche Chronologie und Bibliographie – eine unersetzbare Bestandsaufnahme.
R. Dahrendorf, Demokratie und Gesellschaft in Deutschland (dtv 757) 1971 (zuerst 1965) – Beschreibung und Beurteilung der deutschen Nachkriegsgesellschaft aus liberaler Perspektive: die nationalsozialistische Herrschaft habe als Revolution wider Willen die Struktur der traditionalen deutschen Gesellschaft und des alten Obrigkeitsstaates beseitigt, so daß in der Bundesrepublik der Durchbruch zu einer modernen und offenen Gesellschaft erst möglich gewesen sei. Originalität der Grundthese, scharfsinnige Argumentation und brillianter Stil haben das Buch zu einem Klassiker soziologischer Zeitdiagnostik gemacht.

Nord-Süd-Problematik

D. Nohlen (Hg.), Lexikon Dritte Welt. Länder, Organisationen, Theorien, Begriffe, Personen (rororo 6295) ^{3}1989 – relativ ausführliche Stichworte (mit Literaturhinweisen) liefern differenzierte Informationen.
Das Überleben sichern. Gemeinsame Interessen der Industrie- und Entwicklungsländer. Bericht der Nord-Süd-Kommission (Ullstein Tb 34102) ^{2}1981 – Analysen einer UN-Expertengruppe unter Vorsitz von Willy Brandt; stellt Interdependenz heraus und argumentiert für automatischen Vermögenstransfer zu Gunsten der Entwicklungsländer; sowohl in der Analyse der Ursache wie den Folgerungen wissenschaftlich und politisch nicht unumstritten.
F. Ansprenger, Auflösung der Kolonialreiche (dtv Weltgeschichte des 20. Jahrhunderts 13) ^{4}1981 – engagierte und lebendige Schilderung der vielen Unabhängigkeitsbewegungen seit dem Ersten Weltkrieg, ihrer Leiden und Erfolge.
F. Nuscheler, Lern- und Arbeitsbuch Entwicklungspolitik (Verlag Neue Gesellschaft) ^{3}1991 – materialreiche, flüssig geschriebene und kritisch argumentierende Auseinandersetzung mit den bisherigen Zielen, Methoden und Trägern sowie Leistungen und Fehlern der Entwicklungspolitik.
M. Kaiser/N. Wagner, Entwicklungspolitik. Grundlagen – Probleme – Aufgaben (Schriftenreihe der Bundeszentrale für politische Bildung, Bd. 303) ^{3}1991 – bewußt nüchtern und in der Bewertung zurückhaltende Darstellung aller relevanten Aspekte durch zwei Wirtschaftswissenschaftler; zahlreiche Statistiken, Grafiken und Dokumente.
Landeszentrale für politische Bildung Baden-Württemberg (Hg.), Die Golfregion in der Weltpolitik (Bürger im Staat, Bd. 1094) 1991 – verschiedene Autoren analysieren die innenpolitischen Machtverhältnisse und innergesellschaftlichen Konfliktpotentiale der Staaten im Nahen Osten.

Quellen- und Literaturnachweise zu Zitaten und zu Fragen der Forschung

Die Epoche der Revolution, der Reformen und der Restauration 1774 – 1830

1 *J. G. Droysen,* Historik. Vorlesungen über Enzyklopädie und Methodologie der Geschichte, München [7]1974, S. 357

2 In: *H.-U. Wehler* (Hg.), Moderne deutsche Sozialgeschichte, Köln[4]1973; dort der Beitrag »Vom ›Pöbel‹ zum ›Proletariat‹. Sozialgeschichtliche Voraussetzungen für den Sozialismus in Deutschland«, S. 111 ff.

3 *F. C. Sell,* Die Tragödie des Deutschen Liberalismus, Baden-Baden [2]1981, S. XIII

4 J. Egret, La pré-révolution française, 1787/88, Paris 1982, S. 47

5 *Guillaume Raynal,* Histoire philosophique et politique, Paris 1771, zit. nach Neudruck Paris 1902 (Auswahl), S. 149

6 Zit. nach: R. R. Palmer: Das Zeitalter der demokratischen Revolution, Frankfurt/M. 1970, S. 107

7 *C. de Beaumarchais,* Le Mariage de Figaro, Paris 1968; zit. nach *P.-L. Weihnacht,* Die Kritik an der herrschenden Klasse: Beaumarchais' Figaro, in: *H. Maier/E. Schmitt* (Hg.), Wie eine Revolution entsteht, Paderborn 1988, S. 45

8 Nach: *G. Rudé,* The Outbreak of the French Revolution, in: *E. Schmitt* (Hg.), Die Französische Revolution. Anlässe und langfristige Ursachen, Darmstadt 1973, S. 152 ff.

9 Nach: *F. Furet/P. Richet,* Die Französische Revolution, Frankfurt/M. 1968, S. 29 f.

10 Zit. nach: *B. Fay,* Die große Revolution in Frankreich 1715–1815, München 1960, S. 111 f.

11 *Montesquieu,* Vom Geist der Gesetze (De l'esprit des lois), Buch VIII, Kap. 11 (leicht zugänglich in: Reclam-Ausgabe, hrsg. von *K. Weigand,* Stuttgart, S. 189

12 *Comte de Ségur,* Mémoires, Paris 1824, S. 24

13 *J. J. Rousseau,* Du Contral social, Amsterdam 1762, zit. nach: *J. und P. Hartig,* Die Französische Revolution (Tempora. Quellen zur Geschichte und Politik), Stuttgart 1984, S. 17

14 *W. Göhring,* Geschichte der Revolution, Bd. 1, Tübingen 1950, S. 257

15 *A. Young,* Voyages en France, Bd. 1, Paris 1931 (Neudruck 1976), S. 273

16 *E. J. Sieyès,* Qu'est-ce que le Tiers Etat?, 1789, übers. und hrsg. von *E. Schmitt* und *R. Reichardt,* München [2]1981, S. 169

17 Zit. nach: *G. Landauer,* Die Französische Revolution in Briefen, Hamburg 1961, S. 45

18 *W. Göhring* (wie Anm. 14), S. 350 (Ausruf eines lothringischen Abgeordneten)

19 *J. M. Thompson,* French Revolution Documents, 1789–1794, Oxford [2]1948, S. 128

20 *W. Göhring* (wie Anm. 14), S. 141

21 Zit. nach: *Geschichte auch für Mädchen,* hrsg. von der Parlamentarischen Staatssekretärin für die Gleichstellung von Frau und Mann beim Ministerpräsidenten des Landes Nordrhein-Westfalen, Düsseldorf 1989, S. 21

22 Déclaration des droits de la femme et de la citoyenne. Vgl. *O. de Gouges,* Schriften, hrsg. von *M. Dillier, V. Mostowlansky, R. Wyss,* Basel/Frankfurt/M. 1980, S. 40–44

23 *J. W. Goethe,* Campagne in Frankreich 1792: »Den 19. September nachts«, in: J. W. Goethe, dtv Gesamtausgabe, Bd. 27, S. 48

24 *J. J. Rousseau* (wie Anm. 13), S. 18

25 Rede Saint-Justs (13. XI. 1792), zit. nach: *P. Fischer,* Reden der Französischen Revolution (dtv, Nr. 6029), München 1974, S. 222 f.

26 Rede Robespierres (3. XII. 1792), zit. nach: *P. Fischer* (wie Anm. 25), S. 250

27 *J. M. Roberts/R. C. Cobb,* French Revolution Documents, Vol. I, Oxford 1966, S. 441 f.

28 *H. Taine,* Die Entstehung des modernen Frankreichs, Meersburg o.J., Bd. 2, S. 358

29 *J. M. Roberts/R. C. Cobb* (wie Anm. 27), S. 254

30 *W. und A. Durant,* Die Französische Revolution und der Aufstieg Napoleons (Kulturgeschichte 1800, Berlin (Ost), 1955, S. 73

31 Angaben zusammengestellt aus: *D. Greer,* The Incidence of the Terror during the French Revolution. A Statistical Interpretation, Cambridge (Mass.) 1935

32 *F. Babeuf,* Das Manifest der Plebejer (30. XI. 1795), zit. nach: *A. Soboul,* Die Große Französische Revolution, Frankfurt 1973, S. 452 u. 560

33 *K. Kluxen,* Geschichte Englands (Kröner Taschenbuchausgabe, Bd. 374), Stuttgart 1968, S. 494

34 *H. Voegt,* Die deutsche jakobinische Literatur und Publizistik 1789–1800, Berlin (Ost) 1955, S. 73

35 Schillers Brief an den Herzog Friedrich Christian von Augustenburg, in: *P. Hartig,* Die Französische Revolution im Urteil der Zeitgenossen und der Nachwelt (Tempora. Quellen zur Geschichte und Politik), Stuttgart 1983, S. 19

36 *H. Scheel,* Die Mainzer Republik I, Protokolle des Jakobinerklubs, Berlin (Ost) 1975, S. 9

37 *B. Körber,* Görres und die Revolution. Wandlungen ihres Begriffes und ihrer Wertung in seinem politischen Weltbild 1793–1819, Husum 1986, S. 24 (»Mein Glaubensbekenntnis«)

38 *Georg Forster,* Werke in vier Bänden, hrsg. von *G. Steiner,* Bd. 4 Leipzig o.J. (1972), S. 570 (Brief an Chr. G. Heyne)

39 *Edmund Burke,* Beobachtungen über die Französische Revolution, hrsg. von *U. Frank-Planitz,* Zürich 1986, S. 91, 118 u. 416

40 *E. Schmitt/R. Reichhardt:* (Hg.), Die Französische Revolution – zufälliges oder notwendiges Ereignis? Teil III, München 1983, S. 52

41 *P. R. Rhoden,* die Französische Revolution im Spiegel der europäischen Geschichtsschreibung, in: *C. Brinton,* Europa im Zeitalter der Französischen Revolution, Wien [2]1948; *A. Cobban,* The Myth of the French Revolution, London 1955; *A. Gerard,* La Révolution française. Mythes et interpretations, 1789–1970, Paris 1970; *E. Schmitt,* Französische Revolution, in: Sowjetsystem und demokratische Gesellschaft, Bd. 5, Freiburg 1972, Sp. 721–748.

F. Furet, 1789. Vom Ereignis zum Gegenstand der Geschichtswissenschaft (Ullstein Materialien 35053), Berlin 1980;

R. Nürnberger, Das Zeitalter der Französischen Revolution

und Napoleons, in: *G. Mann u. a.* (Hg.), Propyläen Weltgeschichte. Eine Universalgeschichte, Bd. VIII/1 (Ullstein Buch Nr. 4735), Frankfurt/M. / Berlin 1960.
J.-M. Floquet, Die Französische Revolutionsfassung der Gegenwart, in: Zeitschrift für Religions- und Geistesgeschichte 26 (1974), S. 30–49; *E. Schmitt/M. Meyn,* Ursprung und Charakter der Französischen Revolution bei Marx und Engels, Bochum 1976; *E. Guibert,* Voies idéologiques de la Révolution francaise, Paris 1976; *A. de Tocqueville,* Der alte Staat und die Revolution (dtv 6090), München 1978.
E. Schmitt, Einführung in die Geschichte der Französischen Revolution (Beck'sche Elementarbücher), München 1976
42 *E. Schmitt,* Einführung (wie Anm. 41), S. 40
43 *G. A. Williams,* Artisans and Sans-Culottes. Popular Movements in France and Britain during the French Revolution, London 1968, S. 239
44 Les Constitutions de la France depuis 1789, zit. nach: *J. u. P. Hartig* (wie Anm. 13), S. 115
45 Bonaparte im Gespräch mit Frau von Rémusat, in: *F. Sieburg* (Hg.), Gespräche mit Napoleon, München 1962, S. 84 ff.
46 Zit. nach: *G. Lefebvre,* Napoleon, Baden-Baden 1955, S. 86
47 Zit nach: *H. Max,* Wesen und Gestalt der politischen Zeitschrift (Pressestudien, Reihe A, Bd. 1), Essen 1942, S. 188
48 *K. F. Becker/E. Arnd,* Geschichte der neuesten Zeit, Berlin 1860, Bd. 2, S. 335
49 Zit. nach: *E. Botzenhart,* Die Staats- und Reformideen des Freiherrn vom Stein, ihre geistigen Grundlagen und ihre politischen Vorbilder, Tübingen 1927, S. 69
50 *H. Hattenhauer,* Allgemeines Landrecht für die Preußischen Staaten von 1794, Berlin 1970, S. 33
51 *Th. Nipperdey,* Deutsche Geschichte 1800–1866, München 1983, S. 116 f.
52 *P. Lahnstein* (Hg.) Report einer »guten alten Zeit« (dtv, Nr. 1290), München 1977, S. 122
53 *J. G. Fichte,* Zurückforderung der Denkfreiheit von den Fürsten Europens, die sie bisher unterdrückten. Eine Rede, in: Sämmtliche Werke, hg., von I. H. Fichte, Berlin 1845 (Neudruck 1965), Bd. 6, S. 11
54 Zit. nach *H. Hattenhauer* (wie Anm. 50), S. 30 f.
55 *»Über die Reorganisation des Preußischen Staates«, (12.* IX. 1807), in: *G. Winter* (Hg.), Die Reorganisation des Preußischen Staates unter Stein und Hardenberg, Leipzig 1931, 1. Teil: »Allgemeine Verwaltungs- und Behördenreform«, Bd. 1, S. 306
56 Frey in seiner Denkschrift über Städtereform, zit. nach: *G. Ritter,* Stein. Eine politische Biographie, Stuttgart ³1958, S. 254
57 *O. Brunner, W. Conze, R. Koselleck* (Hg.), Geschichtliche Grundbegriffe, Stuttgart 1978, S. 892 u. 894
58 Zit. nach: *R. Koselleck,* Preußen zwischen Reform und Revolution, Stuttgart ²1975, S. 217
59 Aus dem Rechenschaftsbericht an Friedrich Wilhelm III. im Dezember 1809, zit. nach: *P. Berglar,* Wilhelm von Humboldt in Selbstzeugnissen und Bilddokumenten (rororo monographie 161), Reinbek 1970, S. 65
60 *P. Berglar* (wie Anm. 59), S. 65
61 *R. Vaupel* (wie Anm. 55), Teil 2: Das Preußische Heer (...) 1807–1814, Bd. 1, S. 500 (3.VII. 1808)
62 *W. Hubatsch,* Die Stein-Hardenbergschen Reformen (Erträge der Forschung, Bd. 65), Darmstadt 1977, S. 231
63 Zit. nach: *G. Lefebvre,* Napoleon, Paris 1947, S. 245
64 *F. Sieburg* (Hg.), Gespräche mit Napoleon (dtv-Dokumente, Bd. 94), München 1962, S. 153
65 *J. P. Palm,* Betrachtungen über die Ursachen für den derzeitigen Zustand politischer Ohnmacht Deutschlands, Nürnberg 1806, zit. nach: *E. Kleßmann,* Deutschland unter Napoleon in Augenzeugenberichten (dtv-Dokumente, Bd. 1131), München 1965, S. 83
66 *A. Fournier,* Napoleon I., 3 Bde., Wien ⁴1922, Bd. 3, S. 64
67 Zusammengestellt aus: *J. Presser,* Napoleon. Das Leben und die Legende, Stuttgart 1977, S. 302–340
68 *E. M. Arndt,* Was bedeutet Landsturm und Landwehr? (erstmals anonym erschienen, Königsberg 1813), zit. nach: *H. B. Spies* (Hg.), Die Erhebung gegen Napoleon 1806–1814/15, S. 234
69 *F. R. Chateaubriand,* Erinnerungen, München 1968, S. 363 f.
70 *H. K. G. Rönnefarth,* Konferenzen und Verträge, Vertrags-Ploetz, Teil 2, Würzburg ²1958, S. 253
71 *R. Nürnberger,* Das Zeitalter der französischen Revolution und Napoleons (wie Anm. 29), S. 190
72 Zit. nach: *E. R. Huber,* Deutsche Verfassungsgeschichte seit 1789, Bd. 1, München ²1975, S. 563
73 *H. von Treitschke,* Deutsche Geschichte im 19. Jahrhundert, Bd. 2, Leipzig ⁷1912, S. 142
74 *E. R. Huber,* Dokumente zur deutschen Verfassungsgeschichte, Bd. 1, Stuttgart 1961. S. 78
75 *P. Pfizer,* Gedanken über das Ziel und die Aufgaben des Deutschen Liberalismus, Tübingen 1832, (Neuausgabe Berlin 1911), S. 238
76 *O. Brunner,* Staat und Gesellschaft im vormärzlichen Österreich (...), in: *W. Conze,* Staat und Gesellschaft im deutschen Vormärz, Stuttgart 1962, S. 51
77 A. Graf Dohna-Schlobitten an Th. von Schön, in: Aus den Papieren (...) *Th. von Schöns,* Halle 1883, Bd. 6, S. 361
78 *H. von Treitschke* (wie Anm. 73), Bd. 1, S. 598
79 Zit. nach *W. Bussmann,* Europa von der Französischen Revolution zu den nationalstaatlichen Bewegungen des 19. Jahrhunderts, in: Handbuch der europäischen Geschichte, hrsg. von Th. Schieder, Bd. 5, Stuttgart 1981, S. 40
80 *D. Langewiesche,* Europa zwischen Restauration und Revolution (Oldenbourg Grundriß der Geschichte, Bd. 13), München 1985, S. 14
81 *H. A. Kissinger,* Großmacht Diplomatie. Von der Staatskunst Castlereaghs und Metternichs (Ullstein Taschenbuchausgabe, Bd. 2945), Frankfurt/M., 1975, S. 375
82 *Freiherr vom Stein,* Briefwechsel, Denkschriften und Auszeichnungen, bearb. von *E. Botzenhart,* Bd. VI, Berlin 1934, S. 369

Revolutionen und Reformen in Europa 1830–1848/49

1 *K. L. Graf von Metternich* am 4. Mai 1820 an den badischen Gesandten am österreichischen Hof über die deutsche Politik, in: Schriften und Briefe, Wien 1911, S. 85
2 *Metternich* (wie Anm. 1), S. 84
3 *A. Jardin/A. J. Tudesq,* La France des notables, vol. 1: L'evolution générale 1815–1848, Paris 1973, S. 110
4 *A. Jardin/A. J. Tudesq* (wie Anm. 3), S. 120
5 *F. R. Chateaubriand,* Erinnerungen, Teil 1, S. 559 f., zit. nach: *P. Hartig,* Das Ringen um den modernen Verfassungsstaat in Frankreich, Stuttgart 1978, S. 28 f.

6 *F. Guizot,* Memoirs pour servir a l'histoire de mon temps, Paris 1858, Bd. 2, S. 37
7 *Ch. Fonsier,* Theorie der vier Bewegungen und der allgemeinen Bestimmungen (1808), hrsg. von *Th. W. Adorno/ E. Lenz,* Frankfurt/M., S. 190
8 *Th. B. Macauly,* Critical and Historical Essays, London 1966
9 *L. von Ranke,* Einleitung zur Historisch Politischen Zeitschrift, Nr. 1, 1832
10 *W. H. Riehl,* Die bürgerliche Gesellschaft 1853), hrsg. von P. Steinbach, Berlin 1976, S. 201
11 *H. Steffens,* Über die Idee der Universitäten (1809), hrsg. von E. Spranger, Leipzig 1910
12 *G. Büchner,* Der hessische Landbote, in: Sämtliche Werke, hrsg. von *P. Stapf,* Berlin 1959, S. 211–223, Zit. auf S. 211 u. 212
13 *Louis Blanc,* Organisation du Travail, Paris ^{4}1845, S. 29 ff.; vgl. *R. von Albertini,* Freiheit und Demokratie in Frankreich, Freiburg 1957, S. 217 f.
14 Alexis de Tocqueville, Rede vor der Abgeordnetenkammer am 29. Jan. 1848, zit. nach: *Alexis de Tocqueville,* Das Zeitalter der Gleichheit. Auswahl aus Werken und Briefen, hrsg. von S. Landshut, Köln ^{2}1967, S. 234–239
15 *C. Schurz,* Lebenserinnerungen, Berlin ^{2}1930, Bd. 1, S. 118
16 *A. Stifter,* Der Staat, in: Gesammelte Werke, Basel 1972, Bd. 14, S. 168
17 Proklamation »An mein Volk und die deutsche Nation« König Friedrich Wilhelms IV. vom 21. März 1848, zit. nach: *J. Willms,* Nationalismus ohne Nation, Deutsche Geschichte von 1789–1914, Hamburg 1983, S. 181
18 Antrag G. von Struves im Frankfurter Vorparlament am 31. März 1848, in: *E. R. Huber,* Dokumente zur deutschen Verfassungsgeschichte, Stuttgart ^{3}1978, Bd. 1, S. 332 f.
19 G. Beseler auf der 30. Sitzung am 3. Juli 1848, in: *F. Wigard* (Hg.), Stenographischer Bericht über die Verhandlungen der deutschen constituirenden Nationalversammlung zu Frankfurt am Main, 9 Bde., Frankfurt/ M. 1848/49 (Neudruck 1976), Bd. I, S. 700
20 Frauen-Zeitung Nr. 3, 19. Jan. 1850, in: *U. Gerhard* (Hg.), »Dem Reich der Freiheit werb ich Bürgerinnen«. Die Frauen-Zeitung von Louise Otto, Frankfurt/M. 1979, S. 11
21 Friedrich Wilhelms IV. Ablehnung der deutschen Kaiserwürde, 3. April 1849, in: *E. R. Huber* (wie Anm. 18), S. 405 f.
22 *W. H. Riehl* (wie Anm. 9), S. 205 ff.
23 *R. von Virchow,* Brief an seinen Vater aus Berlin am 19. Dez. 1849, zit. nach: *R. Weber* (Hg.), Revolutionsbriefe 1848/49, Leipzig 1973, S. 282
24 Friedrich Wilhelm IV. von Preußen in einem Brief vom Dezember 1848 an seinen Freund Freiherr von Bunsen, in: *E. R. Huber* (wie Anm. 18), S. 402 f.

Industrielle Revolution und soziale Frage

1 *E. J. Hobsbawm,* Europäische Revolutionen, Zürich 1962, S. 62
2 Zit. nach: *W. Köllmann,* Die Industrielle Revolution (Tempora. Quellen zur Geschichte und Politik), Stuttgart 1987, S. 57 ff.
3 Zit. nach: *R. Braun* u. a. (Hg.), Industrielle Revolution. Wirtschaftliche Aspekte, Köln 1972, S. 143
4 *A. Smith,* Untersuchungen über Natur und Ursache des Wohlstandes der Nationen, Bd. 1, Jena ^{3}1923, S. 19 f.
5 Zit. nach: *F. Baade,* Welternährungswirtschaft, Hamburg 1956, S. 7
6 *K. Marx,* Das Kapital, in: *K. Marx/F. Engels,* Werke (MEW), Bd. 23, Berlin (Ost) 1974, S. 12
7 *F. List,* Schriften, Reden, Briefe, Bd. 1, Aalen 1971, S. 492 f.
8 *W. W. Rostow,* The Stages of Economic Growth, Cambridge (Mass.) 1960
9 *H. C. Andersen,* Eines Dichters Basar, Weimar o. J., S. 21 f.
10 Zeitschrift »Hermann«, Nr. 26, 30. März 1825
11 *D. S. L. Cardwell,* The Organisation of Science in England, London 1972, S. 169
12 *K. Marx* (wie Anm. 6), S. 657
13 *F. Engels,* Die Lage der arbeitenden Klasse in England, München 1973, S. 19
14 *F. Engels* (wie Anm. 13), S. 94
15 *K. Marx/F. Engels,* Manifest der Kommunistischen Partei, in: MEW, Bd. 4, Berlin (Ost) 1974, S. 468
16 Zit. nach: *F. Schnabel,* Deutsche Geschichte im Neunzehnten Jahrhundert, Bd. 4, Freiburg 1936, S. 432
17 Zit. nach: *Schnabel* (wie Anm. 16), S. 209
18 *W. E. v. Ketteler,* Schriften, Aufsätze und Reden 1848–1866, Bd. 1, Mainz 1977, S. 35
19 *K. Marx,* Zur Kritik der Politischen Ökonomie, in: MEW, Bd. 13, Berlin (Ost) 1975, S. 8 f.
20 *K. Marx,* Herrn Eugen Dührings Umwälzung der Wissenschaft, in: MEW, Bd. 20, Berlin (Ost) 1975, S. 264
21 Zit. nach: *W. Pöls* (Hg.), Deutsche Sozialgeschichte, Bd. 1, München 1973, S. 270

Die Epoche des Nationalismus und des Imperialismus 1849–1918

1 *Th. Fontane,* Briefe, Bd. 1, München 1976, S. 143
2 Zit. nach: *Th. Schieder,* Idee und Gestalt des übernationalen Staates seit dem 19. Jahrhundert, in: Historische Zeitschrift 184 (1957), S. 336
3 Zit. nach: Il carteggio Cavour-Nigra dal 1858 al 1861, Bd. 1, Bologna 1926, S. 105
4 Zit. nach: *R. Lill,* Geschichte Italiens vom 16. Jahrhundert bis zu den Anfängen des Faschismus, Darmstadt 1980, S. 202
5 Zit. nach: *Th. Schieder,* Staatensystem als Vormacht der Welt 1848–1918, Frankfurt/M. 1977, S. 92
6 Zit. nach: *L. Gall,* Bismarck. Der weiße Revolutionär, Frankfurt/M. 1980, S. 43
7 Vossische Zeitung, 17. Sept. 1859
8 *O. v. Bismarck,* Erinnerung und Gedanke, in: Ders., Die gesammelten Werke, Bd. 15, Berlin 1932, S. 179
9 Zit. nach: *Gall* (wie Anm. 6), S. 256 f.
10 Zit. nach: *Gall* (wie Anm. 6), S. 258
11 *R. Dietrich* (Hg.), Europa und der Norddeutsche Bund, Berlin 1968, S. 69
12 *F. C. Sell,* Die Tragödie des Deutschen Liberalismus, Baden-Baden ^{2}1981, S. 227

13 *H. A. Winkler,* Preußischer Liberalismus und deutscher Nationalstaat, Tübingen 1964, S. 122
14 Zit. nach: *Gall* (wie Anm. 6), S. 415
15 Zit. nach: *Schieder* (wie Anm. 5), S. 117
16 Aus der von Bismarck redigierten Emser Depesche, zit. nach: *J. Hohlfeld* (Hg.), Dokumente der deutschen Politik und Geschichte, Bd. 1, Berlin o.J., S. 255
17 Zit. nach: *E. Eyck,* Gladstone, Erlenbach 1938, S. 271
18 *C. Bloch,* Die Dritte Französische Republik, Stuttgart 1972, S. 31
19 Zit. nach: *Gall* (wie Anm. 6), S. 450
20 *J. Heyderhoff/P. Wentzcke* (Hg.), Deutscher Liberalismus im Zeitalter Bismarcks, Bd. 1, Bonn 1925, S. 494
21 *Hansard,* Parliamentary Debates, 3. Serie, Bd. 204, London 1871, Sp. 81f.
22 Zit. nach: *H. Böhme* (Hg.), Die Reichsgründung, München 1967, S. 46
23 *J. M. Keynes,* The Economic Consequences of the Peace, London 1919, S. 75
24 *H. v. Treitschke,* Deutsche Geschichte im 19. Jahrhundert, Bd. 1, Leipzig 1879, S. VII
25 Zit. nach: *K. Kluxen,* Die Entstehung des englischen Parlamentarismus, Stuttgart 1972, S. 63
26 Zit. nach: *W. J. Mommsen/G. Hirschfeld* (Hg.), Sozialprotest, Gewalt, Terror, Stuttgart 1982, S. 67
27 Zit. nach: *H. K. G. Rönnefarth,* Konferenzen und Verträge, Teil II, Bd. 3, Würzburg ²1958, S. 349
28 Die Große Politik der Europäischen Kabinette 1871–1914, Bd. 2, Berlin 1927, S. 64
29 Zit. nach: *Rönnefarth* (wie Anm. 27), S. 353
30 *O. v. Bismarck,* Die gesammelten Werke, Bd. 11, Berlin 1929, S. 526
31 Die Große Politik (wie Anm. 28), Bd. 2, S. 154
32 *Th. Schieder* (Hg.), Handbuch der europäischen Geschichte, Bd. 6, Stuttgart 1968, S. 67
33 Zit. nach: *Schieder* (wie Anm. 5), S. 236f.
34 *Schieder* (wie Anm. 5), S. 238
35 *Bismarck* (wie Anm. 30), Bd. 13, Berlin 1930, S. 212
36 Die Große Politik (wie Anm. 28), Bd. 5, S. 268
37 *Rönnefarth* (wie Anm. 27), S. 371
38 *B. Gebhardt,* Handbuch der deutschen Geschichte, Bd. 3, Stuttgart ⁹1970, S. 310
39 *A. Hillgruber,* Bismarcks Außenpolitik, Freiburg ²1981, S. 159
40 *Rönnefarth* (wie Anm. 27), S. 379
41 *L. Gall* (Hg.), Das Bismarck-Problem in der Geschichtsschreibung nach 1945, Köln 1971, S. 9
42 *L. Haupts,* Dombaufeste, in: Rhein. Vierteljahrsblätter 46 (1982), S. 187
43 Zit. nach: *Schieder* (wie Anm. 5), S. 314
44 *Schieder* (wie Anm. 5), S. 315
45 *G. Nestler,* Geschichte der Musik, Gütersloh 1979, S. 547
46 *A. v. Harnack,* Aus Wissenschaft und Leben, Gießen 1911, S. 43
47 *D. S. Landes,* The Unbound Prometheus, Cambridge (Mass.) 1969, S. 276
48 *J. Burckhardt,* Briefe, Bd. 5, Basel 1963, S. 119
49 Zit. nach: *Schieder* (wie Anm. 5), S. 208
50 *Bismarck* (wie Anm. 30), Bd. 6 b, Berlin ³1931, S. 482
51 Zit. nach: *B. Martin/E. Schulin* (Hg.), Die Juden als Minderheit in der Geschichte, München 1981, S. 249
52 Zit. nach: *G. A. Craig,* Über die Deutschen, München 1982, S. 159
53 Zit. nach: *Craig* (wie Anm. 52), S. 158
54 Zit. nach: *R. Schmitter,* Die Frauenbewegung im 19. Jahrhundert in den USA und in Europa, Stuttgart 1981, S. 45
55 *R. Huch,* Frühling in der Schweiz. Jugenderinnerungen, Zürich ³1938, S. 75
56 Zit. nach: *Schmitter* (wie Anm. 54), S. 6
57 Zit. nach: *Schmitter* (wie Anm. 54), S. 78
58 *M. L. Göpel,* Frauenalltag durch die Jahrhunderte, Ismaing 1986, S. 172
59 Zit. nach: *H. Viebrock* (Hg.), Disraeli. Rede im Kristallpalast am 24. Juni 1872, Wiesbaden 1968, S. 15 u. S. 17
60 Zit. nach: *P. Alter,* Der Imperialismus (Tempora. Quellen zur Geschichte und Politik), Stuttgart 1987, S. 17
61 The Times, 2. März 1893
62 Zit. nach: *Alter* (wie Anm. 60), S. 28
63 Zit. nach: *Alter* (wie Anm. 60), S. 23f.
64 Zit. nach: *H. Krätschell,* Carl Peters 1856–1918, Berlin 1959, S. 16
65 Die Große Politik (wie Anm. 28), Bd. 4, S. 96
66 Sten. Berichte über die Verhandlungen des Deutschen Reichstags, VI. Legislaturperiode, 1. Session, Bd. 3, Berlin 1885, S. 1540
67 *N. Danilewskij,* Rußland und Europa, Stuttgart 1920, S. 297
68 Zit. nach: *H. Vogt,* Nationalismus gestern und heute, Opladen 1967, S. 135
69 Zit. nach: *Alter* (wie Anm. 60), S. 45f.
70 *Rönnefarth* (wie Anm. 27), S. 396
71 *M. Weber,* Gesammelte politische Schriften, Tübingen ⁵1971, S. 23
72 *E. Johann* (Hg.), Reden des Kaisers, München 1966, S. 89
73 Sten. Berichte über die Verhandlungen des Deutschen Reichstags, IX. Legislaturperiode, 5. Session, Bd. 1, Berlin 1898, S. 60
74 Zit. nach: *Schieder* (Hg.) (wie Anm. 32), Bd. 6, S. 125
75 Zit. nach: *Alter* (wie Anm. 60), S. 85
76 *G. F. Kennan,* The Decline of Bismarck's European Order. Franco-Russian Relations, 1875–1890, Princeton (N.J.) 1979, S. 3
77 Preußische Jahrbücher 119 (1905), S. 198
78 Zit. nach: *J. Dülffer,* Regeln gegen den Krieg, Berlin 1981, S. 19
79 Zit. nach: *Ploetz.* Geschichte der Weltkriege, Würzburg 1981, S. 58
80 *G. M. Trevelyan,* Grey of Fallodon, London 1948, S. 266
81 *F. Fischer,* Griff nach der Weltmacht (Sonderausgabe), Düsseldorf 1967, S. 82
82 *F. Fischer,* zit. nach: *Ploetz.* Geschichte der Weltkriege, S. 167
83 Zit. nach: *W. Basler,* Deutschlands Annexionspolitik in Polen und im Baltikum 1914–1918, Berlin 1962, S. 382
84 Zit. nach: *Ploetz* (wie Anm. 79), S. 170
85 Zit. nach: *A. Hillgruber,* Deutschlands Rolle in der Vorgeschichte der beiden Weltkriege, Göttingen 1967, S. 54
86 Zit. nach: *Ploetz* (wie Anm. 79), S. 10
87 *S. Zweig,* Die Welt von gestern, Frankfurt/M. 1970, S. 165
88 Zit. nach: *Schieder* (wie Anm. 5), S. 331
89 Zit. nach: *Hillgruber* (wie Anm. 85), S. 45
90 Zit. nach: *Schieder* (wie Anm. 5), S. 380
91 *G. Schönbrunn* (Bearb.), Weltkriege und Revolutionen 1914–1945, München ²1975, S. 92
92 *Schönbrunn* (wie Anm. 91), S. 106

Von Weltkrieg zu Weltkrieg – Europa in der Krise 1918–1945

1 W. Wilson, Ansprache in Mount Vernon, 4. Juli 1918, in: *H. Michaelis/E. Schraepler* (Hg.), Ursache und Folgen. Vom deutschen Zusammenbruch 1918 und 1945 bis zur staatlichen Neuordnung Deutschlands in der Gegenwart, Berlin 1958 ff., Bd. II, Nr. 399 c, S. 377

2 Note der deutschen Regierung an die Alliierten und Assoziierten Mächte vom 23. Juni 1919, in: *Ursachen und Folgen,* Bd. III, Nr. 731, Zit. S. 388

3 *O. Spengler,* Preußentum und Sozialismus (1919), München ^{2}1921, S. 19

4 *W. I. Lenin,* Staat und Revolution (1917), in: Werke, Bd. 25, Berlin 1972, S. 395–507, Zit. S. 475, 476; auszugsweise auch in: *H. G. Linke* (Hg.), Die Russischen Revolutionen 1905/1917 (Tempora. Quellen zur Geschichte und Politik), Stuttgart 1986, S. 34 f.

5 *W. I. Lenin,* Aufgaben des Proletatiats in der gegenwärtigen Revolution (Aprilthesen vom 4. 4. 1917), in: Werke, Bd. 24, Berlin 1972, S. 3–8, Zit. S. 5; auszugsweise auch in *H. G. Linke* (wie Anm. 4), S. 60 f.

6 *J. W. Stalin,* Zu Fragen der Agrarpolitik in der UdSSR. Rede auf der Konferenz marxistischer Agrarwissenschaftler am 27. Dez. 1929, in: Fragen des Leninismus, Berlin 1951, S. 354; vgl. auch *W. Kleinknecht/H. Krieger* (Hg.), Handbuch des Geschichtsunterrichts, Bd. 5, Die Neueste Zeit 1850–1945, Frankfurt/M. 1970, S. 223

7 *J. W. Stalin,* Über die Aufgaben der Wirtschaftler. Rede vor Funktionären der sowjetischen Industrie am 4. Feb. 1931, in: (wie Anm. 6), S. 398 f.; vgl. auch *Kleinknecht/Krieger* (wie Anm. 6), S. 226

8 *B. Mussolini,* Gegen die Neutralität. Rede am 13. Dez. 1914, in: Schriften und Reden, Bd. 1, Zürich 1935, S. 9 ff.; zit. nach: *W. Kampmann* (Hg.), Der Faschismus in Italien, Stuttgart 1976, S. 14

9 *E. Nolte,* Der Faschismus in seiner Epoche, München ^{5}1979, S. 280; vgl. auch: E. Nolte, Die faschistischen Bewegungen, München 1966, S. 64–67

10 *G. Mateotti,* Rede in der italienischen Abgeordnetenkammer, 30. Mai 1924, in: *E. Nolte* (Hg.), der Faschismus. Von Mussolini zu Hitler, München 1968, S. 86–88

11 Wiedergegeben in: *H. Hildebrandt* (Hg.), Die deutschen Verfassungen des 19. und 20. Jahrhunderts, Paderborn ^{8}1971, S. 69 ff., Zit. S. 69

12 Vgl. *H. Grebing,* Konservative Republik oder soziale Demokratie?, in: *E. Kolb* (Hg.), Vom Kaiserreich zur Republik, Köln 1972, S. 368 ff., *R. Rürup,* Demokratische Revolution und »Dritter Weg«, in: Geschichte und Gesellschaft, 9. Jg., 1983, S. 278 ff.

13 Vgl. *W. Mommsen,* Die deutsche Revolution 1918–1920. Politische Revolution und soziale Protestbewegung, in: Geschichte und Gesellschaft, 4. Jg., 1978, S. 362 ff.; *H. Hürten,* Die Novemberrevolution. Fragen an die Forschung, in: Geschichte in Wissenschaft und Unterricht, 1979, S. 158; *H. A. Winkler,* Die Sozialdemokratie und die Revolution 1918/19. Ein Rückblick nach 60 Jahren, Berlin 1979

14 Albert Einstein, Stellungnahme in der New York Post, 19. Jan. 1932; zit. nach: *A. Einstein,* Über den Frieden. Weltordnung oder Weltuntergang?, hg. von O. Nathan/H. Norden, Bern 1975, S. 176–178, Zit. S. 175

15 Otto Wels, Reichstagsdebatte am 24. Nov. 1925, in: *Ursachen und Folgen* (wie Anm. 1), Bd. VI, Nr. 1353 a, Zit. S. 414

16 E. V. Lord D'Abernon, 1. Aufzeichnung vom 18. Nov. 1925, in: *Ursachen und Folgen* (wie Anm. 1), Bd. VI, Nr. 1351 a, Zit. S. 405

17 *A. Hitler,* Mein Kampf, 102./106. Aufl., München 1934, S. 59–70

18 *A. Hitler* (wie Anm. 17), S. 225

19 P. Silverberg, Das industrielle Unternehmertum Deutschlands in der Nachkriegszeit. Rede auf der Tagung des Reichsverbandes der Deutschen Industrie (RDI) am 4. Sept. 1926, in: *F. Mariaux* (Hg.), Paul Silverberg. Reden und Schriften, Köln 1951, S. 49 ff.; auszugsweise auch in: *R. Neebe* (Hg.), Die Republik von Weimar 1918–1933, Demokratie ohne Demokraten? (Tempora. Quellen zur Geschichte und Politik), Stuttgart 1987, S. 55 f.

20 *E. Lederer,* Ende der Klassengesellschaft? Zur Analyse des Faschismus, in: Kapitalismus, Klassenstruktur und Probleme der Demokratie in Deutschland 1910–1940, hrsg. von J. Kocka, Göttingen 1979, S. 239–252, Zit. S. 243

21 *A. von Zahn-Harnack,* 80 Jahre Frauenbewegung 1849–1928, Berlin o.J., S. 9

22 *G. Bäumer,* Die Stellung der Frau in der politisch-sozialen Neugestaltung Deutschlands, Berlin 1917

23 Vgl. *J. W. Falter,* Hitlers Wähler, München 1991

24 *W. Hofer* (Hg.), Der Nationalsozialismus. Dokumente 1933–1945, Frankfurt/M. 1957, S. 10

25 *C. Schmitt,* Der Begriff des Politischen, Berlin 1932 (Neuausgabe 1963)

26 *A. Hitler* (wie Anm. 17), S. 371; weitere Zitate bei *W. Hofer* (wie Anm. 24), S. 20 f.

27 H. Brüning, Rede im Reichstag, 15. Juli 1930, in: *Ursachen und Folgen* (wie Anm. 1), Bd. VIII, Nr. 1668, Zit. S. 41 ff; vgl. auch: *H. Brüning,* Memoiren 1918–1934, Stuttgart 1970, S. 163, 174 f.

28 H. Brüning, Rede im Reichstag am 11. Mai 1931, in: *Verhandlungen des Deutschen Reichstages, Stenogr. Berichte.* Bd. 446, S. 2593–2602, Zit. S. 2602; vgl. auch *H. Brüning,* Memoiren (wie Anm. 27), S. 588

29 *F. von Papen,* Der Wahrheit eine Gasse, München 1952, S. 181 u. a.

30 *K. D. Erdmann,* Die Geschichte der Weimarer Republik als Problem der Wissenschaft, in: Vierteljahrshefte für Zeitgeschichte, 3, 1955, S. 5

31 Vgl. *Arthur Rosenberg,* Entstehung und Geschichte der Weimarer Republik (zuerst 1928/1935), Frankfurt/M. 1984

32 *F. A. Hermens,* Demokratie oder Anarchie? Untersuchung über die Verhältniswahl, Frankfurt/M. ^{2}1968

33 *K. D. Bracher,* Die Auflösung der Weimarer Republik. Eine Studie zum Problem des Machtverfalls in der Demokratie, Villingen ^{5}1971 (Neuaufl. als Tb. Königstein/Ts. ^{2}1984)

34 *W. Conze,* Die politischen Entscheidungen in Deutschland 1929–1933, in: *W. Conze/H. Raupach* (Hg.), Die Staats- und Wirtschaftskrise des Deutschen Reiches 1929–1933, Stuttgart 1967

35 *M. Stürmer* (Hg.), Die Weimarer Republik. Belagerte Civitas, Düsseldorf ^{2}1985

36 *H. Schulze,* Weimar. Deutschland 1917–1933, Berlin 1982; *K. D. Erdman/H. Schulze* (Hg.), Weimar. Selbstpreisgabe einer Demokratie. Eine Bilanz heute, Düsseldorf ^{2}1984

37 *H. A. Winkler,* Von der Revolution zur Stabilisierung, Berlin ^{2}1985

38 *E. Kolb,* Die Weimarer Republik, München 1984 – Den Stand der neueren Forschungen zur Weimarer Republik spiegelt auch der Sammelband: *K. D. Bracher/M. Funke/H.-A. Jacobsen* (Hg.), Die Weimarer Republik 1918–1933. Politik, Wirtschaft, Gesellschaft, Bonn 1987

39 H. Hoover, Rede am 22. Okt. 1928, in: *E. Angermann*

(Hg.), Die Vereinigten Staaten von Amerika als Weltmacht (Tempora. Quellen zur Geschichte und Politik), Stuttgart 1987, S. 25–28, Zit. S. 26

40 F. D. Roosevelt, Rede vor dem Amerikanischen Commonwealth Club in San Francisco, 23. Sept. 1932, in: *E. Angermann* (wie Anm. 39), S. 33–35, Zit. S. 34

41 F. D. Roosevelt, »Quarantäne-Rede«, in Chicago, 5. Okt. 1937, in: *Ursachen und Folgen* (wie Anm. 1), Bd. XI, Nr. 2560 a, Zit. S. 422, in *E. Angermann* (wie Anm. 39), S. 42 f.

42 *Th. Wolf,* Um Alles!, in: Berliner Tageblatt Nr. 348, 24. Juli 1932; vgl. auch: *B. Sösemann,* Das Ende der Weimarer Republik in der Kritik demokratischer Publizisten, Berlin 1976, S. 156

43 J. Goebbels, Rede im Reichstag am 7. Feb. 1931, in: *Verhandlungen des Reichstages,* Bd. 444, Berlin 1931, S. 692–694, Zit. 692 zahlreiche Belege für die Legalitätstaktik der Nationalsozialisten in: Staat und NSDAP 1930–1932, eingel. von G. Schulz, bearb von I. Maurer u. U. Wengst, Düsseldorf 1977

44 Vgl. *A. Hitler* (wie Anm. 17), S. 272, 311 ff., 420 f., 444 f., 468; kurze Auszüge bei: W. Hofer (wie Anm. 24), S. 31 f.

45 A. Rosenberg, Mark gleich Mark, Mensch gleich Mensch, in: Völkischer Beobachter, 26. Aug. 1932, zit. nach: *P. Kluke,* Der Fall Potempa, in: Vierteljahrshefte für Zeitgeschichte, 5. Jg., 1957, S. 285

46 F. von Papen zu dem preußisch-konservativen Gutsherrn und späteren Widerstandskämpfer Ewald von Kleist-Schmenzin, am 30. Jan. 1930, in E. von Kleist-Schmenzin, Die letzte Möglichkeit, in: Politische Studien, Feb. 1959, S. 91

47 Aufruf der Reichsregierung an das deutsche Volk, 1. Feb. 1933, in: *J. Hohlfeld* (Hg.), Dokumente der deutschen Politik und Geschichte von 1848 bis zur Gegenwart, Berlin o.J., Bd. 4, S. 7 ff., Zit. S. 9

48 Nach: Handschriftliche Aufzeichnungen des Generals Liebmann, zuerst veröffentlicht in: *Vierteljahrshefte für Zeitgeschichte,* 2. Jg., 1954, S. 434 f.; zit. nach: *W. Hofer* (wie Anm. 24), S. 180 f., Zit. S. 180

49 *E. Kästner,* Gesammelte Schriften, Bd. 5, Vermischte Beiträge, Zürich o.J., S. 577

50 Vgl. *C. Schmitt,* der Führer schützt das Recht (1934), in: Positionen und Begriffe im Kampf mit Weimar – Genf – Versailles, Hamburg 1940, S. 199 ff.

51 Vgl. *K. D. Bracher,* Die deutsche Diktatur, Köln [3]1970; *G. Hirschfeld/L. Kettenacker* (Hg.), Der »Führerstaat«: Mythos und Realität. Studien zur Struktur und Politik des Dritten Reiches, Stuttgart 1981 (dort vor allem die Beiträge von Mason, Mommsen und Hildebrand); *K. D. Bracher/M. Funke/H. A. Jacobsen* (Hg.), Nationalsozialistische Diktatur 1933–1945. Eine Bilanz, Düsseldorf 1983 (dort vor allem die Beiträge von Hildebrand, Tyrell und Kettenacker)

52 *Alfred Rosenberg,* Der Mythos des 20. Jahrhunderts, München 1934, S. 494; Auszüge in: *A. Kuhn/V. Rothe* (Hg.), Frauen im deutschen Faschismus, Düsseldorf 1982, Bd. 2, S. 58. Allgemein zur Geschichte der Frauen in der NS-Zeit: *U. Frevert,* Frauen-Geschichte, Frankfurt/M. 1986, S. 200 ff.; *R. Thalmann,* Frausein im Dritten Reich, München 1984

53 Hitler nach dem Bericht von J. Goebbels, Vom Kaiserhof zur Reichskanzlei, München 1934, S. 72; zit. nach: *A. Kuhn/V. Rothe* (wie Anm. 52), Bd. 1, S. 60

54 Artikel im Völkischen Beobachter, 25. Dez. 1938; zit. nach: *A. Kuhn/V. Rothe* (wie Anm. 52), Bd. 2, S. 135

55 Vgl. *A. von Saldern,* Opfer oder (Mit-)Täterinnen? Kontroversen über die Rollen der Frauen im NS-Staat, in: Sozialwissenschaftliche Informationen, 20. Jg., 1991, S. 97 ff.

56 *U. von Kardorff,* Berliner Aufzeichnungen 1942–1947, München [2]1976, S. 127

57 A. Hitler, Denkschrift zum Vierjahresplan, August 1936, in: *Ursachen und Folgen* (wie Anm. 1), Bd. X, Nr. 2473 a, Zit. S. 542

58 *E. R. Huber,* Verfassungsrecht des Großdeutschen Reiches, Berlin [2]1939, S. 153

59 Geheimes Fernschreiben des Chefs der Geheimen Staatspolizei Heinrich Müller an alle Stapoleit- und Stapostellen vom 9. Nov. 1938, Dok. 374 – PS im Nürnberger Prozeß gegen die Hauptkriegsverbrecher, in: *H. Lauber* (Hg.), Judenpogrom »Reichskristallnacht« November 1938 in Großdeutschland, Gerlingen 1981, S. 83

60 Erste Besprechung Hitlers mit den Befehlshabern von Heer und Marine, 3. Feb. 1933 in Berlin, nach: Handschriftliche Aufzeichnungen des Generalleutnant Liebmann, in: *Vierteljahrshefte für Zeitgeschichte,* 2. Jg., 1954, S. 435; auch in: *W. Hofer* (wie Anm. 24), S. 180

61 Vortragsnotiz des Auswärtigen Amtes über eine Besprechung Hitlers mit Konrad Henlein und Karl Hermann Frank, 28. März 1938, in: *Ursachen und Folgen* (wie Anm. 1), Bd. XII, Nr. 2662 a, Zit. S. 105

62 *P. Kluke,* Ein Jahrzehnt englischer Geschichtsschreibung, in: Historische Zeitschrift 173, 1952, S. 352 ff.; vgl. zur neueren Beurteilung der Appeasement-Politik: *G. Niedhart:* Friede als nationales Interesse. Großbritannien in der Vorgeschichte des Zweiten Weltkrieges, in: Neue Politische Literatur, 17. Jg., 1972, S. 451 ff.; *A. Hillgruber,* Zur Entstehung des Zweiten Weltkrieges, 1980

63 Geheime Besprechung Hitlers mit der militärischen Führung am 23. Mai 1939 in Berlin, in: *Akten zur Deutschen Auswärtigen Politik,* Serie D, Bd. VI, Dok. 433; zit. nach *W. Hofer,* Die Entfesselung des Zweiten Weltkrieges. Eine Studie über die internationalen Beziehungen im Sommer 1939. Mit Dokumenten, Frankfurt/M. 1967, S. 61 ff.

64 N. Chamberlain, Regierungserklärung vor dem House of Commons, 3. Sept. 1939, zit. nach: *H. Montgomery Hyde,* Neville Chamberlain, London 1976, S. 147

65 *W. S. Churchill,* Regierungserklärung vor dem House of Commons nach seiner Ernennung zum Premierminister, 13. Mai 1940, in: Reden, Zürich 1946, Bd. 1, S. 321

66 Die erste Position findet sich in: *H. A. Jacobsen,* Der Zweite Weltkrieg. Grundzüge der Politik und Strategie in Dokumenten, Frankfurt/M. 1965; die zuletzt genannte Auffassung vertreten: *W. Hofer,* Die Entfesselung des Zweiten Weltkrieges, a.a.O. (wie Anm. 63), *E. Jäckel,* Hitlers Weltanschauung, Tübingen 1969; vgl. auch *A. Hillgruber,* Zur Entstehung des Zweiten Weltkrieges. Forschungsstand und Literatur, 1980

67 Besprechung Hitlers mit Wehrmachtsgenerälen am 30. März 1941; in: *F. Halder,* Kriegstagebuch, Bd. 2, Stuttgart, S. 335 ff., zit. nach: *H. A. Jacobsen* (wie Anm. 66), S. 109 f.

68 Hitler in einer Besprechung mit hohen NS-Funktionären am 2. Okt. 1940, zit. in: *M. Broszat,* Nationalsozialistische Polenpolitik 1939–1945, Frankfurt/M. 1965, S. 27 f.; dort auch zahlreiche andere Belege für die Vernichtungspolitik der Nazis

69 Th. Wurm, Protestschreiben an Reichsinnenminister Frick, 19. Juli 1940, in: *G. Schäfer/R. Fischer* (Hg.), Landesbischof D. Wurm und der nationalsozialistische Staat 1940–1945. Eine Dokumentation, Stuttgart 1968, S. 119 ff.

70 »Wannsee-Protokoll« vom 20. Jan. 1942, in: *L. Poliakov/J. Wulf,* Das Dritte Reich und die Juden, Berlin [2]1983, S. 116 ff., auszugsweise auch in: *W. Conze* (Hg.), Der Nationalsozialismus 1933–1945 (Tempora. Quellen zur Geschichte und Politik), Stuttgart 1984, S. 81 ff.

71 Vgl. zu ersterer Auffassung: *U. D. Adam,* Judenpolitik im

Dritten Reich, Düsseldorf 1972; die ideologische Planmäßigkeit betont: *E. Jäckel,* Hitlers Weltanschauung, Tübingen 1969
72 *U. von Kardorff,* Berliner Aufzeichnungen 1942–1945, München ^{2}1976, S. 147
73 Vgl. *H. Mommsen,* Verfassungspläne und Gesellschaftsbild des deutschen Widerstands gegen Hitler, in: *H. Graml* (Hg.), Widerstand im Dritten Reich. Probleme, Ereignisse, Gestalten. Frankfurt/M. ^{2}1984, S. 87 ff.
74 Vgl. *G. Schulz,* Über Entscheidungen und Formen des politischen Widerstands in Deutschland, in: Faktoren der politischen Entscheidung. Festgabe für Ernst Fraenkel, Berlin 1963, S. 73 ff.
75 Vgl. *H. Graml* (Hg.), Widerstand im Drittem Reich, a.a.O. (wie Anm. 73)
76 Vgl. *A. Hillgruber,* Zweierlei Untergang. Die Zerschlagung des deutschen Reiches und das Ende des europäischen Judentums, Berlin 1986
77 Vgl. zu dieser Differenzierung *R. Löwenthal,* Widerstand im totalen Staat, in: *K. D. Bracher/M. Funke/H.-A. Jacobsen* (Hg.), Nationalsozialistische Diktatur 1933–1945. Eine Bilanz, Düsseldorf 1983, S. 618–632; *M. Broszat/E. Fröhlich,* Alltag und Widerstand. Bayern im Nationalsozialismus, München 1987
78 Vgl. *J. Schmädeke/P. Steinbach* (Hg.), Der Widerstand gegen den Nationalsozialismus, München 1985; *P. Steinbach,* Widerstandsforschung im Politischen Spannungsfeld, in: Aus Politik und Zeitgeschichte, 1988, Nr. 28, S. 3–21
79 *D. Bonhoeffer,* Brief an den amerikanischen evangelischen Theologen Reinhold Niebuhr, Juni 1939, in: Gesammelte Schriften, hg. von E. Bethge, München 1958 ff., Bd. I., S. 320; deutscher Auszug in: *E. Bethge,* Dietrich Bonhoeffer, Theologe, Christ, Zeitgenosse, München ^{6}1986, S. 736; vgl. auch: *D. Bonhoeffer,* Widerstand und Ergebung. Briefe und Aufzeichnungen aus der Haft, hrsg. von E. Bethge, München ^{2}1976
80 Vortragsnotizen des Chefs des Generalstabes, Generaloberst Ludwig Beck, für den Oberbefehlshaber des Heeres Walter von Brauchitsch vom 16. Juli 1938, in: *W. Foerster,* Generaloberst Ludwig Beck. Sein Kampf gegen den Krieg, Stuttgart 1953, S. 122; zit. auch in: *W. Hofer* (wie Anm. 24), S. 343
81 Zum Widerstand von Frauen gegen den Nationalsozialismus wurden jedoch in letzter Zeit mehrere Quellensammlungen und Studien veröffentlicht: *G. Zorn/G. Meyer* (Hg.), Frauen gegen Hitler, Frankfurt/M. 1974; *A. Reuter/B. Poneleit,* Frauen im Widerstand. Frauen im Faschismus, München 1977; *A. Kuhn/V. Rothe* (Hg.), Frauen im deutschen Faschismus, 2 Bde. Düsseldorf 1982; *G. Szepansky,* Frauen leisten Widerstand: 1933–1945, Frankfurt/M. 1983; *R. Wiggershaus,* Frauen unterm Nationalsozialismus, Wuppertal 1984; *K.-J. Flessau/E. Nyssen/G. Pätzold* (Hg.), Erziehung im Nationalsozialismus, Köln 1987; *A. von Saldern:* Opfer oder (Mit-)Täterinnen? Kontroversen über die Rolle der Frauen im NS-Staat, in: Sozialwissenschaftliche Informationen, 20. Jg., 1991, S. 97–103 (vgl. Anm. 55)
82 Die Frauenschicksale finden sich in den »Materialien« der Gedenkstätte Deutscher Widerstand in Berlin
83 »Stuttgarter Schuldbekenntnis« der Evangelischen Kirche in Deutschland am 19. Okt. 1945, zit. nach: *M. Greschat* (Hg.), Im Zeichen der Schuld. 40 Jahre Stuttgarter Schuldbekenntnis. Eine Dokumentation, Neukirchen-Vluyn 1985, S. 45 f.

Weltgesellschaft im Atomzeitalter

1 *J. P. Sartre,* La fin de la guerre, in: Les temps modernes, No. 1, Paris, S. 116 (übers. G. Picht)
2 *K. Jaspers,* Vom Ursprung und Ziel der Geschichte, Frankfurt/M. 1955, S. 143–145
3 *W. S. Churchill,* Der Zweite Weltkrieg, Bd. 6, Stuttgart 1954, S. 269
4 *M. Djilas,* Gespräche mit Stalin, Frankfurt/M. 1962, S. 146
5 Zit. nach: *P. J. Opitz/V. Rittberger* (Hg.), Forum der Welt. 40 Jahre Vereinte Nationen, Bonn 1986, S. 318
6 *H. R. Luce,* The American Century, Life-Magazine, 17. Februar 1941; zit. nach: *W. La Feber* (ed.), The Origins of the Cold War, 1941–1947, New York 1971, S. 30
7 Zit. nach: *E. O. Czempiel/C. C. Schweitzer* (Hg.), Weltpolitik der USA nach 1945, Bonn ^{3}1989, S. 52 ff.
8 Zit. nach: *W. Loth,* Die Teilung der Welt, München 1980, S. 159
9 Zit. nach: *A. Fischer* (Hg.), Sowjetische Außenpolitik seit 1945 (Tempora. Quellen zur Geschichte und Politik), Stuttgart 1985, S. 20 f.
10 *D. Yergin,* Der zerbrochene Frieden, Der Ursprung des Kalten Krieges und die Teilung Europas. Frankfurt/M. 1979
11 Die »traditionelle« Argumentation wird vertreten von: *B. Meissner,* Rußland, die Westmächte und Deutschland, Hamburg ^{2}1954; *J. Luckacs,* Geschichte des Kalten Krieges, Gütersloh 1961
12 Die »revisionistische« Interpretation findet sich bei: *D. Horowitz,* Hintergründe der US-Außenpolitik von Jalta bis Vietnam, 2 Bde., Berlin 1969; *W. A. Williams,* Die Tragödie der amerikanischen Diplomatie, Frankfurt/M. 1973
13 Diese auch als »neutral-realistisch« gekennzeichnete Perspektive prägt folgende Studien: *L. J. Halle,* Der Kalte Krieg – Ursachen, Verlauf, Abschluß, Frankfurt/M. 1969; *D. Yergin* (wie Anm. 10)
14 Die Bedeutung der Feindbild-Konstruktionen arbeitet heraus: *D. Frei,* Feindbilder und Abrüstung, Die gegenseitige Einschätzung der UdSSR und der USA, München 1985
15 Vgl. *H. Graml,* Die Legende von der verpaßten Gelegenheit, Zur sowjetischen Notenkampagne des Jahres 1952, in: Vierteljahrshefte für Zeitgeschichte, 29. Jg., 1981, S. 307–341. – Die entgegengesetzte Auffassung vertreten: *A. Hillgruber,* Adenauer und die Stalin-Note vom März 1952, in: *D. Blumenwitz u. a.* (Hg.), Konrad Adenauer und seine Zeit, Stuttgart 1976, Bd. 2, S. 111–130; *W. Loth,* Die Teilung der Welt, Geschichte des Kalten Krieges 1941–1955, München ^{7}1989, S. 283 ff.
16 Zit. nach: *G. Walpuski/D. O. A. Wolf,* Einführung in die Sicherheitspolitik, München 1979, S. 2
17 *H. A. Kissinger,* Erklärung vor dem Außenpolitischen Ausschuß des US-Senates am 19. September 1974 über die Politik gegenüber der Sowjetunion; zit. nach: *Europa Archiv,* 29. Jg., 1974, S. D 463
18 Zit. nach: *E. O. Czempiel/C. C. Schweitzer* (wie Anm. 7), S. 322–324
19 *H. A. Kissinger,* Memoiren, Bd. 1: 1968–1973, München 1979, S. 133
20 Zit. nach: *A. Fischer* (wie Anm. 9), S. 119

21 *H. A. Kissinger* (wie Anm. 19), Bd. 1, S. 812
22 Zit. nach: *E. O. Czempiel/C. C. Schweitzer* (wie Anm. 7), S. 330 f.
23 Zit. nach: *E. O. Czempiel/C. C. Schweitzer* (wie Anm. 7), S. 420 f.
24 *R. Aron,* Die imperiale Republik. Die Vereinigten Staaten von Amerika und die übrige Welt 1945, Stuttgart 1975
25 Zit. nach: *B. Meissner,* Die Breschnew-Doktrin, Köln 1969, S. 78 f.
26 *M. Gorbatschow,* Ansprache auf dem Gipfeltreffen des Warschauer Paktes am 26. April 1985; zit. nach: *Europa Archiv,* 40. Jg., 1985, S. D 289
27 *C. F. von Weizsäcker,* Wege in der Gefahr, München 1976, S. 121
28 Bundeskanzler *H. Schmidt* vor der 1. Sondergeneralversammlung der Vereinten Nationen für Abrüstung am 26. Mai 1978 in New York; in: *Abrüstung und Rüstungskontrolle,* Dokumente zur Haltung der Bundesrepublik Deutschland, Bonn [5]1981, S. 111
29 *R. Aron* (wie Anm. 24)
30 Zit. nach: *Der Parlamentarische Rat* 1948–1949, Akten und Protokolle, Bd. 1 Vorgeschichte, Boppard 1975, S. 31 (Englische Fassung in: *I. von Münch* (Hg.), Dokumente des geteilten Deutschland, Stuttgart 1968, S. 88–91)
31 *E. Nolte,* Deutschland und der Kalte Krieg, Stuttgart [2]1985, S. 205
32 *K. Adenauer,* Erinnerungen 1945–1953, Frankfurt/M. 1967, S. 35
33 Vgl. *J. Kocka,* 1945: Neubeginn oder Restauration? Deutschland 1945–1949, in: *C. Stern/H. A. Winkler* (Hg.), Wendepunkte deutscher Geschichte 1848-1945, Frankfurt/M. 1979, S. 141–168
34 Vgl. *E.-U- Huster u. a.,* Determinanten der westdeutschen Restauration 1945–1949, Frankfurt/M. 1972; *H.-H. Hartwich,* Sozialstaatspostulat und gesellschaftlicher status quo, Opladen [2]1978; *E. Schmidt,* Die verhinderte Neuordnung 1945–1952, Frankfurt/M. 1970; *R. Badstübner/S. Thomas,* Restauration und Spaltung, Entstehung und Entwicklung der BRD 1945–1955, Köln 1975; *L: Niethammer/U. Borsdorf/P. Brandt* (Hg.), Arbeiterinitiative 1945, Antifaschistische Ausschüsse und Reorganisation der Arbeiterbewegung in Deutschland, Wuppertal 1976
35 Vgl. *W. Abendroth,* Das Grundgesetz, Eine Einführung in seine politischen Probleme, Pfullingen [4]1973; *W. Abendroth u. a.,* Der Kampf um das Grundgesetz, über die politische Bedeutung der Verfassungsinterpretation, Frankfurt/M. 1977; *U. Jaeggi,* Kapital und Arbeit in der Bundesrepublik, Frankfurt/M. 1973
36 Vgl. *K. Niclauß,* Demokratiegründung in Westdeutschland, Die Entstehung der Bundesrepublik von 1945–1949, München 1974; *W. Benz,* Von der Besatzungsherrschaft zur Bundesrepublik, Stationen einer Staatsgründung 1946–1949, Frankfurt/M. 1984; *H. A. Winkler* (Hg.), Politische Weichenstellungen im Nachkriegsdeutschland, Göttingen 1979; *J. Becker/Th. Stammen/P. Waldmann* (Hg.), Vorgeschichte der Bundesrepublik Deutschland, Zwischen Kapitulation und Grundgesetz, München 1984; *Chr. Klessmann,* Die doppelte Staatsgründung, Deutsche Geschichte 1945–1955, Göttingen 1986; *R. Morsey,* Die Bundesrepublik Deutschland, Entstehung und Entwicklung bis 1969, München 1987
37 *R. Dahrendorf,* Konflikt und Freiheit. Auf dem Weg in die Dienstklassengesellschaft, München 1972
38 *R. Inglehart,* The Silent Revolution. Changing Values and Political Styles Among Western Publics. Princeton, N. J. 1977
39 *W. Besson,* Die Außenpolitik der Bundesrepublik, Frankfurt/M. 1973, S. 424 ff.
40 *P. Chr. Ludz,* Deutschlands doppelte Zukunft: BRD und DDR in der Welt von morgen, München 1974, S. 88
41 Verträge zur deutschen Einheit, hrsg. von der *Bundeszentrale für Politische Bildung,* Bonn 1990, S. 41 ff.
42 Zit. nach: *W. Lipgens* (Hg.), Die europäische Integration (Tempora. Quellen zur Geschichte und Politik), Stuttgart 1983, S. 25
43 Zit. nach: *W. Lipgens* (wie Anm. 41), S. 56
44 Zit. nach *Keesings Archiv der Gegenwart,* 20. Jg., 1950, S. 2372
45 Text in: *R. Jonas/M. Tietzel* (Hg.), Die Neurodnung der Weltwirtschaft, Bonn 1976, S. 207–213
46 Text in: *Zweiter Bericht zur Entwicklungspolitik der Bundesregierung,* Bundestagsdrucksache 7/4293, Bonn 1975, S. 61–75

Personenregister

Sachregister

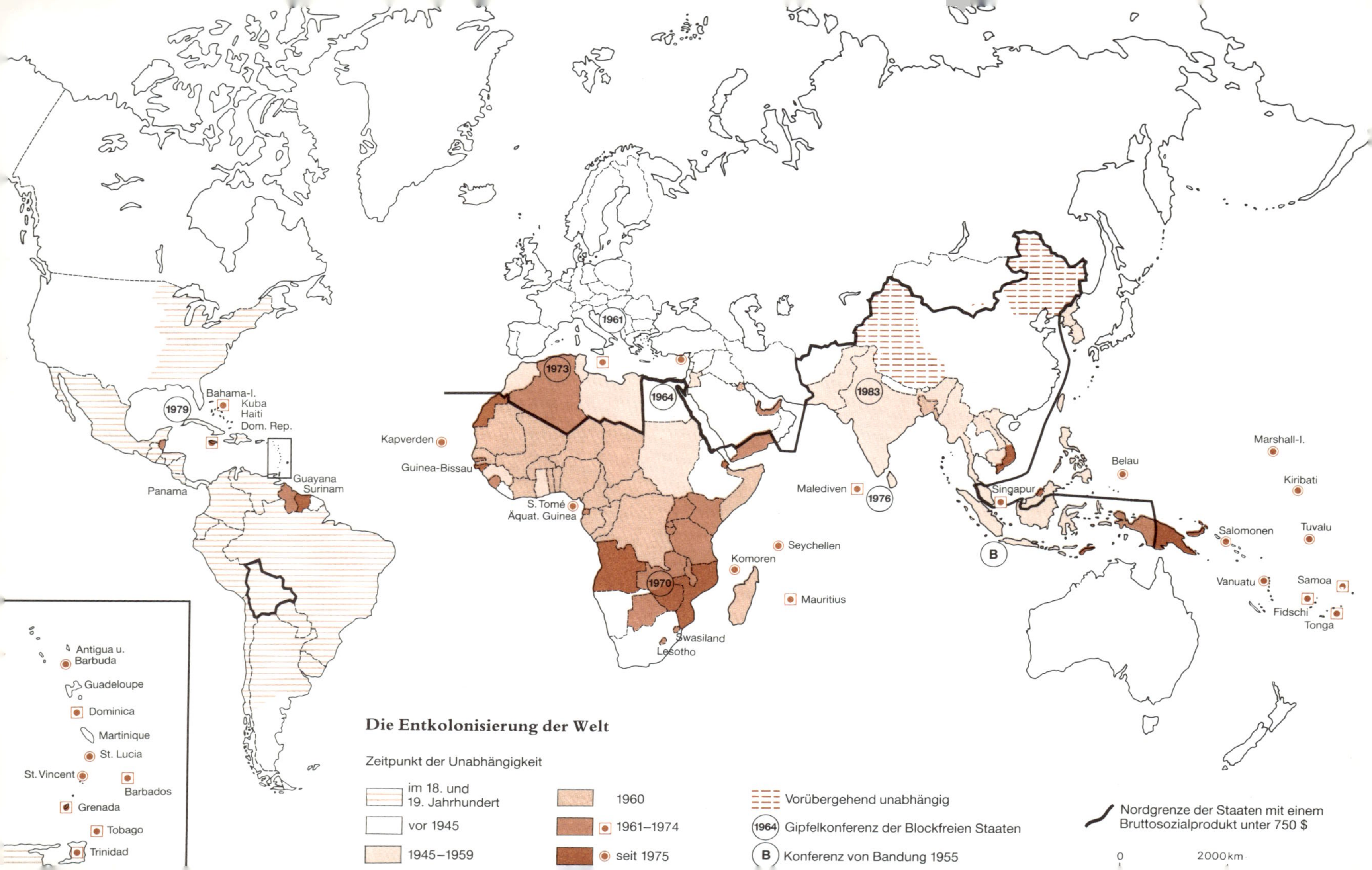
Die Entkolonisierung der Welt
Zeitpunkt der Unabhängigkeit
im 18. und 19. Jahrhundert
vor 1945
1945–1959
1960
1961–1974
seit 1975
Vorübergehend unabhängig
1964 Gipfelkonferenz der Blockfreien Staaten
B Konferenz von Bandung 1955
Nordgrenze der Staaten mit einem Bruttosozialprodukt unter 750 $
0
2000 km
1961
1964
1973
1970
1979
1983
1976
B
Bahama-I.
Kuba
Haiti
Dom. Rep.
Panama
Guayana
Surinam
Kapverden
Guinea-Bissau
S. Tomé
Äquat. Guinea
Swasiland
Lesotho
Komoren
Seychellen
Mauritius
Malediven
Singapur
Belau
Marshall-I.
Kiribati
Salomonen
Tuvalu
Vanuatu
Samoa
Fidschi
Tonga
Antigua u. Barbuda
Guadeloupe
Dominica
Martinique
St. Lucia
St. Vincent
Barbados
Grenada
Tobago
Trinidad

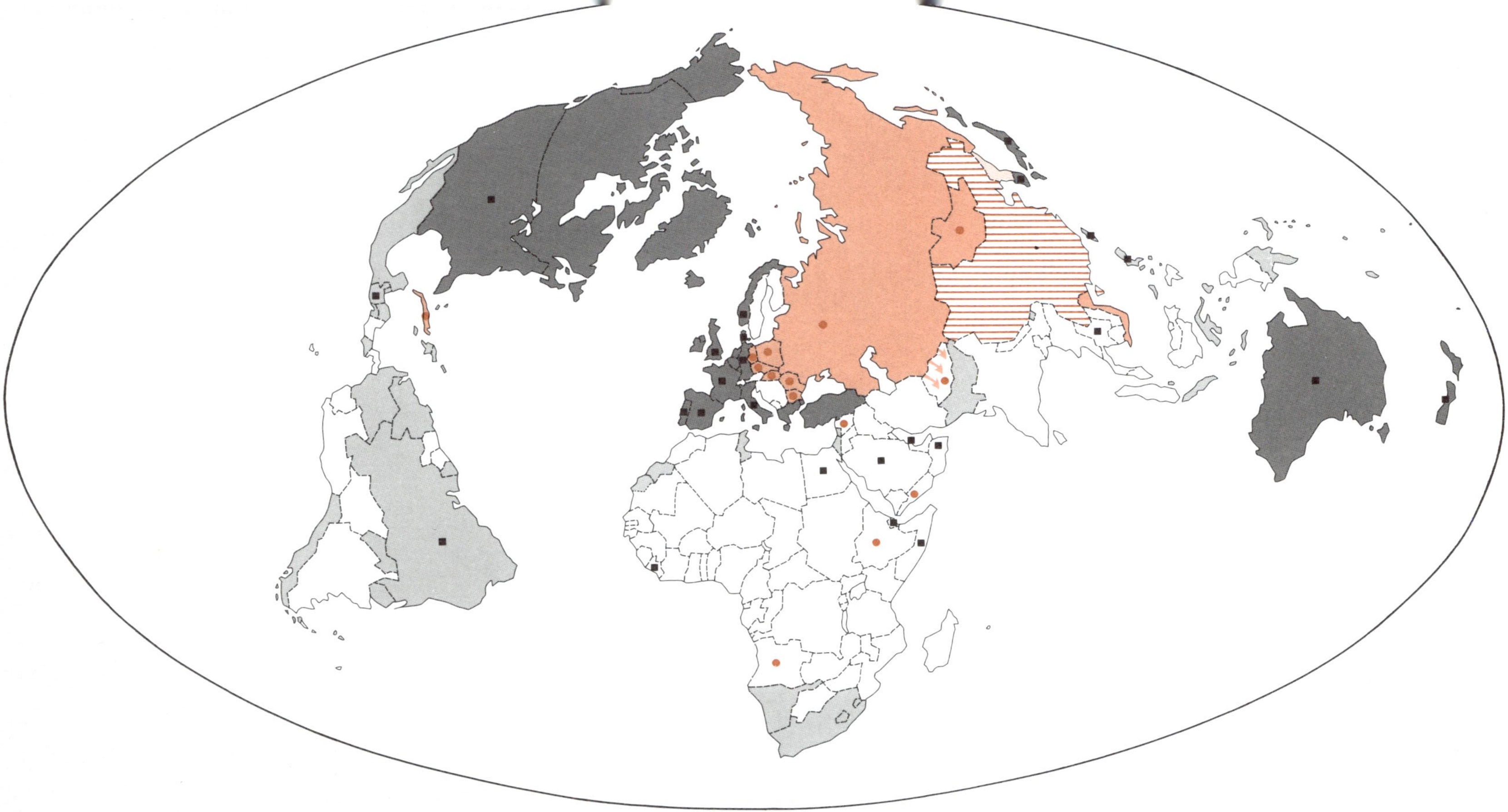

Die Welt um 1988 – Machtblöcke und politische Orientierungen

Bildnachweis

Bildtafeln. (Anthony Verlag) Lindner, Starnberg 11; Artothek, Gauting 24; Bavaria-Verlag, Gauting (Joachim Messerschmidt) 10; Bildarchiv Preußischer Kulturbesitz, Berlin 5 o, 6, 7, 12, 18, 19, 27; British Museum, London 13, 15; Fackelträger-Verlag, Hannover 20; Hachette, Paris 9; R. Hausner, Wien 31; Heeresgeschichtliches Museum, Wien 17; Kulturgeschichtliches Museum, Osnabrück – Foto Strenger. Osnabrück/Christian Grovermann 28; J. Littkemann, Berlin 16; Mannesmann Demag AG, Duisburg 5 u; Allan Mitchell, New Canaan 21; Musée Nationale d'Art Moderne, Paris 23; Nationalgalerie, Berlin 32 u; Österreichische Galerie, Wien 4; M. Padua, Rottach-Egern 26; Rijksmuseum voor Volkenkunde, Leiden 14; Sammlung Georg Schäfer, Obbach/Schloß 2, 3; aus: Schock der Moderne, Econ-Verlag 25 u; SPADEM, Paris/Bild-Kunst, Bonn 1983 22; Stadtarchiv und Museen, Göppingen 8; Städel, Frankfurt a. M. 1; Städtisches Kunsthaus, Mannheim 29; Stern, Hamburg 32 o; VAGA, New York/Bild-Kunst, Bonn 1983 30; Van-Abbe-Museum, Eindhoven, Holland 25 o

Abbildungen im Text. ADN/Bildarchiv Jürgens, Köln 252; Archiv der sozialen Demokratie der Friedrich-Ebert-Stiftung (AdsD/FES), Bonn 209; Archiv für Kunst und Geschichte, Berlin 117, 119, 150, 172; Archiv Gerstenberg, Wietze 121, 309; Associated Press, Frankfurt a. M. 437; Leo Baeck Institute, New York 68; Hans-Joachim Bartsch, Berlin 106; Bibliothèque Nationale, Paris 78, 111, 258; Bildarchiv Preußischer Kulturbesitz, Berlin 55, 75, 79, 101, 109, 153, 188, 194, 199, 202, 268, 273, 288; Bulloz, Paris 27, 39; Bundesarchiv Koblenz 286, 295, 338; Bundeszentrale für politische Bildung, Bonn 429; Camera Press, London 502 o re; China Pictorial, no. 4, 1972 488; Collection Kharbine 345; Copress-Archiv, München 322; Kurt Desch Verlag, München 234; Deutscher Instituts-Verlag (41/91 u. 2/92), Köln 450, 464; Deutsches Plakat Museum, Essen 301; aus: Die Heimat hilft mit, hg. v. Heinz Bollert, Richard Mönnig, Berlin 1943, Zeitgeschichte-Verlag 317; Jerry Doyle 299; dpa 397 u, 401, 403, 405, 427; aus: Duell mit der Geschichte, Stalling Verlag 356; aus: Feminin-Maskulin, VII, Friedrich Verlag, Seelze 208; (Fogg Art Museum, Cambridge) SPADEM, Paris/Bild-Kunst, Bonn 136; Foto-Historama Agfa-Gevaert 502 m li; Fotokhronika, TASS/Moskau 398; Heinz Gebhardt, München 502 o li; Giraudon, Paris 22, 44; Globus Kartendienst, München 470; Hachette, Paris 17; Peter Hahlbrock, Berlin 212; Historia Photo 33, 40; Historisches Museum, Frankfurt 116; Historisches Museum, Schloß Philippsruhe, Hanau 105; Keystone, Hamburg 304, 370; Friedrich Krupp GmbH, Essen 146; Kunstgewerbemuseum Zürich (Alban Wyss, Frankreich) 366; Landesbildstelle Berlin 381; Leipziger Illustrierte 140; Magnum, Paris (Henri Cartier-Bresson) 373; The Mansell Collection, London 148; Müller & Kiepenheuer, Hanau 350; Musée Carnavalet, Paris 97; Musée Marmottan, Paris 61; Nordrhein-Westfälisches Hauptstaatsarchiv, Düsseldorf 346; Propyläen Verlagsarchiv 432; Hilmar Pabel, Rimsting/Chiemsee 337; Punch Library, London 222; Gerd Renken, Bonn 467; Rheinisches Bildarchiv, Köln 71; Scala Florenz 163; Staatliche Tretjakov-Galerie, Moskau 182; Stöckle, Filderstadt 315; Stroemfeld/Roter Stern, Basel/Frankfurt a. M., aus: Olympe de Gouges, Schriften. Hg. v. Monika Dillier u. a. 31; Süddeutscher Verlag Bilderdienst 262, 293, 329, 449, 502 u li; Sven Simon, Bonn 502 u re; Ullstein Bilderdienst 239, 243, 275, 335, 502 m re; USICA, Bonn 362, 397 o; Wiener Library, London 314